Schriften
über wirtschaftliche und
organisatorische Probleme
bei der Gewinnung
und Verwertung
mineralischer Rohstoffe

Herausgegeben von
Professor Dr. phil. G. Bischoff · Professor
Dr. rer. nat. G. Lüttig · Dr. jur. G. Ott
Dr. jur. H. Reintges

Band 24

Die Energie- und Rohstoffwirtschaft der Volksrepublik China

Kohle · Mineralöl · Wasserkraft · Kernenergie
Eisen und Stahlveredler · Buntmetalle · Sonstige mineralische Rohstoffe · Verkehrswesen

Zweite, aktualisierte und erweiterte Auflage

Von
Bergassessor Dr.-Ing. Hans Günther Gloria
Bergassessor a. D. Heinz Harnisch
MA (sin.) Friedhelm Braumann

Verlag Glückauf GmbH · Essen · 1985

Folgende Verbände, Gesellschaften und Privatpersonen haben die Herausgabe dieses Werkes finanziell unterstützt:

Wirtschaftsvereinigung Bergbau, Bonn · Steinkohlenbergbauverein, Essen · Gesamtverband des deutschen Steinkohlenbergbaus, Essen · Fachvereinigung Metallerzbergbau, Düsseldorf · Bergassessor a. D. Dr.-Ing. E. h. Carl Deilmann, Bad Bentheim (verst.) · C. Deilmann AG, Bad Bentheim · Deilmann-Haniel GmbH, Dortmund-Kurl · Gewerkschaft Sophia-Jacoba, Hückelhoven · E. Heitkamp GmbH, Herne · Salzgitter Maschinen und Anlagen AG, Salzgitter · Bauunternehmung F. C. Trapp GmbH & Co., Wesel · Preussag AG, Hannover · Rheinbraun-Consulting GmbH, Köln.

© Copyright 1985 by Verlag Glückauf GmbH, Essen
Printed in Germany: A. Sutter, Essen
Einband: Buchbinderei Hunke & Schröder, Iserlohn
ISBN 3-7739-0342-1

Vorwort

Die Volksrepublik China hat sich mit ihrer Öffnungspolitik nach Außen für die internationale Zusammenarbeit entschieden und ist auf dem Wege der Modernisierung ihrer Industrie und ihrer Landwirtschaft ein großes Stück vorangekommen. Sie schlägt unter ihrer jetzigen Führung einen Weg ein, der im Erfolgsfalle ihren Einfluß in der Weltpolitik und in der Weltwirtschaft weiter wachsen lassen wird.

Chinas Öffnung zur Welt trifft sich mit unserem Bemühen, die deutsch-chinesischen Beziehungen weiter auszubauen. Der Besuch des chinesischen Ministerpräsidenten in diesem Sommer in der Bundesrepublik Deutschland hat für eine künftig noch engere Zusammenarbeit ein deutliches Signal gesetzt.

Während der Verhandlungen des Deutsch-Chinesischen Gemischten Ausschusses für wirtschaftliche Zusammenarbeit in den Jahren von 1980 bis heute haben beide Seiten immer wieder übereinstimmend festgestellt, daß unsere Volkswirtschaften sich ideal ergänzen. Die Bundesrepublik Deutschland ist arm an mineralischen Rohstoffen, gehört aber zu den technologisch am weitesten entwickelten Ländern der Erde. Demgegenüber ist die Volksrepublik China noch ein Entwicklungsland, das über ein riesiges Rohstoffpotential und eine große Anzahl an Arbeitskräften verfügt. Über hundert Kooperationsprojekte zwischen deutschen und chinesischen Unternehmen, zahlreiche joint-ventures und nicht zuletzt ein dynamischer Außenhandel sind Zeichen der beiderseits vorteilhaften Wirtschaftsbeziehungen.

Zur Erschließung der nationalen Ressourcen und zur weiteren industriellen Entwicklung des Landes als Voraussetzung für eine verstärkte Beteiligung am Welthandel hat China einen großen Bedarf an moderner Technologie und an Investitionsgütern, zu deren Deckung die Bundesrepublik Deutschland, die zugleich ein bedeutender Rohstoffimporteur ist, wesentlich beitragen kann. Ein großer Teil der in China geplanten Entwicklung wird zudem — jedenfalls in der Anfangsphase — nur über Rohstofflieferungen finanziert werden können.

Für die Pflege der erwünschten Beziehungen zu China ist es notwendig, die Kenntnisse über dieses riesige Land wesentlich zu verbessern. Dieser Aufgabe haben sich die Verfasser unterzogen. Es ist ihr besonderes Verdienst, zum gegenwärtigen Zeitpunkt einen detaillierten Überblick über den Entwicklungsstand und die Ausbaumöglichkeiten der chinesischen Energie- und Rohstoffvorkommen zu geben, die für die weitere Industrialisierung Chinas und die Entwicklung der wirtschaftlichen Beziehungen zwischen unseren Ländern von grundlegender Bedeutung sind.

Bonn, im August 1985

Dr. Otto Graf Lambsdorff

Inhalt

Einführung 11

I. Überblick 14
1. **Rohstoffvorkommen** 14
2. **Wirtschaftliche Entwicklung** 16
   - 2.1 Zum Bevölkerungswachstum 16
   - 2.2 Die industrielle Ausgangslage im Jahre 1949 22
   - 2.3 Abriß der wirtschaftlichen Entwicklung bis 1978 24
   - 2.4 Probleme der Wirtschaft zu Beginn der 80er Jahre 28
   - 2.5 Adjustierungspolitik und sechster Fünfjahresplan 32
   - 2.6 Die Situation der Wirtschaft 1982/83 35

   Quellennachweis zu Kapitel I 38

II. Energiewirtschaft 40
1. **Allgemeines** 40
   - 1.1 Energiereserven 40
   - 1.2 Energieerzeugung und Energieverbrauch 41
   - 1.3 Ursachen des Energiemangels 46
   - 1.4 Ziele der heutigen Energiepolitik 47
   - 1.5 Zukünftige Entwicklung auf dem Energiesektor 49

   Quellennachweis zu Kapitel II Abschnitt 1 52

2. **Kohlenbergbau** 53
   - 2.1 Überblick 53
   - 2.2 Kohlenvorkommen 56
   - 2.2.1 Prospektionstätigkeit 56
   - 2.2.2 Vorräte und regionale Verteilung 57
   - 2.2.3 Geologisches Alter und Qualität der Kohle 67

2.3	Technologie des Kohlenbergbaus	74
2.3.1	Abbaubedingungen	74
2.3.2	Organisation des Kohlenbergbaus	76
2.3.3	Größe und Ausrüstungsstand der Gruben	78
2.3.4	Aufschluß der Lagerstätten und Abbauverfahren	82
2.3.5	Aufbereitung der Kohle	86
2.3.6	Entwicklung der Fördermenge	92
2.3.7	Belegschaft, Produktivität, Kosten, Preise und Exporte	100
2.3.8	Forschung und Ausbildung	103
2.4	Zukünftiger Ausbau der Kohlenreviere	107
2.5	Ausblick	117

Quellennachweis zu Kapitel II Abschnitt 2 118

3. Mineralöl- und Erdgasindustrie 120

3.1	Überblick	120
3.2	Geologische Voraussetzungen	120
3.3	Exploration	121
3.4	Vorkommen, Vorräte und Qualitäten	127
3.4.1	Vorkommen und Vorräte	127
3.4.2	Qualitäten	131
3.5	Produktion und Ausrüstungsgrad	131
3.5.1	Produktion	131
3.5.2	Ausrüstung	134
3.6	Transport und Verarbeitung	135
3.7	Verbrauch und Export	137
3.8	Forschung und Lehre	139
3.9	Ausblick	139

Quellennachweis zu Kapitel II Abschnitt 3 140

4. Wasserkraft und Elektrizitätswirtschaft 142

4.1	Die wirtschaftliche Nutzung der Wasserkraft	142
4.1.1	Wasserkraftreserven	142
4.1.2	Entwicklung der Kapazitäten	144
4.1.3	Neubauprojekte	148
4.1.4	Ausblick	158

	4.2	Elektrizitätswirtschaft	159
	4.2.1	Stromerzeugung	159
	4.2.2	Energieübertragung	164
	Quellennachweis zu Kapitel II Abschnitt 4		168
5.	**Kernenergie**		169
	5.1	Rückblick auf die Entwicklung der Nuklearindustrie	169
	5.2	Heutige Struktur der Nuklearindustrie	171
	5.3	Gegenwärtiger Stand und Entwicklungsplanung	173
	Quellennachweis zu Kapitel II Abschnitt 5		175
III.	**Metall- und Nichtmetallrohstoffe**		**176**
1.	**Allgemeines**		176
2.	**Eisen und Stahlveredler**		178
	2.1	Eisen	178
	2.2	Chrom	192
	2.3	Kobalt	194
	2.4	Mangan	195
	2.5	Molybdän	198
	2.6	Nickel	201
	2.7	Tantal und Niob	203
	2.8	Titan	204
	2.9	Vanadium	206
	2.10	Wolfram	207
3.	**Nichteisen-Metalle**		210
	3.1	Aluminium	210
	3.2	Antimon	213
	3.3	Blei/Zink	215
	3.4	Gold, Silber und Platin	220
	3.5	Kupfer	224
	3.6	Quecksilber	232
	3.7	Uran	234

Inhalt

    3.8   Zinn 239

    3.9   Seltene Metalle/Seltenerdmetalle 241

4. Übrige Rohstoffe 243

    4.1   Asbest 243

    4.2   Baryt 244

    4.3   Bor 245

    4.4   Flußspat 245

    4.5   Graphit 245

    4.6   Magnesit 246

    4.7   Schwerspat 248

    4.8   Steinsalz 248

    4.9   Rohstoffe für die Düngemittelproduktion 249

    4.10 Sonstige Rohstoffe 252

    Quellennachweis zu Kapitel III 253

IV. Infrastruktur 254

1. Verkehrs- und Transportwesen 254

    1.1   Überblick 254

    1.2   Eisenbahnen 256

    1.3   Kraftverkehr 260

    1.4   Binnen- und Küstenschiffahrt 261

    1.5   Seehäfen 262

    1.6   Ausblick 265

2. Industrielle Standortentwicklung 266

    Quellennachweis zu Kapitel IV 269

V. Entwicklung und Aussichten 270

1. Die Entwicklung des Außenhandels 270

2. Die Aussichten bis zum Jahr 2000 276

    Quellennachweis zu Kapitel V 279

Inhalt

Anhang I: Tabellarische Übersichten 281

1. Übersicht über die chinesischen geologischen Institute und Forschungsstellen 283
2. Bergwerke unter Leitung des chinesischen Ministeriums für die Kohlenindustrie 287
3. Chinesische Wasserkraftwerke über 30 MW Leistung im Jahre 1977 302
4. Im Jahre 1981 in Bau befindliche chinesische Wasserkraftwerke mit über 30 MW Leistung . . . 306
5. Chinesische Wärmekraftwerke im Jahre 1979 308
6. Chinesische Eisenbahnprojekte in den Jahren 1982 und 1983 . . 310

Anhang II: Rohstoffkarten der chinesischen Provinzen . . 315

Für jede der 26 chinesischen Provinzen sind 3 Rohstoffkarten mit folgenden Inhalten wiedergegeben:

▷ Kohlen- und Eisenerzlagerstätten, Stahlwerke.

▷ Lagerstätten von Arsen, Chrom, Kobalt, Magnesium, Mangan, Molybdän, Nickel, Tantal, Titan, Vanadium, Wismut und Wolfram.

▷ Lagerstätten von Aluminium, Antimon, Blei und Zink, Gold, Kupfer, Platin, Quecksilber, Silber, Uran, Zinn sowie Aluminium, Kupfer- und Zinn-Hütten.

1	Liaoning	316	14 Yunnan	394
2	Jilin	322	15 Henan	400
3	Heilongjiang . . .	328	16 Hubei	406
4	Hebei	334	17 Hunan	412
5	Shanxi	340	18 Guangdong	418
6	Nei Monggol . . .	346	19 Guangxi	424
7	Shaanxi	352	20 Shandong	430
8	Ningxia	358	21 Jiangsu	436
9	Gansu	364	22 Anhui	442
10	Qinghai	370	23 Zhejiang	448
11	Xinjiang	376	24 Jiangxi	454
12	Guizhou	382	25 Fujian	460
13	Sichuan	388	26 Xizang (bei Sichuan)	388

In den Lagerstättenkarten aufgeführte Elemente und Minerale . . . 466
Register der Lagerstätten 467

Einführung

Die Entwicklung der VR China auf politischem, gesellschaftlichem und wirtschaftlichem Gebiet hat nach Beendigung der Kulturrevolution neuen Aufschwung erfahren. Die industrielle Leistungsfähigkeit und damit die politische Macht Chinas sind weiter gestiegen. Der Reichtum an mineralischen Bodenschätzen aller Art hat sich bestätigt.

Die zukünftige Entwicklung dieses an Menschen reichsten Landes der Erde wird entscheidend von der Möglichkeit abhängen, den im Zuge der fortschreitenden Industrialisierung, Technisierung und Rationalisierung wachsenden Bedarf an Energie und Rohstoffen aus eigenen, preisgünstigen Quellen regional und zeitgleich zu decken.

Dabei muß ein ausgewogenes Gleichgewicht des Arbeitsplatzangebotes in der Landwirtschaft und der Industrie angestrebt sowie eine ausreichende Versorgung der Bevölkerung mit Nahrungsmitteln und Konsumgütern sichergestellt werden. Zur Verwirklichung dieser Ziele hat die chinesische Regierung einen umfassenden Katalog ordnungs- und strukturpolitischer Maßnahmen erarbeitet. Die Erschließung von Rohstofflagerstätten, der Ausbau der Transportkapazitäten, die Steigerung der Energieproduktion und die Anhebung der Produktivität in allen Bereichen werden für längere Zeit die Kernpunkte der kommenden Volkswirtschaftspläne bleiben.

Das im Jahre 1973 erschienene Buch über „Die Energiewirtschaft der Volksrepublik China" hat in politischen und wirtschaftlichen Gremien große Beachtung gefunden. Da es seit längerer Zeit vergriffen ist, wurde angeregt, eine Neuauflage vorzubereiten. Das gesteigerte Interesse weiter Wirtschaftskreise an einem umfassenden Überblick über das gesamte Rohstoffpotential der VR China hat die Verfasser daher bewogen, mit der vorliegenden Neuauflage diesem Bedürfnis zu entsprechen und das Thema wesentlich zu erweitern.

Einer kritischen Würdigung der allgemeinen wirtschaftlichen Entwicklung und der eingehenden Behandlung der heutigen Energieprobleme in der VR China folgt eine detaillierte Analyse des zukünftigen Entwicklungspotentials der verschiedenen Energieträger. Sodann werden die Lagerstätten aller wichtigen Metall- und Nichtmetallrohstoffe behandelt und auf Grund der Vorratsbewertung die Bedeutung der einzelnen Rohstoffe für die VR China und den Weltrohstoffhandel dargelegt. Dabei zeigt der Blick auf die Infrastruktur des Landes, welche Probleme mit einer groß angelegten Rohstofferschließung zu bewältigen sind. Abschließend wird aufgezeigt, welchen Einfluß die Lage der mineralischen Rohstoffvorkommen bisher auf die Standortentwicklung der chinesischen Industrie genommen hat und welche Bedeutung den Handelsbeziehungen mit der VR China zukünftig zugemessen werden kann.

Eine wesentliche Hilfe für die Beurteilung der allgemeinen wirtschaftlichen Entwicklung sind die seit 1981 jährlich in China erscheinenden Wirtschaftsjahrbücher (Zhongguo jingji nianjian), Statistischen Jahrbücher (Zhongguo tongji nianjian) sowie Jahrbücher der Enzyklopädie Chinas. Hierdurch können heute die quantitativen und qualitativen Verbesserungen der chinesischen Wirtschaft genauer erfaßt werden.

Einführung

Darüber hinaus stützt sich die Arbeit im Energieteil auf eine Veröffentlichung der Weltbank: China, Socialist Economy Development, Bd. II, Washington 1983, und auf das vom chinesischen Kohlenministerium herausgegebene China Coal Industry Yearbook (Ausgaben 1982 und 1983). Ferner wurden zahlreiche, bisher nicht zugängliche Artikel der chinesischen Presse ausgewertet; auch konnte von befreundeter chinesischer Seite weiteres Material zur Verfügung gestellt werden.

Dem Rohstoffteil liegen im wesentlichen eine Studie von A. B. Ikonnikov: Mineral Resources of China, Boulder 1975, sowie die Monographien über verschiedene Rohstoffe der Bundesanstalt für Geowissenschaften und Rohstoffe, Hannover, und des Deutschen Instituts für Wirtschaftsforschung, Berlin, zugrunde. Ergänzt wurden diese Informationen durch weitere Abhandlungen und Berichte in den einschlägigen Fachzeitschriften. Der Wissensstand zum behandelten Thema bezieht sich weitgehend auf das Ende des Jahres 1983, zum Teil auch auf das Jahr 1984.

Ziel der vorliegenden Arbeit ist es, dem Leser einerseits umfassende Fakten zur Energie- und Rohstoffwirtschaft Chinas zu übermitteln, damit dieser eine Grundlage für die weitere Beschäftigung mit dem Thema hat und zu eigenen Einschätzungen der Situation in China kommen kann. Andererseits versuchen die Autoren, aus ihren Kenntnissen Prognosen für die zukünftige Entwicklung der Energie- und Rohstoffwirtschaft der VR China zu erarbeiten.

Im westlichen Ausland sind nach Erscheinen der ersten Auflage zwar mehrere Studien zur Energie- und auch zur Rohstoffwirtschaft Chinas veröffentlicht worden, eine umfassende Monographie, die den Energie- und Rohstoffsektor unter Berücksichtigung der allgemeinen wirtschaftlichen Belange und auch des Transportsektors als geschlossenes Problem behandelt, liegt jedoch noch nicht vor.

Die im Text verwandten chinesischen Eigen- und Ortsnamen sind nach dem Hanyu-pinyin-System transkribiert worden. Grundlage hierfür waren die Zeichen des 1974 in Beijing in chinesischer Schrift erschienenen Atlasses: Zhongguo renmin gonghehuo fen sheng dituji. Einzige Ausnahme ist die Schreibweise für das Gebiet der Inneren Mongolei, das mit Nei Monggol und nicht der Umschrift entsprechend mit Nei Menggu bezeichnet wurde.

Im Text befindet sich zum besseren Verständnis eine Reihe von Übersichtskarten. Die genaue Lage der Rohstoffvorkommen ist im Anhang II „Rohstoffkarten der chinesischen Provinzen" dargestellt. Ein Verzeichnis aller Lagerstättennamen ermöglicht deren schnelles Auffinden in den Karten.

Für die Bereiche der Autonomen Gebiete Nei Monggol und Xinjiang (Sinkiang) ist jedoch die Hanyu-pinyin-Umschrift, die erst 1978 verbindlich eingeführt wurde, noch nicht Grundlage der Transkription gewesen. In dem Verzeichnis der Lagerstättennamen sind daher — um Mißverständnisse zu vermeiden — beide Schreibweisen angeführt.

Darüber hinaus soll die nachfolgende Gegenüberstellung der Namen der Provinzen, Autonomen Gebiete, Stadtstaaten und Provinzhauptstädte in der im deutschsprachigen Raum früher üblichen Schreibweise und der Hanyu-pinyin-Umschrift die Handhabung von Text, Tabellen und Karten allgemein erleichtern helfen.

Einführung

Neue Umschrift	Alte Umschrift
Provinzen mit Provinzhauptstädten	
Anhui (Hefei)	Anhui (Hofei)
Fujian (Fuzhou)	Fukien (Fuchou)
Gansu (Lanzhou)	Kansu (Lanchou)
Guangdong (Guangzhou)	Kuangtung (Kanton)
Guizhou (Guiyang)	Kueichou (Kueiyang)
Hebei (Shijiazhuang)	Hopei (Skikiachuang)
Henan (Zhengzhou)	Honan (Chengchou)
Heilongjiang (Harbin)	Heilungkiang (Harbin)
Hubei (Wuhan)	Hupei (Wuhan)
Hunan (Changsha)	Hunan (Changsha)
Jiangsu (Nanjing)	Kiangsu (Nanking)
Jiangxi (Nanchang)	Kiangsi (Nanchang)
Jilin (Changchun)	Kirin (Changchun)
Liaoning (Shenyang)	Liaoning (Shenyang)
Qinghai (Xining)	Tsinghai (Sining)
Shaanxi (Xi an)	Shensi (Sian)
Shandong (Jinan)	Shantung (Tsinan)
Shanxi (Taiyuan)	Shansi (Taiyüan)
Sichuan (Chengdu)	Szechuan (Chengtu)
Taiwan (Taibei)	Taiwan (Taipei)
Yunnan (Kunming)	Yünnan (Kunming)
Zhejiang (Hangzhou)	Chekiang (Hangchou)
Autonome Gebiete mit Hauptstädten	
Guangxi (Nanning)	Kuangsi (Nanning)
Autonomes Gebiet der Zhuang	
Nei Monggol (Huhehaote)	Innere Mongolei (Huhehot)
Autonomes Gebiet der Mongolen	
Ningxia (Yinchuan)	Ninghsia (Yinchuan)
Autonomes Gebiet der Hui	
Xinjiang (Wulumuqi)	Singkiang (Urumchi)
Autonomes Gebiet der Uighuren	
Xizang (Lasa)	Tibet (Lhasa)
Autonomes Gebiet der Tibeter	
Stadtstaaten	
Beijing	Peking
Shanghai	Shanghai
Tianjin	Tientsin

I. Überblick

1. Rohstoffvorkommen

Erst seit man mit modernen geologischen Methoden zu explorieren versteht, weiß man, daß China eines der an Bodenschätzen reichsten Länder der Erde ist. Die geologischen Untersuchungen des Landes, dessen Oberfläche nahezu 10 Mill. km² umfaßt — womit China hinter der Sowjetunion und Kanada der drittgrößte Staat der Welt ist —, sind noch längst nicht abgeschlossen. Sie haben seit ihrer Intensivierung in den 50er Jahren einen Energie- und Mineralreichtum erschlossen, der den Aufbau einer bedeutenden Industrie auf eigener Rohstoffbasis ermöglicht.

Da die Lagerstätten über das gesamte Territorium relativ gut verteilt angetroffen werden, sind der Industrialisierung Chinas auf lange Sicht natürliche Grenzen nur in jenen Regionen gesetzt, wo infolge übermäßig ungünstiger Lebensbedingungen eine Nahrungsmittelproduktion nicht möglich ist. Immerhin können nur 12 bis 15% der chinesischen Landoberfläche landwirtschaftlich genutzt werden (Karte 1).

Daß China zu den Ländern mit großen Rohstoffvorräten zählt, ist noch nicht lange bekannt. Noch bei Gründung der Volksrepublik im Jahre 1949 war man der Ansicht, daß China außer an Kohle und einigen Buntmetallen relativ arm an Bodenschätzen im Vergleich zu anderen großen Ländern wie den USA und der UdSSR sei.

Nach einer Untersuchung der UNO aus dem Jahre 1953 wurden die wahrscheinlichen Vorräte Chinas an Kohle mit 310 Mrd. t angegeben. Die Mineralölvorräte schätzte man 1949 auf insgesamt 259 Mill. t und die Wasserkraftreserven auf 137 000 MW.

Heute belaufen sich die nachgewiesenen Kohlenvorräte bereits auf 700 Mrd. t, und die geologischen Gesamtvorräte werden mit 4600 Mrd. t angegeben. Hiermit gehört China zu den Ländern mit den größten Kohlenvorräten.

Auf dem Mineralölsektor sind die geologischen Untersuchungen bisher am wenigsten weit gediehen, weil hier die technischen Voraussetzungen noch unzureichend waren. Bei gegenwärtig gewinnbaren Mineralöl- und Erdgasvorräten von 1,8 Mrd. t bzw. 130 Mrd. m³ werden die sicheren und wahrscheinlichen Vorräte auf 10 Mrd. t bzw. 600 Mrd. m³ geschätzt. Es sprechen Anzeichen dafür, daß die Ergebnisse der jetzt erst angelaufenen offshore-Exploration diese Zahlen noch erheblich korrigieren können.

Die Uranvorräte sind so groß, daß China bei der Entwicklung der friedlichen Nutzung der Kernenergie völlig unabhängig ist.

Das gesamte Wasserpotential Chinas wird heute mit 680 GW angegeben, von denen 380 GW als erschließbar angesehen werden. Damit besitzt China die reichsten Wasserkraftreserven der Welt.

1. Rohstoffvorkommen

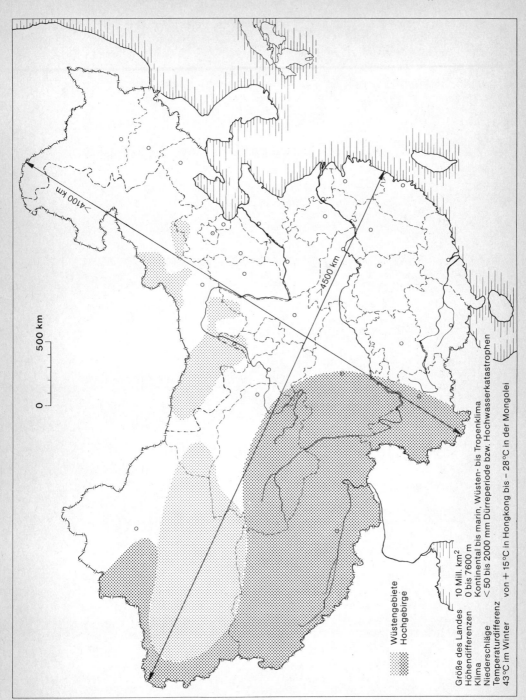

Karte 1. Geographische Übersicht der VR China.

I. Überblick

Ähnlich wie bei den Energierohstoffen veränderte sich im Laufe der geologischen Untersuchungen auch die Situation bei den Eisenerzvorkommen. Heute sind 44 Mrd. t erkundet, die allerdings überwiegend niedrige Fe-Gehalte aufweisen. Die möglichen Gesamtvorräte werden auf 100 Mrd. t geschätzt.

Chinas Reichtum an Wolfram-, Antimon- und Zinnlagerstätten ist seit langem bekannt. Fördermengen und Vorräte liegen hier an der Weltspitze. Dies trifft heute auch für Magnesit zu. Bei den meisten übrigen Industriemineralen werden ebenfalls große Lagerstätten ausgewiesen. Ein im Weltmaßstab bedeutendes Vorratspotential besitzt China an Graphit, Quecksilber, Baryt, Molybdän, Vanadium, Titan, Gold, Phosphat, Seltenerdmetallen und Asbest. Bei einigen wichtigen Metallen wie Aluminium, Kupfer, Blei und Zink ist China wegen nicht ausreichender Förderkapazitäten gegenwärtig jedoch noch auf Importe angewiesen.

Dieser Überblick zeigt Chinas bedeutende Stellung unter den heutigen Rohstoffländern (Tabelle 1). Anfang der 80er Jahre erreichte der Wert der gesamten Bergbauproduktion bereits den vierten Platz in der Weltrangliste. Da die Lagerstätten jedoch größtenteils erst unzureichend erschlossen sind und noch nicht mit moderner Technik ausgebeutet werden, ist bei Zunahme der Mechanisierung zukünftig mit einer weiteren, nicht unwesentlichen Vergrößerung der bergbaulichen Produktion zu rechnen.

China ist aufgrund seiner politischen und wirtschaftlichen Vergangenheit erst 100 Jahre später als die heutigen großen Industrienationen in das technische Zeitalter eingetreten. Der Rohstoffreichtum bildet dabei eine gute Voraussetzung für eine rasche Industrialisierung des Landes. Das starke Bevölkerungswachstum und die negativen Erfahrungen bei der Unterstützung durch ehemals befreundete Nachbarstaaten sowie die häufig geänderten politischen Leitlinien haben jedoch Chinas Wirtschaftsentwicklung und Industrialisierung in jüngerer Vergangenheit sehr wechselvoll beeinflußt.

2. Wirtschaftliche Entwicklung

2.1 Zum Bevölkerungswachstum

China ist bei weitem das bevölkerungsreichste Land der Erde. Nachdem lange Zeit über die tatsächliche Größe der Bevölkerung nur Vermutungen angestellt werden konnten, gab 1982 das Staatliche Statistikbüro das Ergebnis der Volkszählung des gleichen Jahres mit 1,008 Mrd. Menschen bekannt. Für 1984 wird die Bevölkerung auf 1,030 Mrd. Menschen geschätzt. Seit Gründung der Volksrepublik im Jahre 1949, wodurch infolge der politischen und sozialen Stabilisierung des Landes eine Wende in der Bevölkerungsentwicklung eingetreten ist, hat sich die Zahl der Menschen von 542 Mill. bis 1982 um 466 Mill. erhöht, was einem mittleren Wachstum von 1,9% entspricht. Die Geburtenrate lag bis 1972 besonders hoch und schwankte zwischen 3 und 4%, danach fiel sie auf 2 bis 3%. Diese starke Verjüngung der Bevölkerung führte zu dem heutigen Durchschnittsalter von nur 27 Jahren.

Die Gefahren, die der Volkswirtschaft des jungen Staates aus einer zu raschen Vermehrung der Bevölkerung erwuchsen, sind erst spät erkannt worden. Kriti-

2. Wirtschaftliche Entwicklung

ker des ungehemmten Wachstums traten zwar schon in den 50er Jahren auf, jedoch wurde erst 1964, ein Jahr nach der bisher erreichten höchsten Geburtenrate von 4,36%, ein Geburtenplanungsbüro gegründet. Da Mao Zedong Verfechter einer ungehemmten Entwicklung war, wurde das Büro während der Kulturrevolution wieder aufgelöst und konnte erst 1973 erneut eingerichtet werden. Nachdem zwischenzeitlich die Zwei-Kinder-Ehe propagiert und das Heiratsalter heraufgesetzt worden war, wurde 1979, als das Ausmaß der Bevölkerungsexplosion immer deutlicher zutage trat, unter Androhung rigoroser Maßnahmen die Ein-Kind-Familie verordnet. Hierdurch hofft die Regierung, das Bevölkerungswachstum auf 1,1% entsprechend 1,2 Mrd. Menschen bis zum Jahre 2000 beschränken zu können.

Die bisherige Bevölkerungsentwicklung hat dazu geführt, daß die Bevölkerungsdichte auf dem chinesischen Festland zwischen den Jahren 1949 und 1982 von 56 auf 105 Einwohner/km^2 angestiegen ist. Wegen der durch die geographischen Verhältnisse unterschiedlichen Lebensbedingungen gibt es zwischen den einzelnen Regionen und Provinzen große Unterschiede in der Bevölkerungsverteilung. Über 90% der Bevölkerung leben heute in den östlichen und südlichen Küstengebieten sowie am Unterlauf des Changjiang, während sich im Westen und Norden Chinas auf 60% der Landfläche die restlichen 10% der Bevölkerung verteilen (Karte 2).

Da nur etwa 15% der Gesamtfläche Chinas landwirtschaftlich nutzbar sind, konzentriert sich die Bevölkerung — abgesehen von den Stadtstaaten Shanghai, Tianjin und Beijing mit den höchsten Bevölkerungsdichten — auf die wenigen für die Landwirtschaft geeigneten Gebiete. So erreicht die Bevölkerungsdichte im Delta des Changjiang und des Zhujiang sowie in der Chengdu-Ebene in der Provinz Sichuan oder auch in einem Bezirk, dem sogenannten Grüngürtel der Provinz Xinjiang, in dem sich der größte Teil der Provinzeinwohner niedergelassen hat, mit 500 bis 900 Einwohnern/km^2 die größten Werte. In den ostchinesischen Provinzen Jiangsu, Shandong und Zhejiang sowie in den Provinzen Henan und Anhui in Zentralchina liegt die Bevölkerungsdichte zwischen 350 und 570 Einwohnern/km^2. Im Vergleich hierzu beträgt sie in der Bundesrepublik Deutschland 248 Einwohner/km^2 und im bevölkerungsreichsten Bundesland Nordrhein Westfalen 500 Einwohner/km^2.

In den Westprovinzen Xizang (Tibet), Qinghai und Xinjiang liegt die Bevölkerungsdichte nur bei knapp 2, 5 und 8 Einwohnern/km^2. Einschließlich der Provinzen Ningxia, Gansu und Nei Monggol, also der nördlichen Randzone Chinas, wird in diesem Großraum eine mittlere Dichte von 20 Einwohnern/km^2 erreicht, gegenüber 230 in den übrigen östlichen und südlichen Gebieten.

Die chinesische Regierung hat mittels administrativer Maßnahmen wie der Umsiedlung städtischer Jugendlicher auf das Land immer wieder versucht, die Tendenz zur Verstädterung gering zu halten, wodurch soziale Spannungen in den Städten weitgehend vermieden werden konnten. Der Anteil der Landbevölkerung an der Gesamtbevölkerung hat sich daher seit 1949 kaum verändert und liegt bei 80%. Trotz beachtlicher Industrialisierungserfolge ist China mit einer Landbevölkerung von rund 800 Mill. Menschen heute nach wie vor noch ein Agrarstaat mit allen Problemen, die daraus erwachsen.

I. Überblick

Tabelle 1. Fördermengen und Lagerstättenvorräte ausgewählter Rohstoffe in der Welt und in der Volksrepublik China (Quellenangaben bei den einzelnen Rohstoffen).

Rohstoff	Fördermenge				
	Einheit	Welt	VR China	%	Rang[3]
Kohle	Mill. t	3 976	715	18,0	3.
Steinkohle	Mill. t	2 906	685	23,6	1.
Braunkohle	Mill. t	1 070	30	2,8	8.
Mineralöl	Mill. t	2 725	106	3,4	7.
Erdgas	Mrd. m^3	1 497	12	0,8	
Gesamt					
Aluminium (Bauxit)	1000 t	88 000	1 700	1,9	
Antimon	t	64 000	11 000	17,2	2.
Asbest (Fasern)	1000 t	5 300	250	4,7	4.
Baryt	1000 t	8 000	900	11,3	2.
Blei	1000 t	3 600	180	5,0	6.
Bor-Minerale	1000 t	3 000	300	10,0	3.
Chrom (Chromit)	1000 t	9 600	350	3,6	8.
Eisen	1000 t	511 000	37 000	7,2	5.
Flußspat	1000 t	5 000	500	10,0	3.
Gold	kg	1 220 500	53 000	4,3	3.
Graphit	t	546 000	100 000	18,3	2.
Kadmium	t	19 000	225	1,2	
Kobalt	t	28 500	100	0,4	
Kupfer	1000 t	8 000	300	3,8	8.
Magnesit	1000 t	12 300	2 200	17,9	2.
Mangan	1000 t	9 300	500	5,4	7.
Molybdän	t	102 000	2 000	2,0	5.
Nickel	1000 t	700	20	2,9	
Niob	t	15 400	n. b.		
Phosphat	1000 t	142 000	8 400	4,7	4.
PT-Metalle	kg	207 000	n. b.		
Quecksilber	t	6 300	600	9,5	5.
Silber	t	10 900	80	7,3	
Tantal	kg	1 436 000	100 000	7,0	6.
Titan (TiO$_2$)	1000 t	3 000	75	2,5	7.
Uran	t	50 000	3 500	7,0	5.
Vanadium	t	37 600	6 500	17,3	3.
Wismut	t	4 300	300	7,0	6.
Wolfram	t	46 000	10 000	21,7	1.
Zink	1000 t	6 400	180	2,8	
Zinn	1000 t	237	17	7,2	6.
Zirkon	t	629 000	n. b.		

[1] Wirtschaftlich gewinnbare, sichere und wahrscheinliche Vorräte nach westlichen Schätzungen.
[2] Nach Angaben dieses Buches.
[3] Wenn nicht unter den ersten 10 Ländern, erfolgt keine Rangangabe.

2. Wirtschaftliche Entwicklung

Einheit	Welt[1]	Vorräte VR China[1]	%	Rang[3]	VR China[2]
Mill. t SKE	687 600	99 000	14,4	3.	205 100
Mill. t					300 000
Mill. t SKE	488 300				186 800
Mill. t					261 500
Mill. t SKE	199 200				18 300
Mill. t					36 600
Mill. t SKE	127 200	4 000	3,1	7.	14 600
Mill. t					10 000
Mill. t SKE	88 700	800	0,9		800
Mrd. m³					600
Mill. t SKE	903 400	103 800			220 500
Mill. t	23 400	180	0,8		300
1000 t	4 305	2 180	50,6	1.	2 200
1000 t	123 100	3 000	2,4	7.	16 400
1000 t	233 000	20 000	8,6	3.	20 000
1000 t	156 700	3 000	1,9		20 000
1000 t	925 327	36 287	3,9		36 300
Mill. t	3 541	n. b.			5
Mill. t	93 600	2 800	3,0	7.	12 300
1000 t	303 000	6 500	2,1		6 500
					10 000
1000 t	680	5	0,7		5
1000 t	3 665	n. b.			n. b.
1000 t	550 800	10 000	1,8		50 000
Mill. t	8 764	2 580	29,4	1.	3 000
Mill. t	1 835	15	0,8	7.	51
1000 t	9 480	225	2,4	6.	500
1000 t	82 030	750	0,9		7 700
1000 t	8 000	n. b.			n. b.
Mill. t	36 000	500	1,4		500
t	36 778	n. b.			n. b.
t	186 600	24 000	12,9	3.	24 000
t	216 910	300	0,1		300
t	24 500	1 500	6,1	8.	1 500
1000 t	423 000	11 000	2,6	8.	11 000
1000 t					800
1000 t	15 798	n. b.			2 200
t	95 000	3 000	3,2	9.	3 000
1000 t	2 562	1 350	52,7	1.	1 350
1000 t	241 020	4 500	1,9	9.	53 000
1000 t	9 715	1 500	15,4	2.	2 880
1000 t	44 740	n. b.			n. b.

I. Überblick

Karte 2. Bevölkerungsdichte in Einwohnern/km² für die einzelnen Provinzen Chinas.

2. Wirtschaftliche Entwicklung

Weder die Industrialisierung noch die Intensivierung der Landwirtschaft haben es jedoch ermöglicht, der nachwachsenden arbeitsfähigen Bevölkerung von jährlich etwa 23 Mill. Jugendlichen (davon 3,5 Mill. in den Städten) eine ausreichende Zahl an Arbeitsplätzen zur Verfügung zu stellen. Auf dieses Problem wurde insbesondere seit 1978 hingewiesen, als nach offiziellen Stellungnahmen von 10 Mill. bis 25 Mill. „auf Arbeit Wartende" in den Städten berichtet wurde. Dies entspricht bei einer arbeitsfähigen Stadtbevölkerung von rund 110 Mill. Menschen einer Arbeitslosenrate von 9 bis 23%.

Trotz immer noch verbreiteter arbeitsintensiver Techniken ist die Arbeitslosigkeit oder Unterbeschäftigung auf dem Lande jedoch besonders problematisch. Hier stieg die arbeitsfähige Bevölkerung seit 1949 von 200 auf 300 Mill. Einwohner an bei gleichzeitiger Verringerung der bebaubaren Bodenfläche durch Industrieansiedlungen und durch Wohnungsbau. Zwar hat in der Zwischenzeit auch eine Neulandgewinnung und eine Intensivierung der Bodenbearbeitung stattgefunden, die Unterbeschäftigung auf dem Lande ist jedoch relativ hoch und soll bereits vor einigen Jahren schätzungsweise 90 Mill. Landarbeiter betroffen haben.

Das Arbeitslosenproblem hat auch in China bereits soziale Probleme aufgeworfen. Die Regierung ist daher angesichts der Finanzprobleme im Rahmen der Wirtschaftsreform bemüht, neue Arbeitsplätze vor allem über die Zulassung der Expansion der kollektiven und auch privaten Unternehmen, die sich vorwiegend im Kunsthandwerk, Einzelhandel und Dienstleistungssektor betätigen, zu beschaffen.

Mit einem Durchschnittsalter von 27 Jahren hat China heute eine junge und vitale Bevölkerung, die durch ihre Innovationskraft die wirtschaftliche Entwicklung des Landes positiv beeinflussen könnte. Ihre Qualifikationsstruktur ist jedoch — nicht zuletzt wegen des großen Bevölkerungsanteils auf dem Lande, an den nur geringe Anforderungen gestellt werden — unbefriedigend. Etwa 25% der Bevölkerung sind noch Analphabeten. Zwar besuchen nach offiziellen Angaben heute 93% der Kinder im schulpflichtigen Alter die fünfjährige Grundschule, jedoch nur zwei Drittel hiervon die weiterführende dreijährige untere Mittelschule. Zur oberen Mittelschule, die zwei bis drei Jahre dauert und deren Abschluß die Voraussetzung zum Studium ist, gelangen 27% der Abgänger der unteren Mittelschule. Von den Absolventen der oberen Mittelschule kommen jedoch nur 4% zum Studium, während 10% Fachmittelschulen besuchen und 86% in das Berufsleben eintreten. Die Eignung zum Studium wird neben vielen anderen Kriterien nach wie vor auch von den gesellschaftspolitischen Voraussetzungen des Bewerbers abhängig gemacht. An den Universitäten des Landes studieren heute erst 1,15 Mill. Studenten; das sind nicht mehr als in der Bundesrepublik Deutschland.

Auf die einzelnen Schultypen entfallen folgende Schüler- bzw. Studentenzahlen in Millionen:

Grundschulen	140
Untere Mittelschulen	30
Obere Mittelschulen	6,4
Fachmittelschulen	1,0
Universitäten/Hochschulen	1,15

I. Überblick

Dem großen Bevölkerungswachstum konnte das Erziehungswesen also bis heute noch nicht entsprechen. Nicht zuletzt wurde das Bildungsniveau durch die Auswirkungen der Kulturrevolution sehr negativ beeinflußt, da der Schul- und Universitätsbetrieb über viele Jahre fast völlig zum Erliegen kam.

Die große Bevölkerung bedeutet für China wirtschaftlich einerseits eine enorme Arbeitskraftreserve für die Entwicklung, andererseits eine starke Belastung der Nahrungsmittel- und Konsumgüterversorgung selbst dann, wenn nur das Existenzminimum gewahrt werden soll. China befindet sich daher in einem Wettrennen zwischen Bevölkerungswachstum und Wachstum der gesamtwirtschaftlichen Produktivität. Diese Konstellation zwingt sowohl zur Intensivierung der landwirtschaftlichen Produktion als auch zur Verbesserung der gesamtwirtschaftlichen Produktivität durch Industrialisierung.

Die chinesische Regierung hat sich dabei in ihren wechselvollen Bemühungen seit 1949 vor erheblichen Problemen gestellt gesehen, auf die im folgenden kurz eingegangen werden soll.

2.2 Die industrielle Ausgangslage im Jahre 1949

Vor der Revolution im Jahre 1949 (Tabelle 2) war die Industrie Chinas technologisch rückständig und gesamtwirtschaftlich unbedeutend. Zwei Drittel des Produktionswertes der Industrie, die nur zu etwa 10% zum Sozialprodukt Chinas beitrug, wurden in Handwerksbetrieben hergestellt, nur ein Drittel in modernen Industriebetrieben. Die Industriestruktur war vor allem auf die Konsumgüterproduktion orientiert, wofür 80% der Investitionen aufgewandt wurden und auf die 1936 90% der Bruttowertschöpfung entfielen.

Tabelle 2. Historischer Überblick über die politische und die wirtschaftliche Entwicklung Chinas seit 1911.

Jahr	Ereignis
I. Republik China	
1911	Revolution, Ende der Qing (Mandschu)-Dynastie
1912	Gründung der Nationalen Volkspartei (Guomindang)
1921	Gründung der Kommunistischen Partei
1931	Japan annektiert Nordostchina. Gründung des japanischen Satellitenstaates Mandschukuo
1935	Mao Zedong wird Vorsitzender der Kommunistischen Partei
1937/45	Japanisch-chinesischer Krieg
1947/49	Bürgerkrieg
II. Volksrepublik China	
1949	Gründung der Volksrepublik
1950	Beginn der Landreform, Enteignung der Großgrundbesitzer, Freundschafts- und Beistandspakt mit der Sowjetunion

2. Wirtschaftliche Entwicklung

Tabelle 2. (Fortsetzung).

Jahr	Ereignis
1953/57	*1. Fünfjahresplan*
	Ergebnisse: Aufbau neuer Industriezentren im Norden, Nordwesten und Nordosten
	Probleme: Zu geringes Wachstum der Landwirtschaft, Vernachlässigung der Leichtindustrie, Arbeitslosigkeit
1955/56	Kollektivierung von Landwirtschaft, Industrie, Handwerk und Handel
1958/62	*2. Fünfjahresplan*
	Ergebnisse: Aufbau von Volkskommunen, Förderung ländlicher Kleinindustrien
	Probleme: Große Wirtschaftskrise, Hungersnot
1958/59	„Großer Sprung"
1960	Kündigung des Abkommens über wissenschaftliche und technische Zusammenarbeit seitens der Sowjetunion
1961	Regierung beschließt vorrangige Entwicklung der Landwirtschaft
1963/65	Konsolidierungsphase
	Ergebnisse: Verbesserung der Lage in Wirtschaft und Landwirtschaft
1964	Erste Atombombenexplosion
1966/75	*3. und 4. Fünfjahresplan*
	Ergebnisse: Erfolge in der Rüstungsindustrie und in Spitzentechnologien. Rasche Entwicklung der Schwerindustrie
	Probleme: In der Kulturrevolution erneute wirtschaftliche Stagnation. Ungleichgewichtige Entwicklung der Sektoren der Volkswirtschaft
1966/69	„Große Proletarische Kulturrevolution"
	Bildung von Revolutionskomitees in allen Betrieben und Verwaltungen
1967	Erste H-Bombenexplosion
1970	Erster chinesischer Satellit
1973	Rehabilitierung von durch die Kulturrevolution verfolgten Kadern. Vorsichtige außenpolitische Öffnung, starke Fraktionskämpfe in der Kommunistischen Partei
1975	Nationaler Volkskongreß beschließt die Modernisierung der Industrie („Vier Modernisierungen")
1976	Tod Zhou Enlais, Volksaufstand in Beijing, Tod Mao Zedongs, Wahl Hua Guofengs zum Parteivorsitzenden
1976/80	*5. Fünfjahresplan*
	Ergebnisse: Nach Einführung neuer Verantwortlichkeitssysteme auf dem Land (Reprivatisierung) hohe Produktionssteigerungen, Gewinnorientierung der Industriebetriebe, bedeutende Ausdehnung des Außenhandels, Aufbau der „Wirtschaftssonderzonen"
	Probleme: Überdehnung der staatlichen Investitionsrate, Außenhandelsdefizit, Haushaltsdefizit, Verschärfung der ungleichgewichtigen Entwicklung der Sektoren der Volkswirtschaft
1978/83	ZK beschließt Adjustierung der Volkswirtschaft und Reformen des Wirtschaftssystems
1980	Hu Yaobang wird Generalsekretär der Partei
1981/85	*6. Fünfjahresplan*
1982	Verbesserung der wirtschaftlichen Lage und des Verhältnisses zur Sowjetunion, Ausweitung des Handels

I. Überblick

Aufgrund der fehlenden Infrastruktur im Landesinnern und der damit verbundenen hohen Transportkosten wurde die Industrie vor allem in wenigen großen Städten an den Küsten aufgebaut, wo der Import der Rohstoffe und der Export der Fertigprodukte billiger waren als an anderen Stellen im Landesinnern. Am Ende des Zweiten Weltkrieges waren in den Städten Shanghai, Tianjin, Qingdao, Beijing und Nanjing etwa 80% der Industriearbeiterschaft und der Industriebetriebe konzentriert, in denen 90% der maschinellen Antriebskraft Chinas installiert waren. Nimmt man die Städte Wuhan, Chongqing und Guangzhou hinzu, so befand sich in diesen 8 Städten die gesamte Industrie Chinas. Das übrige Landesinnere war für den Weltmarkt kaum erschlossen.

Das Industriekapital der großen und modernen Industriebetriebe gehörte weitgehend Ausländern, deren Interesse vor allem von den Bedürfnissen ihrer heimischen Märkte in Japan, Europa und in den Vereinigten Staaten von Amerika bestimmt wurde, während die in chinesischem Besitz befindlichen Unternehmen vorwiegend klein und rückständig waren.

Durch Japan war im Nordosten Chinas nach Gründung des japanischen Satellitenstaates Manzhuguo im Jahre 1932 eine moderne Stahl- und Kohlenindustrie sowie die zugehörige Infrastruktur aufgebaut worden. Das japanische Stahlwerk in Anshan erzeugte 1943 mehr Stahl als das übrige China in seinem wirtschaftlich erfolgreichsten Jahr 1936.

Auf die ausländischen Gesellschaften entfielen 90% der Eisenerzfördermenge und der Stahlerzeugung und 65% der Kohlenproduktion; sie kontrollierten mehr als die Hälfte der elektrischen Energieversorgungsanlagen. Nach 1945 wurden alle japanischen Betriebe durch die „National Resources Commission" der Nationalregierung übernommen, so daß 68% des industriellen Kapitals schon vor dem Sieg der Kommunisten dem Einfluß der Ausländer entzogen waren.

Ein schwerer Rückschlag für die weitere Industrieentwicklung bedeutete die Demontage der von Japan gebauten Betriebe im Nordosten Chinas nach Einmarsch durch die Sowjetunion. Hierdurch sind Anlagen und Ausrüstungen im Wert von etwa 2 Mrd. US-$ in die Sowjetunion abtransportiert worden.

2.3 Abriß der wirtschaftlichen Entwicklung bis 1978

Aufbau und erste Industrialisierungsphase. Nach der Revolution zielten zwischen den Jahren 1949 und 1952 die Bemühungen der Regierung darauf, zunächst die wirtschaftliche und politische Lage zu festigen und die Voraussetzungen für einen wirtschaftlichen Aufschwung zu schaffen. In dieser Zeit wurden u. a. die Sozialisierung der privaten Unternehmungen und — nach Durchführung der Landreform — die Kollektivierung der Landwirtschaft eingeleitet.

Die erste Industrialisierungsphase, die zugleich mit dem ersten chinesischen Fünfjahresplan (1953 bis 1957) zusammenfiel, war nach sowjetischem Muster konzipiert, nicht zuletzt wegen der wirtschaftlichen und technischen Unterstützung, die seitens der UdSSR gewährt wurde. Das Ziel der Entwicklungspolitik bestand darin, zunächst eine leistungsstarke Schwerindustrie ohne Rücksicht auf die Leicht- bzw. Konsumgüterindustrie aufzubauen. Durch die Verwendung von 85% des gesamten industriellen Investitionsvolumens für die Entwicklung der Produktionsmittelindustrie erhoffte man auch hinreichend starke, wachstumsfördernde Impulse für die Gesamtwirtschaft. Gleichzeitig wurde der Grundsatz der nationalen Selbstversorgung in den Vordergrund gestellt und mit umfangreichen geologischen Untersuchungen des gesamten Territoriums begonnen.

Auch der zweite Fünfjahresplan (1958 bis 1962) hatte in seinen Anfängen die gleichen Entwicklungsziele. Die Industrialisierungserfolge waren bis 1958 durchaus beachtlich und sind u. a. auf die Entdeckung der großen Rohstoffvorkommen zurückzuführen. Diese erlaubten den Aufbau einer eigenständigen Industrie nach Standortüberlegungen, die von denen in der Vergangenheit stark abwichen. Hierdurch konnte das Hauptgewicht auf eine wirtschaftliche Förderung des Landesinneren, auf eine verkehrsmäßige Verbindung der alten und der neu entstehenden Industriegebiete sowie auf eine Beschränkung des Wachstums der großen Küstenstädte gelegt werden.

Bis zu Beginn des zweiten Fünfjahresplanes hatte sich jedoch die Erkenntnis durchgesetzt, daß das sowjetische Entwicklungsmuster zu keinem ausgeglichenen Wachstum führen könne. Durch die Vernachlässigung der Grundstoffindustrie und der Landwirtschaft waren bereits mannigfaltige Engpässe aufgetreten. Mit der Errichtung vor allem kapitalintensiver Industrien konnte der wachsenden Arbeiterschaft ferner keine entsprechende Zahl an Arbeitsplätzen zur Verfügung gestellt werden. Die sich abzeichnenden Schwierigkeiten hoffte man durch das „Gehen auf zwei Beinen" zu überwinden.

Der „Große Sprung". Die Regierung entschloß sich daher angesichts der aufgetretenen Probleme, die Industrialisierung nicht ausschließlich durch Kapitaleinsatz, sondern vor allem auch durch den entwicklungspolitischen Einsatz der großen Arbeitskraftreserven weiter voranzutreiben. Neben dem Aufbau moderner Großindustrien sollten nunmehr auch die traditionellen und arbeitsintensiven Techniken wieder belebt werden. Besonderes Kennzeichen dieser Wendung war der sogenannte „Große Sprung" (1958 bis 1960), der die lokale Industrialisierung von bisher reinen Agrargebieten unter Einsatz eines großen Teils der ländlichen Bevölkerung einleitete. Weitere Kennzeichen dieser Phase waren die Bildung der Volkskommunen und die Dezentralisierung der industriellen Verwaltung. Im Höhepunkt dieser Massenmobilisierung waren etwa 60 Mill. Menschen zur Unterstützung der industriellen Produktion der Landwirtschaft entzogen worden.

1960 geriet die Gesamtwirtschaft durch die Entwicklung in der Landwirtschaft und in der industriellen Rohstoffproduktion jedoch in erhebliche Schwierigkeiten. Nach außergewöhnlich günstigen Witterungsjahren seit 1950 traten, beginnend mit 1959, drei Katastrophenjahre ein, wie sie China seit 100 Jahren nicht mehr erlebt hatte. Sie führten zu erheblichen Versorgungsschwierigkeiten. Außerdem war ein großer Teil der Kulturböden von der Nahrungsmittelerzeugung für die Rohstoffproduktion freigegeben worden, so daß nur eine entsprechend kleinere Anbaufläche zur Verfügung stand. Auf dem industriellen Gebiet war es

I. Überblick

ferner zu Überinvestitionen gekommen, die dazu führten, daß der zunächst nur wenig modernisierte Transportsektor den neuen Anforderungen an die Rohstoffversorgung nicht entsprechen konnte. Auch von dieser Seite her wurden dadurch die Versorgungsengpässe verschärft. Die Zuspitzung der ideologischen und politischen Auseinandersetzung mit der UdSSR führte nach Aufgabe des sowjetischen Entwicklungsmusters schließlich zum Abbruch sämtlicher Hilfeleistungen von seiten der ehemaligen Verbündeten, wodurch hunderte von Industrieprojekten nicht mehr fertiggestellt werden konnten; das wirtschaftliche Chaos war fast vollkommen.

Das Scheitern des „Großen Sprunges" ist nicht zuletzt auch auf die zu weit gegangene Ideologisierung, auf Mangel an Koordination der einzelnen Maßnahmen sowie auf die zu großzügig angelegte Dezentralisierung zurückzuführen. Die einsetzende wirtschaftliche Krise (1960 bis 1961) konnte erst durch eine Periode der Anpassung und der Konsolidierung (1962 bis 1965) wieder überwunden werden. Nach heftigen Auseinandersetzungen in der Kommunistischen Partei um die weitere wirtschaftliche Entwicklung, durch die die Staatspräsidentschaft von Mao Zedong an Liu Shaoqi überging, der jedoch während der Kulturrevolution wieder entmachtet wurde, legte man seit 1962 großen Wert auf eine gleichmäßige Förderung sowohl der weitgehend vernachlässigten Landwirtschaft als auch der Industrie.

Die positive Seite des „Großen Sprunges" bestand jedoch u. a. darin, daß Millionen von chinesischen Bauern erstmals mit dem Problem der industriellen Fertigung in Berührung gekommen waren und damit den ersten Schritt auf dem Wege in eine moderne Industriegesellschaft getan hatten.

Darüber hinaus konnte eine Vielzahl der neu gegründeten industriellen Kleinprojekte zu mittelgroßen Betrieben weiterentwickelt werden. Insbesondere wurden die leistungsfähigsten der Kleinsthochöfen zu Kleinkombinaten zusammengefaßt, die nicht wenig zur Produktionssteigerung der Eisen- und Stahlindustrie beigetragen haben. Schließlich bildeten diese Betriebe weitere Zentren bei der später erneut eingeleiteten Dezentralisierung.

Die Explosion der ersten chinesischen Atombombe im Oktober 1964 wurde als Zeichen dafür angesehen, daß Chinas Wirtschaft die sie bedrohenden Schwierigkeiten gemeistert hatte. 1965 konnte wieder weitgehend das wirtschaftliche Niveau von 1957/58 erreicht werden.

Die „Große Proletarische Kulturrevolution". Der dritte Fünfjahresplan, der 1966 beginnen sollte, wurde jedoch durch die „Große Proletarische Kulturrevolution" (1966 bis 1969) überlagert. Während dieser Zeit traten Ökonomie und Wirtschaftsplanung völlig in den Hintergrund. Ein erneuter wirtschaftlicher Rückgang setzte ein, der erst 1970 wieder aufgefangen werden konnte. 1971 lief dann der vierte Fünfjahresplan (1971 bis 1975) an, über dessen Ziele jedoch ebenfalls nichts bekannt wurde.

Die Kulturrevolution war letztlich die Auseinandersetzung zwischen den Vorkämpfern einer schnellen Modernisierung des Landes nach westlichem Vorbild unter der Leitung einer Expertenbürokratie und der von Mao Zedong geforderten Mobilisierung und Ideologisierung der Massen. Ihr gesellschaftspolitisches

Ziel bestand in der Ausschaltung der akademisch gebildeten Experten als potentiellen Kern einer „Neuen Klasse" und deren Umerziehung und Unterordnung unter das Proletariat.

Ideologisch ging es um den Nachweis der spontanen Schöpferkraft der proletarischen Massen Chinas, die bereits während des „Großen Sprunges" aufgerufen worden war. Wirtschaftspolitisch sollte ferner die gesamte aufgeblähte Verwaltung reduziert werden und sowohl eine größere Selbständigkeit der einzelnen Industriebetriebe und Verwaltungseinheiten als auch eine größere Dezentralisierung der gesamten industriellen Entwicklung und Wirtschaftsverwaltung erreicht werden.

Die wirtschaftlichen Mißerfolge schwächten die radikalen Einflüsse, so daß Anfang der 70er Jahre schließlich eine vorsichtige Korrektur der kulturrevolutionären Politik eingeleitet werden konnte. Nach dem Tode Mao Zedongs war es jedoch erst ab 1976 möglich, diese Politik endgültig zu verlassen und mit der Modernisierung von Industrie, Landwirtschaft, Wissenschaft und Militär („Vier Modernisierungen") zu beginnen. Trotz der Ideologisierung hat die chinesische Wirtschaft in den 70er Jahren eine relativ positive Entwicklung genommen und — mit Ausnahme von 1974 — auch hohe Zuwachsraten erreicht.

Der neue „Ausländische Sprung vorwärts". Die Übergangsregierung unter Hua Guofeng überschätzte anfangs die politischen Einflüsse auf die Produktionsentwicklung und erkannte nicht die Problematik, der sich China beim Übergang vom extensiven zum intensiven Wachstum in Verbindung mit geringen Steigerungsraten ausgesetzt sah. Vor allem wurden die Wachstumshemmnisse übersehen, die sich aus den Disproportionen der verschiedenen Sektoren der Volkswirtschaft als Folge der auch in den 70er Jahren einseitigen Betonung der Entwicklung der Schwerindustrie ergeben hatten. Der Inhalt des ersten Entwicklungsplanes, der 1978 bekanntgegeben wurde, machte dies deutlich. Mit einem Investitionsvolumen von 700 Mrd. Yuan sollten in 8 Jahren bis 1985 unter Einbeziehung von Importen kompletter Industrieanlagen unrealistisch hohe Ziele verwirklicht werden.

Dieser „Ausländische Sprung vorwärts", wie er später in China genannt wurde, kam jedoch nicht zustande. Kurz nach Verkündigung mußte das Programm bereits wieder grundlegend revidiert werden. Der Regierung war deutlich geworden, daß die Finanzierung der geplanten umfangreichen Industrieprojekte ohne eine massive Inanspruchnahme des internationalen Kapitalmarktes nicht möglich sei. Auch waren erhebliche Bedenken im Hinblick auf eine effektive Auslastung solcher Projekte gekommen, weil deren Rohstoffversorgung infolge der unzureichenden Infrastruktur und auch deren Bedienung und Wartung wegen nicht ausreichender Qualifikation des chinesischen Personals nicht gesichert erschienen. Dem Plan lag im wesentlichen noch eine „Tonnen-Ideologie" zugrunde, die den wachsenden Ansprüchen an ein breites Produktionssortiment und an die Qualität der produzierten Güter nicht entsprach.

Schon Ende 1978 faßte die Regierung den Beschluß, das gesamte Programm zu stoppen und eine neue Phase der Konsolidierung einzuleiten. Zahlreiche mit ausländischen Firmen abgeschlossene Verträge mußten storniert werden, wodurch das internationale Vertrauen in die Glaubwürdigkeit der chinesischen Politik stark erschüttert wurde.

2.4 Probleme der Wirtschaft zu Beginn der 80er Jahre

Die rasche Folge wirtschaftspolitischer Maßnahmen läßt die Unsicherheiten erkennen, denen sich die chinesische Regierung angesichts der schwer abschätzbaren Auswirkungen neuer wirtschaftlicher Entwicklungen auf Grund der komplexen volkswirtschaftlichen Struktur des Landes gegenübersieht.

Trotz großer Industrialisierungserfolge ist China immer noch ein Agrarland. Zur Ernährung seiner großen Bevölkerung, die etwa einem Viertel der Weltbevölkerung entspricht, stehen nur 7% der gesamten landwirtschaftlichen Anbaufläche der Welt zur Verfügung, wobei in Rechnung zu stellen ist, daß seine Einwohnerzahl weiter wächst, während die Anbaufläche gleichzeitig abnimmt. Sie hat sich pro Kopf der Bevölkerung von 0,17 ha im Jahr 1957 auf 0,10 ha im Jahr 1982, das heißt um 40% verringert. Das Bodenangebot ist infolge der ausgedehnten Gebirge ohnehin begrenzt. Einer Neulandgewinnung von 17 Mill. ha in den letzten 25 Jahren steht ein Altlandverlust durch Industrialisierung, Wohnungsbau sowie durch Erosions- und Erschöpfungserscheinung des Bodens von 436 Mill. Mu entsprechend 29 Mill. ha zwischen 1957 und 1977 gegenüber. Dies entspricht genau der Größe der landwirtschaftlichen Nutzfläche der Provinzen Sichuan, Guangdong und Guangxi.

Eine ähnliche und ebenfalls bedrohliche Verringerung der forstwirtschaftlich genutzten Böden ergibt sich aus der starken Abholzung der Wälder, die in verschiedenen Landstrichen bereits zu erneuter Wüstenbildung, zu Klimaverschlechterungen, starker Bodenerosion und auch Trinkwassermangel geführt hat.

Die Sicherstellung einer ausreichenden Ernährung ist daher in China immer noch das vorrangige Problem. Nur durch vermehrte Neulandgewinnung und Steigerung der Hektarerträge über verstärkten Kunstdüngereinsatz sowie durch Modernisierung der Anbaumethoden bei intensiver Bewässerung kann dem steigenden Bedarf an Nahrungsmitteln begegnet werden. Die Vernachlässigung der landwirtschaftlichen Investitionen während der Industrialisierungsphase sowie der geringe Erfolg, den die vollständige Kollektivierung brachte, führte jedoch bis 1970 zu keiner wesentlichen Verbesserung der landwirtschaftlichen Produktivität. Erst danach stellten sich merkliche Erfolge ein (Tabelle 3), die jedoch durch die zwischenzeitliche Bevölkerungsentwicklung voll aufgezehrt wurden.

Die Pro-Kopf-Produktion an Getreide stagnierte zwischen 1957 und 1977 bei 300 kg und blieb damit unter dem Wert von 330 kg, der bereits 1936 erreicht worden war. Daher bestehen heute immer noch bei einem Teil der Bevölkerung erhebliche Versorgungsschwierigkeiten, die durch Getreideeinfuhren, die seit der Wirtschaftskrise von 1960 wieder notwendig geworden sind und regelmäßig mehrere Millionen Tonnen je Jahr betragen — 1978 waren es allein 6,9 Mill. t — nur gemildert werden können.

Mit der Befürwortung einer verstärkten industriellen Entwicklung, wodurch der erwirtschaftete Teil des Volkseinkommens überwiegend zur Vergrößerung des Kapitalstocks der Volkswirtschaft verwandt wurde, war neben einer bescheidenen Nahrungsmittelversorgung der Bevölkerung auch nur eine geringe Erhöhung, in Teilbereichen sogar eine Verschlechterung des Lebensstandards der Bevölkerung verbunden. Die Akkumulationsrate des Nationaleinkommens lag

2. Wirtschaftliche Entwicklung

Tabelle 3. Ausgewählte chinesische Produktionsdaten (1, 3).*

Produktionsgut	Einheit	1957	1970	1978	1979	1980	1981	1982	1983
Industrielle									
Bruttoproduktion	Mrd. Yuan[1]	70,4	216,0	422,0	458,1	497,4	518,1	548,7	608,8
Rohstahl	Mill. t	5,4	17,8	31,8	34,5	37,1	35,6	37,2	40,0
Roheisen	Mill. t	5,9	22,0	34,8	36,7	38,0	34,2	35,5	37,4
Steinkohle	Mill. t	130,7	320,0	618,0	635,0	620,0	620,0	666,0	714,5
Rohöl	Mill. t	1,5	28,0	104,1	106,2	106,0	101,2	102,1	106,1
Elektrische Energie	Mrd. kWh	19,3	120,0	256,6	281,9	300,6	309,3	327,7	351,4
Zement	Mill. t	6,9	20,0	65,2	73,9	79,9	84,0	95,2	108,3
Chemischer Dünger	Mill. t[2]	0,4	4,3	8,7	10,6	12,3	12,4	12,8	13,8
Traktoren	1000 St.	1,1	79,0	113,5	126,0	98,0	53,0	40,0	37,0
Handtraktoren	1000 St.	0	20,0	324,5	318,0	218,0	199,0	298,0	498,0
Schädlingsbekämpfungsmittel	1000 St.	20,0	300,0	533,0	537,0	537,0	484,0	457,0	331,0
Werkzeugmaschinen	1000 St.	28,3	183,0	183,0	140,0	134,0	103,0	100,0	120,0
Lastkraftwagen	1000 St.	7,5	70,0	149,1	186,0	222,0	176,0	196,0	—
Fahrräder	1000 St.	806	3 640	8 540	10 090	13 020	17 540	24 200	27 580
Landwirtschaftliche									
Bruttoproduktion	Mrd. Yuan[1]	79,6	114,0	196,0	213,3	219,2	231,0	252,5	275,3
Getreide[3]	Mill. t	191,0	243,0	304,8	332,1	320,5	325,0	353,4	387,3
Reis	Mill. t	86,8	105,2	134,5	142,0	139,3	143,2	161,2	168,9
Weizen	Mill. t	23,7	31,0	45,0	60,0	54,2	58,0	68,4	81,4
Baumwolle	Mill. t	1,6	2,0	2,2	2,2	2,7	3,0	3,6	4,6
Schweine	Mill. St.[4]	145,9	226,0	301,3	319,7	305,4	293,7	300,8	298,5

[1] 1957 und 1970 in Preisen von 1957; danach in Preisen von 1980. [2] In Nährstoffgewicht. [3] Die Abgrenzung dieser Produktion erfolgt nach einem Grundnahrungsmittelkonzept. Neben allen Getreidearten wird dabei die Kartoffelproduktion mit einem Fünftel ihres Gewichts eingerechnet. [4] Bestand zum Jahresende.

Quellen: Offizielle Erfüllungsberichte; 1970 zum Teil Schätzung des DIW.

* Die eingeklammerten Zahlen im Text verweisen jeweils auf den Quellennachweis am Schluß eines jeden Kapitels oder Abschnittes.

I. Überblick

nach dem ersten Fünfjahresplan nur einmal, und zwar im Anschluß an die Wirtschaftskrise von 1960, unter der für die chinesische Wirtschaft als sinnvoll erachtete Marke von 25%. Gewöhnlich überschritt sie 30%, in der Phase des „Großen Sprunges" erreichte sie 1959 sogar 43,8%. Der überwiegende Teil der Staatseinnahmen (60 bis 87%) ging in die produktiven Bereiche der Volkswirtschaft, nur ein kleiner Anteil von 4 bis 9% wurde beispielsweise für den Wohnungsbau verwandt, womit jedoch dem steigenden Wohnraumbedarf nicht entsprochen werden konnte. Die Wohnfläche der stark gewachsenen Bevölkerung ist daher zwischen 1952 und 1977 im städtischen Bereich sogar von 4,5 auf 3,6 m² je Kopf der Bevölkerung zurückgegangen.

Trotz der zum Teil ideologisch bedingten Rückschläge hat China jedoch seit 1950 eine unverkennbare industrielle Aufwärtsentwicklung vollzogen. Heute werden bereits die meisten grundlegenden Industrieerzeugnisse in Massenproduktion hergestellt. Große Fortschritte sind in der modernen Technologie wie beim Bau von Computern, automatisierten Werkzeugmaschinen, Bergbaumaschinen, schweren Lokomotiven für Diesel- und Elektrobetrieb, Hochseeschiffen und Flugzeugen festzustellen. Auch die chemische und petrochemische Industrie, die Kunststoffindustrie sowie die Produktion von Großgeneratoren für die industrielle Elektrizitätserzeugung befinden sich im Ausbau. In der Nutzung der Kernkraft sind ebenfalls beachtliche Entwicklungen zu verzeichnen. Diese Leistungen sind um so bedeutsamer, als sie nach Einstellung der sowjetischen Wirtschaftshilfe weitgehend aus eigener Kraft vollzogen wurden.

Wenn sich die Leitlinien über die einzuschlagende Wirtschaftspolitik in der Vergangenheit auch häufig geändert haben, so ist jedoch zumindest in der politischen Propaganda als richtig erkannt worden, sowohl die Schwer- als auch die Leichtindustrie, Industrien auf nationaler und lokaler Ebene sowie große, mittlere und kleine Betriebe gleichzeitig zu entwickeln. Dabei sollen moderne Produktionsmethoden unter zentralisierter Führung neben traditionellen Arbeitsweisen unter örtlicher Initiative Anwendung finden. Hierdurch wird den Verwaltungseinheiten von der Provinzebene bis zur Kommune eine weitgehende Autarkie verliehen. Während früher die Planung und Lenkung der Wirtschaft vornehmlich in Händen der Zentralregierung gelegen hatten, arbeiten die Provinzen heute ihre Entwicklungspläne weitgehend selbst aus. Allerdings müssen sie ihren wirtschaftlichen Aufbau auch weitgehend aus eigenen Mitteln finanzieren.

Durch diesen weitgefächerten, dezentralisierten industriellen Aufbau, der sich seit Ende der 70er Jahre mit mehr Fachkenntnis und weniger Enthusiasmus als in früheren Zeiten vollzieht, hofft die Regierung, daß die einzelnen Provinzen im Zuge der Bildung breiter industrieller Basen unter Ausnutzung der vorhandenen Bodenschätze zu autarken Wirtschaftsregionen heranwachsen. Die verstärkte Konfrontation der ländlichen Bevölkerung mit den industriellen Prozessen soll auf diese Weise eine schnellere allgemeine Industrialisierung des gesamten Landes ermöglichen. Darüber hinaus können die örtlichen Industrien die durch die fortschreitende Technisierung der Landwirtschaft freiwerdenden Arbeitskräfte aufnehmen und auf diese Weise eine Landflucht der Bevölkerung verhindern.

2. Wirtschaftliche Entwicklung

Das in der Vergangenheit relativ hohe, ausschließlich durch die zwei selbsterzeugten Krisen als Folge des „Großen Sprunges" und der „Großen Proletarischen Kulturrevolution" unterbrochene Wirtschaftswachstum ist jedoch vor allem auf das nur zwischenzeitlich verlangsamte überproportionale Wachstum der Schwerindustrie zurückzuführen. Damit hat sich das von der Sowjetunion initiierte Entwicklungsmuster weitgehend erhalten können und ist die Ursache von industriellen Disparitäten zwischen Schwer- und Leichtindustrie geworden. Durch erhöhte Mittel- und Materialzuweisungen ist die Schwerindustrie zwischen 1949 und 1978 fast sechsmal schneller als die Leichtindustrie gewachsen, was erhebliche negative Auswirkungen auf die Versorgung der in dieser Zeit sich rasch vergrößernden Bevölkerung hatte.

Die Förderung der Schwerindustrie war mit einer Expansion der schwerindustriellen Produktion verbunden, die überwiegend an den Bedürfnissen der nachgeschalteten Produktionszweige orientiert war; das heißt, die Schwerindustrie produzierte hauptsächlich für ihre eigenen Industriebetriebe. Dabei entstanden allerdings zusätzliche interne Strukturdisparitäten. So haben sich die Kapazitäten in den Hütten-, Stahl- und Weiterverarbeitungsindustrien wie auch im Eisenerzbergbau weitgehend unabhängig voneinander entwickelt, was ihre optimale Auslastung wesentlich behinderte.

Das große Investitionsvolumen, mit dem der industrielle Aufbau des Landes forciert wurde, hat jedoch die finanziellen, materiellen und personellen Möglichkeiten der VR China insgesamt überfordert. Die Effektivität der Investitionen war auch in anderen Wirtschaftsbereichen häufig nur sehr gering, weil die Investitionen entweder unter falschen Voraussetzungen geplant oder — wie in der Schwerindustrie — nicht ausreichend auf die Kapazitäten der vor- und nachgeschalteten Bereiche ausgerichtet wurden. Die Fertigstellung der Projekte verzögerte sich häufig erheblich oder konnte gar nicht realisiert werden. Diese Situation führte unter Berücksichtigung der unzulänglichen Verhältnisse in vielen Bereichen des Transport- und Verkehrswesens trotz teilweise steigender Produktionsziffern insgesamt zu einer Schwächung der Leistungskraft der chinesischen Wirtschaft, zu der neben verstärkt auftretenden strukturellen Problemen vor allem auch Engpässe in der Energieversorgung, auf die später näher eingegangen wird, beitrugen.

Die Größe des Landes, die unterschiedliche Bevölkerungsdichte und Verteilung der Energievorkommen sowie die Lage der Industriegebiete sind hier von entscheidender Bedeutung. Der industrielle Aufbau verlief bisher schneller als die Möglichkeit der Bereitstellung der erforderlichen Energie an den Bedarfsstellen. Daher kommt es regelmäßig noch zu Unterbrechungen in den Industriebetrieben durch Energiemangel. Diesem stehen auf der anderen Seite Kohlenhalden gegenüber, die aufgrund fehlender Transportkapazitäten nicht verteilt werden können. Auch in der Landwirtschaft ist die Unterversorgung mit Dieseltreibstoff immer noch beträchtlich.

Schließlich konnte dem Investitionstempo auch nicht die entsprechende Ausbildung der benötigten Fachkräfte folgen, so daß durch eine unzureichende Zahl an Facharbeitern und Industriemanagern neue Probleme entstanden sind.

I. Überblick

2.5 Adjustierungspolitik und sechster Fünfjahresplan

Angesichts dieser Ausgangssituation zu Beginn der 80er Jahre sollte ein Konsolidierungsprogramm die Basis für ein weiteres breit angelegtes Wirtschaftswachstum schaffen. Die Parole hierfür lautete: „Adjustierung, Reform, Ausrichtung und Niveauanhebung."

Unter „Adjustierung" oder auch „Regulierung" wurde dabei eine Politik der wirtschaftlichen Sanierung verstanden, die die ungleichgewichtig entwickelten Wirtschaftssektoren durch Forcierung des Wachstums der Landwirtschaft und Leichtindustrie sowie der Grundstoff- und Energieindustrie bei gleichzeitiger Verlangsamung der Entwicklung der Schwerindustrie in ein harmonisches Verhältnis zueinander bringen sollte.

Die „Reform" hatte ein Zurückdrängen der rein administrativen und konkurrenzfeindlichen Wirtschaftspolitik zugunsten größerer unternehmerischer Entscheidungsmöglichkeiten zum Ziele. Dabei sollten durch neue Formen der Wirtschaftsplanung gleichzeitig neben Plan- auch Marktelemente wirksam werden können. Mit der Einführung von Prämien, Leistungsentlohnung und Gewinnbeteiligung bei klarer Zuständigkeitsabgrenzung zwischen Partei- und Betriebsführung sollte das Leistungsbewußtsein des einzelnen gehoben werden.

Durch neue Formen der Einzelwirtschaft und einzelwirtschaftlicher Verantwortlichkeitssysteme in der Landwirtschaft und im tertiären Sektor bei gleichzeitigem Zugeständnis eines erhöhten Maßes an privatwirtschaftlicher Tätigkeit der Einzelhaushalte sollten ferner neue Initiativen ausgelöst werden, von denen sich die Regierung auch eine Belebung des Arbeitsmarktes versprach.

Zur „Ausrichtung" gehörte insbesondere die Einführung einer Reihe von innerbetrieblichen Maßnahmen, um die während der Zeit der Kulturrevolution verlorengegangene „Systemnormalität" wiederzugewinnen. Unter „Niveauanhebung" wurde schließlich die Steigerung des technischen und wirtschaftlichen Standards im Produktionsprozeß verstanden, wodurch eine höhere Arbeitsproduktivität bei gleichzeitig verbesserter Wirtschaftlichkeit erreicht werden sollte.

Ursprünglich war dieses Programm in seinen wesentlichen Teilen auf drei Jahre ausgelegt. Hiernach sollten die als gleichgewichtig erachteten Reformmaßnahmen der Wirtschaftsordnung eine grundlegende Belebung der Wirtschaft eingeleitet haben. Jedoch wurde bereits 1981 vor Beginn des sechsten Fünfjahresplanes erkannt, daß die anstehenden Probleme in so kurzer Zeit nicht zu lösen seien und eine Ausdehnung der Adjustierungsphase bei Zurückstellung der Reform der Wirtschaftsordnung unumgänglich erschien. Bereits eingeleitete Reformen wurden daher teilweise wieder revidiert. Die zunächst als unverzichtbar erachtete Dezentralisierung der Wirtschaftsplanung, die Ausweitung der Eigenverantwortung der Betriebe sowie die Einbeziehung marktwirtschaftlicher Elemente in das Planungssystem mußten zwischenzeitlich wieder einer stärkeren Betonung des Planes und der Zentralisierung der Entscheidung weichen.

Der Ende 1983 vom Volkskongreß verabschiedete sechste Fünfjahresplan (1981 bis 1985) deckt nun den gesamten Zeitraum der verlängerten Adjustierungsphase ab und schreibt damit die neuen Ziele der Wirtschaftspolitik fest. Da diese innerhalb der chinesischen Führung lange umstritten waren, konnte er erst mit zwei-

Tabelle 4. Indikatoren zur chinesischen Wirtschaftsentwicklung: Steigerung gegenüber dem Vorjahr in Prozent (1).

	\multicolumn{6}{c}{Ist}	Plan
	1978	1979	1980	1981	1982	1983	1981 bis 1985
Nationaleinkommen	12,0	7,0	6,9	3,0	7,4	10,0*	4,0
Bruttoproduktion Landwirtschaft	3,3	6,1	2,7	5,9	11,0	7,9	4,0
Bruttoproduktion Industrie	13,5	8,5	8,7	4,1	7,7	11,1	4,0 bis 5,0

* Bruttosozialprodukt.

jähriger Verspätung verabschiedet werden. Eine lenkende Funktion kann er daher für die chinesische Wirtschaft nur noch in den drei letzten Jahren ausüben.

Der sechste Fünfjahresplan sieht ein relativ langsames, aber stetiges Wachstum bis 1985 vor (Tabelle 4). Er soll die Grundlage für eine Beschleunigung der wirtschaftlichen Entwicklung in der zweiten Hälfte der 80er Jahre und für ein anhaltendes hohes Wachstum in der nächsten Dekade schaffen. Mittelfristig wird bis zum Jahre 2000 die Vervierfachung des Sozialprodukts gegenüber 1980 angestrebt. Durch die Beseitigung der o. a. Mängel sowie die vorgesehenen Strukturveränderungen und Reformen wird ein entsprechender Wachstumsschub erwartet. Die Schwerpunkte werden in den Bereichen Landwirtschaft, Energieerzeugung und -verteilung, Verkehr sowie Ausbildung und Wissenschaft gesetzt. Durch Mehreinsatz von Arbeit und Kapital, verstärkte Rationalisierung, Modernisierung vorhandener Anlagen und Verbesserung der gesamtwirtschaftlichen Organisation, aber auch durch höhere individuelle Arbeitsleistung sollen die Planziele (Tabelle 5) erreicht werden.

Tabelle 5. Plankennwerte zum sechsten Fünfjahresplan (1981 bis 1985) (2).

	Einheit	1980	1985	Wachstumskennziffern in %	
				Ursprünglich	Endgültig
Bruttoproduktionswert von Industrie und Landwirtschaft	Mrd. Yuan	715,9	871	5,5	4
Kohle	Mill. t		700	3,5	2,5
Erdöl	Mill. t		100	3,5	0,0
Stromerzeugung	Mrd. kWh		362	7,0	3,78
Stahl	Mill. t		39	3,5	0,98
Mineraldünger	Mill. t		13,4	3,5	1,7
Getreide	Mill. t		360	4,5	2,3
Produktionswert der Maschinenindustrie				5,6	4,7
Bruttoproduktionswert der Landwirtschaft	Mrd. Yuan	218,7	266		
Bruttoproduktionswert der Industrie	Mrd. Yuan	497,2	605		
darin Schwerindustrie	Mrd. Yuan				3,0
darin Leichtindustrie	Mrd. Yuan				5,0

I. Überblick

Die Voraussetzungen für Rationalisierung und verbesserte Organisationsformen schaffte die 1979 begonnene Konsolidierungs- und Strukturpolitik, die bis zum Ende der Planperiode fortgesetzt werden soll, um die angekündigten Reformvorhaben schrittweise einführen zu können.

Im Planungszeitraum beläuft sich das Volumen für Anlageinvestitionen auf 360 Mrd. Yuan. Verglichen mit dem vergangenen Fünfjahresplan ist es sehr gering und auf nationale Schwerpunktprojekte konzentriert, während für Vorhaben von örtlicher Bedeutung keine Mittel zur Verfügung stehen. Insgesamt wurden 890 Projekte in Angriff genommen, von denen 400 noch im Planungszeitraum fertiggestellt werden sollen. Von den gesamten Investitionen sollen rund 36% — gegenüber 20% in früheren Jahren — zur Modernisierung vorhandener Anlagen eingesetzt werden. Damit wird der Tatsache Rechnung getragen, daß ein wesentlicher Teil der Anlagen in der Industrie aus den 50er Jahren stammt und ersetzt werden muß. Von den Neuinvestitionen fließen 23,5% in den Energiebereich, 13% in den Verkehr und das Nachrichtenwesen, 6% in die Landwirtschaft und etwa 57,5% in die übrigen Bereiche (Tabelle 6).

Eine wesentliche Aufgabe des sechsten Fünfjahresplanes liegt in der Behebung des seit Jahren hohen Haushaltsdefizits, das jährlich mit über 3 Mrd. Yuan in Ansatz gebracht worden ist. Neben einer gründlichen Ausgabenkontrolle hofft die Regierung, dieses Problem ferner über ein neues Steuersystem anstelle der bisher üblichen Gewinnabführung sowie über eine stärkere Inanspruchnahme fremder Finanzierungsmittel lösen zu können. Darüber hinaus ist vorgesehen, die mit Verlust arbeitenden Betriebe entweder stillzulegen oder mit anderen Betrieben zu einer wirtschaftlich tragfähigen Einheit zusammenzuschließen.

Der durch die Kulturrevolution ausgelöste Niedergang des Bildungswesens soll nun endgültig überwunden werden. Nachdem im fünften Fünfjahresplan nur 11% der staatlichen Ausgaben für Aufgaben des Erziehungs- und Gesundheits-

Tabelle 6. Investitionen nach dem sechsten Fünfjahresplan (1981 bis 1985) (1.).

Investitionsbereich	Investitionshöhe	
	Mrd. Yuan	%
Anlageninvestitionen	360,0	100
Modernisierung vorhandener Anlagen	130,0	36
Neuinvestitionen	230,0	64
Neuinvestitionen	230,0	100
Kohle	17,9	7,8
Erdöl	15,4	6,7
Elektroenergie	20,7	9,0
Verkehr und Nachrichtenwesen	29,8	13,0
Landwirtschaft	14,1	6,1
Textil- und übrige Leichtindustrie	13,9	6,0
Metallurgische Industrie	17,5	7,6
Chemische Industrie	11,4	4,9
Baumaterial (und Forstwirtschaft)	7,3	3,2
Sonstige Bereiche	82,0	35,7

wesens vorgesehen waren, sind es im laufenden Plan fast 16%. Unter anderem soll hierdurch die Zahl der Studenten bis 1985 um 13,6% auf 1,3 Mill. erhöht werden. Bildung und Wissenschaft werden wieder als Investition für die Zukunft angesehen.

2.6 Die Situation der Wirtschaft 1982/83

Die wirtschaftliche Entwicklung im betrachteten Planungszeitraum deutet darauf hin, daß die mittelfristigen Planziele des sechsten Fünfjahresplanes gut erreicht, wenn nicht gar überschritten werden. Das Wachstum der Volkswirtschaft hat sich wieder beschleunigt und liegt deutlich über dem durchschnittlichen Zuwachs, der für den Zeitraum bis 1985 vorgesehen ist.

Nach den offiziellen Angaben des Staatlichen Statistikamtes nahm die gesamte wirtschaftliche Güterproduktion real um 7,4% auf 424,7 Mrd. Yuan zu und erreichte wieder den langfristigen Entwicklungstrend der Vergangenheit. Mit der Erhöhung der Bruttoproduktion der Industrie um nominal 7,7% wurde der Planwert fast um den doppelten Betrag überschritten (Tabelle 7).

Die Zahlen machen allerdings deutlich, daß wichtige Ziele des sechsten Fünfjahresplanes, nämlich die Konsolidierung der Wirtschaft bei verhaltenem Wachstum, bisher nicht realisiert worden sind.

Tabelle 7. Wirtschaftsdaten der Volksrepublik China für das Jahr 1982 (3).

	1982 Mrd. Yuan	Veränderungen gegenüber 1981 %
Bruttosozialprodukt	989,4	9,0
Staatseinkommen (vorläufig)	424,7	7,4
Bruttoproduktionswert der Industrie und der Landwirtschaft	829,1	8,7
Bruttoproduktionswert der Landwirtschaft	278,5	11,0
darin: Feldfrüchte	174,7	10,1
Forstwirtschaft	11,0	8,5
Viehzucht	45,6	13,2
Fischzucht	5,1	12,1
landwirtschaftliche Nebenproduktion	42,1	12,8
darin: Produktion der landwirtschaftl. Brigaden der Industrie	30,4	9,4
Bruttoproduktionswert der Industrie	550,6	7,7
darin: Leichtindustrie	276,6	5,7
darin: Lebensmittelindustrie		9,5
Textilindustrie		1,3
Bedarfsartikelindustrie		7,2
Schwerindustrie	274,0	
darin: Maschinenindustrie		15,2
Baumaterialien		14,1
Kunstdünger und chem. Insektizide		8,4

I. Überblick

Die stärkere Produktionszunahme der Schwerindustrie wurde durch unplanmäßig vermehrte Anlageninvestitionen ermöglicht. Hierdurch ist die angestrebte Wachstumsrelation zur Leichtindustrie wieder gestört worden. Während die Wachstumsrate der Leichtindustrie 1981 mit 14,1% die der Schwerindustrie, die um 4,7% zurückgegangen war, weit übertroffen hatte, lief die Entwicklung von 1982 an wieder umgekehrt (Tabelle 8). Die erneut einsetzende Kapazitätsausweitung der Schwerindustrie wurde durch eine verstärkte Nachfrage nach Produktionsmitteln für die Landwirtschaft und die Leichtindustrie ausgelöst. Infolge der größeren Leistungsfähigkeit und des geringeren Energiebedarfs der neuen Produktionsmittel konnte durch deren Einführung allerdings eine strukturelle Verbesserung eingeleitet werden.

Tabelle 8. Geplante und tatsächliche Wachstumsraten der Leicht- und der Schwerindustrie in Prozent (4).

	1979	1980	1981 Plan	1981 Ist	1982 Plan	1982 Ist	1983 Plan	1983 Ist (1. Hj.)
Industrie			2,4	4,1	4,0	7,7	4,0	10,5
Leichtindustrie	9,6	18,4		14,1	7,0	5,7	4,1	8,7
Schwerindustrie	7,7	1,4		— 4,7	1,0	9,9	3,9	12,4

Das stärkere Wachstum der Schwerindustrie wird allerdings die Energieprobleme trotz Steigerung der Primärenergieproduktion gegenüber dem Vorjahr um 5,7% wieder verschärfen. Mit einem Anstieg der Kohlenfördermenge von 7% und der Stromerzeugung von etwa 6% (einschließlich der Wasserkraft um 13,5%), wodurch die Planansätze zwar erreicht bzw. überschritten wurden, erweist sich die Energiebereitstellung dennoch weiterhin als unzureichend.

Mit 8,2 Mill. t lag die 1982 neu geschaffene Jahresproduktionskapazität des Steinkohlenbergbaus wesentlich niedriger als im Jahre 1981 (Tabelle 9). Aber auch in den Vorjahren war sie nicht ausreichend, was bei der langen Vorlaufzeit von Industrieprojekten im Primärenergiebereich auf die Versäumnisse in den 70er Jahren zurückzuführen ist. Dies gilt in verstärktem Maße auch für die Mineralölindustrie. Die im sechsten Fünfjahresplan aufgegriffenen Schwerpunktprojekte im Energiebereich werden daher erst Anfang der 90er Jahre zum Tragen kommen, so daß eine Verbesserung der Energieversorgung kurzfristig kaum realisierbar ist.

Die Investitionsausgaben erreichten 1982 mit 55,5 Mrd. Yuan den seit 1977 höchsten Betrag und überschritten damit den Planansatz um 25%. Bei den aus

Tabelle 9. Neugeschaffene Produktionskapazitäten im Primärenergiebereich (5).

Wirtschaftszweig	Produktionskapazität in Mill. t				
	1978	1979	1980	1981	1982
Steinkohlenbergbau	11,51	13,93	8,29	13,73	8,2
Mineralölindustrie	9,99	9,0	5,75	5,19	3,17

dem staatlichen Budget finanzierten Investitionen, die 1982 an den Gesamtinvestitionen mit rund 50% (1981: 56%) beteiligt waren, betrug die Überschreitung 10%. Die finanzielle Dispositionsfreiheit der regionalen Behörden und örtlichen Betriebe war zwar seit Ende 1981 durch Verordnungen wieder stark eingeschränkt worden, dennoch konnte hierdurch eine Planüberschreitung, die mit 45% noch wesentlich höher war als bei den Zentralbehörden, nicht verhindert werden. An diesen Disproportionen zeigt sich, wie schwer die gesamtwirtschaftliche Investitionslenkung im Sinne der Planung in China zu realisieren ist. Die hierbei notwendigerweise auftretende Konkurrenz der einzelnen Projektträger um Material, Investitionsgüter, Arbeitskräfte und Finanzmittel führte dazu, daß der seit einigen Jahren hohe Bestand an unvollendeten Investitionsprojekten zugenommen hat und rund ein Viertel der im Jahr 1982 fertiggestellten Projekte noch nicht in Betrieb gehen konnte.

Bei der technischen Umgestaltung von Betrieben mit dem Ziele der Qualitätsverbesserung sowie der Einsparung von Energie-, Roh- und Hilfsstoffen, wofür mit 29 Mrd. Yuan knapp 30% mehr Investitionsmittel als im Jahr 1981 zur Verfügung gestellt wurden, konnten demgegenüber etwa 50% der begonnenen Maßnahmen im gleichen Jahre auch bereits fertiggestellt werden.

Diese Schwäche der chinesischen Behörden, größere Investitionsprojekte nicht konsequent auszuwählen, vorzubereiten und auszuführen, bietet jedoch zugleich eine Chance für ausländische Consulting-Unternehmen und internationale Organisationen, die zunehmend bei der Abwicklung solcher Vorhaben eingeschaltet oder mit dieser voll betraut werden. Die seit mehreren Jahren zurückgehenden Staatseinnahmen und das damit verbundene Haushaltsdefizit hat ferner dazu geführt, daß China nun ausländische Finanzierungshilfe zu günstigen Konditionen zunehmend in Anspruch nimmt.

Auch in der Landwirtschaft wurden 1982 hohe Steigerungsraten von durchschnittlich 9,3% erreicht. Dieser Trend setzte sich weiter fort und führte mit der erstmaligen Sicherstellung der Selbstversorgung mit Getreide im Jahre 1984 zu dem bisher besten Ergebnis seit Bestehen der Volksrepublik. Dies konnte vor allem aufgrund günstiger Witterung und infolge Ausweitung des „Systems der Eigenverantwortung" bei gleichzeitiger Verbesserung der technischen Hilfsmittel (Traktoren, Mineraldünger usw.) erzielt werden. Nach Verbesserung der Finanzierungsmöglichkeiten durch die Landwirtschaftsbank und Einrichtung von Ausbildungs- und Beratungsdiensten scheinen die Bauern auch verstärkt zu Eigeninitiativen bereit zu sein, beispielsweise bei der Beschaffung von Bearbeitungsgeräten, bei Maßnahmen zur Bodenverbesserung und bei der Errichtung von Bewässerungsanlagen.

Bei einer Bewertung der Gesamtentwicklung muß festgestellt werden, daß das als Voraussetzung für eine zukünftige schnelle Entwicklung der chinesischen Wirtschaft angesehene Ziel der Adjustierung noch nicht erreicht worden ist. Die Führung will jedoch den auf mehr Effizienz der Gesamtwirtschaft gerichteten Kurs weiter fortsetzen und muß dabei um eine bessere Koordinierung der wirtschaftlichen Maßnahmen und um eine Forcierung der eingeleiteten Reformen bestrebt sein. Besondere Aufmerksamkeit wird sie daher der Lösung der Probleme der Energie- und der Verkehrswirtschaft wie auch der Rohstoffwirtschaft insgesamt schenken müssen.

I. Überblick

Quellennachweis zu Kapitel I

1. VR China: Guter Start in den 6. Fünfjahresplan. In: DIW Wochenbericht 1983, Nr. 26, S. 341/46.

2. *Lin Chen:* Yiqiubaer nian zhonggong jingji (Die kommunistische Wirtschaft 1982). In: Zhonggong yanjiu (1983) S. 47/60.

3. Kommuniqué über die Ausführung des Plans für die volkswirtschaftliche und gesellschaftliche Entwicklung für 1982. Hrsg.: Staatliches Statistikamt vom 29. April 1983. In: Beijing Rundschau vom 17. 5. 1983 S. I/XIII.

4. *Louven, E.:* Planwirtschaftlicher Zentralismus und verkehrswirtschaftliche Reformelemente: Zur wirtschaftspolitischen Diskussion auf dem 6. NVK. In: China aktuell, Juni 1983, S. 373/75.

5. Zhongguo jingji nianjian 1983 (Almanac of China's Economy 1983). Beijing, 1983, S. III/31.

6. *Aird, J.:* The Preliminary Results of China's 1982 Census. In: China Quarterly (1983) Nr. 96, S. 613/40.

7. *Baum, R.:* Chinas Four Modernizations. The Technological Revolution. Boulder (Col.), 1980.

8. *Braumann, F.,* u. a.: Wirtschaftsreformen in der VR China 1978—1982. Frankfurt, 1983.

9. *Brugger, B.* (Hrsg.): 1. China: The Impact of the Cultural Revolution. London/New York, 1978. 2. China since the "Gang of Four". London/New York, 1980.

10. *Cai Mingqin:* Zhongguo dalu renkou wenti tantao (Erörterung der Bevölkerungsproblematik auf dem chinesischen Festland). In: Zhonggong Yanjiu 17 (1983) Nr. 2, S. 99/110.

11. *Chin, St. S. K.:* Modernization in China. Hongkong, 1979.

12. *Eckstein, A.:* China's Economic Revolution. Cambridge, 1977.

13. *Emerson, J.:* Urban School-leavers and Unemployment in China. In: China Quarterly 93 (1983), S. 1/16.

14. *Friedrich Ebert-Stiftung:* Chinas langer Marsch ins dritte Jahrtausend. Bonn, 1984.

15. *Gou Bin:* Shenme shi guotu jingjixue? (What is Territorial Economics?) In: Xiandaihua 3 (1981) Nr. 5, S. 15/16.

16. *Gransow, B.:* Probleme städtischer Beschäftigung und Arbeitskräftepolitik. In: Braumann, F.: Wirtschaftsreformen in der VR China 1978—1982. Frankfurt, 1983.

17. *Großmann, B.:* Die wirtschaftliche Entwicklung der VR China. Stuttgart, 1960.

18. *Henze, J.:* Bildung und Wissenschaft in der VR China zu Beginn der achtziger Jahre. (Mitteilungen des Instituts für Asienkunde Nr. 132) Hamburg, 1983.

19. Higher Education: The Tension between Quality and Equality. In: Hayhoe, R. (ed.): Contemporary Chinese Education. London, 1984, S. 93/153.

20. *Howe, Ch.:* China's Economy, A Basic Guide. London, 1978.

21. *Klenner, W.:* Der Wandel in der Entwicklungsstrategie der VR China. Hamburg, 1981.

22. *Klenner, W.,* und *K. Wiesgart:* Chinas Wirtschaftsstruktur und Reformen in Binnen- und Außenwirtschaft. Studie des Instituts für Wirtschaftsforschung (HWWH) im Auftrag des Bundesministers für Wirtschaft. Hamburg, 1982.

23. *Kosta, J.,* und *J. Meyer:* Volksrepublik China, Ökonomisches System und wirtschaftliche Entwicklung. Frankfurt/Köln, 1976.

24. *Kraus, W.:* Wirtschaftliche Entwicklung und sozialer Wandel in der VR China. Berlin/Heidelberg/New York, 1979.

25. *Pfennig, W.,* und *K. Voll:* Entwicklungsprobleme und Lösungsversuche in der VR China: Maos Erbe im Widerspruch. Berlin, 1977.

26. *Pfennig, W.,* u. a.: Volksrepublik China. Berlin, 1983.
27. *Prybyla, J. S.:* The Chinese Economy. Problems and Politics. Columbia, 1978.
28. *Schädler, M.,* und *V. Peters:* Entwicklungsprobleme urbaner Industriezweige: Reform der Privatwirtschaften. In: Braumann, F.: Wirtschaftsreformen in der VR China 1978—1982. Frankfurt, 1983.
29. *Scharping, Th.:* Chinas Bevölkerung 1953—1982. Berichte des Bundesinstituts für ostwissenschaftliche und internationale Studien Nr. 36. Köln, 1983.
30. *Tung, R.:* Chinese Industrial Society after Mao. Lexington/Toronto, 1982.
31. *Wu Yuan-li:* The Spatial Economy of Communist China. New York, 1967.
32. Zhongguo tongji nianjian 1981 (Statistisches Jahrbuch). Beijing, 1982.
33. Zhongguo jingji nianjian 1982 (Wirtschaftsjahrbuch). Beijing, 1982.

II. Energiewirtschaft

1. Allgemeines

1.1 Energiereserven

Die VR China ist mit eigenen Energieressourcen besonders gut ausgestattet. Im Weltmaßstab sehr bedeutsam sind die Kohlenreserven und das Potential an Wasserkraft. Es zeichnet sich ab, daß noch in diesem Jahrzehnt auch Mineralölvorräte in beträchtlicher Größenordnung nachgewiesen sein werden.

Die gegenwärtig als wirtschaftlich gewinnbar eingestuften nachgewiesenen Energiereserven betragen rund 290 Mrd. t SKE. Hieran ist die Kohle mit 71%, die Wasserkraft mit 28% und das Mineralöl mit 0,9% beteiligt. Aus der Tabelle 10 geht die regionale Verteilung der einzelnen Energieträger hervor. Danach entfallen auf die Regionen Nordost und Nord 50% sowie auf die Regionen Nordwest

Tabelle 10. Regionale Verteilung der wirtschaftlich gewinnbaren Energiereserven (8 u. a.).

Region	Gewinnbare Energie in Mill. t SKE					
	Kohle	Wasserkraft	Mineralöl	Erdgas	Gesamt Mill. t SKE	%
Nordost	5 650	1 600	1 095	33	8 400	2,9
Nord	135 800	1 000	570	7	137 400	47,5
Summe	141 450	2 600	1 665	40	145 800	50,4
Nordwest ...	19 500	8 000	540	20	28 100	9,7
Südwest	22 150	55 100	20	94	77 300	26,7
Summe	41 650	63 100	560	114	105 400	36,4
Mitte/Süd ...	7 800	12 600	120	3	20 500	7,1
Ost	14 200	2 900	375	18	17 500	6,1
Summe	22 000	15 500	495	21	38 000	13,2
Gesamt	205 100	81 200	2 720	175	289 200	100,0
(%)	(70,9)	(28,0)	(0,9)	(0,1)	(100)	
Energieträger spezifische Mengenangabe	Mrd. t 300	Mrd. kWh 1 923	Mill. t 1 811	Mrd. m³ 131,5		

Umrechnungsfaktoren: Steinkohle: 5000 kcal/kg; Braunkohle: 3330 kcal/kg; Mineralöl: 10 500 kcal/kg; Erdgas 9310 kcal/m³; Elektrizität: 2954 kcal/kWh.
Für die Kohle sind die sicheren und wahrscheinlichen, für das Mineralöl und Erdgas nur die sicheren Vorräte, für die Wasserkraft das erschließbare Potential zugrunde gelegt. Bei der Kohle wurde von einem nachgewiesenen Vorrat von 600 Mrd. t ausgegangen, von dem die Hälfte als gewinnbar angesehen wird. Die theoretischen Wasserkraftreserven betragen 670 GW, hiervon sind 380 GW erschließbar und für 100 Jahre in Ansatz gebracht.
Quellen: Kohle: Tabelle 17; Mineralöl/Erdgas: Tabelle 44; Wasserkraft: Tabelle 49.

und Südwest 36% der gewinnbaren Reserven. In Mittel-, Süd- und Ostchina, wo über die Hälfte der chinesischen Bevölkerung lebt, werden mit 13% die geringsten Energievorkommen angetroffen. Daraus wird deutlich, daß neben einer ausreichenden Energiegewinnung die Energieverteilung als wichtigstes Problem der chinesischen Energiewirtschaft anzusehen ist. Die erwarteten Mineralölvorräte vor der chinesischen Ostküste werden das Verhältnis zugunsten der Ostprovinzen jedoch zukünftig sehr wahrscheinlich verbessern.

1.2 Energieerzeugung und Energieverbrauch

Mit der Produktion an kommerziellen Energieträgern, die 1983 etwa 715 Mill. t SKE erreichte, steht die VR China hinter den USA, der UdSSR und hinter Saudi-Arabien an vierter Stelle in der Weltrangliste; nach den USA und der UdSSR ist sie mit rund 690 Mill. t SKE ferner der drittgrößte Verbraucher an kommerzieller Energie.

Das Verhältnis Energieverbrauch: Bruttoproduktionswert liegt in China etwa dreimal so hoch wie in vergleichbaren Entwicklungsländern und sechsmal höher als in den Industrieländern. Demgegenüber bleibt der jährliche Pro-Kopf-Verbrauch an kommerziellen Energieträgern mit 0,7 t SKE weit hinter den Vergleichszahlen der Industrieländer zurück (USA 12,4 t; Bundesrepublik Deutschland 6,6 t; UdSSR 6,1 t; Brasilien 1,0 t; Indien 0,8 t). Hiermit liegt China zwar über dem Durchschnitt der Entwicklungsländer, andererseits wird es aber von einer Reihe von Entwicklungsländern auch aus dem sozialistischen Lager übertroffen. Dabei ist jedoch zu berücksichtigen, daß bei Gründung der Volksrepublik im Jahre 1949 die Energieproduktion mit 23,8 Mill. t SKE sehr gering war, was bei einer Bevölkerung von 540 Mill. Menschen einem Pro-Kopf-Verbrauch von nur 44 kg SKE entsprach.

Durch die seit dieser Zeit im Energiebereich vorgenommenen Investitionen, die ein Drittel der Gesamtinvestitionen ausmachten, konnte die Produktion aller Energieträger stark gesteigert werden:

Energieträger	Einheit	1952	1983
Kohle	Mill. t	66	715
Mineralöl	Mill. t	0,44	106
Erdgas	Mrd. m^3	0,0008	12
Wasserkraft	Mrd. kWh	1,3	70

Die einzelnen Produktionssteigerungsraten sind in den verschiedenen Zeitabschnitten beachtlich und liegen im Durchschnitt der Jahre 1952 bis 1983 bei 7,9% (Tabelle 11). In Verbindung mit dem starken Bevölkerungswachstum konnte jedoch der Pro-Kopf-Verbrauch nicht befriedigend verbessert werden.

II. Energiewirtschaft

Tabelle 11. Jährliches Wachstum der Energieproduktion von 1952 bis 1983 (1) und von 1980 bis 2000 in Prozent.

Zeitraum	Gesamt	Strom Aus Wasserkraft	Kohle	Mineralöl*	Erdgas	Gesamt**
Ist						
1952 bis 1965	18,7	17,6	10,1	28,5	46,2	10,9
1965 bis 1970	11,4	14,5	8,8	22,1	20,9	10,6
1970 bis 1975	11,1	18,4	6,4	20,2	25,3	9,5
1975 bis 1980	8,9	4,1	5,2	6,6	10,0	5,6
1980 bis 1983		6,3	3,7	0,1	0,7	2,9
1952 bis 1983		13,8	7,8	19,4	27,2	7,9
Plan						
1980 bis 1985	3,8	3,8	2,5	− 1,2	− 6,8	1,4
Geschätzt						
1985 bis 1990						1,9
1990 bis 2000						1,9

* Ausschließlich Ölschiefer.
** Ohne Stromerzeugung aus Wärmekraftwerken.

Der Primärenergieanteil der Kohle, die für die Energieversorgung Chinas immer von größter Bedeutung war und bis zur Gründung der Volksrepublik ausschließlich den kommerziellen Brennstoffbedarf des Landes gedeckt hat, ist seit 1952 von knapp 98% aufgrund der raschen Entwicklung der chinesischen Mineralölproduktion in den 70er Jahren zwischenzeitlich auf 69% zurückgegangen. Während der Kohlenbergbau in den 50er Jahren vor allem wegen des Vorranges der Schwerindustrie stark gefördert worden war, galt das Interesse der chinesischen Behörden nach Entdeckung der großen Mineralölfelder in den 70er Jahren vor allem diesem Industriezweig, aber auch der Entwicklung der Wasserwirtschaft, wodurch eine breitere Energieversorgungsbasis geschaffen werden konnte. Heute bestreitet der Kohlenbergbau jedoch wieder gut 71% der Gesamtenergieerzeugung und wird erneut forciert ausgebaut, nachdem die Mineralölproduktion seit einigen Jahren stagniert und ihr Versorgungsanteil von 24 auf unter 22% gefallen ist. Die Wasserkraft liegt mit knapp 5% noch relativ niedrig, jedoch höher als der Anteil des Erdgases, das mit maximal 3% bisher nur geringe Bedeutung erlangen konnte (Tabelle 12).

Tabelle 12. Anteil der Energieträger an der Primärenergieerzeugung in Prozent.

Energieträger	1952	1965	1975	1979	1980	1981	1982	1983
Kohle	97,6	88,1	70,5	70,0	69,1	69,8	70,9	71,4
Mineralöl	1,3	8,8	23,0	23,9	24,1	23,3	22,1	21,6
Erdgas	−	0,8	2,4	2,9	3,0	2,7	2,3	2,7
Wasserkraft	1,1	2,3	4,1	3,2	3,8	4,3	4,7	4,7

1. Allgemeines

Eine Energiebilanz liegt nur aus dem Jahre 1979 vor (Tabelle 13). Danach steht einem relativ hohen kommerziellen Energieverbrauch mit 69% in der Industrie ein sehr geringer Verbrauch mit 13% in den Haushalten, 6% in der Landwirtschaft und 5% im Verkehrsbereich gegenüber.

Die Verbraucherstruktur der Kohle änderte sich zwischen 1979 und 1983:

Verbrauchssektor	Verbrauchsanteil in Prozent		
	1979	1981	1983
Industrie	64	60	58
Hüttenindustrie		(10)	(12)
Leichtindustrie		(15)	(14)
Sonstige Industrie		(35)	(32)
E-Wirtschaft	16	21	22
Transport	3	5	6
Haushalte und Kleinverbraucher	17	14	14
Gesamt	100	100	100

Der zu verzeichnende relative Rückgang des Kohlenverbrauchs in der Industrie und der Anstieg in der Elektrizitätswirtschaft ist bereits eine Folge der mit der Adjustierungspolitik eingeleiteten Umstrukturierung, die zu einer Verringerung des Mineralöleinsatzes in der Elektrizitätswirtschaft von knapp 20% im Jahr 1979 auf 12,5% im Jahr 1983 führte und gleichzeitig mit einer Verbesserung der Kesselwirkungsgrade in den Kohlenfeuerungsanlagen verbunden war.

Trotz des relativ raschen Wachstums des Energieaufkommens mit 7,9% im Durchschnitt der Jahre 1952 bis 1983, das damit höher lag als dasjenige des Bruttoproduktionswertes mit 6%, ist die Energieversorgung Chinas noch völlig unzureichend. Sie stellt neben der stark unterentwickelten Infrastruktur einen der schwierigsten Engpässe für eine zügige wirtschaftliche Entwicklung dar.

China fehlt nach Schätzungen aus dem Jahre 1983 eine Energiemenge von etwa 57 Mill. t SKE (30 Mill. t Kohle, 10 Mill. t Mineralöl, 50 Mrd. kWh Strom), um eine allseitige optimale Versorgung der Produktionsbetriebe, von denen 1983 20% wegen unzureichender Energiebereitstellung stilllagen, sicherzustellen. Besonders gravierend ist jedoch die unzureichende Energieversorgung der Bevölkerung. Der Verbrauch an kommerzieller Energie lag in den Haushalten 1979 bei 87 Mill. t SKE oder 91 kg SKE/Einwohner (Tabelle 13). Hieran war die Kohle mit über 90% beteiligt. Das entsprach im Durchschnitt vergleichsweise etwa 100 kg Kohle/Einwohner, wobei auf die städtische Bevölkerung etwa 410 kg/Einwohner und auf die ländliche Bevölkerung rund 60 kg/Einwohner

II. Energiewirtschaft

Tabelle 13. Energiebilanz für das Jahr 1979 (1).

| | Kommerzielle Energieträger ||||||||
| | Kohle ||| Mineralöl ||| Erdgas |||
	Mill. t	Mill. t SKE	%	Mill. t	Mill. t SKE	%	Mrd. m³	Mill. t SKE	%
Primärenergieproduktion.....	635	454	70	106	155	24	15	19	3
Energieverbrauch.........	630	451	—	89	130	—	15	19	—
Industrie..............	385	289	—	43	62	—	13	17	—
Haushalte und Kleinverbrauch	109	79	—	1	2	—	—	—	—
Landwirtschaft und Sonstige...	—	—	—	14	20	—	—	—	—
Transport............	25	12	—	14	21	—	—	—	—
E-Wirtschaft..........	111	71	—	17	25	—	2	2	—
Export...............	5	3	—	17	25	—	—	—	—

Umrechnungsfaktoren in SKE (7 000 kcal/kg):

Kohle (im Durchschnitt)	5 000 kcal/kg	Rohöl (für Kraftwerke und Industrie)	10 200 kcal/kg
Kohle (für Kraftwerke)	4 476 kcal/kg	Mineralöl (raffiniert, für Export)	11 400 kcal/kg
Kohle (für die Industrie)	5 250 kcal/kg	Erdgas	9 310 kcal/m³
Kohle (für die Eisenbahn)	3 370 kcal/kg	Elektrizität	2 954 kcal/kWh
Kohle (Rest)	5 090 kcal/kg		

entfielen (Tabelle 14). Diese Werte sind seit 1965 fast konstant geblieben und zeigen das Dilemma, in dem sich die Energiewirtschaft bei dem Bemühen um die Verbesserung der Energieversorgung bei einer stark wachsenden Bevölkerungszahl befindet.

Durch den Verbrauch an traditioneller bzw. nicht-kommerzieller Energie wird die Bilanz insbesondere bei der ländlichen Bevölkerung jedoch stark aufgebessert, so daß durch einen Zugang von 250 Mill. t SKE aus diesem Bereich auf die Haushalte 1979 insgesamt 337 Mill. t SKE entfielen. Bezogen auf eine Bevölkerung von 971 Mill. Menschen im Jahr 1979 entsprach das einem Pro-Kopf-Verbrauch von 347 kg SKE.

Tabelle 14. Entwicklung des Kohlenverbrauchs der chinesischen Bevölkerung (2).

| Jahr | Chinesischer Kohlenverbrauch ||||||
| | Städte || Land || Gesamt ||
	Mill. t	kg/Einwohner	Mill. t	kg/Einwohner	Mill. t	kg/Einwohner
1953	15,750	194	14,830	29	29,980	50
1965	38,780	381	36,220	58	75,000	103
1975	47,040	421	46,460	58	93,500	102
1978	49,140	409	51,490	61	100,630	105

1. Allgemeines

	Kommerzielle Energieträger					Nicht kommerzielle Energieträger	Energieträger Gesamt	
Wasserkraft TWh	Elektrizität Gesamt TWh	Mill. t SKE	%	Gesamt Mill. t SKE	%	Mill. t SKE	Mill. t SKE	%
50		21	3	649	100	250	899	100
n. b.	282	119	—	621	96	250	871	97
n. b.	184	78	—	446	69	n. b.	446	50
n. b.	15	6	—	87	13	250	337	37
n. b.	38	16	—	36	6	n. b.	36	4
n. b.	1	1	—	34	5	n. b.	34	4
n. b.	43	18	—	18	3	0	18	2
—	—	—	—	28	4	—	28	3

Für 1983 wird die Erzeugung und der Verbrauch an nicht-kommerzieller Energie aus regenerierbaren biologischen Quellen auf 290 Mill. t SKE geschätzt (u. a. 450 Mill. t Stroh, 63 Mill. m³ Holz, 13,6 Mill. m³ Biogas, getrockneter Dung). Hinzu sind etwa 85 Mill. t SKE kommerzieller Energieträger gekommen, so daß sich die Gesamtversorgung auf 375 Mill. t SKE belief, was einem Pro-Kopf-Verbrauch von etwa 367 kg SKE entsprach. Damit ist die traditionelle Energie weiterhin mit einem Drittel an der Gesamtenergieversorgung beteiligt.

Trotz des Energiemangels ist China Exporteur von Primärenergieträgern, um über die Deviseneinnahmen vordringliche industrielle Projekte finanzieren zu können. Kohlenexporte sind seit den 60er Jahren bekannt. 1980 überschritten sie erstmals 6 Mill. t und haben 1983 bei 7 Mill. t gelegen. Die Mineralölexporte begannen 1973 mit etwa 3 Mill. t und erreichten 1979 mit 17 Mill. t ihren vorläufigen Höhepunkt. Insgesamt wurden bisher etwa 150 Mill. t Rohöl und Mineralölprodukte sowie schätzungsweise 50 Mill. t Kohle exportiert. Der Anteil der Energieausfuhr am Gesamtwert des Warenexportes betrug 1981 mit 47,8 Mrd. Yuan 15%. Am Bruttoproduktionswert der Industrie war der Energiesektor im gleichen Jahr mit 10% beteiligt. Die schwierige Lage auf dem chinesischen Energiemarkt wird an der Revision der mittelfristig gegenüber Japan eingegangenen Verpflichtungen zur Belieferung von Mineralöl deutlich. Es werden jedoch große Anstrengungen unternommen, den Energieexport weiter zu steigern. Hierbei wird zur Beschleunigung der offshore-Exploration und -Förderung von Mineralöl sowie zur schnelleren Erschließung von Kohlenvorkommen die Zusammenarbeit mit technologisch führenden ausländischen Unternehmen zunehmend verstärkt.

II. Energiewirtschaft

1.3 Ursachen des Energiemangels

China ist es trotz großer Energiereserven und relativ hoher Investitionen im Energiebereich bisher nicht gelungen, eine der Bevölkerungsentwicklung und der fortschreitenden Industrialisierung entsprechende, ausreichende Energieversorgung sicherzustellen.

Eine wesentliche Ursache hierfür wird darin gesehen, daß sich die Leitlinien der Energiepolitik, durch die die Investitionstätigkeit des Staates bestimmt wird, zu häufig geändert haben. Hierdurch sind vielfach die Investitionen im Energiebereich nicht voll zur Wirkung gekommen, oder sie haben sich später sogar als Fehlinvestitionen erwiesen, was heute von chinesischer Seite bemängelt und mit vielen Beispielen belegt wird.

So wurde in den 50er Jahren der Ausbau der Wasserenergie forciert, während Wärmekraftwerke nur ergänzend gebaut werden sollten. Später wurde dann dem Ausbau von Wasser- und Wärmekraftwerken gleiche Bedeutung beigemessen. Viele Wasserkraftwerksprojekte mußten im weiteren Verlauf der Entwicklung jedoch infolge zu hoher Kosten wieder eingestellt werden, da die Mittel für den gleichzeitigen Aufbau von Wasser- und Wärmekraftwerken fehlten. In den 60er und 70er Jahren wurde die sich rasch entwickelnde Erdölindustrie zum neuen Schwerpunkt der Energiepolitik. Die starken Steigerungen der Erdölproduktion führten zu einer sehr optimistischen Einschätzung der weiteren Entwicklungsmöglichkeiten, so daß Anfang der 70er Jahre große Petrochemieanlagen gebaut und in Betrieb genommen wurden, wodurch erhebliche Mengen an Mineralöl und Erdgas gebunden waren. Auch viele neu installierte Industrieöfen wurden auf Mineralölfeuerung ausgelegt, und eine große Anzahl ursprünglich mit Kohle befeuerter Anlagen mußte unter hohen Kosten auf Mineralöl umgestellt werden. 1979 sind daher 38 Mill. t Mineralöl, davon 17 Mill. t in den Kraftwerken, verbrannt worden. Ferner wurden rund 50% des Erdgases als Brennstoff verfeuert.

Ende der 70er Jahre war offensichtlich geworden, daß die Mineralölproduktion den Bedarf nicht mehr befriedigen konnte, woraufhin der weitere Ausbau der Petrochemie gestoppt und die Produktion gedrosselt werden mußte. Mit Mineralöl befeuerte Kraftwerke wurden stillgelegt, wenn die Umstellung auf Kohle Schwierigkeiten bereitete, und durch neu errichtete Kohlenkraftwerke ersetzt. Hierdurch entstanden erhebliche Kosten, die allein für die Umstellung auf Kohlenfeuerung auf 3 bis 4 Mrd. Yuan geschätzt werden.

Hinzu kam, daß seit dem dritten Fünfjahresplan für längere Zeit vor allem der Aufbau kleiner örtlicher Kohlengruben in unterversorgten Regionen bevorzugt wurde. Dies hatte zur Folge, daß über 50% der Prospektionstätigkeit und Investitionen in die Gebiete südlich des Zhangjiang flossen, jedoch wurden hier nur relativ geringe Kohlenmengen erschlossen und gefördert, während die großen Kohlenreviere im Norden des Landes nur unzureichende Investitionsmittel erhielten, womit kaum der Ersatzbedarf befriedigt werden konnte. Diese Politik, die eine regionale Autarkie verfolgte, verbesserte allerdings die örtliche Versorgung zum Teil sehr und brachte auch eine Entlastung des Transportsektors.

Das bereits oben erwähnte ungünstige Verhältnis Energieverbrauch:Bruttoproduktionswert liegt in China wesentlich höher als in vielen vergleichbaren Entwicklungsländern. Es hat sich im Verlauf der Zeit dort weiter verschlechtert. Während des ersten Fünfjahresplanes entsprach einem Bruttoproduktionswert aus dem Bereich Industrie und Landwirtschaft von 10 000 Yuan noch ein Energieaufwand von 6 bis 7 t SKE. In den 70er Jahren ist dieser Wert auf 10 t SKE angestiegen, nicht zuletzt allerdings beeinflußt durch den wachsenden Anteil der Schwerindustrie am Bruttoproduktionswert, dessen spezifischer Energieverbrauch 12,5 t SKE erreichte. Der vergleichbare Wert für die Leichtindustrie lag bei 2,8 t SKE. Hier setzten die chinesischen Ökonomen mit Überlegungen zur Einsparung von Energie an. Ihre Berechnungen ergaben, daß eine Verringerung des Anteils der Schwerindustrie am industriellen Bruttoproduktionswert um 1% zu einer Energieeinsparung von 4,5 Mill. t SKE führen müßte.

Auch in der Kraftwirtschaft wird mit hohem spezifischen Energieverbrauch gearbeitet. Ein Drittel der Generatoren ist älter als 20 Jahre und hat einen sehr geringen Wirkungsgrad. Auch ihre Ausnutzungsgrade werden häufig stark behindert. Bei durchgreifender Modernisierung der Kraftwirtschaft und entsprechender elastischer Infrastruktur könnte hier ein weiterer Spareffekt erzielt werden. Die traditionellen Fertigungsmethoden haben ferner in vielen Bereichen einen hohen spezifischen Energieverbrauch. So werden noch etwa 20% der chinesischen Kokserzeugung auf traditionelle Weise hergestellt, bei der die Kohlenwertstoffe nicht gewonnen werden können. Hieraus resultiert ein um 10% höherer Kohlenverbrauch.

Ein hoher Energieverbrauch wird auch durch die Struktur der chinesischen Industriebetriebe bedingt. Der Bruttoproduktionswert der Industrie wird zu 56% von Kleinbetrieben und zu 19% von Mittelbetrieben erbracht. Im Durchschnitt aller Kleinbetriebe liegt der Energieverbrauch pro 10 000 Yuan Nettoproduktion bei 13 t SKE; bezogen nur auf die Kleinbetriebe der Schwerindustrie erreicht er jedoch 58,5 t SKE. Gerade die Kleinbetriebe haben aber nach der Kulturrevolution zur besseren Befriedigung der örtlichen Nachfrage größere Förderung erfahren und werden auch aus entwicklungspolitischen Gründen noch lange Bedeutung behalten.

So bleibt festzustellen, daß auf der Suche nach dem richtigen entwicklungspolitischen Wege die Auswirkungen der jeweils eingeleiteten wirtschaftspolitischen Maßnahmen nicht immer rechtzeitig erkannt wurden und sich häufig negativ ausgewirkt haben.

1.4 Ziele der heutigen Energiepolitik

Zur Neuorientierung der Energiewirtschaft in der VR China war im Herbst 1980 die Gründung einer staatlichen Energiekommission bekanntgegeben worden, deren Aufgaben und Zuständigkeiten nach ihrer Auflösung im Zuge der Verwaltungsreform im Frühjahr 1982 weitgehend an die staatliche Kommission für Wirtschaftsplanung übergegangen sind.

II. Energiewirtschaft

Neben der beschleunigten Aufschließung neuer Energieressourcen wird die sparsame Energieverwendung als weiteres vordringliches Ziel der Energiepolitik angesehen, das durch stärkere Überwachung und Steuerung verwirklicht werden soll. Die im industriellen Bereich nur mit geringen Wirkungsgraden arbeitenden Energieerzeugungs-, -verteilungs- und -verwendungsanlagen sollen Zug um Zug ersetzt oder modernisiert werden, wobei der Realisierung der Kraft-Wärme-Kopplung besondere Beobachtung geschenkt werden soll.

Die großen Unterschiede im spezifischen Energieverbrauch zwischen den einzelnen Industriesektoren wird zu einer weiteren Umstrukturierung unter Einschränkung der Schwer- und zugunsten der Leichtindustrie führen. Mit einem Anteil von 51,4% an der gesamten industriellen Produktion hat die Leichtindustrie 1982 zum ersten Mal die traditionell dominierende Schwerindustrie übertroffen (vgl. Tabelle 7) und dazu beigetragen, den Energiebedarf zu reduzieren. Auch wird eine Veränderung der Industriestrukturen zwischen den einzelnen Provinzen angestrebt, bei denen ebenfalls große Unterschiede im spezifischen Energieverbrauch festgestellt worden sind.

Seit 1981 begann sich ferner die Einsicht durchzusetzen, daß die Probleme des Energiesektors aufs engste mit der gesamtwirtschaftlichen Entwicklung in den jeweiligen Wirtschaftsbereichen verbunden sind.

Die seit dieser Zeit vorangetriebenen Projekte zur Erschließung neuer Energiequellen beispielsweise im offshore-Bereich oder im Kohlenbergbau sind daher auch in typischer Weise eingebettet in umfangreiche Maßnahmen der allgemeinen wirtschaftlichen und verkehrspolitischen Entwicklung der betroffenen Region. Die Verbesserung der Transportsysteme soll dabei eine gezielte Zuteilung der Energie zu den Verbrauchssektoren ermöglichen. Auch zeigt die VR China zunehmend Interesse an ausländischer Beteiligung bei der Entwicklung von Modellen zur rationellen Industrieansiedlung oder zur Industrialisierung ganzer Wirtschaftsbereiche. Dabei sollen die Nuklearenergie und alternative Energiequellen dort in die Planung einbezogen werden, wo auf Grund der Standortgegebenheiten Kraftwerke auf fossiler Basis nicht wirtschaftlich betrieben werden können. Die Substitution von Mineralöl durch Kohle wird ferner als besonders dringlich angesehen, um das Mineralöl verstärkt in der chemischen und Kunststoff-Industrie sowie für Exporte verwenden zu können.

Zur Erhöhung des Wirkungsgrades von Energieerzeugungs- und Heizanlagen sollen verstärkt vorveredelte Primärenergieträger eingesetzt werden, was den beschleunigten Ausbau von Kohlenaufbereitungsanlagen und Mineralölraffinerien bedingt. Durch die systematische Kontrolle der Energieflüsse in den Industriebetrieben mit Hilfe von Meßanlagen und statistischen Erhebungen sowie in den Haushalten durch den Einbau von Meß- und Zählgeräten soll allgemein ein stärkeres Energiebewußtsein vom Management bis zum Arbeiter und Familienangehörigen erzielt werden.

Schließlich ist auch eine Reform des chinesischen Energiepreisgefüges beabsichtigt, das sich sehr stark von den Weltmarktpreisen unterscheidet und unter Berücksichtigung der zunehmenden internationalen handelspolitischen Verflechtungen Chinas völlig unzureichend den Knappheitsgrad der Energie widerspiegelt.

1.5 Zukünftige Entwicklung auf dem Energiesektor

Chinas Energiereserven lassen sich insbesondere im Bereich der Kohlen- und Wasserwirtschaft ohne Zweifel verstärkt entwickeln und beaufschlagen. Unter Berücksichtigung des allseitigen Wirtschaftswachstums ist das durchzuhaltende Entwicklungstempo im Energiebereich jedoch vor allem eine Frage des zur Verfügung stehenden Investitionskapitals und der benötigten Fachkräfte. Zu berücksichtigen ist ferner, daß eine bessere Befriedigung der Energienachfrage im industriellen Bereich durch die eingeleiteten Spar- und Umstrukturierungsmaßnahmen bereits eingesetzt hat, wodurch die Notwendigkeit zu größeren Wachstumsraten gemildert wurde.

Aus der Tabelle 11 ist ersichtlich, daß die durchschnittliche jährliche Wachstumsrate der Energieerzeugung zwischen 1952 und 1970 über 10% lag, von 1970 bis 1975 nur noch 9,5% erreichte und danach bis 1980 auf 5,6% abgefallen ist. An diesen Zahlen werden die Schwierigkeiten deutlich, die in den letzten Jahren die energiewirtschaftliche Entwicklung der VR China unter anderem durch unzureichende Investitionsmittel, länger werdende Bauzeiten von Steinkohlenbergwerken und Wasserkraftwerken sowie ungenügende Lagerstättenkapazität im Mineralölsektor ungünstig beeinflußt haben. Hier schlagen sich jedoch auch die negativen Auswirkungen der Kulturrevolution nieder. Der sechste Fünfjahresplan bringt in Verfolgung der Adjustierungspolitik bis 1985 nur ein Wachstum von 1,4% in Ansatz. Bis 1983 wurde allerdings bereits eine Steigerung von 2,9% erreicht, so daß bis 1985 sicherlich ein Wachstum der Energieproduktion von über 2% angenommen werden kann:

Zeitraum	Wachstumsrate %/a
1980 bis 1983	2,9
1980 bis 1985 (6. Fünfjahresplan)	1,4
1980 bis 1985 (wahrscheinlich)	2,1
1985 bis 1990	1,9
1990 bis 2000	1,9

Über die weitere Entwicklung des Energiesektors sind in den letzten Jahren mehrere chinesische Planvorstellungen bekanntgeworden. Bei den auf Grund der gesamtwirtschaftlichen Lage 1983 erkennbaren Voraussetzungen wird nach Einschätzung der Verfasser bei verhaltener ausländischer Unterstützung die in der Tabelle 15 aufgeführte Entwicklung im Energiebereich für realistisch angesehen. Danach wird die Energieproduktion von 1985 an bis zum Jahre 2000 jährlich im Durchschnitt um 1,9% wachsen und 941 Mill. t SKE erreichen.

Unter Berücksichtigung der gegenwärtig gespannten Lage auf dem Mineralölsektor wird davon ausgegangen, daß der Mehrbedarf an kommerzieller Primärenergie vor allem durch die Kohle gedeckt wird, was bei einem Wärmeinhalt von 5000 kcal/kg zu einem Anstieg der Kohlenproduktion bis 1990/2000 auf 780/950 Mill. t bzw. 557/679 Mill. t SKE führen müßte. Die übrigen Energieträger, die 1983 insgesamt rund 200 Mill. t SKE erreichten, hätten zusätzlich etwa 60 Mill. t SKE zu erbringen, was stärkere Aktivitäten beim Bau von Wasser- oder auch von Kernkraftwerken erforderlich macht. Letztere sind in der Betrachtung jedoch noch nicht berücksichtigt worden.

II. Energiewirtschaft

Tabelle 15. Voraussichtliche Energieproduktion von 1980 bis 2000 sowie die bisherigen und die zu erwartenden Wachstumsraten.

Energieträger		1980 Ist		1983 Ist		1985 Plan		1990 Schätzung		2000 Schätzung		
			Mill. t SKE	Mill. t SKE	%	6. Fünfjahresplan Mill. t SKE	Voraussichtlich (Stand 1984) Mill. t SKE		Mill. t SKE		Mill. t SKE	%
Kohle	Mill. t	620	443	510	71	700	500	780	557	950	679	72
Mineralöl	Mill. t	105,8	154	154	22	100	146	110	160	120	175	19
Erdgas	Mrd. m³	13,7	18	16	2	10	13	11	14	12	16	2
Wasserkraft	Mrd. kWh	58	25	36	5	70	30	115	49	170	71	7
Gesamt			640	716	100	689	710		780		941	100

(1983 Ist raw Mill. t/Mrd. m³/Mrd. kWh: Kohle 714,5; Mineralöl 106,7; Erdgas 12,2; Wasserkraft 86,4)

1. Allgemeines

Die Kohle wird mit einem Anteil von gut 70% am Energieaufkommen auch zukünftig Chinas wichtigster Primärenergieträger bleiben. Die größeren Reviere und die leicht erschließbaren Vorkommen sollen verstärkt ausgebaut und die Produktivität soll durch Einsatz moderner Technik erhöht werden. Die regional unterschiedliche Verteilung der einzelnen Energiereserven wirft dabei allerdings besondere Verteilungs- und Transportprobleme auf. Der Nutzungsgrad der Kohle soll durch den Bau weiterer Aufbereitungsanlagen und Brikettfabriken sowie durch die Entwicklung der Kohlenvergasungs- und -verflüssigungs-Anlagen verbessert werden.

In der Wasserkraft liegt ebenfalls eine große Energiereserve, die stärker als bisher nutzbar gemacht werden soll. Der Ausbau der Wasserkraft erfordert jedoch lange Bauzeiten und hohe Investitionen, so daß hier nur eine konsequente Entwicklung die Ziele erreichen läßt. Die bisher erschlossenen Mineralöl- und Erdgasvorräte erlauben keine Steigerung der Produktion mehr. Die Erdölexploration im Inneren des Landes und im offshore-Gebiet wird deshalb verstärkt vorangetrieben, so daß nach jetzigen Erkenntnissen in den 90er Jahren durchaus mit einer stärkeren Belebung der Mineralölproduktion als bisher angenommen gerechnet werden kann.

Eine wichtige Rolle zur Sicherung der Energieversorgung dürfte zukünftig auch der Kernenergie zufallen. Die vorhandenen Kenntnisse erlauben es bereits, ohne wesentliche ausländische Unterstützung kleinere Kernkraftwerke zu bauen. Allerdings wird hier nur mit internationaler Beteiligung ein schnellerer Fortschritt erzielt und der Bau von Großanlagen ermöglicht werden können. Die Errichtung der ersten zwei Atomkraftwerke mit ausländischer Unterstützung ist bereits vom Staatsrat genehmigt und wurde auch eingeleitet.

Die Versorgung der chinesischen Landbevölkerung mit Energie wird jedoch noch lange ein vordringliches Problem bleiben. Die traditionellen Energieträger werden daher im Betrachtungszeitraum eine noch größere Bedeutung als bisher erlangen. Neben einer verstärkten Aufforstung, wodurch das jährliche Brennholzvolumen vergrößert werden soll, sieht die chinesische Regierung langfristig nur einen Ausweg aus der Mangelsituation durch die verstärkte Einführung von Biogas-Anlagen auf dem Lande. Ende 1983 waren über 9 Mill. solcher Anlagen für etwa die gleiche Anzahl an Haushalten in Betrieb. Man schätzt, daß die Mangelsituation erst behoben sein wird, wenn 70% der Haushalte mit Biogas versorgt sind. Dies dürfte bei einer Installation von rund 120 Mill. Biogasanlagen der Fall sein. Allerdings warnen bereits heute Fachleute vor den ökologischen Schäden, die durch die verstärkte Nutzung von pflanzlichem Abfall, der dringend zur Bodenverbesserung benötigt wird, entstehen kann.

Die traditionellen Energieträger dürften bis zum Jahre 2000 mit etwa 350 Mill. t SKE in Ansatz gebracht werden. Damit würde sich das gesamte Primärenergieaufkommen auf etwa 1300 Mill. t SKE belaufen. Sollte das Bevölkerungswachstum nicht höher als der Planansatz von 1,1% ausfallen, was sehr unwahrscheinlich ist, hätte die VR China im Jahre 2000 eine Bevölkerung von 1,225 Mrd. Menschen. Die Pro-Kopf-Produktion an kommerzieller Energie würde dann 0,77 t SKE und an Gesamtenergie 1,06 t SKE betragen.

Entscheidend für die Verwirklichung der künftigen Energiepolitik wird sein, inwieweit es neben diesen Maßnahmen auch gelingt, das willkürliche Energie-

II. Energiewirtschaft

preisgefüge der Knappheit des Gutes Energie entsprechend anzupassen. Die Energie hat als Produktionsfaktor in China bisher noch nicht den gebührenden Stellenwert erhalten. Zunehmend beginnt sich jedoch hier die Einsicht durchzusetzen, daß auch in einem mit Bodenschätzen reich ausgestatteten Land die Energie zu den langfristig wertvollsten und kurzfristig immer knapper werdenden Ressourcen gehört.

Der dargelegten energiewirtschaftlichen Betrachtung liegt ein mittleres Entwicklungstempo der chinesischen Gesamtwirtschaft zugrunde, wie es ohne wesentliche Hilfe von außen für möglich gehalten wird. Die für das Jahr 2000 zu erwartende Pro-Kopf-Produktion zeigt jedoch, daß damit nur eine unwesentliche Verbesserung gegenüber der heutigen Situation erreicht würde. Da der Drang zur Erhöhung des Lebensstandards unter der chinesischen Bevölkerung sehr groß ist und die Regierung unter Erfolgszwang steht, muß die zukünftige wirtschaftliche Entwicklung günstiger verlaufen und damit auch die Energieproduktion höher ausfallen als hier dargelegt wurde. Von den Ressourcen sind dazu die Voraussetzungen grundsätzlich gegeben. Das bedeutet jedoch, daß China in Zukunft verstärkt darauf angewiesen ist, ausländische Unterstützung in Anspruch zu nehmen.

Quellennachweis zu Kapitel II Abschnitt 1 „Allgemeines"

1. *World Bank:* China: Socialist Economic Development, Bd. II, Washington, 1983.

2. *Sun, Shangqing:* Nengyuan jiegou (Energiestruktur). In: Ma Hong and Sun Shangqing: Zhongguo jingji jiegou wenti yanjiu (Untersuchung der Strukturprobleme der chinesischen Wirtschaft). Bd. 1, 1983, S. 261/94.

3. *Chen, Zengqing:* Zhongguo dianli gongye (Die Elektrizitätsindustrie Chinas). In: Zhongguo jingji nianjian (1981) IV, S. 65/67.

4. *Field, R. M.,* und *J. A. Flynn:* An Energy-constraint Modell of Industrial Performance trough 1985. In: Joint Economic Committee: China under the Four Modernizations. Part 1, Washington, 1982.

5. *Huang, Zaiyao,* und *Huang Rongsheng:* Dui jiejue wo guo nengyuan wenti de yixie kanfa (Einige Ansichten zur Lösung des Energieproblems unseres Landes). In: Jingjixue Dongtai 5 (1980), S. 25 und S. 35/38.

6. *Rong, Sheng:* Duiyu wo guo nengyuan wenti de butong guandian jianjie (Kurze Erläuterung der unterschiedlichen Auffassungen zum Energieproblem unseres Landes). In: Jingjixue Dongtai 6 (1980), S. 27/31.

7. *Smil, V.:* China's Energy: Achievements, Problems, Prospects. New York/Washington/London, 1976.

8. *Yang, Zhirong* u. a.: Lüelun wo guo jieneng de zhengjie he qianjing (Kurz zum Wesentlichen der Energieeinsparung und deren Aussichten). In: Renmin Ribao vom 1. 2. 1982.

9. Bundesstelle für Außenhandelsinformationen: VR China. Energiewirtschaft 1983. Köln, Oktober 1984.

2. Kohlenbergbau

2.1 Überblick

China ist bei weitem das älteste Kohlengewinnung betreibende Land der Welt, in dem Steinkohle schon vor 2000 Jahren abgebaut wurde. Erste Kunde hierüber kam 1292 durch Marco Polo nach Europa, als dieser, von seiner berühmten Ostasienreise zurückgekehrt, über das Kuriosum berichtete, daß die Chinesen „schwarze Steine" verbrennen (1)*. Wie alt die Kenntnis über die Verwendungsmöglichkeit der Steinkohle in China auch sein mag, so hat die Kohle die industrielle Entwicklung dieses Landes jedoch erst seit den 50er Jahren unseres Jahrhunderts entscheidend beeinflußt.

Vor Gründung der Volksrepublik war der Steinkohlenbergbau infolge der Abhängigkeit der chinesischen Wirtschaft vom Auslandskapital stark rückständig, wenn man von den zur damaligen Zeit in japanischem Besitz befindlichen Gruben in der Mandschurei einmal absieht. Bis 1949 entwickelte sich die Kohlenfördermenge nur sehr langsam. Sie bewegte sich in den 30er Jahren jährlich zwischen 25 Mill. und 30 Mill. t Rohkohle und erreichte im Kriegsjahr 1942 mit 62 Mill. t den Höchststand vor Gründung der Volksrepublik. Hiervon stammten allein 49 Mill. t aus den japanisch besetzten Gebieten in der Mandschurei und in Nordchina. Im Bürgerkriegsjahr 1948 fiel die Fördermenge wieder bis auf 14 Mill. t. Nach Gründung der Volksrepublik wurde jedoch bereits 1952 mit 67 Mill. t der Rekordstand von 1942 übertroffen. Heute gehört China mit einer Fördermenge von 714,5 Mill. t (1983) zu den drei führenden Kohlenländern in der Welt (Bild 1).

Die Kohle war immer der bedeutendste Primärenergieträger Chinas. Als nach Gründung der Volksrepublik der wachsende Kohlenbedarf der Eisen- und Stahlindustrie, der Energieerzeugung sowie der Eisenbahn und Dampfschiffahrt befriedigt werden mußte, war es erforderlich, den Bergbau umfassend zu reorganisieren und weiterzuentwickeln. Große Bergwerke und industrielle Projekte, die für den überregionalen Wirtschaftsaufbau bedeutsam waren, wurden dem jeweiligen Branchenministerium der Zentralregierung, das heißt dem Ministerium für Kohlenindustrie, unterstellt. Weniger bedeutsame Bergwerke fielen der Provinzregierung oder den örtlichen Industrieverwaltungen oder Kommunen zu. Nachdem das Kohlenministerium zwischenzeitlich aufgelöst und die Leitung des Bergbaus dem Minister für Brennstoff und Chemie zugeordnet worden war, wurde es 1975 wieder neu gegründet.

Die Entwicklungsziele für den Kohlenbergbau haben sich entsprechend den ideologischen Leitlinien häufig geändert. Während des ersten Fünfjahresplanes wurden große und moderne Industrien und Bergwerke mit hohem technischem Niveau angestrebt. Viele kleine und alte Gruben mußten wegen Unwirtschaftlichkeit stillgelegt werden. Die Hauptinvestitionen flossen zunächst in den Ausbau der bedeutenden Kohlenförderzentren von Nordost- und Nordchina; an zweiter Stelle stand die Entwicklung der Gruben im Nordwesten und Südwesten. In der Verwaltung wurde eine hohe Zentralisierung der Macht unter Leitung des Ministeriums für Kohlenindustrie praktiziert.

* Die eingeklammerten Zahlen im Text verweisen auf den Quellennachweis am Ende des Abschnittes Kohlenbergbau.

II. Energiewirtschaft

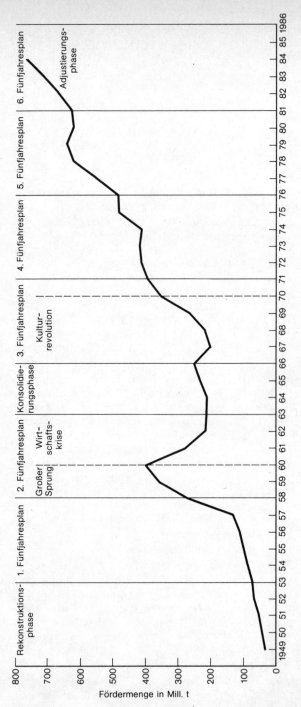

Bild 1. Entwicklung der Kohlenförderung der VR China.

2. Kohlenbergbau

Mit der Phase des „Großen Sprunges" begann die Wiederbelebung der Kohlengewinnung in kleinen und kleinsten Gruben. Hierdurch sollte die mangelnde Versorgung vor allem der örtlichen Industrien und der Bevölkerung, aber auch derjenigen Regionen mit Kohle gelindert werden, die noch keine größeren Bergwerke besaßen und ausschließlich auf die Zufuhr angewiesen waren.

Im Höhepunkt der Massenmobilisierung wurden allein 20 Mill. Menschen, vorwiegend Bauern, zur Kohlengewinnung eingesetzt. Hierdurch ist die Zahl der Kleinzechen bis zum Herbst 1958 von 20 000 auf 100 000 hochgeschnellt, wodurch die Kohlenfördermenge im Jahr 1960 knapp 400 Mill. t erreicht hat.

In der dann folgenden Konsolidierungsphase sind trotz vorrangiger Behandlung der Agrarprobleme die wichtigsten Projekte im Bergbau nur zeitweise zurückgestellt worden. Allerdings wurde ein großer Teil der kleinen und der wieder eröffneten alten Gruben geschlossen, ein anderer Teil zu mittelgroßen Gruben ausgebaut. Im Verlauf der Kulturrevolution setzte dann erneut eine Kampagne der Dezentralisation der Förderung mit Eröffnung vieler kleiner Gruben auf kleinsten Vorkommen ein. Neubauprojekte kamen in dieser Zeit zum Erliegen.

Nach Beendigung der Kulturrevolution begann wieder eine Zeit der Konsolidierung, die sehr schnell in eine stürmische Neubautätigkeit und Modernisierungsphase einmündete, was zu einem raschen Anstieg der Fördermenge bis auf

Tabelle 16. Entwicklung der Kohlenfördermenge der Volksrepublik China (38).

Jahr	Fördermenge Mill. t	
	Gesamt	Davon Braunkohle
1913	12,8	
1920	21,3	
1933	28,4	
1942	61,9	
1944	50,5	
1946	18,4	
1949	32,4	
1950	42,9	
1952	66,4	
1954	83,7	
1955	89,7	2,1
1957	121,2	2,8
1960	397,0	8,5
1965	231,8	8,8
1970	354,0	13,0
1975	482,2	20,3
1976	483,5	20,6
1977	550,7	23,3
1978	617,9	24,9
1979	635,5	25,3
1980	620,1	24,3
1981	621,6	23,4
1982	666,3	25,0
1983	714,5	26,9
1984	772,0	

II. Energiewirtschaft

635 Mill. bzw. 714,5 Mill. t Kohle in den Jahren 1979 bzw. 1983 führte. Aber auch die Entwicklung und der Betrieb von Kleinzechen, deren Anzahl sich heute auf etwa 48 000 belaufen soll, wurde zur Förderung der Unabhängigkeit der einzelnen Regionen weiter betrieben. Die Förderentwicklung hat unter diesen Einflüssen den in der Tabelle 16 dargestellten Verlauf genommen.

2.2 Kohlenvorkommen

2.2.1 Prospektionstätigkeit

Die Vorstellungen über die Größenordnung der in China lagernden Kohlenvorräte haben im letzten Jahrhundert stark geschwankt (2, 3, 4). Der Geograph Ferdinand von Richthofen schrieb 1870/71 in seinen bekannten Briefen über die Situation in Ostasien: „Im Verhältnis zu seinem Gebiet hat China wahrscheinlich die größten und am leichtesten zu erschließenden Kohlenfelder des ganzen Erdballs, und die Produktion von Eisen kann fast unbegrenzt ausgedehnt werden." Weiter heißt es an anderer Stelle, daß China „genug Kohle hat, um die ganze Welt für 1000 Jahre damit zu versorgen" (1).

Diese noch relativ vagen Vorstellungen über die Kohlenvorräte Chinas, die Richthofen später mit 1000 Mrd. t bezifferte, haben sich schließlich erst durch die großangelegte geologische Erkundung des gesamten Territoriums in den 50er Jahren bestätigt. Bis dahin waren die Ansichten über die Größenordnung der vorhandenen Vorräte sehr unterschiedlich, weil die Untersuchungen infolge der enormen Größe des Landes unzureichend blieben. Vor 1949 gab es von insgesamt 1000 im geologischen Dienst Beschäftigten nur 200 bis 250 an Hochschulen ausgebildete Geologen, die für die geologische Erkundung des Landes zuständig waren. Ihre Hauptarbeit bestand in allgemeinen geologischen Arbeiten zu Forschungszwecken und einer mehr ins einzelne gehenden Untersuchung einer begrenzten Anzahl von Grubenrevieren. Die technischen Ausrüstungen der Untersuchungstrupps waren völlig unzureichend, und die geophysikalische Erforschung stand noch im wesentlichen im Experimentierstadium (5).

In Kenntnis der außerordentlichen Bedeutung, die die Kohle für Chinas industrielle Entwicklung besitzt, wurde die Bodenforschung seit 1950 sehr intensiviert. 1959 waren im gesamten geologischen Dienst mit nunmehr 270 000 Beschäftigten allein 23 000 Geologen tätig, von denen 12 000 Hochschul- und 11 000 Ingenieurschul-Ausbildung besaßen. Darüber hinaus gewährte die Sowjetunion durch Einsatz vieler Wissenschaftler und Techniker sowie Einführung moderner Untersuchungsgeräte und -methoden große Hilfestellung. Bis 1956 konzentrierten sich die Untersuchungen vor allem auf die Gebiete nördlich des Changjiang, wo bereits größere Reserven bekannt waren und die Schwerindustrie verstärkt ausgebaut werden sollte. In den Folgejahren setzte dann eine gründliche Erkundung der als kohlenarm geltenden Provinzen im Süden Chinas ein, was dem bereits erkennbaren Streben nach regionaler Autarkie entsprach.

Heute beträgt allein die Zahl der Mitarbeiter, die in den Abteilungen mit geologischen Schürfarbeiten befaßt sind, 400 000 einschließlich 60 000 Technikern. Das

Ministerium verfügt ferner über 10 000 Bohranlagen und andere notwendige Maschinen und Geräte. Außerdem haben die Ministerien für Kohlenindustrie, metallurgische Industrie, Erdölindustrie, Baustoffindustrie und chemische Industrie ihre eigenen Abteilungen für geologische Untersuchungen, so daß auch unter Einbeziehung der wissenschaftlichen Zusammenarbeit mit dem Ausland heute ein erheblicher Aufwand für die Bodenforschung betrieben wird (6).

Neben der Prospektionstätigkeit wurde auch die wissenschaftliche Auswertung der erstellten Unterlagen stark forciert. Das Ministerium für Geologie gründete bis 1956 ein geologisches Forschungsinstitut und ein Institut zur Erforschung der bergbaulichen Vorräte, beide als Zentral-Institute, ferner je ein Institut für Hydrologie, für Ingenieur-Geologie und für Explorationsmethoden, eine geophysikalische Forschungsanstalt und ein Labor für Geotektonik. Außerdem bestand bereits das geologische Institut der Akademie der Wissenschaften in Beijing (7).

Heute gibt es in China insgesamt sieben geologische Institute, und zwar in Beijing, Lanzhou (Gansu), Xian (Shanxi), Chengdu (Sichuan), Fuzhou (Jiangxi), Guilin (Guangxi) und Wuhan (Hubei). Ferner sind Fakultäten für Geologie oder geologische Geographie an über 30 Universitäten und Instituten eingerichtet worden. Darüber hinaus gibt es noch eine Anzahl geologischer Fachschulen. Eine Übersicht der mit Geologie befaßten Institutionen befindet sich im Anhang I. Die Zahl der Absolventen der geologischen Institute und Fachschulen beträgt heute jährlich etwa 4000 (6).

Die regulären Untersuchungstrupps werden bei ihren Prospektionsarbeiten in der Regel durch die Beteiligung der Landbevölkerung unterstützt. Da diese Methode sehr erfolgreich war und auch zukünftig verstärkt betrieben werden soll, hat der Staatsrat 1980 „Prämienbestimmungen für die Entdeckung von Mineralvorkommen" erlassen.

2.2.2 Vorräte und regionale Verteilung

Infolge der nach der Revolution eingeleiteten intensiven Untersuchungstätigkeit bezifferte der stellvertretende Minister für Geologie der VR China in einer Rede vor dem nationalen Volkskongreß 1958 als Ergebnis der ersten großen Explorationsphase die wahrscheinlichen Kohlenvorräte mit 1500 Mrd. t (8). Ein Jahr später gab der stellvertretende Vorsitzende der staatlichen Planungskommission die möglichen Vorräte nach den Daten der Prognosekarte mit 9000 Mrd. t an (10). Die letzten Schätzungen vor Gründung der Volksrepublik aus dem Jahre 1947 wurden vom National Resources Commission mit 445 Mrd. t angegeben, die A. B. Ikonnikov (11) nach Regionen unterteilt ausweist. In einem Bericht der UN aus dem Jahre 1952 (3) sind die zwischen 1913 und 1947 veröffentlichten Schätzungen aufgeführt, die in Abhängigkeit von der Teufe und der Landgröße (mit bzw. ohne Mandschurei) sowie der Verfügbarkeit stark schwanken. Die Weltenergiekonferenz von 1974 ging von Gesamtvorräten nach der Kategorie I von 1000 Mrd. t aus (4).

Von den 1958 angegebenen wahrscheinlichen Vorräten von 1500 Mrd. t können nach J. J. Baženov (12) 300 Mrd. t als zu diesem Zeitpunkt nachgewiesen und erkundet angesprochen werden. Nach der sowjetischen Nomenklatur wird hierunter verstanden, daß die Vorräte in ihrer Ausdehnung bekannt sind und wenig-

II. Energiewirtschaft

stens eine grobe vorläufige Bewertung der technologischen Eigenschaften und Verwendungsmöglichkeiten der Kohle vorliegt. Es handelt sich hierbei um die Bilanz- und Außerbilanzvorräte der Klassen A, B, C_1 und C_2 nach der sowjetischen Einteilung. Die sicheren Vorräte der Klassen A, B und C_1 werden 1958 von Baženov mit 70 Mrd. t, nach der chinesischen Statistik im Jahre 1960 (13) mit 80 Mrd. t angegeben.

Erste Veröffentlichungen in der VR China aus dem Jahre 1977 sprechen von nachgewiesenen Vorräten bis 1500 m Teufe in Höhe von 600 Mrd. t, wovon die Hälfte als wirtschaftlich gewinnbar bezeichnet wird (15, 6). Neuerdings werden die Vorräte auch mit 641,8 Mrd. t (14), an anderer Stelle schon mit 700 Mrd. t (37) bzw. 770 Mrd. t (34) angegeben. Wenn man davon ausgeht, daß in diese Zahlen die Ergebnisse der intensiven Explorationsarbeiten der jüngeren Vergangenheit eingeflossen sind, so dürfte es sich hierbei um die Vorräte der Kategorie II handeln, die von Baženov mit 300 Mrd. t ausgewiesen wurden. Hiervon befanden sich 1958 30 Mrd. t in der Abbauzone, und insgesamt 74,5 Mrd. t standen für die Planung von neuen Bergwerken zur Verfügung bzw. waren abbaubereit (14). Neuere chinesische Angaben von 1982 weisen die geologischen Gesamtvorräte der Kategorie I mit 4600 Mrd. t (14), andere mit 3200 Mrd. t aus (35).

Die Zahlenangaben zeigen, wie schnell sich die Vorstellungen über die Größenordnung der Kohlenvorräte in Abhängigkeit von der Intensität der Exploration in einem Lande wie China ändern können. Die begriffliche Zuordnung und Abgrenzung der Angaben in bezug auf den Grad der Sicherheit und der Gewinnbarkeit der Vorräte zu internationalen Vergleichsmaßstäben ist jedoch sehr schwierig. Der wesentliche Unterschied zur westlichen Betrachtungsweise hat sich bei der Beurteilung der wirtschaftlichen Gewinnbarkeit der chinesischen Vorräte ergeben. Nach chinesischen Angaben wird die Hälfte der in der Kategorie II ausgewiesenen Vorräte als ausbringbare, bauwürdige Vorräte (Kategorie IIa) bezeichnet, während nach westlicher Einschätzung (u. a. Weltenergiekonferenz 1980) nur von einem Drittel dieses Wertes ausgegangen wird.

Die Kenntnisse über die chinesischen Methoden bei der Vorratsermittlung sowie die Einblicke in das große Vorratspotential, die Lagerstättenverhältnisse, das Abbaugebaren und die entstehenden Abbauverluste sind jedoch zu gering, als daß hier ein umfassendes Bild vermittelt werden könnte.

Schließlich hat der Begriff der Wirtschaftlichkeit in einem sozialistischen Land wie China unter Berücksichtigung des gegenwärtigen Entwicklungsstandes, der Größe des Landes und der Bevölkerung, der unzureichenden Infrastruktur sowie des großen Energiebedarfs eine andere Bedeutung als in den westlichen Industrienationen. Auch im Hinblick auf eine zukünftig möglicherweise stärkere Beteiligung Chinas am Weltkohlenhandel würde eine kritische Betrachtung dieses Wertes bei der ohnehin unbestrittenen großen Vorratsbasis ohne Bedeutung bleiben. Da die Explorationstätigkeit in China jedoch noch nicht abgeschlossen ist, muß mit weiteren Vorratskorrekturen gerechnet werden.

Die Gegenüberstellung der verschiedenen Vorratsangaben nach Kohlenregionen (Karte 3) zeigt die Tabelle 17. Hieraus geht hervor, daß in allen Regionen, Provinzen und Stadtstaaten — mit Ausnahme von Shanghai — Kohlenvorräte angetroffen werden. Insgesamt verfügt China heute über mehr als 2000 in sich ge-

2. Kohlenbergbau

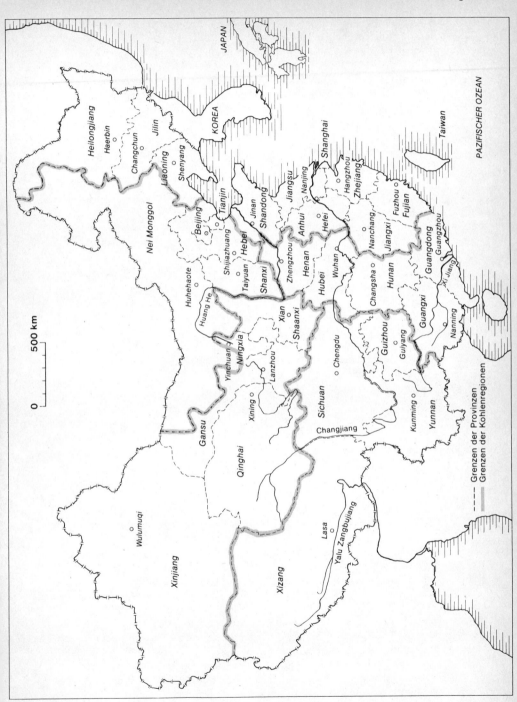

Karte 3. Kohlenregionen der VR China.

II. Energiewirtschaft

schlossene Steinkohlenlagerstätten. Die Kohlenvorkommen erstrecken sich über eine Landfläche von insgesamt 500 000 km^2 und werden in über 1200 von insgesamt 2136 Kreisen angetroffen. Die bedeutenden Vorkommen liegen in Nordchina, und hier insbesondere in der Kohlenregion Nord. Tendenziell wird diese Aussage von allen Vorratsangaben bestätigt. Interessant ist jedoch der Unterschied in der prozentualen Verteilung zwischen Nord- und Südchina nach den Angaben von 1977 und von 1982. Von den nachgewiesenen Vorräten (1977) entfallen 79% und von den Gesamtvorräten (1982) 93% auf Nordchina, nur 21 bzw. 7% werden Südchina zugeordnet. Dabei beträgt der Anteil der nachgewiesenen Vorräte an den Gesamtvorräten in Nordchina 11%, in Südchina dagegen 39%. Dies deutet auf eine intensive Exploration bei begrenzten Vorkommen in Südchina hin.

Die Verteilung der Kohlenvorkommen über das Land entspricht jedoch nicht derjenigen der Bevölkerung, die nur zu etwa einem Viertel in Nordchina ansässig ist. Drei Viertel entfallen auf Südchina, und dort vor allem auf die mittleren und östlichen Landesteile, wo die Menschen besonders gute Lebensbedingungen vorfinden.

Wegen der deshalb notwendigen langen und schwierigen Transportwege vom kohlenreichen Norden zum kohlenärmeren Süden des Landes haben sich in den vergangenen Jahrzehnten große Probleme ergeben, die Anlaß waren, dem Aufsuchen von Kohlenvorkommen in den südlichen Provinzen große Aufmerksamkeit zu schenken. Hier sind insbesondere die Massenbewegungen ins Leben gerufen worden, wodurch die Bevölkerung zur Mitwirkung beim Aufsuchen von Kohlenlagerstätten herangezogen wurde. Das große Versorgungsproblem ist dadurch allerdings nur gemildert worden, wie später noch ausgeführt wird.

Die Karte 4 gibt einen Überblick über die großen Kohlenbecken und kohlenführenden Gebiete Chinas. Sie wurde 1982 vom Kohlenministerium in Beijing in dieser Form erstmals veröffentlicht. Die Karte 5 zeigt die wichtigsten Förderreviere in einer Übersicht. Im Anhang II sind die Reviere ferner provinzweise detaillierter erfaßt. In Verbindung mit den Angaben in der Tabelle 17 läßt sich zu den Vorkommen in den einzelnen Regionen und Provinzen folgendes feststellen:

Nordosten. Der Nordosten Chinas, das Gebiet der ehemaligen Mandschurei mit den Provinzen Liaoning, Jilin und Heilongjiang, ist zwar hinsichtlich seiner nachgewiesenen Vorräte mit 18 Mrd. t Kohle relativ unbedeutend, im Gegensatz dazu ist er aber als Folge der während der japanischen Besatzung eingeleiteten Entwicklung zu Chinas größtem Industriegebiet herangewachsen. Er ist daher in jeder Hinsicht bereits gut industrialisiert und verkehrsmäßig am besten erschlossen. Obwohl hier nur 3% der Vorräte anstehen, hat diese Kohlenregion bisher jedoch einen wesentlichen Teil der Kohlenfördermenge des Landes erbracht. Hauptabbaugebiete sind u. a. die Reviere Fushun, Fuxin, Jixi, Hegang und Benxi. Wegen der zum Teil großen Flözmächtigkeit und geringen Teufe sind die Lagerstätten hier besonders günstig abzubauen. Ein großer Teil der Kohle in diesem Gebiet ist nur im Gemisch mit hochwertiger Kohle verkokbar, lediglich 10% der Vorräte gehören zu guten Kokskohlen. Ausgedehnte Braunkohlenlagerstätten ermöglichen hier steigende Braunkohlenfördermengen.

2. Kohlenbergbau

Tabelle 17. Kohlenvorräte der VR China nach Regionen.

Kohlen-region	Geologische Gesamtvorräte						Nachgewiesene Vorräte bis 1500 m Teufe	
	Nach den Daten der Prognosekarte bis 1800 m Teufe 1958 (12)		Nach Vorratsberechnungen von				1977 (15)	
			1956 (12)		1982 (14)			
	Mrd. t	%	Mrd. t	%	Mrd. t	%	Mrd. t	%
NO	414	4,6	40	2,7			18	3,0
N	2232	24,8	1120	74,6			400	66,6
NW	4122	45,8	213	14,2			55	9,2
Nordchina	6768	75,2	1373	91,5	4278	93,0	473	78,8
SW	585	6,5	49	3,3			65	10,8
MS*	747	8,3	56	3,7			22	3,7
O*	900	10,0	22	1,5			40	6,7
Südchina	2232	24,8	127	8,5	322	7,0	127	21,2
Gesamt	9000	100,0	1500	100,0	4600	100,0	600	100,0

* In den Angaben von 1958 und 1956 wurde zur Region MS noch die Provinz Jiangxi gerechnet, die heute zur Region O zählt. Da Einzelangaben über Provinzen nicht vorliegen, ist der Vergleich dieser Regionen nicht genau. Die Änderung zwischen den Regionen NW und N (Zuordnung der Provinz Nei Monggol heute zu N) ist berücksichtigt.

Norden. Auf Nordchina mit den Provinzen Shanxi, Hebei und Nei Monggol entfallen 67% oder 400 Mrd. t der nachgewiesenen Kohlenvorräte. Shanxi ist mit einem Vorrat von allein 200 Mrd. t die kohlenreichste Provinz Chinas. Hier lagert die Hälfte der Kokskohlen- und Anthrazitvorräte des Landes. Die Lagerstätten liegen in der Nähe der Erdoberfläche und sind relativ wenig gestört. Sie lassen sich häufig durch Tagebaue oder tonnlägige Schächte mit geringem Investitionsaufwand erschließen. Das bekannteste Abbaugebiet liegt im nördlichen Provinzteil bei Datong, wo große Mengen auch verkokungsfähiger Kohle anstehen. Bei Yangquan befindet sich ferner mit 7 Mrd. t Vorräten die größte Anthrazit-Lagerstätte Chinas. Nei Monggol ist mit 150 Mrd. t die zweitwichtigste Provinz des Landes. Hier sind große Steinkohlenvorkommen in der Umgebung von Baotou bekannt, ferner gibt es ausgedehnte Braunkohlenlager im Norden der Provinz u. a. bei Yiminhe und Zhalainuoer an der Grenze zur UdSSR sowie bei Yuanbaoshan und Hulinhe. In der Provinz Hebei mit 50 Mrd. t befinden sich die bekannten Abbaugebiete von Kailuan, Fengfeng und Beijing. Das Revier Kailuan erbringt wie das Revier Datong eine jährliche Fördermenge von über 20 Mill. t.

Nordwesten. Nordwestchina, eine noch relativ wenig entwickelte Region, steht in den nachgewiesenen Vorräten mit 55 Mrd. t an dritter Stelle. Nach der Prognosekarte und auch nach Angaben aus dem Jahre 1982 (14) werden hier jedoch die bedeutendsten Vorkommen Chinas erwartet. Die Prognosekarte weist allein

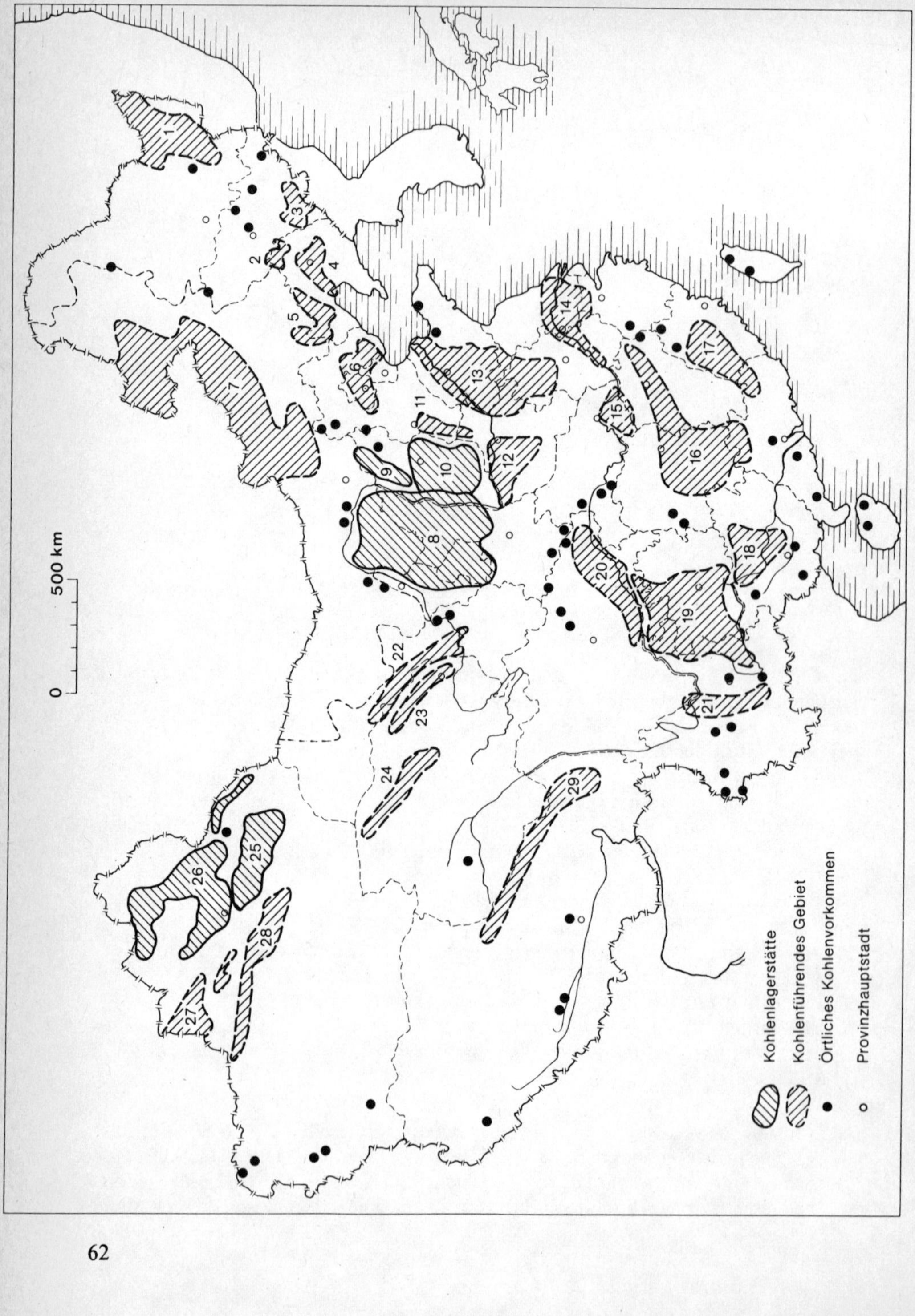
0
500 km
1
2
3
4
5
6
7
8
9
10
11
12
13
14
15
16
17
18
19
20
21
22
23
24
25
26
27
28
29
Kohlenlagerstätte
Kohlenführendes Gebiet
Örtliches Kohlenvorkommen
Provinzhauptstadt

Karte 4. Kohlenfelder der VR China.

2. Kohlenbergbau

Zu Karte 4: Tabelle der Kohlenfelder.

Nr.	Kohlen-lagerstätte	Kohlenhöffiges Gebiet	Bemerkungen
1		Sanjiang-Mulinghe	Provinz Heilongjiang Begrenzung durch die Flüsse Heilongjiang, Songhuajiang, Wusulijiang
2		Liaobei	Grenzgebiet Jilin/Liaoning nördl. Liaoning, beim Fluß Liaohe
3		Hunjiang	Gebiet des Hunjiang-Flusses bis zur Stadt Fandong
4		Liaohe-Taizihe	Begrenzung durch die Flüsse Liao und Taizi Städte: Anshan und Benxi
5		Liaoxi	Westl. Liaoning, westl. des Flusses Liaohe bis Fluß Xihe, Stadt: Fuxin
6		Beijing-Tangshan	
7		Östl. Nei Monggol	Nördl. des Daqingshan-Gebirges
8	Eerduosi		Eerduosi-Plateau
9	Da-Ning		Datong-Ningwu, Provinz Shanxi
10	Quinshui		Provinz Shanxi, Gebiet des Qinhe-Flusses, Kreis Qin, Stadt: Qinshui
11		Taihangshan	Gebirge, östl. Seite, Provinz Hebei
12		Yu-xi	Westl. Provinz Henan
13		Su-Lu-Yu-Wan	Provinzen Jiangsu, Shandong (Lu), Henan (Yu), Anhui (Wan)
14		Zhe-Su-Wan	Provinzen Zhejiang, Jiangsu, südl. Anhui (Wan)

Nr.	Kohlen-lagerstätte	Kohlenhöffiges Gebiet	Bemerkungen
15		Südöstliches Hubei	Provinz Hubei
16		Xiang-Gan-Yue	Provinzen Hunan (Xiang), Jiangxi (Gan), Guangdong (Yue)
17		Min-Yue	Provinzen Fujian (Min), Guangdong (Yue)
18		Gui-zhong	Mittlerer Teil der Provinz Guangxi
19		Qian-Dian-Chuan	Provinzen Guizhou (Qian), Yunnan (Dian), Sichuan (Chuan)
20		Huayingshan	Gebirge, nördl. der Stadt Chongqing
21		Dian-zhong	Mittlerer Teil der Provinz Yunnan
22		He-xi	Westlich des Huanghe, Provinz Gansu
23		Datonghe	Flußgebiet des Datonghe, Provinz Ningxia, nördl. der Stadt Xining
24		Chaidamu	Chaidamu Tiefebene, Provinz Ningxia
25	Tulufan-Hami		Provinz Xinjiang
26	Zhungaer		Zhungaer-Senke, Provinz Xinjiang
27		Yili	Yili-Fluß, Provinz Xinjiang
28		Talimu	Nördl. Grüngebiet im Tal des Talimu-Flusses
29		Xizang	Nördl. Provinz Tibet

II. Energiewirtschaft

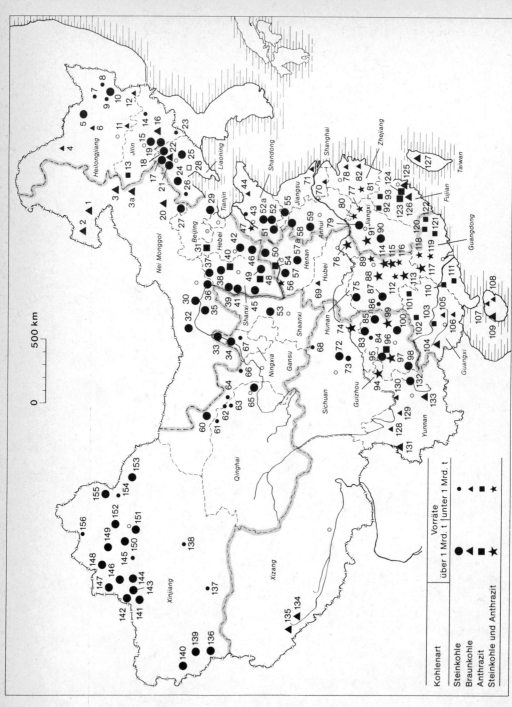

Karte 5. Kohlenreviere der VR China (12).

2. Kohlenbergbau

Zu Karte 5: Tabelle der Kohlenvorkommen nach Kohlenrevieren.

Region	Nr.	Kohlenrevier	Region	Nr.	Kohlenrevier	Region	Nr.	Kohlenrevier	Region	Nr.	Kohlenrevier
NO	4	Handaqi	N	39	Pingshuo	SW	74	Nanchong	MS	107	Luonan
NO	5	Hegang	N	40	Yangquan	SW	83	Zheng'an*	MS	108	Wenchang
NO	6	Maozhelian	N	41	Xishan	SW	84	Weng'an	MS	109	Changjiang
NO	7	Shuangyashan	N	42	Lincheng	SW	85	Anning	MS	110	Xinxing
NO	8	Baoqing	N	45	Fenxi			(Ort nicht in	MS	111	Enping
NO	9	Boli	N	46	Fengfeng			Guizhou)	MS	112	Lingling
NO	10	Jixi	N	48	Luan	SW	94	Liupanshui	MS	113	Yizhang
NO	11	Shulan	N	49	Jincheng	SW	95	Shuicheng	MS	114	Chaling
NO	12	Muling	NW	33	Shitanjing	SW	96	Guiyang	MS	115	Leiyang
NO	13	Baicheng	NW	34	Shizuishan	SW	97	Langdai	MS	116	Zixing
NO	14	Jiaohe	NW	53	Tongchuan	SW	98	Pan Xian	MS	117	Lian Xian
NO	15	Yitong	NW	60	Jinta	SW	99	Duyun	MS	118	Shaoguan
NO	16	Huadian	NW	61	Muli	SW	100	Longli	MS	119	Yangshan
NO	17	Kangping	NW	62	Shandan	SW	128	Lijiang	MS	120	Lianping
NO	18	Liaoyuan	NW	63	Datong	SW	129	Nanhua	MS	121	Longmen
NO	19	Hailong	NW	64	Yongchang	SW	130	Luoxue	MS	122	Meixian
NO	21	Zhangwu	NW	65	Yaojie	SW	131	Baoshan	O	43	Zibo
NO	22	Shenyang	NW	66	Jintai	SW	132	Yunfeng	O	44	Fangzi
NO	23	Tonghua	NW	67	Lingwu			(Yanfang)*			(Weifang)
NO	24	Fuxin	NW	136	Kunlun*	SW	133	Xiaolongtan	O	47	Jinan
NO	25	Fushun	NW	137	Pulu	SW	134	Menshi	O	51	Jining
NO	26	Beipiao	NW	138	Ruoqiang	SW	135	Gaer	O	52	Zaozhuang
NO	27	Lingyuan	NW	139	Xidila*			(Kunsa)	O	55	Xuzhou
NO	28	Anshan	NW	140	Shache	MS	50	Hebi	O	58	Huaibei
		(Benxi)	NW	141	Bachu	MS	54	Jiaozuo	O	59	Huainan
N	1	Yiminhe	NW	142	Tekesi	MS	56	Yima	O	70	Changxing
N	2	Zhalainuoer	NW	143	Baicheng	MS	57	Dengfeng	O	71	Jiulongzhen
N	3	Bayan	NW	144	Kuche	MS	57a	Pingdingshan	O	77	Yushan
N	3a	Hulinhe	NW	145	Luntai	MS	69	Nanzhang	O	78	Ningbo
N	20	Chifeng	NW	146	Xinyuan	MS	75	Sangzhi	O	79	Nanchang
		(Yuanbao-	NW	147	Yining	MS	76	Yangxin	O	80	Leping
		shan)	NW	148	Wusu	MS	86	Chenxi	O	81	Changshan
N	29	Kailuan	NW	149	Shihezi	MS	87	Shaoyang	O	82	Wenling
N	30	Shiguaigou	NW	150	Tuokexun	MS	88	Doulinshan*	O	90	Ji'an Shi
N	31	Jingsi	NW	151	Tulufan	MS	89	Pingjiang	O	91	Fengcheng
		(Beijing)	NW	152	Fukang	MS	101	Xing'an	O	92	Shaowu
N	32	Langshan	NW	153	Hami	MS	102	Yishan	O	93	Gutian
N	35	Dongsheng	SW	68	Guangyuan	MS	103	Shanglin	O	123	Longjiang
N	36	Qingshuihe	SW	72	Tianfu	MS	104	Tianyang	O	124	Fuzhou
N	37	Datong	SW	73	Jinchuan	MS	105	Yongning	O	125	Yongchun
N	38	Xuangang				MS	106	Hepu	O	126	Xianyou

* Vorkommen in den Provinzkarten im Kasten- und Tabellenband nicht lokalisiert

II. Energiewirtschaft

für Xinjiang Vorräte von 3000 Mrd. t aus. Die Vorkommen sind im Zuge der Mineralölexploration in den 50er Jahren im Bereich der großen Becken in den Provinzen Xinjiang, Gansu, Ningxia und Shaanxi näher erkundet worden. Bedeutende Kohlenbecken mit mehr als 500 Mrd. t geologischer Vorräte sind hier das Eerduosi-Becken, das Hami-Tulufan-Becken und das Zhungaer-Becken (vgl. Karte 4). Im Eerduosi-Becken liegen mit 1800 Mrd. t die reichsten Vorkommen. Sie sind darauf zurückzuführen, daß hier aus drei geologischen Zeiträumen Kohlenablagerungen angetroffen werden, und zwar in der Perm/Karbon-, der oberen Trias- und der Unter-/Mitteljura-Formation. Wegen der zum größten Teil unwirtlichen Verhältnisse in den Gebieten am südlichen Rande der Wüste Gobi steckt die Gewinnung dieser Kohlenvorkommen — ähnlich wie auch die Ausbeutung der Mineralölfelder — noch weitgehend in den Anfängen. Sie beschränkt sich auf Landesteile, wo für die arbeitenden Menschen eine ausreichende Ernährungsgrundlage gefunden wird.

Mitte und Süden. In Zentralchina, der Kohlenregion Mitte und Süd, stehen 22 Mrd. t nachgewiesener Vorräte an. Die kohlenreichste Provinz dieses Raumes ist Henan, bis zu der sich die reichen Vorkommen der Provinz Hebei fortsetzen. Die bekanntesten Reviere sind Pingdingshan, Jiaozuo und Hebi, die Kokskohle für das Eisen- und Stahlkombinat Wuhan liefern. Besonderen Aufschwung hat die Kohlenindustrie in den letzten Jahren auf Grund intensiver Explorationsarbeiten in der Provinz Hunan erfahren. In den südlicheren Provinzen ist der Kohlenbergbau wegen der hier begrenzten Vorkommen weniger bedeutsam.

Südwesten und Osten. In Südwestchina werden 65 Mrd. t Kohlenvorräte angetroffen. Die bedeutenden Vorkommen liegen in den Provinzen Guizhou, Sichuan und Yunnan. Ostchina, als das wirtschaftlich am weitesten entwickelte Gebiet hat mit 40 Mrd. t ebenfalls eine gute Vorratsbasis. Hier sind vor allem die Provinzen Shandong, Jiangsu und Anhui kohlenreich, wo sich die großen Förderreviere Zibo und Zaozhuang, Xuzhou sowie Huainan und Huaibei befinden, die jedoch häufig geringmächtige Flöze und komplizierte hydrologische Bedingungen aufweisen. Auf einem Teil dieser Lagerstätten ist schon im vorigen Jahrhundert Bergbau betrieben worden; so war zum Beispiel das Revier von Zibo durch die Deutsche Shantung-Gesellschaft entwickelt worden. Shandong gehörte während der Kolonialzeit neben Liaoning und Hebei zu den Provinzen mit den bedeutendsten Kohlenförderzentren.

Genaue Vorratsangaben, die sich auf die einzelnen Provinzen beziehen, sind bisher nicht bekannt geworden. Von chinesischer Seite wurden nur folgende Größenordnungen angegeben (35): Die bedeutendsten Vorkommen mit Vorräten über 500 Mrd. t werden in den Provinzen Xinjiang, Nei Monggol und Shanxi angetroffen. Vorräte zwischen 100 und 500 Mrd. t weisen ferner die Provinzen Shaanxi, Ningxia, Gansu, Guizhou, Hebei, Henan, Shandong und Anhui auf.

Zusammenfassend bleibt festzustellen, daß China mit nachgwiesenen Kohlenvorräten in der Größenordnung von 650 Mrd. t und geologischen Gesamtvorräten von 4600 Mrd. t neben der Sowjetunion und den USA zu den kohlenreichsten Ländern der Welt zählt. Im Hinblick auf die industrielle Standortpolitik ist jedoch bedeutsam, daß im stark industrialisierten Nordosten und im menschenreichen Zentral- und Ostchina nur ein sehr geringer Teil der Gesamtvorräte lagert, während in den nördlichen und nordwestlichen Provinzen, die vom Verkehr nur teilweise erschlossen sind, über drei Viertel der Kohlenvorräte des Landes liegen.

2.2.3 Geologisches Alter und Qualität der Kohle

Kohlenablagerungen kommen in China in allen Formationen vor. Sie sind paralischer und paralisch-limnischer Entstehung. Die wirtschaftliche Bauwürdigkeit der Flöze beginnt im unteren Karbon.

In der Tabelle 18 sind die geologischen Vorräte aufgrund der Angaben von 1956 und 1982 nach geologischen Formationen unterteilt. Aus der Gegenüberstellung wird deutlich, daß nach heutiger Auffassung gegenüber derjenigen von 1956 das Schwergewicht der Vorräte nicht in der Perm-Karbon-, sondern in der Jura-Formation angetroffen wird. Diese ist vorwiegend in Nordwestchina verbreitet und bildet hier in den großen, oben bereits erwähnten Becken mächtige Kohlenablagerungen. Bei der weiteren Betrachtung werden die Vorräte nach dem Stand von 1982 zugrundegelegt.

Unterkarbon. Kohle aus dem Unterkarbon, die mengenmäßig keine besondere Rolle spielt, wird hauptsächlich in Südchina, im nördlichen Guangxi und zentralen Hunan sowie im südlichen Guizhou und östlichen Yunnan angetroffen. Die Flöze sind gewöhnlich dünn, und die Kohle ist häufig von minderwertiger Qualität mit Ausnahme derjenigen von Yunnan. Die vorherrschenden Kohlenarten reichen von Anthrazit bis zu mittelflüchtiger Fettkohle, die teilweise Kokskohlencharakter aufweist.

Perm-Karbon. Die Kohlenvorkommen aus dem Oberkarbon bis Unterperm, der Perm-Karbon-Formation, haben für China besondere wirtschaftliche Bedeutung. Auf sie entfallen 26% der geologischen Vorräte. Die Vorkommen sind überwiegend paralisch-limnischer Entstehung und erstrecken sich, wie aus der Karte 6 hervorgeht, in der die Ausdehnung von Land und Meer sowie die Ablagerungsbedingungen während der Entstehungszeit dargestellt sind, nördlich und südlich der angedeuteten Verwitterungsgebiete. Sie verteilen sich über insgesamt 12 Provinzen und enthalten alle Kohlenarten von hochflüchtiger Kohle bis Halb-Anthrazit; mittel- und niedrigflüchtige Fettkohle tritt jedoch am häufigsten auf. Von den drei kohlenführenden Schichtpaketen spielt das unterste, die Benxi-Folge, mengenmäßig die geringste Rolle. Obwohl die sich anschließende Taiyuan-Folge (Oberkarbon) zahlreiche Kohlenflöze enthält, erreichen jedoch nur wenige eine bauwürdige Mächtigeit. Die Kohle hat zudem einen höheren Schwefelgehalt, der gewöhnlich über 1% liegt. Das letzte Schichtenpaket, die Shanxi-Folge (Unterperm), die so gut wie keine marinen Schichten aufweist, ist die bedeutendste kohlenführende Ablagerung Nordchinas. Sie enthält 10 oder mehr Kohlenflöze, von denen ein bis zwei Hauptflöze mit Schwefelgehalten meistens unter 1% eine Mächtigkeit von 7 bis 10 m erreichen.

Perm. Die Kohlenablagerungen im Oberperm (Perm-Kohle), die im Süden und Osten des Landes in 10 Provinzen Bedeutung erlangt haben, weisen Kohlenarten

II. Energiewirtschaft

Tabelle 18. Geologische Zuordnung der Kohlenvorkommen.

Geologische Formation		Kohlenart	Geologische Gesamtvorräte				
			1956 (12)		1982 (14)		
			Mrd. t	%	Mrd. t	%	
Känozoikum	Sonstige				46,0	1,0	Nordostchina, Shandong, Yunnan, Guangdong, Guangxi, Taiwan.
	Quartär						
	Tertiär	Braunkohle	9,0	0,6			
		Hochflüchtige Steinkohle	4,5	0,3			
		Gesamt	13,5	0,9	36,8	0,8	
Mesozoikum	Kreide		–	–	322,0	7,0	Östliches Nei Monggol, Liaoning, Jilin, Heilongjiang, Hebei.
	Jura	Braunkohle	3,0	0,2			Xinjiang, Shaanxi, Gansu, Ninxia, Nei Monggol, ferner in vielen weiteren Provinzen.
		Steinkohle	237,0	15,8			
		Anthrazit	9,0	0,6			
		Gesamt	249,0	16,6	2760,0	60,0	
	Trias	Mittelflüchtige Fettkohle	–	–	27,6	0,6	Östl. Hunan, zentr. Jiangxi, zwischen Sichuan u. Yunnan.
Paläozoikum	Ober-Perm	Fett- bis Magerkohle	46,5	3,1			Südliches China: Ostchina, Zentralchina, Südwestchina.
		Anthrazit	12,0	0,8			
		Gesamt	58,5	3,9	211,6	4,6	
	Unter-Perm Ober-Karbon	Hoch- bis niederflüchtige Steinkohle	888,0	59,2			Nördliches China, u. a. Shanxi, Shaanxi.
		Anthrazit	289,5	19,3			
		Gesamt	1177,5	78,5	1196,0	26,0	
	Mittel-Karbon		–	–	–	–	Nordwest- und Nordchina.
	Unter-Karbon	Fett- bis Magerkohle	0,3	0,02			Guangxi, Hunan, Guizhou, Yunnan.
		Anthrazit	1,2	0,08			
		Gesamt	1,5	0,10	–	–	
	Devon						
	Gesamt		1500	100	4600	100	

2. Kohlenbergbau

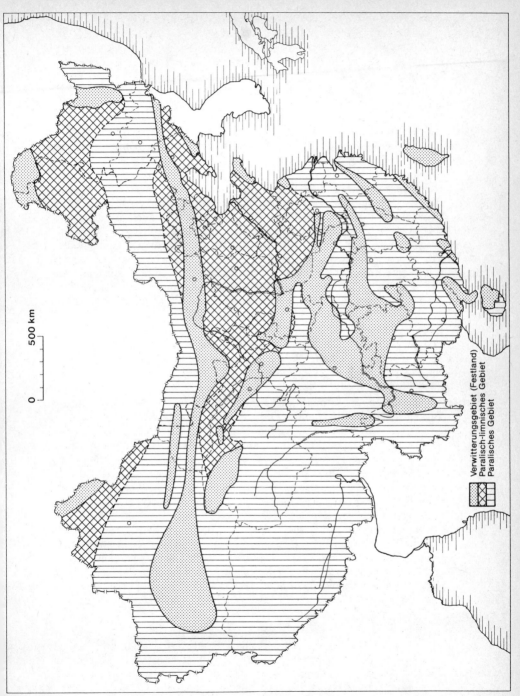

Karte 6. Ausbreitung von Land und Meer während der Perm-Karbon-Formation.

II. Energiewirtschaft

von Anthrazit bis zu hochflüchtiger Kohle auf. Ihr Anteil an den Gesamtvorräten erreicht 4,6%. Von den zwei kohlenführenden Schichtpaketen spielt die unterste, die Shixia-Folge, nur eine geringe Rolle. Bedeutsamer ist die Luoping- bzw. Laipakou-Folge, in der drei bis fünf Flöze mit Mächtigkeiten zwischen 1 und 3 m angetroffen werden. Die Unterteilung in Perm-Karbon- und Perm-Kohle deutet auf die unterschiedliche Entstehungsgeschichte Nord- und Südchinas hin.

Trias. In der Trias sind Kohlenablagerungen ziemlich selten. Sie beschränken sich auf die südwestlichen Provinzen und enthalten einheitlich mittelflüchtige Fettkohle mit Verkokungseigenschaften.

Jura. Die bedeutendsten Kohlenablagerungen sind im Jura zu finden, dem insgesamt 60% der geologischen Vorräte zugerechnet werden. Die größten Vorkommen gehören zum Unter- und Mitteljura und finden sich vor allem in Nordwestchina, aber auch in vielen anderen Provinzen. Die Inkohlung der Flöze reicht von schwachem Anthrazit bis zu hochflüchtiger Steinkohle, die überwiegend angetroffen wird und mit zu Chinas guter Kokskohle zählt. Charakteristisch für diese Formation ist die Lagerstätte von Datong in der Provinz Shanxi mit großen Vorräten an asche- und schwefelarmer Kohle, die zum größten Teil verkokbar ist. Kohlenflöze aus dem Mittel- bis Oberjura spielen vor allem in Nordostchina eine wichtige Rolle. Die Kohlenarten reichen von Fett- bis Braunkohle.

Kreide. Kohlenflöze aus der Kreide-Formation werden im Norden und Nordosten Chinas abgebaut. Sie haben Fett- bis Braunkohlencharakter und erreichen einen Anteil von 7% an den Gesamtvorräten.

Tertiär. Die Kohlenvorkommen des Tertiär sind nur mit 0,8% an den geologischen Vorräten beteiligt. Sie enthalten hochflüchtige Steinkohle und Braunkohle. Wegen der ausgedehnten Braunkohlenlagerstätten in Nordostchina sowie in den Provinzen Nei Monggol, Yunnan, Guangdong und Guangxi kommt diesen Vorkommen jedoch besondere Bedeutung zu. Zu erwähnen sind hier die in der Entwicklung befindlichen Tagebaue in Hulinhe und Yiminhe in der Provinz Nei Monggol sowie die Braunkohlenlagerstätte Xiaolongtan in der Provinz Yunnan mit einer maximalen Mächtigkeit von 216 m. Hochflüchtige tertiäre Steinkohle, die teilweise verkokbar ist, wird in großem Umfang in den Nordost-Provinzen abgebaut. Die Lagerstätte von Fushun in der Provinz Liaoning weist im Bereich des Tagebaubetriebes, der 1914 eröffnet wurde und heute auf einer Breite von 2,2 km eine Teufe von knapp 300 m erreicht, eine Kohlenmächtigkeit bis zu 130 m auf. Im Hangenden dieser Lagerstätte, die auch im Tiefbau erschlossen ist, befindet sich u. a. ein etwa 80 m mächtiger Ölschieferhorizont, aus dem Mineralöl gewonnen wird. Die Flöze mit Gasflammkohlencharakter weisen niedrige Asche- und Schwefelgehalte auf.

Qualitäten. Die Qualitäten der chinesischen Kohlenarten sind sehr unterschiedlich und abhängig von ihrer geologischen Entstehung. Sie sind in den nördlichen Kohlenfeldern generell besser als in den südlichen. Im Asche- und Schwefelgehalt weist die Kohle teilweise große Unterschiede auf. Die jurassische

Tabelle 19. Anteile der Kohlenarten an den näher erkundeten Kohlenvorräten (12).

Kohlenart	Sowjetisches Kennzeichen	Flüchtige Bestandteile % waf	Anteil an den Gesamtvorräten %
Braunkohle	B	>48	2,7
Steinkohle			80,8
Flammkohle	D	>35	18,6
Gasflammkohle	G	33 bis 40	10,6
Gaskohle	Zh	26 bis 34	24,2
Fettkohle	K	18 bis 27	9,4
Eßkohle	OS	14 bis 21	14,5
Magerkohle	T	9 bis 17	3,5
Anthrazit	A	<9	12,3
Nicht festgestellt			4,2

Kohle hat im allgemeinen die beste Qualität. Die Kohle aus dem Karbon ist schwefelreich, während die Kohle aus dem Perm normalerweise einen geringeren Schwefel-, dafür aber einen hohen Aschegehalt besitzt. Ungefähr 30% der nachgewiesenen Vorräte sollen einen Schwefelgehalt von über 2% enthalten. Hierzu gehören insbesondere die Lagerstätten im Südwesten des Landes und die tieferliegenden Flöze in einigen großen Kohlenrevieren.

Zur Mengenverteilung der einzelnen Kohlenarten ist folgendes festzustellen: Nach Baženov bestehen die geologischen Vorräte in Höhe von 1500 Mrd. t zu 78% aus Steinkohle, zu 21% aus Anthrazit und zu 1% aus Braunkohle (Tabelle 18). Eine weitere Aufteilung nach Kohlenarten macht Baženov für die näher erkundeten Vorräte, die er mit 70 Mrd. t ausweist und die in wesentlichen Teilen dem heutigen Abbaubereich zugeordnet werden können (Tabelle 19). Danach entfallen 80,8% der Vorräte auf Steinkohle verschiedener Inkohlungsstufen, 12,3% auf Anthrazit, 2,7% auf Braunkohle und 4,2% auf nicht festgestellte Kohlenarten. Hiervon können bei geeigneter Mischung etwa 35 bis 40% entsprechend 25 Mrd. t Kohle als verkokungsfähig angesehen werden. Unter Heranziehung der nachgewiesenen Vorräte von 641,8 Mrd. t wird von chinesischer Seite die in der Tabelle 20 aufgeführte Zuordnung angegeben.

Tabelle 20. Anteile der Kohlenarten an den nachgewiesenen Kohlenvorräten (15).

Kohlenart	Anteil an den Gesamtvorräten %
Braunkohle	8
Nicht- bis schwach-backende Kohle	28
Niedrig inkohlte bituminöse Kohle	31
Mäßig inkohlte bituminöse Kohle	8
Stark inkohlte bituminöse Kohle	6
Anthrazit	9
Gemischte Kohle	10

II. Energiewirtschaft

Es kursieren auch andere chinesische Angaben (14):

Kohlenart	Anteil an den nachgewiesenen Vorräten %
Kokskohle	37
Kraftwerkskohle	32
Anthrazit	17
Braunkohle (subbituminous + lignite)	14
Gesamt	100

Mit 37% der nachgewiesenen Vorräte oder 240 Mrd. t verfügt China auch bei Berücksichtigung erheblicher Abstriche über eine außergewöhnlich breite Kokskohlenbasis.

Klassifikationssystem. Das chinesische Kohlen-Klassifikationssystem (Bild 2, Tabelle 21) ist dem in der UdSSR verwendeten System entlehnt. Hierbei wird für die Kennzeichnung der Kohlenarten neben den Flüchtigen Bestandteilen die in einem Plastograph zu bestimmende Dicke der plastischen Schicht „Y" in mm verwendet. Eine gut bis stark backende Kokskohle hat einen Y-Wert oberhalb 20 mm, eine schwach-backende Kohle einen solchen unter 10 mm. Bei sehr

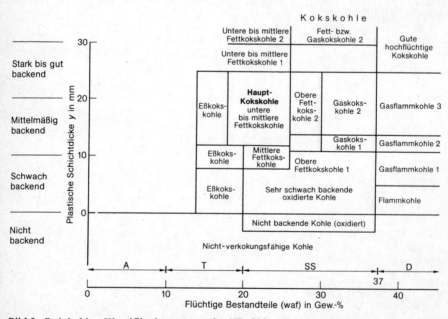

Bild 2. Steinkohlen-Klassifikationssystem der VR China (34).

Tabelle 21. Das chinesische Kohlen-Klassifikationssystem (34).

Kohlenart			Weitere Unter-gliederung	Qualitätsmerkmale	
Deutsche Bezeichnung	Englische Bezeichnung	Sowjetische Bezeichnung (Klasse)		Fl. Best. % waf	Plastische Schicht „Y" mm
Braunkohle	lignite brown coal	B		>40	
Flammkohle	long flame coal	D		>37	0 bis 5
Oxidierte Kohle — nicht-backend	non-coking-coal	SS		>20 bis 37	0/pulvrig
Oxidierte Kohle — schwach-backend	weakly-coking-coal	SS	Klasse 2: Klasse 1:	>26 bis 37 >20 bis 26	0 bis 8/* 0 bis 9/*
Gasflammkohle	gas coal	G	Klasse 1: Klasse 2: Klasse 3:	>37	> 5 bis 9 > 9 bis 14 14 bis 25
Gaskohle	fat gas coal	GZh	Klasse 1: Klasse 2:	>30 bis 37	> 9 bis 14 >14 bis 25
(Gaskokskohle)	gas fat coal	GZh		>37	>25
Fettkohle	fat coal	Zh	Klasse 1: Klasse 2:	>26 bis 37	>25 bis 30 >30
Fettkohle	fat coking coal	KZh	Klasse 1: Klasse 2:	>26 bis 30	> 9 bis 14 >14 bis 25
Fettkohle	coking fat coal	K	Klasse 1: Klasse 2:	≦26	>25 bis 30 >30
Untere Fettkohle	chief coking coal	K 2		>18 bis 26	>12 bis 25
Untere Fettkohle	coking lean coal	K 2		>20 bis 26	> 8 bis 12
Eß(Koks)-Kohle	lean coking coal	OS		>14 bis 18	>12 bis 25
Eß(Koks)-Kohle	lean coal	OS	Klasse 2: Klasse 1:	>14 bis 20	> 8 bis 12 0 bis 8/*
Magerkohle	meager coal	T		>10 bis 20	0/pulvrig
Anthrazit	anthracite	A		0 bis 10	

* Klumpig

II. Energiewirtschaft

schwach backender Kohle unter 6 mm wird als zusätzliches Merkmal die Art des Tiegelkokses beschrieben.

Zum besseren Verständnis der Tabelle 21 wurden auch die entsprechenden deutschen, englischen und sowjetischen Bezeichnungen vermerkt. Im Bild 2 sind ferner die einzelnen Y-Bereiche der chinesischen Steinkohlenarten mit den Flüchtigen Bestandteilen in Beziehung gesetzt. Bemerkenswert ist hierbei, daß in China noch gut backende Kokskohle mit Y-Werten über 25 mm bei Gehalten an Flüchtigen Bestandteilen oberhalb 37% angetroffen wird. Hierzu zählt insbesondere die tertiäre Kohle von Fushun und die Kreidekohle von Fuxin, die für die Versorgung der Stahlindustrie von Anshan und Umgebung herangezogen werden.

Ein Qualitätsvergleich der verschiedenen Kohlenarten zeigt die Tabelle 22. Wegen der relativ großen Anthrazitvorräte kommt auch dieser Kohlenart für China besondere Bedeutung zu. Die Braunkohle mit ihrem breiten Qualitätsband wird erst in naher Zukunft verstärkt in die Energiebedarfsdeckung einbezogen.

Tabelle 22. Qualitätsvergleich der Kohlenarten (14).

Kohlenart	Qualitätsmerkmale					
	Asche %	Staub %	Fl.-Best. % waf	Kohlenstoff %	Schwefel %	Heizwert kcal/kg
Anthrazit	0,6	3,0 bis 30,0	1,1 bis 8,9	73,8 bis 93,5	0,1 bis 4,0	5800 bis 8300
Kokskohle ...	0,4 bis 4,8	7,3 bis 34,9	13,3 bis 37,9	40,8 bis 70,2	0,2 bis 3,4	5155 bis 8066
Kraftwerkskohle	1,3 bis 6,1	5,0 bis 40,0	22,5 bis 42,0	48,0 bis 65,1	0,3 bis 1,9	3300 bis 7231
Braunkohle ...	5,2 bis 19,1	8,7 bis 32,7	28,7 bis 46,9	29,8 bis 40,0	0,2 bis 1,5	3000 bis 5300

Insgesamt kann die chinesische Kohle als relativ schwefelarm bezeichnet werden. Der Aschegehalt schwankt in weiten Grenzen und dürfte im Mittel aller geförderten Kohlen zwischen 23 und 28% liegen (34). Der mit der Kohle verbundene und gegenüber den westeuropäischen und ostamerikanischen Lagerstätten höhere Primäraschegehalt, der wegen der Unterteilung in Asche und Staub in der Tabelle 22 nicht deutlich genug wird, bedingt allerdings eine schlechtere Aufbereitbarkeit der chinesischen Kohle und damit ein geringeres Ausbringen im Aufbereitungsprozeß.

2.3 Technologie des Kohlenbergbaus

2.3.1 Abbaubedingungen

Auf Grund der großen Anzahl an Kohlenvorkommen aus fast allen geologischen Zeiträumen herrschen in China die unterschiedlichsten Lagerungs- und Abbaubedingungen vor. Der größte Teil der nachgewiesenen Kohlenvorräte befindet sich in geringer Teufe. Hiervon können 13% im Tagebau und 87% im Tiefbau gewonnen werden.

Die gegenwärtig erreichte mittlere Abbauteufe aller Gruben liegt bei 283 m. Im Bereich der staatlichen Gruben beträgt sie 400 m, im Beipiao-Revier in der Pro-

Tabelle 23. Die näher erkundeten Kohlenvorräte nach Mächtigkeit und Einfallen der Flöze (12).

Flözmächtigkeit m	Anteil an den Vorräten in % Einfallen			Gesamt
	Flach	Halbsteil	Steil	
<1,3	18,1	4,6	1,6	24,3
1,3 bis 3,5	22,1	2,9	1,7	26,7
>3,5	34,8	13,0	1,2	49,0
Gesamt	75,0	20,5	4,5	100,0

vinz Liaoning wird mit 1060 m die größte Teufe erreicht. Über die Mächtigkeits- und Einfallensverhältnisse sind nur Angaben von Baženov bekannt, die sich auf die näher erkundeten Vorräte beziehen (Tabelle 23). Danach hat jeweils etwa ein Viertel der Vorräte Flözmächtigkeiten unterhalb 1,3 m bzw. zwischen 1,3 und 3,5 m, und fast die Hälfte über 3,5 m. Größte Mächtigkeiten werden in den Provinzen Liaoning (Fushun) mit 130 m, Yunnan mit 220 m und Xinjiang mit 160 m erreicht. Das für den Abbau in Betracht kommende Flözpaket enthält auf den Bergwerken im allgemeinen zwischen 4 und 15, teilweise auch mehr Flöze.

Mit 75% steht der größte Anteil der Vorräte in flacher Lagerung an, wobei hier Flöze mit Mächtigkeiten von über 3,5 m vorherrschen. Auf halbsteile Lagerungsverhältnisse entfallen 21% der Vorräte, und 5% stehen nur in steiler Lagerung an. Trotz des großen Anteils an mächtigen Flözen sind gute Voraussetzungen für die weitere Einführung der mechanischen Gewinnung gegeben. Der Anteil der Fördermenge aus den verschiedenen Mächtigkeits- und Lagerungsbereichen geht aus der Tabelle 27 hervor.

Die geologisch-tektonischen Verhältnisse in den Lagerstätten sind mannigfaltig und mit Ausnahme derjenigen in der Provinz Shanxi im allgemeinen kompliziert. Das Hangende neigt in fast allen Abbaurevieren und -teufen zum Ausbrechen, und der Abbau wird auf vielen Lagerstätten, ebenfalls unabhängig von der Teufe, durch CH_4-Ausgasung, Gebirgsschläge sowie durch wasserführendes Nebengestein behindert. Etwa 25% aller Gruben weisen eine tägliche CH_4-Ausgasung von mehr als 10 m³ je geförderte Tonne auf. In über 100 Bergwerken sind bereits Gasabsaugungen eingerichtet. Die jährlich abgesaugte Methanmenge erreicht 300 Mill. m³. Kohlen- und Gasausbrüche gefährden ebenfalls den Abbau. Hinzu kommt, daß über 90% aller Schachtanlagen durch Kohlenstaubexplosionen gefährdet sind.

Die Errichtung von Bergwerken wie auch deren Betrieb wird ferner durch die Gefahr von Wassereinbrüchen behindert. Eine für den chinesischen Bergbau typische Besonderheit ist der Abbau unter Flußniederungen und wasserführenden Kalksteinschichten. Ausgedehnte Kohlenvorkommen befinden sich häufig im Bereich der großen Ebenen unmittelbar unter mächtigen und wasserführenden Schwemmsandschichten, die den Flözausbissen direkt aufliegen und schwierige Wasserverhältnisse für den Abbau hervorrufen. Die Mächtigkeit dieser wasserführenden Lockergesteine kann bis zu 700 m betragen und das Niederbringen

II. Energiewirtschaft

von Schächten erheblich erschweren. Auch Druckwasserhorizonte in Kalksteinschichten im Liegenden des Abbaus können gefährliche Wassereinbrüche verursachen, so daß zusammenfassend festzustellen ist, daß der chinesische Bergbau mit nicht unerheblichen Gefährdungen des Betriebes fertig werden muß.

2.3.2 Organisation des Kohlenbergbaus

Die Vielzahl der Kohlenlagerstätten, die Großräumigkeit des Landes, die unterentwickelte Infrastruktur und der große Energiebedarf haben in China Bergbauaktivitäten auf sehr unterschiedlichen Ebenen entstehen lassen. Im wesentlichen lassen sich drei Gruppen unterscheiden, die Bergwerke und Gruben betreiben:
1. Das Ministerium für die Kohlenindustrie.
2. Provinzregierungen.
3. Gebietskörperschaften.

Die unter Leitung des Kohlenministeriums betriebenen Bergwerke dienen der Erfüllung übergeordneter nationaler Ziele, während die Produktion der zwei anderen Gruppen vor allem begrenzten Versorgungsaufträgen nachkommt. Unter die Gruppe der Gebietskörperschaften fallen Präfekturen, Städte, Kreise sowie Kommunen und Brigaden.

Das Kohlenministerium gliedert sich in folgende Abteilungen:
▷ Disziplinüberwachungs-Kommission
▷ Parteikomitee
▷ Ältere Führungskräfte
▷ Kohlen-Aufbereitung und -Verwendung
▷ Sicherheitsinspektorat
▷ Zuteilung, Transport und Verkauf
▷ Personalangelegenheiten
▷ Ausbildung
▷ Arbeits- und Lohnangelegenheiten
▷ Finanzen
▷ Technische Entwicklung
▷ Industriebau
▷ Produktion
▷ Planung
▷ Forschungsangelegenheiten
▷ Allgemeine Angelegenheiten

Ihm unterstehen ferner folgende Einrichtungen und Organisationen:
▷ Institut für Führungskräfte (Beijing)
▷ Geologisches Büro
▷ Institut für wissenschaftliche und technische Information
▷ Planungs- und Design-Institut
▷ Zentrales Kohlenforschungs-Institut (Beijing)
▷ Nationale Kohlen-Import-Export-Gesellschaft
▷ Büro für wissenschaftliche und technische Kontakte mit dem Ausland
▷ Bergbauzuliefer-Gesellschaft
▷ Beschaffungsbüro
▷ Theatergruppe

2. Kohlenbergbau

Außerdem sind dem Kohlenministerium für spezielle Aufgaben noch akademische Körperschaften angeschlossen, von denen die China Coal Society, die 1972 gegründet wurde und sich in der Forschung, Weiterbildung und im inner- und außerchinesischen Erfahrungsaustausch betätigt, ein wichtiges Führungsinstrument des Kohlenministeriums darstellt. Die China Coal Society gehört zur chinesischen Vereinigung für Wissenschaft und Technik und umfaßt gleichzeitig als akademische Mitgliederorganisation das wissenschaftliche und technische Personal der chinesischen Kohlenindustrie. In fast allen Provinzen besitzt sie regionale Zweiggruppen und betreut über diese ihre 27 000 Mitglieder. Durch die Veranstaltung einer Reihe von Symposien und die Entsendung einer Vielzahl ihrer Mitglieder ins Ausland trägt sie zu einem regen Gedankenaustausch und zur Förderung der Weiterentwicklung der chinesischen Bergbautechnologie wesentlich bei.

Als besonderes Beratungsgremium in technischen Angelegenheiten dient dem Kohlenministerium der neu gebildete Ausschuß für Technologie, dem 116 hochgestellte Persönlichkeiten aus Ministerien, Hochschulen, Forschungsinstituten, Bergverwaltungen und Betrieben angehören. Seine Beratungstätigkeit erstreckt sich u. a. auf die Überprüfung der langfristigen Entwicklungspläne und der damit zusammenhängenden Entwicklungslinien in allen wesentlichen Bereichen, ferner auf die Berggesetzgebung und die Normung sowie auf das technische Regelwerk.

Die dem Kohlenministerium unterstehenden 611 Bergwerke (1980) werden über 24 Provinz-Hauptverwaltungen — sie befinden sich in der jeweiligen Hauptstadt — und über 86 diesen nachgeschalteten Revierverwaltungen (Coal Mining Bureau's) betreut. In den drei regierungsunmittelbaren Städten Beijing, Shanghai und Tianjin sowie den Provinzen Oinghai und Xizang gibt es keine Hauptverwaltungen.

Die Hauptverwaltungen der Region Nord in den Provinzen Liaoning, Jilin und Heilongjiang wurden erst im Jahre 1981 dem Kohlenministerium unterstellt; die Förderung der ihnen zugeordneten Gruben wird aber schon seit 1979 zum staatlichen Bergbau gerechnet. Andererseits wird die Produktion im Bereich der Hauptverwaltung der Provinz Sichuan, die seit 1981 dem Kohlenministerium untersteht, in der Statistik auch 1983 noch dem lokalen Bergbau zugerechnet.

Außer den Revierverwaltungen können den Hauptverwaltungen auch „autonome" Bergwerksbetriebe direkt unterstellt sein. Ferner gibt es Revierverwaltungen mit nur einer fördernden Grube. Im Anhang II sind die wichtigsten Gruben der bekannten Revierverwaltungen angeführt. Diesen unterstehen häufig auch noch andere Betriebe wie zum Beispiel Sprengstofffabriken, Ziegeleien oder Zementfabriken.

Das Kohlenministerium unterhält zur Versorgung der staatlichen Gruben in den nachfolgend aufgeführten Städten zentrale Material- und Betriebsmittellager:

Region	Stadt	Region	Stadt
Nordost	Shenyang	Südwest	Chengdu
Nord	Tianjin	Mitte und Süd	Zhengzhou
Nordwest	Xian	Ost	Shanghai

II. Energiewirtschaft

Die Standorte der Revierverwaltungen kennzeichnen gleichzeitig die Schwerpunkte des chinesischen Kohlenbergbaus, die unter anderem aus dem Kartenband hervorgehen. Ihr Anteil an der Gesamtfördermenge erreichte 1982 53% (Tabelle 24).

Tabelle 24. Aufteilung der chinesischen Kohlenfördermengen nach Zugehörigkeit der Gruben für die Jahre 1979, 1981 und 1982 (34, 35).

	Fördermenge							
	1979		1981		1982		1983	
	Mill. t	%	Mill. t	%	Mill. t	%	Mill. t	%
China insgesamt ..	635,54	100	621,63	100	666,32	100	714,51	100
Staatliche Gruben .	357,77	56	335,05	54	349,90	53	363,12	51
Lokale Gruben ...	277,77	44	286,58	46	316 42	47	351,39	49
Zugehörigkeit:								
Provinzen	69,76	11	66,89	11	70,31	10		
Präfekturen	45,18	7	40,45	7	42,42	6	182,39	25
Kreise	56,62	9	52,65	8	57,52	9		
Kommunen und Brigaden ...	106,31	17	126,59	20	146,07	22	169,00	24

Die zweitgrößte Gruppe bilden im Bereich der lokalen Gruben mit einem Förderanteil von 47% eine Vielzahl von Klein- und Kleinstzechen, die in mehr als 1200 Landkreisen oder Städten angetroffen und von verschiedenen Gebietskörperschaften betreut und betrieben werden. Etwa 10% der Fördermenge entfallen auf Gruben mittlerer Größe, die von den Provinzregierungen verwaltet werden und vor allem für die Versorgung der auf Provinzebene errichteten Industriebetriebe zuständig sind.

2.3.3 Größe und Ausrüstungsstand der Gruben

Tiefbau. Entsprechend dem unterschiedlichen Versorgungsauftrag weisen die chinesischen Kohlenbergwerke in ihren Kapazitäten und ihrem Ausrüstungsstand eine große Bandbreite auf. Die staatlichen Gruben, über die heute auch statistische Daten vorliegen und auf die daher vor allem Bezug genommen werden soll, zählen zu den größten und leistungsfähigsten Betrieben des Landes. Ihre Produktion entfällt zu 94% auf Tiefbaugruben und zu 4% auf Tagebaubetriebe (Tabelle 25). Von den 86 Kohlenrevieren, in denen sich die staatlichen Gruben befinden, erbringen knapp 70 eine Jahresfördermenge von je über 1 Mill. t. Hierunter befinden sich 11 mit einer jährlichen Fördermenge von über 10 Mill. t und 8 Reviere mit einer solchen von 5 bis 10 Mill. t. Die Reviere Kailuan und Datong erreichen über 20 Mill. t je Jahr und haben damit gegenwärtig die höchste Kapazität (Tabelle 26). Die Fördermengen der Reviere liegen im allgemeinen höher als die chinesischen Angaben über die technischen Kapazitäten, da sich diese auf jährlich 300 Arbeitstage bei 14 Betriebsstunden je Tag beziehen, während die tatsächliche Arbeitszeit täglich 14 bis 18 Stunden an 350 bis 360 Tagen im Jahr beträgt (14).

Tabelle 25. Die Kohlenfördermengen der staatlichen Gruben 1980 und 1982 (35).

Staatliche Gruben	Anzahl	Fördermenge 1980 Mill. t	%	Fördermenge 1982 Mill. t	%
Tiefbaugruben	598	324,63	94,2	327,43	93,6
aus Abbaubetrieben	2107	286,87	83,1	289,87	82,8
aus Streckenauffahrungen		28,19	8,2	29,08	8,3
aus Vorrichtungsbetrieben		9,57	2,7	8,48	2,5
Tagebaubetriebe	13	14,03	4,1	14,96	4,3
Sonstige		5,73	1,7	7,51	2,1
Gesamt	611	344,39	100,0	349,90	100,0

Tabelle 26. Fördermengen der großen Kohlenreviere im Jahre 1982.

Fördermengen (Mill. t/a)	Kohlenrevier		Kohlenregion	Provinz
> 20	Kailuan	(19,95)	N	Hebei
	Datong	(26,20)	N	Shanxi
10 bis 20	Fuxin	(10,95)	NO	Liaoning
	Jixi	(12,76)	NO	Heilongjiang
	Hegang	(13,40)	NO	Heilongjiang
	Fengfeng	(10,27)	N	Hebei
	Yangquan	(12,66)	N	Shanxi
	Xishan	(10,51)	N	Shanxi
	Pingdingshan	(13,57)	MS	Henan
	Xuzhou	(11,42)	O	Jiangsu
	Huaibei	(13,47)	O	Anhui
5 bis 9	Fushun	(7,81)	NO	Liaoning
	Shuangyashan	(5,53)	NO	Heilongjiang
	Beijing	(6,19)	N	Beijing
	Tongchuan	(6,78)	NW	Shanxi
	Yima	(6,67)	MS	Henan
	Huainan	(8,41)	O	Anhui
	Zaozhuang	(6,45)	O	Shandong
	Xinwen	(6,30)	O	Shandong
2 bis 5	Benxi		NO	Liaoning
	Tonghua		NO	Jilin
	Fenxi		N	Shanxi
	Luan		N	Shanxi
	Wuda		N	Nei Monggol
	Pingzhuang		N	Nei Monggol
	Shitanjing	(4,96)	NW	Ningxia
	Liupanshui		SW	Guizhou
	Jiaozuo		MS	Henan
	Hebei		MS	Henan
	Zibo		O	Shandong
	Yanzhou		O	Shandong

II. Energiewirtschaft

Im Revier Kailuan werden von 8 Schachtanlagen heute jährlich etwa 22 Mill. t Kohle gefördert, nachdem 1975 vor dem großen Erdbeben bereits 25 Mill. t erreicht waren. Hieraus ergibt sich eine mittlere spezifische Jahresfördermenge von 2,7 Mill. t je Bergwerk, womit das Revier eine Spitzenstellung einnimmt. Das Bergwerk Linxi erbringt hier mit 3,8 Mill. t die zur Zeit höchste Fördermenge aus dem Tiefbau. Bei 300 Arbeitstagen je Jahr entspricht das einer Tagesfördermenge von rund 12 700 t Rohkohle. Im Revier Datong werden von 15 Bergwerken jährlich etwa 26 Mill. t Rohkohle gefördert. Die mittlere spezifische Jahresförderleistung je Anlage liegt hier bei 1,75 Mill. t.

Für den Bereich des gesamten Ministeriums, dem 1980 598 Tiefbaubetriebe und 13 Tagebaue unterstanden, errechnen sich aus den Angaben der Tabelle 25 mittlere spezifische Fördermengen von 543 000 t/a bzw. 1800 t/d für die Tiefbaubetriebe und von 1,08 Mill. t/a bzw. 3600 t/d für die Tagebaubetriebe, bezogen auf 300 d/a.

Die Werte schwanken mit der Anzahl der jährlich neu in Betrieb gehenden Gruben, da diese in der Anlaufphase nicht ihre volle Kapazität erreichen.

Die Zahl der lokalen Gruben stieg von 20 000 im Jahr 1973 über 40 200 im Jahr 1983 auf 48 000 bis Ende 1984 (34). Sie werden überall im Lande verstreut angetroffen, wo Kohlevorkommen oberflächennah abgebaut werden können. Häufig werden sie auch in unmittelbarer Nachbarschaft größerer Bergwerke in geringer Teufe betrieben, was einen guten Know-how-Transfer ermöglicht. Diese Gruben haben jedoch zum größten Teil wesentlich geringere Kapazitäten als die staatlichen Bergwerke. Im Minimum kann die Tagesfördermenge nur wenige Tonnen betragen, wobei jedoch zu berücksichtigen ist, daß ein Teil dieser Gruben von Landarbeitern betrieben wird, die als Bergleute nur tätig sind, wenn die Feldarbeit ruht. Diese Betriebe laufen daher nicht über das gesamte Jahr.

Der Ausrüstungsstand der Gruben ist in den meisten Fällen in Abhängigkeit von der Betriebsgröße sehr unterschiedlich. Die staatlichen Bergwerke sind bereits teilweise mit neuzeitlichen Gewinnungs-, Ausbau- und Transporteinrichtungen ausgerüstet und gut organisiert. Die den Provinzregierungen unterstellten Gruben reichen zum Teil an den Ausrüstungsstand der kleineren staatlichen Gruben heran, während die Kleingruben häufig noch mit primitiven Mitteln betrieben werden.

In Abhängigkeit von den weiter hinten behandelten Gewinnungsverfahren wird bei den staatlichen Tiefbaugruben die hereingewonnene Kohle mechanisch oder noch von Hand geladen. Ihre Abförderung erfolgt über Panzerförderer, Gummibänder oder auch hydraulisch. Die Arbeiten im Streckenvortrieb werden zunehmend mechanisiert. Die Hauptstreckenförderung erfolgt neben dem überwiegenden Einsatz von elektrischen Lokomotiven auch bereits mit Bändern. Gefäße für die Schachtförderung sind noch relativ selten.

Die Planung aller wichtigen unter- wie übertägigen bergbaulichen Einrichtungen und Betriebsweisen ist auf den größeren Gruben weitgehend standardisiert. Sie wird von den 29 regionalen Planungsinstituten, von denen 8 dem Kohlenministerium unterstellt sind, vorgenommen. In den Instituten sind 10 000 Ingenieure und Techniker beschäftigt.

2. Kohlenbergbau

Tagebau. Obwohl 13% der nachgewiesenen Vorräte im Tagebau gewonnen werden können, ist der Förderanteil aus diesen Betrieben heute noch gering. Gegenwärtig werden etwa 30 Tagebaue betrieben, von denen die 13 größten, die dem Kohlenministerium unterstehen, im Jahr 1980 eine Fördermenge von 14 Mill. t Kohle erbrachten. Insgesamt dürfte die Tagebaufördermenge heute bei 20 Mill. t/a liegen. Von den staatlichen Betrieben fördern 5 Tagebaue mehr als 1 Mill. t/a. Die bedeutendsten Steinkohlen-Tagebaue finden sich in der Provinz Liaoning, wo im Jahr 1979 aus 4 Tagebauen, 12,3 Mill. t Rohkohle gewonnen wurden. Der größte Tagebau ist Fushun-West mit einer jährlichen Fördermenge zwischen 3 und 4 Mill. t Kohle. Größere Braunkohlentagebaue sind in der Provinz Nei Monggol in Hulinhe, Haibowan und Zhalainuoer anzutreffen. Kleinere Tagebaue auf Steinkohle werden u. a. in den Provinzen Heilongjiang (Hegang), Ningxia (Shizuishan) und Xinjiang (Hami), auf Braunkohle in den Provinzen Yunnan und Shandong betrieben.

Das Verhältnis Abraum : Kohle aller Tagebaue wird heute mit 5 : 1 angegeben. Bei den in Planung befindlichen Betrieben wird bereits von einem Verhältnis bis 8 : 1 für Braunkohlentagebaue und 10 : 1 für Steinkohlentagebaue ausgegangen. Das Lösen von Abraum und Kohle erfolgt überwiegend durch Schießarbeit. Für das Laden sind Löffelbagger mit einem Löffelinhalt von 4 bis 11 m^3 eingesetzt, wobei die geringeren Inhalte vorherrschen. Der Abtransport erfolgt schienengebunden mit Selbstentlade-Waggons oder in seltenen Fällen mittels Schwerlastkraftwagen. Der bisher relativ geringe Anteil der Förderung aus Tagebauen ist auf die unzureichende Ausrüstung mit leistungsstarken Geräten zurückzuführen, die bisher in den eigenen Fabrikationsanlagen noch nicht erstellt werden konnten.

Bergwerksmaschinenbau. Von besonderer Bedeutung für die Fortschritte in der Mechanisierung der Gruben ist die Entwicklung im chinesischen Bergwerksmaschinenbau. In den 50er Jahren war eine Vielzahl von Zechenwerkstätten für die Reparaturarbeiten und die Herstellung einfacher maschineller Geräte entstanden. Ein Teil dieser Werkstätten verlegte sich bereits bald auf das Nachbauen ausländischer Bergbaumaschinen. Seit 1960 wurden auch zunehmend Eigenkonstruktionen entwickelt. So entstanden vor allem im Bereich der großen Kohlenreviere im Laufe der Zeit Großbetriebe, die schließlich zu regelrechten Maschinenfabriken mit spezieller Serienfertigung ausgebaut wurden. Die kleineren Werkstätten wurden ebenfalls erweitert und sind heute in der Lage, die Zechen mit den Objekten der üblichen maschinellen Bergwerksausrüstungen zu versorgen. Sie beziehen ihre Vorprodukte von den örtlich errichteten Werken der Eisen- und Stahlindustrie.

Dem Kohlenministerium unterstehen u. a. 34 größere Maschinenfabriken mit insgesamt 67 000 Belegschaftsmitgliedern und einer jährlichen Stahlverarbeitungskapazität von 200 000 t. Weitere 125 Fabriken werden von lokalen Verwaltungen betreut. Die Maschinenfabriken sind heute in der Lage, 320 verschiedene maschinelle Einrichtungen oder Ausrüstungen für den Kohlenbergbau zu erstellen. Hierzu gehören alle wesentlichen Einrichtungen für den Tage- und Tiefbau, die aber in Leistungsfähigkeit und Ausstattung westlichen Ansprüchen kaum genügen. Dennoch können mit diesen Eigenproduktionen bereits technisch leistungsfähige Strebbetriebe ausgerüstet werden. Zur Weiterentwicklung der Maschinentechnik bahnen sich Kooperationen mit westeuropäischen Bergwerksmaschinenherstellern an.

II. Energiewirtschaft

2.3.4 Aufschluß der Lagerstätten und Abbauverfahren

Aufschluß. Der Aufschluß der Lagerstätten erfolgt beim Tiefbau — je nach Morphologie und Lagerstättenverhältnissen — durch Stollen, Schrägschächte und/oder seigere Schächte. Für Stollenbetriebe gibt es in gebirgigen Gegenden günstige Bedingungen, so daß selbst Gruben mit Kapazitäten von 3 Mill. t/a derart erschlossen werden. Der Aufschluß über tonnlägige Schächte im Einfallen der Schichten oder querschlägig dazu findet infolge der vorherrschenden Lagerungsbedingungen neben Stollenbetrieben die häufigste Anwendung. Die Lagerstätten von 330 staatlichen Gruben sind in dieser Weise erschlossen (14).

Die Aufschluß- bzw. Bauzeiten liegen für mittelgroße Gruben mit Kapazitäten von 0,5 bis 1,5 Mill. t/a bei 4 bis 6 Jahren und für große Gruben zwischen 6 und 8 Jahren. Bei den relativ geringen mittleren Teufen sind dies lange Vorlaufzeiten, die durch bessere Betriebsorganisation und weitere Standardisierung aller wichtigen technischen Einrichtungen und Betriebsvorgänge zukünftig verkürzt werden sollen.

Schachtbau. Der Schachtbautechnik wird wegen der künftig weiter zunehmenden Abbauteufen und der teilweise ungünstigen geologischen Bedingungen in den Kohlenrevieren besondere Bedeutung beigemessen. Das vorherrschende Schachtbauverfahren ist das Abteufen mit Bohr- und Sprengarbeit, das bereits einen relativ modernen Ausrüstungsstand erreicht hat. Da in den großen Revieren die Kohlenhorizonte in weiten Bereichen von wasserführenden, nicht standfesten Ablagerungen des Tertiärs oder Quartärs überlagert sind, nehmen Spezialabteufverfahren einen wichtigen Platz ein. Die Mächtigkeit der wasserführenden Lockergesteine liegt bei den zur Zeit in Planung befindlichen schwierigsten Projekten bei 450 bzw. 600 m.

Für das Durchteufen geringmächtiger Lockergesteine werden Vorschächte mittels Vorpfändarbeiten oder nach dem Senkschachtverfahren erstellt. Das Hauptabteufverfahren für die Durchörterung mächtiger Schwimmsandschichten ist das Gefrierverfahren, das bisher bis zu Teufen von 330 m Anwendung fand. Die seit dem Jahre 1955 nach diesem Verfahren niedergebrachten Schächte erreichten folgende Teufen:

Anteil der Schächte %	Schachtteufe m
43	< 100
48	100 bis 200
9	> 200

Im herkömmlichen Bohr-Sprengbetrieb (Greiferinhalt: 0,6 m^3; Förderkübelinhalt: 3 m^3; Bohrgerät) konnten bei kleineren Querschnitten Rekordleistungen bis zu 120 m/Monat, bezogen auf den fertigen Schacht, erzielt werden. Der größte Durchmesser der Schächte beträgt 8 m. Die Kälteleistung der Gefrieranlagen erreicht maximal 4 Mill. kcal/h. Der bisher angewandte einschalige Stahlbetonausbau wird heute zunehmend von dem zweischaligen Ausbau verdrängt.

Nach dem Schachtbohrverfahren auf ein Vorbohrloch, das im Jahr 1969 erstmals eingeführt wurde, sind bisher Schächte mit Teufen bis zu etwa 300 m niedergebracht worden. Die Durchmesser liegen zwischen 4,1 und 7,9 m. Diesem Verfahren wird wegen des geringen Zeitaufwandes für die Herstellung von Schächten besondere Bedeutung beigemessen.

Streckenvortrieb. Beim Vortrieb der Ausrichtungsstrecken steht das Bohr- und Schießverfahren nach wie vor im Vordergrund. Zum Einsatz kommen im allgemeinen stützengeführte Bohrhämmer, Schrapplader und Wurfschaufellader, in seltenen Fällen mehrarmige Bohrwagen, Seitenkipplader oder Hummerscherenlader. Zur besseren Beherrschung des Ausbruchquerschnitts wird auch Profilsprengen angewandt. Bei der Flözstreckenauffahrung werden vereinzelt Teilschnittvortriebsmaschinen erprobt. Als Streckenausbaumaterial wird allgemein Stahl, Beton, Mauerwerk oder Holz verwendet. In jüngerer Zeit wird auch über die Anwendung von Anker- und Ankerspritzbeton-Ausbau berichtet.

Mit weiteren Importen moderner Maschinenanlagen aus Industrieländern für den Schachtbau und den Streckenvortrieb sollen die Arbeiten beim Aufschluß und Zuschnitt der Lagerstätten zunehmend dem westlichen Standard angepaßt werden. Auch ist beabsichtigt, Schächte nach modernen Abteufverfahren von westdeutschen Firmen niederbringen zu lassen.

Abbauverfahren. Entsprechend den unterschiedlichen Lagerungs- und Abbaubedingungen sowie den verschiedenartigsten traditionellen Abbauweisen und Entwicklungsphasen in den einzelnen Revieren ist für den chinesischen Bergbau eine große Vielfalt an Abbauverfahren kennzeichnend. Wesentlichen Einfluß auf die Ausgestaltung der Verfahren hat das Überwiegen der Kohlenflöze von großer und sehr großer Mächtigkeit sowie das Vorherrschen von flacher und geneigter Lagerung. Die Tiefbaufördermenge der staatlichen Gruben wird zu 88% aus Mächtigkeitsbereichen oberhalb 1,3 m und zu 45% oberhalb 3,5 m erbracht. Rund 85% werden dabei in flacher und geneigter Lagerung bis zu einem Einfallen von 25° gewonnen (Tabelle 27).

Tabelle 27. Fördermengen der staatlichen Gruben 1980 und 1982 nach Flözeinfallen und Flözmächtigkeit (35).

	Fördermenge			
	1980		1982	
	Mill. t	%	Mill. t	%
Flözeinfallen in °				
0 bis 12	137,33	47,9	149,59	51,6
12 bis 25	104,10	36,3	95,69	33,0
25 bis 45	30,39	10,6	30,18	10,4
45 bis 90	15,05	5,2	14,41	5,0
Flözmächtigkeit in m				
<1,3	36,16	12,6	34,14	11,8
1,3 bis 3,5	126,82	44,2	126,57	43,7
>3,5	123,89	43,2	129,16	44,5

II. Energiewirtschaft

Tabelle 28. Förderanteile der staatlichen Gruben nach Abbauverfahren im Jahr 1979 (15).

Abbauverfahren	Förderanteil %
Strebbau	46,8
Scheibenbau	
in geneigter Lagerung (Schrägscheibenbau)	31,7
in flacher Lagerung	0,6
mit Spülversatz	3,4
Kammerpfeilerbau	
mit regelmäßigen Pfeilern	5,2
mit Pfeilern in größeren Abständen (knife pillar)	4,9
Hydromechanischer Abbau	2,3
Andere Verfahren	5,1
Gesamt	100,0

Bei den Abbauverfahren steht der Strebbau in flacher Lagerung im Vordergrund, aus dem knapp die Hälfte der Fördermenge erbracht wird (Tabelle 28). Der Scheibenbau als Langfrontbau findet fast ausschließlich in mächtigen geneigten Flözen, auch im Zusammenhang mit Spülversatz, Anwendung und ist mit 36% das zweitwichtigste Abbauverfahren. Auf den Kammerpfeilerbau, der an Bedeutung gewonnen hat, entfallen etwa 10% der Fördermenge. Hier kommen als Gewinnungsmaschinen auch Continuous Miner zum Einsatz. In mächtigen geneigten Flözen wird die Kohle auch hydromechanisch gewonnen. Darüber hinaus gibt es noch eine Vielzahl herkömmlicher Verfahren für den Abbau unter besonderen Lagerungsbedingungen oder mit einfachen Mitteln, die insbesondere auch bei den nicht-staatlichen Gruben Anwendung finden.

Strebbau. Der Strebbau, das am stärksten mechanisierte Abbauverfahren, wird vornehmlich als Rückbau über große streichende Baulängen mit Bruchbau geführt. Häufig werden auch mehrere Bauhöhen gleichzeitig abgebaut. Von den im Jahr 1980 in den staatlichen Gruben vorhandenen 2167 Strebbetrieben waren

Tabelle 29. Anzahl und Fördermenge der Strebbetriebe in den staatlichen Gruben 1980 (35).

Strebbetriebe	Anzahl	Fördermenge		
		t/Monat/Streb	Mill. t/Jahr	%
Mechanisierte Betriebe	547	16 200	106,33	37
mit Teilmechanisierung	431	12 186	63,03	22
mit Vollmechanisierung	94	33 607	37,92	13
mit Hydromechanik	22	20 753	5,48	2
Nicht mechanisierte Betriebe	1 620	9 287	180,54	63
Gesamt	2 167	11 032	286,87	100

erst 547 mechanisiert, davon 94 vollmechanisiert. Sie erbrachten einen Förderanteil von 37% (1982 waren es 40%), während auf die 1620 konventionellen, nicht mechanisierten Streben 63% der Fördermenge entfielen (Tabelle 29).

Im konventionellen Strebbau erfolgt das Lösen der Kohle durch Schießarbeit und von Hand mittels Abbauhammer, das Laden von Hand auf einfache Strebfördermittel wie Schleppketten-, Stegketten- oder Gurtförderer und der Ausbau vorwiegend in Holz. In teilmechanisierten Streben werden in der Gewinnung Schrämmaschinen und Hobel mit Panzerförderern und für den Ausbau Reibungs- oder Hydraulik-Stempel eingesetzt. Die Förderer haben Kapazitäten bis 600 t/h und sind als Einkettenförderer oder als Doppelkettenförderer ausgeführt. Vollmechanisierte Strebbetriebe sind mit modernen Gewinnungsmaschinen (Einwalzenschrämlader mit 80 und 100 kW, Doppelwalzenschrämlader mit 150 und 170 kW, Hobel mit 80 kW) und hydraulischem Schreitausbau (Bock-, Bockschild- und Schild-Schreitausbau-Typen für Flözmächtigkeiten von 0,9 bis 3,6 m und mit Stützlasten von 2×75 t bis 4×150 t) ausgerüstet. Zur Einrichtung dieser Streben standen insgesamt 223 Strebausrüstungen zur Verfügung, von denen 52 aus eigener Fertigung stammten und 171 aus Westeuropa, der UdSSR und Polen importiert worden waren. Hiervon kamen jedoch nur 94 Ausrüstungen zum Einsatz, die 13% der Fördermenge erbrachten. Die mittlere Monatsfördermenge dieser Betriebe erreichte knapp 34 000 t bei Strebleistungen von 11,2 t/MS. Vollmechanisierte Strebbetriebe, in denen importierte Ausrüstungen eingesetzt waren, erbrachten im Mittel 42 800 t/Monat und 12,3 t/MS. Die höchste Fördermenge erzielte ein Streb im Datong-Revier mit 92 000 t/Monat bei 34 t/MS. Diese Werte erreichen jedoch erst etwa ein Viertel der Leistungswerte von westdeutschen Streben, wenn hier vergleichbar die Rohfördermenge angesetzt wird.

Kennwerte der Abbaubetriebe. Wichtige gemittelte Kennwerte aller 2167 Abbaubetriebe (Tabelle 29) der staatlichen Gruben aus dem Jahre 1980, die auch 1982 noch bestätigt wurden, sind:

      Streblänge . . . .   95 m,
      Abbaufortschritt . . . .   39,3 m/Monat,
      Betriebspunktfördermenge . . .   11 032 t/Monat,
      Strebleistung . . . .   4,13 t/MS.

Die Angaben lassen erkennen, welche Fortschritte bei einer weiteren Mechanisierung der Kohlengewinnung, die sicherlich nicht nur von der Höhe der Investitionen, sondern auch von intensiver Forschungs-, Entwicklungs- und Ausbildungsarbeit abhängig ist, im chinesischen Bergbau erreicht werden können.

Hydromechanische Gewinnung. Obwohl in China ausreichend mächtige Kohlenflöze vorhanden sind, hat die hydromechanische Gewinnung trotz verstärkter Bemühungen bis heute noch keine größere Verbreitung gefunden. Ihre Einführung geht auf das Jahr 1957 zurück und hat zwischenzeitlich zu euphorischen Meldungen über die Erfolge und die erwartete Entwicklung auf diesem Sektor geführt. Seit einigen Jahren stagniert die Hydrofördermenge jedoch zwischen 4 und 6 Mill. t/a und wird im wesentlichen aus den Revieren Kailuan (Hebei) und Zaozhuang (Shandong) erbracht. Nur auf den Gruben Lujiatuo im Kailunaner

II. Energiewirtschaft

Revier und Bayi im Zaozhuang Revier wird die gesamte Fördermenge hydromechanisch gewonnen und hydraulisch gefördert, während bei einer Reihe von Gruben und Tagebauen nur Teile der Fördermenge hydromechanisch gewonnen und/oder gefördert werden. Die Flöze, in denen die hydromechanische Gewinnung betrieben wird, sind im allgemeinen sehr mächtig (5 bis 10 m) und stehen in schwach bis stark geneigter Lagerung an. Die eingesetzten Wasserwerfer arbeiten mit Drücken bis zu 200 bar. Die Abbaubetriebspunktfördermenge erreicht in der Spitze bis zu 2000 t/d und entspricht damit einer guten Leistung in vollmechanisierten Betrieben. Auf den Hydrogruben wird aus der Trübe unter Tage in Schachtnähe die Körnung über 1 mm abgesiebt und in Förderwagen zutage gefördert, während das Feinstkorn mittels Kreiselpumpen in Rohrleitungen bis in die übertägige Aufbereitungsanlage gepumpt wird. Diese Gewinnungsmethode ist nach wie vor Gegenstand intensiver Forschung.

2.3.5 Aufbereitung der Kohle

Die Aufbereitung der Kohle hat in der VR China mit dem Ansteigen der Fördermenge eine stürmische Aufwärtsentwicklung erfahren. Der Bau der ersten Aufbereitung im chinesischen Bergbau geht auf das Jahr 1919 zurück. Im Gründungsjahr 1948 waren erst 16 Anlagen mit einer Kapazität von 14,6 Mill. t/a in Betrieb, die ausschließlich mit Setzmaschinen für die Grobkornsortierung und zum Teil mit Rheo-Rinnen für die Feinkornsortierung ausgerüstet waren. 1979 wurden im Bereich des Kohleministeriums 105 Aufbereitungsanlagen betrieben, die 117 Mill. t Rohkohle oder 18% der Gesamtfördermenge durchsetzten. Die gewaschene Kohlenmenge belief sich auf 52,9 Mill. t (1982: 50,9 Mill. t) mit einem mittleren Aschegehalt von 10,3%; unter Einbeziehung auch des lokalen Bergbaus waren es insgesamt 54,5 Mill. t (1982: 53 Mill. t). Die Aufbereitungskapazität der chinesischen Kohlenindustrie dürfte im Jahre 1984 etwa 145 Mill. t betragen haben.

Von den 105 Aufbereitungsanlagen verarbeiteten 88 Betriebe Kokskohle, 12 Betriebe Kraftwerkskohle und 5 Anlagen Anthrazitkohle. Die Durchsatzmengen entsprachen 43% der Kokskohlen- und jeweils 18% der Kraftwerks- bzw. Anthrazitkohlenfördermengen der staatlichen Gruben:

		Fördermenge 1979	
	Gesamt Mill. t	Zur Aufbereitung Mill. t	Anteil an der Gesamtfördermenge in %
Kokskohle	211	91	43
Kraftwerkskohle	117	21	18
Anthrazitkohle	30	5	18
Gesamt	358	117	33

Die Kapazitäten der Aufbereitung liegen bei 37 Anlagen über 1,5 Mill. t/a; sie erreichen in der Spitze 3,5 Mill. t/a für Kokskohle und 6 Mill. t/a für Kraftwerkskohle.

Aufbereitungen sind entweder zentral mehreren Gruben zugeordnet oder einzelnen Betrieben unmittelbar angeschlossen. Zentralaufbereitungen können zwar betriebskostengünstiger als örtliche Anlagen betrieben werden, sollen jedoch wegen der hohen Investitionskosten vorläufig nicht mehr gebaut werden.

Dies erscheint auch im Hinblick auf die Betriebsweise günstiger, da die Anpassung an die unterschiedlichen Kohlenarten und Bergegehalte aus verschiedenen Gruben zu erheblichen Problemen geführt hat. Besondere Bedeutung wird daher in letzter Zeit auch der Vergleichmäßigung der Kohle mit Hilfe von Rohkohlenmischlagern geschenkt.

Die Qualität der für die Verkokung geeigneten Kohlen ist sehr unterschiedlich; der Bergegehalt reicht bis 40%, der Schwefelgehalt liegt zwar meistens unter 1%, kann jedoch — wie im Nantong-Revier in der Provinz Sichuan — auch 3% betragen. Da im allgemeinen die tiefergelegenen Flöze größere Schwefelgehalte aufweisen als höhergelegene, wird mit Zunahme der Abbauteufe die Verringerung des Schwefelgehaltes bei der Aufbereitung künftig ein vordringliches Problem werden.

Als Standardaufbereitung für Kohle gilt heute folgendes Verfahren (34): Die Vorklassierung der Rohwaschkohle in Grob- und Feinkorn erfolgt bei 13 mm (Tabelle 30). Die Grobkornsortierung wird als Dreigut-Trennung (Kohle, Mittel-

Tabelle 30. Kenndaten chinesischer Aufbereitungsanlagen (24).

Aufbereitungsanlage			Rohkohle		Aufbereitete Kohle		Aufbereitungs-Verfahren*		
Aufbereitung von	Kapazität Mill. t/a	Rate t/h	Körnung mm	Asche %	Asche %	Ausbringen %	Grobkorn +13 mm	Feinkorn 13 bis 0,5 mm	Feinstkorn −0,5 mm
I Kokskohle									
A	3,5	850	300/0	25,0	11,2	70,7	SS	SZ	F
B	2,0	480	150/0	30,3	11,5	58,1	SS	SZ	F
C	2,4	575	50/0	32,0	13,6	53,8	SM	SM	F
D	3,0	715	50/0	21,3	10,0	64,9	SM	SM	F
E	2,4	575	50/0	23,0	9,9	63,0	SM	SM	F
F	1,8	430	50/0	14,9	9,3	85,9	SM	SM	F
G	2,4	575	50/0	24,1	6,0	53,0	SM	SM	F
H	3,0	715	50/0	38,0	12,0	36,0	SM	SM	F
II Kraftwerkskohle									
A	6,0	1430	300/0	29,8	13,6	k. A.	SS	SM	—
B	5,2	1240	300/0	36,6	16,9	k. A.	SS	SM	—
C	2,5	600	300/0	29,3	17,2	k. A.	SS	SM	—
D	1,6	380	50/0	46,8	29,1	k. A.	SM	SM	—
E	0,9	215	60/0	39,2	23,0	k. A.	SM	SM	—
F	0,8	190	50/0	46,3	24,7	k. A.	SM	SM	—
III Anthrazit (geplant 1983)									
A			80/0	29,0	n. b.	66	SS	—	—
B			80/0	n. b.	n. b.	n. b.	SM	SM	—

* SS Schwertrübe-Scheider; SZ Schwertrübe-Zyklone; SM Setzmaschine; F Flotation.

II. Energiewirtschaft

gut, Berge) entweder in Setzmaschinen oder in Schwertrübe-Heberadscheidern durchgeführt. Die maximale Korngröße betrug bis in die 70er Jahre bei Setzmaschinen 50 mm und bei Schwertrübe-Scheidern 300 mm. In letzter Zeit werden auch Anlagen mit anderen Differenzierungen gebaut (Körnungen 80 bis 13 mm, 120 bis 13 mm und 150 bis 13 mm).

Die Sortierung des Feinkorns von 13 bis 0,5 mm erfolgt ebenfalls als Dreigut-Trennung überwiegend in Setzmaschinen, selten in Schwertrübe-Zyklonen. Häufig wird jedoch auf eine Sortierung des Feinkorns verzichtet, wenn der Unterlauf der Vorklassierung direkt in Kraftwerken verwendet werden kann. Werden beide Verfahren angewandt, wird das Setzmaschinen-Mittelgut in den trennschärferen Schwertrübescheidern nachsortiert. Für Feinmittelgut sind auch Nachwaschsetzmaschinen im Einsatz. Die Trennung des Feinstkorns unter 0,5 mm in Kohle und Berge oder auch in Mittelgut erfolgt in allen Kokskohlen-Aufbereitungsanlagen in Flotationen. Eine Besonderheit ist die Anwendung der Herdsortierung für den Kornbereich 3 bis 0 mm zur Herabsetzung des Schwefelgehaltes der Nantong-Kokskohle, der überwiegend auf Pyrit beruht. Das auf feiner 3 mm aufgemahlene Korn wird dabei auf Naßherden sortiert, die als Doppeldeck- oder „Zentrifugal"-Herde (chinesischer Eigenbau) ausgebildet sind. Die Entwässerung erfolgt beim Grobkorn über 13 mm auf Sieben, bei der Feinkohle und dem Feinmittelgut von 13 bis 0,5 mm in Schleudern sowie beim Rohschlamm und Flotationskonzentrat vorzugsweise auf Trommelfiltern. Um den Wassergehalt der Feinkohle weiter zu senken, erfolgt bereits vereinzelt thermische Trocknung.

Die aufbereitete Grobkohle wird an die Verbraucher in den Kornklassen über 100 mm, 100 bis 50 mm, 50 bis 25 mm und 25 bis 13 mm abgegeben. Kokskohle besteht normalerweise aus vollaufbereitetem Feinkorn 13 bis 0 mm. Als Kraftwerkskohle wird die teilweise oder nicht aufbereitete Feinkohle 13 bis 0 mm und/oder nicht aufbereitete Grobkohle sowie Grob- und Feinmittelgut eingesetzt. In Teichen abgesetzte Flotations- und Aufbereitungsabgänge werden Zentralfeuerungsanlagen (auch Wirbelschichtfeuerungen) zugeführt oder an die Bevölkerung abgegeben, die sich daraus Handbriketts formt und diese an der Sonne trocknet. Die Abbrände aus den Energieerzeugungsanlagen, die auch mit Ölschiefern beschickt werden, dienen zunehmend als Ausgangsstoff für die Herstellung von Zement und Ziegeln oder auch keramischen Produkten.

Tabelle 31. Qualitäten wichtiger Anthrazit-Kohlenfelder (24).

Kohlenrevier	Rohförder-kohle Asche (wf) Gew.-%	Aufbereitete Kohle		
		Gesamtschwefel (wf) Gew.-%	Fl. Best. (waf) Gew.-%	Heizwert kcal/kg
Yangquan (Shanxi)	17 bis 23	0,5 bis 1,5	8 bis 9,5	7800 bis 8000
Jincheng (Shanxi)	13 bis 22	0,4 bis 1,2	6 bis 10	8000 bis 8400
Huixian (Henan)	15 bis 23	0,2 bis 0,4	6,5 bis 9	7800 bis 8000
Jiaozuo (Henan)	15 bis 25	0,4 bis 0,6	6,5 bis 8	7800 bis 8000
Rujigou (Ningxia)	8,5 bis 18,5	0,3 bis 0,6	7 bis 8	7800 bis 8100

Die Aufbereitung der Anthrazitkohle erfolgt ausschließlich in Schwertrübescheidern. Die 5 Aufbereitungsanlagen haben eine Kapazität von 6,5 Mill. t/a und liegen in den in der Tabelle 31 aufgeführten Revieren, aus denen über 40% der Anthrazitfördermenge Chinas kommen. Die Kohle hat hohe Heizwerte, geringe Asche- und Schwefelgehalte und ist von mittlerer bis großer Härte, der Ascheschmelzpunkt liegt hoch. Der aufbereitete Anthrazit geht vornehmlich in die Eisen- und Stahlindustrie und kommt dort vor allem bei der Sinterung, aber auch in Hochöfen zum Einsatz. Die Entwicklungen der letzten Jahre haben gezeigt, daß 1 t Anthrazitkohle mit einem Gehalt an Asche unter 15% und Schwefel unter 0,5% etwa 0,8 t Koks ersetzen kann.

Die folgende Übersicht zeigt die Häufigkeit der angewandten Aufbereitungsverfahren:

Verfahren	Anteil %
Setzmaschinen	67
Schwertrübe	16
Flotation	14
Rinnen, Herde usw.	3
Gesamt	100

Die chinesische Steinkohle ist wegen des allgemein hohen Verwachsungsgrades schwer bis besonders schwer aufzubereiten. Der Verwachsungsgrad der Kohle erschwert die Sortierung und führt zu einem geringen Kohlen-Ausbringen und damit zu hohen Kohlenverlusten in den Abgängen. Dies wiederum ist allerdings die Voraussetzung für die Verwendung der Abgänge als Brennstoffe, wodurch die Verluste insgesamt in Grenzen gehalten werden.

Die Aufbereitbarkeit der Kohle verschiedener Reviere kann aus dem Dichteaufbau ersehen werden (Tabelle 32). Während der Anteil des Verwachsenen (1,4 bis 1,8 g/cm^3) in der Bundesrepublik Deutschland innerhalb einzelner Kornfraktionen meistens deutlich unterhalb von 10% liegt, werden bei der chinesischen

Tabelle 32. Der Dichteaufbau der Rohkohle aus verschiedenen Revieren (23).

Kohlenrevier	Gehalt an trennschwierigem Gut $d_0 \pm 0,1$	Ausbringen in den einzelnen Dichtstufen in %		
		Kohle $-1,4$ g/cm^3	Verwachsenes 1,4 bis 1,8 g/cm^3	Berge $+1,8$ g/cm^3
Benxi	23,5	36,14	26,40	37,46
Beipiao	20,0	44,11	16,55	39,34
Xuzhou	38,5	52,42	29,49	18,19
Shuicheng	34,5	20,30	49,64	30,06
Jixi	21,0	32,66	21,59	45,75
Shitanjing	43,5	32,53	30,13	37,34
Xishan	18,5	43,52	22,45	34,03
Tonghua	24,0	44,00	33,00	23,60
Fushun	16,0	84,13	6,21	9,66

II. Energiewirtschaft

Tabelle 33. Qualitätsmerkmale chinesischer Exportkohlen für Japan (34).

Grube	Herkunft		Qualitätswerte							Ausbringen bzw. Heizwert
	Revier (Provinz)	Probe	Wasser Gew.-%	Asche (wf) Gew.-%	Fl. Best. (wf) Gew.-%	Schwefel (wf) Gew.-%	Blähzahl (Swelling-Index)	Körnung mm	Fluidität ddpm	Ausbringen in %
I. Kokskohle										
Lujiacha	Kailuan (Hebei)	Rohkohle Garantiewerte Jap. Analyse	≧10	36 bis 37 11,7 11,7	26 bis 30 28,3	≦0,8 0,69	7 bis 9 6½	<50	4000 bis 5000	47 bis 48
8.1-Grube	Zaozhuang (Shandong)	Rohkohle Garantiewerte Jap. Analyse	≧10	15 8,6 8,3	35 bis 37 37,7	≦0,8 0,69	5 bis 7 5½	<50	6000	etwa 85
Xinglong (ab 1980)	Yanzhou (Shandong)	Jap. Analyse Chin. Analyse		8,9 9,8	38 37,6	0,43 0,52	2½			
(geplant)	Hegang (Heilongjiang)	Jap. Analyse		10 bis 10,3	30,8 bis 32,0	0,18 bis 2,00	4½ bis 7½		98 bis 180	
(geplant)	Luling (Anhui)	Aufbereitete Kohle		8,5 bis 9,0	29,0	0,32	3½			
Malan (ab 1987)	Gujiao (Shanxi)			7 bis 9	21 bis 26	0,6 bis 0,7				

Tabelle 33 (Fortsetzung).

Herkunft		Probe	Wasser Gew.-%	Asche (wf) Gew.-%	Fl. Best. (wf) Gew.-%	Qualitätswerte Schwefel (wf) Gew.-%	Blähzahl (Swelling-Index)	Körnung mm	Fluidität ddpm	Ausbringen bzw. Heizwert
Grube	Revier (Provinz)									
II. Kraftwerkskohle										*Heizwerte* in kcal/kg
	Datong (Shanxi)	Garantiewerte	≧ 8	10 bis 12	≦ 25	≦ 1,0	–	80% < 30		≧ 6800
	Huaibei (Shandong)	Garantiewerte	≦ 8	23 bis 27	≈ 30	≦ 0,5	–	80% < 50		≧ 5750
III. Anthrazit										*Heizwerte* in kcal/kg
	Daxi (Zhejiang)		5	11 bis 12	6 bis 9	0,4	–	60 bis 20	–	6800
	Daxi (Zhejiang)		5	6 bis 8	6 bis 9	0,4	–	30 bis 6	–	7500
	Jincheng (Shanxi)		5	14 bis 16	4 bis 9	0,6	–	70 bis 20	–	6800
	Yangquan (Shanxi)		6	10 bis 12	5 bis 10	0,8	–	250 bis 20	–	7300
	Yangquan (Shanxi)		5	22 bis 24	5 bis 11	1,5	–	25 bis 0	–	6800
	Luoyang (Shanxi)		5	18 bis 20	12	0,5	–	25 bis 0	–	6800

II. Energiewirtschaft

Kohle im ungünstigsten Fall 50% erreicht. Die Fushun-Kohle zeigt die weitaus beste Aufbereitbarkeit. In der Tabelle 33 sind einige Qualitätsmerkmale aufbereiteter Exportkohle für Japan zusammengestellt. Die staatlichen Gruben förderten 1980 rund 344 Mill. t Rohkohle, von denen 287 Mill. t (83,3%) an Verbraucher gingen. Im Mittel wurden folgende Qualitätsmerkmale erreicht:

Merkmal	Gehalt %
Wasser	12,03
Asche	21,58
Schwefel	0,51

Abschließend kann folgendes festgestellt werden: Die Technik der Kohlenaufbereitung ist in China noch relativ jung, und der Anteil der gewaschenen Kohle liegt mit 18% an der Gesamtfördermenge sehr niedrig. Der Absatz des größten Teils der Fördermenge als Rohkohle bindet durch den hohen Bergegehalt zusätzliche Transportkapazitäten. Da die innerchinesische Preispolitik bisher den Vorteil der aufbereiteten Kohle nicht honoriert hat, wurde auch der Forschung und Entwicklung auf dem Aufbereitungssektor in der Vergangenheit nicht die gebührende Aufmerksamkeit geschenkt. Die für den Export geforderten Qualitätswerte können daher wegen der nicht ausgereiften Techniken vorerst nur schwer erreicht werden.

Mit weiterer Mechanisierung der Kohlengewinnung wird der Bergegehalt der Rohkohle zukünftig ansteigen und die Probleme noch verstärken. China ist daher bestrebt, die Aufbereitungstechnik in Zusammenarbeit mit dem Ausland weiterzuentwickeln. Für die Erzeugung von Exportkohle wurden in den Jahren 1979/81 im Revier Kailuan von einer deutschen und einer polnischen Gesellschaft zwei Aufbereitungsanlagen erstellt, eine davon mit einer Leistung von über 5 Mill. t/a.

China selbst ist infolge enger Kooperation zwischen den Forschungs- und Konstruktionsorganisationen sowie den Betrieben des Maschinenbaus heute bereits in der Lage, Kohlenaufbereitungsanlagen bis zu einer Kapazität von über 3 Mill. t/a zu bauen, wobei Anlagen bis zu 2 Mill. t/a in Serie gefertigt werden.

2.3.6 Entwicklung der Fördermenge

Auf die Entwicklung der Fördermenge wurde einleitend bereits hingewiesen. Mit 635 Mill. t hatte die VR China 1979 den bis dahin höchsten Stand erreicht. Durch die Ausweitung der Adjustierungspolitik ging die Kohlenproduktion in den Jahren 1980/81 wieder bis auf 620 Mill. t zurück, um dann jedoch verstärkt auf 666 Mill. t im Jahre 1982 und 714,5 Mill. t im Jahre 1983 anzusteigen (vgl. Tabellen 16 und 34).

Seit 1949 konnte somit in 35 Jahren im Durchschnitt eine Fördermengenerhöhung von knapp 20 Mill. t/a und eine jährliche Steigerungsrate von nicht ganz 10% erreicht werden. Diese starke Produktionsausweitung vollzog sich in Abhängigkeit von der Größe der Kohlenvorkommen, der Zugänglichkeit der La-

Tabelle 34. Entwicklung der Kohlenfördermenge der VR China nach Kohlenarten (20).

Jahr	Fördermenge in Mill. t			
	Braunkohle	Anthrazit	Steinkohle	Gesamt
1955	2,1	13,6	74,0	89,7
1960	8,5	68,2	318,3	397,2
1965	8,8	39,6	183,4	231,8
1970	13,0	56,1	284,9	354,0
1975	20,3	97,1	364,8	482,2
1976	20,6	99,6	363,3	483,5
1977	23,3	115,5	411,9	550,7
1978	24,9	126,2	466,8	617,9
1979	25,3	125,8	484,4	635,5
1980	24,3	128,9	466,9	620,1
1981	23,4	131,1	467,1	621,6
1982	25,0	139,0	502,3	666,3
1983	26,9	151,9	535,8	714,5

gerstätten und vom Industrialisierungsgrad der jeweiligen Provinz sehr unterschiedlich. Einerseits ist sie auf die Umgestaltung und Ausnutzung der Kapazitäten der vorhandenen Gruben in den alten Revieren in Nord- und Nordostchina, besonders der Reviere Kailuan, Datong, Fuxin und Hegang, andererseits auf den Ausbau und Neuaufschluß einer Reihe großer und mittelgroßer Reviere zurückzuführen. Hierzu gehören insbesondere die Reviere Pingdingshan, Huaibei, Xuzhou, Yangquan und Xishan mit je einer Jahreskapazität von mehr als 10 Mill. t, ferner u. a. die Reviere Huainan, Tongchuan, Yima und Shitanjing mit Jahreskapazitäten von 5 bis 9 Mill. t (vgl. Tabelle 26). Insgesamt sind seit Gründung der VR China über 800 große bis mittelgroße Bergwerke neu errichtet worden.

Der größte Anteil an der Fördersteigerung entfiel jedoch auf die zahlreichen lokalen Kleinzechen, die überall im Lande entstanden sind. Der relative Anteil der staatlichen Fördermenge an der Gesamtproduktion ist daher ständig zurückgegangen, und zwar von 71% im Jahre 1965 auf 51% im Jahre 1983 (vgl. Tabelle 24). Demgegenüber verzeichneten die Gruben der Kommunen und Brigaden erstaunliche Zuwachsraten, die 1979/80 7%, 1980/81 11% und 1981/82 und 1982/83 jeweils 17% erreichten. Während ihr Förderanteil im Jahr 1950 noch bei 4 bis 5% lag, betrug er 1979 17% und 1983 24%. Diese Entwicklung scheint sich fortzusetzen.

Für die Schaffung neuer Förderkapazitäten und den Ausbau bestehender staatlicher Gruben hat die VR China bis 1982 Investitionen in Höhe von 54 Mrd. Yuan aufgewandt. Zwischen 1970 und 1982 waren es 31 Mrd. Yuan, wodurch in diesem Zeitraum — zuzüglich der Aufwendungen der Kommunen, die in dem Wert nicht enthalten sind — im Saldo ein Förderanstieg von 312 Mill. t erzielt werden konnte (Tabelle 34).

Die Entwicklung der Kohlenfördermenge nach Regionen bzw. Provinzen geht aus den Tabellen 36 und 37 hervor. In der Karte 7 ist die Produktion provinzweise graphisch dargestellt, und die Karte 8 enthält die Gegenüberstellung der nachgewiesenen Vorräte und der Fördermengen nach Regionen.

II. Energiewirtschaft

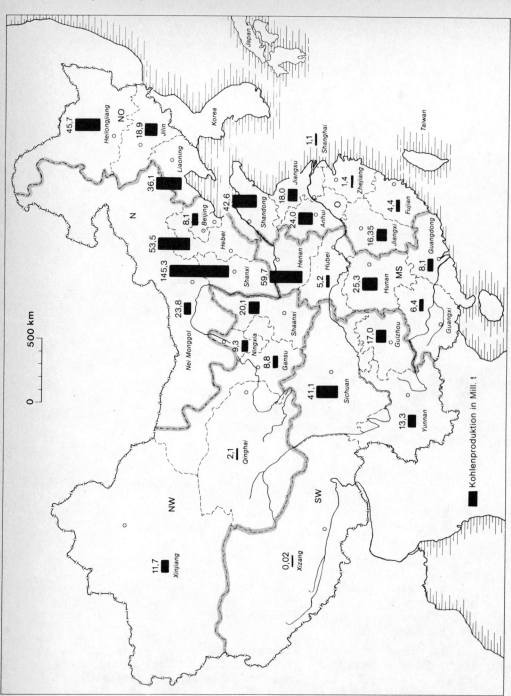

Karte 7. Die Kohlenproduktion der VR China im Jahr 1982 nach Provinzen.

2. Kohlenbergbau

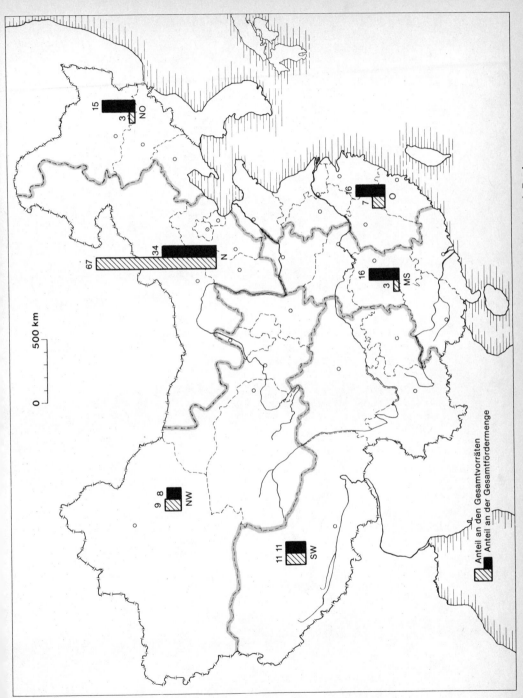

Karte 8. Anteile der Kohlenvorräte und der Kohlenfördermengen in Prozent für das Jahr 1982 nach Regionen.

II. Energiewirtschaft

Tabelle 35. Investitionen im chinesischen Kohlenbergbau nach Regionen (20, 35).

Kohlenregion	1970	1971	1972	1973	1974	Investitionen 1975
NO	122,86	143,18	207,41	255,34	272,79	308,91
N	147,99	163,86	216,16	304,92	409,46	491,23
NW	217,10	238,96	231,76	230,85	258,58	266,25
SW	368,66	383,46	326,90	258,81	223,82	221,52
MS	475,92	429,84	447,88	412,74	406,27	381,11
O	321,67	461,09	450,12	434,88	426,06	405,74
Gesamt	1 654,20	1 820,39	1 880,23	1 897,54	1 996,98	2 074,76

* Für die Jahre 1980 bis 1982 sind die detaillierten Angaben nach Regionen nicht bekannt.

Die Kohlenregion Nord mit den Provinzen Shanxi, Hebei und Nei Monggol liegt mit einem Anteil von 34% (1982) an der Gesamtfördermenge des Landes heute weit vor der Region Nordost mit 15%. Im Jahre 1957, aber auch noch im Jahre 1970 lagen die Produktionsmengen beider Regionen noch dicht beieinander. Die besondere Entwicklung in den Provinzen Shanxi, wo die Fördermenge auf Grund der leicht zugänglichen großen Kohlenvorräte seit 1970 verdreifacht werden konnte, hatte wesentlichen Anteil an der Fördersteigerung des Landes. Dabei ist bedeutsam, daß der Anteil der Kohle aus staatlichen und lokalen Gruben hier fast gleich hoch ist (Tabelle 37). Die geringe Fördersteigerung im Nordosten des Landes gegenüber dem Norden ist auf den unterschiedlichen Anteil an den nachgewiesenen Kohlenvorräten von 3,0 zu 66,6% zurückzuführen.

Aus der Investitionsübersicht in der Tabelle 35 geht hervor, daß die höchsten Investitonsbeiträge im vergangenen Jahrzehnt in die Region Ost geflossen sind,

Tabelle 36. Entwicklung der Fördermenge nach Kohlenregionen in den Jahren 1957 und 1982.

Kohlenregion	Fördermenge in Mill. t		Anstieg der Fördermenge 1982 gegenüber 1957 %
	1957	1982	
NO	70	100	+ 43
N	76	231	+204
NW	18	52	+189
SW	34	71	+109
MS	39	105	+169
O	34	107	+215
Gesamt	271	666	+146

2. Kohlenbergbau

in Mill. Yuan 1976	1977	1978	1979	1980*	1981*	1982*
344,01	402,28	615,13	615,93			
399,92	465,26	758,05	751,10			
204,43	217,74	312,33	293,86			
147,26	152,66	221,58	199,95			
308,62	367,31	513,12	457,51			
462,02	560,82	897,45	929,93			
1 866,26	2 166,07	3 317,66	3 248,28	3 464,44	2 402,79	3 159,00

was hier ebenfalls zu einer starken Fördersteigerung beigetragen hat. Der Osten Chinas ist die am weitesten entwickelte Region mit einer hohen Bevölkerungsdichte. Trotz des geringen Anteils an nachgewiesenen Vorräten von nur 7% wird hier mit 16% an der Gesamtfördermenge ein wesentlicher, wenn auch noch unzureichender Beitrag zur Energieversorgung dieser Region geleistet. Große Förderzentren liegen vor allem in den Provinzen Anhui und Shandong.

Die Region Mitte und Süd, die noch um die Hälfte weniger Vorräte als der Osten aufweist, erbringt einen ähnlich hohen Förderanteil wie dieser. Hier werden größere Kohlenmengen in den Provinzen Henan und Hunan gefördert, die ihre Produktion seit 1970 ebenfalls verdoppeln konnten. Auch die Regionen Nordwest und Südwest, die wegen ihrer geographischen Lage benachteiligt sind, haben in dieser Zeit ebenfalls einen erheblichen Produktionsanstieg zu verzeichnen und erbringen heute einen Förderanteil von 8 bzw. 11%.

Aus der Gegenüberstellung von Kohlenvorräten und den Fördermengen in der Tabelle 38 wird deutlich, daß in den Regionen Nordost, Mitte und Süd sowie Ost der Anteil an der Gesamtproduktion zum Teil beträchtlich höher liegt als an den nachgewiesenen Vorräten. Bei den Regionen Nordwest und Südwest sind die Verhältnisse ausgeglichen. Trotz hoher Fördermenge ist in der Region Nord mit der Provinz Shanxi eine den Vorräten bei weitem noch nicht entsprechende Auslastung erreicht. Die beabsichtigte weitere Produktionssteigerung trägt daher hier voll der Vorratslage Rechnung.

Die Entwicklung der Kohlenfördermenge nach Kohlenarten geht aus den Tabellen 34 und 37 hervor. Von der Gesamtfördermenge entfielen im Jahr 1983 75% auf Steinkohle, 21% auf Anthrazit und 4% auf Braunkohle. Etwa die Hälfte der Produktion wird als verkokungsfähig ausgewiesen.

Die Hauptförderzentren für Kokskohle liegen in den Provinzen Hebei, Heilongjiang, Shandong und Shanxi. Anthrazit wird vor allem in den Provinzen Shanxi

II. Energiewirtschaft

Tabelle 37. Kohlenfördermengen nach Regionen und nach Provinzen (20, 35).

Kohlen-region	Provinz		1970								
	Lfd. Nr.	Name	Braun-kohle Mill. t	Steinkohle Mill. t		Anthrazit Mill. t	Gesamt Mill. t	%	Braun-kohle Mill. t	Steinkohle Mill. t	
				Gesamt	(Kokskohle)					Gesamt	(Kokskohle)
NO	1	Liaoning	3,266	36,954	(18,574)	2,166	42,386		6,213	37,346	(12,694)
	2	Jilin	2,124	11,487	(6,830)	502	14,113		5,151	15,363	(8,604)
	3	Heilongjiang	1,741	26,462	(22,554)	—	28,203		3,813	42,432	(41,194)
							84,702	25			
N	—	Beijing	—	12	—	6,238	6,250		—	—	—
	—	Tianjin	—	—	—	—	—		—	—	—
	4	Hebei	115	35,529	(29,238)	3,066	35,710		98	50,206	(46,677)
	5	Shanxi	—	41,046	(8,852)	11,934	52,980		4	75,279	(31,530)
	6	Nei Monggol	1,034	6,446	(4,171)	7	7,487		1,686	10,887	(8,540)
							102,427	29			
NW	7	Shaanxi	—	6,739	(3,275)	—	6,739		—	17,746	(9,180)
	8	Ningxia	—	4,199	(3,817)	529	4,728		—	8,197	(7,144
	9	Gansu	—	4,496	(47)	304	4,800		—	7,684	(558
	10	Qinghai	—	1,118	(76)	—	1,118		—	2,158	(109
	11	Xinjiang	—	5,488	(536)	100	5,588		—	9,712	(1,542
							22,973	6			
SW	12	Guizhou	—	3,745	(2,147)	2,199	5,944		7	11,341	(9,727
	13	Sichuan	—	18,295	(7,105)	1,216	19,511		10	32,232	(27,159
	14	Yunnan	3,514	4,353	(3,343)	1,062	8,929		5,484	6,614	(6,339
	15	Xizang	—	8	—	1	9		—	26	—
							34,393	10			
MS	16	Henan	—	17,800	(15,151)	11,329	29,129		—	40,246	(26,824
	17	Hubei	—	745	(258)	1,886	2,631		—	1,502	(799
	18	Hunan	—	7,237	(4,281)	3,801	11,038		—	17,302	(4,801
	19	Guangdong	387	478	(478)	4,322	5,187		428	941	(606
	20	Guangxi	694	1,938	(150)	96	2,728		1,778	3,512	(356
							50,713	14			
O	—	Shanghai	—	—	—	—	—		—	1,067	(1,067
	21	Shandong	—	23,457	(20,828)	597	24,054		558	40,845	(35,157
	22	Jiangsu	—	6,916	(5,016)	76	6,992		—	16,566	(14,947
	23	Anhui	—	14,541	(14,497)	901	15,442		—	22,863	(22,347
	24	Zhejiang	121	846	(846)	1,250	2,217		22	1,210	(1,187
	25	Jiangxi	—	7,325	(7,043)	1,650	8,975		—	10,941	(8,337
	26	Hujian	—	208	(208)	892	1,100		—	231	
							58,780	16			
Gesamt			12,996	284,868	(179,321)	56,124	353,988	100	25,252	484,449	(327,40

2. Kohlenbergbau

1979			1981						1982	
Anthrazit	Gesamt		Staatl. Gruben		Alle Kohlenarten Lokale Gruben		Gesamt			
Mill. t	Mill. t	%	Mill. t	%	Mill. t	%	Mill. t	%	Mill. t	%
3,312	46,871		28,870	8,6	4,830	1,7	33,700	5,4	36,08	
793	21,307		12,400	3,7	5,670	2,0	18,070	2,9	18,93	
225	46,470		33,320	9,9	8,420	2,9	41,740	6,7	45,69	
	114,648	18					93,510	15	100,70	15
8,133	8,133		6,030	1,8	1,870	0,6	7,900	1,3	8,11	
—	—		—		—		—		—	
8,126	58,430		38,410	11,5	13,940	4,8	52,350	8,3	53,51	
33,652	108,935		67,600	20,2	64,940	22,6	132,540	21,3	145,32	
38	12,611		14,790	4,4	7,000	2,4	21,790	3,5	23,82	
	188,109	30					214,580	34	230,76	34
66	17,812		11,620	3,5	6,830	2,4	18,450	3,0	20,18	
2,299	10,496		7,750	2,3	1,770	0,6	9,620	1,5	9,28	
1,066	8,750		4,370	1,3	3,510	1,2	7,880	1,3	8,78	
—	2,158		—	—	1,910	0,7	1,910	0,3	2,07	
549	10,261		2,980	0,9	8,420	2,9	11,400	1,8	11,68	
	49,477	8					49,160	8	51,99	8
5,011	16,359		5,880	1,8	8,280	2,9	14,160	2,3	16,95	
6,138	38,380		—	—	39,400	13,7	39,400	6,3	41,11	
1,439	13,537		—	—	11,900	4,2	11,900	1,9	13,34	
33	59		—	—	0,020	0,2	0,020	0,1	0,02	
	68,335	11					65,480	11	71,42	11
18,133	58,379		32,860	9,8	25,390	8,9	58,250	9,4	59,68	
3,067	4,569		—	—	4,340	1,5	4,340	0,7	5,16	
8,572	25,874		3,270	1,0	16,670	5,8	19,940	3,2	25,31	
7,974	9,343		—	—	7,240	2,5	7,240	1,2	8,13	
1,934	7,224		—	—	5,610	2,0	5,610	0,9	6,43	
	105,389	16					95,380	15	104,71	16
—	1,067		1,650	0,5	—	—	1,650	0,3	—	
2,978	44,382		23,770	7,1	17,530	6,1	41,300	6,6	42,57	
691	17,257		11,510	3,4	4,200	1,5	15,710	2,5	18,03	
1,916	24,779		21,920	6,5	1,910	0,7	23,830	3,8	24,00	
455	1,687		—	—	1,330	0,5	1,330	0,3	1,40	
4,679	15,620		6,050	1,8	9,480	3,3	15,530	2,5	16,35	
4,559	4,790		—	—	4,170	1,4	4,170	0,7	4,40	
	109,582	17					103,520	17	106,33	16
125,838	635,540	100	335,050	100,0	286,580	100,0	621,630	100,0	666,33	100,0

II. Energiewirtschaft

Tabelle 38. Kohlenvorräte und Kohlenfördermengen im Jahre 1982 nach Regionen.

Region	Nachgewiesene Kohlenvorräte		Kohlenfördermenge	
	Mrd. t	%	Mill. t	%
NO	18	3	100	15
N	400	67	231	34
NW	55	9	52	8
SW	65	11	71	11
MS	22	3	105	16
O	40	7	107	16
Gesamt	600	100	666	100

und Henan gefördert. Die Braunkohlenproduktion ist noch relativ gering und beschränkt sich vor allem auf die Region Nordost und die Provinzen Yunnan, Guangxi und Nei Monggol.

2.3.7 Belegschaft, Produktivität, Kosten, Preise und Exporte

Belegschaft. Der chinesische Steinkohlenbergbau hat erst eine relativ niedrige Stufe der Mechanisierung der Arbeitsvorgänge erreicht und ist daher noch sehr arbeitsintensiv. Er beschäftigte Ende 1982 auf staatlicher, Provinz-, Präfektur- und Kreis-Ebene (ohne Berücksichtigung der Kommunebetriebe) eine Belegschaft von etwa 4,7 Mill. Menschen:

Bereich	Belegschaft in 1000 Beschäftigten
Produktion	4077,8
Entwicklung und Neubau	594,9
Forschung	9,4
Soziale Einrichtungen	23,7
Verwaltung	7,8
Sonstige	11,1
Gesamt	4724,7

Auf die staatlichen Gruben entfallen hiervon 2,8 Mill. Beschäftigte, von denen 2,6 Mill. in industriellen Produktionsbereichen tätig sind, davon 0,345 Mill. Arbeiter in Strebbetrieben, 0,28 Mill. in den Tagesbetrieben und 30 700 in Tagebaubetrieben. Die Gruben unter Aufsicht der Provinzen, Präfekturen und Kreise haben eine Belegschaft von 0,8 Mill. Menschen. Weitere 2 bis 3 Mill. Menschen dürften von den Kommunen im Bergbau beschäftigt werden.

Produktivität. Produktivitätszahlen lassen sich aus diesen Angaben nicht ermitteln. Die Leistung in Tonne Rohfördermenge je Mann und Schicht (t/MS) soll im staatlichen Bergbau unter Tage insgesamt noch unter 1 t/MS liegen. Auf modernen Gruben erreicht sie 1,6 t/MS und in Tagebauen 2 t/MS.

Damit ist die Produktivität im chinesischen Steinkohlenbergbau noch sehr gering. Dies ist neben einer unzureichenden Mechanisierung unter anderem auf ein billiges Arbeitskräfteangebot zurückzuführen. Da die Fördermengenplanerfüllung die erste Priorität in der betrieblichen Kontrolle genießt, sind die Betriebspunkte nach westlichen Maßstäben meistens überbelegt.

Löhne. Der Monatsarbeitslohn von chinesischen Bergleuten, der sich auf 6 Arbeitstage je Woche bei achtstündiger Arbeitszeit bezieht, liegt im Minimum (im Tagesbetrieb) bei 50 bis 60 Yuan, im Durchschnitt zwischen 90 und 130 Yuan und in der Spitze kann er in Ausnahmefällen auch 400 Yuan erreichen. Damit hebt sich das Einkommen der im Kohlenbergbau Beschäftigten vom Durchschnittsverdienst aller Arbeiter und Angestellten Chinas, das bei 70 Yuan liegt, deutlich ab.

Betriebskosten. Die Betriebskosten unter Tage (Arbeitskosten, Materialkosten, Stromkosten, Wartungskosten, Gemeinkosten) liegen zwischen 20 und 35 Yuan je Tonne Rohkohle. Eine Abhängigkeit von der Größe der Grube ist kaum festzustellen. Die Gesamtkosten für die Herstellung aufbereiteter Verkaufsprodukte bestehen aus dem Einstandspreis der Rohkohle, den Veredlungskosten und den Steuern. Sie schwanken in Abhängigkeit vom Bergegehalt der Rohkohle zwischen 45 und 75 Yuan/t v. F. Abschreibungen sind in diesen Werten nicht enthalten.

Nach Planzahlen für neue Gruben belaufen sich die Betriebskosten exportfähiger Kohle auf 10 bis 15 US-$/t. Einschließlich Transport- und Hafenumschlagskosten ergeben sich fob-Kosten von 20 bis 28 US-$/t. Auch in diesen Kosten dürften die Kapitalkosten nicht enthalten sein.

Investitionsbedarf. Der Investitionsbedarf für neue Tiefbaugruben der kleinen Größenordnung wird mit 100 bis 150 Yuan je Jahrestonne angegeben. Für große Gruben kann er bei mittleren Teufen bis 400 m mit 150 bis 200 Yuan und für Tagebaubetriebe mit 80 bis 120 Yuan je Jahrestonne in Ansatz gebracht werden. Für Aufbereitungsanlagen liegt dieser Wert bei 16 bis 18 Yuan. Bei vollständig importiertem Maschinenpark steigen die Investitionskosten auf über das Doppelte.

Kohlenpreise. Die Kohlenpreise für den Inlandsabsatz werden zum Beispiel in der Provinz Guangdong für provinzverwaltete Gruben nach 20 Klassen, einer Sonderklasse und der Stückkohlenklasse unterschieden. Einziges Preiskriterium ist — abgesehen von der Stückkohle — der Aschegehalt, der in einer Bandbreite von 8 bis 60% unterteilt wird. Als Normkohle gilt die Klasse 8 mit einem Aschegehalt von 22,01 bis 24,00%, ihr Verkaufspreis (1981) beträgt 34,63 Yuan/t. Eine aufbereitete Kohle mit 10% Aschegehalt kostet 41,90 Yuan/t. Die staatlich festgelegten Preise decken damit nur bei einem geringen Teil der Förderung die Selbstkosten. Damit erklärt sich das mangelnde Interesse, die Kohle in größerem Umfange aufzubereiten, da hierdurch häufig ungedeckte Mehrkosten anfallen. Eisenbahntransportkosten werden für 800 km mit 8,2 Yuan/t ausgewiesen.

Die Entwicklung der Exportpreise in Abhängigkeit vom Weltmarktpreis für chinesische Kohle nach Japan geht aus der Tabelle 39 hervor, die zugehörigen Qualitäten sind in der Tabelle 33 enthalten. Der Preis für Kokskohle lag 1982/83 bei 62 US-$/t.

II. Energiewirtschaft

Tabelle 39. Die Entwicklung der fob-Preise chinesischer Exportkohle für Japan in US-Dollar je Tonne (34).

Sorte	1979/80	1980/81	1981/82	1982/83
Kokskohle				
Kailuan und Zaozhuang	45,15	48,10	60,60	61,75
Huaibei	–	–	52,00 (Probelieferung)	61,00
Kraftwerkskohle				
Datong 6800 kcal/kg		37,00	54,45	55,44
Huaibei 5750 kcal/kg			46,04	53,90
Anthrazit				
Daxi 60 bis 20 mm		69,00	89,00	86,00
Daxi 30 bis 0 mm	40,00	54,50	74,00	71,00
Jincheng 70 bis 20 mm		57,50	77,00	75,00
Yangquan 250 bis 20 mm		57,50	59,50	
Yangquan 60 bis 20 mm		59,00	78,50	76,00
Yangquan 25 bis 0 mm	33,00	42,50	59,50	55,35
Luoyang 25 bis 0 mm	39,00	47,50	65,00	59,19
Shanxi 30 bis 0 mm	38,50	48,50	65,00	59,39

Werden die Preise mit den entsprechenden Kosten verglichen, zeigt sich, daß die Gewinnmarge sehr gering ist. Nur ein höherer Weltmarktpreis, wie er in den Jahren 1981/82 und 1982/83 erzielt worden ist, oder eine Kostenreduzierung kann den Kohlenexport für China langfristig attraktiv machen, sofern nicht der Devisenimport das vorrangige Ziel ist.

Kohlenexport. Der Kohlenexport hat in der Vergangenheit für China wegen des großen ungedeckten Energiebedarfs und der geringen Hafenumschlagskapazitäten nur eine sehr geringe Rolle gespielt. Im Jahre 1960 erreichte er mit 2 Mill. t erstmals einen Höchststand und war danach wieder rückläufig. Seit 1977 verlief er wie folgt:

Jahr	Kohlenexport Mill. t
1977	2,63
1978	3,12
1979	4,63
1980	6,32
1981	6,94
1982	6,73
1983	6,86

Im Jahre 1982 gingen mit 3,3 Mill. t Kohle knapp 50% der Exporte nach Japan, für 1983 waren 4,9 Mill. t vorgesehen.

In Verbindung mit dem geplanten verstärkten Ausbau der Förderkapazitäten, wie er nachfolgend beschrieben wird, und der eingeleiteten Erweiterung der Hafenanlagen und Umschlagplätze sollte der Export von Mitte der 80er Jahre an wesentlich gesteigert werden und in den 90er Jahren etwa 60 Mill. t erreichen. Heute geht man realistischerweise von einem Exportziel von etwa 40 Mill. t Kohle aus.

Neben Japan kommen für chinesische Kohlenexporte die Länder Südostasiens, Nordkorea, Indien, Pakistan und evtl. Westeuropa in Betracht. Ein größerer Abnehmer chinesischer Kohle könnte in nächster Zeit auch Hongkong werden, wo neue Kohlenkraftwerke zur Stromversorgung der Kronkolonie gebaut werden.

2.3.8 Forschung und Ausbildung

Forschung. Um die Modernisierung der Kohlenindustrie verwirklichen zu können, sind die Forschungsarbeiten in den letzten Jahren erheblich verstärkt worden. In allen wichtigen Kohlengebieten des Landes gibt es heute Forschungseinrichtungen. Neben den speziellen Forschungsinstitutionen der Staatsregierung sind auch von den Provinzregierungen, größeren Bergbaurevieren und bedeutenderen Bergbaumaschinenfabriken kleinere Forschungsstellen errichtet worden.

Aufgaben, Organisation und Arbeitsweisen sämtlicher Forschungsinstitute und -einrichtungen werden im wesentlichen durch das Ministerium für Kohlenindustrie festgelegt. Bei der Durchführung der Forschungs- und Entwicklungsarbeit lassen sich unterhalb des Ministeriums drei Wege unterscheiden (Bild 3). Der erste läuft über das Zentrale Bergbauforschungsinstitut in Beijing, dem spezielle Institute direkt nachgeschaltet sind. Der zweite führt über die Bergverwaltungen in den Regierungen der Provinzen zu den provinz- bzw. gebietseigenen Forschungsstellen und der dritte über die Maschinenhersteller sowie deren Forschungseinrichtungen, die eng mit den Forschungsorganisationen der Reviere zusammenarbeiten. Während die großen Forschungsinstitute an Aufgaben arbeiten, die den Aufbau der Kohlenindustrie des gesamten Landes betreffen, sind die übrigen Forschungsstellen vor allem auf spezielle oder örtliche bergbauliche Probleme in den kohlenfördernden Provinzen oder der einzelnen Betriebe kon-

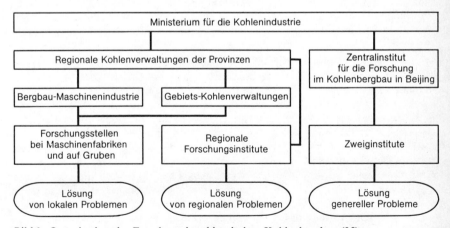

Bild 3. Organisation der Forschung im chinesischen Kohlenbergbau (35).

II. Energiewirtschaft

zentriert. Das Ministerium erteilt die Genehmigung für große Projekte, stellt deren Finanzierung sicher und sorgt nach Abschluß der Arbeiten für die Verbreitung der Forschungsergebnisse. Kleinere Projekte werden von den Provinzen oder Städten, in denen die Forschungsstellen liegen, selbst genehmigt und finanziert.

Das Zentrale Bergbauforschungsinstitut in Beijing wurde 1957 als dritte Bergbau-Forschungseinrichtung nach den Instituten von Fushun (1953) und Tangshan (1956) gegründet. Neben der Aufgabe der Zentralen Verwaltung obliegt ihm die Betreuung von vier unmittelbar angeschlossenen Instituten sowie die Koordinierung der Arbeiten von zwei Entwicklungszentren und weiteren acht Spezialforschungsinstituten in den wichtigsten Kohlengebieten. Die Aufgaben der einzelnen Institute, in denen insgesamt 5000 Wissenschaftler, Techniker und Hilfskräfte beschäftigt sind, vermittelt die Tabelle 40.

Zu den gegenwärtigen Hauptzielen der Forschungsprogramme gehören:

▷ Verbesserung bzw. Beschleunigung der Genauigkeit und Geschwindigkeit der Prospektion und Exploration.

▷ Verkürzung der Bauzeit von Schachtanlagen.

▷ Entwicklung von Verfahren zur Mechanisierung der Kohlengewinnung und der Streckenauffahrung.

▷ Verbesserung der Grubensicherheit und des Unfallschutzes.

▷ Verbesserung der Nutzung der Kohlenressourcen.

Hieraus leitet sich eine Vielzahl von Forschungsaktivitäten für die einzelnen Institute und Einrichtungen bzw. Forschungsbereiche ab. Zur Verbesserung der Forschungsarbeiten ist bereits eine breite internationale Zusammenarbeit angelaufen. Seit den 70er Jahren bestehen Verbindungen in Form von direkten Kontakten oder Vereinbarungen zu den entsprechenden Forschungsinstitutionen in der Bundesrepublik Deutschland, in Großbritannien, den USA, in Japan, Polen, Ungarn und Belgien. Auch haben einige dieser Länder und Australien die Fortbildung von chinesischem Forschungspersonal mit Geldmitteln gefördert. Eine besonders beliebte Form von Wissenstransfer ist die Abhaltung von wissenschaftlichen Symposien, die von den einschlägigen Industrien oder Beratungsfirmen zur Eröffnung von geschäftlichen Beziehungen mit der VR China organisiert werden.

Dem Kohlenministerium unterstehen, wie oben bereits erwähnt, ferner ein Institut für Planen und Entwerfen von Bergwerksanlagen in Beijing, das die Arbeiten der nachgeschalteten Planungsinstitute in den Kohlerevieren, die im übrigen den Bergverwaltungen der Provinzen oder Reviere zugeordnet sind, koordiniert. Außerdem steht dem Ministerium ein Forschungsinstitut für wissenschaftliche und technische Information zur Seite, das mit seinen Veröffentlichungen insbesondere für die Verbreitung der Erkenntnisse aus der Bergbauforschung und der neueren Entwicklung in der Bergbautechnologie sorgt und damit zur Weiterbildung der Ingenieure in Wissenschaft und Praxis beiträgt. Auch diesem Institut sind 14 weitere Institute in den Kohlerevieren nachgeschaltet, die sich mit der Verbreitung der Entwicklungen in den speziellen Bergbautechnologien oder -wissenschaften (Aufbereitung, Maschinenbau, Sicherheit, Entwerfen von Bergwerksanlagen) befassen.

2. Kohlenbergbau

Tabelle 40. Die chinesischen Forschungsinstitute für den Kohlenbergbau (35).

Stadt	Provinz	Forschungsinstitut für	Forschungsbereiche
Beijing	—	Zentrales Kohlenbergbau-Forschungs-Institut	Zentralverwaltung
		Direkt angeschlossene Institute für	
Beijing	—	— Kohlenwirtschaft	Landesentwicklungsplanung für die Kohlenindustrie
Beijing	—	— Kohlenchemie	Kohlenqualität, Verkokung, Kohlenverflüssigung, Kohlenvergasung
Beijing	—	— Kohlenbergbau	Gebirgsmechanik, Kohlengewinnung unter Wasserkörpern, Gebäuden etc., Grubenausbau
Beijing	—	— Schachtbau	Sonderverfahren für Schachtbau, Streckenvortrieb, Streckenausbau
Xian	Shaanxi	Exploration	Montangeologie, Hydrologie, geophysikalische Technik, Bohrtechnik
Tangshan	Hebei	Kohlenforschung	Kohlenaufbereitung, hydromechanische Kohlengewinnung, Kohlengewinnung unter Wasserüberdeckung, -körpern, Gebäuden, etc.
Fushun	Liaoning	Grubensicherheit	Bekämpfung von CH_4 und Grubenbränden, Tagebautechnik
Shanghai	—	Bergwerksmaschinen	maschinelle Einrichtungen für Gewinnung und Vortrieb, elektrische Betriebsmittel
Chongqing	Sichuan	Grubensicherheit	Verhütung von Gas- und Kohlenausbrüchen, von Gas- und Staubexplosionen, Staubbekämpfung
Taiyuan	Shanxi	Gewinnungstechnik	maschinelle Einrichtungen für Gewinnung und Vortrieb, Fördermittel, hydraulischer Ausbau
Huaibei	Anhui	Sprengtechnik	Sprengmittel, Sprengverfahren
Changzhou	Jiangsu	Automatisierung	Automatisierung der Schachtanlagen, Grubenbewetterung
Changzhou	Jiangsu	Entwicklungszentrum	Entwicklung von Prototypen von Bergwerksmaschinen, Herstellung von Versuchseinrichtungen, Fertigung von neuen Maschinen in kleiner Stückzahl
Beijing	—	Entwicklungszentrum	Entwicklung von Prototypen von Bergwerksmaschinen, Herstellung von Versuchseinrichtungen, Fertigung von neuen Maschinen in kleiner Stückzahl

II. Energiewirtschaft

Ausbildung. Die Ausbildung der zukünftigen Wissenschaftler und Bergingenieure erfolgt an 12 Bergbau-Hochschulen (Tabelle 41) mit über 15 000 Studenten und 36 Bergingenieurschulen mit 18 000 Studenten. In etwa 100 Berufsschulen werden ferner 45 000 Facharbeiter ausgebildet.

An den zahlreich angebotenen Fortbildungsmaßnahmen wie Freizeit-, Fernseh- sowie Korrespondenzkursen nehmen jährlich weitere 14 000 Personen teil, um ihre Kenntnisse auf den verschiedenen Gebieten weiter zu vertiefen. Diese Bildungseinrichtungen werden laufend verbessert, um mit der technischen Entwicklung in den Betrieben Schritt zu halten. Mit Hilfe des Auslands will China in diesem Jahrzehnt, wenn die angelaufene Entwicklung ohne Unterbrechung weitergeführt werden kann, einen erheblichen Schritt an technischem Verständnis und technischer Eigenentwicklung vorankommen, was als eine dringende Voraussetzung für eine weiterhin positive Entwicklung der Bergbauwirtschaft angesehen wird.

Bei der wissenschaftlichen Ausbildung spielen das China-Bergbauinstitut in Xuzhou und das Bergbau-Institut in Fuxin eine führende Rolle. Außerdem haben noch drei Technische Universitäten Bergbau-Abteilungen.

Die Bundesrepublik Deutschland unterhält seit 1978 vielfältige wissenschaftlich-technologische Beziehungen mit der Volksrepublik China. Auf der Grundlage des am 9. Oktober 1978 unterzeichneten Abkommens über wissenschaftlich-technologische Zusammenarbeit zwischen dem Bundesministerium für Forschung und Technologie (BMFT) und der Staatlichen Kommission für Wissenschaft und Technik (SKWT) arbeiten seit dieser Zeit deutsche und chinesische Wissenschaftler und Techniker in einer Vielzahl von Bereichen zusammen. Der Schwerpunkt liegt jedoch deutlich auf dem Gebiet der Energie- und Rohstoffversorgung (21), und hier insbesondere auf:

▷ Erschließung, Gewinnung und Aufbereitung der Kohle einschließlich Weiterentwicklung der Vortriebs- und Abbausysteme und deren Mechanisierung sowie

▷ Kohlennutzung einschließlich Kohlenveredlung.

Das chinesische Interesse konzentriert sich im Bereich der Bergtechnik u. a. auf die Entwicklung bzw. Weiterentwicklung von Gewinnungssystemen für dünne Flöze und harte Kohle, Verbesserung der Gefriertechnik, Mechanisierung der Teufarbeiten u. a. Bei der Kohlenveredlung geht es um die Errichtung von Kohlenverflüssigungs- und Kohlenstaubvergasungsanlagen. Im Vorstadium werden Versuchsanlagen erstellt, um die Eignung der verschiedenen Kohlenarten für die Verflüssigung oder Vergasung zu erproben. Weitere Aktivitäten sind im Zusammenhang mit dem Bereich Elektrizitätserzeugung in Kohlenkraftwerken (einschließlich Kraftwerksautomatisierung) angelaufen, die gleichfalls einen Kooperationsbereich darstellen. Auf die Zusammenarbeit auf dem Gebiet der Mineralölwirtschaft wird an anderer Stelle eingegangen. Von besonderer Bedeutung in der Kooperation im Energieforschungs- und -entwicklungsbereich war die Vereinbarung über die Erstellung einer Energiestudie für die südchinesische Provinz Guangdong. Bei der Studie ging es um die künftige Energieversorgung dieser industriell wichtigen Provinz Chinas, einschließlich der Fragen des Einsatzes von Kernenergie und des Ölschieferabbaus. Die wissenschaftlich-technologische Zusammenarbeit mit der Bundesrepublik Deutschland erstreckt sich auch auf den Erzbergbau.

Tabelle 41. Chinesische Hochschulen und Institute für Ausbildung und Forschung auf dem Kohlensektor unter Leitung des Kohlenministeriums (35).

Stadt	Provinz	Institut
Xuzhou	Jiangsu	China-Bergbauinstitut
Fuxin	Liaoning	Fuxin Bergbauinstitut
Taiyuan	Shanxi	Shanxi Bergbauinstitut
Jiaozuo	Henan	Jiaozuo Bergbauinstitut
Huainan	Anhui	Huainan Bergbauinstitut
Handan	Hebei	Hebei Bergbauinstitut
Xian	Shaanxi	Xian Bergbauinstitut
Taian	Shandong	Shandong Bergbauinstitut
Jixi	Heilongjiang	Jixi Bergbauinstitut
Xiangtan	Hunan	Xiangtan Bergbauinstitut
Tangshan	Hebei	Tangshan Medizinisches Institut für den Kohlenbergbau
Huaibei	Anhui	Lehrerausbildungs-Institut Huaibai

2.4 Zukünftiger Ausbau der Kohlenreviere

Bei der weiteren Entwicklung des Kohlenbergbaus will China an dem gleichzeitigen Aufbau von großen, mittleren und kleinen Gruben auf den unterschiedlichen Organisationsebenen festhalten.

In Abhängigkeit von der Energiebilanz zwischen den verschiedenen Regionen und unter Berücksichtigung der unterschiedlichen geologischen und geographischen Gegebenheiten sowie der Transportverhältnisse soll staatliches Investitionskapital zum Aufbau von Kohlenbergwerken zukünftig vor allem in jene Provinzen und Reviere fließen, wo die Kapazitäten mit geringstem Aufwand am schnellsten vergrößert werden können. Damit wird deutlich von den früheren Zielvorstellungen abgerückt, jede Provinz müsse nach Möglichkeit in der Kohlenversorgung autark sein.

Außerdem wurden die unterversorgten Provinzen und Gebiete aufgefordert, durch Investitionen in Kohlenrevieren der Nachbarprovinzen verstärkt zur eigenen Bedarfsdeckung beizutragen. Diese Entwicklung dürfte auf die Investitionstätigkeit auch in anderen Sektoren nicht ohne Einfluß bleiben.

II. Energiewirtschaft

Aus der Tabelle 42, in der die Produktion und der Verbrauch der einzelnen Provinzen an Kohle gegenübergestellt sind, geht hervor, daß die Provinzen mit der größten Fördermenge auch die höchsten Überschüsse produzieren und für den weiteren Ausbau daher zunächst verstärkt in Betracht kommen. Hierzu gehören die Provinzen Shanxi, Henan, Heilongjiang und Anhui, wobei Shanxi mit fast 70 Mill. t weit vor den anderen Provinzen liegt, bei denen die Ausfuhren zwischen 7 Mill. und 14 Mill. t betragen. Auf große Kohleneinfuhren zwischen 10 Mill. und 20 Mill. t sind die Provinzen bzw. Stadtstaaten Liaoning, Shanghai, Beijing, Jiangsu und Hubei angewiesen. Den größten Kohlenverbrauch mit 40 Mill. bis 60 Mill. t haben die Provinzen Shanxi, Liaoning, Hebei, Henan, Sichuan und Shandong.

Tabelle 42. Kohlenbilanz der chinesischen Provinzen für das Jahr 1981 in Mill. t (35).

Kohlen-region	Provinz	Förder-menge	Einfuhr	Ausfuhr	Ausfuhr-überschuß (+) bzw. -unterschuß (−)	Verbrauch
NO	Liaoning	33,70	19,94	0,92	− 19,02	52,72
	Jilin	18,07	4,85	0,49	− 4,36	22,43
	Heilongjiang	41,74	1,47	8,69	+ 7,22	34,52
N	Beijing	7,90	12,35	2,62	− 9,73	17,63
	Tianjin	−	9,13	−	− 9,13	9,13
	Hebei	52,35	9,60	11,88	+ 2,28	50,07
	Shanxi	132,54	−	69,27	+69,27	63,27
	Nei Monggol	21,79	3,88	5,76	+ 1,88	19,91
NW	Shaanxi	18,45	1,49	3,66	+ 2,17	16,28
	Ningxia	9,52	0,14	5,53	+ 5,39	4,13
	Gansu	7,88	3,93	0,74	− 3,19	11,07
	Qinghai	1,91	1,02	−	− 1,02	2,93
	Xinjiang	11,40	−	1,16	+ 1,16	10,24
SW	Guizhou	14,16	−	2,33	+ 2,33	11,83
	Sichuan	39,40	1,32	−	− 1,32	40,72
	Yunnan	11,90	0,22	−	− 0,22	12,12
	Xizang	0,02	0,003	−	− 0,003	0,023
MS	Henan	58,25	3,12	13,69	+10,57	47,68
	Hubei	4,34	11,80	−	−11,80	16,14
	Hunan	19,94	3,74	0,87	− 2,87	22,18
	Guangdong	7,24	4,44	−	− 4,44	11,68
	Guangxi	5,61	1,91	−	− 1,91	7,52
O	Shanghai	1,65	14,20	−	−14,20	15,85
	Shandong	41,30	4,98	6,10	+ 1,12	40,18
	Jiangsu	15,71	11,01	2,41	− 8,60	24,31
	Anhui	23,83	2,95	6,74	+ 3,79	20,04
	Zhejiang	1,33	7,30	−	− 7,30	8,63
	Jiangxi	15,53	1,69	0,69	− 1,00	16,53
	Fujian	4,17	1,89	−	− 1,89	6,06
	Export			5,18		5,18
	Gesamt	621,63	143,55	143,55		621,63

2. Kohlenbergbau

Durch diesen innerchinesischen Kohlentransport werden einschließlich des geringen Exportanteils etwa folgende Umschlagsmengen erreicht:

Transportweg	Kohlenumschlag Mill. t
Schiene	420
Binnengewässer	250
Seehäfen	75

Die Gütertransportkapazität der Eisenbahn, die durch die starke Überlastung der Hauptstrecken sehr behindert wird, ist durch den Kohlentransport bereits zu 40% belegt. Um die Versorgung mit Kohle zukünftig sicherer zu gestalten und den Bedarf an Eisenbahnfrachtkapazität hierfür zu verringern, ist im Zuge der Erhöhung der Fördermenge gleichzeitig auch die Errichtung einer größeren Zahl von Kohlenkraftwerken in der Nähe der Kohlenreviere und der Ausbau des Hochspannungsfernleitungsnetzes geplant.

Die VR China gab erstmals im Jahre 1979 das Ziel bekannt, die Kohlenfördermenge bis zum Jahre 2000 auf 1 Mrd. t zu steigern. Dies wurde aufgrund des Entwicklungstempos der vergangenen 30 Jahre für erreichbar gehalten. In der Zwischenzeit waren angesichts der zurückgefallenen und stagnierenden Fördermengen sowie der unzureichenden Bereitstellung der für diese Entwicklung erforderlichen Investitionen jedoch Zweifel an der Realisierbarkeit dieses Förderziels gekommen. Im November 1982 wurde dann allerdings mit der Verkündung eines neuen Kohlenentwicklungsplanes als Förderziel für das Jahr 2000 eine Verdopplung der Fördermenge auf nunmehr 1,2 Mrd. t bekanntgegeben. Das entspricht einer durchschnittlichen Jahreswachstumsrate von 3,4%. Unter Berücksichtigung der Adjustierungsphase soll das jährliche Wachstum bis 1990 im Mittel bei 3,1% liegen und danach jährlich 3,5% erreichen (36). Die Steigerung der Kohlenproduktion wird außer durch Modernisierung und Ausbau der bestehenden großen Kohlenreviere und Bergwerke sowie dem weiteren Ausbau des lokalen Kleinbergbaus vor allem durch den Aufbau neuer Bergwerke angestrebt:

Maßnahme	Fördermenge Mill. t		
	1980	1990	2000
Fördersteigerung der staatlichen Reviere und Bergwerke durch Ausbau und weitere Technisierung	344		400
Neubau staatlicher Großanlagen		200	400
Ausbau und Neubau lokaler Kleingruben	276		400
Gesamt	620		1200

Dieser Entwicklungsplan stützt sich zum einen auf die früheren Vorstellungen über die Kapazitätserweiterungen der bereits in Abbau stehenden Tiefbaureviere, zum anderen auf einen starken Ausbau der Tagebaugewinnung, insbesondere der Braunkohlenförderung. Von etwa 100 Mrd. t Kohlenvorräten, die im Tagebau gewonnen werden können, waren bisher erst 3% in die Abbauplanung einbezogen. Hier erwartet man die größte Fördersteigerung bei relativ geringen spezifischen Investitionskosten.

II. Energiewirtschaft

Der Ausbau konzentriert sich vor allem auf die Provinz Shanxi, deren Fördermenge auf 200 Mill. t/a gebracht werden soll. Wegen der guten Zugänglichkeit und Oberflächennähe sind die Kohlenlagerstätten hier für den Tief- und Tagebau einfach zu erschließen. Entwicklungszentren des Tiefbaus sind Datong, Zentral-Shanxi mit guten Kokskohlenlagerstätten und Südost-Shanxi als wichtigstes Anthrazit-Abbaugebiet (Karte 9).

In der Provinz Nei Monggol stehen vor allem große Braunkohlenlagerstätten zum Aufschluß an, aus denen langfristig allein jährlich 160 Mill. t Kohle erbracht werden sollen. In Nordostchina mit seiner großen Schwerindustriebasis sind die Reviere in Ost-Heilongjiang und in der Umgebung von Shenyang (Tiefa) in der Provinz Liaoning verstärkt in die Entwicklungsplanung einbezogen worden.

Neuaufschlüsse sollen ebenfalls in den Provinzen Hebei, Shanxi und in West-Henan erfolgen, wo insbesondere das Revier Pingdingshan gute Möglichkeiten zur Förderentwicklung bietet.

In Ostchina bereitet das Durchteufen der häufig aus wasserführenden Lockergesteinen bestehenden Deckgebirgsschichten zwar Schwierigkeiten; die Flöze haben hier aber eine weitgehend stabile, ungestörte Lagerung und führen Kohle von guter Qualität. Entwicklungsschwerpunkte sind die Reviere Huainan und Huaeibei in der Provinz Anhui und Yanzhou in der Provinz Shandong.

In Südwestchina konzentrieren sich die Aufschlußarbeiten vor allem auf das Revier Liupanshui im Grenzbereich zwischen den Provinzen Guizhou und Yunnan. Darüber hinaus wird der gesamte Süden Chinas einschließlich der Provinzen Guangdong und Guangxi — wie bereits oben erwähnt — im Rahmen eines Großvorhabens wirtschaftlich verstärkt erschlossen. Hierbei sollen neben der Errichtung von Kohlengruben und Kraftwerken gleichzeitig auch wichtige Infrastruktureinrichtungen erstellt werden, die eine wesentliche Voraussetzung für die wirtschaftliche Gesundung dieser Großregion, die bisher nur unzureichend mit Energierohstoffen aus dem Norden des Landes versorgt werden konnte, darstellen. Die Engpässe im Transportsektor erklären auch das starke Interesse Chinas an Kohlenverflüssigungs- und -vergasungsanlagen sowie am Feststofftransport in Rohrleitungen insbesondere für dieses Gebiet.

Durch die Errichtung einer Vielzahl neuer Bergwerke in den aufgeführten Revieren soll die jährliche Fördermenge des Tiefbaus um rund 200 Mill. t gesteigert werden. Soweit Einzelheiten über die bisher geplanten oder in Bau befindlichen größeren Bergwerke bekannt sind, wurden sie in der Tabelle 43 aufgeführt.

Durch den in mehreren Schritten geplanten Aufschluß der fünf großen Tagebaureviere (Karte 9):

- Hulinhe (Nei Monggol) . . . . Braunkohle
- Yiminhe (Nei Monggol) . . . . Braunkohle
- Yuanbaoshan (Nei Monggol) . . . . Braunkohle
- Zhungeer (Nei Monggol) . . . . Braunkohle
- Pingshuo (Shanxi) . . . . Steinkohle

will China einen weiteren Produktionsanstieg bis zum Jahre 2000 um ebenfalls etwa 200 Mill. t/a erzielen.

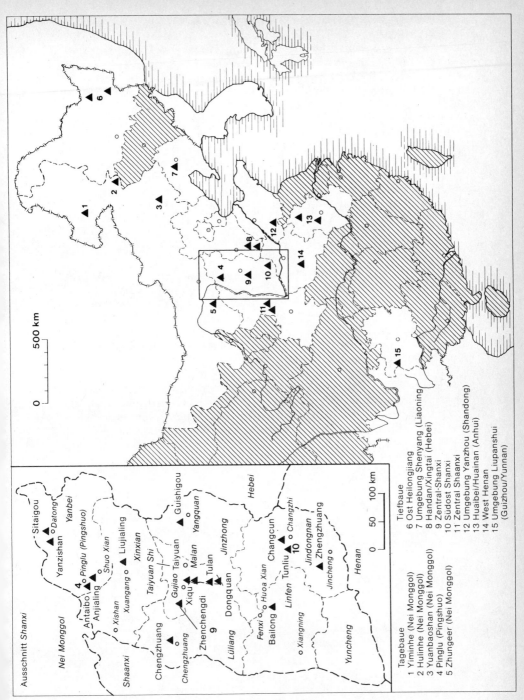

Karte 9. Schwerpunkte der Entwicklung der Kohlenproduktion in der VR China.

II. Energiewirtschaft

Mit dem Betrieb von Großtagebauen, die sowohl kontinuierlich mit Schaufelradbaggern und Bandanlagen als auch diskontinuierlich mit Großlöffelbaggern und Schwerlastkippern betrieben werden sollen, beschreitet China weitgehend technisches Neuland. Hierdurch und auch wegen der extremen klimatischen Bedingungen — die Temperaturen erreichen in Pingshuo und Zhungeer —32 °C, Hulinhe —37 °C und in Yiminhe —49 °C — ist die beabsichtigte zügige Entwicklung in diesen Revieren mit großen Unsicherheiten behaftet. Aus Plänen von 1978 ist bekannt, daß bereits 1985 die Fördermenge aus dem Gebiet Hulinhe (400 km nordwestlich von Tongliao) 20 Mill. t/a und aus dem Gebiet Yiminhe (85 km südlich von Hailaer) 10 Mill. t/a erreichen sollte. Deutsche Firmen sind damals für beide Projekte mit Planungsarbeiten betraut worden. Wegen der erforderlichen großen Investitionen wurde jedoch die Inbetriebnahme des Tagebaus Hulinhe, der auch eine von der Planung abweichende kleinere Geräteausrüstung bzw. Kapazität erhielt, verzögert und der Aufschluß des Tagebaus Yiminhe verschoben.

Die einzelnen Tagebaureviere sollen wie folgt entwickelt werden:

Hulinhe. Das Braunkohlenvorkommen Hulinhe besteht aus zwei Tagebaubereichen: Shaerhure und Hulinhe. Im Bereich Shaerhure sollen insgesamt vier Tagebaue betrieben werden, von denen der erste bereits laufende Betrieb, Hulinhe Nr. 1, aufgrund nachträglich vergrößerter Ausrüstung Ende 1984 eine Kapazität von 3 Mill. t/a erreicht hat. Die weiteren vorgesehenen Tagebaue mit insgesamt 27 Mill. t/a sollen noch im laufenden Fünfjahresplan bis Ende 1985 errichtet werden. Für den Kohlenabsatz ist in der Zwischenzeit eine Bahnverbindung von der Lagerstätte nach Tongliao gebaut worden. Die Kohle ist für in Bau befindliche Kraftwerke in Tongliao und entlang der Bahnlinie Tongliao — Tonghua bestimmt. Der Aufschluß des zweiten Felderteils durch vier weitere Tagebaue mit einer Kapazität von insgesamt 20 Mill. t/a ist für den 7. Fünfjahresplan (1986 bis 1990) vorgesehen, so daß aus dem Revier Hulinhe Ende der 90er Jahre eine Fördermenge von insgesamt 50 Mill. t/a erwartet wird.

Yiminhe. Das Braunkohlenrevier von Yiminhe mit zwei Vorkommen südlich und nördlich von Hailaer soll zunächst im südlichen Bereich durch vier Tagebaue mit einer Kapazität von insgesamt 25 Mill. t/a und nachfolgend im nördlichen Felderteil Baorexile durch drei weitere Tagebaue mit einer Kapazität von 30 Mill. t/a erschlossen werden. Mit den Arbeiten für die Errichtung des ersten Tagebaus wurde 1983 begonnen; bis 1990 sollen zwei Tagebaue in Betrieb gegangen sein. Für 1995 wird eine Fördermenge von 20 Mill. t/a und bis Ende der 90er Jahre eine Gesamtproduktion von 50 bis 55 Mill. t/a erwartet. Es ist beabsichtigt, die Kohle in Abbaunähe und in Hailaer in Kraftwerken zu verstromen.

Yuanbaoshan. Östlich von Chifeng liegt das Braunkohlenvorkommen Yuanbaoshan, das bereits 1974 erschlossen werden sollte, jedoch mehrfach zurückgestellt wurde. In der Zwischenzeit sind fast alle Infrastruktureinrichtungen fertiggestellt, so daß mit dem Aufschluß demnächst begonnen werden kann. Die Kapazität ist auf 8 Mill. t/a geplant. Nach heutigen Erkenntnissen wird in den 90er Jahren eine Beaufschlagung mit mehr als 10 Mill. t/a für möglich gehalten.

Zhungeer. Die Steinkohlenlagerstätte Zhungeer liegt 200 km westlich von Datong und weist einen geologischen Vorrat von 26 Mrd. t Kraftwerkskohle auf, von dem der größte Teil im Tagebau gewonnen werden kann. Langfristig ist hier eine Förderkapazität von insgesamt 60 Mill. t/a vorgesehen, die je zur Hälfte aus den Feldesbereichen Heidaigou und Haerwushu erbracht werden soll. Erste Planungen für den Tagebau Heidaigou gehen auf das Jahr 1978/79 zurück und wurden in Zusammenarbeit mit US-Firmen erstellt. Noch im laufenden Fünfjahresplan soll der erste Betrieb anlaufen. Ende der 90er Jahre wird mit der Gesamtfördermenge gerechnet. Eine Eisenbahnverbindung über 140 km Länge nach Huhehaote wurde bereits erstellt, die übrigen Versorgungseinrichtungen befinden sich im Bau. Es wird erwogen, einen Teil der Förderung für den Export auf hydraulischem Wege zum Hafen Qinhuangdao zu transportieren.

Pingshuo. Das Steinkohlentagebauprojekt Pingshuo — entstanden aus dem Zusammenschluß der Namen der betroffenen Landkreise Pinglu und Shuoxian in der Provinz Shanxi — liegt südlich von Datong und ist ebenfalls seit 1978 im Gespräch. Aus drei Tagebauen mit einer Kapazität von je 15 Mill. t/a sollen Ende der 90er Jahre insgesamt 45 Mill. t/a Kohle erbracht werden. Der Tagebau Antaibo Nr. 1, dessen Planung ebenfalls gemeinsam mit einer US-Firma erstellt worden ist, soll bereits 1985 in Produktion gehen. Von der Fördermenge, die insgesamt aufbereitet wird, sollen 8,7 Mill. t/a exportiert und 3,2 Mill. t/a verstromt werden.

Der dargelegte Entwicklungsplan im Bereich des staatlichen Kohlenbergbaus, der — bezogen auf 1980 — einen Kapazitätsausbau um etwa 450 Mill. t/a beinhaltet, zu dem noch der Ersatz für auslaufende Anlagen hinzugerechnet werden muß, läßt die Schwierigkeiten erahnen, die allein mit der technischen Durchführung und der wirtschaftlichen Nutzung der großen Produktionsmenge verbunden sind. Bezüglich der benötigten großen Investitionsmittel erscheint seine Realisierung überhaupt nur mit stärkstem ausländischen Engagement möglich.

Die erforderlichen Investitionen für eine Steigerung der Fördermenge auf 1200 Mrd. t im Jahre 2000 werden auf insgesamt 180 Mrd. Yuan (240 Mrd. DM) geschätzt (34). Dies würde — auf den Zeitraum von 1983 bis 2000 bezogen — einem jährlichen Investitionsaufwand von 10 Mrd. Yuan entsprechen. Gegenwärtig betragen die Investitionen rund 3 Mrd. Yuan im staatlichen Bereich.

Die Absicht Chinas, insbesondere die großen Kohlenprojekte in Kooperation mit dem Ausland zu entwickeln, ließen sich jedoch in dem angestrebten Umfang bis heute nicht verwirklichen. Chinesischen Darstellungen zufolge betragen die Förderkapazitäten, die bereits mit ausländischem Kapital erschlossen werden, 25 Mill. t/a. Hierbei dürfte es sich im wesentlichen um Gruben handeln, die mit einem japanischen Kredit über 1 Mrd. US-$ — einschließlich der erforderlichen Infrastrukturmaßnahmen — aufgebaut werden. Die Weltbank wird China voraussichtlich mit 200 Mill. US-$ beim Aufbau von zwei Tiefbaugruben im Süden der Provinz Shanxi unterstützen. Das bislang spektakulärste Projekt, der Aufschluß des Steinkohlentagebaus Antaibo Nr. 1 im Pingshuo-Revier in einem Joint Venture mit der US-Firma Island Creek Coal Company, einer Tochter der Occidental Petroleum Corporation, bei dem es um eine Investitionssumme von rund 600 Mill. US-$ geht, steht nach langwierigen Verhandlungen offenbar vor dem Abschluß.

II. Energiewirtschaft

Tabelle 43. Größere Neubau- und Erweiterungsprojekte (34, 35, 37).

Kohlen-region	Provinz	Standort Kohlen-verwaltung	Grube	Kohlen-qualität*	Kapazität Mill. t/a Rohkohle	Kapazität Mill. t/a v.F.	Plan Produktions-Aufnahme	Plan Voll-produktion	Finanzierung Kooperation	Bemerkung
N	Hebei	Kailuan	Qianjiaying	Koksk.	4,0	1,6	1987	1992	Exim Japan	Im Plan
			Dongping	Kw + Koksk.	1,8					
			Linnancang		1,2		1984			Planung: Montan-Consulting (MC)
			Donghuantao	Kw + Koksk.	4,0					Im Plan
	Shanxi	Xishan (Gujiaorevier)	Xiqu	Koksk.	3,0	1,6	1985	1992	Exim Japan	Im Plan
			Zhenchengdi	Koksk.	1,5	0,8	1987	1989	Exim Japan	Im Plan
			Malan	Koksk.	4,0	2,2	1988	1991	Exim Japan	
			Tunlan	Koksk.	4,0					
			Dongquan	Koksk.	4,0					
			Qianjiaying	Koksk.	4,0		1987	1992		
		Jincheng	Zhengzhuang	Kwk.	4,0		1994		Weltbank	337 Mill. US-$; Planung und Betreuung: MC
			Sihe		4,0		1991			
		Datong	Sitaigou	Koksk.	4,0	2,9	1990	1994	Exim Japan	Ursprüngliche Planung: Produktionsaufnahme 1982
			Yanzishan	Kwk.	3,0		1985			Baubeginn 1980
		Yangquan	Guishigou	Kwk.						
		Xuangang	Liujialing							
		Luan	Changcun	Kwk.	4,0		1992		Weltbank	350 Mill. US-$; Planung und Betreuung: MC
			Tunliu		4,0		1991			
		Huoxian	Bailong	Koksk.	1,2			1987	Rumänien	Finanz- und Lieferabkommen
		Pingshuo	Antaibo Nr. 1	Kwk.	15,0		1987			Tagebau, Occ. Oil, 600 Mill. US-$; Ausrüstung: u. a. 3 Demag-Großbagger
			Antaibo Nr. 2	Kwk.	15,0		1990	1995		Tagebau
			Anjialing	Kwk.	15,0		1995	2000		Tagebau
	(Xiangning)		Wangjialing Nr. 1	Koksk.	10,0					Stollenaufschluß
			Wangjialing Nr. 2	Koksk.	8,0					Schrägschacht, Stollenaufschluß
	Nei Mongol	Hulinhe	Hulinhe Bereich Shaerhure	Braunk.						
			Nr. 1 (Nanlutian)		3,0			1984		Tagebau; Planung und Ausrüstung: u. a. deutsche Firmen
			Nr. 2–4		27,0		1985	1990		Tagebaue
			Ber. Hulinhe Nr. 5–8		20,0		1989	1998		Tagebaue
		Yiminhe	Yiminhe südl. Bereich Nr. 1–4	Braunk.	25,0		1984	1995	UdSSR	Vorstudie: Rheinbraun Consulting; Planung: erster Tagebau UdSSR
			nördl. Bereich Nr. 5–7		30,0		1995	2000		Tagebaue
		Yuanbaoshan	Yuanbaoshan	Braunk.	17,0	8,0	1986	1990		Planung: Rheinbraun Consulting; Ausrüstung: Krupp, Orenstein & Koppel

114

2. Kohlenbergbau

Region	Provinz	Revier	Grube	Art*	Mio.t/a	Baubeginn	Inbetriebn.	Ausland	Bemerkungen
NW	Shaanxi		Heidaigou (Yaogou)		30,0	1987	1990	Japan	Planung: Bechtel, Tagebau
		Tongchuan	Haerwushu		30,0	1995	2000		Tagebau
	Gansu	Huating	Binxian Chengjiashan						
			Yanxia	Kwk.	3,6				
			Daxin	Kwk.	3,0				
			Chenjiagou	Kwk.	0,9				
			Yangma	Kwk.	1,8				
SW	Guizhou	Liupanshui	Baicaoyu	Kwk.					
			Liujiahe		1,2			Italien	China South West Energy Development Corp.; Gesamtprojekt: 3 Mrd. US-$
			Zhina	Anthr.	3,0				
SW	Sichuan		Tucheng		1,2				
			Yunlian	Anthr.					
MS	Henan	Pingdingshan	Pingding-shan Nr. 8	Koksk.	1,9	1984			Erweiterung
			Xinan		1,5				
	Hunan		Qiaotouhe Nr. 2			1981			Betrieb
			Feijiang						
	Guangdong		Huaihai		0,2				
O	Shandong	Zaozhuang	Jiangzhuang	Kwk.	1,5 / 1,1	1985	1988	Exim Japan	Verzögert
		Yanzhou	Baodian	Kwk.	3,0 / 2,1	1985	1989	Exim Japan	
			Dongtan	Kwk.	4,0	1985	1987	Frankreich	Finanz- und Lieferabkommen
			Xindian	Kwk.	2,4 bis 3,0				
			Xucheng	Kwk.	0,9 bis 1,2				
			Daizhuang	Kwk.					
			Sihekon		0,6				
			Yangcun		0,6				
			Tianzhuang		0,6				
			Xinji		0,6				
			Liyan		3,0				
			Jining Nr. 1	Kwk.	4,0	1990		England	300 Mill. US-$; Shell Ltd.
	Jiangsu	Xuzhou	Jining Nr. 2	Kwk.	1,8	1986		USA	Erweiterung
			Sanhejian	Kwk.				USA	Erweiterung
			Jiahe	Kwk.					
			Zhangjia						
	Anhui	Huainan	Panji Nr. 1	Kw+Koksk.	3,0	1983			
			Panji Nr. 2	Koksk.	2,0				
			Panji Nr. 3	Kw+Koksk.	3,0				
			Zangji	Kw+Koksk.	4,0	1982			400 Mill. US-$
			Zhuxian-zhuang	Kw+Koksk.	1,2				Verzögert
		Huaibei	Gujiao	Kw+Koksk.	4,0				
			Xieqiao	Kw+Koksk.	4,0				
			Guiji	Kw+Koksk.	4,0				
O			Haizi	Koksk.	(2,0)				
			Linhuan	Koksk.	(2,0)				

* Kwk. = Kraftwerkskohle   Kw+Koksk. = Kraftwerks- und Kokskohle   Braunk. = Braunkohle
  Koksk. = Kokskohle   Anthr. = Anthrazit

II. Energiewirtschaft

Ein anderes chinesisch-amerikanisches Joint Venture konnte im Herbst 1984 von der Ingenieurfirma China-America International Engineering Inc. zusammen mit der International Bechtel Inc. in Beijing gegründet werden. Damit haben sich die USA in einem zukunftsträchtigen chinesischen Markt eine gute Ausgangsbasis gesichert. Das Unternehmen mit einem Kapital von 3 Mill. US-$ und 500 Angestellten betreibt als Hauptziel die beschleunigte Übertragung von technischem und betriebswirtschaftlichem Know how auf den verschiedenen Gebieten der Kohlenindustrie. Wichtigste Aufgabe ist zunächst die Entwicklung des Steinkohlentagebaus Heidaigou im Zhungeer-Revier, Provinz Shanxi (34). Die Bechtel Inc. ist bereits seit 1983 mit der Ausarbeitung einer Feasibility-Studie für den Bau einer Kohlenpipeline von diesem Revier zum Hafen Qinhuangdao beauftragt.

Über weitere Projekte wird mit mehreren Ländern noch verhandelt (vgl. Tabelle 43). Die bisher vertraglich abgesicherten und in Aussicht gestellten ausländischen Beteiligungen an den Investitionen zum Aufschluß der Kohlenreviere sind insgesamt jedoch relativ gering, so daß die chinesischen Entwicklungsziele in der vorgesehenen Zeitspanne nicht realisierbar sein dürften.

Optimistisch sind die chinesischen Entwicklungspläne auch hinsichtlich der Erhöhung der Fördermenge aus den lokalen Gruben, die bis zum Jahre 2000 400 Mill. t Kohle je Jahr erbringen sollen. Um den Ausbau dieser Gruben voranzutreiben, will der Staat in der Anlaufphase zukünftig die Verluste übernehmen und finanzielle Hilfen für die technische Verbesserung und Umgestaltung gewähren; auch sollen die Stäbe der größeren Bergwerke verstärkt zur Unterstützung und technischen Beratung herangezogen werden.

Die in den Jahren 1982/83 erreichte Fördersteigerung dieser Gruben (vgl. Tabelle 24) wird bereits auf die besondere Unterstützung durch Regierungsstellen zurückgeführt. Neben finanziellen Zuwendungen und Lieferung von technischem Gerät wurden den Gruben vor allem auch größere Freiheiten eingeräumt und teilweise eigenverantwortliches Wirtschaften ermöglicht. Im Jahr 1984 sollen dem lokalen Kohlenbergbau insgesamt 1,6 Mrd. Yuan von staatlichen und lokalen Behörden für den weiteren Ausbau zur Verfügung gestellt worden sein. Die Erfolge sind bisher beachtlich, auch besteht kein Zweifel, daß in vielen Landesteilen an der Oberfläche ausstreichende Flöze durch Kleinbergbau hereingewonnen werden können und die Produktion dieser Gruben in letzter Zeit ständig gestiegen ist. Die Erbringung einer nachhaltigen Förderung in der angestrebten Größenordnung aus relativ kleinen Betrieben ist jedoch auf Dauer gesehen mit großen Unsicherheiten behaftet. Die Lebensdauer solcher Betriebe ist häufig sehr gering, um so größer muß die beanspruchte Fläche und die Lagerstättenbasis sein. Kulturland steht für industrielle Inanspruchnahme nur noch begrenzt zur Verfügung. Durch die oberflächennahe Kohlengewinnung wird der Zulauf von Oberflächenwasser in weite Lagerstättenteile begünstigt, was den tiefer liegenden Abbau benachbarter größerer Bergwerke häufig stark beeinträchtigt und zur Aufgabe von größeren Lagerstättenteilen führen kann. Auch hinsichtlich der Bereitstellung der erforderlichen Belegschaft und der zur Ver- und Entsorgung der Betriebe benötigten Infrastruktur werden in vielen Provinzen und Gegenden enge Grenzen gesehen. Die Planvorstellungen über die Förderentwicklung im Kohlenbergbau bis zum Jahre 2000 dürften daher insgesamt sehr hoch angesetzt sein.

2.5 Ausblick

Chinas große Kohlenvorkommen bilden eine gute Grundlage für die industrielle Entwicklung des Landes. Die Verteilung der Vorkommen über viele Provinzen in Verbindung mit anderen wichtigen Rohstoffen begünstigt einen dezentralen Aufbau der Industrie. Gewachsene Strukturen und die relativ große Häufigkeit reicher Kohlenlagerstätten im Norden des Landes werfen allerdings erhebliche Infrastrukturprobleme hinsichtlich der Versorgung der menschenreichen Regionen in Mittel- und Südchina auf.

Der Kohlenreichtum Chinas bedingt, daß auch zukünftig die Energieversorgung des Landes wesentlich durch Kohle gedeckt wird. Der vorgesehene starke Ausbau der Förderkapazitäten soll neben der Beseitigung der Energiemangelsituation auch dazu beitragen, über Kohlenexporte den Aufbau der übrigen Industrie schneller voranzutreiben.

Die ehrgeizigen Entwicklungsziele der VR China werden in der westlichen Welt zwar mit Respekt, jedoch sehr skeptisch aufgenommen. Probleme werden zunächst in der vorgesehenen Höhe der Investitionen gesehen, die auch bei erfolgreichen Bemühungen um ausländische Kapitalbeteiligungen sicherlich nur sehr schwer bereitgestellt werden können. Dabei ist zu berücksichtigen, daß durch die Bergbauinvestitionen sehr große Infrastrukturaufwendungen für den Bau von Eisenbahn- und Hafenanlagen sowie für Kraftwerke und Stromfernleitungsnetze ausgelöst werden müssen, wenn der Erfolg der Fördererhöhung nicht in Frage gestellt werden soll.

Sodann erscheint eine Erhöhung der Förderkapazitäten von im Mittel 30 Mill. t je Jahr über einen Zeitraum von nahezu zwei Jahrzehnten, wobei die Ersatzkapazitäten noch hinzugerechnet werden müssen, nur mit außergewöhnlichen Anstrengungen realisierbar. Eine solche Kapazitätsausweitung insbesondere bei den staatlichen Gruben bedingt wegen der hohen Technisierung der Projekte ferner qualifiziertes Personal, das in dem erforderlichen Umfang in der Kürze der Zeit kaum herangebildet werden kann. Insgesamt bedeutet die vorgesehene Verdopplung der Förderkapazitäten (bezogen auf 1980) im Personalbereich eine Aufstockung um 50 bis 70%, was — ohne Berücksichtigung der Kommunebetriebe — einem Anwachsen der Belegschaft um 2 bis 3 Mill. Personen entsprechen dürfte. Die harte Arbeit im Bergbau und die noch relativ hohe Unfallhäufigkeit lassen den bergmännischen Beruf in China gegenwärtig — trotz der sozialen Betreuung und guten Verdienstmöglichkeiten — nicht attraktiv erscheinen. Hinzu kommt, daß die neuen Großprojekte in klimatisch sehr schwierigen Landstrichen liegen. Auch wird es Schwierigkeiten bei der ausreichenden Bereitstellung des Ingenieurnachwuchses geben, wobei gegenwärtig Anstrengungen auf dem Gebiet der Ausbildung durchaus gesehen werden.

Die nachhaltige Absicherung eines großen Teils der Förderung durch Klein- und Mittelbetriebe ist zudem mit großen Risiken behaftet. Die relativ geringe Lebensdauer der meisten dieser Betriebe, die große erforderliche Landinanspruchnahme durch den oberflächennahen Abbau und die unterentwickelte Infrastruktur auch in ländlichen Absatzbereichen setzen in vielen Gebieten einer raschen Produktionsausweitung enge Grenzen.

II. Energiewirtschaft

Schließlich bedarf eine derartige wirtschaftliche Leistung vor allem der Kontinuität in der Wirtschafts- und Gesellschaftspolitik als Voraussetzung für eine wirkungsvolle Planungs- und Organisationsarbeit, die nur durch eine reibungslose Zusammenarbeit aller beteiligten Ministerien, Behörden und Gesellschaften sichergestellt werden kann. Diesen Nachweis muß China noch erbringen.

Bei optimistischer Beurteilung der Entwicklungsaussichten kann die Kohlenfördermenge im Jahre 2000 daher höchstens mit 0,9 bis 1,0 Mrd. t angesetzt werden, was bereits eine beachtliche Leistung wäre.

Quellennachweis zu Kapitel II Abschnitt 2 „Kohle"

1. *Baade, F.:* Dynamische Weltwirtschaft. München, 1969.

2. *Fritz, R.:* Grundlagen und Entwicklung des chinesischen Kohlenbergbaus. Glückauf 94 (1958), S. 714/28.

3. *United Nations,* Economic Commission of Asia and the Far East: Coal and Iron-Ore Resources of Asia and the Far East. Bangkok, 1952.

4. *Fettweis, G. B.:* Weltkohlenvorräte. Verlag Glückauf, Essen, 1976.

5. *Yuchi, Cheng:* Die Lagerstättenforschung während des ersten chinesischen Fünfjahrplans. Bergbautechn. 8 (1958), S. 45/46.

6. *Ji Zhe:* Das Tor zur unterirdischen Schatzkammer aufschlagen. Beijing Rundschau Nr. 42 Oktober 1980.

7. *Alexandrov, E. A.:* Red China steps up its Geological Service. Min. Engng. 12 (1960), S. 248/50.

8. *Chingfan, Liu* (stellvertr. Minister für Geologie): Rede über die Bodenschätze im Nationalen Volkskongreß. Renmin Ribao (Volkszeitung) vom 13. 2. 1958, zitiert bei (9).

9. *Tsungtung, Chang:* Die chinesische Volkswirtschaft. Köln, 1965.

10. *Kwangwei, Wang* (stellvertr. Vorsitzender der Staatlichen Kommission): Unterstützung der Landwirtschaft durch die Industrie. Renmin Ribao (Volkszeitung) vom 17. 8. 1959, zitiert bei (9).

11. *Ikonnikov, A. B.:* Mineral Resources of China. Published by The Geological Society of Amerika, Inc., Boulder (USA), 1975.

12. *Baženov, J. J., I. A. Leonenko* und *A. K. Charčenko:* Der Kohlenbergbau in der Chinesischen Volksrepublik. Moskau, 1959.

13. Ten Great Years. Statistics of the Economic and Cultural Achievements of the People's Republic of China. Hrsg.: Staatliches Statistisches Büro, Peking, 1960.

14. *Chen Zhao-Ning:* Overview of China's Coal Industry. Coll. Guard. Jan. 1982, S. 18/20.

15. *He Bing Zhang:* Vorträge beim 48. Treffen des Internationalen Organisationskomitees für die Weltbergbaukongresse. Beijing, Mai 1981.

16. *Hattori, K.:* Sino-Japanese Coal Cooperation. China News Letter No. 36 (1982), S. 2/17.

17. *Joyce, Chr.:* Coal Loomslarge in China's Future. Coal Age (1981), S. 112/123.

18. *Harnisch, H.,* und *H. G. Gloria:* Eindrücke vom chinesischen Steinkohlenbergbau im Kailuaner Revier. Glückauf 111 (1975), S. 1007/14.

19. Jahrbuch für die chinesische Wirtschaft. Beijing, 1981.

20. *World Bank:* China: Socialist Economic Development. Bd. II, Washington, 1983.

21. *Patermann, Chr.:* Deutsch-chinesische Kooperation in Energieforschung und -entwicklung. Energiewirtschaftliche Tagesfragen 32 (1982), S. 577/79.

22. *Chen Zhao-Ning:* Coal is China's Primary Source of Energy. World Coal, Nov. 1980, S. 48/49.

23. *Lo In-Zai:* Die Entwicklung der Aufbereitungstechnik in der Volksrepublik China. Glückauf 116 (1980), S. 651/55.

24. *Chen Zhao-Ning:* Coal Preparation in China. World Coal, March/April 1981, S. 58/60.

25. Der Vize-Vorsitzende des Vereins für Geologie im Kohleministerium: Prospektionserfolge bei der Suche nach Kohlenvorkommen in der VR China. Beijing, 1980.

26. *Knickmeyer, W.:* Stand der Schachtbautechnik in der Volksrepublik China. Glückauf 116 (1980), S. 372/75.

27. *Xiao Han:* Chinas Kohlenbergbau auf dem Wege zur Modernisierung. Glückauf 116 (1980), S. 153/54.

28. *Kraus, W.:* Wirtschaftliche Entwicklung und sozialer Wandel in der Volksrepublik China. Berlin/Heidelberg, 1979.

29. Bundesstelle für Außenhandelsinformation: Volksrepublik China, Energiewirtschaft 1980. Köln, 1982.

30. *Woodard, K.:* The International Energie Relations of China. Standford (USA), 1980.

31. *Harnisch, H.,* und *H. G. Gloria:* Die Energiewirtschaft der Volksrepublik China. Essen, 1973.

32. *Fritz, M.:* Gehen auf zwei Beinen. Energiewirtschaftliche Tagesfragen 30 (1980), S. 36/38.

33. *Weil, M.:* China's Troubled Coal Sector. The China Business Review, March/April 1982, S. 23/34.

34. Exploration und Bergbau: Die Kohlenwirtschaft der Volksrepublik China. Düsseldorf 1983 und 1985 (Maschinenschrift).

35. China Coal Industry Yearbook 1983 und 1984. Beijing, 1983 und 1984.

36. *Wu Jing:* Perspektiven der chinesischen Kohlenindustrie. Beijing Rundschau Nr. 37 v. 13. Sept. 1983.

37. *Argall, G. O. Jr.:* China Encourages Foreign Investment. World Coal (1983), S. 62/65.

38. Zhongguo tongji nianjian 1983 (Statistisches Jahrbuch Chinas 1983). Beijing, 1983.

39. *von Treskow, A.:* Der Stand der Gasabsaugetechnik und der Gasausbruchsbekämpfung im Steinkohlenbergbau Chinas. Glückauf 120 (1984), S. 1613/23.

II. Energiewirtschaft

3. Mineralöl- und Erdgasindustrie

3.1 Überblick

Bis zur Gründung der Volksrepublik im Jahre 1949 spielte die Mineralölgewinnung und -verarbeitung in China nur eine sehr untergeordnete Rolle. Das war neben der politischen Instabilität jener Zeit vor allem auf die verbreitete Meinung zurückzuführen, China sei arm an kohlenwasserstoffhöffigen Strukturen. Interessanterweise ist aber in diesem Land schon in alter Zeit die Seilschlag-Bohrmethode entwickelt worden, die bis in das moderne Ölzeitalter hinein eine Rolle gespielt hat. Damit wurden schon vor 2000 Jahren Bohrlöcher niedergebracht, um Mineralöl zu gewinnen. Das älteste chinesische Mineralöl- und Erdgasfeld Jiliujing liegt in der Provinz Sichuan. Es wurde bereits im Jahre 211 v. Chr. entdeckt und hat bis in die Gegenwart gefördert.

Chinas bescheidene moderne Mineralölwirtschaft stützte sich infolge des Mangels an ergiebigen Mineralölfeldern zunächst vor allem auf die synthetische Gewinnung von Derivaten aus Ölschiefern, Kohle und Erdgas. Erst mit der intensiven Landeserkundung während des ersten und zweiten Fünfjahresplanes wurden große Mineralölfelder entdeckt. Infolge der vielfach ungünstigen geographischen Lage der erbohrten Felder und wegen unzureichender technischer Ausrüstungen konnte jedoch nur langsam mit der Ausbeutung begonnen werden. Im Jahre 1950 wurden aus den damals noch wenig erforschten acht Mineralölfeldern nur 0,11 Mill. t Rohöl gefördert; weitere 0,09 Mill. t wurden synthetisch gewonnen. Im Jahre 1956 überschritt die Mineralölproduktion 1 Mill. t. Erst Ende der 60er Jahre begann die Mineralölindustrie schließlich nach Zuweisung größerer Investitionsmittel zu expandieren.

Die Rohölfördermenge, die bis heute fast ausschließlich vom Festland kommt, erreichte 1979 mit 106 Mill. t ihren ersten Höchststand und brachte China an die achte Stelle in der Weltrangliste der Förderländer. Danach war sie rückläufig und konnte erst 1983 den Wert von 1979 wieder erreichen.

Seit etwa zwanzig Jahren laufen auch umfangreiche geologische Untersuchungen im Schelfgebiet, die hier zur Entdeckung weiterer Mineralölfelder geführt haben. In den kommenden Jahren wird daher mit einem wachsenden Förderanteil aus dem offshore-Bereich gerechnet werden können.

Die Erdgasproduktion ist demgegenüber mit 12 Mrd. m^3 im Jahre 1983 noch relativ bescheiden und gegenüber 1979, als 14,5 Mrd. m^3 gefördert wurden, ebenfalls zurückgegangen. Anzeichen für eine Ausweitung sind gegenwärtig nicht erkennbar.

3.2 Geologische Voraussetzungen

Infolge der Größe des Landes, der geologischen Entwicklung und der tektonischen Beanspruchung zeigt China einen komplexen großtektonischen Aufbau. Man unterscheidet vereinfachend zwei Hauptelemente der Geotektonik: Die Chinesische Tafel, auch Sinischer Schild (Sinia) genannt, die aus vier tektonischen Einheiten besteht und den überwiegenden Teil Ostchinas umfaßt (Karte

10), sowie den diese Tafel umgebenden Bereich der Faltengebirge. Die Ausrichtung der tektonischen Strukturen wurde durch die Lage der Chinesischen Tafel zwischen der mächtigen Sibirischen Tafel (Angaria) im Norden, der kleineren Indischen Tafel (Serenidia) im Süden und einer tektonischen Zone vor der Ostküste im Westpazifik beeinflußt. Hierdurch ist die vorherrschende Richtung der Gebirge und Störungszonen von Osten nach Westen in Westchina sowie von Norden nach Süden (NNO-SSW) in Ostchina bedingt.

Diese tektonischen Strukturen bilden die Umrahmung bzw. den Untergrund großer Sedimentbecken aus metamorphen Gesteinen präkambischen Alters. Mesozoische und känozoische Sedimente, die sowohl aus marinen als auch terrestrischen (nichtmarinen) Ablagerungen bestehen, bilden die Beckenfüllungen. Als Speichergesteine kommen unter den marinen Sedimenten vorwiegend Kalke in Betracht, bei den terrestrischen Ablagerungen herrschen die im Känozoikum häufigen Sand- und Siltsteine vor. Die angetroffenen mineralöl- und erdgasführenden Schichten reichen vom Sinium, einer Formation zwischen dem Präkambrium und dem Kambrium, in der die ältesten chinesischen Sedimentablagerungen angetroffen werden, bis zum Quartär. In marinen Kalksteinen des Sinium kommt beispielsweise Erdgas in 3000 m Tiefe vor.

Die Voraussetzungen für das Vorhandensein von Mineralölvorkommen wurden zunächst so gering eingeschätzt, weil nur wenige höffige marine Mutter- und Speichergesteine gefunden wurden, in denen der überwiegende Anteil der Mineralölvorkommen auf der Welt angetroffen wird. Das Vorhandensein zahlreicher chinesischer Kohlenvorkommen in nichtmarinen (limnischen) Sedimenten haben die Mineralölexploration schließlich auch auf diese Bereiche mit Erfolg gelenkt.

Etwa 94% der heutigen Produktion entstammen nichtmarinen Sedimenten, die vorwiegend über relativ stabilen großtektonischen Strukturen zur Ablagerung gelangt sind. Auch die mineralölhöffigen Zonen im Schelfbereich, bei denen es sich zum Teil um Fortsetzungen von Inlandbecken handelt, die zum Meer hin flach einfallen, sind fast ausschließlich nichtmariner Entstehung. Die Ausdehnung der mineralölhöffigen Sedimentbecken geht aus der Karte 10 hervor.

Die Strukturen der Becken im Norden, Westen und in Zentralchina sind dadurch gekennzeichnet, daß sie im Zentrum eine sehr hohe Aufwölbung des Grundgebirges aufweisen, während sich an den Flanken tiefe Mulden gebildet haben, in denen das Mineralöl angetroffen wird. Die Karte 11 zeigt hierzu eine typische Ausbildung. Die Becken der Küstenregion in Ostchina haben eine ganz andere Struktur. Hier sind die Beckenmitten als tiefe Depressionen oder Gräben ausgebildet, die von hochgelegenen Beckenumrandungen umgeben sind. Mineralöl und Erdgas werden in diesen Becken hauptsächlich in den Zentren gefunden.

3.3 Exploration

Die Entwicklung der Mineralölindustrie ist ebenso wie diejenige vieler anderer industrieller Bereiche durch die Sowjetunion stark gefördert worden. Bis zum Beginn des ersten Fünfjahresplanes wurden zunächst die bekannten Felder wei-

II. Energiewirtschaft

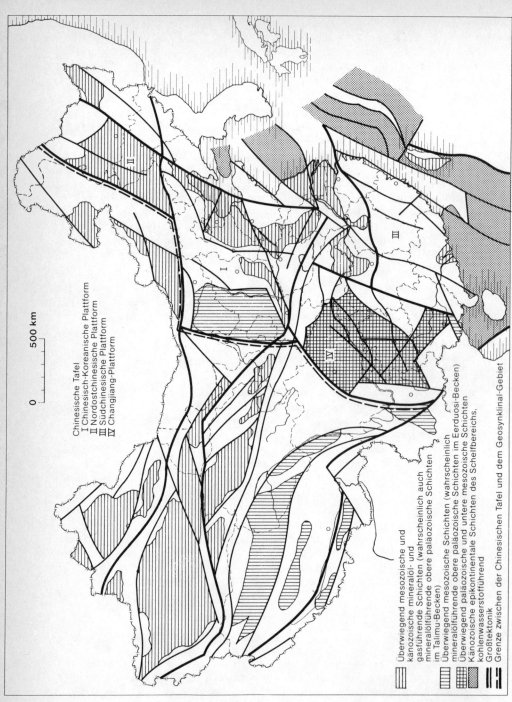

Karte 10. Tektonische Großstrukturen mit mineralöl- und erdgasführenden Schichten (1).

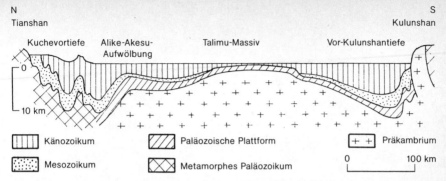

Karte 11. Geologisches Profil durch das Talimu-Becken in Nord-Süd-Richtung (2).

ter erschlossen und die Vorbereitungen für ein großes Bohrprogramm getroffen. Zwischen 1953 und 1957 wurden dann die bedeutenden Vorkommen in den Becken Zhungaer, Chaidamu, Talimu, Tulufan, Jiuquan, Eerduosi, Songliao und Sichuan entdeckt.

Mit dem Beginn des „Großen Sprunges" wurde die Exploration weiter intensiviert und die Förderung erstmals stark gesteigert. In diese Zeit, in der die sowjetische Unterstützung abgebrochen wurde, fällt die Entdeckung des bedeutenden Mineralölfeldes Daqing im Songliao-Becken in der Provinz Heilongjiang, das lange Jahre im Mittelpunkt der Berichterstattung stand.

Nach der Konsolidierungsphase im Anschluß an den „Großen Sprung" konnten durch erneut einsetzende starke Bohrtätigkeit weitere Vorräte erschlossen werden. Der Anstieg der Förderung wurde schließlich durch die Auswirkungen der Kulturrevolution unterbrochen. Seit 1968 befindet sich die Mineralölwirtschaft jedoch wieder in einer starken Expansion. Die Entdeckung des Daqing-Feldes lenkte die Exploration in den Nordosten, Norden und Osten Chinas, wo infolge wachsender Anstrengungen schließlich auch ohne sowjetische Unterstützung weitere Becken und Felder gefunden wurden.

Heute führen rund 300 geophysikalische Untersuchungstrupps die seismischen Vorerkundigungen zu Lande durch; mit etwa 500 Bohranlagen werden jährlich 2000 bis 3000 Untersuchungs- und Aufschlußbohrungen niedergebracht. Die Explorationsmannschaft wird auf 100 000 Personen geschätzt. Die Exploration wird generell vom Geologie-Ministerium gelenkt. Nach Produktionsaufnahme in den Mineralölfeldern, wofür das Ministerium für die Mineralölindustrie zuständig ist, organisiert dieses die weiter notwendigen Explorationsarbeiten.

Als mineralölhöffig gelten heute ein Gebiet von 4,2 Mill. km^2 oder gut 40% der Landfläche und ein Gebiet von 1,0 Mill. km^2 im Schelfbereich. Auf diese Flächen erstreckt sich die Exploration. Trotz der großen Anstrengungen ist die Erfolgsrate jedoch relativ gering. Hinzu kommt, daß erst ein kleiner Teil der fündigen Bohrungen auf dem Lande ausreichend untersucht bzw. erprobt wurde und über die Hälfte kaum getestet worden ist. Ferner gibt es bisher nur wenige Bohrungen, die tiefer als 3000 m reichen (Karte 12).

II. Energiewirtschaft

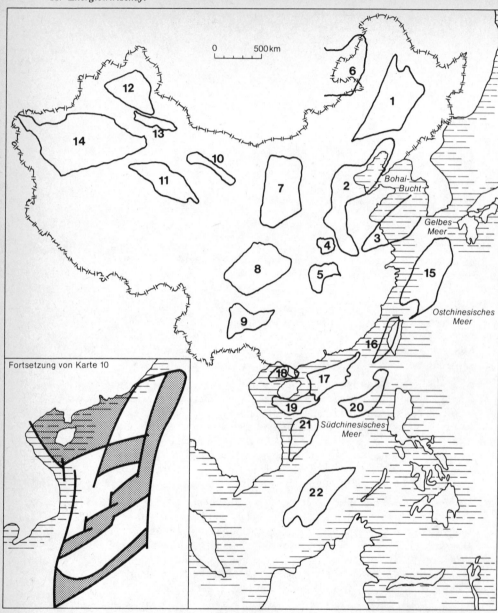

Karte 12. Mineralölhaltige Sedimentbecken im Land- und Schelfgebiet (3).

1 Songliao (Songhua-Liaohe)-Becken
2 Bohai-Nordchina-Becken
3 Gelbes Meer Nord
4 Nanxiang (Nanyang-Xiangfan)-Becken
5 Jianghan (Changjiang-Hanshui)-Becken
6 Hulunchi-Becken
7 Eerduosi-Becken
8 Sichuan-Becken
9 Guangxi-Guizhou-Becken
10 Jiuquan-Becken
11 Chaidamu-Becken
12 Zhungaer-Becken
13 Tulufan-Becken
14 Talimu-Becken
15 Ostchinesisches-Meer-Becken
16 Taiwan-Becken
17 Zhujiang-Mündungs-Becken
18 Beibu-Bucht-Becken
19 Yingge-See-Becken
20 Guanshitan-Becken
21 Zhongjianxi-Becken
22 Taiping-Lile-Becken

3. Mineralöl- und Erdgasindustrie

Die unzureichende Erforschung insbesondere der großen Sedimentbecken im Nordwesten Chinas hängt natürlich mit der zu den Verbrauchszentren sehr ungünstigen Lage dieser Becken zusammen, die erhebliche logistische Probleme aufwirft. Es besteht daher die Absicht, zunächst die Felder in der Nähe der Industriezentren und bevölkerungsreichen Landesteile auszuschöpfen und dann neue, wenn auch kleine Felder aus den Randlagen in die Ausbeutung mit einzubeziehen. Erst zu einem späteren Zeitpunkt sollen nach entsprechendem Ausbau des Transportsektors auch die Becken in den weiter entfernt gelegenen Bereichen verstärkt beaufschlagt werden.

Neben der Exploration zu Lande spielt heute die offshore-Exploration eine besondere Rolle. Ihre Anfänge gehen auf das Ende der 50er Jahre zurück, als etwa 100 Techniker von Fischerbooten aus mit onshore-Geräten die Ölsuche begannen. Seit der ersten erfolgreichen Ölbohrung im Schelfgebiet im Golf von Bohai vor rund 20 Jahren sind die Explorationsanstrengungen vor der Ostküste Chinas stark ausgeweitet worden. Heute sind etwa 4000 Techniker mit 30 Bohrinseln und anderen modernem Gerät mit diesen Arbeiten betraut. Ölhöffige Strukturen sind außer im Golf von Bohai ferner noch im südlichen Teil des Gelben Meeres, im Ostchinesischen Meer, vor der Mündung des Zhujiang, im Golf von Beibu sowie in der Yingge-See ermittelt worden (Karte 12).

Das Bohai-Becken als Teil des Nordchina-Beckens mit einer Gesamterstreckung über 270 000 km² kann als natürliche Fortsetzung der auf dem Festland erschlossenen Felder Shengli, Dagang und Liaohe angesehen werden. Bisher wurden im offshore-Bereich dieses Beckens, der 97 000 km² umfaßt, eine Reihe von Bohrungen niedergebracht, die mehrere ölführende Strukturen bis 4000 m Teufe erschlossen haben und eine gute Grundlage für die Aufnahme der Förderung im Schelfgebiet bilden.

Das Sedimentbecken des Gelben Meeres ist mit 300 000 km² Ausdehnung als Fortsetzung der entsprechenden Sedimentation in der Provinz Jiangsu anzusehen, die 80 000 km² umschließt. Im Schelf werden Wassertiefen zwischen 25 und 140 m erreicht. Durch eine Reihe NNO-SSW verlaufender tektonischer Elemente erfolgte hier eine starke Aufgliederung in Gräben und Horste, wobei in den Gräben mineralölhöffige Sedimente bis 5000 m Mächtigkeit angetroffen worden sind. Ähnliche tektonische Elemente finden sich auch zu Lande zwischen Qingdao und Nanjing — Shanghai, wo seit vielen Jahrhunderten aus etwa 2000 Bohrungen im flachgründigen Jungtertiär Erdgas gewonnen wird. Die Sedimente lagern hier über Vulkaniten und kristallinen Gesteinen.

Das Becken des Ostchinesischen Meeres umfaßt mit dem Taiwan- und dem Okinawa-Becken eine Fläche von 480 000 km². Es ist ebenfalls sehr stark in Graben-Horst-Strukturen untergliedert. Es enthält mächtige Sedimentablagerungen in den Gräben, während die Horste das Grundgebirge an die Oberfläche bringen. Aus diesem Grunde ist in diesem Gebiet nur etwa die halbe Fläche prospektiv, doch sollen hier die chinesischen Explorationstrupps im westlichen Trog des Beckens, wo eine 10 000 m mächtige Sedimentabfolge ansteht, mit der Longjing-Struktur die größte bisher in China aufgefundene mineralöl- und gasführende Struktur angetroffen haben.

II. Energiewirtschaft

Im Südchinesischen Meer beträgt die Sedimentbeckenfläche, die sich von der Insel Taiwan bis zur Insel Hainan erstreckt, 320 000 km². Die Sedimentablagerungen oberhalb des Miozän erreichen Mächtigkeiten bis 4000 m. Hier ist seit 1976 das Teilbecken vor der Mündung des Zhujiang bekannt, das 150 000 km² umfaßt und in dem mineralölführende Schichten auch im jüngeren Tertiär angetroffen werden, das dort sehr verbreitet ist und Aussichten auf weitere Funde in dieser Region eröffnet.

Im Golf von Beibu oder Tonkin, der sich zwischen der Insel Hainan und Vietnam erstreckt, sind nach längeren geophysikalischen Vorarbeiten in bis 3000 m mächtiger Sedimentablagerung ebenfalls mineralöl- und erdgasführende Horizonte entdeckt worden. Auch das Sedimentbecken der Yingge-See südlich der Insel Hainan ist mit einer bedeutenden Fläche und großer Sedimentmächtigkeit recht aussichtsreich, zumal hier Austritte von Mineralöl und Erdgas am Meeresboden festgestellt wurden.

Während im Golf von Bohai außer einer chinesischen Gesellschaft bisher nur japanische und französische Firmen an der Exploration beteiligt waren, haben im Südchinesischen Meer zwischen 1979 und 1982 48 Mineralölgesellschaften aus 13 Ländern an den geophysikalischen Untersuchungen teilgenommen. Die Arbeiten wurden von zwei Operationszentren unterstützt, die die Chinesen in Hangzhou und Zhanjiang eingerichtet haben. Das Zentrum in Guangzhou wird von der China Geological Prospecting Company unterhalten. Der Stützpunkt in Zhanjiang, der zur Petroleum Company of the People's Republic of China gehört, verfügt über ein Dock für die Aufnahme mehrerer Schiffe, einen Hubschrauber-Landeplatz und ein Computer-Zentrum für die Aufbereitung der Meßdaten aus dem offshore-Gebiet.

Da mit den Verträgen über die weiteren Explorationsarbeiten im Südchinesischen Meer große Risiken verbunden sind, weil die ausländischen Joint venture-Partner das Risiko voll zu tragen haben und soweit wie möglich chinesisches Material und chinesische Dienste benutzen sollen, wird bei den ausländischen Banken im allgemeinen große Zurückhaltung geübt. Behindert wird die Mineralölexploration durch die rückständige chinesische Technologie. Auch wenn heute in Shanghai die ersten halbversenkbaren Bohrplattformen gebaut werden, so ist Chinas Ausrüstung für die Mineralölindustrie im allgemeinen veraltet. Daher dürfte noch ein Jahrzehnt vergehen, bis in den offshore-Gewässern die Produktion auf vollen Touren laufen wird.

Es ist zu erkennen, daß China neben den industrienahen Mineralölfeldern auf dem Festland so schnell wie möglich auch die Mineralölvorkommen im Schelfgebiet ausbeuten will, selbst wenn hierzu höhere Investitionen und ausländische Hilfe erforderlich sind. Die Ausbeutung der Vorkommen auf dem Lande und in den seichten Küstengewässern will es sich dabei selbst vorbehalten, während die ausländischen Gesellschaften wegen der größeren Schwierigkeiten vor allem die Bohrungen in den tieferen offshore-Gewässern übernehmen sollen.

Neben der begonnenen Aufschlußtätigkeit im chinesischen Schelfgebiet geht aber auch die Exploration auf dem Lande weiter, vor allem in den Feldern im Nordwesten Chinas. Auch hier sollen ausländische Gesellschaften mit modernem Gerät zur Verbesserung des Erfolges herangezogen werden. Seit 1980 sind bereits mehrere französische Teams im Einsatz.

Während zwischen 1945 und 1980 in den USA 26 000 und in der Sowjetunion 2550 Mineralöl- und Erdgasfelder entdeckt worden sind, waren es in der VR China nur insgesamt 150. Dies zeigt, in welchem Entwicklungsstadium sich China heute noch befindet, aber auch, welche Steigerungsmöglichkeiten bei weiterer Industrialisierung noch vorhanden sind.

3.4 Vorkommen, Vorräte und Qualitäten

3.4.1 Vorkommen und Vorräte

Mineralöl. Mineralöl wird in allen geologischen Formationen zwischen dem unteren Mesozoikum (Trias) und dem Quartär angetroffen. Die Lage der bedeutenden Vorkommen und Felder geht aus der Karte 13 hervor. Wie die großen Kohlenvorkommen, so befinden sich auch die bedeutenden mineralölhöffigen Gebiete und Mineralölvorkommen von den heutigen Industriezentren im allgemeinen sehr weit entfernt.

Im Nordwesten der Provinz Xinjiang liegt im Zhungaer-Becken mit einer Ausdehnung von 130 000 km^2 das 1955 entdeckte Feld Kelamayi und nicht weit entfernt davon das weniger bedeutende Feld Dushanzi (bekannt seit 1897). Die Umgebung dieser Vorkommen ist Wüstengebiet. Vor Aufnahme der Produktion im Jahre 1958 mußten erst die wichtigsten Versorgungseinrichtungen erstellt werden.

Im Bereich des Vor-Nanshan-Beckens in der Provinz Gansu befindet sich das bekannte Yumen-Feld, das lange Zeit mit dem Feld Yaerxia das wichtigste Mineralölfeld Chinas war. Diese Vorkommen haben größere Bedeutung erlangt, als die Mineralölleitung zu der in Lanzhou erbauten Raffinerie verlegt war. Im Chaidamu-Becken, ein rund 3000 m hoch liegendes, von Gebirgszügen umgebenes Plateau in der Provinz Qinghai, wurden ebenfalls bedeutende Vorkommen entdeckt. Die größten erbohrten Felder sind das Lenghu- und das Nanshan-Feld. Das Gebiet ist durch Verkehrswege kaum erschlossen. Weitere Vorräte werden nach Westen erwartet.

Im Talimu-Becken, dem mit 500 000 km^2 Ausdehnung größten intramontanen Becken der Welt im äußersten Westen Chinas wurden bisher nur wenige Mineralöl- und Gasfelder aus Jura- und Pliozän-Horizonten erbohrt. Eine Vielzahl von Antiklinalen und Mineralölaustritten sind hier jedoch bekannt. Das Gebiet ist ebenfalls kaum bewohnt und unerschlossen.

Das Eerduosi-Becken, das von dem gleichnamigen Bogen des Huanghe umschlossen wird und mit einer Ausdehnung von 180 000 km^2 fast die gesamte Provinz Shaanxi und Teile der Provinzen Ningxia und Nei Monggol einnimmt, weist über einer präkambrischen Plattform eine 7000 m mächtige Sedimentablagerung auf. Hier sind seit über 1000 Jahren viele Mineralölaustritte bekannt. Ältestes Feld ist das 1907 erbohrte Yanchang-Feld, das in oberflächennahen Horizonten (150 bis 200 m Teufe) produktiv ist. Förderhorizonte sind in diesem

II. Energiewirtschaft

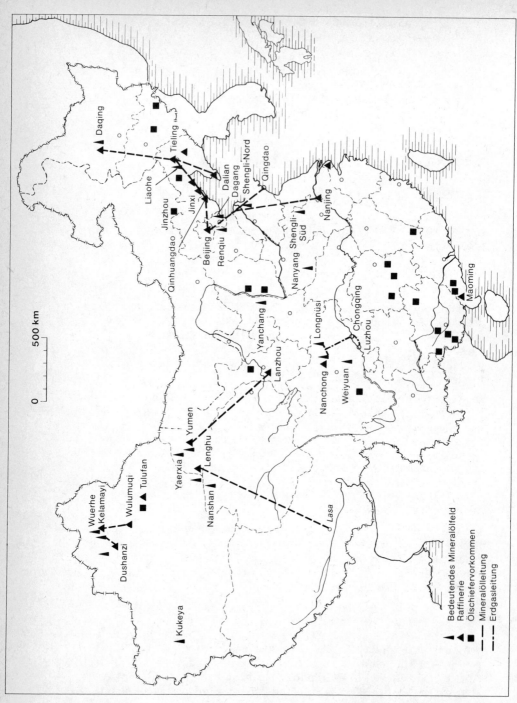

Karte 13. Die Mineralölindustrie der VR China.

Becken die kontinentalen Schichten der unteren bis oberen Trias; aber auch paläozoische Sandsteine werden als mineralölhöffig angesehen.

Im Nordosten Chinas ist etwa 1000 km nordöstlich von Beijing in der Provinz Heilongjiang im Songliao-Becken mit einer Ausdehnung von 200 000 km^2 neben einigen kleineren Feldern das bisher bedeutendste Mineralölfeld Daqing erschlossen worden. Dies wurde im Jahre 1959 entdeckt und hat bisher die Hauptlast der chinesischen Mineralölproduktion getragen. In den drei mineralölfördernden Großstrukturen sind vier schwerölführende Vorkommen bekannt. Die Horst-Graben-Struktur des Beckens setzt sich nach Süden bis in den offshore-Bereich fort.

Im südlichen sich anschließenden Nord-China-Becken liegen die ebenfalls stark ausgebeuteten Felder Dagang, Renqiu und Shengli. Insgesamt gibt es hier 39 Felder, darunter ein offshore-Feld, welches das bisher einzige produzierende Feld im Shelfgebiet ist. Eine Besonderheit ist das Jenchin-Feld im Bereich des Dagang-Vorkommens, in dem präkambrische Gesteine produktiv sind.

Im Südwesten Chinas ist noch das Sichuan-Becken mit 160 000 km^2 Ausdehnung erwähnenswert, in dem neben 10 Mineralölfeldern im zentralen und nördlichen Bereich wenigstens 10 bedeutende Erdgasfelder im südlichen Teil angetroffen werden. Trägergesteine sind hier kontinentale Oberjura- und marine Trias-Sandsteine. Im Guangxi-Guizhou-Becken mit 100 000 km^2 Größe wurden bisher nur unbedeutende Felder erbohrt. Hier stehen mineralölführende marine Silur- und Devon-Sandsteine sowie paralische Perm/Trias-Schichten mit Gasführung an.

Auf die mineralölführenden und -höffigen Gebiete im Schelfbereich wurde bereits eingegangen. Angaben über die Mineralölvorräte sind von chinesischer Seite bisher offiziell nicht gemacht worden. In internationalen Statistiken werden die erschlossenen und gewinnbaren Vorräte, die durch Explorationsbohrungen bestätigt und — gemessen am Stand der Fördertechnologie und des Preisniveaus für Rohöl — gewinnbringend abgebaut werden können, mit 2,7 Mrd. t beziffert. Unter Berücksichtigung des bereits gewonnenen Mineralöls verblieb bis Anfang 1980 noch eine Menge von 1,8 Mrd. t (Tabelle 44).

Tabelle 44. Gewinnbare Mineralöl- und Erdgasvorräte im Jahr 1980 (4).

Region	Mineralöl Mill. t				Erdgasvorräte Mrd. m^3		
	Ursprüngliche gewinnbare Vorräte	Gesamtproduktion	Restvorräte	%	In Mineralölfeldern	In Erdgasfeldern	Gesamt
NO	1320	590	730	40	25,0	—	25,0
N	460	80	380	21	5,0	—	5,0
NW	400	40	360	20	15,0	—	15,0
SW	13	1	12	1	0,5	70,0	70,5
MS	90	10	80	4	2,5	—	2,5
O	410	161	249	14	10,0	3,5	13,5
Gesamt	2693	882	1881	100	58,0	73,5	131,5

II. Energiewirtschaft

Die wirtschaftlich gewinnbaren Vorräte wurden von der Weltenergiekonferenz 1980 mit 4 Mrd. t SKE entsprechend 2,8 Mrd. t ermittelt, was dem oben genannten Wert entspricht. Die sicheren und wahrscheinlichen Vorräte werden heute von amerikanischen Experten mit 10 Mrd. t angegeben, die zu gleichen Teilen auf onshore- wie offshore-Bereich entfallen. Nach anderen Schätzungen wird das wahrscheinliche Potential auf 30 bis 60 Mrd. t beziffert, wovon zwei Drittel auf dem Lande und ein Drittel im Schelfgebiet vermutet werden. Die Schwankungsbreite der Zahlen zeigt, mit welchen Unsicherheiten die Schätzungen behaftet sind.

Erdgas. So wie die Mineralölwirtschaft steckt auch Chinas Erdgaswirtschaft noch in den Anfängen. Die ersten neueren Gasfunde gehen auf das Jahr 1955 zurück, als das Sichuan-Becken auf Mineralöl untersucht wurde. Bedeutende Erdgasfunde konnten in der Zwischenzeit nur im Sichuan- und im Chaidamu-Becken gemacht werden. Kleinere Vorkommen finden sich ferner im Zhungaer- und Talimu-Becken sowie in der Provinz Jiangsu. In Verbindung mit der Mineralölförderung fallen nicht unbeachtliche Gasmengen in den Feldern Daqing im Sungliao-Becken sowie Dagang und Shengli im Nord-China-Becken an. Kleinere Gasvorkommen werden auch noch in anderen Becken angetroffen. Erwartet werden weitere Vorkommen in der Bohai-Bucht und in den tertiären Ablagerungen von offshore-Feldern.

Die gegenwärtig erschlossenen und gewinnbaren Erdgasvorräte, die in den Mineralöllagerstätten anstehen und bei der Förderung mit hereingewonnen werden, betragen 58 Mrd. m³, diejenigen in reinen Erdgaslagerstätten 73,5 Mrd. m³, so daß sich Gesamtvorräte von 131,5 Mrd. m³ ergeben (Tabelle 44).

A. A. Meyerhoff (5) ermittelte 1970 die maximal gewinnbaren Erdgasreserven mit 600 Mrd. m³. Die Weltenergiekonferenz 1980 kam für die wirtschaftlich gewinnbaren Vorräte auf 0,8 Mrd. t SKE oder ebenfalls etwa 600 Mrd. m³. Diese relativ bescheidene Vorratsbasis kann für die zukünftige Energieversorgung der VR China nur eine untergeordnete Rolle spielen. Im Zuge der beginnenden offshore- und der weiteren onshore-Exploration dürfte sich dieser Wert in den kommenden Jahren allerdings weiter erhöhen.

Ölschiefer. Trotz der beachtlichen Mineralölfunde spielt die Destillation von Ölschiefern heute immer noch eine bedeutende Rolle. Ölschieferlagerstätten sind über große Bereiche der östlichen Landeshälfte verteilt (Karte 13) und werden in mehr als 150 Verwaltungskreisen angetroffen. Häufig liegen sie in unmittelbarer Nachbarschaft von Industriegebieten. Dieser Standortvorteil und die langjährige Erfahrung in der Aufbereitung von Ölschiefern — es gibt eine Vielzahl von mittleren und kleineren Schieferöl-Raffinerien — wird diesen Industriezweig noch lange unentbehrlich machen.

Die Vorräte an Ölschiefern haben sich im Laufe der Landeserkundung ebenfalls vergrößert. 1958 wurden 60 Mrd. t genannt, heute wird von einem Vorratspotential von 400 Mrd. t ausgegangen, wobei eine weitere Vergrößerung der Vorratsmenge nicht auszuschließen ist. Allein in den Nordost-Provinzen werden über 130 Mrd. t und in der Provinz Hebei 100 Mrd. t vermutet. Darüber hinaus sind größere Ölschiefervorkommen aus den Provinzen Guangdong, Guangxi, Shanxi, Shaanxi und Nei Monggol bekannt.

Der Ölgehalt der Schiefer ist jedoch relativ gering und liegt meistens unter 10% Gewichtsanteilen; einige Vorkommen — so auch ölhaltige Lignit-Vorkommen — weisen allerdings auch Gehalte zwischen 10 und 20% auf. Das Gesamtpotential an Schieferöl dürfte sich daher auf rund 30 Mrd. t belaufen. Hiervon kann maximal die Hälfte als gewinnbar angesehen werden.

3.4.2 Qualitäten

In seiner Qualität unterscheidet sich das chinesische Rohöl wegen seiner nichtmarinen Entstehung von anderen Mineralölen der Welt. Es hat einen hohen Paraffingehalt, der bis 30% erreichen kann, und einen sehr geringen Gehalt an Asphaltenen von 7 bis 8%. Der Anteil an leichtflüchtigen Fraktionen ist niedrig und der Schmelzpunkt liegt so hoch, daß das Rohöl infolge der vorherrschenden Außentemperatur in der meisten Zeit des Jahres in vielen Bereichen Chinas in nicht-flüssigem Zustand ist, was besondere Probleme beim Transport und der Verarbeitung hervorruft. Der niedrige Gehalt an Asphaltenen und die hierdurch bedingte geringe Asphaltproduktion führt dazu, daß in China kaum Asphaltstraßen angelegt werden können.

Die besondere Qualität des chinesischen Rohöls bedingt spezifisch ausgelegte Raffinerien. Sofern Mineralöl aus China importiert wird, kann dies zu Schwierigkeiten führen, wenn für die Verarbeitung keine besonderen Anlagen vorhanden sind.

Das chinesische Erdgas zeichnet sich im allgemeinen durch einen niedrigen Heizwert und durch sehr unterschiedliche Zusammensetzungen aus, die auf die Entstehungsbedingungen zurückzuführen sind. So wird in der Provinz Sichuan in marinen Trias-Sedimenten ein Gas angetroffen, das bis zu 98% Methan enthalten kann und sehr trocken ist, während es aus kontinentalen pliozänen Schichten im Nordwesten Chinas Stickstoffgehalte bis zu 20% aufweist. In einigen Gebieten im Nordosten des Landes ist das Erdgas bis zu 20% mit Kohlendioxid angereichert.

3.5 Produktion und Ausrüstungsgrad

3.5.1 Produktion

Mineralöl. Die Mineralölproduktion der VR China hat eine beachtliche Aufwärtsbewegung vollzogen. Während sie bei der Gründung der Volksrepublik im Jahre 1949 nur 0,12 Mill. t betrug, erreichte sie 1960 4,5 Mill. t und 1970 20 Mill. t (Tabelle 45). Mit der Entwicklung vor allem des Daqing-Feldes konnte 1978 schließlich die 100-Mill.-t-Grenze überschritten werden. Nachdem die Produktion 1979 mit 106 Mill. t — einschließlich 300 000 t aus Ölschiefern — den bisherigen Höchststand erreicht hatte, war sie rückläufig und fiel bis 1982 auf 102 Mill. t. Im Jahre 1983 kam sie jedoch wieder an den Stand von 1979 heran.

Die Hauptproduktion erbringt das Daqing-Feld im Songliao-Becken, das seit vielen Jahren mit rund 50 Mill. t/a etwa die Hälfte der Fördermenge abdeckt. Das zweitwichtigste Gebiet ist das Nord-China-Becken mit den Feldern Renqiu,

II. Energiewirtschaft

Tabelle 45. Entwicklung der Mineralöl- und Erdgasproduktion der VR China.

Jahr	Mineralöl Mill. t	Erdgas Mrd. m³
1943	0,32	
1949	0,12	
1950	0,20	
1955	0,97	
1960	4,50	
1965	8,67	11,3
1970	28,50	
1975	76,70	
1979	106,15	14,5
1980	105,95	14,2
1981	101,18	13,0
1982	102,12	11,5
1983	105,99	12,2
1984	114,00	

Dagang und Shengli, das zusammen an der Gesamtproduktion mit 19 bis 20 Mill. t beteiligt ist. Aus dem Nordosten, Norden und Osten Chinas kommen insgesamt 90% der Fördermenge, während der Nordwesten mit seinen großen Becken nur mit 6% und der mittlere Süden mit 4% an der Gesamtproduktion beteiligt sind (Tabelle 46).

Die Förderung wird aus rund 12 000 produzierenden Bohrlöchern erbracht, einschließlich der Wasserinjektionsbohrlöcher. Die Produktivität je Bohrloch liegt im Durchschnitt bei 24 t/d und bewegt sich zwischen weniger als 10 t/d und 100 t/d, was ein sehr guter Wert ist. Im Feld Daqing beträgt sie 55 t/d.

Das Daqing-Feld hat eine Ausdehnung von 140 km Länge in Nord-Süd- und 20 bis 40 km in Ost-West-Richtung. Sein gesamter Mineralölvorrat kann auf rund 3 Mrd. t geschätzt werden, von dem nur etwa 30% oder 900 Mill. t nach herkömmlichen Methoden gewonnen werden können. Bis Ende 1982 dürften hiervon etwa 660 Mill. t gefördert worden sein. In dem Feld sind einschließlich der Wasserinjektionsbohrlöcher rund 5000 produzierende Bohrlöcher vorhanden. Die schnelle Entwicklung des Feldes in den vergangenen 20 Jahren und die hohe Entölungsrate haben dazu geführt, daß infolge der starken Wasserinjektionen der Wasseranteil im Mineralöl ständig gestiegen ist, was schließlich zum Rückgang der Produktivität der Bohrungen und auch zur Verminderung der möglichen Entölungsrate geführt hat. Eine Verringerung der Förderung in diesem Feld hat unmittelbare Auswirkungen auf die Gesamtproduktion, da die übrigen kleineren Felder in ihrer Produktivität nicht entsprechend gesteigert werden können und auch neue Felder gegenwärtig nicht vor der Produktionsaufnahme stehen. Dabei ist allerdings zu berücksichtigen, daß die Förderhöhe der Felder im Nordwesten Chinas nicht deren Förderkapazität entspricht, weil die ungünstigen Infrastrukturverhältnisse noch keine geregelte Versorgung der Industriebetriebe im Osten des Landes aus diesen Feldern zulassen.

3. Mineralöl- und Erdgasindustrie

Tabelle 46. Mineralölproduktion nach Regionen, Provinzen und Feldern in den Jahren 1977 bis 1982 in der VR China in Mill. t (4).

Region	Feld	1977	1978	1979	1980	Provinz	1982
NO	Daqing	50,3	50,4	50,8	51,5	Heilongjiang	51,9
	Liaohe					Jilin	1,7
	Sonstige	4,6	5,7	6,6	7,1	Liaoning	5,6
Gesamt		54,9	56,1	57,4	58,6		59,2
N	Renqiu	12,3	17,2	17,3	16,0	Hebei	11,3
	Dagang	3,1	3,0	2,9	2,9	Tianjin	3,0
	Sonstige	0,1	0,2	0,2	0,2		
Gesamt		15,5	20,4	20,4	19,1		14,3
O	Shengli	17,5	19,4	18,9	17,6	Shandong	16,3
	Sonstige	0,1	0,3	0,3	0,3	Jiangsu	0,4
Gesamt		17,6	19,7	19,2	17,9		16,7
NW						Xinjiang	4,0
						Gansu	1,4
						Ningxia	0,5
						Qinghai	0,2
						Shaanxi	0,1
Gesamt		4,2	4,9	5,6	6,1		6,2
MS						Henan	4,5
						Hubei	1,0
						Guangxi	0,0
						Guangdong	0,1
Gesamt		1,3	2,8	3,4	4,1		5,6
SW		0,1	1,1	0,1	0,1	Sichuan	0,1
Regionen gesamt		93,6	105,1	106,1	105,9		102,1

Erdgas. Die chinesische Erdgasfördermenge ist relativ gering. Sie erreichte 1979 mit etwa 15 Mrd. m^3 den bisherigen Höchststand. Hiervon stammten 45% aus den Erdgasfeldern in der Provinz Sichuan und 55% aus Mineralölfeldern (Tabelle 47). Wegen der überwiegenden Abhängigkeit der Erdgasförderung von der Mineralölproduktion ist hier ebenfalls mit einer Stagnation zu rechnen. Im Jahr 1983 wurde eine Fördermenge von 12,2 Mrd. m^3 erbracht, die jedoch bereits wieder um 2,3% über der Vorjahresproduktion lag.

Ölschiefer. Die Mineralölerzeugung aus Ölschiefern ist im letzten Jahrzehnt stark rückläufig und hat sich in den Hauptproduktionszentren von Fushun in der Provinz Liaoning, wo Ölschiefer als Abraum beim Betrieb eines großen

II. Energiewirtschaft

Kohlen-Tagebaues anfallen, sowie von Maoming in der Provinz Guangdong wie folgt verändert:

	1970	1979
Liaoning	385	233
Guangdong	122	81
Gesamt	507	314

Sie dürfte sich in den 80er Jahren stabilisiert haben. Der Mineralölgehalt der Schiefer liegt bei diesen Vorkommen bei etwa 6%.

Tabelle 47. Erdgasproduktion nach Regionen, Provinzen und Feldern in den Jahren 1977 bis 1982 in der VR China in Mrd. m^3 (4).

Region	Feld	1977	1978	1979	1980	Provinz	1982
NO	Daqing	3,0	3,2	3,3	3,4	Heilongjiang	2,8
	Liahoe					Jilin	0,1
	Sonstige	1,6	1,8	1,9	1,9	Liaoning	1,3
Gesamt		4,6	5,0	5,2	5,3		4,1
N	Renqiu	—	—	—	—	Hebei	0,2
	Dagang					Tianjin	0,6
	Sonstige	0,8	0,8	0,9	0,8		
Gesamt		0,8	0,8	0,9	0,9		0,8
O	Shengli	1,2	1,4	1,6	1,4	Shandong	1,0
	Sonstige					Jiangsu	0,0
Gesamt		1,2	1,4	1,6	1,4		1,0
SW		5,2	6,2	6,5	6,3	Sichuan	5,2
NW						Xinjiang	0,4
						Gansu	0,0
						Ningxia	0,0
Gesamt		0,3	0,3	0,3	0,4		0,5
MS						Hubei	0,3
						Hebei	0,0
						Guangdong	0,0
						Hunan	0,0
Gesamt							0,3
Regionen gesamt		12,1	13,7	14,5	14,2		11,9

3.5.2 Ausrüstung

Bohrausrüstungen und Bohrtechnik entsprechen in China nur teilweise dem westlichen Standard. Die meisten Bohrausrüstungen sind im Lande selbst hergestellt und basieren auf älteren sowjetischen Typen mit Turbo-Bohrern. Sie finden vor allem in den mit sowjetischer Hilfe erschlossenen Mineralölfeldern Verwendung, während in den jüngeren Feldern bereits importierte Ausrüstungen mit höherer Leistungsfähigkeit überwiegen. Die Eigenproduktion von offshore-Anlagen steht noch in den Anfängen.

Größere Investitionen im Mineralölbereich wurden erstmals im Jahre 1978 mit dem Kauf von schweren onshore-Bohranlagen mit Rotary-Bohrern in den USA, Rumänien und Frankreich sowie von offshore-Bohranlagen in Singapur, Japan und Norwegen getätigt. Mit diesen Anlagen sind wesentlich bessere Erfolge als bisher zu erzielen. In jüngster Zeit konnte daher erstmals in einigen Mineralölfeldern auch die tieferen Horizonte erbohrt und untersucht werden, während die chinesischen Bohranlagen kaum tiefer als 2000 m reichen. Die moderne ausländische Technik, die vielfach auch in Kooperationsabkommen eingebunden ist, wird daher zukünftig die Entwicklung der chinesischen Mineralölproduktion beeinflussen. Die gegenwärtig vorhandenen Ausrüstungen und qualifizierten Fachleute reichen jedoch für eine forcierte Entwicklung des Mineralölsektors nicht aus.

3.6 Transport und Verarbeitung

Transport. Der Mineralöltransport über größere Entfernungen durch Rohrleitungen hat in China 1958 mit dem Bau der 300 km langen Teilstrecke zwischen dem Mineralölfeld Kelamayi und der Raffinerie in Dushanzi im Zhungaer-Becken in der Provinz Xinjiang begonnen. Jedoch erst seit dem raschen Anstieg der Mineralölproduktion im Feld Daqing in den 70er Jahren begann sich der eigentliche Wandel im Mineralöltransport zu vollziehen. Rohrleitungen haben seit dieser Zeit zunehmend den aufwendigen und verlustreichen Transport von Rohöl und Mineralölprodukten über Straßen, Schienen und Wasserwege verdrängt. Zwischen 1971 und 1981 hat sich der Anteil der Rohrleitungstransporte von 23 auf 66% erhöht, während der Kesselwagentransport auf dem Schienenweg von 62% auf nunmehr 8% zurückgegangen ist. Der restliche Anteil entfällt auf die Verschiffung in Tankern.

China besitzt heute ein Rohrleitungsnetz für den Transport von Rohöl und Raffinerieprodukten mit einer Gesamtlänge von 6200 km. Hinzu kommt noch ein Rohrleitungsnetz für den Erdgastransport, vorwiegend in der Provinz Sichuan, von 3400 km Länge.

Die Verlegung der großen Leitungen erfolgte gleichzeitig mit der Entwicklung der Mineralölproduktion und begann im Nordwesten des Landes. Hier wurden neben der Errichtung der Verbindungen Kelamayi—Dushanzi und Kelamyi—Wulumuqi auch eine Pipeline zwischen dem Mineralölfeld Yumen und der Raffinerie Lanzhou (880 km) verlegt. Im Osten liegen die Verbindungen zwischen dem Feld Daqing und dem Hafen Qinhuangdao (1152 km), der Raffinerie Tieling und dem Hafen Dalian (473 km) sowie der Raffinerie Dongfanghong bei Beijing und Qinhuangdao (360 km). Mit der Entwicklung der Mineralölfelder Shengli, Renqiu, Dagang und einiger anderer ist im Verlaufe der 70er Jahre schließlich ein weiteres Rohrleitungsnetz in Ostchina entstanden, dessen Hauptstrang über 840 km Länge vom Feld Linyi in der Provinz Shandong bis Nanjing

II. Energiewirtschaft

verläuft. Mit acht Zweigleitungen hat das Netz eine Gesamtlänge von 1540 km erreicht. Von Nanjing am Changjiang können mit Flußtankern die Raffinerien in Shanghai, Zhejiang und Wuhan versorgt werden (Karte 13).

Zu dem Rohrleitungsnetz gehört schließlich noch die Verbindung zwischen dem Feld Lenghu im Chaidamu-Becken und der Stadt Lasa in Xizang. Mit einer Länge von rund 1000 km dient diese Mineralölleitung ausschließlich militärischen Zwecken.

Die hohe Viskosität des chinesischen Rohöls und der große Anteil der schweren Fraktionen in den Verarbeitungsprodukten komplizieren zudem den Transport, weil sie Heizvorrichtungen in allen Leitungen, Kesselwagen und Tankern erforderlich machen. Dies ist zudem wegen der verbreiteten niedrigen Temperaturen, die in Nordost-China bis −40 °C erreichen, erforderlich. Die Pumpstationen müssen daher in kurzen Abständen von nur 60 bis 70 km errichtet werden.

Die Leitungsdurchmesser der Hauptstränge liegen zwischen 42,6 und 72 cm. Zweigleitungen weisen Querschnitte zwischen 21,9 und 37,7 cm auf. Die großdimensionierten Rohrleitungen liegen vor allem im Nordosten.

Die Kapazität des Rohrleitungsnetzes in Nordost- und Ost-China, das die wichtigsten Mineralölfelder — Daqing, Shengli und Renqiu — sowie einige kleinere mit den Häfen Dalian und Qinhuangdao bzw. den Raffinerien in Tieling, Beijing, Nanjing und Shanghai verbindet, liegt gegenwärtig bei 90 Mill. t/a. An der Verbesserung des Wirkungsgrades einiger Teilstrecken wird gearbeitet. Die insgesamt zur Verfügung stehende Rohrleitungslänge für den Mineralöltransport ist jedoch noch relativ bescheiden im Verhältnis zur Landesgröße und zum Verteilungsproblem. Bei zwar wesentlich höherem Verbrauch und auch höherer Mineralölproduktion besitzen im Vergleich hierzu die USA ein Pipeline-Netz von 600 000 km und die UdSSR ein solches von etwa der halben Länge.

Raffinerien. Der Bau von Raffinerien gehört heute weitgehend zum chinesischen Know-how. Die Kapazität der vorhandenen 46 Anlagen liegt bei etwa 100 Mill. t/a, der Rohöl-Durchsatz beträgt jedoch nur zwischen 80 und 90 Mill. t/a.

31 Raffinerien haben eine Kapazität von über 0,5 Mill. t/a, der Rest liegt darunter. Ferner gibt es noch eine Vielzahl kleinerer Raffinerien und Verarbeitungsstätten für Rohöl und Ölschiefer für den örtlichen Bedarf. Auch auf dem Verarbeitungssektor wird das Ziel verfolgt, durch die Errichtung von großen und kleinen Raffinerien eine weitgehende Dezentralisation der Industrie und eine Entlastung des Transportsektors zu gewährleisten.

Die Lage der wichtigsten Raffinerien in Anda (Daqing), Shanghai, Dalian, Lanzhou, Jinxi, Tieling, Beijing, Fushun, Yumen, Nanjing, Maoming, Jinzhou und Dushanzi, die jeweils eine Kapazität über 1 Mill. t/a haben, geht aus der Karte 13 hervor. Die größte Raffinerie liegt in Anda und weist eine Kapazität von rund 7 Mill. t/a auf. Die Mehrzahl der Raffinerien ist am internationalen Standard gemessen relativ klein, viele arbeiten im unwirtschaftlichen Bereich. Die Palette der Mineralölprodukte ist allerdings groß, ihre Qualität ist jedoch noch mäßig. Wegen der geringen Anteile an leichtflüchtigen Bestandteilen sind den meisten Raffinerien Krackanlagen nachgeschaltet. Die Haupterzeugnisse sind Heizöl (41%), Dieselöl (27%) und Benzin (16%).

Pläne über den Neubau von modernen Raffinerien für die Verarbeitung von Ölschiefern sind nur aus dem Raume Maoming in der Provinz Guangdong bekannt. Es ist nicht ausgeschlossen, daß bei stagnierender Mineralölmenge wieder verstärkt aus diesem Reservoir geschöpft wird. In Kooperation mit Rumänien soll an einem interessanten Projekt gearbeitet werden, das die direkte Verbrennung von Ölschiefern in einem Kraftwerk zum Ziele hat.

3.7 Verbrauch und Export

Verbrauch. Da die Industrie der VR China nur zu einem Teil auf die Verwendung von Mineralölprodukten ausgerichtet war, entwickelte sich deren Verbrauch erst langsam. Mit der beginnenden Industrialisierung überschritt er die anfänglich sehr geringe Eigenerzeugung, so daß China auf die Mineralöleinfuhr aus dem Ausland ausweichen mußte. Diese erreichte 1959 mit 4 Mill. t, von denen 3 Mill. t aus der Sowjetunion stammten, ihren Höhepunkt. Danach fiel sie entsprechend der Zunahme der Eigenproduktion stark ab, und China sah sich bereits bald in der Lage, Rohöl bzw. Mineralölprodukte zu exportieren.

Die eigene Mineralölproduktion hat Chinas industrieller Entwicklung einen starken Auftrieb gegeben. Im Jahre 1979, als die Fördermenge ihren bisher höchsten Stand erreicht hatte und der Exportanteil bereits bei 16% lag, ergab sich folgende Verbrauchsstruktur (Tabelle 48): Auf die Schwerindustrie, der größte Abnehmer der Mineralölproduktion, entfielen 25% des Verbrauchs, gefolgt vom Stromerzeugungssektor mit 16%. Der Transportbereich und die Landwirtschaft waren jeweils mit 13%, die Leichtindustrie mit 8% am Verbrauch beteiligt. Während der Transportsektor mit 7 Mill. t 78% der insgesamt erzeugten Benzinmen-

Tabelle 48. Mineralölbilanz der VR China für das Jahr 1979 (4).

	Produkte in Mill. t					Gesamt- produktion	
	Benzin	Petroleum	Dieselöl	Rohöl/ Heizöl	Sonstige	Mill. t	%
Primär Produktion ...				106		106	100
Raffination							
Eingang				76		76	72
Ausgang	11	4	19	28	6	68	64
						8	8
Export	2	—	2	13	—	17	16
Verbrauch	9	4	17	45	6	81	76
Stromerzeugung ...	—	—	—	17	—	17	16
Schwerindustrie ...	—	—	1	23	3	27	25
Leichtindustrie	—	—	1	5	2	8	8
Transportsektor ...	7	—	7	—	—	14	13
Landwirtschaft u. a. ..	2	3	8	—	1	14	13
Privater Verbrauch ..	—	1	—	—	—	1	1

II. Energiewirtschaft

ge und 41% des Dieselöls abnahm, lag in der Landwirtschaft mit 57% das Schwergewicht des Verbrauchs beim Dieselöl. Einen privaten Verbrauch von Mineralölprodukten (1%) gibt es praktisch nicht. Ziel der Energiepolitik ist es u. a., den Heizölverbrauch in den Kraftwerken zugunsten des Einsatzes von Kohle zu verringern, um diese Menge dem Industrie- und Verkehrssektor zusätzlich zur Verfügung zu stellen.

Das Erdgas aus den Mineralölfeldern wird vorwiegend als Brennstoff oder als Rohstoff für die Erzeugung von Düngemitteln oder petrochemischen Produkten verwandt, sofern Fabriken dieser Art in Verbindung mit der Erschließung der Mineralölfelder aufgebaut wurden. Die Produktion aus den reinen Erdgasfeldern deckt weitgehend den übrigen Markt ab.

Die Erdgasproduktion geht in folgende Verwendungsbereiche:

Verwendungsbereich	Anteil am Erdgasverbrauch %
Düngemittelindustrie	28
Petrochemische und Faser-Industrie	9
Wärmemarkt	51
Wärmekraftwerke	12

Da der Ausbau der Mineralölindustrie die höhere Priorität hat, wird auch die Verwendung des Erdgases weiterhin nur von örtlicher Bedeutung sein. Erst bei der Expansion der Mineralölförderung dürfte sie auch verstärkt in der energiewirtschaftlichen Planung des Landes berücksichtigt werden.

Dennoch findet die Gaswirtschaft in China steigende Beachtung. So ist bereits eine Reihe von Städten mit einer Gasversorgung ausgerüstet. Neben Erdgas aus den Erdgas- und Mineralölfeldern dient zunehmend auch das Gas aus Raffinerien, Kokereien oder Gaswerken der städtischen Versorgung.

Export. China begann schon Anfang der 70er Jahre kleinere Mengen Rohöl zu exportieren, als die eigenen Verarbeitungskapazitäten der rasch wachsenden Produktion noch nicht gewachsen waren. Im Jahr 1975 lag der Export bereits bei 12,1 Mill. t; hiervon entfielen 9,9 Mill. t auf Rohöl und 2,2 Mill. t auf Raffinerieprodukte. Ab 1979 entwickelte er sich wie folgt:

Jahr	Mineralölexport Mill. t
1979	16,9
1980	13,3
1981	9,5
1982	11,7
1983	15,3

Raffinerieprodukte waren daran mit maximal 20% beteiligt. Hauptabnehmer ist Japan, daneben gehen kleinere Mengen auch nach Thailand, Hongkong, den Philippinen, Vietnam und Nordkorea. Der zunehmend inländische Bedarf sowie die Stagnation der Rohölfördermenge seit 1979 wird mit Sicherheit eine Reduzierung der Exportmenge nach sich ziehen, auch wenn Devisen zum Ausbau der Wirtschaft dringend benötigt werden. Von chinesischer Seite wurden daher auch die Exportmengen, die im Jahre 1978 in einem ersten Abkommen mit Japan vereinbart wurden, wieder gekürzt. Mit wieder ansteigender Fördermenge soll gegen Ende dieses Jahrzehnts auch der Export vergrößert werden.

3.8 Forschung und Lehre

Der Forschung und Lehre auf dem Mineralölsektor wird seit Mitte der 50er Jahre besondere Aufmerksamkeit gewidmet. Neben der Errichtung von mehreren Forschungsinstituten in den Städten Dalian, Lanchou und Beijing, die der Akademie der Wissenschaften angehören, gibt es ferner spezielle Hochschulen (Colleges) in Beijing, Dalian, Xian, Kelamayi und Chengdu. Wichtige Lehrgebiete sind hier u. a. Erdölgeologie, Geophysik, Bohrtechnik, Transport und Speicherung sowie Erdölchemie. Weitere Institute in Yumen und den verschiedenen Universitätsstädten widmen sich ebenfalls den Problemen der Mineralölindustrie. Darüber hinaus sind in wichtigen Förderrevieren Schulen für die Ausbildung von Technikern aufgebaut worden. Trotz großer Anstrengungen besteht sowohl auf dem Forschungssektor als auch bei der Ausbildung der benötigten Techniker noch ein großes Defizit. China steht daher in engem Kontakt zu einschlägigen wissenschaftlichen Institutionen in verschiedenen westlichen Ländern.

3.9 Ausblick

Die VR China besitzt zweifellos ein beachtliches Mineralölpotential. Seitdem sich dies Anfang der 70er Jahre abzuzeichnen begann, waren die Schätzungen der westlichen Welt wie auch Chinas über die Entwicklungsmöglichkeiten der chinesischen Mineralölindustrie immer günstiger als die Realität. Die Größe des Landes und die Unbewohnbarkeit weiter Landstriche, die teilweise sehr großen Entfernungen einiger Mineralölvorkommen von den Industriezentren, die unzureichende Infrastruktur, der Mangel an ausreichender und fortschrittlicher Technologie sowie die geringe Zahl qualifizierter Techniker haben die Entwicklungsziele immer negativ beeinflußt. Die Möglichkeit, das ergiebige Feld Daqing verstärkt zur Deckung des Mineralölbedarfs des Landes und auch für die aus Devisengründen ständig angehobene Exportrate heranzuziehen, hat die bestehenden Probleme überdeckt und die beschleunigte Erschließung weiterer Felder sowie die Modernisierung des Förderbetriebes verzögert. Mit dem beginnenden Abfall der Förderquote aus dem Feld Daqing, in dem infolge der starken Beaufschlagung auch nur eine unzureichende Entölungsrate erreicht wurde, sind die Probleme erneut in aller Deutlichkeit offengelegt worden.

Den Mangel an finanziellen, technischen sowie personellen Kapazitäten sucht China durch die Einbeziehung des Auslandes zu überwinden. Mit der verstärkten Exploration im Schelfgebiet wird seit 1979 deutlich, wohin es den zukünftigen Schwerpunkt der Produktionsentwicklung lenken will. Wenn die Bohrungen im Schelfgebiet die Höffigkeit der geophysikalisch ausgemachten günstigen

II. Energiewirtschaft

Strukturen bestätigt, wird der offshore-Bereich von der Bohai-Bucht bis zur Insel Hainan im Südchinesischen Meer das bevorzugte Gewinnungsgebiet werden. China ist offensichtlich bereit, für die Entwicklung der offshore-Förderung auch erhebliche eigene Investitionsmittel bereitzustellen. Der Standortvorteil der Mineralölfelder im offshore-Bereich zu bereits bestehenden Industriezentren, Häfen und Gebieten mit hoher Menschendichte sowie die Möglichkeit der Unterstützung durch das Ausland, ohne dies im Lande sehr offenkundig werden zu lassen, sind die entscheidenden Vorteile, die für diese Entwicklung sprechen. Wie weit jedoch schließlich die ausländische Unterstützung reicht, ohne die eine erhebliche Zeitverzögerung beim Aufschluß der offshore-Felder eintreten würde, hängt letztlich von der Vertragsgestaltung und den Risiken ab, die bei den Konsortien verbleiben.

Zögernd wird jedoch auch in den großen Becken im Landesinnern mit der weiteren Exploration und Entwicklung der bereits bekannten Felder begonnen. Auch hier kann China auf den verstärkten Einsatz des Auslandes, vor allem beim Aufschließen der tieferen Horizonte, noch nicht verzichten.

Die Produktion an Mineralöl wird unter Berücksichtigung eines forcierten Voranschreitens aller eingeleiteten Aktivitäten sicherlich erst in der zweiten Hälfte der 80er Jahre wieder ansteigen und sich bis Mitte der 90er Jahre eventuell verdoppeln lassen, politische Stabilität und kontinuierliche Investitionspolitik vorausgesetzt. Diese Entwicklung wird auch für dringend erforderlich gehalten im Hinblick auf die Impulse, die von einer expandierenden Mineralölindustrie für die allgemeine industrielle Entwicklung des Landes und für die unbedingt notwendige weitere Mechanisierung der Landwirtschaft erwartet werden.

Anzeichen sprechen zwar dafür, daß der Erdgassektor stärker als die Mineralölindustrie expandieren könnte, wenn die Nutzungsmöglichkeiten entsprechend den chinesischen Vorstellungen weiter ausgebaut würden. Bis heute ist jedoch nicht zu erkennen, daß die Erdgasnutzung über den örtlichen Bereich hinaus zukünftig stärkere Bedeutung erlangen wird.

Angesichts der gegenwärtigen Stagnation im Mineralölbereich dürfte die Ölschieferindustrie zwischenzeitlich wieder eine höhere Beachtung finden.

Quellennachweis zu Kapitel II Abschnitt 3 „Mineralöl- und Erdgasindustrie"

1. *Chang Wenyou* et al.: Fault Block Tectonics and Oil Resources in China. In: Mason, J. (Hrsg.): Petroleum Geologie in China. Beijing, 1980.

2. *Meyerhoff, A. A.:* Das Kohle-, Erdöl- und Erdgaspotential Chinas. Essen, 1980.

3. *Song Ming:* China forciert Ölsuche. OEL-Zeitschrift für die Mineralölwirtschaft (1982), S. 16/17.

4. *World Bank:* China: Socialist Economic Development. Bd. II, Washington, 1983.

Quellennachweis zu Kapitel II Abschnitt 3 „Mineralöl- und Erdgasindustrie"

5. *Meyerhoff, A. A.:* Developments in Mainland China, 1949—1968. Bull. Americ. Assoc. Petrol. Geol. 54 (1970), No. 8, S. 1566.

6. *Anon:* Chinas Pipeline-Netz wächst. OEL-Zeitschrift für die Mineralölwirtschaft (1982), S. 274.

7. *Anon:* Pläne Pekings zur Nutzung der Bodenschätze. Neue Züricher Zeitung, 5./6. 9. 1982.

8. *Bao Han-Chen, Jin Fa-Nan* und *Zhu Ya-Jie:* The prospects of the application of new Techniques in China. In: Energy, Resources and Environment. New York, 1982.

9. *Bartke, W.:* Die Erdölwirtschaft der VR China. China aktuell ,1975) S. 286/304.

10. *Dunshi, Yan* und *Zhai Guangming:* Exploration practice and prospect in respect to the Buried-Hill oil fields in north China. L'industrie du Pétrole No. 519 (1980), S. 61 ff.

11. *Harnisch, H.,* und *H. G. Gloria:* Die Energiewirtschaft der VR China. Essen, 1973.

12. *Neuweiler, F.,* und *D. Welte:* Erdöl- und Erdgasvorkommen in der VR China — ein geologischer Abriß. Erdöl-Erdgas-Zeitschrift (1978), S. 98/100.

13. *Rühl, W.:* Erdöl und Erdgas in der VR China. Erdöl und Kohle — Erdgas — Petrochemie (1979), S. 369/74.

II. Energiewirtschaft

4. Wasserkraft und Elektrizitätswirtschaft

4.1 Die wirtschaftliche Nutzung der Wasserkraft

Für die Nutzung der Wasserkräfte eines Landes sind die Oberflächengestalt und die Niederschlagsverteilung von besonderer Bedeutung. Der Blick auf die physische und auf die Klimakarte Chinas macht deutlich, wie groß die Vielfalt der vorkommenden Landschaftsformen ist und welche Klimaunterschiede angetroffen werden. Entsprechend dem Übergang vom kontinentalen zum marinen Klima nimmt die Höhe der Jahresniederschläge in China von Nordwesten nach Südosten bzw. von Norden nach Süden stark zu. In weiten Gebieten der Provinz Xinjiang liegt sie unter 100 mm, teilweise sogar unter 50 mm, während sie in den südöstlichen Küstenprovinzen 1500 mm, stellenweise sogar über 2000 mm, erreicht. Die großen Temperaturunterschiede und der Einfluß des Monsuns bedingen ferner eine ungleiche Verteilung der Niederschlagsmengen im Jahresablauf wie auch von Jahr zu Jahr, was zur Folge hat, daß in China immer wieder Dürreperioden mit katastrophalen Überschwemmungen abwechseln. Diese Faktoren spielen bei der Nutzbarmachung der Wasserkräfte eine große Rolle.

Die Notwendigkeit, große Flußregulierungs- und Bewässerungsprojekte zu realisieren, hat daher schon früh die gesellschaftliche und kulturelle Entwicklung des Landes beeinflußt. Zeugen alter Wasserbauanlagen aus dem westlichen Sichuan sind heute bereits älter als 2000 Jahre. Es ist daher bemerkenswert, daß trotz der traditionellen chinesischen Kenntnisse im Wasserbau die Japaner während der Besetzung Chinas Ende der 30er Jahre die ersten größeren und moderneren Kraftwerke bauten, und zwar in der Provinz Jilin am Yalujiang bei Manpu und am Songhuajiang bei Dafengman. Die Kapazitäten liegen bei 400 bzw. 590 MW.

4.1.1 Wasserkraftreserven

China besitzt 5000 Flüsse, von denen jeder ein Einzugsgebiet von mehr als 100 km^2 aufweist; hiervon haben 1598 Flüsse mit einer Gesamtlänge von 226 000 km ein Einzugsgebiet von je mehr als 1000 km^2. Die durchschnittliche jährliche Abflußmenge dieser Flüsse beträgt 2784 Mrd. m^3, was 8,5% der Weltabflußmenge bzw. 40% derjenigen Asiens entspricht.

Unter Berücksichtigung auch der kleineren Flüsse und der Gezeitenkraft wird heute von einer theoretischen Energiereserve von insgesamt 680 GW ausgegangen, von der 380 GW als erschließbar angesehen werden. Bei einem Ausnutzungsgrad von etwa 58% würde das einer Stromerzeugung von 1900 TWh/a entsprechen. Mit dieser erschließbaren Wasserkraftreserve liegt China auf dem ersten Platz in der Weltrangliste vor der UdSSR mit 340 GW und den USA mit 161 GW. Sie entspricht 13% des Welt-Wasserkraftpotentials.

Die geographische Verteilung dieses Wasserkraftpotentials ist jedoch sehr unterschiedlich, wie die Karte 14 als Ergebnis der Abflußmengenermittlung von 1955 und die Tabelle 49 auf Grund einer Neubewertung von 1979 zeigen. Danach entfallen auf den gebirgigen Südwesten Chinas einschließlich Xizang allein etwa 70% der Gesamtkapazität. Von den Flußsystemen weist der Changjiang mit 40% das größte Potential auf. Demgegenüber besitzen der Nordosten, Norden und

4. Wasserkraft und Elektrizitätswirtschaft

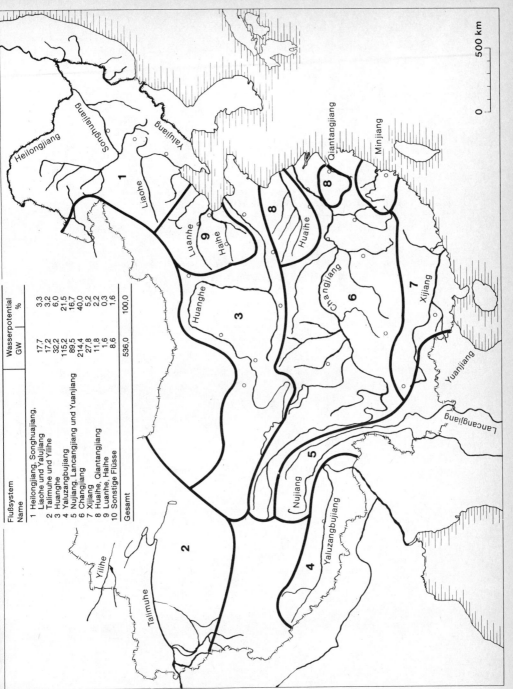

Karte 14. Das Wasserpotential der großen Flußsysteme 1955 (1, 2).

Flußsystem		Wasserpotential	
	Name	GW	%
1	Heilongjiang, Songhuajiang, Liaohe und Yalujiang	17,7	3,3
2	Talimuhe und Yilihe	17,2	3,2
3	Huanghe	32,2	6,0
4	Yaluzangbujiang	115,2	21,5
5	Nujiang, Lancangjiang und Yuanjiang	89,5	16,7
6	Changjiang	214,4	40,0
7	Xijiang	27,8	5,2
8	Huaihe, Qiantangjiang	11,8	2,2
9	Luanhe, Haihe	1,6	0,3
10	Sonstige Flüsse	8,6	1,6
Gesamt		536,0	100,0

II. Energiewirtschaft

Tabelle 49. Regionale Verteilung der theoretischen, erschließbaren, im Jahr 1979 vorhandenen und näher untersuchten Wasserkraftreserven (3).

Region	Theoretische Kapazität		Erschließbare Kapazität			Vorhandene Kapazität		Untersuchte Kapazität*
			Kapazität	Stromerzeugung		Kapazität	Stromerzeugung	
	MW	%	MW	Mrd. kWh	%	MW	Mrd. kWh	MW
NO	12 126,6	1,8	11 994,5	38,391	2,0	1 713	4,746	6 355
N	12 299,3	2,8	6 919,8	23,225	1,2	597	1,376	3 622
NW	84 176,9	12,5	41 936,7	190,493	9,9	2 933	10,416	7 919
SW	473 311,8	70,0	232 343,3	1 305,036	67,8	3 556	10,408	61 678
MS	64 083,7	9,5	67 434,9	297,365	15,5	6 528	17,178	42 416
O	30 048,8	4,4	17 902,2	68,794	3,6	3 784	5,996	5 825
Gesamt	676 047,1	100,0	378 532,4	1 923,304	100,0	19 111	50,120	127 815

* Ohne die vorhandenen und die in der Entwicklung befindlichen Kapazitäten.

Osten Chinas mit jeweils 2 bis 4% nur geringe Wasserkraftreserven. Unter Einbeziehung der Kohlenvorräte ergibt sich jedoch in vielen Bereichen ein gewisser Ausgleich zwischen den Energieressourcen; nur der mittlere Süden und der Osten Chinas besitzen weder ausreichende Kohlen- noch Wasserkraftreserven.

4.1.2 Entwicklung der Kapazitäten

Wie auf allen anderen Gebieten industrieller Produktion mußte auch im Bereich der Energiewirtschaft bei Gründung der VR China von sehr niedrigen Bestandswerten ausgegangen werden. Im Jahr 1949 betrug die insgesamt vorhande-

Tabelle 50. Entwicklung der Kapazitäten und der Stromerzeugung bei Wasser- und Wärmekraftwerken in der VR China seit 1949 (3).

Jahr	Kapazität					Stromerzeugung				
	Gesamt MW	Wasserkraft MW	%	Wärmekraft MW	%	Gesamt Mrd. kWh	Wasserkraft Mrd. kWh	%	Wärmekraft Mrd. kWh	%
1949	1 850	200	11	1 640	89	4,3	0,7	16	3,6	84
1952	1 960	190	10	1 770	90	7,3	1,3	17	6,0	83
1957	4 640	1 020	22	3 620	78	19,3	4,8	25	14,5	75
1962	13 040	2 380	18	10 660	82	45,8	9,0	20	36,8	80
1965	15 080	3 020	20	12 050	80	67,6	10,4	15	57,2	85
1970	23 770	6 240	26	17 530	74	115,9	20,5	18	95,4	82
1975	43 410	13 430	31	29 980	69	195,8	47,6	24	148,2	76
1979	63 020	19 111	30	43 909	70	281,9	50,1	18	231,8	82
1980	65 870	20 320	31	45 550	69	300,6	58,2	19	242,4	81
1981	67 820	21 110	31	46 710	69	309,3	65,5	21	243,8	79
1982						327,7	74,4	23	253,3	77
1983	74 000					351,0	79,3	23	271,7	77
1984						374,6				
Plan 1985	78 770	23 520	30	55 250	70	362,0	72,5	20	289,5	80

4. Wasserkraft und Elektrizitätswirtschaft

ne Stromerzeugungskapazität nur 1850 MW. Hiervon entfielen, wie aus der Tabelle 50 hervorgeht, 11% oder 200 MW auf Wasserkraftwerke. Entsprechend der Priorität, die der Entwicklung der Energiewirtschaft und der Grundstoffindustrie im ersten Industrialisierungsprogramm zufiel, wurden bis 1957 erhebliche Anstrengungen beim Neubau von Wasserkraftwerken unternommen, wodurch der Anteil an der verfügbaren Leistung bis auf 22% erhöht werden konnte.

In der Zwischenzeit ist der Ausbau der Kapazitäten nur mäßig vorangeschritten. Er wurde durch viele politische Richtungsänderungen beeinflußt und ist immer weit hinter den Planungen zurückgeblieben. Hieran sind neben dem Abzug der Sowjets im Jahre 1960, wonach zunächst ein großes Know how-Defizit überwunden werden mußte, unter anderem auch viele technisch-wirtschaftliche Gründe mitentscheidend. Die günstigen Standorte für Wasserkraftwerke liegen meistens in den Gebirgen und damit vielfach von den bisherigen Wirtschaftszentren verhältnismäßig weit entfernt. Zwar werden in dem Maße, wie die Industrialisierung dieser Gebiete voranschreitet, auch deren Energiereserven zur Nutzung herangezogen, eine Verlangsamung in der industriellen Entwicklung bedeutet jedoch gleichzeitig auch eine Verzögerung im Bau von großen Wasserkraftwerken. Erschwerend kommt hinzu, daß die Errichtung solcher Kraftwerke sehr kapitalintensiv und langwierig ist und umfangreiche Planungsarbeiten erfordert. Da ferner noch viele andere Faktoren wie Bewässerung, Hochwasserschutz, Wasserversorgung, Binnenschiffahrt usw. berücksichtigt werden müssen, ist der Bau von größeren Kraftwerken, wie er vor allem während des ersten Fünfjahresplanes eingeleitet und praktiziert wurde, später auch zeitweise hinter der Erschließung von mittleren und kleineren Wasserkraftreserven zurückgetreten. Diese dienen vor allem der Elektrifizierung der Landwirtschaft, um die künstliche Bewässerung in größerem Umfang zu gewährleisten.

Im Jahre 1981 erreichte die installierte Kapazität der Wasserkraftwerke mit 21 000 MW schließlich 31% der Gesamtkapazität aller Stromerzeugungsanlagen. Damit sind erst 5,6% der erschließbaren Wasserkraftreserven wirtschaftlich nutzbar gemacht. Die Stromerzeugung dieser Kraftwerke betrug 1982 74,4 Mrd. kWh bzw. 22,7% der Gesamtproduktion, oder 3,86% der erschließbaren Produktionsmenge (Tabellen 49 und 50).

Die bis 1977 erstellten Wasserkraftwerke über 30 MW Größe sind mit den wichtigsten Daten im Anhang I aufgeführt und im wesentlichen in den Karten 15 und 17 kenntlich gemacht. Die bekanntesten sind das Liujiaxia- und das Sanmenxia-Werk. Das Liujiaxia-Werk in der Provinz Gansu am Huanghe, westlich von Lanzhou gelegen und zur Energieversorgung der dort errichteten Nuklear-Industrie vorgesehen, ist mit einer installierten Leistung von 1225 MW das bisher größte chinesische Wasserkraftwerk, das nach elfjähriger Bauzeit 1964 in Betrieb gehen konnte. Das 1957 begonnene, ebenfalls am Huanghe in Henan gelegene Sanmenxia-Projekt war ursprünglich auf 1100 MW ausgelegt. Es wurde noch von den Sowjets geplant und sollte im Zuge der Flußregulierung des Huanghe in einer Kette von 46 Kraftwerken mit einer Gesamtkapazität von 23 000 MW entstehen und eine Strommenge von 6 Mrd. kWh/a erzeugen. Ein großes Problem bei der Erschließung des Huanghe ist jedoch die Versandungsgefahr der Staubecken infolge der großen Lößmengenaufnahme beim Durchflie-

II. Energiewirtschaft

ßen der Lößbödengebiete der Provinz Shaanxi, die damals noch nicht voll erkannt worden war. Dies führte dazu, daß nicht nur das Sanmenxia-Staubecken rasch versandete, sondern sich auch stromaufwärts die Flußbecken des Huanghe und einiger Zubringerflüsse wie auch der Weihe anhoben, wodurch schließlich die Industriestadt Xian bedroht wurde. 1965 begannen daher große Umbauarbeiten, die mit einer wesentlichen Reduzierung der geplanten installierten Kapazität des Sanmenxia-Kraftwerks auf 250 MW verbunden war.

Große Kraftwerke mit Leistungen von etwa 600 MW und mehr sind noch relativ selten und werden in folgenden Provinzen angetroffen:

Provinz	Kraftwerk	Leistung MW
Jilin	Dafengman	590
Liaoning	Shuifeng	700
Gansu	Liujiaxia	1225
Hubei	Danjiangkou	900
Zhejiang	Xinanjiang	653

Die Wasserkraftreserven der einzelnen Regionen und die bisher installierten Kapazitäten gehen aus der Tabelle 49 hervor. Danach sind in der Region Mitte und Süd mit 6528 MW die größten Kapazitäten installiert worden, gefolgt von den Regionen Ost (3784 MW), Südwest (3556 MW) und Nordwest (2933 MW).

Tabelle 51. Provinzen mit einem Anteil an der Stromerzeugung aus Wasserkraft von über 30%.

Standort Region	Provinz	Anteil der Wasserkraftwerke an der installierten Kapazität %	an der Stromerzeugung %
NO	—	—	—
N	Hubei	53	43
NW	Gansu	75	68
	Ningxia	53	47
SW	Xizang	78	88
	Yunnan	68	59
	Sichuan	50	45
	Guizhou	47	26
MS	Guangxi	63	59
	Guangdong	61	40
	Hunan	60	49
O	Fujian	72	63
	Zhejiang	62	40
	Jiangxi	48	29

4. Wasserkraft und Elektrizitätswirtschaft

Mit dieser Entwicklung konnte die Energieversorgung vieler Provinzen erheblich verbessert werden. In insgesamt 13 Provinzen liegt der Anteil der Stromversorgung aus Wasserkraft bereits über 30% (Tabelle 51). In den Provinzen Xizang und Yunnan (SW), Gansu (NW) sowie Fujian (O) erreicht er mehr als 65%. In den Provinzen Zhejian, Guangdong (SW), Ningxia (NW) und Jiangxi (O) sind die Reserven bereits stark beansprucht, so daß hier mit einem wesentlichen Ausbau der Wasserkraft nicht mehr zu rechnen sein wird. Die Provinzen Xinjiang und Qinghai sind jedoch noch völlig unzureichend erschlossen. Unter günstigen Verbraucherbedingungen kann hier die Wasserkraft weiter ausgebaut werden. Nach Regionen unterteilt ergibt sich folgende Übersicht über die Stromversorgung aus Wasserkraft:

Region	Anteile der Wasserkraft an der installierten Kapazität %	an der Stromerzeugung %
SW	54	45
NW	49	42
MS	47	35

Investitionen. Für den Kapazitätsausbau sind bis Ende 1980 insgesamt 16,94 Mrd. Yuan investiert worden. In dieser Summe sind jedoch nicht die im Rahmen von Wasserregulierungsmaßnahmen entstandenen Wasserkraftprojekte enthalten, die eine Kapazität von 6120 MW aufweisen. Die Investitionen wurden für folgende Vorhaben verwandt:

Vorhaben	Kapazitäten MW	Investitionen Mrd. Yuan
Neubauten	14 200	11,93
große und mittelgroße Kraftwerke	11 100	9,75
kleine Kraftwerke	3 100	2,18
Laufende Projekte		4,45
Stillegungen (zum Teil vorübergehend)		0,56
Projekte gesamt		16,94

Die spezifischen Anlagekosten sind in den Jahren 1949 bis 1980 um 50% gestiegen. Früher wurden je Leistungseinheit (1 MW) im Durchschnitt 900 Yuan aufgewandt, 1980 waren es bereits 1360 Yuan. In der gleichen Zeit haben sich die zusätzlichen Aufwendungen für die Umsiedlung der durch die Wasserbaumaßnahmen betroffenen Bevölkerung auf das 6fache erhöht, und zwar von 319 Yuan auf 1945 Yuan je Umsiedler. Die Umsiedlung bereitet zunehmend Schwierigkeiten vor allem in den bevölkerungsreichen Teilen Südchinas, wodurch der Ausbau der Wasserenergie stark behindert wird.

II. Energiewirtschaft

Belegschaft. Die Belegschaft des Wasserenergiesektors beläuft sich auf insgesamt 250 000 Personen. Hiervon entfallen 20 000 Ingenieure und Hilfskräfte auf 8 spezielle Institute für geophysikalische Untersuchungen und Planungsarbeiten. Durch unterschiedliche Bewilligung von Investitionsmitteln soll in den letzten Jahren häufig Unterbeschäftigung bei den regulären Bautrupps aufgetreten sein. Unter anderem hierdurch haben sich in der jüngsten Vergangenheit auch die Bauzeiten verlängert. Vor 1966 wurden für die Errichtung vergleichbarer großer Wasserbauvorhaben noch 4 bis 7 Jahre benötigt, heute sind es im allgemeinen 7 bis 10 Jahre.

Kleinkraftwerke. Mit 16,3 Mrd. kWh entfiel im Jahr 1982 ein großer Teil der Stromerzeugung auf die etwa 90 000 Kleinkraftwerke, deren Kapazitäten von maximal 12 MW bis zu wenigen kW reichen können. In 1500 von mehr als 2000 Kreisen der VR China sind derartige Kraftwerke gebaut worden. Sie verfügen über eine Gesamtkapazität von 8010 MW und erzeugen ein Drittel des Strombedarfs in den ländlichen Gebieten. 80% dieser Kraftwerke liegen südlich des Changjiang, davon 14 000 mit einer Kapazität von 1082 MW in der Provinz Guangdong.

Der Staat wendet für die Subvention dieser Anlagen jährlich 20 Mill. Yuan auf. Daher mehren sich die Stimmen, die die Errichtung von Kleinkraftwerken wegen angeblich zu hoher spezifischer Anlage- und Betriebskosten in Frage stellen. Dies scheint jedoch nicht in allen Regionen gleichermaßen zuzutreffen und der einzige Grund für die sich ausbreitenden behördlichen Widerstände gegen den Bau von Kleinkraftwerken zu sein. Es sind auch Maßnahmen ergriffen worden, die verhindern sollen, daß Kleinkraftwerke in Gebieten gebaut werden, die durch größere Kraftwerke bereits erschlossen sind, um somit eine Konkurrenz zwischen beiden Sektoren zu verhindern. In der Regenzeit speisen die kleinen Werke die überschüssige Energie gewöhnlich in das zentrale Leitungsnetz, so daß die größeren Kraftwerke in ihrer Auslastung dadurch behindert werden.

Trotzdem wird den örtlichen Kleinkraftwerken — ähnlich wie den Kleingruben —, deren Energie in kleinen Industrie- und Handwerksbetrieben, vor allem aber für die Bewässerung der Felder und damit zur Steigerung der landwirtschaftlichen Produktion eingesetzt wird, zukünftig weiterhin große Bedeutung zukommen.

4.1.3 Neubauprojekte

Das auf der 22. Sitzung des ständigen Ausschusses des V. Nationalen Volkskongresses beschlossene Zusammenlegen des Ministeriums für Wasserwirtschaft mit dem Ministerium für Energie zum Ministerium für Wasserwirtschaft und Energie gibt der gestiegenen Bedeutung der Wasserwirtschaft innerhalb des Energieentwicklungsplanes organisatorischen Ausdruck. Das im laufenden sechsten Fünfjahresplan vorgesehene Investitionsvolumen für den gesamten Energiebereich beläuft sich auf 20,7 Mrd. Yuan, wovon der größte Teil auf den Bau von Wasserkraftwerken entfallen soll.

Im Jahre 1981 befanden sich die im Anhang I aufgeführten 24 Wasserkraftwerke mit einer geplanten Kapazität von 10 605 MW im Ausbaustadium. Die größeren

4. Wasserkraft und Elektrizitätswirtschaft

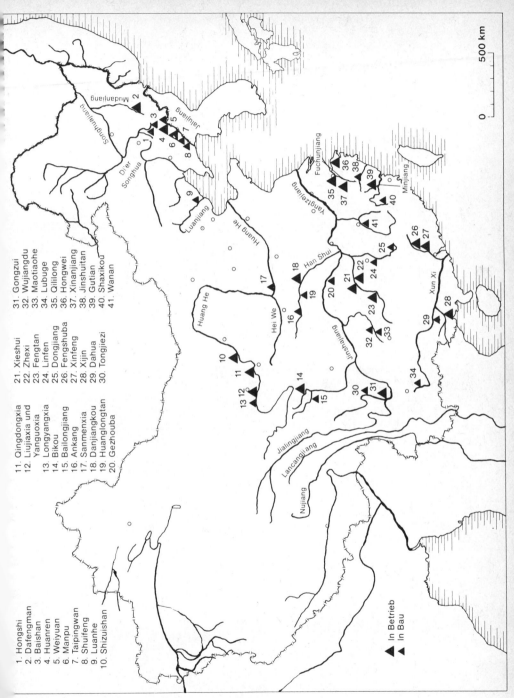

Karte 15. Betriebene und im Jahr 1983 in Bau befindliche Wasserkraftwerke über 200 MW.

II. Energiewirtschaft

Kraftwerke mit über 200 MW Leistung sind in der Karte 15 dargestellt. Die Aktivitäten verteilen sich auf die Regionen wie folgt:

Region	Kraftwerke Gesamt	davon Großprojekte über 500 MW	Leistung MW
NO	4	1	1 390
N	1		450
NW	2	2	2 080
SW	6	2	1 970
S	8	1	3 815
O	3		900
Gesamt	24	6	10 605

Von den 6 Großprojekten mit einer geplanten Leistung über 500 MW sind die bedeutendsten das Gezhouba-Kraftwerk in der Provinz Hubei mit 2715 MW und das Longyangxia-Kraftwerk in der Provinz Qinghai am Oberlauf des Huanghe mit 1280 MW. Bei diesen beiden Projekten handelt es sich um die größten überhaupt, die bisher in China in Angriff genommen wurden. Regional sind die Bauaktivitäten in Mittel- und Südchina am stärksten und beziehen sich dort auf den weiteren Ausbau des Changjiang und seiner Nebenflüsse. Sämtliche Neubauprojekte werden voraussichtlich im Laufe der 80er Jahre fertigstellt werden, was jedoch nicht mit der Inbetriebnahme gleichzusetzen ist.

Im Jahre 1982 wurden von dem Ministerium für Wasserwirtschaft und Energie langfristige Entwicklungsziele für die Wasserenergiewirtschaft bekanntgegeben. Neben dem Bau von großen Wasserkraftwerken sollen vor allem Kraftwerke mittlerer Größe gebaut werden, die in der Nähe der Verbrauchszentren liegen und durch die erforderlichen Staumaßnahmen nur relativ geringe Flächen kultivierten Landes unter Wasser setzen. Da deren Bauvolumen überschaubar bleibt und somit entsprechend weniger finanzielle Mittel bereitgestellt werden müssen, können solche Kraftwerke schneller an das Netz angeschlossen werden als Großanlagen. Der Bau von örtlichen kleinen Kraftwerken, die überwiegend aus den Mitteln der Kreise oder Provinzen und nicht aus dem Staatshaushalt finanziert werden, soll parallel dazu weiter erfolgen.

Schwerpunktmäßig sollen zukünftig der Ober- und Mittellauf des Huanghe, der Ober- und Mittellauf des Changjiang einschließlich seiner Nebenflüsse und der Hongshui-Fluß erschlossen werden (Karte 16). Die Projekte lassen sich regional wie folgt gliedern:

Nördliches China (Tabelle 52):
- ▷ Nordostchina (Heilongjiang),
- ▷ Ober- und Mittellauf des Huanghe.

Südliches China (Tabelle 53):
- ▷ Ober- und Mittellauf des Changjiang,
- ▷ Südwestchina (Sichuan, Yunnan, Guizhou),
- ▷ mittleres Südchina (Hunan),
- ▷ südliches Ostchina (Jiangxi, Fujian, Zhejiang),
- ▷ Hongshuihe (Guangxi) (Tabelle 54).

4. Wasserkraft und Elektrizitätswirtschaft

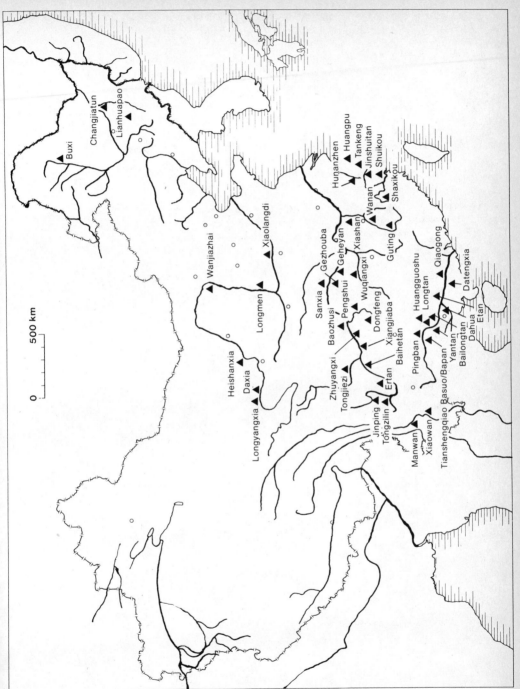

Karte 16. Lage bekannter Wasserkraftwerksprojekte im Jahr 1983.

II. Energiewirtschaft

Insgesamt werden bei diesen Projekten 10 Wasserenergiebasen, die über erschließbare Energieressourcen von etwa 150 000 MW verfügen und jährlich eine Strommenge von 840 Mrd. kWh erzeugen können, ausgebaut. Von den bereits in Bau befindlichen Anlagen sollen die Kraftwerke Gezhouba (Nr. 20), Ankang (Nr. 16), Dongjiang (Nr. 25), Wanan (Nr. 41), Longyangxia (Nr. 13), Tongjiezi (Nr. 30), Lubuge (Nr. 34) und Dahua (Nr. 29) beschleunigt fertiggestellt werden (Karte 15).

Nördliches China. Für das nördliche China (Tabelle 52, Karten 15 und 17) liegen Informationen über den Bau von drei großen Wasserkraftwerken in Nordostchina vor. Danach sollen in Heilongjiang am Songhuajiang die Werke Lianhuapao und Changjiatun, jeweils mit 250 bis 500 MW, sowie am Nenjiang das Werk Buxi in der gleichen Größenordnung kurz vor dem Baubeginn stehen.

Am Ober- und Mittellauf des Huanghe gibt es neben den schon fertiggestellten Kraftwerken Liujiaxia und Yanguoxia sowie dem in Bau befindlichen Kraftwerk Longyangxia noch zehn weitere Stromstufen mit einer erschließbaren Kapazität von 9000 MW. Hier ist später der Bau der Kraftwerke Lijiaxia (1500 MW), Heishanxia oder Dayingshu (1500 MW), Gongboxia (1000 MW) und weiterer 5

Tabelle 52. Wasserkraftwerksprojekte im nördlichen China (4).

Flußsystem	Provinz	Kraftwerksprojekt			Bemerkungen
		Lfd. Nr. in Karte 16	Name	Kapazität MW	
Nordostchina					
Nenjiang	Heilongjiang	1	Buxi	250 bis 500	
Songhuajiang		2	Changjiatun	250 bis 500	
		3	Lianhuapao	250 bis 500	
Ober- und Mittellauf des Huanghe					
Huanghe	Qinghai	4	Longyangxia	1 280	In Bau
		5	Daxia	300	
	Gansu	6	Heishanxia (Dayingshu)	1 500	
	Shaanxi/ Shanxi	7	Wanjiazhai	640	
		8	Longmen	1 500	Versandungsproblem (hohe Kosten)
	Henan	9	Xiaolangdi	1 500	Versandungsproblem (zurückgestellt)
			Lijiaxia	1 500	Lage nicht bekannt
			Laxiwa	3 000	Lage nicht bekannt
			Gongboxia	1 000	Lage nicht bekannt

bis 6 Kraftwerke geplant. Die Erschließung der Wasserressourcen des Mittellaufs des Huanghe ist ebenfalls beabsichtigt, jedoch verursacht die Lösung des Versandungsproblems hohe Kosten. Daher scheint der Bau der Kraftwerke Xiaolangdi und Longmen (je 1500 MW) vorerst zurückgestellt worden zu sein. Aus früheren Studien ist bekannt, daß auch in der Provinz Qinghai Möglichkeiten für den Bau größerer Kraftwerke bestehen, wofür jedoch gegenwärtig noch keine ausreichende wirtschaftliche Nutzung vorhanden ist.

Südliches China. Im südlichen China liegen naturgemäß die größten Kraftwerksprojekte. Am Ober- und Mittellauf des Changjiang (Tabelle 53) werden gegenwärtig die Kraftwerke Gezhouba (2715 MW) und Dongjiang (500 MW) gebaut. Die weitere Ausbauplanung wird durch das Großprojekt Sanxia beherrscht, für das am Mittellauf des Stromes westlich des Gezhouba-Bauwerkes bei den Schluchten Qutangxia, Wuxia und Xilingxia ein Damm für ein Wasserstaubecken von 70 Mrd. m^3 entstehen soll, dessen Potential 25 000 MW betragen wird. Dieses kühne Projekt, das mit Kosten in Höhe von 9,6 Mrd. Yuan veranschlagt wird, ist jedoch wegen des großen Kapitalaufwandes, der selbst bei einer Bauzeit von 15 Jahren jährlich noch 640 Mill. Yuan oder ein Drittel des Etats für Wasserkraftwerksprojekte binden würde, sehr umstritten.

Außerdem müßten bei der Verwirklichung dieses Planes 1,4 Mill. Menschen umgesiedelt und 44 000 ha landwirtschaftlich genutzter Fläche überflutet werden, was mit erheblichen Problemen verbunden sein dürfte. Im Herbst 1984 war die Planung für dieses Projekt offensichtlich bereits in einem fortgeschrittenen Stadium, da die chinesische Regierung Ingenieure einer amerikanischen Consultingfirma einlud, die Voruntersuchungen für das Projekt durchzuführen, das mit amerikanischer Unterstützung verwirklicht werden soll.

Neben diesem Großprojekt sollen am Mittellauf des Changjiang noch weitere große (Geheyan 1200 MW) und mittelgroße Kraftwerke gebaut werden. Bei der Erschließung des Oberlaufs des Changjiang und seiner Nebenflüsse konzentriert sich die Planung auf die Flüsse Wujiang, Daduhe und Yalongjiang sowie den Jinshajiang. Der Wujiang ist nach chinesischer Auffassung einer der „Goldgruben" unter den chinesischen Flüssen; gegenwärtig ist bereits das Kraftwerk Wujiangdu fertiggestellt. Später soll der Bau der Werke Dongfeng, Goupitan und Pengshui (330, 2000 und 1100 MW) in Angriff genommen werden. Am Daduhe wird zur Zeit das Kraftwerk Tongjiezi gebaut, anschließend sollen auch an anderen Stellen des Flusses weitere Staudämme errichtet werden. Am Yalongjiang ist der Bau der Werke Ertan und Jinping geplant. Beim Jinshajiang soll sich der Ausbau vorerst nur auf die Strecke von Dukou bis Yibin konzentrieren.

Südwestchina ist ein Gebiet mit reichen Wasserkraftressourcen. Der Oberlauf des Changjiang, der Jinshajiang, und die Oberläufe der in Xizang und Qinghai entspringenden wichtigsten Flüsse Südwestchinas, der Salween (in China Nujiang genannt) und der Mekong (in China Lancangjiang genannt) verfügen über große Wasserkraftreserven, die jedoch eine ungünstige Lage zu den Industriegebieten in Sichuan und Yunnan haben. Dennoch sollen am Lancangjiang (Mekong) drei große Energiebasen mit einer Kapazität von insgesamt 6600 MW erschlossen werden. In der Provinz Guizhou wird sich der Ausbau vor allem auf den Wujiang konzentrieren.

II. Energiewirtschaft

Tabelle 53. Wasserkraftwerksprojekte im südlichen China (4).

Flußsystem	Provinz	Kraftwerksprojekt			Bemerkungen
		Lfd. Nr. in Karte 16	Name	Kapazität MW	
Ober- und Mittellauf des Changjiang					
Changjiang	Hubei	10	Gezhouba	2 715	2 × 170 MW und 19 × 125 MW
		11	Sanxia	25 000	
		12	Geheyan	1 200	
	Sichuan	13	Zhuyangxi	2 050	
			Shipeng	2 050	Lage nicht bekannt
			Dongjiang	500	Lage nicht bekannt
Zuflüsse des Changjiang					
Yalongjiang	Sichuan	14	Tongzilin	400	Probleme durch Versandung, hohe Priorität
		15	Ertan	3 000 bis 3 600	Zurückgestellt (?)
		16	Jinping	6 000	Hohe Priorität
			Guandi	1 200	Lage nicht bekannt
Unterlauf Jialingjiang	Sichuan	17	Baozhusi	640	Zurückgestellt
	Sichuan/ Yunnan	18	Xiangjiaba	5 000	Zurückgestellt
		19	Baihetan	10 000	
			Xiluodu	10 000	Lage nicht bekannt
			Wudongde	8 000	Lage nicht bekannt
Daduhe	Sichuan	20	Tongjiezi	600	
			Dagangshan	3 000	Lage nicht bekannt
			Manai	2 000	Lage nicht bekannt
			Jijiaheba	2 200	Lage nicht bekannt
			Pubugou	2 800	Lage nicht bekannt
Südwestchina					
Lancangjiang (Mekong)	Yunnan	21	Manwan	900	Hohe Priorität
		22	Xiaowan	3 000	Hohe Priorität
			Xiaojiacun	2 700	Hohe Priorität Lage nicht bekannt
Dabang	Guizhou	23	Huangguoshu	2 000	Hohe Priorität
Wujiang	Guizhou	24	Pengshui	1 100	
		25	Dongfeng	330	
			Goupitan	2 000	Lage nicht bekannt

4. *Wasserkraft und Elektrizitätswirtschaft*

Tabelle 53. (Fortsetzung).

Flußsystem	Provinz	Kraftwerksprojekt			Bemerkungen
		Lfd. Nr. in Karte 16	Name	Kapazität MW	
Mittleres Südchina					
Yuanhe	Hunan	26	Wuqiangxi	1 500 bis 2 100	Japanischer Regierungskredit
			Fuxikou	280	
			Lingjintan	200	
			Wanmipo	340	
Südliches Ostchina					
Minhe	Fujian	27	Shuikou	1 400	Weltbankfinanzierung
		28	Shaxikou	240	Finanzierung durch Brasilien, hohe Priorität
Wuxijiang	Zhejiang	29	Hunanzhen	170	Ausbau auf 250 MW
Qujiang	Zhejiang	30	Tankeng	300	Japanische Unterstützung
		31	Huangpu	250	
Yunhe	Zhejiang	32	Jinshuitan	200	In Bau
Shangyou	Jiangxi	33	Guting	250	
Ganjiang	Jiangxi	34	Xiashan	500	Schlüsselprojekt
		35	Wanan	500	In Bau
			Jianhuang	200	Lage nicht bekannt
			Mianhuatan	500	Lage nicht bekannt

Im mittleren Südchina sollen ausschließlich in der Provinz Hunan, wo ausgedehnte Rohstoffvorkommen angetroffen werden, größere Wasserkraftwerke gebaut werden, von denen jedoch nur ein Werk örtlich nachgewiesen werden konnte.

Für das südliche Ostchina ist bis Ende der 90er Jahre geplant, Wasserkraftwerke mit einer Gesamtkapazität von 4100 MW zu bauen. Als Schlüsselprojekt wird das Kraftwerk Xiashan bezeichnet, dessen Lage und Kapazität jedoch nicht bekannt sind. Hierbei werden allerdings größere Probleme erwartet, die sich durch eine notwendige Bevölkerungsumsiedlung ergeben werden. An zentraler Stelle steht ferner der Bau des Kraftwerks Shuikou in der Provinz Fujian mit einer Kapazität von 1400 MW und einer geplanten jährlichen Arbeitsleistung von

II. Energiewirtschaft

5 Mrd. kWh. Weitere Kraftwerke sind in den Provinzen Zhejiang und Jiangxi vorgesehen. Beim Kraftwerk Hunanzhen handelt es sich um den Ausbau eines bestehenden Wasserkraftwerkes mit 170 MW; die Kraftwerke Tangkeng und Huangpu werden mit technischer und finanzieller Unterstützung Japans errichtet.

Das im Jahr 1978 bekanntgewordene Hongshui-Projekt (Tabelle 54) sieht in der Provinz Guangxi den Bau von 11 Wasserkraftwerken mit einer Gesamtleistung von 11 000 MW vor. Der Hongshui ist Bestandteil des Zhujiang(Perl)-Flußsystems, das jährlich mit 34 Mrd. m^3 eine beachtliche Wassermenge führt. Die Erschließung des Flußlaufes soll am Oberlauf am Nanpanjiang beginnen, wo dieser die Grenze zwischen den Provinzen Guizhou und Guangxi bildet, und sich über eine Gesamtstrecke von 1050 km bis zur Stadt Guiping an der Dateng-Schlucht erstrecken. Die geplanten Staudämme und Kraftwerke sind aus der Tabelle 54 zu ersehen. Die erste Bauphase des Etan-Kraftwerkes ist abgeschlossen, das Teilkraftwerk hat schon die Produktion aufgenommen. Nach Fertigstellung der Kraftwerke Dahua, Tianshengqiao (Basuo) und Lubuge wird der Bau der Staudämme der Werke Yantan, Tianshengqiao (Bapan), Longtan und Datengxia in Angriff genommen.

Ob die Planung in diesem Umfang verwirklicht wird, hängt von der Lösung der Finanzfragen und der technischen Probleme, aber auch von der politischen Meinungsbildung innerhalb der chinesischen Regierung ab. Die Geamtkosten sind noch höher als beim Changjiang-Projekt und belaufen sich auf 12 Mrd. Yuan, die ohne ausländische Kredite kaum aufzubringen sein werden. Ausländische Experten halten den Karst- und Kalkboden im Hongshui-Gebiet jedoch teilweise für zu instabil. Unklar ist noch, ob der Bau der Staudämme vor allem unter dem Gesichtspunkt der Hochwasserkontrolle erfolgen soll oder ob reine Energieerzeugungsgesichtspunkte ausschlaggebend sein werden. Würde man dem ersten Standpunkt folgen, hätte das für die Höhe der Dämme große Auswirkungen. Statt einer Höhe von 225 m würde zum Beispiel der Longtan-Damm dann 265 m hoch werden müssen, wodurch das Fassungvermögen verdoppelt und die Kapazität auf 6000 MW ausgelegt werden könnte.

Auf Grund des gegenwärtigen Planungs- und Erkenntnisstandes ist ein Entwicklungsplan bis zum Jahre 2000 aufgestellt worden, der einen Kapazitätszuwachs von 42 000 bis 50 000 MW vorsieht:

Zeitraum	Kapazitätszuwachs MW
bis 1985	bis 4 000
1986 bis 1990	9 000 bis 10 000
1991 bis 1995	12 000 bis 16 000
1996 bis 2000	17 000 bis 20 000

Der weitere Kapazitätsausbau wird erst nach dem Jahre 2000 realisierbar sein. Bis dahin soll der Plan im wesentlichen „aus eigener Kraft" verwirklicht werden. Jedoch sieht China die Notwendigkeit, in den Bereichen Technologie und Investitionen enger als bisher mit westlichen Ländern zusammenzuarbeiten, um dieses Ziel zu erreichen.

4. Wasserkraft und Elektrizitätswirtschaft

Tabelle 54. Die Wasserkraftwerksprojekte des Hongshui im südlichen China (4).

Fluß-system	Provinz	Kraftwerk		Stau-damm-höhe	Fassungs-vermögen	Kapazität	Strom-erzeugung	Baubeginn	Bemerkungen
		Lfd. Nr. in der Karte 16	Name	m	Mrd. m³	MW	Mrd. kWh/a		
Hongshui	Guangxi		Tianshengqiao Bapan	180	9	1 080	5,3	1985	
		36	Tianshengqiao Basuo	58		880/1 240	8,2	1983/84	Ausbau auf 1240 MW nach Fertigstellung des am Oberlauf befindlichen Bapan-Staudammes. Sehr wahrscheinlich Weltbankfinanzierung.
		37	Pingban	70		360	0,92		Ersatzbau, wenn Longtan nicht gebaut wird.
		38	Longtan	215	27,4	4 000	18,1	1985/90	Bei gleichzeitiger Flußregulierung Staudammhöhe von 265 m erforderlich.
		39	Yantan	108	2,3 bis 3,3	1 400	6,0	1981/85	
		40	Dahua	75		400/600	3,4		400-MW-Kraftwerk bei Dahua schon im Bau. Ausbau auf 600 MW nach Fertigstellung des Kraftwerks von Longtan.
		41	Bailongtan	22		600	3,9	1990	
		42	Etan	60		560	3,6	1990	
		43	Qiaogong	56		500	3,2	1990	60-MW-Anlage schon fertiggestellt.
		44	Datengxia	79		1 200	7,1		

Gesamt 10 980/11 540

II. Energiewirtschaft

4.1.4 Ausblick

Von den bedeutenden Wasserkräften Chinas sind bisher nur 5,6% nutzbar gemacht. Die großen Entfernungen zu den Industriezentren und die zum Teil noch unzugänglichen Gebiete behindern in Verbindung mit hohen Investitionskosten einen schnellen Ausbau der Wasserkraftreserven. Trotzdem sind die Fortschritte in den letzen Jahren beachtlich.

Die Konzentration der Wasserkraft vor allem in der südlichen Hälfte Chinas stellt eine günstige Ergänzung zu den ausgedehnten Kohlenvorkommen in den nördlichen Landesteilen dar. Die bisherige Nutzbarmachung dieser Reserven hat die industrielle Entwicklung Mittel- und Südchinas stark gefördert.

Mit den geplanten Neubauprojekten, die eine Kapazität von mindestens 42 000 MW bis zum Jahre 2000 erschließen soll, will China einen großen Schritt in der Energieversorgung vor allem jener Regionen weiterkommen, in denen die Wasserkraft preisgünstiger als andere Energieträger zur Verfügung gestellt werden kann.

Es besteht kein Zweifel, daß China heute in der Lage ist, die gesamte Technik für den Kraftwerksbau selbst zu erstellen. Die Kapazitäten insbesondere des Turbinenbaus in Harbin und Shanghai sind jedoch begrenzt und werden nicht in dem Maße erweitert werden können, wie der Entwicklungsplan dies verlangt. Auch die Finanzierung dieser Großkraftwerksbauten dürfte mit erheblichen Problemen verbunden sein. Ausländische Unterstützung wird sich hierfür nicht leicht finden lassen, da sich der Kraftwerksbau weit weniger für Kooperationen oder Joint Ventures eignet als andere industrielle Anlagen. Daher wird vor allem nur der Weg über den Kapitalmarkt offenstehen, dessen Beanspruchungsmöglichkeit im wesentlichen durch die allgemeine wirtschaftliche Entwicklung Chinas bestimmt wird.

Für die langfristige wirtschaftliche Nutzung solcher Energieerzeugungszentren, insbesondere wenn es sich hierbei um Großprojekte handelt, ist jedoch vor allem

Tabelle 55. Kapazitäten und Stromerzeugung der chinesischen Wasser- und Wärmekraftwerke nach Regionen im Jahr 1979 (3).

Region	Kraftwerkskapazitäten						
	Gesamt	Wasserkraft			Wärmekraft		
			Anteil in %			Anteil in %	
	MW	MW	an Wasserkraft	an Regionalversorgung	MW	an Wärmekraft	an Regionalversorgung
NO	9 689	1 713	9,0	17,8	7 976	18,2	82,8
N	10 179	597	3,1	5,9	9 582	21,8	94,1
NW	5 869	2 933	15,3	49,9	2 936	6,7	50,1
SW	6 766	3 556	18,6	52,6	3 210	7,3	47,4
MS	14 045	6 528	34,2	46,5	7 517	17,1	53,5
O	16 472	3 784	19,8	22,9	12 688	28,9	77,1
Gesamt	63 020	19 111	100,0	30,3	43 909	100,0	69,7

ein ausreichend industrialisiertes Hinterland und ein entsprechend ausgelegtes Verteilungsnetz von entscheidender Bedeutung. Dessen unzureichende Dimensionierung hat in der Vergangenheit schon vielfach die Auslastung neu geschaffener Kapazitäten wesentlich behindert.

4.2 Elektrizitätswirtschaft

4.2.1 Stromerzeugung

Zwischen 1952 und 1983 ist die installierte Kraftwerksleistung von 2000 auf 68 000 MW angewachsen, was eine Steigerung der Stromerzeugung von 7,3 Mrd. auf 348 Mrd. kWh ermöglichte. Trotz dieses beachtlichen mittleren jährlichen Wachstums von 13% ist die im Jahr 1983 erzeugte Strommenge, wenn sie auf den Kopf der Bevölkerung bezogen wird, mit 345 kWh/Kopf noch sehr gering.

Die Wärmekraftwerke sind an den installierten Kapazitäten mit etwa 70% und an der Stromerzeugung mit etwa 80% beteiligt (vgl. Tabelle 50). Regional betrachtet wird die Elektrizitätsversorgung im Norden, Nordosten und Osten Chinas zu über 90% aus Kohlenstrom sichergestellt; im Nordwesten und Südwesten erreicht der Stromanteil aus Wasserkraftwerken mit 44 bzw. 40% die höchsten Werte (Tabelle 55). Dies entspricht angenähert auch den jeweiligen Kraftwerkskapazitäten. Größere Unterschiede sind auf abweichende Auslastungen zurückzuführen.

Die mittlere Auslastung lag im Jahr 1981 für alle Kraftwerke bei 52%. Bei Wasserkraftwerken erreichte sie nur 35%, bei den Wärmekraftwerken jedoch 61%. Regional betrachtet schwankte sie 1979 für Wasserkraftwerke entsprechend den Daten aus der Tabelle 55 bei einer mittleren Auslastung von 30% zwischen 18% in Ostchina und 41% in Nordwestchina. In diesen Werten finden die Besonderheiten der jeweiligen Region wie Größe der Kraftwerke, Abflußverhalten der

Gesamt	Stromerzeugung					
	Wasserkraft			Wärmekraft		
		Anteil in %			Anteil in %	
Mrd. kWh	MW	an Wasserkraft	an Regionalversorgung	MW	an Wärmekraft	an Regionalversorgung
51,58	4,75	9,5	9,2	46,83	20,2	90,8
50,56	1,38	2,8	2,7	49,18	21,2	97,3
23,93	10,42	20,9	43,5	13,51	5,8	56,5
25,81	10,41	20,7	40,3	15,40	6,6	59,7
52,53	17,18	34,2	32,7	35,35	15,1	67,3
77,54	6,00	11,9	7,8	71,54	30,9	92,2
281,95	50,14	100,0	17,8	231,80	100,0	82,2

II. Energiewirtschaft

Tabelle 56. Entwicklung der chinesischen Stromerzeugung nach Regionen (3).

Region	Stromerzeugung					
	1952		1965		1979	
	Mrd. kWh	%	Mrd. kWh	%	Mrd. kWh	%
NO	2,95	40,6	20,38	20,2	51,58	18,3
N	1,27	17,5	12,39	18,3	50,56	18,0
NW	0,07	1,0	4,13	6,1	23,93	8,5
SW	0,27	3,7	4,90	7,2	25,81	9,1
MS	0,44	6,1	8,85	13,1	52,53	18,6
O	2,26	31,1	16,95	25,1	77,54	27,5
Gesamt	7,26	100,0	67,60	100,0	281,95	100,0

Flüsse, Anzahl der Kleinkraftwerke, Stromverteilung und -abnahme ihren Niederschlag. Die relativ geringe Auslastung der Wasserkraftwerke deutet auf gewisse Reservekapazitäten hin, die durch bessere Organisation mobilisiert werden könnten.

Die Entwicklung der Stromerzeugung seit 1952 (Tabelle 56) läßt erkennen, daß in den Regionen Ost sowie Mitte/Süd und Nord/Nordost der größte Zuwachs erfolgt ist, was auf eine insbesondere seit 1965 verstärkt betriebene Industrialisierung zurückgeführt werden kann.

Auf die Industrie entfallen etwa 79% des Stromverbrauchs, wobei mit 64% der größte Teil von der Schwerindustrie beansprucht wird. In der Landwirtschaft werden 15 bis 16%, in den Haushaltungen, im Handel sowie in den Verwaltungen 4,5 bis 5% des Stroms verbraucht. Der Transportsektor zeigt mit einem Anteil von 0,5% nur eine sehr geringe Elektrifizierung.

Die Entwicklung in der Elektrizitätswirtschaft wurde durch steigende Investitionen ermöglicht, die 1979 mit 4,8 Mrd. Yuan (Tabelle 57) den bisher höchsten Stand erreicht hatten und im laufenden sechsten Fünfjahresplan 20,7 Mrd. Yuan bzw. 4,14 Mrd. Yuan/a betragen sollen. Der Energieübertragung wird dabei besondere Bedeutung beigemessen.

Tabelle 57. Investitionen in der chinesischen Elektrizitätswirtschaft (3).

	1975		1976	
	Mrd. Yuan	%	Mrd. Yuan	%
Energieerzeugung	2286	79,7	2651	82,3
Energieübertragung	455	15,9	450	14,0
Sonstige (Planung und Forschung)	127	4,4	119	3,7
Gesamt	2868	100,0	3220	100,0

4. Wasserkraft und Elektrizitätswirtschaft

Die bis zum Jahr 1979 erbauten größeren Wärmekraftwerke sind mit den Leistungangaben im Anhang I aufgeführt. Hiervon wurden 73% mit Kohle, 25% mit Mineralöl und 2% mit Erdgas befeuert. Es ist das Ziel, neue Wärmekraftwerke ausschließlich auf Kohlenbasis zu errichten und die in der Vergangenheit auf Ölfeuerung umgestellten bzw. neu errichteten Ölkraftwerke bis 1985 wieder mit Kohle zu befeuern, damit die freiwerdenden Mineralölmengen anderen Verwendungen zugeführt werden können. Erste Erfolge wurden bereits erzielt. Von 1979 bis 1983 ist der Mineralöleinsatz im Wärmemarkt von 16,4 auf 11,7 Mill. t/a zurückgegangen. Die Anteile der einzelnen Energieträger in Prozent haben sich dadurch seit 1981 wie folgt verändert:

Rohstoff	1981	1983
Kohle	59,7	64,9
Mineralöl	16,5	11,7
Erdgas	2,0	0,8

Mit Hilfe moderner Kraftwerkstechnik und geänderter Betriebsweise soll ferner der Wirkungsgrad der Wärmekraftwerke verbessert worden sein, der 1979 im Mittel erst bei 29% lag (Tabelle 58).

Bei der zukünftigen Entwicklung soll dem Ausbau der Wasserkraftwirtschaft wegen der bekannten Vorteile besondere Priorität eingeräumt werden. Dennoch wird der Bau von Wärmekraftwerken wegen der kürzeren Bauzeiten und der damit verbundenen schnelleren Anpassung an den steigenden Strombedarf große Bedeutung behalten. Hinzu kommt, daß Wärmekraftwerke auf Grund des geringeren Schwefelgehaltes der chinesischen Kohle auch nur geringe Umweltbelastungen hervorrufen. Sie sollen in Großeinheiten unmittelbar in den Kohlenrevieren errichtet werden, um den Transportsektor zu entlasten. Ein großer Teil der geplanten Kraftwerksneubauten wird nach Aufschluß der vorgesehenen großen Braunkohlentagebaue ohnehin nur in deren Umgebung erbaut werden können.

Im Jahre 1981 befanden sich 17 große Kohlenkraftwerke mit einer Gesamtkapazität von 11 700 MW in Bau (Tabelle 59). Wird davon ausgegangen, daß diese Werke bis 1985 den Betrieb aufgenommen haben werden, so ergibt sich unter

1977		1978		1979	
Mrd. Yuan	%	Mrd. Yuan	%	Mrd. Yuan	%
2701	81,7	3994	81,0	3746	78,3
484	14,6	693	14,0	815	17,0
121	3,7	246	5,0	223	4,7
3306	100,0	4933	100,0	4784	100,0

II. Energiewirtschaft

Tabelle 58. Brennstoffverbrauch und Wirkungsgrad der chinesischen Wärmekraftwerke im Jahr 1979 (3).

| Region | Brennstoff-Verbrauch | | | Gesamt* Mill. t SKE | Energieerzeugung Mrd. kWh | Spezifischer Verbrauch | | Wirkungsgrad % |
	Kohle Mill. t	Mineralöl Mill. t	Erdgas Mill. m³			kg/kWh	kcal/kWh	
NO	16,4	6,1	665,2	18,4	46,0	0,401	2807	30,6
N	23,5	2,1	7,2	19,4	47,5	0,408	2856	30,1
NW	7,6	0,1	80,6	5,5	12,8	0,426	2982	28,8
SW	11,1	—	305,7	7,0	14,6	0,479	3353	25,6
MS	18,7	2,0	0,6	14,8	32,7	0,453	3170	27,1
O	29,4	6,1	610,2	28,9	68,7	0,420	2940	29,3
Gesamt	106,7	16,4	1668,9	94,0	222,3**	0,422	2954	29,2

* Umrechnungsfaktoren in SKE (7000 kcal/kg):
Kohle   4 415 kcal/kg
Mineralöl 10 200 kcal/kg
Erdgas   9 310 kcal/m³

** Nur Wärmekraftwerke über 6 MW Leistung zuzüglich 9,4 Mrd. kWh von kleineren Werken.
Auf die einzelnen Energieträger entfallen folgende Strommengen:
Kohle   161,5 Mrd. kWh (73%)
Mineralöl 55,6 Mrd. kWh (25%)
Erdgas   5,2 Mrd. kWh (2%)

4. Wasserkraft und Elektrizitätswirtschaft

Tabelle 59. Im Jahr 1981 in Bau befindliche große Kohlenkraftwerke (5).

Region	Standort Provinz	Kraftwerk Lfd. Nr. in der Karte 17	Name	Kapazität MW
NO	Heilongjiang	1	Fulaerji	600
		2	Mudanjiang	400
	Liaoning	3	Jinzhou	1 200
		4	Yuanbaoshan	600
N	Hebei	14	Douhe (Erweiterung)	800
		18	Matou (Erweiterung)	400
	Shanxi	5	Shentou	1 300
		6	Datong	1 200
	Nei Mongol	7	Tongliao	400
NW	Shaanxi	8	Qinling	800
MS	Henan	43	Yaomeng (Erweiterung)	600
	Hubei	9	Jinmen	400
O	Anhui	10	Luohe	600
		11	Huaibei	400
	Jiangsu	12	Xuzhou	800
	Shanghai	13	Baoshan	700
	Jiangxi	14	Guixi	500
Gesamtkapazität				11 700

Einbeziehung auch der bis dahin voraussichtlich fertiggestellten neuen Wasserkraftwerke folgende Übersicht über die Gesamtkapazitäten:

Jahr	Kraftwerkskapazität in MW		
	Wasserkraft	Wärmekraft	Gesamt
1981	21 110	46 710	66 820
1985	25 000	58 500	83 500

Bei Berücksichtigung der oben ermittelten Kapazitätsauslastung dürfte die Stromerzeugung 1985 385 Mrd. kWh erreichen, unter günstigen Umständen evtl. auch höher ausfallen. Der sechste Fünfjahresplan sieht indessen nur 362 Mrd. kWh vor.

Über die Entwicklung der Elektrizitätserzeugung in der zweiten Hälfte der 90er Jahre können kaum Aussagen gemacht werden. Allen Verantwortlichen ist jedoch klar, daß größte Anstrengungen erforderlich sind, um die wachsenden An-

II. Energiewirtschaft

sprüche aller Verbraucherbereiche zu befriedigen. Völlig offen ist noch, in welchem Umfang zukünftig die Kernenergie zur Stromerzeugung herangezogen werden kann. Bisher ist erst der Bau von zwei Kernkraftwerken in ein konkretes Stadium getreten. Der Einsatz von Kernenergie soll vor allem zur weiteren Entschärfung des Transportproblems beitragen, da die Kraftwerke unmittelbar in den industriellen Verbraucherzentren gebaut werden können.

Für die Versorgung der ländlichen Bereiche kommen auch weiterhin vor allem örtliche Kleinkraftwerke in Betracht. In der Nutzung von Wasserkraft in Kleinanlagen liegen bereits hinreichende Erfahrungen vor, so daß diese in wasserreichen Gegenden ihre Bedeutung behalten werden. Mit der Verbreitung von Anlagen zur Biogaserzeugung sind auch Kleinkraftwerke auf dieser Basis entstanden.

Große Aufmerksamkeit wird in den letzten Jahren auch der Entwicklung von Windkraftgeneratoren gewidmet, die vor allem für weite Landstriche Chinas geeignet sind, wo die Windgeschwindigkeiten über 4 m liegen und andere Primärenergiequellen kaum zur Verfügung stehen. Auch werden in Experimentieranlagen erste Erfahrungen bei der Nutzung von Sonnen-, Gezeiten- und geothermischer Energie gesammelt, so daß China zukünftig in vielfältiger Weise den örtlich unterschiedlichen Anforderungen an die Elektrizitätsversorgung entsprechen kann.

4.2.2 Energieübertragung

Entscheidend für die Versorgungs- und Verbrauchsstruktur eines Landes wie auch für die Auslastung der Energieerzeugungskapazitäten sind die Stromfortleitungs- und -verteilungseinrichtungen. Insbesondere Großkraftwerke machen die Erstellung von überregionalen Verbundsystemen unumgänglich.

Von den chinesischen Stromerzeugungskapazitäten sind bisher 83% dem öffentlichen Verbundnetz angeschlossen, das sich wie folgt zusammensetzt:

62 000 km	110-kV-Leitungen,
26 000 km	220-kV-Leitungen,
800 km	330-kV-Leitungen.

1000 km 500-kV-Leitungen sind in Bau, von denen das erste Teilstück zwischen Pingdingshan und Wuhan bereits in Betrieb genommen worden ist. Bis zum Ende des laufenden Fünfjahresplanes sollen insgesamt 2700 km dieses Leitungsnetzes fertiggestellt sein.

Von den seit Anfang der 80er Jahre bestehenden 20 Elektrizitätsverbundsystemen mit Kapazitäten über je 500 MW verfügen 12 Systeme über jeweils mehr als 1000 MW. Auf die größten 5 Verbundnetze entfallen 47% oder 30 000 MW der installierten Kapazität bzw. 54% oder 153 Mrd. kWh der erzeugten Energie (Tabelle 60 und Karte 17).

Darüber hinaus bestehen die nachfolgenden größeren Provinz-Netze mit einer Gesamtkapazität von 14 000 MW bzw. mit Transportleistungen von 68 Mrd. kWh:

4. Wasserkraft und Elektrizitätswirtschaft

▷ Shandong-Netz,
▷ Shaanxi-Netz,
▷ Sichuan-Netz,
▷ Mittel/Nord-Hunan-Netz,
▷ Süd-Hebei-Netz,
▷ Guiyang (Guizhou)-Netz.

Mit den Verbundnetzen werden jedoch viele, vor allem auch industrielle Bereiche nicht erfaßt, die daher in ihrer Tätigkeit behindert sind. Nach vorsichtiger Schätzung fehlen bei dem heutigen Entwicklungsstand Chinas auf dem Elektrizitätssektor etwa 10 000 km Überlandleitungen über 110 kV, wodurch die Flexibilität in der Verteilung der erzeugten Energie sehr vergrößert werden könnte.

Tabelle 60. Das Elektrizitäts-Verbundsystem in der VR China im Jahr 1979 (3).

Verbundnetz	Bereich	Installierte Kapazität* MW	Spitzenbelastung MW	Energietransport* Mrd. kWh
Regionale Netze		29 564		152,930
Nordost China	Liaoning und der größte Teil von Heilongjiang und Jilin	7 759	6 020	42,350
Ost China	Jiangsu, Anhui, Zhejiang und Shanghai	7 455	5 810	42,390
Mitte	Henan und Hubei	5 529	3 500	24,810
Nord China	Beijing und Tianjin und der nördliche Teil von Hebei	4 989	3 553	25,890
Nordwest China	Shaanxi, Gansu und der größte Bereich von Qinghai	3 832	2 628	17,490
Provinznetze		14 204		68,170
Gesamt		43 768		221,100

* Die aufgeführten Kapazitäten entsprechen 69,5% der Gesamtkapazität Chinas, der angegebene Energietransport erfaßt 78% des gesamten Energietransportes.

Zur besseren Ausnutzung der bestehenden Verbundnetze ist den Provinzen die Zuständigkeit für die Verwaltung der Netze entzogen worden, weil sich hierdurch die Elektrizitätsübertragung über die Provinzgrenzen sehr schwierig gestaltet hatte. Nach der Neuordnung von 1979/80 bestehen Verwaltungsämter nur noch auf regionaler Ebene, wodurch viele Verwaltungshemmnisse beseitigt und gleichzeitig bessere Voraussetzungen für den Ausbau der Überlandleitungsnetze sowie der Erschließung neuer Energieressourcen geschaffen werden konnten.

Mit der verstärkten Entwicklung von Kraftwerkskapazitäten wird daher zukünftig auch eine Forcierung im Aufbau und Ausbau von Verbundnetzen mit den zugehörigen Umspannstationen einhergehen müssen.

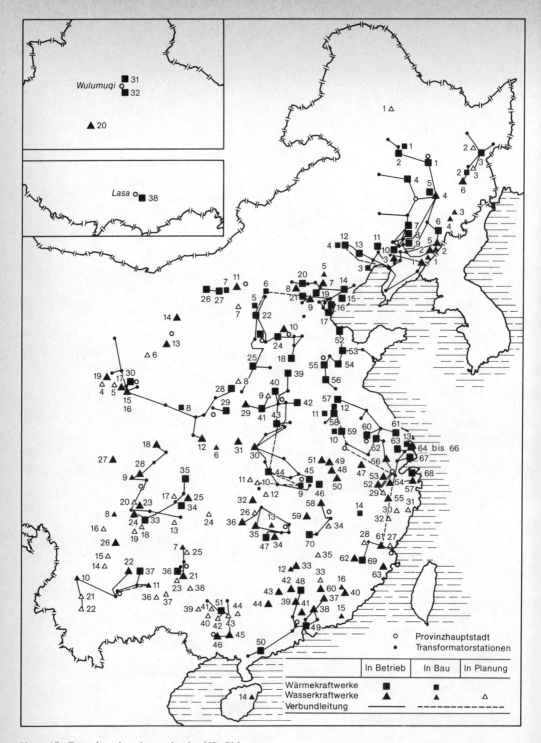

Karte 17. Energieverbundnetze in der VR China.

Zu Karte 17: Tabelle der Kraftwerke.

Wasserkraftwerke

▲ in Betrieb

1	Shuifeng	11	Sanshenggong	22	Yili	33	Fengdu	44	Hemianshi	55	Fuchun
2	Huanren	12	Shiquan	23	Xiaoshizi	34	Shuifumiao	45	Xijin	56	Huangtankou
3	Shenwo	13	Qingtongxia	24	Gongzui	35	Zhexi	46	Mashi	57	Meixi
4	Dafengman	14	Shizuishan	25	Longqi	36	Fengtan	47	Chencun	58	Hungwei
5	Manpu (Yunteng)	15	Liujiaxia	26	Mofangkou	37	Fengshuba	48	Fouzuling	59	Zhelin
		16	Yanguoxia	27	Xinwenping	38	Xinfeng	49	Xianghongdian	60	Jiangkou
6	Jingbohu	17	Babanxia	28	Xingxiuwan	39	Zhanghu	50	Maojianshan	61	Shangyu
7	Miyun	18	Bikou	29	Sanmenxia	40	Jiaoling	51	Meishan	62	Gutian
8	Guanting	19	Zhaoyang	30	Danjiangkou	41	Liuxi	52	Xinanjiang	63	Ansha
9	Xiamaling	20	Kuerle	31	Huanglongtan	42	Nanshui	53	Qililong	64	Putian
10	Pingshan	21	Maotiaohe	32	Xieshui	43	Danling	54	Hunanzhen		

▲ in Bau

1	Taipingwan	4	Baishan	7	Wujiangdu	10	Xierhe (3. Stufe)	12	Dongjiang	15	Nangad
2	Taipingshao	5	Luanhe	8	Nanyahe			13	Majitang	16	Changtan
3	Hongshi	6	Ankang	9	Yuxizi (2. Stufe)	11	Lubuge	14	Niululing		

△ in Planung

1	Buxi	8	Longmen	16	Jinping	24	Pengshui	32	Jinshuitan	39	Yantan
2	Changjiatun	9	Xiaolangdi	17	Baozhusi	25	Dongfeng	33	Guting	40	Dahua
3	Lianhuapao	10	Gezhouba	18	Xiangjiaba	26	Wuqiangxi	34	Xiashan	41	Bailongtan
4	Longyangxia	11	Sanxia	19	Beihetan	27	Shuikou	35	Wanan	42	Etan
5	Daxia	12	Geheyan	20	Tongjiezi	28	Shaxikou	36	Tianshengqiao Basuo	43	Qiaogong
6	Heishanxia (Dayingshu)	13	Zhuyangxi	21	Manwan	29	Hunanzhen	37	Pingban	44	Datengxia
7	Wanjiazhai	14	Tongzilin	22	Xiaowan	30	Tankeng	38	Longtan		
		15	Ertan	23	Huangguoshu	31	Huangpu				

Wärmekraftwerke

■ in Betrieb

1	Harbin	33	Douba	65	Wujing
2	Xinhua	34	Chongqing	66	Jinxing
3	Jixi	35	Huayingshan	67	Jinshan
4	Qianqi	36	Qingzhen	68	Henhai
5	Jilin (Heizkraftwerk)	37	Xuanwei	69	Yongan
		38	Lhasa	70	Fenyi
6	Hunjiang	39	Anyang		
7	Qinghe	40	Jiaozuo		
8	Liaoning	41	Luoyang (Heizkraftwerk)		
9	Fushun				
10	Anshan	42	Kaifeng		
11	Fuxin	43	Yaomeng		
12	Yuanbaoshan	44	Jingmen (Heizkraftwerk)		
13	Chaoyang				
14	Douhe	45	Qingshan (Heizkraftwerk)		
15	Tangshan				
16	Tianjin Nr. 3	46	Huangshi		
17	Dagang	47	Jinzhushan		
18	Matou	48	Shaoguan		
19	Beijing Nr. 1 (Heizkraftwerk)	49	Huangpu		
		50	Maoming		
20	Jingsi	51	Heshan		
21	Shijingshan	52	Zhanhua		
22	Shentou	53	Xindian		
23	Taiyuan Nr. 2	54	Laiwu		
24	Niangziguan	55	Shiheng		
25	Huoxian	56	Jining		
26	Wulanshan	57	Huaibei		
27	Baotou Nr. 1 und Nr. 2	58	Huainan		
		59	Xuzhou		
28	Hancheng	60	Nanjing (Heizkraftwerk)		
29	Qingling				
30	Xigu (Heizkraftwerk)	61	Tianshenggang		
		62	Jianbi		
31	Weihuliang	63	Wangting		
32	Hongyanchi	64	Zhabei		

■ in Bau

1	Fulaerji	6	Datong	11	Huaibei
2	Mundanjiang	7	Tongliao	12	Xuzhou
3	Jinzhou	8	Qinling	13	Baoshan
4	Yuanbaoshan	9	Jinmen	14	Guixi
5	Shentou	10	Luohe		

Lage der Kartenausschnitte in Karte 17

II. Energiewirtschaft

Quellennachweis zu Kapitel II Abschnitt 4 „Wasserkraft und Elektrizitätswirtschaft"

1. *Smil, V.:* Exploiting China's Hydro Potential. Water Power and Dam Construction, March 1976, S. 19/26.

2. *Carin, R.:* Power Industry in Communist China. Hrsg.: Union Research Institute, Hamburg, 1969.

3. *World Bank:* China: Socialist Economic Development. Bd. II, Washington, 1983.

4. *Weil, M.:* Hydropower. In: China Business Review (1982) Nr. 4, S. 9/23.

5. Exploration und Bergbau: Die Kohlenwirtschaft der VR China. Düsseldorf, 1983.

6. Aufbau der ländlichen Energie. Renmin Ribao v. 6. 8. 1980.

7. *CIA:* Electric Power for China's Modernization. The Hydroelectric Option. Mai 1980, S. 8.

8. *Clarke, Ch. M.:* China's Energy Plan for the 80's. In: China Business Review 8 (1981) Nr. 3, S. 48/51.

9. *Clarke, W.:* China's Electric Power Industry. In: Joint Economic Committee: China's Economy Post-Mao (Part 1). Washington, 1978.

10. *Ding, Genxi:* Zhongguo de dianwang (Das chinesische Überlandleitungsnetz). In: Zhongguo baike nianjian 1980. Beijing, 1980, S. 322.

11. *Fang, Shan:* Zhonggong shuili fadian yu dalu nengyuan wenti (Die chinesischen Kommunisten und das Energieproblem des Festlandes). In: Feiqing yuebao Vol. 23 (1981) Nr. 7, S. 39/44.

12. *Li, Rui:* Wo guo shuidian jianshe (Der Aufbau des Wasserenergiesektors in unserem Land). Unveröffentlichtes Manuskript. November 1981.

13. *Scherer, J. L.* (ed.): China Facts and Figures Annual (CIFFA). 1979 bis 1983. Gulf Breeze (jährlich).

14. Bundesstelle für Außenhandelsinformationen: VR China. Energiewirtschaft 1983. Köln, 1984.

5. Kernenergie

Bis in die 70er Jahre war die VR China das einzige Land mit Kernwaffen, in dem kaum nennenswerte Anstrengungen für die friedliche Nutzung der Kernenergie unternommen wurden. Erst nach 1976 begann sich hier eine Wandlung zu vollziehen, so daß der Entwicklung von Kernkraftwerken größere Beachtung geschenkt wurde. Die Ursache für die geringe Bedeutung der friedlichen Nutzung der Kernenergie liegt außer in den politischen Wirren während der Kulturrevolution auch in ökonomischen Erwägungen. Aufgrund der großen Kohlen- und Wasserkraftreserven wurde keine unmittelbare Notwendigkeit für die wirtschaftliche Nutzung der Kernkraft gesehen. Auch waren lange Zeit die Entwicklungsmöglichkeiten der Mineralölförderung überschätzt worden. Angesichts des steigenden Energiemangels vor allem in den Provinzen, in denen sich nur geringe Kohlenvorkommen befinden und die Wasserenergie nicht ausreichend erschlossen werden kann, wurde eine Revision dieser Einschätzung vorgenommen. Heute wird der Bau von Kernkraftwerken folgendermaßen begründet:

▷ Die in Kernkraftwerken erzeugte elektrische Energie wird erheblich kostengünstiger eingeschätzt, als diejenige aus Kohle und Mineralöl. Der Bau solcher Kraftwerke erfordert zwar größere Investitionen, unter Berücksichtigung der für den Transport der Kohle notwendigen Infrastrukturinvestitionen sind sie insgesamt jedoch ökonomischer.

▷ Da auf absehbare Zeit das Transportnetz nicht in der Lage sein wird, alle Provinzen ausreichend mit Kohle zu versorgen, ist der Einsatz von Kernenergie eine notwendige Maßnahme, den Energiemangel der unterversorgten Provinzen auf Dauer zu beheben.

▷ Kernkraftwerke sind umweltfreundlicher als Wärmekraftwerke; auch ist ihre Sicherheit nicht umstritten.

▷ China verfügt durch das umfangreiche Nuklearrüstungsprogramm über ein großes Kontingent an Atomwissenschaftlern, die durch die Verlagerung des Entwicklungsschwerpunktes auf den zivilen Bereich adäquat beschäftigt werden können. Schließlich wird auch ein Entwicklungsprogramm für den Bau von Kernkraftwerken für dringend erforderlich gehalten, um auf einem wichtigen technologischen Gebiet den Anschluß an das Weltniveau nicht zu verlieren.

5.1 Rückblick auf die Entwicklung der Nuklearindustrie

Die Anfänge der chinesischen Kernforschung reichen bis ins Jahr 1950 zurück, dem Gründungsjahr der Chinesischen Akademie der Wissenschaften, der zunächst 22 Institute, unter anderem das Institut für Moderne Physik in Lanzhou, angeschlossen wurden. Hier beschäftigte sich bald darauf eine Forschungsgruppe speziell mit der Kernenergie. Im Jahr 1955 unterzeichneten die VR China und die Sowjetunion ein Abkommen über eine enge Zusammenarbeit beider Länder auf dem Gebiet der Kernforschung. Im Rahmen dieses Vertrages ist die erste Gasdiffusionsanlage von der Sowjetunion geliefert und bei Lanzhou installiert worden.

II. Energiewirtschaft

Im Jahr 1957 unterzeichneten die beiden Länder ein weiteres Hilfsabkommen, das umfangreiche Lieferungen von Forschungsanlagen vorsah. Im Rahmen dieses Vertrages sind chinesische Atomwissenschaftler u. a. am Dubna-Institut bei Moskau ausgebildet worden. Parallel dazu wurden von den Wissenschaftlern des Instituts für Moderne Physik in Lanzhou die Forschungsinstitute für Kernenergie in Beijing und für Kernforschung in Shanghai gegründet. Beide sind der Akademie der Wissenschaften angegliedert, unterstehen aber gleichzeitig auch dem für die Atomrüstung zuständigen 2. Maschinenbauministerium. Außerdem wurde eine Vielzahl weiterer Forschungsinstitute u. a. an Universitäten gegründet, die sich mit Kerntechnik und verwandten Bereichen beschäftigen.

Die Sowjetunion lieferte den Instituten in Beijing und Shanghai Van-de-Graaf-Beschleuniger, Elementarteilchenbeschleuniger und einen 10-MW-Forschungsreaktor auf der Basis von schwerem Wasser als Kühlmittel und Moderator, dessen Kapazität später unter der Regie chinesischer Wissenschaftler auf 14 MW vergrößert worden war. Im Jahr 1958 wurde darüber hinaus ein 25-MeV-Alpha-Teilchen-Beschleuniger in Betrieb genommen. Weitere Unterstützung erhielt China durch die Tschechoslowakei, die beim Bau der Urananreicherungsanlage in Zhuzhou in der Provinz Hunan Hilfestellung gab und auch die Entwicklung der Atomraketen unterstützte.

Die wissenschaftliche und technologische Kooperation mit der Sowjetunion wurde im Jahr 1960 abrupt abgebrochen. Die Gründe für diese Wende sind weitgehend unbekannt, jedoch scheint die Weigerung der Sowjetunion, den chinesischen Wissenschaftlern den Prototyp einer Atombombe zu überlassen, ausschlaggebend gewesen zu sein. Trotz der durch den Abbruch hervorgerufenen Schwierigkeiten lief das völlig unter rüstungspolitischen Vorzeichen stehende Kernforschungsprogramm weiter. Auch während der großen Wirtschaftskrise Anfang der 60er Jahre wurden die mit der Atomrüstung befaßten Institute mit großen Finanzmitteln ausgestattet, so daß 1963 fünf weitere Reaktoren, davon zwei mit 15 bzw. 10 MW in Wulumuqi und zwei Plutoniumreaktoren in Baotou in Betrieb gehen konnten. Ein Reaktor in Baotou hat eine Leistung von 50 MW und soll jährlich soviel Plutonium erzeugen, wie für den Bau von drei Atombomben benötigt wird.

Für den schnellen weiteren Aufbau der chinesischen Nuklearindustrie ist jedoch vor allem auch bedeutsam, daß zahlreiche im Ausland, besonders in den USA tätige namhafte Atomwissenschaftler und Reaktorbauer nach China zurückgekehrt sind und ihr Wissen in die Forschungsprogramme eingebracht haben.

Der erste chinesische Atombombenversuch am 16. Oktober 1964 beweist, wie erfolgreich die chinesischen Wissenschaftler und Ingenieure auch ohne sowjetische Unterstützung gearbeitet haben. Sofern das für die Kernspaltung notwendige hochangereicherte Uran in der Gasdiffusionsanlage von Lanzhou hergestellt wurde, läßt dies auf eine sehr weitgehende sowjetische Hilfe bis 1960 schließen. Andere Berichte sprechen auch von einer Unterstützung durch die Tschechoslowakei. Bereits im Jahr 1967 gelang es chinesischen Wissenschaftlern, die erste Wasserstoffbombe zu zünden.

Die Initiative zur Entwicklung der friedlichen Kernforschung ging nach den Wirren der Kulturrevolution 1970 von dem damaligen Ministerpräsidenten

Zhou Enlai aus. Bald darauf begann sich wieder ein internationaler Wissenschaftsaustausch zu entwickeln, diesmal jedoch ausschließlich mit westlichen Staaten. So wurde u. a. 1976 vom italienischen ENI-Konzern für 8 Mill. US-$ eine Gaszentrifuge nach China geliefert. Der Bau eines ersten Kernkraftwerkes in Guangdong in der Nähe von Hongkong wird bereits seit 1973 diskutiert. Die mit der friedlichen Kernforschung befaßten Wissenschaftler fanden schließlich in der 1980 gegründeten Chinesischen Atomgesellschaft ein nationales Gremium zur Koordinierung ihre Aktivitäten.

5.2 Heutige Struktur der Nuklearindustrie

Höchstes Gremium innerhalb des Staatsapparates für die Kernforschung ist weiterhin die direkt dem Staatsrat zugeordnete Kommission für Wissenschaft und Technologie, der alle Planungs- und Koordinierungsaufgaben im Forschungsbereich zufallen. In welchem Maße die Kernenergie in den staatlichen Wirtschaftsplänen Berücksichtigung findet und welchen Anteil sie an der Stromversorgung bis zum Jahre 2000 haben wird, entscheidet jedoch die Staatliche Planungskommission, die dem Staatsrat direkt untersteht. Sie koordiniert die Planvorhaben der Industrieministerien und faßt die Ergebnisse in verbindlichen Kennziffern zusammen. In den Bau von Kernkraftwerken direkt eingeschaltete Ministerien:

▷ Ministerium für Nuklearindustrie (vor 1982: 2. Maschinenbauministerium),
▷ Ministerium für Maschinenbau,
▷ Ministerium für Wasserwirtschaft und Energie,
▷ Ministerium für Hüttenindustrie und
▷ Ministerium für Arbeit.

Das Ministerium für Nuklearindustrie ist verantwortlich für die Entwicklung der Kernreaktoren sowie für den gesamten Kernbrennstoffzyklus. Von den mit der Kernforschung befaßten Instituten der Akademie der Wissenschaften arbeiten folgende direkt mit dem Ministerium zusammen:

1. Das Kernenergieinstitut in Fangshan, etwa 50 km südwestlich von Beijing, hat 1500 Mitarbeiter, von denen die Hälfte Wissenschaftler und Techniker sind. Das Institut wurde 1958 errichtet und arbeitet mit zwei Forschungsreaktoren: einem chinesischen 3,5-MW-Leichtwasserreaktor, der auf 10% angereichertes UO_2 benötigt und 10 Heiße Zellen besitzt, sowie dem von der Sowjetunion gelieferten, inzwischen auf 14 MW umgebauten Schwerwasserreaktor. Außerdem verfügt das Institut über ein Zyklotron mit 14 MeV für Deuterium. Forschungsschwerpunkte: Kernphysik, Transuranchemie, Reaktormaterialien und die Herstellung von Isotopen für medizinische Anwendung.

2. Das Institut für Moderne Physik in Beijing mit etwa 650 Mitarbeitern, einschließlich 450 Wissenschaftlern und Technikern. Forschungsschwerpunkte: Plasmaphysik, Festkörperphysik (Magnetismus, Kristallographie, Tieftemperatur- und Hochdruckphysik), Laser, Akustik und theoretische Fragen.

3. Das Institut für Kernforschung in Shanghai, Kreis Jiading. Hier sind 500 Forscher und 300 Mitarbeiter auf folgenden Forschungsgebieten tätig: Angewandte Kernphysik, Strahlenchemie, Isotopenproduktion, nukleare Elektronik und Ent-

II. Energiewirtschaft

wicklung von Meßinstrumenten. Für die Arbeit steht ein Zyklotron mit 7,8 MeV zur Verfügung. Ein 2,6-MeV-Tandem-van-de-Graaf-Generator befindet sich in Bau.

4. Das Institut für Moderne Physik in Lanzhou mit dem Schwerionenlabor. (Hierüber liegen keine näheren Angaben vor.)

Darüber hinaus unterstehen dem Ministerium für Nuklearindustrie noch einige weitere Institute. Hierzu gehören unter anderem die Forschungsinstitute für Urangeologie und Uranerzaufbereitung in Beijing (vgl. Abschnitt „Uran" in Kapitel III), das Institut für Physik in Xian und das Südwest-Forschungs- und Entwicklungszentrum für Reaktortechnik, 160 km südwestlich von Chengdu in der Provinz Sichuan. In diesem Institut, in dem 3000 Mitarbeiter, darunter 1800 Wissenschaftler und Ingenieure beschäftigt sind, wurde 1979 ein 125-MW-Hochflußreaktor vom Typ Orphée kritisch, der mit Leichtwasser als Kühlmittel und Moderator arbeitet und einen maximalen Fluß von $6,2 \cdot 10^{14}$ thermischen und $5,7 \cdot 10^{14}$ schnellen Neutronen je $cm^2 \cdot s$ aufweist. Als wichtigstes Forschunggebiet gelten neben dem Reaktor Heiße Zellen, die mit allen Einrichtungen zur Untersuchung und Zerlegung bestrahlter Brennelemente versehen sind.

Im Jahr 1980 wurde bekannt, daß zur Verbesserung der Kernforschung drei große Beschleuniger gebaut werden sollten, darunter ein 50-MeV-Protonen-Synchron-Beschleuniger im Zentrum für Hochenergiephysik in Beijing sowie ein Schwerionenbeschleuniger im Institut für Moderne Physik in Lanzhou. Anfang 1983 wurde berichtet, daß im Bereich der Hochenergiephysik zwischen China und den USA ein Kooperationsabkommen unterzeichnet worden sei. Danach sollen die USA unter anderem bei der Lösung technischer Probleme beim Bau eines 2mal 2,2 GeV-Elektronen-Protonen-Speicherrings in Beijing behilflich sein. Das Projekt, das bis 1988 fertiggestellt sein soll, setzt sich im wesentlichen aus einem 200 m langen linearen Teilchenbeschleuniger, einem Speicherring von 240 m Durchmesser, einem 400 t schweren Detektor sowie einem Synchron-Strahlungslabor zusammen.

Das Ministerium für Nuklearindustrie leitet auch die Forschungen zu den verschiedenen Reaktorlinien und Primärkreisläufen. Es hat ferner eine eigene Import-/Exportgesellschaft, die China Nuclear Energy Industry Corporation, die auch für die internationalen Kontakte bezüglich Anlagenimport zuständig ist.

Dem Ministerium für Maschinenbau unterstehen die Fabriken, die die notwendigen Anlagen für den Kernkraftwerksbau herstellen. Neben den Shanghaier Fabriken: Shanghai Boiler Plant (Produktion von Kesseln und Verdampfern für Energieerzeugung), Shanghai Turbine Plant, Shanghai Electric Plant sowie Shanghai Casting and Forging Plant (spezialisiert auf Wärmebehandlung und maschinelle Veredelung) ist auch von den Petroleum & Chemical Machinery Works in Lanzhou bekannt, daß sie Zulieferer für Kernkraftwerksbauten sind.

Das Ministerium für Wasserwirtschaft und Energie ist für den Bau aller Kraftwerke und auch für das Stromversorgungsnetz in China zuständig. In seine Zuständigkeit fällt der Entwurf und die Konstruktion des Sekundärkreislaufes und der Generatoren der Kernkraftwerke. Von dem diesem Ministerium zugeordneten East China Institute of Power Design ist bekannt, daß es an dem weiter unten beschriebenen Projekt des 300-MW-Kernkraftwerkes beteiligt ist.

Das Ministerium für Hüttenindustrie ist verantwortlich für die fehlerfreie Herstellung des benötigten Stahls. Die in jeder größeren Stadt vorhandenen Arbeitsbüros des Ministeriums für Arbeit führen die entsprechenden Qualitätskontrollen durch und überwachen die Einhaltung der Konstruktionsbestimmungen für die Druckbehälter in den Kraftwerken. Sie sind daher auch für die Überwachung der Konstruktion und des Baus der druckführenden Teile der Kernkraftwerke zuständig.

5.3 Gegenwärtiger Stand und Entwicklungsplanung

Über die Entwicklungsabsichten der VR China auf dem Nuklearsektor wurde erstmals im Jahr 1983 vom Präsidenten der chinesischen Atomgesellschaft, Wang Gangchang, berichtet. Danach enthält das Kernenergieprogramm folgende Zielvorstellungen:

▷ Bis 1990 sollen Kernkraftwerke mit einer Kapazität von 2000 bis 4000 MW in Betrieb gehen.

▷ Bis Ende des Jahrtausends soll die Kernkraftwerks-Kapazität auf 10 000 bis 15 000 MW angewachsen sein.

▷ Nach dem Jahre 2000 sollen Kernkraftwerke in Serie gebaut werden.

Die VR China besitzt nach Aussagen Wangs ein ausgedehntes Lagerstättenpotential für eine ausreichende Urangewinnung und ist heute in der Lage, neben der Herstellung von angereichertem Uran auch Plutonium aus abgebrannten Brennelementen zu extrahieren.

Der Staatsrat hat in der Zwischenzeit dem Bau der ersten beiden Kernkraftwerke zugestimmt, deren Planung bereits mehrere Jahre im Gespräch war. Es handelt sich hierbei um zwei Druckwasserreaktoren:

1. Ein 300-MW-Reaktor, der unter chinesischer Regie zur Versorgung von Shanghai an der weiter südlich liegenden Hangzhou-Bucht im Kreise Haiyan, Provinz Zhejiang, errichtet wird, soll im Jahr 1988 in Betrieb gehen.

2. Ein 1800-MW-Reaktor, der aus zwei Blöcken von je 900 MW bestehen wird, soll als Kooperationsprojekt im Bereich der Daya-Bucht auf der Dapeng-Halbinsel, östlich von Hongkong, Provinz Guangdong, enstehen (Karte 18).

Der Bau des bei Shanghai zu errichtenden Kernkraftwerks, das als „Projekt 728" ursprünglich bereits für 1980 geplant war, wurde durch die Adjustierungspolitik verzögert. Es entsteht in völliger Eigenregie, nur der Kauf von wenigen Komponenten ist im Ausland geplant. Offensichtlich hat die erfolgreiche Inbetriebnahme des 125-MW-Hochfluß-Forschungsreaktors in der Provinz Sichuan, der ohne westliche Technologie gebaut wurde, die chinesischen Wissenschaftler zu diesem Weg ermutigt. Die relativ geringe Kapazität des bei Shanghai geplanten Kraftwerks orientiert sich an dem vorhandenen Überlandleitungsnetz, das für größere Blöcke von 900 bis 1250 MW nicht ausgelegt ist. Zu einem späteren Zeitpunkt soll ein zweiter Block ähnlicher Größe am gleichen Standort errichtet werden.

Das zweite in Planung befindliche Kernkraftwerk unterscheidet sich von dem ersten grundlegend, da es als Joint Venture mit ausländischer Technologie errichtet werden soll. Lange Zeit durch die Adjustierungspolitik verzögert, scheint

II. Energiewirtschaft

Karte 18.
Lage der geplanten Kernkraftwerke.

nun die Planung weiterzugehen. Partner in diesem Projekt sind in Guangzhou die Hongkong Nuclear Investment Company und auf chinesischer Seite die Guangdong Power Company. 90% des 36-Mrd.-HK-$-Projektes sollen durch Bankkredite finanziert, der Rest durch die beiden Gesellschaften aufgebracht werden. Weitere 5 Mrd. HK-$ werden für die Überlandleitungen nach Hongkong benötigt, die die Hongkong China Light & Power Company und die Hongkong Electric Holdings Ltd. aufbringen werden.

Die beiden 900-MW-Druckwasserreaktoren wird die Französische Framatome, ein Lizenznehmer von Westinghouse, liefern, während die britische General Electric Co. die konventionellen Teile einschließlich der Turbinen erstellt. Ein direkter Kauf der Reaktoren in den USA war wegen der Weigerung der Chinesen, die Kernkraftwerke durch internationale Kontrollen überwachen zu lassen, und deren Gegnerschaft zum Atomsperrvertrag nicht möglich. Eine Änderung dieser Haltung zeichnete sich aber 1983 ab, als die VR China Mitglied der International Atomic Energy Agency wurde.

Der Baubeginn dieses Kernkraftwerkes ist noch ungeklärt. Ursprünglich sollte es 1989 seinen Betrieb aufnehmen und 70% der erzeugten Energie an Hongkong (Xianggang) liefern. Es gibt jedoch in Beijing starke Kräfte, die mit dem Hinweis auf die großen Leistungen der eigenen Nuklearindustrie gegen den Kauf kompletter Kernkraftwerke im Ausland Stellung beziehen

Es bleibt festzustellen, daß die Kernenergie in China nach gegenwärtiger Beurteilung der Lage an der Stromversorgung auf absehbare Zeit nur eine geringe Rolle spielen wird. Nicht nur die langen Bauzeiten für Kernkraftwerke, sondern auch die hohen Investitionskosten lassen es unwahrscheinlich erscheinen, daß im Jahre 2000 eine Kernkraftwerkskapazität von 15 000 MW zur Verfügung stehen wird. Dennoch wird China angesichts der großen Anstrengungen und langen Erfahrungen auf dem Gebiet der Nuklearwaffentechnik in diesem Jahrzehnt sicherlich auch einen großen Schritt in der Entwicklung der Kernkraftwerkstechnologie vorankommen.

Quellennachweis zu Kapitel II Abschnitt 5 „Kernenergie"

1. *Aoki, H.:* China's Development of Nuclear Power for Peaceful Purposes. In: China Newsletter (Jetro), Nr. 39, July—August 1982, S. 18/20.

2. *Clarke, Ch.:* China's Energie plan for the 80-s. In: China Business Review, Vol. 8 No. 3, May—June 1981, S. 48/51.

3. *Becker, K.:* Kerntechnik in China heute. In: Atomwirtschaft, Januar 1982, S. 42/45.

4. Hongkong's Stake in China's Nuclear Power Plant Project. In: Hongkong Trader, Dec. 1983.

5. *Jones, D.:* Nuclear Power, Back on the Agenda. In: China Business Review, Vol. 8 No. 1, Feb. 1981, S. 32/35.

6. *Louwen, E.:* China plant 300-MW-Reaktor nahe Shanghai. In: China aktuell, Jg. XI, April 1982, S. 202 (ü 16).

7. *Louwen, E.:* Nuklearindustrie wird weiterentwickelt. In: China aktuell, Jg. XI, Dezember 1982, S. 716 (ü 29).

8. *Louwen, E.:* Über Chinas Nuklearindustrie. In: China aktuell, Jg. XII, August 1983, S. 498 (ü. 50).

9. *Louwen, E.:* Arbeiten an Chinas erstem Nuklearkraftwerk begonnen. In: China aktuell, Jg. XII, Juni 1983, S. 360 (ü 36).

10. *Mohan, R.:* China's nuclear Policy. In: Indian Express, 1. 11. 1983.

11. *Smil, V.:* China's Energy Achievements, Problems, Prospects. New York, 1976.

12. *Weil, M.:* The Nuclear Power Projects. In: China Business Review, Vol. 9, No. 5, Sept.—Oct. 1982, S. 40/44.

13. *Woodard, K.:* The International Energy Relations of China. Stanford, 1980.

III. Metall- und Nichtmetallrohstoffe

1. Allgemeines

Die VR China verfügt neben reichen Energierohstoffvorkommen auch über ein großes Vorratspotential an Metall- und Nichtmetallrohstoffen. Durch die erst vor einiger Zeit beendete geologische Kartierung des Landes in Verbindung mit geophysikalischen und geochemischen Untersuchungen ist ein guter Überblick über die oberflächennahe Ausdehnung höffiger Bereiche gewonnen worden. Mit Hilfe der in den letzten Jahren sehr geförderten Explorationsarbeit wurden ferner vor allem in den bereits bekannten Lagerstättenbereichen die Vorräte genauer ermittelt, auch sind viele Lagerstätten neu erkundet worden, so daß die chinesische Rohstoffbasis insgesamt weiter abgesichert werden konnte. Vielfach ist festzustellen, daß die früher großzügig geschätzten Vorräte durch die neueren Untersuchungen bestätigt wurden.

Offizielle Angaben über die Vorräte der einzelnen mineralischen Rohstoffe sind von chinesischer Seite bisher jedoch nur vereinzelt gemacht worden. Die im Kapitel I in der Tabelle 1 aufgelisteten Werte beziehen sich daher weitgehend auf die von H. Schmidt (2) und der Bundesanstalt für Geowissenschaften und Rohstoffe, Hannover, gemachten Angaben, worunter die gegenwärtig bekannten, als wirtschaftlich gewinnbar einzustufenden sicheren und wahrscheinlichen Reserven verstanden werden. Sofern weitergehende Angaben vorlagen, sind diese im Text diskutiert und in der letzten Spalte der Tabelle 1 aufgeführt.

Der Metallerzbergbau hat in China eine lange Tradition. Die Metallerzvorräte sind von beachtlicher Größenordnung und spielen daher für die wirtschaftliche Entwicklung des Landes eine große Rolle. Von den 140 industriell nutzbaren mineralischen Rohstoffen sind in China bisher 132 in Lagerstätten gewinnbar nachgewiesen worden. Der Metallerzbergbau hat daher auch eine beachtliche Aufwärtsentwicklung erfahren. Seine Fördermenge konnte seit Gründung der Volksrepublik bis 1980 eine durchschnittliche jährliche Wachstumsrate von rund 16,6% verzeichnen, wobei diese für die Eisenerzfördermenge bei 18,5% und für die NE-Metallfördermenge bei 14,7% lag.

Eine Besonderheit des chinesischen NE-Metallerzbergbaus liegt in dem häufigen Antreffen von komplexen polymetallischen Lagerstätten mit beträchtlicher Größenordnung, die allerdings besondere aufbereitungstechnische Probleme aufwerfen.

Während bei der Gewinnung der Energierohstoffe sowohl im Kohlenbergbau als auch in der Mineralölindustrie die VR China seit Beteiligung am Welthandel bereits sehr frühzeitig auch moderne, importierte Gewinnungs- und Transportmittel einsetzte, begann die Modernisierung im übrigen Bergbau erst relativ spät.

Die überwiegende Zahl der Eisenerzgruben und etwa die Hälfte der NE-Metallerzgruben werden im Tagebau betrieben. Die meisten Tagebaue haben eine För-

1. Allgemeines

derkapazität von mehr als 1 Mill. t/a; der größte Tagebau erreicht im Maximum 7 Mill. t/a, einschließlich des Abraums 25 Mill. t/a. Die größte Tagebauteufe liegt bei knapp 300 m, und der jährliche Teufenfortschritt erreicht 8 bis 12 m. Das übliche Abraum/Erz-Gewichtsverhältnis bewegt sich zwischen 2:1 bis 3:1.

Für die Ladearbeit werden überwiegend elektrische Bagger eingesetzt mit Löffeln von rund 4 m^3 Inhalt. Die Förderung erfolgt gleisgebunden mit Elektro-Loks mit Dienstgewichten zwischen 80 bis 100 t und in Selbstentleerer-Wagen bis zu einem Fassungsvermögen von 60 t. Im NE-Metallerzbergbau wird in einigen Tagebauen auch die Gleislos(LHD)-Technik angewandt, wobei Schwerlastkipper bis zur Gewichtsklasse von 32 t eingesetzt werden. In größeren Tagebauen finden Bagger mit Löffelinhalten bis 8 m^3 und diesel-elektrisch betriebene Schwerlastkipper mit 100 t Fassungsvermögen Verwendung.

Etwa die Hälfte des im Tagebau gewonnenen NE-Metallerzes steht in Seifenlagerstätten an und wird hydromechanisch gewonnen. Die Wasserdrücke erreichen hier 80 bis 100 bar, und die Monitoren erbringen Leistungen von 150 bis 170 m^3/h. Neuerdings werden auch Saugbagger beim Abbau von Goldseifen eingesetzt.

Die überwiegende Zahl der Tiefbaugruben weist eine geringe bis mittlere Kapazität auf; in der Spitze werden Fördermengen bis 1 Mill. t/a erbracht. Die größte geplante Grube soll eine Kapazität von 5 Mill. t/a erhalten. Der tiefste Schacht erreicht eine Teufe von mehr als 800 m.

Entsprechend dem großen Mineralreichtum und der unterschiedlichen Lagerstättenausbildung kommt eine Vielzahl von Abbauverfahren zur Anwendung. Im Zuge der in den 70er Jahren einsetzenden Mechanisierung hat sich im Eisenerzbergbau der Teilsohlenbruchbau zur vorherrschenden Abbaumethode entwickelt. Neben Schrappern werden auch zunehmend Gleislosfahrzeuge eingesetzt. Im Metallerzbergbau spielen die firstenbauartigen Abbauverfahren noch die größte Rolle. Beim Firstenstoßbau mit Versatz findet bereits ebenfalls die LHD-Technik Anwendung, mit der aus den Abbaubetrieben Tagesleistungen von 370 bis 400 t Erz erbracht werden.

Neben den Bemühungen, den Bergbau auf moderne großmaßstäbliche Abbauverfahren umzustellen, stehen die Anstrengungen um die Einführung hochentwickelter Erzaufbereitungs- und Hüttentechnologien sowie Weiterverarbeitungsverfahren. Über eine Vielzahl von Kooperationsabkommen mit Unternehmen der westlichen Welt versucht die VR China, durch Kauf von Anlagen und Ausrüstungen sowie Erwerb von Know-how Schritt für Schritt den Anschluß an den Weltstandard zu finden.

In den Ausführungen über die wichtigsten in China vorkommenden mineralischen Metall- und Nichtmetallrohstoffe wurde im wesentlichen auf 5 Quellen (1 bis 5) zurückgegriffen, die daher in den einzelnen Abschnitten dieses Kapitels nicht mehr aufgeführt werden und sich im Quellennachweis am Ende von Kapitel III befinden.

Darüber hinaus wurden die einschlägigen Monographien der Bundesanstalt für Geowissenschaften und Rohstoffe, Hannover, und des Deutschen Instituts für Wirtschaftsforschung, Berlin, über Angebot und Nachfrage mineralischer Rohstoffe ausgewertet, die für eine Reihe der besprochenen Metalle vorliegen.

III. Metall- und Nichtmetallrohstoffe

2. Eisen und Stahlveredler

2.1 Eisen

Die Eisenerzfördermenge der VR China liegt gegenwärtig bei jährlich 110 bis 120 Mill. t Roherz mit einem Metallgehalt zwischen 35 und 40 Mill. t. In entsprechender Größenordnung liegt auch die Roheisen- und Rohstahlerzeugung (Tabelle 61).

Tabelle 61. Entwicklung der Eisenerzfördermenge sowie der Roheisen- und Rohstahlproduktion in der VR China (8).

Produkt	Mengen im Mill. t					
	1979	1980	1981	1982	1983	1984
Eisenerz	118,8	123,0	104,5	107,3	113,4	—
Roheisen	36,7	38,0	34,2	35,5	37,4	39,98
Rohstahl	34,5	37,1	35,6	37,2	40,0	43,37

Die Eisenerzvorräte werden heute ohne nähere Klassifizierung mit 44 Mrd. t angegeben. Der Fe-Inhalt der gegenwärtig gewinnbaren und erschlossenen Vorräte beträgt 2,8 Mrd. t. Die möglichen Gesamtvorräte werden auf 100 Mrd. t geschätzt. Hierbei ist jedoch bedeutend, daß der überwiegende Teil der Erze einen Fe-Gehalt von nur etwa 30% aufweist. Auch bei den in Abbau befindlichen Vorräten herrschen bei einem Verhältnis Armerz- zu Reicherzvorkommen von 75:25 die Armerze vor. Große zusammenhängende Reicherzvorkommen, wie sie in Brasilien und Australien vorkommen, gibt es in China nicht. Sie haben hier nur örtliche Bedeutung. Der überwiegende Anteil der Förderung aus den chinesischen Armerzvorkommen muß daher vor der Verhüttung einer verfahrenstechnisch häufig aufwendigen Aufbereitung unterzogen werden.

Die Eisenerzvorkommen sind relativ weit gestreut und in fast allen Provinzen anzutreffen (Karte 19). Große Abbaugebiete liegen im Nordosten und Norden des Landes, am Unterlauf des Changjiang und im Süden der Provinz Sichuan, wo auch die großen Verhüttungs- und Stahlverarbeitungszentren entstanden sind. Etwa 80% der Roherzfördermenge und der Eisen- und Stahlerzeugung stammen aus den in der Tabelle 62 aufgeführten Produktionsbereichen.

In Abhängigkeit von der Größe der Eisenerzvorkommen sind auch eine Vielzahl von mittleren und kleinen Standorten der Eisen- und Stahlindustrie weit über das Land verteilt entstanden. Es lassen sich grob drei Kapazitätsklassen unterscheiden:

▷ Über 3 Mill. t/a Roheisen bzw. Rohstahl produzieren die Werke in Anshan, Shanghai und Wuhan.

▷ Zwischen 50 000 und 3 Mill. t/a erzeugen die Anlagen in Anyang, Baotou, Beijing, Benxi, Changde, Changzhi, Chengde, Chongqing, Dalian, Daye, Fulaerji, Gejiu, Guangzhou, Guiyang, Hami, Hangzhou, Handan, Huhehaote, Jiangyou, Jiuquan, Jinan, Kunming, Laiwu, Lianyuan, Liuzhou, Maanshan,

2. Eisen und Stahlveredler

Tabelle 62. Produktion der großen chinesischen Hüttenwerke 1981/83 (7, 8).

Region	Hüttenwerk	Roherz-menge Mill. t	Erzkonzentrat-menge Mill. t	Roheisen-erzeugung Mill. t	Rohstahl-erzeugung Mill. t
NO	Anshan	30,5	12,4	7,3	8,0
	Benxi	10,0	3,8	2,0	2,0
N	Baotou	4,0	1,5	1,2	1,6
	Beijing	13,0	5,2	3,0	1,8
	Taiyuan	n. b.	n. b.	1,8	1,2
	Tianjin	—	—	0,4	1,2
SW	Chongqing	n. b.	2,0	1,0	1,0
	Dukou (Panzhihua)	9,5	3,5	2,0	1,7
O	Maanshan	8,5	5,0	2,5	1,4
	Meishan	2,5	1,0	1,2	0,6
	Shanghai	—	—	0,5	5,0
	Wuhan	9,0	5,8	4,0	3,0
Gesamt		87,0	40,2	26,9	28,5

Meishan, Panzhihua, Shuicheng, Taiyuan, Tangshan, Tianjin, Tonghua, Wulumuqi, Xiangtan, Xining, Xuanhua, Yantai, Yongcheng, Yongde und Zunyi (Karte 20).

▷ Etwa weitere 40 Betriebe produzieren weniger als 50 000 t/a, von denen der größte Teil im Bereich der chinesischen Ostküste angesiedelt ist.

Im Jahre 1983 ergab sich die in der Tabelle 63 aufgezeigte Roheisen- und Rohstahlerzeugung nach Regionen und Provinzen.

Trotz der großen Eisenerzvorräte ist China in den letzten Jahren als Erzimporteur auf dem Weltmarkt aufgetreten. Es bezieht jährlich mehrere Millionen Tonnen Eisenerz aus den Ländern Australien, Brasilien und Nordkorea. Die Einfuhr von Reicherzen erreichte 1978 mit 7 Mill. t den bisherigen Höchststand; sie betrug 1983 noch 3,9 Mill. t. Die unzureichende Leistungsfähigkeit der chinesischen Aufbereitungskapazitäten bedingt, daß ein Teil der geförderten Eisenerze trotz geringer Fe-Gehalte unaufbereitet verhüttet werden muß, wodurch die Hüttenkapazitäten nur ungenügend ausgelastet werden. Um jedoch die Hüttenkapazitäten insbesondere im Küstenbereich optimal zu nutzen und die Produktion ohne erhebliche Zusatzinvestitionen in kurzer Zeit auf ein Maximum zu bringen, hat sich der Import von ausländischen Reicherzen als notwendig erwiesen. Da ein großer Teil der Importe aus Stückerzen besteht, ist auch auf eine unzureichende Kapazität an Sinteranlagen in den Hüttenwerken zu schließen.

Die Eisenerzimporte werden zukünftig weiter an Bedeutung gewinnen, wenn das im Jahr 1984 fertiggestellte Eisen- und Stahlwerk Baoshan (Shanghai) voll produziert und die geplanten Kapazitätserweiterungen vieler Hüttenwerke vollzogen sind. Ging man bislang noch von der Projektion aus, bis zum Jahre 2000 die jährliche Stahlproduktion auf 60 Mill. t zu steigern, so werden jetzt bereits 80 Mill. t in Erwägung gezogen, um bei dem wachsenden Stahlverbrauch eine weitgehende Unabhängigkeit von den Stahlimporten zu erreichen. Diese lagen

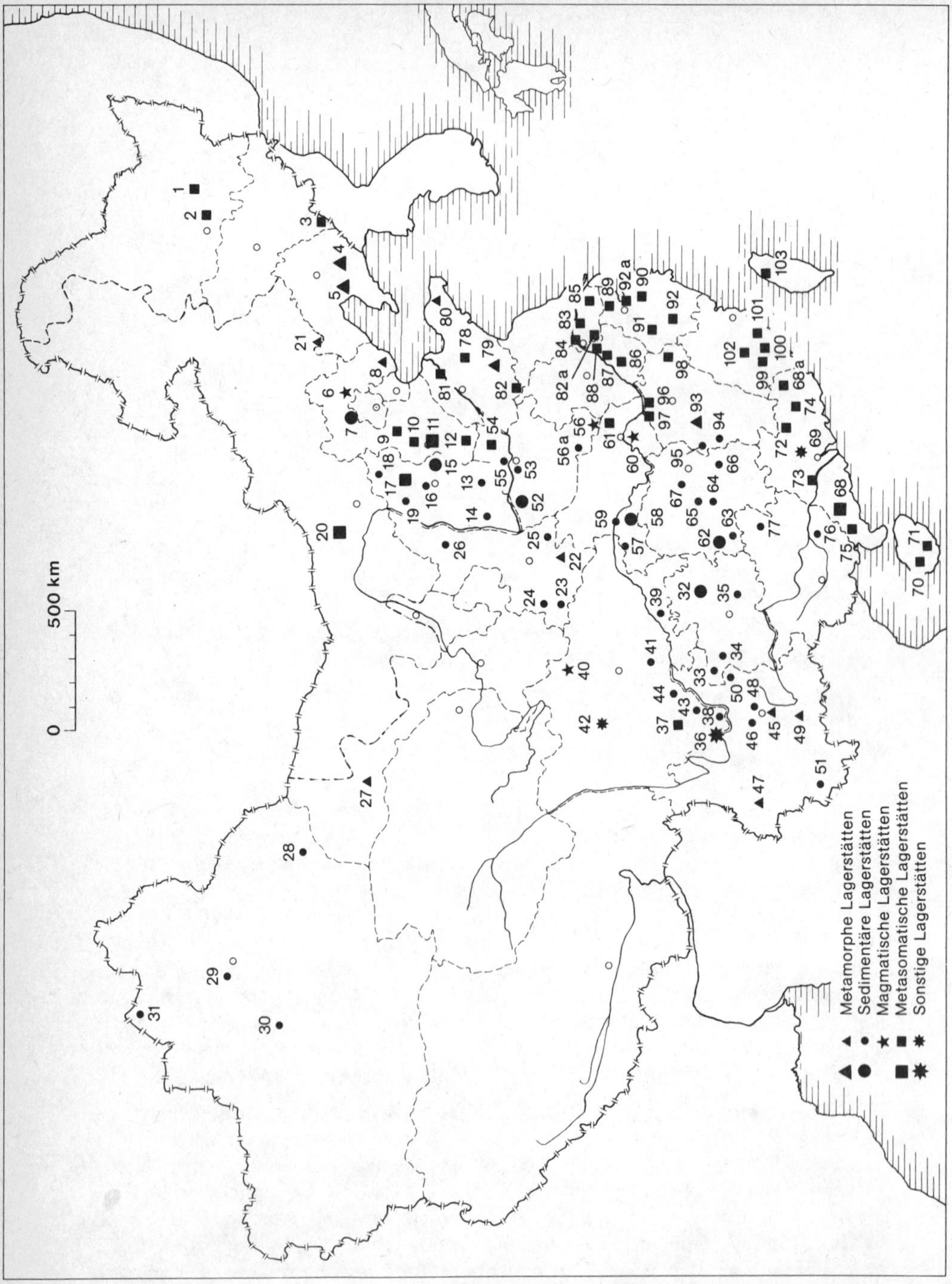

III. Metall- und Nichtmetallrohstoffe

180

Karte 19. Eisenerzvorkommen der VR China

2. Eisen und Stahlveredler

Tabelle zu Karte 19: Lagerstättennamen der Eisenerzvorkommen

Region	Provinz	Nr.	Eisenerzrevier (Nachbarort)	Region	Provinz	Nr.	Eisenerzrevier (Nachbarort)	Region	Provinz	Nr.	Eisenerzrevier (Nachbarort)
NO	Heilongjiang	1	Huazishan (Tonghe)	SW	Sichuan	33	Weining	MS	Guangxi	71	Tiandu
NO		2	Xiaoling (Acheng)	SW		34	Shuicheng	MS		72	Lianping
NO	Jilin	3	Dalizi (Tonghua)	SW		35	Duyun	MS		73	Wushiling (Yuntu)
NO	Liaoning	4	Benxi	SW		36	Yanbian/Panzhihua	MS		74	Baoshanzhang (Zongxin)
NO		5	Anshan	SW		37	Mianning	MS		75	Liangjiang (Yanziling)
NO	Hebei	6a	Luanping	SW		38	Huili	MS		76	Guiping
NO		6b	Damiao	SW		39	Qijiang (Chongqing)	MS		77	Guibei (Lingchuan)
N		7a	Longyan (Xian)	SW	Yunnan	40	Guangyuan	O	Shandong	78	Jinlingzhen
N		7b	Qianan	SW		41	Weiyuan	O		79	Yi-Meng (Yiyuan, Mengyin)
N		8a	Luanxian	SW		42	Daofu	O		80	Yantai
N		8b	Miyun	SW		43	Ningnan	O		81	Gaogezhuang
N		9	Yixian (Yixian)	SW		44	Leibo	O	Jiangsu	82	Liguoyi (Xuzhou)
N		10	Jianping	SW		45	Anning	O		82a	Molingguan (Chinkiang)
N		11	Jingxing (Shijiazhuang)	SW		46	Wuching	O		83	Chinkiang
N		12	Wuan (Handan)	SW		47	Tengchong	O		84	Liuhe
N		12a	Lianshe	SW		48	Kunming	O		85	Suzhou
Z	Shanxi	13	Changzhi	SW		49	Gejiu	O	Anhui	86	Tongling (Tongguanshan)
Z		14	Fenxi	SW		50	Xuanwei	O		87	Fanchang
Z		15	Yangquan	SW		51	Lancang	O		88	Dangtu (Maanshan)
Z		16	Yangqu (Taiyuan)	MS	Henan	52	Mianchi	O	Zhejiang	89	Changxing
Z		17	Ningwu	MS		53	Songshan (Dengfeng)	O		90	Shaoxing
Z		18	Datong	MS		54	Anyang	O		91	Kienteh
Z		19	Lanxian	MS		55	Xiuwu	O		92	Suichang
Z	Nei Monggol	20	Baiyunebo	MS		56	Xinyan	O		92a	Hangzhou
Z	Shaanxi	21	Zhen an	MS	Hubei	56a	Xinyang	O	Jianxi	93	Xinyu
NW		22	Hancheng	MS		57	Guangshan	O		94	Yongxin
NW		23		MS		58	Wufeng	O		95	Kiukiang
NW	Gansu	24	Luonan	MS		59	Changyang	O		96	Pingxiang
NW		25	Zichang	MS		60	Daye (Hankou)	O		97	Ruicheng
NW		26	Jingtieshan (Jiuquan)	MS		61	Macheng	O	Fujian	98	Yushan
NW		27	Hami	MS	Hunan	62	Huitong	O		99	Zhangping
NW	Xinjiang	28		MS		63	Suining	O		100	Anxi
NW		29	Changji	MS		64	Shaoyang	O		101	Dehua
NW		30	Kuche	MS		65	Xinhua	O		102	Datian
NW		31	Tacheng	MS		66	Chaling				
SW	Guizhou	32	Nord Guiyang	MS		67	Ningxiang				
				MS	Guangdong	68	Nindong				
				MS		68a	Tieshanzhang (Xinyi)				
				MS		69	Yuantan				
				MS		70	Shilu (Changjiang)				

III. Metall- und Nichtmetallrohstoffe

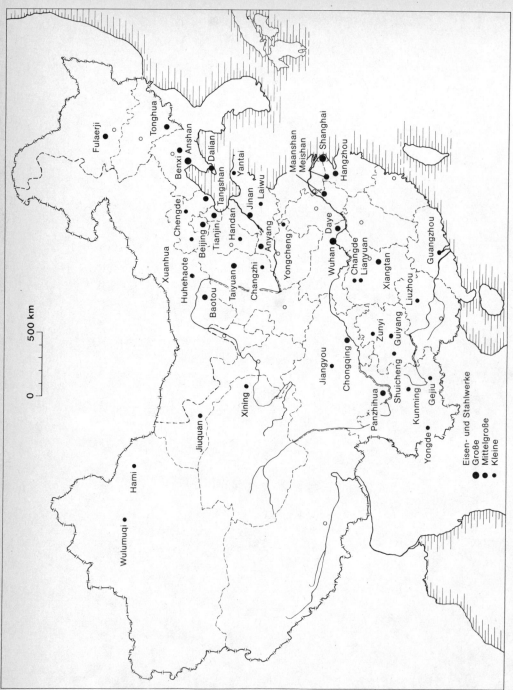

Karte 20. Standorte der Eisen- und Stahlindustrie.

Tabelle 63. Roheisen- und Rohstahlerzeugung nach Regionen und Provinzen im Jahr 1982 (2).

Region	Provinz	Roheisen Mill. t	Rohstahl Mill. t	Größere Hütten- bzw. Stahlwerke
NO	Heilongjiang	0,148	0,556	
	Jilin	0,322	0,244	
	Liaoning	9,631	8,856	Anshan, Benxi
		10,101	9,656	
N	Beijing	2,916	2,004	Beijing
	Tianjin	0,425	1,246	Tianjin
	Hebei	2,197	1,859	Tangshan, Chengde
	Shanxi	1,616	1,500	Taiyuan
	Nei Monggol	1,373	1,288	Baotou
		8,527	7,897	
NW	Shaanxi	—	0,199	
	Ningxia	—	—	
	Gansu	0,409	0,179	
	Qinghai	—	0,182	
	Xinjiang	0,141	0,130	
		0,550	0,690	
SW	Guizhou	0,436	0,106	
	Sichuan	2,853	3,376	Panzhihua, Chongqing
	Yunnan	0,511	0,446	
	Xizang	0,141	0,130	
		3,941	4,058	
MS	Henan	0,809	0,639	
	Hubei	3,344	3,648	
	Hunan	0,907	0,849	Wuhan
	Guangdong	0,434	0,430	
	Guangxi	0,222	0,245	
		5,716	5,811	
O	Shanghai	1,681	4,943	Shanghai
	Shandong	1,199	0,900	
	Jiangsu	0,815	0,625	Meishan
	Anhui	2,136	1,620	Maanshan
	Zhejiang	0,289	0,403	
	Jiangxi	0,301	0,431	
	Fujian	0,299	0,249	
		6,720	9,171	
Gesamt		35,5	37,2	

1983 bei 10 Mill. t, von denen 7,7 Mill. t aus Japan stammten. Wegen der angeführten Nachteile der heimischen Eisenerze wird daher bereits eine weitgehende Unabhängigkeit der großen, im Küstenbereich gelegenen Hüttenwerke von der eigenen Eisenerzproduktion gefordert.

III. Metall- und Nichtmetallrohstoffe

Da die chinesischen Eisenhüttenwerke ihre Standorte im allgemeinen in der Nähe der Eisenerzlagerstätten haben, wird der Erztransport auch weitgehend über eigene Eisenbahnen abgewickelt. Kokskohle bzw. Koks hingegen muß zumeist über größere Entfernungen transportiert werden. Wegen des begrenzten Transportvolumens der Eisenbahn und der mit Einführung verbesserter Stahltechnologie steigenden Ansprüche an die Kohlenqualität ergeben sich daher zunehmend Probleme bei der Versorgung der Hüttenwerke mit Kokskohle und anderen Einsatzstoffen.

Eine provinzweise Unterteilung der chinesischen Eisenerzvorkommen ist bisher nur von A. B. Ikonnikov (1) bekannt, der von 41 Mrd. t als mittlerem Vorrat ausgeht (Tabelle 64). Danach liegen die größten Vorkommen in den Provinzen Hebei, Guizhou, Jiangxi, Liaoning und Henan. Gegenüber einem möglichen maximalen Vorrat in Höhe von 70 Mrd. t ergeben sich folgende Abweichungen:

Provinz	Eisenerzvorräte Mrd. t		
	Mittlere	Maximale	Differenz
Jilin	1,6	10,0	8,4
Guizhou	4,9	10,3	5,4
Sichuan	0,8	1,3	0,5
Hubei	2,4	6,8	4,4
Zhejiang	0,5	0,7	0,2
Jiangxi	5,0	15,0	10,0
Übrige Provinzen	25,7	25,7	—
China gesamt	40,9	69,8	28,9

Danach gehören die Provinzen Jilin, Guizhou und Jiangxi mit weitem Abstand zu den eisenerzreichsten Gebieten.

2.1.1 Lagerstätten

Geologisch kommen in China im wesentlichen drei Gruppen von Eisenerzlagerstätten vor, die von unterschiedlicher wirtschaftlicher Bedeutung sind. Hierbei handelt es sich um metamorphe, magmatogene und sedimentäre Lagerstätten, die nach folgenden Typen unterschieden werden.

Metamorphe marin-sedimentäre Lagerstätten*. Wie in vielen anderen Ländern der Erde sind die itaberitischen Eisenerze (Quarzbänder-Erze, Typ: Lake Superior) auch in China reichlich vertreten und dort ebenfalls an präkambrische (präsinische) Schichten gebunden.

1. Zum präsinischen Anshan-Typ zählen die bedeutendsten Vorkommen*, die vor allem im Nordosten Chinas angetroffen werden und in der Provinz Liaoning die Erzbasis für die Eisenhüttenzentren von Anshan und Benxi bilden. Die Fe-Gehalte dieses Typs liegen überwiegend jedoch nur zwischen 25 und 35%, nur sehr geringe Vorräte erreichen über 60%. Die Lagerstätten im Bezirk Anshan sind meistens tafelförmig ausgebildet und bestehen aus einer Wechsellagerung von Quarz und Magnetit- oder Hämatit-Bändern. Die Erzkörper sind im Mittel 250 m mächtig, haben eine Tiefenerstreckung bis 550 m, sind zwischen 1 und 4 km lang, und ihr Einfallen beträgt bis 80 gon.

* Die Begriffe „Lagerstätte" und „Vorkommen" werden hier im allgemeinen synonym gebraucht.

Weitere Vorkommen des Anshan-Typs (Karte 19) finden sich u. a. in den Provinzen Hebei, Shanxi, Nei Monggol, Shaanxi, Henan, Hubei und Shandong. Dieser Erz-Typ ist an den Gesamtvorräten mit 25% beteiligt.

2. Für den postsinischen Jingtieshan-Typ, der die Erzbasis für das Hüttenwerk Jiuquan in der Provinz Gansu bildet und auf den nur 1% der Vorräte entfällt, sind Hämatit-Erze mit einem Fe-Gehalt von 40% charakteristisch. Er wird außer in der Provinz Gansu auch in Sichuan angetroffen.

3. Der präsinische Dongchuan-Typ tritt vorwiegend in der Provinz Yunnan auf. Seine Vorräte sind sehr gering (0,04%), die Fe-Gehalte der Hämatite liegen zwischen 50 und 60%.

Tabelle 64. Eisenerzvorräte der VR China (1).

Region	Standort Provinz	Eisenerzvorräte Mrd. t	%
NO	Liaoning	3,6	8,80
	Jilin	1,6	3,91
	Heilongjiang	0,0	0,01
	Gesamt	5,2	12,72
N	Hebei	9,6	23,47
	Shanxi	2,5	6,11
	Nei Monggol	1,1	2,69
	Gesamt	13,2	32,27
NW	Shaanxi	0,0	0,00
	Ningxia	n. b.	—
	Gansu	0,3	0,73
	Qinghai	n. b.	—
	Xinjiang	0,0	0,01
	Gesamt	0,3	0,74
SW	Guizhou	4,9	11,98
	Sichuan	0,8	1,95
	Yunnan	0,3	0,73
	Xizang	n. b.	—
	Gesamt	6,0	14,66
MS	Henan	3,5	8,55
	Hubei	2,4	5,87
	Hunan	1,5	3,67
	Guangdong	2,1	5,13
	Guangxi	0,0	0,01
	Gesamt	9,5	23,23
O	Shandong	0,8	1,96
	Jiangsu	0,0	0,01
	Anhui	0,1	0,24
	Zhejiang	0,5	1,22
	Jiangxi	5,0	12,22
	Fujian	0,3	0,73
	Gesamt	6,7	16,38
Gesamt		40,9	100,00

III. Metall- und Nichtmetallrohstoffe

Magmatogene Lagerstätten. Wirtschaftlich von zweitgrößter Bedeutung sind für China die Lagerstätten mit magmatogenen Erzen. Diese Lagerstätten, die nach westlicher Bezeichnung dem Magnitnaja- oder Marcona-Typ entsprechen, sind vor allem an die Ränder der großen Granitintrusionen gebunden, welche die Sedimente des Präsiniums durchdringen. Hier werden in der Regel auch kleinere Erzkörper mit Reicherzen angetroffen, die Fe-Gehalte von 50 bis 60% aufweisen, jedoch häufig Verunreinigungen enthalten. Lagerstätten dieser Genese bilden u. a. die Basis für die Hüttenwerke von Baotou in der Provinz Nei Monggol, Tonghua in Jilin, Wuhan in Hubei und Guangzhou in Guangdong. Bei den magmatogenen Lagerstätten wird zwischen kontaktmetasomatischen, hydrothermal-metasomatischen und liquidmagmatischen Lagerstätten unterschieden.

4. Zu den kontaktmetasomatischen Lagerstätten gehört der Daye-Typ (Provinz Hubei), der ähnlich wie der nachfolgende Shiliu-Typ ausgebildet ist. Die Erzkörper sind an die Kontaktzonen neutraler bis basischer Intrusivgesteine sowie Kalkgesteine gebunden und werden in ihrer Ausdehnung und Größe hierdurch beeinflußt. Die Erze bestehen aus Magnetiten und Hämatiten mit Fe-Gehalten von 60 bis 65% und sind vergesellschaftet mit Sulfiden; ein Teil enthält beachtliche Mengen an Kupfer und Kobalt, die für eine industrielle Nutzung in Betracht kommen. Lagerstätten des Daye-Typs werden vor allem in den Provinzen Hebei, Henan, Hubei, Shandong, Zhejiang und Jiangsu angetroffen und sind mit etwa 11% an den Vorkommen beteiligt. Sie bilden u. a. die Erzbasis für die oben genannten Hüttenwerke Tonghua und Wuhan.

Die hydrothermal-metasomatischen Lagerstätten werden nach der Temperaturhöhe der hydrothermalen Lösungen unterschieden:

5. Der katathermale Baiyunebo(Bayan-Obo)-Typ spielt mit einem Vorratsanteil von 2% nur eine geringe Rolle und kommt ausschließlich in der gleichnamigen Lagerstätte in der Provinz Nei Monggol vor. Das Erz besteht aus Magnetit und Hämatit mit stark schwankenden Fe-Gehalten, die im Mittel bei 30% liegen. Sein besondres Charakteristikum sind der Reichtum an Seltenerdmetallen, ein hoher Kalk- und Fluoritgehalt sowie gebänderte Strukturen. Das Vorkommen von Baiyunebo bildet die Erzbasis für das Hüttenwerk in Baotou und ist die bedeutendste Gewinnungsstätte für Seltenerdmetalle.

6. Der kata- bis mesothermale Shiliu (Changjiang)-Typ (Insel Hainan) kommt gewöhnlich in den Kontaktzonen zwischen Graniten und Sandsteinen bzw. Dolomiten sowie Quarzdioriten und Kalksteinen vor. Die Erze bestehen vorwiegend aus Hämatit mit Fe-Gehalten von 58 bis 63%, der u. a. mit Eisensulfiden vergesellschaftet ist. Lagerstätten dieser Erze, die an den Gesamtvorkommen mit rund 6% beteiligt sind, werden u. a. in den Provinzen Guangdong, Guizhou, Sichuan und Yunann angetroffen.

7. Meso- bis epithermaler Entstehung sind Lagerstätten des Nanshan-Typs, die in Eruptiv-, Vulkan- und Sedimentgesteinen angetroffen werden. Das Eisenerz besteht aus Hämatit, Limonit und Magnetit. Neben Kalcit und Quarz ist auch Baryt an der Paragenese beteiligt. Lagerstätten dieses Typs werden in den Provinzen Anhui, Zhejiang und Jiangsu angetroffen. Mit einem Vorratsanteil von 0,4% haben sie nur eine geringe Bedeutung.

8. Die liquidmagmatischen Lagerstätten werden durch den Damiao-Typ (nach westlicher Bezeichnung: Taberg-Typ) gekennzeichnet. Sie treten in basischen Intrusivgesteinen wie Gabbro- und Anorthositgesteinen oder in Marmor auf. Die Erze sind als Titanomagnetite ausgebildet mit einem Fe-Gehalt von 30 bis 40% bei einem Titangehalt (TiO_2) von über 10%. Nebenbestandteile wie Vanadium, Chrom, Nickel und Seltenerdmetalle (u. a. Gallium) machen diese Erze für die Stahlerzeugung besonders interessant. Lagerstätten der Titanomagnetite finden sich vornehmlich im nördlichen Hebei und im nördlichen und südlichen Sichuan, wo sie vor allem in der Panzhihua-Region in großer Ausdehnung angetroffen werden und von besonderer wirtschaftlicher Bedeutung sind. Der Damiao-Typ ist an den Vorräten mit rund 2% beteiligt.

Marin-sedimentäre Lagerstätten. Für die VR China sind auch die oolithischen Eisenerzlagerstätten vom Typ der „Minette" von wirtschaftlicher Bedeutung. Sie sind geologisch an das Paläozoikum, vor allem an das mittlere und obere Devon gebunden. Hierzu gehören u. a. die Vorkommen von Longguan in der Provinz Hebei, die ursprünglich die einzige Basis für das Shoudu-Hüttenwerk in Beijing bildeten, sowie Lagerstätten in der Provinz Sichuan, von denen das Eisen- und Metallwerk in Chongqing versorgt wird. Typisch für die oolithischen Erze in China sind Eisen-Gehalte von 40 bis 55% und Phosphorgehalte von 0,5 bis 1,0%.

9. Die oolithischen Eisenerze vom Xuanlong-Typ werden vorwiegend in Sandsteinen und silifizierten Schiefern angetroffen. Das Erz, das eine oolithische oder nierenförmige Struktur besitzt und aus Hämatit, Siderit und auch Magnetit besteht, kommt meistens in drei Lagern vor, die mehrere Meter Mächtigkeit erreichen können. Der durchschnittliche Fe-Gehalt liegt bei 40%, aber auch reichere Erze werden hier angetroffen. Lagerstätten dieses Typs finden sich in den Provinzen Hebei, Shaanxi und Henan. Sie sind mit rund 11% an den Gesamtvorräten beteiligt. Das Vorkommen von Longyan, eine Basis des Hüttenwerkes von Beijing, gehört hierzu.

10. Lagerstätten des Shanxi-Typs sind an Erosionsrinnen ordovizischer Sedimente gebunden. Sie bestehen zum Teil aus verwitterten Erzen und enthalten Hämatit, Limonit oder Siderit und auch geringe Mengen an Magnetit. Ihr Fe-Gehalt liegt zwischen 40 und 50%. An den Gesamtvorräten ist dieser Erz-Typ, der ausschließlich in der Provinz Shanxi angetroffen wird, mit 6% beteiligt.

11. In mittel- und unterdevonischen Gesteinen kommen die Erze des Ningxiang-Typs vor, die aus oolithischem Hämatit mit hohen Fe-Gehalten bestehen. Den unkomplizierten Strukturen entsprechend sind die Abbaubedingungen gut. Lagerstätten dieser Art, die an den Vorräten mit 10% beteiligt sind, kommen in den Provinzen Hunan, Sichuan, Hubei, Guangxi und Guizhou vor.

12. Erze des Qijiang-Typs sind an limnische Jurasedimente gebunden und bestehen aus oolithischem Hämatit oder Siderit. Die Fe-Gehalte erreichen 30 bis 50%; die Erze sind mit 11% an den Gesamtvorräten beteiligt. Lagerstätten dieses Typs finden sich in den Provinzen Sichuan, wo das Qijiang-Vorkommen die Basis des Hüttenwerks Chongqing bildet, und Guizhou.

13. In den Formationen des oberen Karbon und unteren Perm wird in den Provinzen Sichuan und Yunnan der Fuling-Typ angetroffen. Hierbei handelt es sich um geschichtete Lager bis zu 2 m Mächtigkeit, die aus oolithischem Hämatit mit geringen Eisengehalten bestehen. Die Vorräte sind von untergeordneter Bedeutung. Die Förderung aus der gleichnamigen Lagerstätte wird im Hüttenwerk Chongqing verhüttet.

14. Auch der Kunming-Typ, bei dem Hämatit mit einem Fe-Gehalt von weniger als 40% in sandigen Schiefern der Trias-Formation vorkommt und der in der Provinz Yunnan angetroffen wird, spielt mengenmäßig nur eine geringe Rolle.

Darüber hinaus gibt es in der VR China noch weitere Lagerstättentypen, wie sekundäre Erzsandablagerungen, die jedoch unbedeutend sind. Nur die Vorkommen im „Eisernen Hut" sind häufig von wirtschaftlichem Interesse. Hierzu gehören insbesondere die Hämatiterzvorkommen in dem Zinnerz-Distrikt von Gejiu in der Provinz Yunnan.

Die Tabelle 65 gibt eine Übersicht über den Anteil der einzelnen Lagerstättentypen an den Gesamtvorräten. Mit etwa 40% sind die sedimentären Typen vor den metamorphen und magmatogenen Typen in der VR China am stärksten vertreten.

2.1.2 Vorkommen und Bergwerke

Aus der Vielzahl der chinesischen Eisenerzvorkommen (Karte 19) und -bergwerke sind in der Tabelle 66 die wichtigsten mit ihren wesentlichen Kennzahlen zusammengestellt.

Nordostchina. Das Hauptabbaugebiet liegt in der Provinz Liaoning in der Umgebung von Anshan und Benxi, wo die industrielle Verhüttung von Eisenerzen

III. Metall- und Nichtmetallrohstoffe

Tabelle 65. Anteil der Lagerstättentypen an den Eisenerzvorräten (1).

Lagerstättentyp		Vorratsanteil %
Metamorph marin-sedimentär		25
Magmatogen		22
Kontaktmetasomatisch	11	
Hydrothermal-metasomatisch	9	
Liquidmagmatisch	2	
Marin-sedimentär		39
Nicht klassifiziert		14
Gesamt		100

im Jahre 1919 begann. Während zunächst nur Reicherze zum Abbau kamen, wurden nach Errichtung der ersten Aufbereitungsanlage im Jahr 1926 auch die ärmeren Erzlager in Anspruch genommen. Für die verstärkte Nutzung der Anshan-Erze ist der Bau von insgesamt 10 Krupp-Rennanlagen von Bedeutung, die von 1938 an bis zur Demontage am Ende des Krieges ohne nennenswerte Schwierigkeiten täglich 100 bis 120 t Eisen-Luppen je Rennofen erzeugt haben. Heute fördern im Anshan-Gebiet fünf Gruben, von denen jede mit einer Aufbereitung versehen ist. Die Eisenerze haben Fe-Gehalte zwischen 27 und 35%, in der Tiefbaugrube Gongchangling II erreichen sie 60%.

Die Grube Qidashan ist mit einer Roherzfördermenge von 8 Mill. t, die aus zwei Tagebauen erbracht wird, das größte Bergwerk dieses Bezirks. Das Benxi-Hüttenwerk wird von zwei Gruben mit Eisenerz versorgt.

Erzlagerstätten werden auch in den Provinzen Jilin und Heilongjiang zur Versorgung der dortigen Hüttenwerke abgebaut.

Nordchina. Das Shoudu-Hüttenwerk in Beijing wird vor allem aus den nördlich gelegenen Eisenerzrevieren Longyan und Qianan in der Provinz Hebei versorgt. Die Erzkörper in Longyan bestehen aus linsenförmigen Ablagerungen von Bohn- und Oolitherzen sowie aus Eisenerzsanden mit Fe-Gehalten um 35%; sie gleichen weitgehend den Salzgitter-Erzen. Die Qianan-Erzgruben erbringen aus sieben Tagebauen, denen zwei Aufbereitungen nachgeschaltet sind, jährlich 12 Mill. t Roherz bzw. 3,4 Mill. t Fe-Konzentrat. Dieses Erz gehört zum Typ der Quarzbändererze mit Fe-Gehalten von 28 bis 30%.

In der Region von Luanping finden sich magmatische Eisenerze des Damiao-Typs mit Fe-Gehalten von 30 bis 40% und TiO_2-Gehalten bis 10%, die in mehreren Tiefbauen hereingewonnen und nach vorheriger Aufbereitung im Hüttenwerk Chengde verarbeitet werden. Weitere Erzreviere versorgen die übrigen Hüttenwerke in dieser Provinz.

In der Provinz Shanxi gibt es eine Vielzahl von kleineren Lagerstätten, von denen diejenige von Ekou wohl am weitesten aufgeschlossen sein dürfte. Die Lagerstätten versorgen größtenteils das Eisenhüttenwerk von Taiyuan.

2. Eisen und Stahlveredler

In der Provinz Nei Monggol befindet sich eine große Lagerstätte bei Baiyunebo im Abbau. Sie dient als Erzbasis für das südlich gelegene Hüttenwerk Baotou. Die Gesamtvorräte dieses Erzkomplexes werden auf 800 Mill. t geschätzt, von denen 5% auf Seltenerdmetalle entfallen. Bemerkenswert und für die Verhüttung von Nachteil ist der hohe Gehalt der Lagerstätte an Flußspat. Die Gewinnung von Seltenerdmetallen und die Möglichkeit zur Verbesserung des Aufbereitungs- und Pelletierverfahrens werden zur Zeit von deutschen Firmen mit finanzieller Unterstützung der Bundesregierung erforscht. Von dem Erz sind folgende Analysenwerte bekannt: 31% Fe, 5 bis 7% SE_xO_x, 20% CaF_2, 1% P, 1,7% $Na_2O + K_2O$, 0,15% Mn.

Nordwestchina. Die Eisenerzvorkommen von Jingtieshan in der Provinz Gansu dienen der Versorgung des neu erbauten Hüttenwerkes in Jiuquan, über das jedoch nur wenig bekannt wurde.

Auf der Basis der sedimentären Lagerstätten in der Provinz Xinjiang erfolgt die Versorgung der Hüttenwerke in Wulumuqi und Hami.

Südwestchina. Im Süden der Provinz Sichuan entwickelt sich im Panzhihua-Bezirk um die Stadt Dukou ein großes Erzbergbau- und Hüttenzentrum. Das Werk Dukou oder Panzhihua wird gegenwärtig aus drei Tagebauen mit vanadiumhaltigen Erzen versorgt. Der Abbau geht auf mehreren Titanomagnetit-Linsen um, die Ausdehnungen bis zu 3 km Länge im Streichen bei 180 m Mächtigkeit und einem Einfallen von 40 bis 60° aufweisen. In einer in der Nähe von Dukou liegenden Aufbereitung wird das Erz zu Konzentrat angereichert.

Der Erzkörper Zhubaobao wird zur Zeit durch vier Tagebaueinheiten erschlossen, die bei fortschreitender Entwicklung des Abbaus einen Großtagebau bilden werden. In der Endphase sollen aus diesem Erzkörper jährlich 7 Mill. t Roherz und 20 Mill. t Abraum gefördert werden. Das Fehlen großer Schwerlastkraftwagen (SLKW) behindert jedoch die zügige Entwicklung der Tagebaue. Das Hüttenwerk Dukou wird teilweise auch noch durch andere Gruben des Reviers versorgt.

Die chinesischen Titanomagnetiterze zeichnen sich durch einen V_2O_5-Gehalt von 0,25 bis 0,3% aus. Im Werk Dukou fällt bei der Erzverhüttung eine vanadiumreiche Schlacke mit rund 15% V an, die als Grundlage für die Herstellung von Vanadium dient. Der Vanadiuminhalt der im Panzhihua-Bezirk geplanten Titanomagnetiterzfördermenge reicht bei vollständiger Gewinnung bereits aus, einen hohen Anteil des derzeitigen Weltbedarfs an Vanadium zu decken. Weitere Vorkommen in Sichuan dienen der Versorgung u. a. des Hüttenwerks Chongqing.

In der Provinz Yunnan befinden sich Eisenerzvorkommen und Hüttenwerke bei Kunming und im Südwesten.

Auch in der Provinz Guizhou sind in der Nähe mittlerer Erzvorkommen kleinere Hüttenwerke entstanden.

Zentralchina. In der Region Mitte und Süd befinden sich größere Vorkommen im Süden der Provinz Hubei zwischen den Hüttenstandorten Wuhan und Daye. Hier wird in mehreren Tage- und Tiefbauen (vgl. Tabelle 64) eine Roherzförder-

III. Metall- und Nichtmetallrohstoffe

Tabelle 66. Kennzahlen größerer Eisenerzbergwerke (7).

Region	Provinz	Standort Abbaugebiet/ Bergwerk	Hüttenwerk	Lagerstätte Fe-Mineral[1]	Lagerstätte Begleit-elemente[2]	Vorräte Mill. t
NO	Liaoning	Qidashan	Anshan	H/M	—	1200
		Donganshan	Anshan	H/M	—	1200
		Dagushan	Anshan	H/M	—	220
		Gongchangling I	Anshan	H/M	—	1000
		Gongchangling II	Anshan	M	—	100
		Yanqiangshan	Anshan	M/H	—	350
		Nanfen	Benxi	M	—	1000
		Waitoushan	Benxi	M/H	—	90
N	Hebei	Longyan	Beijing	H/S/L		1000
		Qian'an	Beijing	M/H	—	2000
		Luanping	Chengde	M	Ti, V	140
	Shanxi	Ekou	Taiyuan			100
	Nei Monggol	Bayunebo Ost/ Mitte	Baotou	M/H	F, S, P	200
SW	Sichuan	Lanjiahuoshan	Dukou	M	Ti, V, u. a.	500
		Jianbaobao	Dukou	M	Ti, V, u. a.	300
		Zhubaobao	Dukou	M	Ti, V, u. a.	400
MS	Hubei	Daye	Wuhan	M/H	S, Cu	140
		Chengchao	Wuhan	M	S	130
		Jinshandian	Wuhan	M	S	100
		Lingxiang	Wuhan	M	S	50
	Guangdong	Shiliu (Hainan)		H/M		100
		Tiandu (Hainan)		H/M		50
O	Jiangsu	Meishan	Meishan	M/S	S, P, V	300
	Anhui	Washan	Maanshan	M/H	S, P, V	400
		Guoshan	Maanshan	H		100
		Dongshan	Maanshan	M/H		100
		Nanshan	Maanshan	M/H		200
		Tongling (Fenghuangshan)	Maanshan	M	Cu, S	100

[1] M Magnetit; H Hämatit; S Siderit; L Limonit.
[2] Cu Kupfer; F Fluor; P Phosphor; S Schwefel; Ti Titan; V Vanadium.
[3] MS Schwachfeld-Magnetscheidung; WHIMS Starkfeld-Magnetscheidung; Flot. Flotation; SM Setzmaschinen; SS Schwerflüssigkeit.
* Nicht bekannt.

2. Eisen und Stahlveredler

| Abbau | Förderaufkommen | | | Verfahren[3] | Aufbereitung | | Fe-Aus-bringung |
| | Abraum | Roherz | | | Konzentrat | | |
	Mill. t/a	Mill. t/a	Fe-Gehalt %		Mill. t/a	Fe-Gehalt %	%
Tagebau	12	8	28—30	Röst.; MS; Flot.	3,0	64	75
Tagebau	12,5	6,5	30—33	Röst.; MS; Flot.	2,1	62	77
Tagebau	16	5,0	32	MS; Flot.	2,0	62—67	83
Tagebau	12	7	30—35	MS; Flot.	2,3	63	77
Tiefbau	—	3	60	MS	2,0	65	80
Tagebau	—	3	31	MS	1,0	64	80
Tagebau	19	7,5	31	MS	2,5	65	80
Tagebau	*	3	32—55	MS	1,6	65	80
Tiefbau	—	1	35	SS	0,4	44	*
Tagebau	29	12	27—30	MS	3,4	68	80
Tiefbau	—	1,5	32	MS/WHIMS	0,5	57	80
Tagebau	—	5	*	*	*	*	*
Tagebau	2	4	31	MS; Flot.	1,5	56	60
Tagebau	6	5	33				
Tagebau	4	1,5	30	MS	3,5	50—55	74
Tagebau	10	3	32				
Tief-/Tagebau	12	4,5	40—56	MS; SM	3,5	51—66	90
Tiefbau	—	1,5	32—52	MS	1,0	68	*
Tiefbau	—	2	46—49	MS	1,3	65	80
Tagebau	—	1	45—54				
Tiefbau	—	5	50—55	Naßsiedung	*	*	*
Tiefbau	—	1	63—65	Naßsiedung	*	*	*
Tiefbau	—	2,5	33—50	MS, SS, Flot.	1,0	52	*
Tagebau	4,5	3,5	36—38	MS	1,7	63	80
Tagebau	—	1	30—35	SM, MS, Flot.	0,4	56	70
Tagebau	—	3	45	MS, WHIMS	2,0	*	*
Tagebau	—	1	45	MS, WHIMS	0,6	*	*
Tiefbau	—	1	30	MS	0,4	63	*

III. Metall- und Nichtmetallrohstoffe

menge von 9 Mill. t/a erbracht, die jedoch zur Versorgung der Hüttenwerke nicht ausreicht. Infolge der verkehrsgünstigen Lage von Wuhan treten jedoch keine Versorgungsprobleme auf. Auch in allen anderen Provinzen dieser Region werden Eisenerzvorkommen angetroffen, so daß hier viele mittlere und kleine Hüttenwerke entstehen konnten.

In der Provinz Guangdong werden auf der Insel Hainan in den zwei Tiefbaugruben Shiliu und Tiandu zwei der wenigen Reicherzvorkommen abgebaut. Die Erze werden nach verhältnismäßig einfacher Aufbereitung an verschiedene Hüttenwerke auf dem Festland, vor allem nach Wuhan verschifft.

Ostchina. Das Hauptzentrum der Eisenerzgewinnung liegt in der Provinz Anhui in der Umgebung des Hüttenwerks Maanshan, südwestlich von Nanjing, wo jährlich aus vier Tagebauen und einem Tiefbau auf hydrothermalen Verdrängungslagerstätten 10 Mill. t Erz gefördert bzw. 5 Mill. t Konzentrat erzeugt werden.

In der Provinz Jiangsu werden nördlich von Nanjing das Hüttenwerk und die Grube Meishan betrieben, die im Tiefbau eine Förderung von 2,5 Mill. t/a erbringt. Die linsenförmige Lagerstätte enthält eine Vielzahl von Eisenerzen, vor allem Magnetit, Martit, Siderit, Pyrit und Spekularit.

Eisenerz wird auch fast in allen anderen Provinzen Ostchinas abgebaut und in einer Vielzahl mittlerer und kleinerer Hüttenwerke verarbeitet.

2.2 Chrom

Der Bedarf Chinas an aufbereiteten Chromerzen wird gegenwärtig auf 350 000 t/a geschätzt. Da China erstmals im Jahr 1978 Chromitsorten auf dem Weltmarkt angeboten hat und seit dieser Zeit regelmäßig exportiert — im Jahr 1980 soll China 5 bis 10% des nichtkommunistischen Chromitbedarfs gedeckt haben — ist davon auszugehen, daß die Chromitförderung Chinas heute den eigenen Bedarf deckt und noch darüber hinausgeht. Die jährliche Produktion dürfte daher zwischen 350 000 und 400 000 t Chromerz liegen. Dies ist um so erstaunlicher, als vor wenigen Jahren noch von vielen Beobachtern angenommen wurde, daß China — wenn überhaupt — nur geringe Chromitvorräte besitze. Tatsächlich wurde aber bereits Ende der 50er Jahre über Chromitvorräte in den Provinzen Nei Monggol, Qinghai, Heilongjiang und Jilin berichtet (Karte 21).

Der Umfang der Vorräte ist zur Zeit nicht bekannt. Da die ultrabasischen Gesteinskomplexe in den Schild- und Orogengebieten der Erde, die auch in China angetroffen werden, als besondere Höffigkeitsgebiete gelten, ist hier mit nicht unerheblichen Chromitvorräten zu rechnen. Unter Berücksichtigung der bisher erwähnten Vorkommen kann der gegenwärtige Vorrat an Chromiterzen mit wenigstens 5 Mill. t angenommen werden. Die Vorkommen sind liquidmagmatischer Entstehung und treten als flözartige oder linsen-, platten- und stockförmige Erzkörper auf. Die Ferrochromerzeugungskapazität Chinas wird auf 90 000 t/a geschätzt.

2. Eisen und Stahlveredler

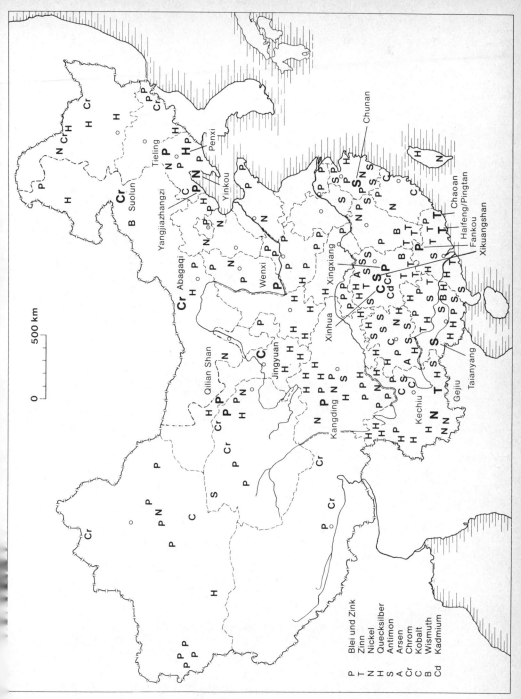

Karte 21. Vorkommen verschiedener Metallerze.

III. Metall- und Nichtmetallrohstoffe

Vorkommen und Bergwerke

Nordwestchina. Das Hauptabbaugebiet für Chromiterze ist im Zhungaer-Bekken in der Provinz Xinjiang zu finden, an dessen nordwestlichem Rand bei Heshituluogai der Tagebau Saertuohai liegt, der den größten Teil der Provinzförderung erbringt. Die Grube hat Vorräte von mehr als 1 Mill. t mit einem Gehalt an Cr_2O_3 von 35%. Die Förderung begann 1967; weitere Gruben befinden sich im Aufbau. Das Revier ist verkehrsmäßig an die Provinzhauptstadt Wulumuqi angeschlossen worden, von wo aus der Export der Konzentrate erfolgt.

In der Provinz Qinghai stehen im Chaidamu-Becken am südlichen Hang des Lüliangshan-Gebirges im Cailiangshan-Distrikt bei Sanchashe ultrabasische Gesteine an, die auf 6 km Länge Chromitlinsen von 10 bis 50 m Länge und 1 bis 3 m Mächtigkeit aufweisen. Der Erzgehalt liegt bei 37 bis 47% Cr_2O_3. Auch aus dem Bereich des Qilian-Shan-Gebirges sind Chromitvorkommen bekannt.

Nordchina. In der Provinz Nei Monggol liegen größere Vorräte an Chromit in dem Hulunbeier-Wulanchabu-Gebiet, einer langen, schmalen Zone mit ultrabasischen Gesteinen von etwa 30 km Breite und 1000 km Länge, die sich von Suolun im Osten bis an den Juyan Hai-See im Westen erstreckt. Das Erz ist vergesellschaftet mit Eisen-, Nickel- und Platinerzen. Die Förderung aus diesem Gebiet soll 1962 bereits beachtlich gewesen sein.

In der Provinz Hebei tritt Chromit im Revier Pinggu auf. In diesem Gebiet sind außerdem Kupfer-, Nickel- und Blei/Zinkerzvorräte bekannt.

Nordostchina. Vorkommen befinden sich in der Provinz Liaoning westlich von Suizhong, in der Provinz Jilin bei Helong und in der Provinz Heilongjiang mit hochgradigen Erzen u. a. bei Luobei an der sowjetischen Grenze.

Südwestchina. Größere Vorkommen mit hohen Platingehalten befinden sich auf dem Xizang-Plateau u. a. östlich der Provinzhauptstadt Lasa. Bei Dukou in der Provinz Sichuan wird in der titanführenden Eisenerzgrube Panzhihua Chromit mitgewonnen. In der Provinz Yunnan ist Chromit bei Dali gefunden worden. Trotz des geringen Erzgehaltes bieten sich diese Vorkommen wegen der leichten Erschließung des Gebietes zur Ausbeutung an.

Zentral- und Ostchina. Chromitvorkommen werden ferner in den Provinzen Hunan bei Shaoyang, Jiangsu und Zhejiang erwähnt, wo andererseits auch Kobalt-, Mangan- und Wolframerzvorkommen bekannt sind.

2.3 Kobalt

Weder über die Kobalt-Fördermenge noch über Lagerstättenvorräte lassen sich genaue Angaben machen. Die Erzeugung ist jedoch größer als der Verbrauch, da China in den letzten Jahren Kobalt exportiert hat. Sie wird auf 100 t/a geschätzt.

Hinweise über Kobaltgehalte in den Nickellagerstätten sind u. a. daselbst zu finden. Als wichtigstes Kobalt-Vorkommen gilt die Cu-Ni-Lagerstätte Jinchuan in der Provinz Gansu, wo Vorräte von 100 000 t Kobalt vermutet werden. Die Kobalt-Gehalte des Rohfördererzes liegen bei 0,035% (Karte 21).

Andere Lagerstätten mit Kobalt-Gehalten befinden sich in den Provinzen Liaoning, Yunnan, Fujian, Guizhou und Nei Monggol. In den Provinzen Yunnan und Fujian werden außerdem Asbolan-Lagerstätten mit Kobalt-Gehalten von 6 bis 7% angetroffen.

In der Titanomagnetit-Lagerstätte Panzhihua bei Dukou in der Provinz Sichuan wird neben den Beiprodukten Vanadium, Nickel, Chrom, Titan und Gallium auch Kobalt erzeugt. Die neue Aufbereitungsanlage, die für eine Titanerz-Konzentrat-Produktion von 50 000 t/a ausgelegt ist, soll auch 6000 t/a an Kobaltsulfid erzeugen. Weitere Hinweise betreffen eine große Komplex-Lagerstätte mit Eisen, Kupfer, Kobalt und Edelmetallen im Bezirk Dehongshan (Yunnan) und Vorkommen mit Kobalt und Kupfer auf der Insel Hainan.

2.4 Mangan

Die Manganerzfördermenge der VR China liegt bei 1,5 Mill. t/a mit einem Metallinhalt von rund 0,5 Mill. t. Das Erz wird zum größten Teil in der chinesischen Stahlindustrie verbraucht, ein geringer Teil wird exportiert.

Manganerzvorkommen sind in China zahlreich und werden in unterschiedlichsten Größenordnungen angetroffen. Die Schätzungen über die Manganerzvorkommen gehen weit auseinander. A. B. Ikonnivkov kommt auf Grund einer detaillierten Auswertung der verfügbaren Unterlagen auf eine Größenordnung von 127 Mill. t mit folgender regionaler Unterteilung (1):

Region (Provinz)	Vorräte Mill. t	%
NO	11	8,7
(Liaoning)	(11)	
N	3	2,4
(Hebei)	(2)	
NW	1	0,8
(Gansu)	(1)	
SW	30	23,6
(Guizhou)	(30)	
MS	81	63,8
(Guangxi)	(69)	
(Hunan)	(11)	
O	1	0,7
Gesamt	127	100,0

Bei einem durchschnittlichen Mn-Gehalt der Erze von 40% entspricht das einem Metallinhalt von 51 Mill. t. Andere Quellen gehen von niedrigeren Werten aus; der gewinnbare Metallinhalt wird hier mit 15,5 Mill. t angegeben. Da nach jün-

III. Metall- und Nichtmetallrohstoffe

geren Meldungen des Geologischen Amtes der Provinz Hunan in dieser Provinz heute allein drei Lagerstättenbezirke mit Reserven von je 25 Mill. t ausgewiesen werden, dürften die gewinnbaren Vorräte weiter nach oben zu korrigieren sein.

Das Schwergewicht der Vorkommen liegt mit über 87% der Reserven in Südchina, und dort vor allem in den Provinzen Guangxi, Guizhou und Hunan, während im Norden Chinas nur in den Provinzen Liaoning, untergeordnet noch in Hebei und Gansu, größere Lagerstätten angetroffen werden.

Die bedeutendsten Abbaureviere sind Yishan, Laibin, Guiping und Lingshan in der Provinz Guangxi; Zunyi in der Provinz Guizhou; Shaoshanchang (Xiangtan) in der Provinz Hunan; Wafangzi (Chaoyang) in der Provinz Liaoning (Karte 22).

In Zunyi wird Ferromangan mit niedrigen und mittleren C-Gehalten hergestellt. Die chinesische Ferromanganerzeugung liegt gegenwärtig bei 340 000 t/a. Während die Manganerzförderug der Provinz Liaoning den dortigen Stahlwerken zugeführt wird, werden die Stahlwerke im mittleren und südlichen China von den Manganerzgruben Südchinas beliefert.

Lagerstätten

Die Manganerzvorkommen können nach fünf genetischen Typen unterschieden werden.

Marin-sedimentäre Lagerstätten. Die Lagerstätten des marin-sedimentären Typs werden, vor allem in fünf geologischen Formationen angetroffen, und zwar im Sinium, im Ober-Devon, im Unter-Karbon, im Ober-Perm und im Trias.

1. Die sinischen Lagerstätten werden repräsentiert durch die Vorkommen

a) im Unteren Sinium, die unter Geschiebemergel in der Provinz Hunan angetroffen werden,

b) im Mittleren Sinium, die unter Kalkgestein im nördlichen Teil der Provinz Hebei vorkommen,

c) im Oberen Sinium, die im Süden der Provinz Liaoning abgebaut werden.

Die Manganerze im Unteren Sinium bilden Lager mit wechselnden Mächtigkeiten in Schiefergesteinen. Ihre ursprünglichen karbonatischen Minerale sind Rhodochrosit und manganhaltiger Kalkspat in oolithischer Ausbildung. Im Oberen Sinium kommen die Manganerze in Schiefern und Dolomitgesteinen vor und sind in zwei bis drei Lagern übereinander ausgebildet.

Die ursprünglichen Minerale sind Mn-Oxide und -Karbonate. Das Ergebnis der Verwitterung von Kieselschiefern des Unteren Sinium sind Rückstands-Lagerstätten, die vor allem als quartäre Laterite in der Provinz Guangdong zu finden sind. Ihre Haupterzminerale sind Psilomelan, Pyrolusit und Manganit. Meistens wird in diesen Lagerstätten auch Kobalt angetroffen.

2. Die oberdevonischen Lagerstätten kommen als Lager in silikatischen Gesteinen in der Provinz Guangxi vor. Durch oberflächennahe Oxidation haben sich dabei „Manganhüte" und Rückstands-Lagerstätten gebildet. Diese liegen im allgemeinen nur in geringer Tiefe und können daher im Tagebau gewonnen werden.

3. Lagerstätten des Unter-Karbon werden in Kalkgesteinen im nördlichen Guangxi angetroffen und kommen in zwei Serien mit jeweils drei bis fünf Lagern vor. Das karbonatische Erz enthält neben Rhodochrosit manganhaltigen Kalkspat als Hauptminerale.

4. Lagerstätten des Ober-Perm werden gewöhnlich unter Kohlenflözen in kieselsäurereichen Gesteinen angetroffen. Sie verteilen sich auf mehrere Lager und enthalten karbonati-

2. Eisen und Stahlveredler

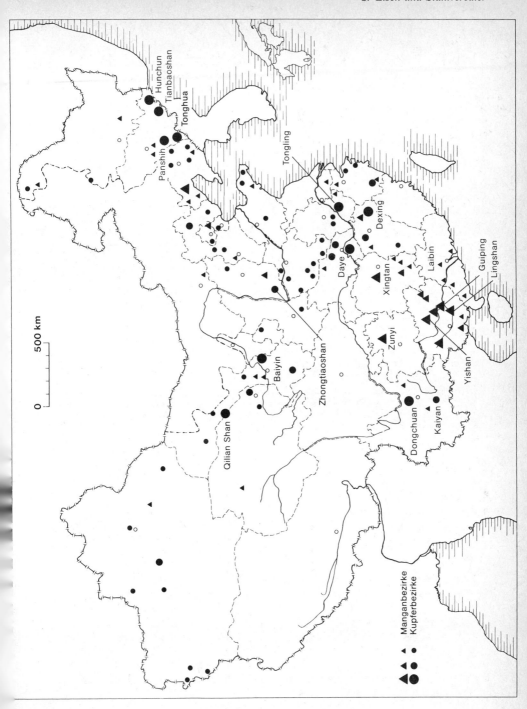

Karte 22. Mangan- und Kupfererzvorkommen.

III. Metall- und Nichtmetallrohstoffe

sches und oxidisches Manganerz mit Eisen-, Kobalt- und Nickelgehalten. Vorkommen dieser Art sind weit verbreitet und finden sich in den Provinzen Guangxi, Hunan, Anhui, Guizhou, Jiangxi und Guandong.

5. Trias-Lagerstätten mit oxidischen Manganerzen werden in Yunnan angetroffen.

Außer diesen industriell nutzbaren Lagerstätten gibt es ferner noch Manganvorkommen aus dem Ordovizium, Jura und Tertiär, die von untergeordneter Bedeutung sind.

Limnisch-sedimentäre Lagerstätten. Die Lagerstätten des limnisch-sedimentären Typs werden ausschließlich im südlichen Shanxi in Sandsteinen und Tonschiefern des mittleren und oberen Perm angetroffen und enthalten zwei Lager mit manganhaltigem Siderit in Konkretionen und Agglomeraten.

Sedimentär-metamorphe Lagerstätten. In den Provinzen Hebei, nördliches Hubei und Jiangsu kommen in Gneisen und kristallinen Schiefern die Lagerstätten des präsinischen sedimentär-metamorphen Typs vor. Sie enthalten vor allem Pyrolusit, der von Hämatit und Magnetkies mit Granat und Turmalin in der Gangart begleitet wird. Die wirtschaftliche Bedeutung dieses Typs ist gering.

Vulkanisch-sedimentäre Lagerstätten. Die Lagerstätten des vulkanisch-sedimentären Typs treten vor allem im Qilian Shan-Gebirge auf. Die linsenförmigen Erzkörper werden im unteren Teil der ordovizischen und devonischen Ergußgesteine angetroffen; das Haupterz ist Psilomelan. Der Mn-Gehalt ist jedoch gering, und die Vorkommen sind klein.

Hydrothermal-metasomatische Lagerstätten. In den Provinzen Liaoning und Hebei kommen die Lagerstätten des hydrothermal-metasomatischen Typs vor, und zwar als Lager oder als Taschenausfüllungen in präsinischen und sinischen kieselsäurereichen Kalksteinen, in denen der Kalk teilweise durch Granit ersetzt wurde. Manganoxid ist das Haupterzmineral, das von Rhodochrosit und Rhodonit begleitet wird.

In der Provinz Liaoning werden die Haupterzminerale Psilomelan und Rhodochrosit von Bleiglanz, Zinkblende, Pyrit, Fahlerz, Magnetkies, Molybdänglanz, Hämatit und Magnetit begleitet. Bei zwar hohem Mangangehalt sind die Vorräte jedoch gering.

Von den dargestellten Lagerstättentypen kommen den sedimentären Typen und den Rückstands- und „Manganhut"-Lagerstätten mit einem Anteil an den Gesamtreserven von 60 bzw. 39% die größte Bedeutung zu. Geologisch sind die Lagerstätten zwar zu 37% dem Perm, zu 33% dem Sinium, zu 20% dem Devon und zu 9% dem Karbon zuzuordnen.

2.5 Molybdän

Die jährliche Molybdän-Produktion liegt gegenwärtig bei 2000 t Metallinhalt und übersteigt damit Chinas Bedarf, so daß seit einigen Jahren steigende Mengen in den Export gelangen. Die Export-Konzentrate werden mit einem Mo-Gehalt von 45% angeboten.

Die chinesischen Molybdän-Vorkommen sind weit gestreut und an unterschiedliche geologische Lagerstättentypen gebunden. Dabei sind reine Molybdänerz-(Molybdänit)-Vorkommen selten. Der überwiegende Teil der Molybdänerze — etwa 75% — ist in den Kupferkies-Imprägnationslagerstätten der „disseminated" oder „phorphyry copper ores" gebunden. Etwa 11% der Vorräte kommen in Skarnerzlagerstätten und 14% in anderen, insbesondere Wolfram-Lagerstätten vor. Die wirtschaftlich gewinnbaren sicheren und wahrscheinlichen Lagerstättenvorräte an Molybdänit werden auf 500 000 t geschätzt. Zusätzlich werden 150 000 t potentieller Reserven vermutet.

2. Eisen und Stahlveredler

Die bedeutendsten Vorkommen liegen im nordöstlichen Qinling Shan-Gebirge in Shaanxi sowie in den Provinzen Liaoning und Jilin. Die kleineren Lagerstätten in Südchina, wo Molybdänit vor allem mit Wolframerz vergesellschaftet vorkommt, befinden sich vor allem in den Provinzen Jiangxi, Fujian und Guangdong (Karte 23).

Hauptabbaugebiete sind die Reviere Jinxi mit der Yangjiazhangzi-Grube in der Provinz Liaoning, wo über die Hälfte der Molybdän-Produktion erbracht wird, sowie Jinduicheng im Qinling Shan-Gebirge in der Provinz Shaanxi, das mit Unterstützung westlicher Unternehmen weiterentwickelt wird, ferner noch das Kupfererzrevier Dexing in der Provinz Jiangxi.

Durch die in großem Maßstab geplante Beiproduktgewinnung von Molybdän wird China im Laufe des nächsten Jahrzehnts zu einem wichtigen Molybdän-Produzenten und damit auch zu einem bedeutenden Molybdän-Exporteur werden.

Vorkommen und Bergwerke

Nordostchina. Die Grube Yangjiazhangzi im Gebiet Jinxi der Provinz Liaoning war früher das einzige Molybdänerz fördernde Bergwerk von Bedeutung; zur Zeit wird hier noch die größte Fördermenge erbracht. Das Hauptvorkommen dieses Gebietes liegt in Kalksteinen des Kambrium und Ordovizium inmitten eines Blei/Zink-Reviers und ist durch hydrothermale Spaltenfüllung entstanden. Molybdänit und Pyrit sind die Hauptminerale. Der durchschnittliche Molybdängehalt liegt bei 0,55%. Die Vorräte dieser Skarnerzlagerstätte sollen 5 Mill. t betragen, was einem Molybdängehalt von über 27 500 t entspricht. In der Nähe dieser Lagerstätten sind weitere Vorkommen entdeckt worden. Molybdänit ist ferner Begleitmineral in dem Blei/Zink-Distrikt von Qingchengzi.

In der Provinz Jilin tritt Molybdän in den großen Kupfervorkommen auf, ferner in der Lagerstätte Shiren, wo Moybdänitgehalte von 1 bis 3% erreicht werden.

Nordchina. In der Provinz Shanxi werden hydrothermale Molybdän-Lagerstätten im Zhongtiao Shan-Gebirge in Form von langen, dünnen Spaltenfüllungen und als Imprägnationen in Gneisen und Porphyriten angetroffen. Molybdänit und Pyrit sind die Hauptminerale, die von Kupferkies, Bleiglanz und Zinkblende begleitet werden.

Nordwestchina. Die Molybdän-Vorräte der Provinz Shaanxi sind sehr groß. Die Lagerstätten im Qinling Shan-Gebirge sind in Granit-Porhyren mit angrenzenden Quarz-Biotit-Hornfelsen enthalten. Granit-Porphyr-Intrusionen, auf die die Mineralisation zurückzuführen ist, werden in sinischen Quarziten und metamorphen Andesiten angetroffen. Ellipsoidische Erzkörper sind von zahlreichen dünnen Gängen durchzogen und weisen sekundäre Imprägnationen auf. Die Gänge haben im allgemeinen Mächtigkeiten von 0,2 bis 0,5 m, erreichen jedoch auch 1 m. Die Mineralisation geht bis zu einer Teufe von 1000 m. Molybdänit und Pyrit sind die Haupterzminerale, die von Kupferkies begleitet werden. In einer Lagerstätte dieses Distrikts von der Größe des Climax-Vorkommens (USA) ist der Tagebau Jinduicheng eröffnet worden, der zu einem Großtagebau ausge-

III. Metall- und Nichtmetallrohstoffe

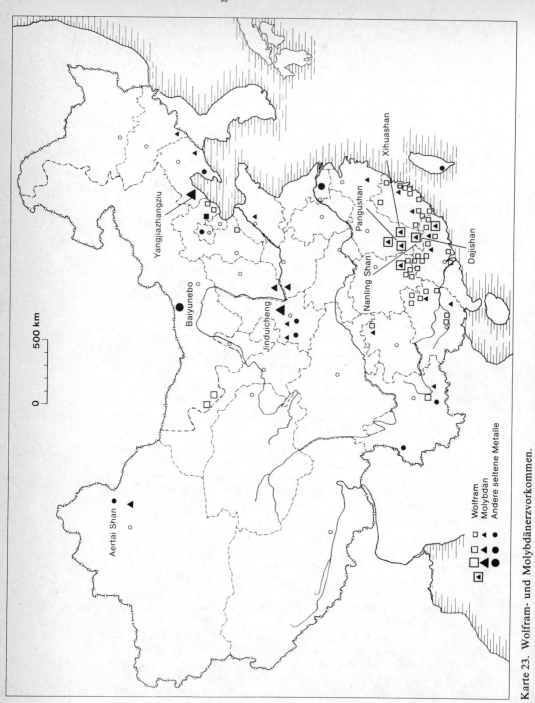

Karte 23. Wolfram- und Molybdänerzvorkommen.

baut wird. Die Jahresproduktion an MoS$_2$-Konzentrat soll hier mehrere tausend Tonnen erreichen. Weitere Lagerstätten sind in den Provinzen Henan und Xinjiang bekannt.

Zentral-, Süd- und Ostchina. Große Vorräte an „disseminated-copper-ores" sind bei Dexing in der Provinz Jiangxi vorhanden. Der Vorrat an Molybdän soll 10% des Kupfervorrates betragen. Der Molybdängehalt liegt hier bei 0,03 bis 0,08%.

In den südlichen Provinzen wird Molybdänit vor allem als Begleitmineral von Wolframerz angetroffen. Mit 190 Mill. t Erzvorräten ragt das Revier Shizhuyuan im Wuling-Gebirge in der Provinz Hunan hervor, das neben Wolfram-, Eisen- und Kupfererzen einen Molybdänitgehalt von 0,06% aufweist. In Shandong und Fujian werden reine Molybdänitlagerstätten angetroffen.

2.6 Nickel

Die Nickelförderung Chinas ist in den letzten Jahren stark angestiegen. Mit 20 000 t/a Metallinhalt liegt sie heute über dem eigenen Bedarf, so daß zunehmende Mengen exportiert werden können.

Die Nickelreserven werden nach den Explorationserfolgen in der zweiten Hälfte der 70er Jahre von chinesischer Seite heute mit 7,7 Mill t angegeben, während der Ni-Inhalt der wirtschaftlich gewinnbaren Vorräte von westlicher Seite Mitte der 70er Jahre noch mit 750 000 t beziffert wurde.

Die Hauptvorräte liegen in den Provinzen Gansu, Sichuan, Yunnan, Liaoning und Jilin (Karte 21). Chinas wichtigstes Abbaugebiet ist das Revier von Jinchuan im Kreise Yongchang, nordwestlich von Lanzhou in der Provinz Gansu, wo eine sulfidische Kupfer-Nickel-Lagerstätte abgebaut wird. In dem Revier wird seit über 20 Jahren Bergbau betrieben. Seine Kupfer-Nickel-Kapazität liegt heute bei 17 000 t/a. Jinchuan wird zu einem wichtigen Nichteisenmetall-Kombinat ausgebaut, in dem neben Kupfer und Nickel auch Kobalt, Gold, Silber, Platin und ein halbes Dutzend weiterer Metalle gewonnen und verarbeitet werden.

Nickel wird in Verbindung mit der Kupfer- bzw. Eisengewinnung in folgenden Orten erzeugt: Panshi (Jilin), Shenyang (Liaoning), Beijing, Tianjin, Xiaosigou, Xingtai und Handan (Hebei), Baoji (Shaanxi), Jinchuan und Baiyin (Gansu), Dukou (Sichuan), Luoyang (Henan), Wuhan und Daye (Hubei), Shanghai und Zhenjiang (Jiangsu) sowie Tongling (Anhui).

2.6.1 Lagerstätten

In China ist zwischen drei Nickel-Lagerstättentypen zu unterscheiden.

Liquidmagmatische sulfidische Kupfer-Nickel-Lagerstätten. Die Lagerstätten sind an basische und ultrabasische Gesteine, die in archäozoische, sinische sowie paläozoische Gneise, metamorphe Eruptivgesteine und sedimentäre Schichten eingedrungen sind, gebunden. Nickelerze kommen hier u. a. in Peridotiten, Augititen, Pyroxeniten, Amphiboliten und Gabbros oder an den Kontaktzonen zwischen diesen und angrenzenden Gesteinen vor. Die Erzkörper enthalten reiche Erze und haben meistens die Form von Lakkolithen mit deutlich erkennbarer magmatischer Differentiation. Die Hauptminerale sind Magnetkies — mit einem Anteil von 80% der gesamten Erzminerale —, nickelhaltiger Pyrit, Pyrit bzw. Kupferkies, begleitet von Magnetit bzw. Ilmenit.

III. Metall- und Nichtmetallrohstoffe

In Ergänzung zu diesen Mineralen treten Millerit und Hämatit als hydrothermale Bildungen auf.

Das Verhältnis von Kupfer zu Nickel liegt in den Lagerstätten bei 1:1 bis 2:1. Magmatogene Kupfer-Nickel-Sulfid-Lagerstätten finden sich in den Provinzen Gansu, Liaoning, Sichuan, Yunnan und Shandong. Von den Gesamtvorräten entfallen auf diesen Typ etwa 85%.

Mitteltemperierte hydrothermale Nickel-Lagerstätten. Diese Lagerstätten sind an saure und basische Intrusionen in präsinische Gneise und mesozoische Granite gebunden. Das Erz kommt in Äderchen oder in Imprägnationen vor und enthält Arsenkies, Magnetkies, Kobaltglanz und Gersdorffit, ferner gediegenes Silber in der Gangart, die aus Quarz, Schwerspat und Flußspat besteht. Nicht selten enthalten die Erze Gold, Wismut, Molybdän, Antimon, Platin, Kadmium, Uran und andere Elemente. In den Lagerstätten sind geschichtete Kupferkonzentrate enthalten, die auch Nickel- und Kobalterze aufweisen. Der Nickelgehalt der Lagerstätten ist mit 0,006 bis 0,009% gering; wegen der guten Aufbereitbarkeit sind die Erze jedoch von wirtschaftlicher Bedeutung. Vorkommen dieser Art finden sich in den Provinzen Liaoning und Yunnan.

Infiltrationslagerstätten. Bei diesem Lagerstättentyp handelt es sich um Infiltrationen in verwitterten Schichten. In Abhängigkeit von der Art der Muttergesteine unterscheidet man zwei Typen:

a) Nickelsilikat-Lagerstätten aus ultrabasischen Gesteinen des Varistikum mit verwitterten Serpentin-Horizonten als Erzträger. Die Lagerstätten liegen in den Provinzen Yunnan und Nei Monggol und enthalten nickelhaltiges Kaolin und Serpentin.

b) Nickelhaltige Asbolan-Lagerstätten aus basischen Extrusivgesteinen. Diese Lagerstätten sind durch lateritischen Zersatz aus Basalthorizonten des Perm, Tertiär und Quartär entstanden und enthalten erdigen oder in Konkretionen auftretenden nickelhaltigen Asbolan, der gewöhnlich mehr Kobalt als Nickel aufweist. Lagerstätten dieser Art sind sehr verbreitet und werden in den Provinzen Zhejiang, Fujian, Yunnan, Guizhou und in noch anderen Bereichen angetroffen.

2.6.2 Vorkommen und Bergwerke

Nordostchina. Die Provinz Liaoning ist ein bedeutender Versorger des Landes mit Nickelerzen. Die Hauptvorkommen liegen bei Yingkou und in der Nähe des Polymetall-Komplexes von Tieling. Die meisten Vorkommen gehören zum magmatogenen Typ und stehen im allgemeinen mit intermediären bis ultrabasischen Intrusivkörpern in Beziehung; eine Lagerstätte im Osten der Provinz geht auf granitische Intrusionen zurück und enthält auch noch Uran, Silber und Wismut. Weitere Nickelvorräte sind an Kupferlagerstätten gebunden. Auch in der Provinz Jilin kommt Nickel im Zusammenhang mit Kupfer in der schon lange bekannten und in Abbau befindlichen Lagerstätte von Panshi vor. In der Provinz Heilongjiang wird Nickelerz bei Aihui, an verschiedenen Stellen des Flusses Heilongjiang und im Vorgebirge des Xingan Ling angetroffen.

Nordchina. Neben einigen Vorkommen in ultrabasischen Gesteinen in der Provinz Hebei und einer kleineren Lagerstätte in der Provinz Shanxi werden weitere Nickellagerstätten im westlichen Teil des Alashan-Gebirges in der Provinz Nei Monggol angetroffen. Abbau geht hier u. a. in Xiaonanshan um, wo neben Kupfer auch Wismut, Titan und Platin gewonnen werden.

Nordwestchina. Das größte Vorkommen sulfidischer Cu-Ni-Erze ist Jinchuan (Yongchang) in der Provinz Gansu mit einem Gehalt an Nickel von 0,8 bis 1,0% (die Reicherzpartien haben bis 5% Ni) und an Kupfer von 0,5 bis 0,6%. Die Bergwerksförderung aus einem Tief- und einem Tagebau (Kapazität: 3000 t/d) erreichte 1980 10 000 t Ni, 7000 t Cu und 15 t Ko. Die Erzvorräte werden auf über 500 Mill. t geschätzt bei einem Metallinhalt von 5 Mill. t Ni, 3,5 Mill. t Cu und 0,1 Mill. t Ko. Die Lagerstätte bietet sich für eine großmaßstäbliche Erschließung an. Die Förderkapazität soll mit Hilfe der schwedischen Boliden contech zunächst bis 1987 auf 5000 t/d erweitert werden. Der metallurgische Bereich wird durch eine australische und eine finnische Gesellschaft auf eine Kapazität von 14 000 t/a Ni und 10 000 t/a Cu ausgebaut. Die Kobalt-Gewinnungskapazität soll heute bereits bei 200 t/a liegen.

Eine weitere Kupfer-Nickel-Lagerstätte in der Provinz Gansu wird in Baiyin, nordöstlich von Lanzhou, im Tagebau erschlossen. Weitere Nickel-Vorkommen befinden sich in der Provinz Shaanxi, im Qilian Shan-Gebirge der Provinz Qinghai und u. a. im Aertai Shan-Gebirge (Nickel-Mangan-Lagerstätten) der Provinz Xinjiang.

Südwestchina. Reiche Nickelvorräte gibt es auch in der Provinz Yunnan, wo alle drei Lagerstätten-Typen angetroffen werden. Die bedeutendsten Vorkommen liegen im Südwesten, südlich des Ailao Shan-Gebirges bei Yuanjiang, Mojiang und Huili.

Aus der Provinz Sichuan sind ebenfalls mehrere Nickel-Vorkommen bekannt. Die Lagerstätten gehören hier dem magmatogenen bzw. dem Infiltrations-Typ an. In der Eisenerzlagerstätte Panzhihua wird neben vielen anderen Metallen auch Nickel gewonnen. In der Provinz Guizhou finden sich Nickel-Lagerstätten mit Kobaltgehalten.

Ostchina. Das Taokezhuang-Kupfervorkommen in der Provinz Shandong hat auch als Nickel-Lieferant Bedeutung. In den Provinzen Zhejiang, Fujian und Guangdong sind kleinere Nickel-Vorkommen mit Kupfer- und Kobaltanteilen vorhanden.

2.7 Tantal und Niob

Über die Erzeugung und die Vorräte an Tantal ist nur wenig, an Niob kaum etwas bekannt. Die Tantal-Produktion wird auf 100 t/a Metallinhalt geschätzt. Vorräte werden in der Größenordnung von 1500 t Metallinhalt bei 24 500 t Weltvorräten vermutet.

Niob und Tantal sind eng verwandte Elemente, die in vielen Erzmineralen bei sehr unterschiedlichen Mengenverhältnissen gemeinsam vorkommen und daher auch häufig in Lagerstätten zusammen angetroffen werden. Im allgemeinen weisen die Vererzungen der Primärvorkommen keine bauwürdigen Konzentrationen von Tantal und Niob auf. Da viele Ta/Nb-haltige Minerale jedoch die Eigenschaften von Seifenmineralen besitzen, können sie vor allem zusammen mit Zinnstein in eluvialen und alluvialen Seifen stark angereichert sein und neben Zinnstein als Beiprodukt gewonnen werden. Auf der anderen Seite erfolgt bei der Zinnerzverhüttung eine starke Anreicherung der Schlacken mit Tantal (und auch Niob), wenn dieses nicht als Beiprodukt gewonnen wird. Die Gewinnung von Tantal aus derartigen „Altschlacken" hat daher in China infolge der großen Zinnproduktion in der Vergangenheit zunehmend an Bedeutung gewonnen.

III. Metall- und Nichtmetallrohstoffe

Über Ta/Nb-haltige Lagerstätten wurde bisher nur wenig bekannt. Disseminierte Vererzungen mit Columbit/Tantalit, Mikrolith und Zinnstein in alterierten Graniten werden bei Yichun in der Provinz Jiangxi abgebaut. Hier werden Tantal- und Zinnerze als Koprodukte gewonnen. Die Erzvorräte werden auf 100 Mill. t geschätzt mit einem Ta_2O_5-Gehalt von durchschnittlich 0,02% bei Grenzgehalten von 0,008%. Das Ta/Nb-Verhältnis beträgt 1,2 bis 1,6. Die Aufbereitung hat eine Erzdurchsatzkapazität von 250 000 t/a. Das Ausbringen liegt bei 60%. Die Konzentrate enthalten 28% Ta_2O_5.

Ähnliche Zinnerze werden in einem Tagebau und zwei Tiefbauen in Limu in der Provinz Guangxi hereingewonnen, wo folgende Vorräte anstehen:

Tagebau: 4 Mill. t Erz mit 0,1% Sn, 0,015% Ta_2O_5 und 0,015% Nb_2O_5.

1. Tiefbau: 30 Mill. t Erz mit 0,2% WO_3 und 0,006% Ta_2O_5 + Nb_2O_5.

2. Tiefbau: 30 bis 100 Mill. t Erz mit 0,015% Ta_2O_5 und 0,0015% Mo.

Während die Fördermenge aus dem Tiefbau noch gering ist, hat der Tagebau bereits eine Förderkapazität von 300 000 t/a. Das erzeugte niedrighaltige Konzentrat wird pyrometallurgisch zu einem Vorprodukt mit 50% Sn und 6 bis 8% Ta_2O_5 verarbeitet. Die anschließende Verhüttung liefert 300 bis 400 t/a Metall (mit 90% Sn) sowie eine Ta- und W-reiche Schlacke. Das raffinierte Zinn hat einen Reinheitsgrad von 99,9%.

Die Technologie der Schlackenaufarbeitung ist nicht bekannt. Hergestellt wird hochreines Kaliumtantalfluorid und Ta-Metallpulver mit einem CV-Verhältnis von 3200 bis 4000.

Geringe Mengen von Ta-Konzentraten werden bei Taimei in der Provinz Guangdong aus Graniten produziert. Vermutlich stehen auch Pegmatite und dazugehörige Seifen in Südchina in Förderung.

In den Eisenerzlagerstätten Baiyunebo in der Provinz Nei Monggol werden neben Seltenerdmetallen auch 0,12 bis 0,15% Nb_2O_5 und Ta_2O_5 angetroffen. Eine erfolgreiche Trennung von reinem Niob aus dem Roheisen soll einem japanisch-chinesischen Forschungsteam gelungen sein. Im Rahmen einer Kooperation zwischen beiden Ländern ist der Bau einer Pilotanlage für die Niobgewinnung geplant.

Die Tantalgewinnung aus „Altschlacken" dürfte für China jedoch in naher Zukunft von größter Bedeutung bleiben.

2.8 Titan

Die Produktion von Titan-Konzentrat (TiO_2) aus Schwermineralseifen und aus titanhaltigen Schlacken erreicht in der VR China 75 000 bis 80 000 t/a mit stark steigender Tendenz. Da der Titanverbrauch im eigenen Lande geringer als die Produktion ist, gelangen zunehmende Mengen auf den Weltmarkt.

Die Titan-Reserven in Schwermetallseifen und magmatogenen titanhaltigen Eisenerzlagerstätten werden von chinesischer Seite mit 80 Mill. t angegeben; westliche Schätzungen gehen von einem Titanerzvorrat mit einem gewinnbaren TiO_2-Gehalt von 11 Mill. t (10,5 Mill. t Ilmenit und 0,5 Mill. t Rutil) aus.

Die wichtigsten Vorkommen (Karte 24) sind folgende: Das höherwertige Titanmineral Rutil wird nur in geringen Mengen an verschiedenen Stellen der Küste

2. Eisen und Stahlveredler

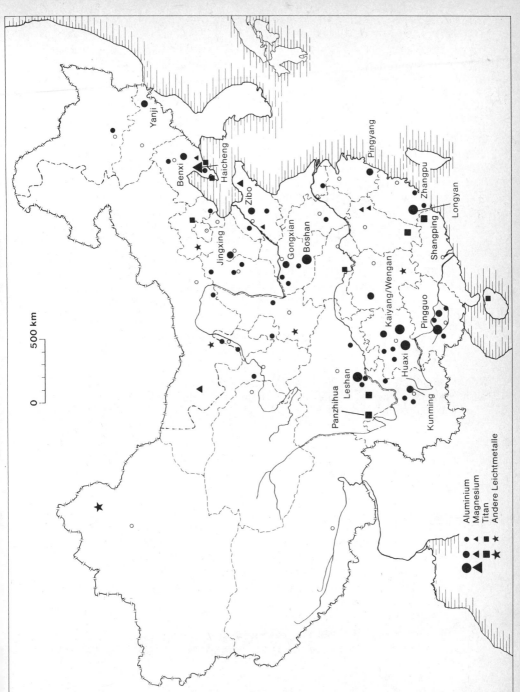

Karte 24. Titan- und Leichtmetallerzvorkommen.

III. Metall- und Nichtmetallrohstoffe

der Provinz Jiangsu gewonnen und kommt in untergeordneten Anteilen ferner in den Ilmenitlagerstätten vor. Das bedeutendste Ilmenit-Vorkommen und wichtigste Abbaugebiet ist das Titanomagnetit-Revier Panzhihua bei Dukou in der Provinz Sichuan, wo rund 90% der heute bekannten chinesischen Titanerzvorräte angetroffen werden. Ein nord-südlich verlaufender 200 km langer Titanomagnetit-Gürtel mit über 1 Mrd. t Vorrat hat einen TiO_2-Anteil von etwa 7 bis 11%. Hier können jährlich etwa 50 000 t Titanschlacke mit einem TiO_2-Gehalt von 30% erzeugt werden, die im Stahlwerk Chengde in der Provinz Hebei zu Titanschwamm, einem Vorprodukt des Titanmetalls, verarbeitet werden.

Weitere Titanerz-Vorkommen bilden die Ilmenit-Seifenlagerstätten an den Küsten der Provinzen Guangdong und Guangxi, von denen das Vorkommen bei Changan auf der Insel Hainan einen Vorrat von 11 Mill. t mit einem TiO_2-Anteil von 53% enthält. In den Lagerstätten sind im allgemeinen auch Zirkon und andere Schwerminerale vorhanden. Die Seifenlagerstätten in den Provinzen unterscheiden sich in Abhängigkeit vom Ausgangsgestein zum Teil sehr. In der Provinz Guangdong werden mit aufwendigeren Methoden jährlich etwa 25 000 t Ilmenitkonzentrat, in Guangxi etwa 10 000 t erzeugt. Diese Produktion wird zu etwa 10 000 t TiO_2-Pigment verarbeitet.

Ein kleines titanhaltiges Vorkommen wird bei Chengde in der Provinz Hebei abgebaut, wo aus einem Vorrat von 4,4 Mill. t Eisenerz eine Fördermenge von 700 000 t/a mit einem TiO_2-Anteil von 4,6% erbracht wird.

Weitere Vorkommen sind aus den Provinzen Liaoning (alluviale Seifenlagerstätte in der Jinzhou-Bucht), Hebei (Titanomagnetiterz-Vorkommen von Luanping) und Anhui bekannt.

Chinas Produktionskapazität für die Weiterverarbeitung zu Titanschwamm beträgt etwa 2500 t/a. Die Ausnutzung dürfte bei 80% liegen. Wichtigstes Werk ist das Eisen- und Stahlwerk von Chengde in der Provinz Hebei mit einer Kapazität von 1000 t/a.

Weitere Titanschwammkapazitäten befinden sich in den Provinzen Liaoning (Fushun: 500 t/a, Jinzhou), Hubei (Wuhan: 250 t/a) und in Shanghai (500 t/a). Mit Unterstützung Japans soll die Schwammkapazität mehr als verdoppelt werden.

2.9 Vanadium

Seit die VR China Vanadium vor einigen Jahren zu exportieren begann, ist sie sehr schnell zu einem der wichtigsten Erzeuger dieses Metalls geworden.

Die Produktion an hochgradiger Vanadiumschlacke mit einem V_2O_5-Inhalt von 6500 t soll 1980 bei einem Ausbringen von 85% eine Metallmenge von 3100 t erbracht haben. Damit erreichte China bei einem Produktionsanteil von 17% bereits die dritte Stelle in der Weltrangliste.

Die Vanadiumreserven werden von chinesischer Seite mit insgesamt 2,2 Mill. t angegeben, was 5% der Weltreserven entspräche. Westliche Schätzungen gehen von sicher und wahrscheinlich eingestuften und wirtschaftlich gewinnbaren Vorräten an V_2O_5 von 135 000 t aus, entsprechend einem Anteil von 0,8% an den Weltvorräten.

Für die Vanadiumgewinnung sind in China gegenwärtig ausschließlich die magmatogenen Vanadium führenden Titanomagnetit-Erzlagerstätten von Bedeutung, in denen Vanadium in sehr geringer Konzentration vorliegt und als Beiprodukt gewonnen wird.

Hauptabbaugebiet ist das vielfach erwähnte Massiv von Panzhihua in der Provinz Sichuan, dessen Erz einen V_2O_5-Anteil von 0,3% aufweist und etwa 80% der Gesamtvorräte umfaßt. Weitere vanadiumhaltige Erzvorkommen werden in Chengde in der Provinz Hebei und in Maanshan in der Provinz Anhui abgebaut. Der V_2O_5-Gehalt der Lagerstätten liegt in Chengde bei 0,35% und in Maanshan bei 0,8 bis 1,0%. Um die Vanadiumgewinnung weiter betreiben zu können, arbeitet das Forschungsinstitut für Nichteisenmetalle in Daye in der Provinz Hubei seit einiger Zeit an der Extraktion von Vanadium aus der Asche der Sapropel-Kohle von Chongyang in der Provinz Hubei.

Vanadiumschlacken mit V_2O_5-Gehalten zwischen 13 und 17,5% fallen in den drei Hüttenwerken der beschriebenen Lagerstättenbezirke an, wobei in Panzhihua die weitaus größte Kapazität vorhanden ist. Die Anreicherung dieser Schlacken erfolgt zur Hälfte in Jinzhou (Liaoning), ferner in Shanghai, Nanjing (Jiangsu) und Emei (Sichuan).

2.10 Wolfram

Seit langem ist China bekannt wegen seines besonderen Reichtums an Wolfram-Lagerstätten. Mit einer Produktion an Wolfram-Konzentrat von über 20 000 t/a mit etwa 10 000 t/a Metall-Inhalt liegt es an erster Stelle in der Weltrangliste und deckt damit zwischen einem Viertel bis zu einem Fünftel der Weltproduktion ab. Der Export an Konzentrat soll 1979 bei 11 300 t gelegen haben.

Mit geschätzten Vorräten von 1,35 Mill. t Metall-Inhalt liegt in China mehr als die Hälfte der Weltvorräte. Die günstigen Lagerstättenvoraussetzungen lassen die Entdeckung weiterer Vorräte vermuten.

Die bedeutendsten Lagerstätten liegen im Nanling-Bergland, das die Provinzen Jiangxi, Hunan, Guangxi und Guangdong durchzieht. Der größte Vorratsanteil von 70 bis 80% entfällt auf den südlichen Teil der Provinz Jiangxi, wo Wolframerze in einem Gebiet von ca. 20 000 km² angetroffen werden (Karte 23).

Hauptabbaugebiete sind Xihuashan, Dajishan, Guimeishan und Pangushan in der Provinz Jiangxi mit etwa 90% der Produktion; Chenzhou in der Provinz Hunan, Yangjiang, Shirenzhang und Yaoling in der Provinz Guangdong. Weitere Lagerstätten befinden sich u. a. in den Provinzen Fujian, Guangxi, Hubei und Hebei.

2.10.1 Lagerstätten

Wolframerze kommen vorwiegend in hydrothermalen Lagerstätten vor. In China wird zwischen vier industriell bedeutsamen Typen unterschieden.

1. Die wirtschaftlich wichtigsten Lagerstätten sind die Wolfram-Quarz-Gänge des südlichen Jiangxi-Typs. Hierbei handelt es sich um Gangvererzungen in Graniten des Mesozoikum mit WO_3-Gehalten zwischen 0,2 und 2%, in denen die reichste Erzführung weniger

III. Metall- und Nichtmetallrohstoffe

an die großen Batholite als vielmehr an die Kuppen kleinerer Granitmassive gebunden ist. Die Lagerstätten können aus einem großen Gang mit einer Mächtigkeit bis zu 3 m oder einer Vielzahl von kleineren Gängen bestehen. Das Einfallen ist vorwiegend steil, und die Gänge haben streichende Längen bis zu mehreren hundert Metern, im günstigsten Fall bis über 1000 m. Die Teufe der Erzführung erreicht ein Drittel bis zwei Drittel der Längenerstreckung. Der Lagerstättentyp läßt sich aufgrund der Mineralkomponenten in vier Untertypen gliedern.

▷ Die Wolframit-Quarz-Lagerstätten sind die wichtigsten Ganglagerstätten Chinas, in denen hochhaltiges Erz angetroffen wird. Hauptmineral ist Wolframit, daneben finden sich Zinnstein, Molybdänglanz, Wismutglanz, Pyrit, Kupferkies, Zinkblende, Bleiglanz und Scheelit, dem in diesen Lagerstätten allerdings keine wirtschaftliche Bedeutung zukommt. Ein großer Teil der Begleitminerale läßt sich als Beiprodukt wirtschaftlich gewinnen.

▷ Bei den Wolfram-Zinn-Lagerstätten handelt es sich um Ganglagerstätten, deren Hauptminerale Wolframit und Zinnstein von Scheelit, Kupferkies, Molybdänglanz, Pyrit, Bleiglanz, Zinkblende, Arsenkies, Magnetkies und Monazit begleitet werden. Hiervon können Kupferkies und Molybdänglanz teilweise als Beiprodukte gewonnen werden. Die Vorkommen sind im allgemeinen klein und die Erze geringhaltig.

▷ Die Scheelit-Wolframit-Quarz-Lagerstätten enthalten neben Scheelit und Wolframit als begleitende Minerale Zinnstein, Pyrit, Kupferkies, Bleiglanz, Zinkblende, Molybdänglanz und Arsenkies. Die Vorkommen treten in Form von Nestern und Gängen mit Quarz als Hauptgangart auf. Der Anteil des Scheelits ist im allgemeinen größer als derjenige des Wolframits; manchmal ist ausschließlich Scheelit von wirtschaftlicher Bedeutung. Die Vorkommen haben nur geringe Ausmaße.

▷ Wolfram-Antimon-Gold-Lagerstätten sind Scheelit-führende Quarzgänge, in denen neben Scheelit, Antimonit und gediegenem Gold Pyrit angetroffen wird. Antimonit und Gold können als Beiprodukt gewonnen werden. Die Vorkommen sind von mittlerer Größe.

2. Von der Bedeutung her folgen an zweiter Stelle die Scheelit-Lagerstätten in Skarnen des Hunan-Typs, die vor allem im Nanling-Bergland im Südosten der Provinz Hunan angetroffen werden und hier gewöhnlich 700 bis 1000 m vom Rand granitischer Intrusionen entfernt auftreten. Die Erzkörper haben die Form von unregelmäßigen Bänken, Linsen, Taschen oder Nestern und können von sehr unterschiedlicher Größe sein. Das Haupterzmineral ist der Scheelit, ferner sind Molybdänglanz, Wismutglanz, Kupferkies, Zinkblende und Bleiglanz vorhanden.

3. Beim Guangdong-Typ handelt es sich um Wolframit-Scheelit-Stockwerksvererzungen, wie sie für den östlichen Teil der Provinz Guangdong typisch sind. Dieser Lagerstättentyp wurde erst 1958/59 entdeckt und kennzeichnet große Vorkommen, die in der Nähe von Kontakten zu granitischen Intrusionen auftreten. Die Haupterzminerale sind feinkörnige Wolframite und Scheelite (Korndurchmesser 0,02 bis 10,00 mm), die wesentlich schwieriger aufzubereiten sind als die Wolframerze des Jiangxi-Typs, die Korngrößen bis zu einigen Zentimetern aufweisen. Auf Scheelit entfallen zwischen 25 bis über 50% der Wolframerze.

Den überwiegenden Anteil der Begleitminerale stellen verschiedene Sulfide, und zwar vor allem Magnetkies, Arsenkies und Pyrit, aber auch Wismutglanz, Bleiglanz und Kupferkies. Ferner können Molybdänglanz, Zinkblende und Specularit auftreten. Außer Sulfiden enthalten die Vererzungen in den Spalten und Klüften auch sehr oft Zinnstein.

4. Bei den Wolfram-Zinn-Seifen handelt es sich um sekundäre Lagerstätten meist alluvialer Entstehung, die in der Nähe der primären Lagerstätten der Typen 1 bis 3 angetroffen werden können. Einige Lagerstätten befinden sich direkt an der Erdoberfläche, andere sind von jüngeren Sedimenten überlagert. Zwei Untergruppen lassen sich unterscheiden: Bei der ersten ist Zinnstein das Hauptmineral, Begleitminerale sind gediegenes Gold, Ilmenit, Zirkon, Rutil, Monazit und Magnetit. Die Lagerstätten sind vorwiegend alluvialer Entstehung und von geringer Größe.

Die zweite Gruppe enthält Wolframit als Hauptmineral bei ähnlicher Zusammensetzung der Begleitminerale wie die erste Gruppe. Die Lagerstätten bilden eine Übergangsform zwischen akkumulativer und alluvialer Entstehung in der Nähe der Primärlagerstätten und sind bei mittlerer bis kleiner Größe linsen- bzw. löffelförmig ausgebildet.

Die beschriebenen Lagerstättentypen sind für die VR China von unterschiedlicher wirtschaftlicher Bedeutung. Auf die Gangerz-Lagerstätten (Jiangxi-Typ) und die Stockwerksvererzungen (Guangdong-Typ) entfallen etwa zwei Drittel der chinesischen Wolframerzvorräte, aber sehr wahrscheinlich zwischen 90 bis 95% der Wolframerzfördermenge. Die Skarnerzlagerstätten sind mit rund einem Drittel an den Vorräten beteiligt, erbringen aber nur etwa 5% der Fördermenge. Die Seifen-Lagerstätten sind nur von geringer lokaler Bedeutung.

2.10.2 Vorkommen und Bergwerke

Nordchina. In der Provinz Shanxi findet sich im nördlichen Vorgebirge des Qinling Shan-Gebirges eine Mineralzone, die Molybdän, Vanadium, Wolfram, Yttrium, Tantal, Germanium, Gallium, Lanthan, Uran und Thorium in dünnen Gängen enthält.

Nordwestchina. Wolfram-Lagerstätten vom Hunan-Typ befinden sich in der Provinz Ningxia an den südlichen Ausläufern der Helishan- und Longshoushan-Berge sowie im zentralen Teil. Auch aus dem Majia Shan-Gebirge etwa 200 km südlich der Provinzhauptstadt Yinchuan ist eine Wolfram-Lagerstätte bekannt. In der Provinz Gansu werden Wolfram-Vorkommen im südlichen Teil angetroffen; aus der Provinz Xinjiang sind keine nennenswerten Lagerstätten bekannt.

Südwestchina. In den Provinzen Sichuan, Guizhou und Yunnan finden sich Vorkommen, in denen Wolframerze mit Trägern von Molybdän, Uran, Gallium, Germanium und Indium vergesellschaftet sind.

Zentral- und Südchina. In der Provinz Hunan konzentrieren sich die Wolfram-Vorkommen auf den südlichen Bereich. Hauptabbaugebiete sind Lingxian und Guidong, süd- bzw. südöstlich von Chenzhou, ferner Zixing, Rucheng und Linwu, südwestlich von Zixing, sowie Yaogangxian. Die Lagerstätten gehören überwiegend zum Hunan-Typ. Der WO_3-Gehalt erreicht bis zu 65%.

Die Lagerstätten der Provinz Guangdong liegen entlang der Provinzgrenze von Hunan und Jiangxi in Richtung zur Küste. Sie gehören zum Hunan- und Jiangxi-Typ, in der Nachbarschaft zur Provinz Fujian zum Guangdong-Typ. Abgebaut wird bei Shirenzhang und Yaoling; Lagerstätten finden sich ferner bei Lechang, Shixing, Yingde, Huiyang, Wengyuan, Heyuan, Zijin, Baoan und südlich bzw. südwestlich von Guangzhou bei Zhongshan, Enping und Yangjiang. Im östlichen Teil der Provinz an der Grenze zu Fujian liegen die Reviere Haifeng, Wuhua und Meixian.

In der Provinz Guangxi werden Wolfram-Vorkommen in zwei Distrikten angetroffen. Im nördlichen Teil der Provinz bei Hexian, Gongcheng und Guanyang. Im Zentrum der Provinz liegen Vorkommen bei Binyang und Wuming.

Ostchina. Im südlichen Ostchina liegen die größten Wolfram-Lagerstätten des Landes, hier insbesondere in der Provinz Jiangxi, wo 70 bis 80% der Vorräte angetroffen werden. Der Anteil an der Gesamtproduktion erreicht hier sogar 85 bis 90%.

III. Metall- und Nichtmetallrohstoffe

Die Lagerstätten befinden sich im Süden der Provinz Jiangxi am östlichen Rand des Nanling-Gebirges und gehören überwiegend zum Jiangxi-Typ. Wichtige Erzreviere sind hier Xihuashan, Pangushan, Dajishan und Guimeishan. Außerdem werden noch eine Reihe mittlerer und kleinerer Vorkommen bei Chongyi, Zhangpu, Nangkang, Ganzhou, Anyuan, Suichuan und Longnang angetroffen. Die Grube Xihuashan bei Dayou ist mit einer Kapazität von 4000 t/d das größte Wolfram-Bergwerk der Welt.

Die Vorkommen der Provinz Jiangxi und Guangdong setzen sich teilweise bis in die Provinz Fujian fort, wo ebenfalls große Vorräte angetroffen werden. Die Lagerstätten liegen bei Xiapu, bei Jianyang und bei Changle. Im Westen der Provinz werden Vorkommen bei Qingliu, Wuping und Shanghang sowie bei Huaan, Nanan und nordöstlich bei Putian angetroffen. Im Südosten der Provinz an der Grenze zwischen Fujian und Guangdong kommt auch der Guangdong-Typ vor, und zwar in den Revieren Zhaoan und Pinghe, süd- und nordwestlich von Zhangpu.

3. Nichteisen-Metalle

3.1 Aluminium

Als Aluminiumrohstoffe kommen in China vor allem Bauxit und Alunit, ferner noch Nephelin und kaolinreiche Tone in Betracht. Die Fördermenge dieser aluminiumhaltigen Rohstoffe liegt bei 1,7 Mill. t/a; hieraus werden jährlich 0,9 Mill. t Aluminiumoxid und rund 380 000 t Hüttenaluminium erzeugt. Die Produktion deckt noch nicht den jährlichen Eigenbedarf an Aluminium, der zwischen 0,5 und 0,6 Mill. t liegt, so daß China weiterhin auf Importe angewiesen ist.

Die Gesamtkapazität der Aluminium-Hütten erreicht nach Inbetriebnahme der soeben fertiggestellten Hütte in Guiyang (80 000 t/a) in der Provinz Guizhou heute 480 000 t/a. Die älteren Hütten haben mit Ausnahme des Werkes in Fushun (Liaoning), das eine Kapazität von 100 000 t/a aufweist, nur geringere Größenordnungen:

Hüttenstandort	Aluminium-kapazität t/a	Hüttenstandort	Aluminium-kapazität t/a
Xuzhou (Jiangsu)	3 000	Hefei (Anhui)	25 000
Huaibei (Anhui)	4 000	Lanzhou (Gansu)	30 000
Nanping (Fujian)	6 000	Wuhan (Hubei)	35 000
Baotou (Nei Monggol)	10 000	Guiyang (Guizhou)	80 000
Nanding (Shandong)	10 000	Fushun (Liaoning)	100 000
Taiyuan (Shanxi)	12 000	Xining (Qinghai) (im Bau)	100 000
Changchun (Jilin)	15 000	Pingguo Nr. 1 (Guangxi) (Projekt)	100 000
Changsha (Hunan)	15 000	Pingguo Nr. 2 (Guangxi) (Projekt)	200 000
Kunming (Yunnan)	15 000	Hejin (Shanxi) (Projekt)	250 000
Qingdao (Shandong)	15 000		

Die Hütte in Xining wird gegenwärtig von Firmen der Bundesrepublik Deutschland gebaut und 1987 in Betrieb gehen. Eine Erweiterung der Hütte Baotou auf 40 000 t/a steht kurz vor der Fertigstellung. Die zwei Hütten in Pinggou befinden sich noch im Projektstadium, ebenso die Anlage in Hejin, die mit Unterstützung Japans gebaut werden soll. Weitere Hüttenwerke befinden sich in der Provinz Hebei und der Stadt Tianjin. Ende dieses Jahrzehnts dürfte China somit über eine Aluminium-Hüttenkapazität von etwa 1 Mill. t/a verfügen.

Wichtige Lagerstättenbezirke liegen vor allem in folgenden Provinzen: Guangxi (Pingguo), Guizhou (Huaxi, Wengan, Xiuwen), Fujian (Longyan), Hebei (Cixian, Tangshan), Henan (Boshan, Huixian), Liaoning (Fuxian, Liaoyang) Jilin (Yanji), Sichuan (Leshan) und Yunnan (Kunming). Jüngere Bauxit-Funde beziehen sich auf Shandong, Henan (Sanmenxia), Sichuan, Guizhou und Guangxi (Karte 24).

Chinas bisher größte Aluminiumoxid-Anlage, in der als wichtigstes Beiprodukt Gallium gewonnen wird, liegt in Nanding in der Provinz Shandong.

Die neugebaute Aluminiumoxid-Anlage in Guiyang hat eine Kapazität von 200 000 t/a. In Pingguo werden außer den Hütten auch zwei Aluminiumoxid-Anlagen mit Kapazitäten von 200 000 bzw. 1 000 000 t/a projektiert.

Die bekannten Reserven an Aluminium-Rohstoffen in China werden heute auf 1 bis 1,2 Mrd. t geschätzt; hiervon dürfte etwa ein Drittel wirtschaftlich gewinnbar sein. Damit reichen die Vorräte zur Selbstversorgung des Landes aus. Sobald die Hüttenkapazitäten groß genug sind, wird China auch von Importen unabhängig sein.

3.1.1 Lagerstätten

Die industriell bedeutsamen Bauxit-Vorkommen werden nach chinesischer Einteilung in drei Gruppen untergliedert.

1. Der Gongxian-Typ stellt gleichmäßige linsenförmige Ablagerungen in Senken dar und ist während der frühen Karbonzeit entstanden. Die langen Bauxit-Linsen liegen zwischen Tonablagerungen und sind von großer Mächtigkeit. Diaspor ist das Hauptmineral; Begleitminerale sind Muskovit, Chlorit, Kaolinit, Rutil und Quarz. Die Struktur des Gesteins, das auch etwas Eisen enthält, ist oolithisch oder pisolithisch. Die liegenden Partien der Lagerstätten gehen im allgemeinen in tonerdehaltige Schiefer über, die auch Hämatit und Siderit enthalten.

Die Lagerstätten im Gongxian-Bauxit-Distrikt in der Provinz Henan sind für diesen Typ beispielhaft. Der Distrikt hat eine Ausdehnung von einigen Zehnern von Quadratkilometern. Der Al_2O_3-Gehalt ist gleichmäßig hoch und liegt zwischen 60 und 73%, der SiO_2-Gehalt bei 6 bis 17%. In vielen Fällen kann Gallium als Beiprodukt gewonnen werden. Lagerstätten dieser Art werden in den Provinzen Liaoning, Shandong und Shanxi angetroffen.

2. Der Zhazuo(Xiuwen)-Typ wird in Horizonten des Mittelkarbon angetroffen. Riesige, dicke und ursprünglich horizontale Lager wurden in der Kreide-Zeit gefaltet und teilweise erodiert. Teile dieser Lagerstätten können im Tagebau gewonnen werden. Das Hauptmineral ist Diaspor mit sekundärem Boehmit. In erdiger Ausbildung liegen die Gewichtsanteile von Diaspor bei 70 bis 90%, von Kaolinit bei 0 bis 20%, von Rutil, Zirkon und Turmalin bei 2 bis 5%. Bei toniger Ausbildung ist der Kaolinit-Anteil höher als derjenige des Diaspor.

Ein repräsentativer Vertreter dieses Typs ist die Lagerstätte im Zhazuo-Distrikt bei Guiyang in der Provinz Guizhou, wo sich Bauxit-Lager zwischen zwei mächtigen tonerdehaltigen Schieferhorizonten befinden, die für die Verwendung in der Feuerfestindustrie geeignet sind. Das Erz hat folgende durchschnittliche Zusammensetzung: 70% Al_2O_3, 11% SiO_2, 2% Fe_2O_3 und 3% TiO_2. Im allgemeinen beträgt das Al_2O_3/SiO_2-Verhältnis 6:1. Außer in Guizhou werden Lagerstätten dieses Typs noch in den Provinzen Shandong und Yunnan sowie in anderen Landesteilen angetroffen.

3. Mit dem Zhangpu-Typ werden Lagerstätten gekennzeichnet, die in verwitterten tertiären Basalten in den meisten Fällen aus umgelagertem Material entstanden sind. Das Hauptmineral ist Gibbsit oder Hydrargillit. Die Erzlager von 3 bis 4 m Mächtigkeit befinden sich in Lateriten, die sich aus verwitterten Basalten gebildet haben. Das Erz enthält 48% Al_2O_3, 22% SiO_2, 20% Fe_2O_3 und 4% TiO_2. Das Al_2O_3/TiO_2-Verhältnis liegt im allgemeinen relativ niedrig. Daher hat dieser Lagerstättentyp, der ausschließlich im Bereich des tertiären Basalthorizonts bei Zhangpu in der Provinz Fujian angetroffen wird, auch nur eine geringe Bedeutung.

Die meisten Alunit-Lagerstätten sind bei hydrothermalen Umwandlungen durch saure bis intermediäre Extrusionen entstanden. Sie werden in 18 Provinzen angetroffen und sind besonders ausgedehnt in Zhejiang, Anhui, Liaoning und Hebei. An zweiter Stelle stehen die Alunit-Lagerstätten, die aus Verwitterungsvorgängen entstanden sind. Diese befinden sich in den Provinzen Shanxi, Gansu und Sichuan. Im allgemeinen enthalten die chinesischen Alunit-Lagerstätten beachtenswerte Anteile an Seltenerdmetallen.

3.1.2 Vorkommen und Bergwerke

Nordostchina. In der Provinz Liaoning werden Aluminium-Rohstoffe besonders in den Distrikten Benxi und Fuxin abgebaut. Hier werden u. a. Schiefervorkommen intensiv genutzt. Von dem in großen Mengen produzierten refraktären Al_2O_3 werden bis zu 150 000 t/a exportiert. Die Vorkommen gehören dem Gongxian-Typ an. Weitere Lagerstätten befinden sich in der Nähe von Shenyang. In der Provinz Heilongjiang sind bisher Bauxit-Vorkommen nur bei Harbin entdeckt worden.

Nordchina. In der Provinz Hebei liegt südlich von Beijing eine größere Lagerstätte bei Jingxing; kleinere Vorkommen werden im Kohlenrevier von Kailuan zwischen Tangshan und Luanxian angetroffen.

Bauxit- und Alunit-Lagerstätten werden in der Provinz Shanxi in den Distrikten Taiyuan, Yangquan und Datong abgebaut. Sie gehören zum Gongxian-Typ. Der Al_2O_3-Gehalt schwankt zwischen 52 und 75%. Die Fördermenge des Tagebaues Xiaoye liegt bei 500 000 t/a.

Nordwestchina. Bauxit-Lagerstätten werden in der Provinz Shaanxi, nordöstlich von Xian, in der Provinz Ningxia bei Zhongwei, südwestlich von Yinchuan, und im Vorgebirge der Helan Shan-Berge angetroffen.

In der Provinz Gansu sind Vorkommen bekannt, die überwiegend aus kaolinreichen Tonen, teilweise auch aus Bauxit und Alunit bestehen. Sie befinden sich südöstlich und nordwestlich von Lanzhou (Yongdeng) sowie im südlichen Bereich der Provinz. In der Provinz Xinjiang liegen Bauxit-Vorkommen nordnordöstlich der Provinzhauptstadt Wulumqi am Fuß des Aertai-Gebirges, wo auch seltene Leichtmetalle wie Lithium, Beryllium, Caesium und Rubidium angetroffen werden.

Südwestchina. Die größten Bauxit-Vorkommen Chinas befinden sich in der Provinz Guizhou und sind in einem Bereich nordöstlich (Kaiyang) bis südöstlich um die Provinzhauptstadt Guiyang konzentriert. Alle Vorkommen gehören zum Typ von Zhazuo, einem Distrikt nördlich von Guiyang. Die Vorkommen bei Kaiyang haben mit 50 bis 70% einen geringeren Al_2O_3-Gehalt als diejenigen, die unter Guiyang zusammengefaßt sind und einen Gehalt von rund 70 bis 90% aufweisen. Die Provinzfördermenge soll 0,6 Mill. t/a betragen.

Ein weiterer bedeutender Lieferant von Bauxit ist die Provinz Yunnan. Die Vorkommen sind im Norden der Provinz um die Provinzhauptstadt Kunming konzentriert. Die Lagerstätten sind die ältesten bekannten Bauxit-Vorkommen des Landes und gehören in das Oberdevon, Oberkarbon bzw. Oberperm. Die Analysen zeigen 61 bis 74% Al_2O_3, 8 bis 18% SiO_2, 6 bis 14% Fe_2O_3 und 2 bis 4,7% TiO_2.

Im Süden der Provinz Sichuan werden südlich und östlich der Provinzhauptstadt Chengdu Alunit- und Bauxit-Vorkommen angetroffen.

Zentral- und Südchina. Im Norden der Provinz Henan liegt das bedeutende Bauxit-Revier Gongxian. Seine Lagerstätten gehören zum gleichnamigen Typ und enthalten pisolithischen Bauxit mit Al_2O_3-Gehalten von 53 bis 65%. Weitere Vorkommen gibt es südlich und westlich von Gongxian. Im Westen der Provinz Hunan befindet sich das große Bauxit-Lager von Jiling. Weitere Bauxit-Lagerstätten werden in der Provinz Guangdong und auf der Insel Hainan angetroffen. Sie gehören zum Zhangpu-Typ.

Die Bauxit-Lagerstätten aus dem oberen Perm nördlich und östlich der Provinzhauptstadt Nanning in der Provinz Guangxi enthalten höhere Anteile an SiO_2. Eine größere und hochprozentige Bauxit-Lagerstätte liegt bei Pingguo, wo ein neues Hüttenzentrum entstehen wird.

Ostchina. In der Provinz Shandong sind die reichsten Vorkommen um Zibo, östlich der Provinzhauptstadt Jinan, konzentriert. Weitere Lagerstätten befinden sich nördlich und südlich sowie in unmittelbarer Nachbarschaft von Jinan. Die meisten Bauxit-Vorkommen gehören zum Zhazuo-Typ; Bauxit ist in vielen Ablagerungshorizonten zu finden. Außerdem wird Alunit angetroffen. Im südlichen Teil der Provinz Jiangsu liegen mittelgroße Vorkommen von Bauxit und aluminiumoxidhaltigen Schiefern. Die Provinz Zhejiang erbringt die größte Förderung an Alunit. Das Hauptförderzentrum liegt bei Pingyang im Südosten der Provinz.

Im Südosten der Provinz Fujian gibt es ebenfalls Vorkommen von Bauxit und Alunit. Ein Zentrum bildet der Distrikt Zhangpu, nach dem dieser Lagerstättentyp benannt wurde. Der beste Lagerstättenbereich weist Gehalte an Al_2O_3 von 45 bis 50% und an Fe_2O_3 von 15 bis 20% bei einem Al_2O_3/SiO_2-Verhältnis von 4 bis 8:1 auf. Im Nordwesten der Provinz sind in Fortsetzung der Lagerstätte Pingyang (Zhejiang) Alunit-Vorkommen bekannt.

3.2 Antimon

China hat eine lange Tradition in der Produktion von Antimon. Aus der größten Lagerstätte der Welt von Xikuangshan in der Provinz Hunan wurden über viele Jahre vier Fünftel der Weltproduktion erbracht. Heute gehört China mit einer

III. Metall- und Nichtmetallrohstoffe

jährlichen Produktion von 11 000 t Metallinhalt, wovon etwa die Hälfte exportiert wird, hinter Bolivien und Südafrika immer noch zu den größten Erzeugerländern.

Die Vorräte Chinas werden in Abhängigkeit von der Höhe der angenommenen Weltvorräte auf 2,2 bis 4 Mill. t geschätzt, was etwa 50% der Weltvorräte entspricht. Damit ist China weiterhin das Land mit den größten Vorräten. Die Höhe der chinesischen Antimon-Produktion, die wesentlich durch den Export bestimmt wird, ist daher nicht so sehr eine Frage der Lagerstättenkapazität als der politischen Entscheidung unter Berücksichtigung der Weltmarktpreise und der Beziehungen zum Hauptproduzenten Bolivien.

Der Schwerpunkt der Produktion liegt in der Provinz Hunan (Karte 21). Ferner wird Antimon in den Provinzen Guangdong und Guangxi produziert. In vielen Polymetallerz-Lagerstätten wird Antimonit als Begleitmineral angetroffen und auch gewonnen. China besitzt gute Kenntnisse im Abbau von Antimon-Lagerstätten wie auch in der Erz-Aufbereitung und Produktion von Antimon-Metall.

Bei den reinen Antimon-Lagerstätten handelt es sich um apomagmatische niedrigthermale Antimonglanzgänge mit teilweise geringen Pyritgehalten und vorwiegend Quarz als Gangart. Die übrigen Sulfide treten stark zurück, in manchen Fällen ist auch Zinnober vertreten. Antimonglanz bildet derbe grobstrahlig oder dichte Massen, auf Knollen und Lagern konzentriert, oder wird feinverteilt in Quarz angetroffen. In den Polymetallerz-Lagerstätten kommt Antimon als Sulfid oder Oxid vergesellschaftet mit Blei/Zink, Kupfer, Nickel, Zinn, Quecksilber, Kobalt und Mangan bzw. mit deren Erzen vor.

Vorkommen und Bergwerke

Nordwestchina. In der Provinz Qinghai kommt Antimon vergesellschaftet mit Mangan, Nickel und Chrom im Distrikt Caishiling vor. Die Lagerstätte befindet sich im äußersten Nordwesten an der Grenze zur Provinz Xinjiang etwa 40 km nördlich von Mangya. Eine hochwertige Lagerstätte ist in jüngerer Zeit in der Xihe-Region in der Provinz Gansu entdeckt worden.

Südwestchina. Im Nordosten der Provinz Guizhou liegt bei Sinan im Fojing Shan-Gebirge der größte Antimon-Distrikt der Provinz, etwa 55 km west-nordwestlich von Tongren. Abbaureviere sind Jiangkou, Songtao, Shiqian und Sinan. Das Mineral ist Antimonglanz. Andere Vorkommen werden bei Tongren, Sandu, Danzhai, Wuchuan, Qinglong und Fuquan angetroffen.

In der Provinz Yunnan gibt es Antimon-Lagerstätten im Osten bei Fuyuan und Shizong, ferner bei Qiubei, Guangnan, Wenshan und Maguan. Funde über Antimon-Vorkommen wurden auch aus den Provinzen Xizang und Sichuan gemeldet.

Zentral- und Südchina. Mehr als 60% der Antimon-Vorräte liegen in der Provinz Hunan. Hauptabbaugebiet ist Xikuangshan bei Xinhua, 150 km west-südwestlich der Provinzhauptstadt Changsha. Hierzu gehören ferner die Vorkommen Qilijiang und Jiangchong. Das Erz kommt in Gängen in quarzitischen Sandsteinen vor. Der Sb-Gehalt liegt zwischen 9 und 25%, ferner tritt noch etwas Gold und Wolfram auf. Der Lagerstättenbereich umfaßt 14 km^2.

Im nördlichen Teil werden oxidische und sulfidische Komplexerze angetroffen, während im südlichen Teil Antimonglanz vorherrschend ist. Weitere Vorkommen liegen bei Yiyang (85 km nordwestlich Changsha), Anhua (9 km westlich Yiyang), Yuanling (130 km west-nordwestlich Anhua) und Xupu (110 km west-südwestlich Anhua).

Die Provinz Guangdong besitzt ebenfalls bedeutende Antimon-Vorräte und erbringt eine beachtliche Förderung. Antimon wird im Distrikt Qujiang mit den Vorkommen Tianziling, Luoyuandong und Huanggangling gewonnen. Die Lagerstätten liegen in Sandschiefern und enthalten hauptsächlich Antimonglanz. Der Metallgehalt liegt bei 2%. Weitere Vorkommen werden bei Ruyuan, Yingde, Qingyuan und auf der Insel Hainan, unter anderem bei Dingan, angetroffen.

Die Provinz Guangxi ist ebenfalls reich an Antimon-Lagerstätten. Die wichtigsten Vorkommen liegen bei Hechi im Norden, Binyang, nordöstlich von Nanning, und Tianyang im Westen. Im neu erschlossenen Changbu-Komplex südwestlich von Hechi wird außer Zinn und Blei/Zink auch Antimon gewonnen. Kleinere Vorkommen werden bei Debao, Silin, Longan, Wutong und Quanzhou erwähnt.

Ostchina. In der Provinz Zhejiang gibt es mehrere Vorkommen. Im Chunan-Distrikt südlich von Hangzhou liegen die Lagerstätten Guniuwu, Menchu und Jingliangshan. Das Antimonerz kommt in dünnen Adern und Spalten vor, Begleitminerale sind Pyrit und Bleiglanz. Die Analyse ergab 65% Antimon, 3% Schwefel, 1,7% Blei und 1,04% Eisen. Im Shichengzhen-Distrikt liegen die Vorkommen Chulongshan, Hengxi und Matian. Das Erz hat hier einen Sb-Gehalt von 50%. Nordwestlich von Hangzhou, an der Grenze zur Provinz Anhui, liegt das Vorkommen Wulongzhen. Das Erz hat einen Gehalt an Antimonglanz von 45% und an Arsen von 7%, ferner etwas Eisen und Blei. Die Gangart besteht aus Kalkspat.

3.3 Blei/Zink

China schaut auf eine lange Geschichte im Blei/Zink-Bergbau zurück. Die Produktion der Blei/Zink-Konzentrate erreicht heute Metallinhalte von jeweils etwa 180 000 bis 200 000 t/a. Die Produktionskapazitäten werden insgesamt auf 250 000 bis 300 000 t/a geschätzt, was noch eine Ausweitung der Produktion zuließe. Da der Verbrauch gegenwärtig höher als die Produktion liegt, müssen jährlich rund 50 000 t Bleiprodukte und eine kleinere Menge an Zinkprodukten eingeführt werden. Es wird damit gerechnet, daß die Nachfrage infolge der industriellen Entwicklung weiter stark ansteigt und nur bei forcierter Entwicklung neuer Gruben und Hüttenwerke befriedigt werden kann.

Blei/Zink-Vorkommen sind in China sehr verbreitet. Schwerpunkte des Abbaus liegen im Südwesten und Süden, in Zentral-China sowie im Nordwesten des Landes. Die Vorräte wurden vom Zentralen Planungs- und Forschungsinstitut für die Nichteisenmetall-Industrie in Beijing im Jahr 1980 für Bleierz mit 20 Mill. t und für Zinkerz mit 53 Mill. t Metallinhalt angegeben (Karte 21).

III. Metall- und Nichtmetallrohstoffe

Die chinesischen Blei/Zink-Hütten haben folgende Kapazitäten:

Hüttenstandort	Jährliche Kapazität in t Metallinhalt	
	Blei	Zink
Zhuzhou (Hunan)	50 000	100 000
Huludao (Liaoning)	–	60 000
Shenyang (Liaoning)	50 000	20 000
Shaoguan (Guangdong)	35 000	15 000
Songbai (Hunan)	15 000	5 000
Kunming (Yunnan)	30 000	–
Shanghai	6 000	–
Liancheng (Fujian)	n. b.	n. b.
Guangzhou (Guangdong)	n. b.	–
Changchun (Jilin)	n. b.	–
Wuhan (Hubei)	n. b.	–

Vor allem mit japanischer Hilfe soll die Hüttenkapazität des Landes erweitert werden.

3.3.1 Lagerstätten

Das geologische Alter der chinesischen Blei/Zink-Vorkommen reicht vom Präkambrium bis zum Mesozoikum. Der Produktionsschwerpunkt liegt in Lagerstätten der älteren geologischen Formationen. Verdrängungslagerstätten und solche vulkanischen Ursprungs sind hier von sehr viel größerer Bedeutung als die Kontakt- und Gangerz-Lagerstätten. Mittlere und große Lagerstätten sind durch hydrothermale Verdrängung im Präkambrium in Nordost-China, im Sinian in Sichuan und im Devon sowie Karbon in den Provinzen Guangdong, Guangxi, Guizhou, Gansu, Shaanxi und Xinjiang entstanden. Es gibt große geschichtete Lagerstätten aus der Zeit der caledonischen Faltungsphase in Verbindung mit Vulkanismus im Qilian Shan-Gebirge zwischen den Provinzen Gansu und Qinghai und bedeutsamen Vorkommen, die durch vulkanische Intrusionen in mesozoische Schichten im westlichen Sichuan und in Zhejiang entstanden sind. Die Kontakt- oder Skarn-Lagerstätten sind vor allem in den östlichen Provinzen weit gestreut und enthalten bedeutende Mengen an Kupfer und/oder Molybdän. Große Gangerz-Lagerstätten sind jedoch nicht anzutreffen.

Nach der chinesischen Einteilung werden die Blei/Zink-Lagerstätten genetisch in sechs Typen eingeteilt:

1. Lagerstätten in präsinischen metamorphen Gesteinen
Die Lagerstätten dieses Typs sind im allgemeinen groß, und die Erzkörper bilden unregelmäßige Lager oder Linsen. Sie enthalten Bleiglanz und Zinkblende mit Gips, Kalkspat und Flußspat als Gangart. Gewöhnlich befinden sich in der Umgebung der Lagerstätten keine Eruptivgesteine. Das Erz ist hochgradig; Lagerstätten werden in den Provinzen Qinghai, Liaoning und Hunan angetroffen.

2. Lagerstätten in Kalkgesteinen
Die Lagerstätten sind mittelgroß bis klein. Die Erzkörper sind als unregelmäßige Läger ausgebildet oder kommen in disseminierter Form vor. Das Nebengestein besteht meistens aus paläozoischen Kalken, in einigen Fällen auch aus sinischen kieseligen Dolomiten. Lagerstätten dieser Art werden vor allem im westlichen Hunan, in Guizhou, im südlichen Sichuan und östlichen Yunnan angetroffen. Nach dem Alter des Nebengesteins können sie weiter unterteilt werden:

3. Nichteisen-Metalle

Sinischer Kieseliger Dolomit. Die Vorkommen sind klein, die Erzkörper werden als unregelmäßige Lager oder als Spaltenfüllungen angetroffen. Sie kommen in den Ablagerungsgebieten der sinischen Kalke vor, vor allem im nördlichen Hebei, in Sichuan und Yunnan,
Kambrisch-ordovizischer Kalk. Die Lagerstätten sind klein und enthalten nur geringe Erzmengen. Sie kommen im Osten der Provinz Guizhou vor.
Silurisch-devonischer Kalk. Die Lagerstätten sind mittelgroß. Das Erz kommt in Gängen oder Spalten vor und enthält Bleiglanz, Kupferkies und Pyrit. Vorkommen dieser Art werden vor allem in der Provinz Jiangxi angetroffen.
Permisch-karbonischer Kalk. In diesen Horizonten finden sich die bedeutendsten Lagerstätten dieses Typs. Das Erz kommt als Umlagerungsprodukt im oberen Bereich der Kalkhorizonte vor und enthält als Begleitminerale Pyrit und Kupferkies. Vorkommen dieser Art sind vor allem aus dem westlichen und östlichen Yunnan bekannt.
Triassischer Kalk. Das Erz kommt als Gangfüllung und zwischen Schichthorizonten vor. Die Lagerstätten sind klein und vorwiegend in der Provinz Yunnan verbreitet.

3. Skarn-Lagerstätten

Die Lagerstätten dieses Typs werden durch unregelmäßige Erzkörper mit kompliziertem Aufbau gebildet; sie finden sich an der Kontaktzone zwischen Karbonat-Gesteinen und Silikaten. Die Erze enthalten Magnetit, Pyrit, Magnetkies, Kupferkies, Bleiglanz, Zinkblende und in einigen Fällen Arsenkies, Scheelit und Zinnstein. Die Gangart besteht vorwiegend aus Skarnmieralen, manchmal auch aus Beryllium-Erz. Die Vorkommen sind in zwei Gruppen unterteilt:

Polymetallische Lagerstätten mit Blei/Zinkerz als Hauptmineral. Diese Lagerstätten kommen meistens am Kontakt von Perm-Karbon-Kalkstein und Granodioriten oder Quarz-Dioriten vor und finden sich im Südosten der Provinz Liaoning sowie in Hunan und in anderen Provinzen. Das Erz ist hochgradig und von komplexer Struktur.
Polymetallische Blei/Zink-Lagerstätten mit Wolfram und Zinn. Diese Lagerstätten kommen im Kalkstein des Devon und der Trias vor. Das Erz ist hochgradig, doch im Abbau sehr kompliziert. Die Begleitminerale Zinnstein und Scheelit können meistens industriell genutzt werden. In einigen Vorkommen ist in den tiefen Partien der Zinngehalt hoch, während die Skarne reich an Wolfram- und Beryllium-Erz sind. Lagerstätten werden im südlichen Hunan, nördlichen Guangdong und östlichen Yunnan angetroffen.

4. Polymetallische Gang- oder Gangschar-Lagerstätten

Dieser Typ wird repräsentiert durch die Blei/Zink-Gänge in Graniten sowie magmatischen und metamorphen Gesteinen. Die Gangminerale sind Quarz und Kalkspat. Die Lagerstätten sind klein und finden sich in den Provinzen Zhejiang, Guangdong und in der Changbai Shan-Hügelkette der Provinz Liaoning.

5. Linsenförmige Lagerstätten in Silikatgestein

Das Erz kommt in Spalten in metamorphen Gesteinen oder in der Kontaktzone zwischen metamorphen und vulkanischen Gesteinen vor. Abgesehen von einer bedeutenden Lagerstätte im Nordosten der Provinz Jiangxi ist dieser Typ nur wenig verbreitet.

6. Geröll-Lagerstätten

Lagerstätten dieser Art sind bisher nur in China angetroffen worden, sind aber nicht sehr verbreitet. Sie haben allerdings hohen industriellen Wert. Das Erz enthält Cerussit (Weißbleierz) und Anglesit und kann in einigen Fällen unaufbereitet verwertet werden. Ein Teil dieser Lagerstätten geht auf residuale oder Hangschuttanreicherungen zurück, während der andere aus Halden alter Bergwerke gebildet wird.

3.3.2 Vorkommen und Bergwerke

Nordostchina. Die Provinz Liaoning ist reich an Blei/Zink-Vorräten und besitzt viele mittelgroße Blei/Zink-Gruben. 240 km südwestlich der Provinzhauptstadt Shenyang liegt der 200 km^2 große Distrikt von Yangjiazhangzi. Geologisch gehören die Vorkommen zum Präsinium und zur Perm/Trias-Formation. Bleiglanz und Zinkblende sind die Hauptminerale.

III. Metall- und Nichtmetallrohstoffe

Südöstlich von Shenyang und nordöstlich von Fengcheng liegt der Qingchengzi-Distrikt. Die Lagerstätten sind im Präsinium entstanden und bestehen aus wenigen Gängen mit über 300 km Länge und 20 m Mächtigkeit. Die Minerale sind Bleiglanz und Pyrit mit etwas Zinkblende und Kupferkies. Der Bleigehalt beträgt 50%, der Silbergehalt 0,1%.

Der Tieling-Distrikt nördlich von Shenyang enthält beachtliche Vorräte. Weitere Vorkommen befinden sich bei Huanjen, Laorengou und Gumaling. In der Provinz Jilin sind im Nordosten zwei Lagerstätten bei Tianbaoshan und Hunchun gefunden worden.

Nordchina. Blei/Zink-Produktion wird im Bereich von Beijing (Silberbergwerk Miyun) und im westlichen Teil der Provinz Hebei erbracht.

In der Provinz Shanxi werden Lagerstätten im Süden im Zhongtiao Shan-Gebirge (Pinglu, Wenxi) und im Norden bei Datong abgebaut. Im mittleren Teil der Provinz Nei Monggol, etwa 80 km nordöstlich von Fengzhen, liegt der Xinghe-Distrikt mit zwei größeren Revieren.

Nordwestchina. In der Provinz Gansu sind größere Blei/Zink-Lagerstätten südlich Tianshui zwischen Xihe und Cheng mit Kupfer- und Nickel-Gehalten festgestellt worden. Der Erzgürtel hat eine Erstreckung von 1200 km^2 und soll 7 Mill. t Blei/Zink-Erze enthalten.

In der Provinz Qinghai liegt im Chaidamu-Becken im Xitieshan-Distrikt eine der größten Lagerstätten der Provinz mit hochgradigem Erz. Sie gehört dem präsinischen metamorphen Typ an. Ein weiteres Vorkomen liegt bei Jielusu ebenfalls im Chaidamu-Becken. Mehrere Vorkommen befinden sich in der Provinz Xinjiang nordnordwestlich von Hami und Tulufan sowie im westlichen Teil der Provinz bei Kuche und im südlichen Vorgebirge der Tian Shan-Berge.

Südwestchina. Das größte Blei/Zink-Revier in der Provinz Sichuan liegt bei Kangding-Luding. In ihm befinden sich 100 kleinere Vorkommen. Sie gehören zum Kalkgesteins-Typ. Die Minerale sind Bleiglanz, Zinkblende und etwas Pyrit. Ein weiterer großer Distrikt ist Yingjing mit Lagerstätten vom Skarn-Typ. Im basischen und ultrabasischen Gestein werden zwei größere Lagerstätten bei Huili (vor allem Zink-Erz) und Duyun abgebaut. Kleinere Vorkommen befinden sich südsüdwestlich (bei Pingshan u. a.) und nordwestlich der Provinzhauptstadt Chengdu.

In der Provinz Guizhou sind Vorkommen in Shuicheng und Hezhang nordnordwestlich von Shuicheng bekannt.

Die Blei/Zink-Lagerstätten in der Provinz Yunnan gehören zum Kalkgesteins- und Skarn-Typ. Sie liegen im Osten und Westen der Provinz und enthalten in den meisten Fällen auch Silber. Eine bedeutende Lagerstätte liegt in der „Drei-Flüsse-Region" im Distrikt Qinting bei Lanping und Zhehai mit einem Vorrat von 14 Mill. t Erz mit Blei/Zink-Gehalten von 8 bis 10%. Außerdem kommt Silber, Tellurium und Germanium vor. Im östlichen Teil von Yunnan liegen Vorkommen bei Dongchuan, Luoping und Fuyuan.

In der Provinz Xizang werden zwei größere Vorkommen an der Grenze zu Qinghai und nördlich der Provinzhauptstadt Lasa angetroffen.

Zentral- und Südchina. Die größte Blei/Zink-Lagerstätte Chinas ist das Vorkommen von Fankou bei Shaoguan im Nordosten der Provinz Guangdong. Es enthält 40 Mill. t Roherz mit einem durchschnittlichen Blei/Zink-Gehalt von 16%. Als Beiprodukt kommt Germanium und Silber vor. Eine weitere Lagerstätte findet sich im Jiaoling-Distrikt nordöstlich von Guangzhou an der Grenze zur Provinz Fujian. Sie gehört zum Skarn-Typ und enthält Cerussit (Weißbleierz) und Bleiglanz sowie Eisen, Mangan, Aluminium und Silber. Der Bleigehalt beträgt 25%. Etwa 160 km nordnordwestlich von Guangzhou befindet sich der Yangshan-Distrikt. Neben Bleierz mit einem Pb-Gehalt von 46% enthält die Lagerstätte Arsen (0,4%), Eisen, Zink und Kupfer. Andere Lagerstätten sind Zijin, Boluo, Shixing, Dabu und Yunan.

Wichtige Vorkommen befinden sich in der Provinz Hunan. Der Shuikoushan-Distrikt liegt 200 km süd-südwestlich von der Hauptstadt Changsha und ist der bedeutendste Blei/Zink-Erzeuger der Provinz. Die Lagerstätten gehören zum Skarn-Typ und enthalten 30 bis 70% Pb, 10 bis 50% Zn und 0,25% Ag. 70 km südwestlich von Changsha liegt der Xiangxiang-Distrikt mit Vorräten in präsinischen metamorphen Gesteinen. Hier wird Bleiglanz und Zinkblende mit Pyrit, Silber und Arsenkies angetroffen. Weitere Blei/Zink-Lagerstätten befinden sich nördlich und östlich von Changsha bei Linxiang, bei Liuyang sowie bei Guiyang und Zixing.

Der größte Blei/Zink-Distrikt der Provinz Hubei liegt bei Xianfeng im Südwesten. Er gehört zum Skarn-Typ und enthält hauptsächlich Bleiglanz und Zinkblende mit Gehalten von 5 bis 8% Blei. Andere Lagerstätten im Westen der Provinz sind Yuanan und Yunxi. Im Südosten liegt das Revier Qichun.

In der Provinz Henan werden vor allem Bleiglanz-Lagerstätten mit Bleigehalten von 11 bis 70% angetroffen. Das Hauptmineral ist begleitet von Kupferkies, Pyrit und Silber. Die Vorkommen befinden sich westlich, südlich und nördlich der Provinzhauptstadt Zhengzhou sowie im Süden der Provinz.

In der Provinz Guangxi werden Blei/Zink-Vorkommen in der näheren und weiteren Umgebung östlich und westlich der Provinzhauptstadt Nanning bei Yongning, Guixian und Daxin, im Norden der Provinz nördlich und nordöstlich von Liuzhou bei Fushi und Siding sowie bei Guilin und Pinglo, ferner im Nordosten bei Hexian angetroffen. In dem Zinn-Revier im Nordwesten der Provinz bei Hechi befindet sich das Bergwerk Changbu im Aufbau, in dem auch Blei/Zink gewonnen wird.

Ostchina. Im Osten der Provinz Shandong sind zwei reiche Vorkommen bei Wendeng und Jiaoxian bekannt. Im Süden der Provinz Jiangsu liegen zwei Vorkommen süd-südöstlich der Provinzhauptstadt Nanjing bei Jiangning und Lishui.

In der Provinz Zhejiang liegen südwestlich der Provinzhauptstadt Hangzhou die Blei/Zink-Distrikte Shaoxing, Tangxi und Zhuji. Die Lagerstätten von Zhuji enthalten Linsen, Lager und Adern in silikathaltigem Kalkstein. An einigen Stel-

III. Metall- und Nichtmetallrohstoffe

len ist der Kalkstein marmorisiert. Zinkblende, Bleiglanz, Pyrit und Kupferkies sind die Hauptmineralien, zum Teil vergesellschaftet mit Magnetit. Weitere Vorkommen werden im Süden (Yongjia-Distrikt) und Westen der Provinz angetroffen, denen die Reviere Shangpaikeng, Shuichunwan, Longhou und Wuluo angehören. Die Minerale sind Zinkblende, Pyrit und etwas Bleiglanz.

Im Westen und Nordosten der Provinz Jiangxi liegen die Lagerstätten Pingxiang und Yudu. Beide enthalten hochgradiges Erz.

In der Provinz Fujian werden Vorkommen im Kreis Minhou, unmittelbar südlich der Provinzhauptstadt Fuzhou und bei Ningde nord-nordöstlich davon angetroffen. Beide Lagerstätten enthalten hohe Bleigehalte (70 bis 80%), etwas Zinkblende, Pyrit, Kupferkies und Silber.

3.4 Gold, Silber, Platin

Die Edelmetalle Gold und Silber haben im Alten China ebenso wie auch in anderen alten Kulturen schon früh eine große Rolle gespielt. Die ältesten erhaltenen Schmuckstücke gehen auf die Zeit der Shang-Dynastie (1562 bis 1060 v. Chr.) zurück. Historiker des Alten China berichten, daß Gold bereits um 2200 v. Chr. verwandt wurde, andere sprechen von der Mitte des 4. Jahrtausends v. Chr.

Die Goldproduktion der VR China hat vor allem seit 1976, als dem Goldbergbau im gesamten Lande eine hohe Priorität eingeräumt wurde, an Bedeutung zugenommen und ist stark angestiegen. Gold wurde bislang in relativ kleinen Bergwerken gewonnen und fiel als Beiprodukt in vielen Metallprovinzen an (Karte 25). Der Produktionsanstieg der letzten Jahre ist außer durch Inbetriebnahme neuer Gruben und den Ausbau bestehender Gruben vor allem auf die Unterstützung breiter Bevölkerungskreise auf Landes-, Kreis- und Brigadenebene — nach Art einer neuen Massenbewegung — bei der Auserzung insbesondere von Seifenlagerstätten zurückzuführen. Lag die Goldproduktion 1976 noch bei 1,8 t, so schwanken die Angaben für das Jahr 1981 aufgrund der stark angestiegenen Fördermenge zwischen 25 t (4), 53 t (12) und 30 bis 60 t (13). Es wird sogar vermutet, daß China auf dem Wege sei, Kanada vom dritten Platz der Weltrangliste hinter Südafrika und der Sowjetunion zu verdrängen, wenn sich der Produktionsanstieg der letzten Jahre durch weitere Verbesserung der Bergbau-Technologie stabilisieren oder gar fortsetzen ließe. Insbesondere in den Provinzen Shandong, Nei Monggol, Sichuan, Liaoning und Hebei sind die Produktionsmengen durch die Unterstützung der „Massen" stark angestiegen. Die Goldreserven der Bank von China sollen durch die Forcierung der Goldproduktion bis Mitte 1982 auf 398 t angewachsen sein.

Die Silberproduktion Chinas wird mit 80 t/a angegeben; über die Platinproduktion bestehen im Westen keinerlei Vorstellungen. Bei beiden Metallen kann jedoch die Eigenproduktion den Bedarf nicht decken. Die Vorräte Chinas an Gold, Silber und Platin sind nicht bekannt.

Goldlagerstätten werden in China als junge Gold-Silber-Erzgänge, als alte Goldquarzgänge sowie als fossile und rezente Goldseifen angetroffen. Eine typische

3. Nichteisen-Metalle

Karte 25. Edelmetallvorkommen.

III. Metall- und Nichtmetallrohstoffe

Goldquarzlagerstätte ist Zunhua, nord-nordwestlich von Beijing, mit Gängen in präsinischen Schiefern und Gneisen. Die Haupterzminerale sind Schwefelkies, Kupferkies, Bleiglanz und Zinkblende, begleitet von geringen Mengen Magnetkies, gediegenen Goldes und Petzit (Ag_3 Au Te_2). An einigen Stellen enthalten die Gänge auch die Elemente Gallium und Zirkon. Quarz ist das Hauptgangmaterial. Silber kommt neben einigen Hauptlagerstätten vor allem als Begleitelement in vielen Kupfer-, Nickel-, Blei/Zink- und Zinn-Lagerstätten vor. Platin wird als Begleitelement u. a. in Chromitlagerstätten angetroffen.

Vorkommen und Bergwerke

Nordostchina. Die Provinz Heilongjiang ist reich an Seifen-Lagerstätten entlang des Flusses Heilongjiang an der Grenze zur UdSSR und hat früher einen führenden Platz in der Goldproduktion Chinas eingenommen. Heute liegt diese bei etwa 1 t/a. Der größte Goldklumpen soll im Jahre 1957 mit einem Gewicht von 1800 g bei Jiayin gefunden worden sein. Der schwerste Nugget aus dem Jahre 1983, der bei Huma entdeckt wurde, wog 332 g. Platin kommt neben Gold im großen und kleinen Hinggan Ling-Gebirge vor. In der Provinz Jilin werden im Osten Gold-Lagerstätten bei Huadian und Yanji abgebaut. Die Produktion der Grube Hunchun hat im Jahre 1982 470 kg betragen. Auch in der Provinz Liaoning, die 1982 1,4 t Gold erzeugte, werden viele Gang- und Seifenlagerstätten angetroffen, so u. a. bei Dandong, Tieling, Benxi und Haicheng.

Nordchina. Die bedeutenden Lagerstätten der Provinz Hebei, in denen im allgemeinen Gold in Quarzgängen vorkommt, konzentrieren sich auf den Norden der Provinz. Sie liegen nördlich und nordwestlich von Beijing bei Changping, Pinggu, Qianan, Funing, Shanhaiguan, Chengde, Luanping, Weichang, Longhua, Fengning und Zunhua. Seifen-Lagerstätten sind aus der Umgebung von Pingquan bekannt.

In Shanxi liegt der größte goldführende Bereich mit einer Ausdehnung von 750 km^2 und zum Teil ergiebigen Lagerstätten im Süden der Provinz im Zhongtiao Shan-Gebirge, und hier vor allem in der Umgebung von Yuanqu, Wenxi, Xia Xian, Jiang Xian und Pinglu. In Nordshanxi befindet sich im Wutai Shan-Gebirge ein weiterer, 160 km^2 großer, an Goldquarzgängen reicher Bezirk mit Lagerstätten u.a. bei Wutai, Fanshi und Dai Xian. Silber kommt als Begleitmetall in verschiedenen Blei/Zink-Lagerstätten der Provinz vor.

In der Provinz Nei Monggol, in der 1982 3,16 t Gold, vor allem nordöstlich der Provinzhauptstadt gewonnen wurden, wird Gold neben Platin als Begleitmetall in den Chromlagerstätten angetroffen.

Nordwestchina. Goldseifen sind in der Provinz Shaanxi aus den Tälern des Han Shui und seiner Nebenflüsse am Fuße des Qin Ling-Gebirges bekannt. Das Goldbergwerk Ankang wird dort auf eine Kapazität von rund 600 kg/a Gold erweitert. Die Grube Tongguan, an den westlichen Ausläufern des Zhongtiao Shan-Gebirges gelegen, hat im Jahr 1982 200 kg Gold produziert.

In der Provinz Gansu werden Seifen-Lagerstätten im Danghe-Tal und Gangerzvorkommen in den nördlichen Ausläufern des Qilian Shan-Gebirges abgebaut,

3. Nichteisen-Metalle

wo ebenfalls Platin gewonnen wird. Platin, Silber und Gold werden neben Kupfer und Kobalt als Begleitelemente auch in Jinchuan, nordwestlich von Lanzhou, angetroffen. Hier wird eine Nickellagerstätte mit einem Erzvorrat von 500 Mill. t abgebaut, die einen Platingehalt von 0,32 g/t aufweist.

Bemerkenswerte Goldvorkommen mit Platingehalten finden sich im Zentrum und in den südlichen Ausläufern des Qilian Shan-Gebirges in der Provinz Qinghai. Die älteste Gangerzgrube liegt in Ledu. Seifenlagerstätten sind aus den Tälern der Flüsse Heihe, Datonghe und Huanghe bekannt. Silber kommt in den meisten Blei/Zink-Lagerstätten vor.

Xinjiang ist ebenfalls eine Provinz mit reichen Goldvorkommen insbesondere im Aertai Shan-Gebirge. Gang- und Seifenlagerstätten liegen bei Tacheng, Tulufan, Yanqi und Yutian, ausschließlich Seifenlagerstätten in den nördlichen Tälern des Tian Shan-Gebirges bei Qitai, Manas und Usu sowie im Süden der Provinz.

Südwestchina. Hier ist die Provinz Sichuan der Haupterzeuger an Gold, das in vielen Gangerz- und Seifenlagerstätten in unterschiedlichster Mineralzusammensetzung in den Oberläufen der Flüsse Yalongjiang, Daduhe, Minjiang und Jinshajiang in der westlichen Provinzhälfte vorkommt. Die wichtigsten Lagerstätten befinden sich u. a. bei Songpan, Tianquan, Yuexi, Mianning, Xiaojin, Danba, Luhuo, Xinlong, Kangding, Yanyuan und Litang.

In der Provinz Yunnan wird Gold in unterschiedlichen Lagerstättentypen im Nordwesten und Süden angetroffen. Die nordwestlichen Vorkommen liegen bei Dali, Yongsheng, Lijiang, Zhongdian und Weixi, die südlichen bei Mojiang (in Verbindung mit Nickel), Lancang, Jinping und Yuanyang. Bei Dali wird eine Lagerstätte erschlossen, die u. a. auch Chrom, Platin und Seltenerdmetalle enthält. Bei Jinping werden Seifenlagerstätten mit einem Goldinhalt von 3 g/m^3 abgebaut. Silber wird vorwiegend in den Blei/Zink-Lagerstätten vor allem in Kuangshanzhen im Dongchuan-Distrikt gewonnen. Aus der Provinz Guizhou sind nur wenige Gold- und Silbervorkommen bekannt. Die wichtigsten liegen im Osten bei Jiankou, Tianzhu und Jinping.

Zentral- und Südchina. In der Provinz Henan wird Gold seit langem aus Seifenlagerstätten in den Tälern der Flüsse Luohe und Yihe bei Songxian und Lushi gewonnen. Bei Lingbao liegt eine reiche Gangerzlagerstätte mit sieben Erzkörpern. Die Kapazität der Grube Xiaoqinling und der Aufbereitung beträgt 750 t/d. Der Goldvorrat der Provinz wird auf 30 t geschätzt. Silber kommt in allen Blei/Zink-Lagerstätten vor. In Weishi Xian liegt Chinas reichstes Silberbergwerk mit einem Silbergehalt von knapp 300 g/t Erz.

Goldseifen finden sich in der Provinz Hubei nur am Oberlauf des Han Shui bei Yunxian.

In der Provinz Hunan werden Gangerzlagerstätten bei Pingjiang, Taoyuan, Huitong, Yuanling, Chaling und Yiyang abgebaut, die teilweise auch Silber enthalten. Silber tritt jedoch vor allem als Begleitmetall in den Blei/Zink-Lagerstättendistrikten Shuikoushan und Xiangxiang auf. Der größte Teil der Erzproduk-

III. Metall- und Nichtmetallrohstoffe

tion der Provinz Hunan wird in dem metallurgischen Zentrum Zhuzhou, südlich der Provinzhauptstadt Changsha, verhüttet und verarbeitet.

In der Provinz Guangdong ist Gold vorwiegend in Gängen in über 100 Vorkommen nachgewiesen. Die wichtigsten Lagerstätten befinden sich in den Kreisen von Zengcheng, Nanfeng, Luoding und Lianshan. Die größten Vorräte mit 65 t Gold liegen in einer Lagerstätte bei Nanfeng. Einige Lagerstätten führen auch Platin.

Die Provinz Guangxi gehört zu den wichtigsten Golderzeugern Chinas. Gold tritt als Begleitelement in einigen Zinn- und Antimon-Lagerstätten auf und kommt in Quarzgängen und Seifen auch in Verbindung mit anderen Metallen an vielen Stellen der Provinz vor. Die wichtigsten Lagerstätten befinden sich bei Pubai, Shanlin, Guixian, Wuzhou, Tianyang und Wuming. Fast alle Blei/Zink-Lagerstätten führen Silber als Begleitelement.

Ostchina. In der Provinz Shandong ist mit 15,4 t in 1981 ein wesentlicher Anteil der chinesischen Goldproduktion erbracht worden. Die Hälfte hiervon soll auf kleine Gruben entfallen. Die bedeutendsten Vorkommen liegen im Norden des Landes bei Zhaoyuan und Muping. Bei Zhaoyuan, wo auch hohe Silbergehalte angetroffen werden, wird bereits seit 900 Jahren Goldbergbau betrieben. In der Nähe von Yexian soll die Förderkapazität der Gruben Xincheng und Jiaojia von je 500 t/d mit amerikanischer Unterstützung auf 2000 bis 3000 t/d gebracht werden. Der Goldgehalt der Erze in diesen Gruben schwankt zwischen 6 und 13,6 g/t Erz. Weitere Vorkommen befinden sich im Bereich der Halbinsel bei Qixia, Pingdu, Laiyang, Wendeng sowie im Südwesten der Provinz bei Taian und Jining. Die Gesamtvorräte der Provinz an Gold sollen 200 t betragen.

Lagerstätten mit Gold- und/oder Silbergehalten werden sporadisch auch in den Provinzen Anhui (Jixi) und Fujian (Jianou), häufiger in Zhejiang (Fuyang, Zhuji, Chunan, Quxian, Suichang und Lishui) angetroffen. Die Kupfererzlagerstätte Dexing in der Provinz Jiangxi weist auch beachtliche Silbergehalte auf.

3.5 Kupfer

Für die Versorgung des Landes reicht die derzeitige jährliche Kupferproduktion von knapp 300 000 t Metallinhalt nicht aus. Bei einem Verbrauch von rund 450 000 t/a müssen jährlich über 150 000 t importiert werden.

Die Kupfervorräte werden auf 50 bis 80 Mill. t Metallinhalt geschätzt. Lagerstätten sind in vielen Provinzen des Landes bekannt. Sie weisen entsprechend ihrer Zugehörigkeit zu den verschiedenen Entstehungstypen sehr unterschiedliche Kupfergehalte auf (Karte 22 auf S. 197). Von der Größe und Ergiebigkeit der Lagerstätten her dürfte China bei entsprechenden Grubenkapazitäten eine wesentlich größere Produktion erbringen können.

Die wichtigsten Abbaugebiete liegen in den Provinzen Jiangxi (Dexing), Yunnan (Dongchuan), Liaoning, Anhui (Tongling), Hubei (Daye), Gansu (Baiyin) und Shanxi (Zhongtiaoshan).

Die Kupferhütten bzw. Raffinerien werden nach Inbetriebnahme der in Bau befindlichen Anlagen in Tongling und Guixi eine Gesamtkapazität von knapp 400 000 t/a aufweisen. Die größten Kupferhütten im Bereich der wichtigsten Lagerstättenbezirke sind:

Hüttenstandort	Jährliche Kapazität in t Metallinhalt Kupfer
Zhuzhou (Hunan)	10 000
Zhongtiaoshan (Shanxi)	20 000
Tongling Nr. 1 (Anhui)	30 000
Tongling Nr. 2 (Anhui, in Bau)	30 000
Daye (Hubei)	30 000
Baiyin (Gansu)	40 000
Kunming (Yunnan)	45 000
Shenyang (Liaoning)	50 000
Shanghai	65 000
Guixi (Jiangxi, in Bau)	90 000

Kleinere Kupferhütten gibt es ferner in Wulumuqi, Lanzhou, Jinchuan, Taiyuan, Beijing, Tianjin und auf der Insel Hainan.

3.5.1 Lagerstätten

Die verschiedenartigen chinesischen Kupfererzlagerstätten treten geologisch in präsinischen (präkambrischen), paläozoischen, mesozoischen und känozoischen Schichten auf. Die wirtschaftlich bedeutendsten Vorkommen sind präsinische Gang- und Imprägnationslagerstätten, ferner paläozoische Pyrit-Kupferkies-Lagerstätten, mesozoische Verdrängungslagerstätten und Skarnerzlagerstätten.

Die Vorkommen werden im Hinblick auf die industrielle Nutzung nach acht Typen unterschieden:

1. Auf die Lagerstätten des Dongchuan-Typs entfällt der größte Anteil der chinesischen Kupfervorräte. Die mesothermalen Lagerstätten werden in präsinischen metamorphen Sedimentgesteinen angetroffen und sind an basische bis intermediäre Intrusionen geknüpft. Der Kupfergehalt der Erze ist regelmäßig hoch, und die Lagerstättenvorräte sind groß. Charakteristisch für diesen Lagerstättentyp sind die Vorkommen im Dongchuan-Kupfer-Distrikt (Yunnan), wo die Erze in einer Antiklinalen von präsinischen Kalkgesteinen als steil stehende Lager mit 1 bis 2 m Mächtigkeit über eine Längenerstreckung von einigen Zehnern von Kilometern anstehen. Hauptminerale sind Kupferglanz, Buntkupferkies, Kupferkies sowie Kupferfahlerze mit sekundär gebildetem Malachit und Azurit. Bei relativ gleichmäßigen Kupfergehalten kommt das Erz in „horsetail"-Strukturen, netzartigen Adern, dünnen Gängen und in Konkretion mit Quarz und Karbonaten als Gangart vor. Petrographisch handelt es sich bei den Intrusionen um präsinische Gabbros und permische Basalte. Die angrenzenden Gesteine sind häufig stark dolomitisiert und silifiziert. Die Lagerstätten dieses Typs werden hauptsächlich in den Provinzen Yunnan und Sichuan angetroffen. Zwar liegt ihr Anteil an den Gesamtvorräten bei etwa 36%, für die Kupfergewinnung ist jedoch der nachfolgend beschriebene Typ von wesentlich größerer Bedeutung.

2. Mit dem Zhongtiaoshan-Typ werden die hydrothermalen Lagerstätten der „disseminated" oder „porphyry copper ores" gekennzeichnet, die generell in der Welt von größter wirtschaftlicher Bedeutung sind. Diese Imprägnationslagerstätten treten ebenfalls in mächtigen präsinischen metamorphen Sedimenten auf, in die intermediäre bis saure Magmen intrudiert sind. Die Vorräte der Lagerstätten, die im Tagebau hereingewonnen werden können, sind im allgemeinen groß. Die Erze haben nur geringe Kupfergehalte und

III. Metall- und Nichtmetallrohstoffe

sind meistens mit Molybdän- und Eisenerzen vergesellschaftet. Repräsentative Lagerstätten dieses Typs finden sich im Zhongtiaoshan-Kupferrevier in der Provinz Shanxi.

Hier bilden Granodiorite und porphyrische Granodiorite, deren Entstehung auf präsinische Granit-Intrusionen in quarzitischen Schiefern zurückzuführen ist, die Muttergesteine. Meistens sind die porphyrischen Granodiorite hydrothermal umgewandelt worden (Serizitisierung). Die meisten Erzkörper befinden sich in dem oberen Teil der Granodiorite oder an der Kontaktzone zwischen diesem und den angrenzenden Gesteinen.

Obwohl dünne Äderchen und Imprägnationen die Hauptformen der Vorkommen bilden, gilt es dennoch an einigen Stellen auch konkretionäre Erzanhäufungen und ziemlich mächtige Erzgänge. Das Haupt-Kupfermineral ist Kupferkies mit geringen Beimengungen von sekundärem Buntkupferkies und Kupferglanz; Pyrit und Molybdänit mit sehr wenig Hämatit und Magnesit sind die Begleitminerale. Die Gangart besteht aus Quarz, Serizit, Biotit, Muskovit, Chlorit und stellenweise Kalkspat mit wenig Skapolith, Amphibol und Turmalin.

Die Kupferlagerstätten im Zhongtiaoshan-Distrikt, deren Entstehung in das Proterozoikum fällt, sind die ältesten Lagerstätten dieses Typs. Hierzu gehört auch der Kupferdistrikt von Dexing (Jiangxi), der sich bis in die Provinz Anhui erstreckt und 1,5 Mrd. t Vorräte aufweist. Der mittlere Kupfergehalt beträgt 0,47%. Weitere Vorkommen werden u. a. in den Provinzen Jiangxi, Hubei, Jilin, Gansu und Xizang angetroffen. Dieser Lagerstättentyp ist mit einem Anteil von etwa 30% an den Gesamtvorräten beteiligt.

3. Kontaktmetasomatische Kupferlagerstätten in Skarnen vom Tongling-Typ werden in kontaktmetamorphen Zonen zwischen intermediären bis sauren Intrusionen und Kalkgesteinen in Form von Taschen, Lagern oder in unregelmäßiger Verteilung angetroffen. Der Kupfergehalt liegt zwischen 0,7 und 1,6%, im allgemeinen jedoch über 1,0%.

Bei diesen Vorkommen handelt es sich um polymetallische Lagerstätten mit Gehalten an Kupfer, Eisen, Zink, Molybdän, Silber, Gold, Nickel sowie Schwefel und Phosphor. Die Vorkommen sind meistens von geringer bis mittlerer Größe.

Im Tongling-Distrikt (Anhui) sind in den permischen und triassischen Kalkgesteinen zahlreiche kleine dioritische Intrusivkörper enthalten.

Am Kontakt zu diesen Intrusionen ist der Kalk in Abhängigkeit von der Nähe zu den Intrusivkörpern umgewandelt worden. Man unterscheidet deutlich vier Umwandlungszonen, und zwar die Granat-, Diopsid-, Wollastonit-Marmor- und die Tremolit-Marmor-Zone. Alle Zonen führen Magnetit und Sulfide.

Die wichtigsten und größten Lagerstätten kommen in der Kontaktzone zwischen den Kalkhorizonten und Kalksilikatgesteinen vor. Die übrigen Formen der Lagerstätten, die es noch in diesem Distrikt gibt, wie Taschenausfüllungen in Skarnen, Gänge in Dioriten oder kupferhaltige Quarzgänge, haben nur geringe wirtschaftliche Bedeutung.

Neben Kupferkies, Pyrit, Magnetit und Magnetkies treten Molybdänglanz, Buntkupferkies, Bleiglanz, Zinkblende und Arsenkies als Begleitminerale auf. Ferner gibt es geringe Beimengungen an Scheelit, kupferhaltigem Kalkspat und Kupferglanz. Auch Kobalt wird angetroffen. Die häufigsten Gangminerale sind Granat, Kalkspat, Serizit und Dolomit. Das Erz hat mittlere Kupfergehalte um 1%. Lagerstätten dieses Typs werden in den Provinzen Anhui, Hebei, Liaoning und Jilin angetroffen. Ihr Anteil an den Gesamtvorräten beträgt etwa 18%.

4. Die Lagerstätten des Baiyin-Typs gehören zu den kupferhaltigen Pyrit-Lagerstätten, die sich als Folge submariner Exhalationen in Andesiten, Basalten und Keratorphyren gebildet haben. Die Erzkörper sind meistens linsenförmig ausgebildet und enthalten Pyrit als Hauptmineral. Nutzbare Begleitelemente sind neben Kupfer, Gold, Silber, Blei und Zink. Die Vorräte bei diesem Lagerstättentyp sind sehr unterschiedlich.

Der Baiyin-Kupfer-Distrikt (Gansu) ist ein repräsentatives Beispiel für diesen Typ. Die Lagerstätten finden sich in intermediären bis sauren Eruptivgesteinen des Ordovizium/ Silur, die aus Tuffen, Tuff-Phylliten, Tuff-Brekzien und Keratophyren bestehen. Metallträger bzw. Erzbereiche sind einerseits Pyrit-Linsen von wechselnder Größe und andererseits netzartige Gänge und Imprägnationen in peripheren Zonen.

Die Linsen sind von größerer Bedeutung, da sie die reicheren Erze und auch die größeren Vorratsanteile enthalten. Die netzartigen Gänge weisen zwar ebenfalls hochwertige Erze auf, ihre Verbreitung ist aber begrenzt und die Vorräte sind gering. Demgegenüber kom-

3. Nichteisen-Metalle

men die Imprägnationen häufiger vor und stellen einen beachtlichen Anteil der Reserven, aber die Kupfergehalte sind niedrig.

Pyrit ist das Hauptmineral, das — außer bei Gangvorkommen — 90 Gew.-% aller Erzminerale ausmacht. Kupferglanz folgt an zweiter Stelle. Die Anteile von Zinkblende, Bleiglanz, Magnetit, Magnetkies und anderen Erzmineralen sind klein, auch die Konzentration dieser Erze ist gering. Gold und Silber sind an einigen Stellen in Spuren vorhanden. Die Oxidationszone (der Eiserne Hut) ist 20 bis 60 m mächtig, darunter liegt die pyritreiche Zone mit relativ hohen Goldgehalten. Lagerstätten dieses Typs kommen vor allem in Sichuan vor. Ihr Anteil an den Gesamtvorräten erreicht 15%.

5. Gangartige Kupferlagerstätten hydrothermaler Entstehung vom Typ Lujiang-Zhaoyuan kommen vor allem in sauren bis intermediären Eruptivgesteinen vor. Die Gänge sind steilstehend und weisen Kupfergehalte zwischen 0,7 und 1,3% auf. Die Vorräte sind in den meisten Fällen gering bis sehr gering. Vorkommen dieses Lagerstättentyps gibt es jedoch im ganzen Lande. Von der Häufigkeit her nimmt dieser Typ den ersten Platz in China ein. Die Vorkommen im Lujiang-Kupfer-Bezirk in der Provinz Anhui können als typische Vertreter dieses Typs angesehen werden. In dem Distrikt sind Syenite und Monzonite in mesozoische vulkanische Gesteine (vor allem Augit-Andesit-Porphyrite) eingedrungen und haben diese umgewandelt. Kupfererzführende Quarz-Gänge in umgewandelten Andesit-Porphyriten haben fast ausschließlich steiles Einfallen, und in ihrer Umgebung gibt es im allgemeinen Imprägnationserze. Die Haupterzminerale sind Kupferkies, Pyrit und Hämatit mit etwas sekundärem Buntkupferkies, Kupferglanz; Quarz, Kalkspat, Siderit und Baryt bilden die Gangart. Das Erz weist mittlere Kupfergehalte auf; die Vorräte sind gering.

Ein anderes Beispiel dieses Typs sind die Vorkommen der Zhaoyuan-Kupferregion in der Provinz Shandong. Von den Granitintrusionen in diesem Distrikt spalten porphyrische und pegmatische Gangstöcke sowie Quarz-Gänge ab. Kupfererz wird in Quarz-Gängen angetroffen. Meistens handelt es sich um einzelne Gänge mit steilem Einfallen. Die Haupterzminerale sind Kupferkies, Pyrit, Magnetkies und gediegenes Gold sowie etwas Hämatit, Bleiglanz und Zinkblende. Die Gangart besteht aus Quarz, Kalkspat, Chlorit und Serizit.

Vorkommen des Lujiang-Zhaoyuan-Typs gibt es u. a. in den Provinzen Jilin, Nei Monggol, Shandong, Anhui und Hubei. Ihr Anteil an den Gesamtvorräten liegt unter 1%.

6. Die magmatischen Kupfer-Nickel-Lagerstätten vom Typ Limahe sind gewöhnlich an basische oder ultrabasische Intrusionen gebunden. Sie bestehen aus Linsen, Gängen oder Lagern. Die Erze haben einen Gehalt an Kupfer von 0,3 bis 1,0% und an Nickel von 0,2 bis 0,7%. In vielen Fällen werden die Lagerstätten auf Nickel-Erze ausgebeutet. Das Limahe-Revier im Süden der Provinz Sichuan ist hierfür repräsentativ. In präsinische Kalksteine und Quarzite sind in diesem Distrikt Eruptivkörper intrudiert. Der obere und mittlere Teil der Intrusionen wird aus Quarzdioriten und Dioriten gebildet, während sich der untere Teil aus Gabbros, Pyroxeniten und Periodiiten zusammensetzt. Am Kontakt der Intrusionen mit Kalkgesteinen haben sich Skarne gebildet. Die Erzkörper sind als Lager, Linsen und Bänder ausgebildet. Reiche Erzkörper konzentrieren sich auf den unteren Teil der Intrusionen im Bereich der Kontakte zwischen Kalkstein und Quarzit. Einige Erzkörper haben einen Sulfidanteil bis zu 45%, andere mit Imprägnationscharakter einen solchen von lediglich 25%. Die Haupterzminerale sind Magnetkies, nickel- und eisenhaltiger Pyrit, Kupferkies mit etwas Ilmenit und Magnetit.

Wegen der geringen Kupfergehalte ist das Limahe-Erz überwiegend als Nickel-Erz von Interesse; das Verhältnis von Ni zu Cu beträgt 2:1. Lagerstätten dieser Art werden außer in der Provinz Sichuan unter anderem noch in den Provinzen Shandong, Shaanxi, Gansu, Nei Monggol und Liaoning angetroffen. Ihr Anteil an den Gesamtvorräten liegt unter 1%.

7. Kupferhaltige Sandschiefer-Lagerstätten vom Typ Luchang lassen sich in zwei Varianten untergliedern. Bei der ersten Variante handelt es sich um Kupferkonzentrations-Lagerstätten („red beds"), die sich unter ariden Bedingungen in Konglomeraten, Sandsteinen und Kalksteinen des Sinian, der Trias, Kreide und des Tertiärs gebildet haben. Die Erzkörper weisen die Form von dünnen Lagern oder Linsen auf und sind von unregelmäßiger Gestalt. Verschiedene sekundäre Kupferminerale wie Malachit und Azurit sind die Haupterzminerale. Sie werden begleitet von Kupferglanz, Buntkupferkies und untergeordnet Kupferkies. Die Gangart besteht gewöhnlich aus Karbonaten, häufig mit Quarz verwachsen.

III. Metall- und Nichtmetallrohstoffe

Bei der zweiten Variante tritt das Erz in Form von Konkretionen bis 5 cm Länge oder lamellenartigen Absonderungen in kohlenhaltigen Schiefern des Perm oder der Trias auf. Die Haupterzminerale sind Kupferglanz und Pyrit mit etwas Buntkupferkies und Kupferkies.

Für den Luchang-Distrikt (Sichuan) ist dieser Lagerstättentyp kennzeichnend. Das Kupfererz kommt hier in „red beds" auf den Rändern des Luchang Bassins vor. Lagerstätten dieses Typs sind in den Provinzen Sichuan, Yunnan, Hunan, Jiangxi und Xinjiang zu finden. Ihr Anteil an dem Gesamtvorkommen ist sehr gering.

8. Die Kupferlagerstätten vom andesitischen bzw. basaltischen Typ sind gekennzeichnet durch zerstreute kleine Erzkörper, die als Drusen und kleine Gänge in Andesiten und Basalten, insbesondere in permischen Basalten in Südwest-China und in sinischen Andesiten in Nord-China vorkommen. Der Erzgehalt wechselt stark, die Vorräte sind sehr gering.

3.5.2 Vorkommen und Bergwerke

Nordostchina. In der Provinz Liaoning gibt es mehrere Kupfervorkommen mit auch hohen Cu-Gehalten, die überwiegend kontaktmetasomatischer Entstehung sind (Tongling-Typ), zum geringen Teil den Cu-Ni-Lagerstätten (Limahe-Typ) angehören. Die Hauptvorkommen liegen im Süden der Provinz bei Qingyuan (130 km nordöstlich von Shenyang), Huanren, Fuxian, Tieling, Benxi und Fengcheng. Im Qingyuan-Distrikt (Limahe-Typ) mit zwei Lagerstättenteilen wird neben Kupfer auch Nickel gewonnen, ähnlich wie in der großen Lagerstätte bei Tieling, wo ferner auch beachtliche Blei/Zink-Vorräte anstehen. Im Gebiet von Benxi mit zwei Hauptvorkommen enthält der Kupferkies Cu-Gehalte von 10 bis 14%. Die Lagerstätten Huanren und Fuxian sind Blei/Zink-Lagerstätten mit beachtlichen Kupfererzmengen. In der Nähe von Fengcheng an der koreanischen Grenze soll ein großes Vorkommen mit 260 Mill. t Erzvorräten neu erschlossen werden. Die in Liaoning betriebenen Gruben haben mittlere Kapazitäten von 2000 bis 3000 t/d.

In der Provinz Jilin werden ebenfalls beachtliche Vorräte angetroffen. Der Panshi-Kupfer-Distrikt, 140 km südöstlich der Provinzhauptstadt Changchun, umfaßt u. a. die Lagerstätten Shizuishan und Yizishan, die dem Tongling-Typ angehören. Das Erz enthält 14% Cu. Die monatliche Fördermenge beträgt 40 000 t. Ein Teil davon wird raffineriert.

Die Vorkommen des Tianbaoshan-Distriktes im östlichen Teil der Provinz gehören zum Zhongtiaoshan-Typ. Die Minerale sind hier Kupferkies, Bleiglanz, Silberglanz und Zinkblende. Die Erze weisen folgende Metallinhalte auf: 14% Cu, 5% Pb, 6% Zn. In der Lagerstätte von Hunchun, ebenfalls im östlichen Teil der Provinz, werden Kupferglanz, Kupferkies, Pyrit und Magnetit angetroffen. Ferner ist noch eine relativ große Lagerstätte bei Tonghua erwähnenswert. In der Provinz Heilongjiang sind nur kleinere Lagerstätten festgestellt worden.

Nordchina. In der Provinz Hebei sind Kupfervorkommen weit gestreut. Die wichtigsten liegen bei Wanxian, Laiyuan, Pinggu, Mentougou und Zunhua. Im Shouwangfen-Distrikt wird das größte und modernste Kupferbergwerk der Provinz betrieben.

Die Provinz Shanxi gehört mit zu den Provinzen, die einen beachtlichen Vorrat an Kupfererzen aufweisen. Hier werden vor allem im Zhongtiaoshan-Gebirge, nach dem der gleichnamige Lagerstätten-Typ benannt wurde, sehr ausgedehnte

„disseminated copper ores" angetroffen. Abbaugebiete sind u. a. Yuanqu (4000 t/d), Wenxi, Xiaxian und Xiexian. Der gleiche Lagerstättentyp wird bei Daixian im Wutei Shan-Gebirge in Nordshanxi angetroffen.

Nordwestchina. In der Provinz Shaanxi liegen 90 km südlich der Provinzhauptstadt Xian der Kupferbezirk Zhenan und 200 km südöstlich von Xian das Vorkommen von Shangnan. Die Lagerstätten sind vom Limahe-Typ und enthalten auch gediegenes Kupfer.

Aus der Provinz Gansu sind eine Reihe von Lagerstätten bekannt: Baiyin, Jingyuan, Gulang, Jiuquan, Jinchuan, Weiyuan, Lintao, Tewo, Changma u. a., die überwiegend zu den kupferführenden Pyrit-Lagerstätten (Baiyin-Typ) gehören, aber auch als kontaktmetasomatische (Tongling-Typ) und als magmatische Cu-Ni-Lagerstätten (Limahe-Typ) ausgebildet sind. Der Baiyin-Distrikt, nach dem dieser Lagerstättentyp benannt ist, liegt nordöstlich der Provinzhauptstadt Lanzhou und gehört zu den großen Kupfererzgebieten in China. Die einzige hier zur Zeit betriebene Grube mittlerer Kapazität baut auf der Lagerstätte von Jingyuan, 40 km östlich von Baiyin, wo sich die Kupferhütte befindet. Eine weitere Grube wird zur Zeit entwickelt.

Nordwestlich von Lanzhou liegt das Gulang-Vorkommen, 500 km nordwestlich davon der Jiuquan-Distrikt. Beide Lagerstätten gehören zum Baiyin-Typ. Dazwischen liegt die bedeutende Ni-Cu-Lagerstätte Jinchuan. Südlich von Lanzhou befinden sich die Vorkommen Weiyuan, Lintao und Tewo (Limahe-Typ). Das Vorkommen von Changma liegt im nördlichen Vorgebirge des Qilian Shan.

Im südlichen Vorgebirge des Qilian Shan werden in der Provinz Qinghai ebenfalls eine Reihe von Kupfererzvorkommen des Baiyin- und Limahe-Typs angetroffen. Das Gebiet soll hier 500 km^2 groß sein und hochgradigen Kupferkies enthalten. Es ist Teil einer mineralisierten Zone mit geschätzten Vorräten von 8 bis 10 Mill. t Metallinhalt. Weitere Lagerstätten des Baiyin-Typs finden sich im Bereich der Provinzhauptstadt Xining. Hierzu gehören die Vorkommen Ledu, Guide und Huangyan, in denen seit mehr als 70 Jahren Bergbau umgeht.

In der Provinz Xinjiang befinden sich Kupferlagerstätten im östlichen Teil bei Hami, an den südlichen Hängen des Tian Shan-Gebirges bei Yanqi, Kuche, Baicheng, Shufu, Wuqia und Tashikuergan und in dessen nördlichen Vorbergen bei Wulumuqi, Nileke, Yining und Huocheng. Auf vielen Lagerstätten geht bereits lange Bergbau um. Malachit und Azurit sind häufig die Haupterzminerale. Während die Vorkommen von Hami und südlich des Tian Shan überwiegend zum Luchang-Typ („red beds", Cu-Schiefer) gehören, sind die Lagerstätten um Yining zum Typ der „disseminated copper ores" zu rechnen.

Südwestchina. In der Provinz Sichuan werden im Westen und Südwesten Kupfervorkommen angetroffen, die meistens auch Nickel enthalten. Nördlich der Provinzhauptstadt Chengdu liegt das Revier von Pengxian mit Vorkommen des Baiyin-Typs, wo schon viele Jahrhunderte Bergbau umgeht. Etwa 220 km südwestlich davon liegt der Kangding-Distrikt mit dem Hauptvorkommen Dengzhanwo. Die hier lagernden Erze gehören dem Lujiang-Zhaoyuan-Typ an und enthalten Fahlerz, Malachit und Azurit, begleitet von Pyrit, Bleiglanz und Gold.

III. Metall- und Nichtmetallrohstoffe

Im Süden der Provinz liegt etwa 45 km südlich von Huili der Luchang-Kupfer-Distrikt, der diesem Lagerstättentyp („red beds") den Namen gegeben hat. Kupferglanz und Pyrit sind die Hauptminerale.

Weitere Kupferlagerstätten sind in der Provinz Sichuan breit gestreut und werden unter anderem bei Tongan, Mianning, Yingjing, Tianquan, Yanyuan und Mingshan angetroffen.

Die Provinz Yunnan, in der sich teilweise die Lagerstätten aus dem südlichen Teil der Provinz Sichuan fortsetzen, ist ebenfalls reich an Kupfererzvorkommen und zählt neben Shanxi und Jiangxi mit zu den drei bedeutendsten Kupferprovinzen Chinas.

Eines der größten Reviere liegt bei Dongchuan, das den gleichnamigen Lagerstättentyp kennzeichnet. Es umfaßt eine Reihe von Vorkommen wie unter anderen Yinmin, Luoxue und Tangdan. Der Kupfergehalt beträgt 8 bis 10% und erreicht Spitzenwerte von 20%. Das Erz enthält neben Kupfer noch Blei, Zink, Nickel, Kobalt, Gold und Silber. Der Dongchuan-Lagerstättentyp wird ferner südlich von Dongchuan bei Wuding, Bichengzhen, Yimen und Yuanjiang sowie im nordöstlichen Teil der Provinz bei Xuanwei, Qiaojia, Zhaotong und Lunan angetroffen.

Lagerstätten des Limahe-Typs finden sich in den südlichen Vorbergen des Ailao Shan sowie im Norden bei Yongren. Ein großer Bezirk mit Vorkommen des Luchang-Typs befindet sich im Süden der Provinz bei Kaiyuan und bei Yongsheng.

Die Kupfervorkommen in der Provinz Guizhou gehören überwiegend zum Dongchuan- bzw. Luchang-Typ. 130 km nordwestlich der Provinzhauptstadt Guiyang liegt der Distrikt Dafang mit den Gruben Tongshankou und Yangjiahe. Sie enthalten hauptsächlich Malachit mit einem Kupfergehalt bis zu 10%. Ferner sind Lagerstätten aus der Umgebung von Fuchuan, Zhenyuan, Bijie und Weining bekannt.

In der Provinz Xizang liegt im Osten bei Changdu eine ausgedehnte Kupferprovinz vom Typ „porphyry copper ores" mit 7 Mill. t Erzvorräten.

Zentral- und Südchina. Die Provinz Jiangxi gehört mit zu den wichtigsten Kupferprovinzen Chinas. Im Nordwesten befindet sich die größte Kupferbasis mit knapp der Hälfte der Gesamtvorräte der Provinz. Die „phorphyry copper ores" (Zhongtiaoshan-Typ) erstrecken sich bis in die Provinz Anhui und haben Vorräte von 1,5 Mrd. t mit mittlerem Kupfergehalt von 0,47%. Das entspricht einem Metallinhalt von 7 Mill. t Cu. Beiprodukte sind u. a. Gold, Silber und Molybdän. Das chinesische Interesse bei der Entwicklung dieses Gebietes richtet sich auf den Bereich Dexing, wo die jetzige Förderkapazität von 4000 t/d mit amerikanischer Unterstützung in einem Großtagebau mit einer Kapazität von zunächst 135 000 t/d umgewandelt werden soll. In der ersten Stufe wird mit bereits beschafften modernen Tagebaugeräten eine Fördermenge von 50 000 t/d angestrebt. Die Aufbereitung mit einer Kapazität von 10 000 t/d soll ebenfalls vergrößert werden und zunächst eine Kapazität von 30 000 t/d erhalten. Weitere Lagerstättenbereiche in diesem Revier sind Fujiawan und Tongchang. Parallel zum Ausbau der Förder- und Aufbereitungskapazität läuft der Aufbau der Hütte in Guixi, die mit einer jährlichen Leistung von 90 000 t Kupfer in der ersten Baustufe Chinas größte Anlage werden soll. Darüber hinaus wird das Infrastrukturnetz auf die Bewältigung des Massentransportes zu den Verarbeitungszentren Aufbereitung, Hütte und Hafen am Changjiang ausgelegt. In der Endphase soll dieses Kombinat aus fünf Grubenbetrieben, dem Aufbereitungs- und Hüttenkomplex sowie einem Kraftwerk 200 000 t Kupfer jährlich produzieren. Die Raffineriekapazität von 150 000 t/a kann wegen fehlender Mittel voraussichtlich erst im Jahr 1989 in Betrieb gehen. Das Hüttenprojekt wird von einem Konsortium japanischer Unternehmen durchgeführt.

Weitere wichtige Vorkommen liegen bei Wuning, nordwestlich von Nanchang und Yongping, südöstlich von Dexing, wo eine Grube mit einer Kapazität von 15 000 t/d gebaut wird, sowie bei Dongxiang. Zwei Lagerstätten nordwestlich von Leping sollen ebenfalls entwickelt werden. Lagerstätten befinden sich auch im Südwesten der Provinz bei Ganzhou und im Westen bei Yichun und Anyuan.

In der Provinz Henan gibt es eine Reihe von kleineren Vorkommen, vor allem im Süden an der Grenze nach Hubei, ferner nördlich und nordwestlich der Provinzhauptstadt Zhengzhou. Hierzu gehören im Süden Xinyang, Gushi sowie Tongbai, Zhenping, Neixiang, Nanzhao, Jiyuan und Ruyang. Die Gang- bzw. Imprägnationslagerstätten kommen in Quarziten und Gneisen vor und enthalten Kupferkies, Malachit, Azurit sowie Cuprit. Begleitminerale sind Pyrit und Hämatit.

Der größte Kupfererzbezirk in der Provinz Hubei liegt südöstlich von Wuhan bei Daye und Yangxin. Er enthält eine Reihe von Vorkommen des Tongling-Typs mit Kupferkies als Haupterzmineral und Kupfergehalten bis 4,5%. Die hier betriebene Grube Hongshankou mit einer Fördermenge von 4000 bis 6000 t/d baut bis zu 12 Erzkörper im Tief- und Tagebau ab. Kupferlagerstätten befinden sich auch bei Xuanen im Südwesten der Provinz in einer Erstreckung über 100 km bis zur Sichuan-Grenze. Hier ist der Luchang-Typ ausgebildet. Haupterzmineral ist Bornit mit sekundär gebildetem Kupferkies und Pyrit sowie mit Malachit und Azurit in Oberflächennähe. Weniger bedeutende Vorkommen vom Lujiang-Zhaoyuan-Typ befinden sich in den Gebirgen im Norden von Hubei.

In der Provinz Hunan sind Kupfererzvorkommen nur aus den Becken von Hengyang, 150 km südlich Changsha, bekannt. In den Zinklagerstätten von Zhuzhou wird Kupfer als Beiprodukt gewonnen.

Ostchina. Im Osten der Provinz Shandong, etwa 140 km nördlich von Qingdao, liegt der Zhaoyuan-Distrikt. Die Vorkommen werden hauptsächlich wegen ihres Goldgehaltes abgebaut. Kupfer ist Beiprodukt.

Östlich von Zhaoyuan liegt der Qixia-Distrikt. Die Lagerstätte gehört dem Zhongtiaoshan-Typ an. Der Distrikt Taogezhuang liegt 15 km nordöstlich der Provinzhauptstadt Jinan. Die Vorkommen sind vom Limahe-Typ und enthalten Nickel als Beiprodukt.

In der Provinz Anhui liegt das bekannteste Kupfererzvorkommen im Tongling-Distrikt am Changjiang, etwa 120 km südsüdöstlich der Provinzhauptstadt Hefei, mit den Bergwerken Tunling und Anjing. Die Vorräte betragen etwa 30 Mill. t. Nach diesem Distrikt ist der gleichnamige Lagerstättentyp benannt.

III. Metall- und Nichtmetallrohstoffe

40 km östlich von Tongling befindet sich das Vorkommen Fanchang mit einem Erzkörper von 4 km Länge. Es enthält Erz mit relativ hohen Kupfergehalten. Weitere Vorkommen, Lujiang und Wuwei, liegen 90 km südlich von Hefei.

In der Provinz Zhejiang befindet sich im Süden eine bedeutende Lagerstätte vom Zhongtiaoshan-Typ mit mittleren Kupfergehalten von 2% und einem Erz-Vorrat von über 10 Mill. t. Der Shangyu-Distrikt, 75 km südöstlich Hangzhou, hat einen Vorrat von etwa 100 000 t Metallinhalt. Südwestlich von Hangzhou befindet sich in Kalkhorizonten die Lagerstätte Songyang mit überwiegend Kupferkies. Nordwestlich davon liegt die Imprägnationslagerstätte Wukang. Das 170 km südöstlich gelegene Linhai-Vorkommen enthält neben Kupfererz und Pyrit auch Zinkblende. Im Umkreis von 80 bis 160 km um die Provinzhauptstadt liegen weitere Vorkommen.

Nordwestlich der Hauptstadt Fuzhou in der Provinz Fujian befindet sich der Nanping-Kupfer-Distrikt mit einer sehr reichen Lagerstätte, die Kupfergehalte von 14 bis 18% sowie Gold und Silber als Beiprodukt enthält. Das Kupfermineral ist Buntkupferkies. Weitere Vorkommen sind im Südwesten u. a. bei Shanghang und im Nordwesten der Provinz festgestellt worden.

3.6 Quecksilber

China ist ein bedeutender Produzent und Exporteur von Quecksilber. Während noch im Jahr 1970 1000 t/a gewonnen wurden, liegt die Quecksilber-Produktion der letzten Jahre allerdings nur bei 600 t/a (Metallinhalt), von denen 100 bis 200 t/a exportiert werden. Damit steht China noch an fünfter Stelle in der Weltrangliste.

Vorkommen sind in den meisten Provinzen festgestellt worden. Von Bedeutung sind jedoch nur diejenigen in den südlichen Provinzen Guizhou, Yunnan, Hunan, Sichuan, Guangxi und im Norden in den Provinzen Liaoning und Heilongjiang. Wichtigstes Abbaurevier ist das Gebiet um Tongren im nordöstlichen Teil der Provinz Guizhou. Die Förderung wird aus einer Vielzahl von meist kleinen Gruben erbracht (Karte 21).

Die Quecksilber-Vorräte werden mit 24 000 t Metallinhalt beziffert, womit China die drittgrößten Vorräte der Welt aufweist.

Die bedeutendste und produktivste erzführende Zone in Südchina verläuft durch das westliche Hubei, südliche Sichuan, westliche Hunan, nördliche Guangxi, durch Guizhou und das südöstliche Sichuan. Sie ist ungefähr 1000 km lang und 200 km breit. Andere erzhöffige Gebiete sind das Qinling Shan-Gebirge (800 km Länge) in Shaanxi, westliche Teile der Provinzen von Sichuan und Yunnan (500 km Länge), das nördliche Sichuan und der Bereich der Quellflüsse des Xijiang in Guangxi (500 km Länge).

Bei den Quecksilber-Vorkommen handelt es sich um hydrothermale Lagerstätten des mittleren und unteren Temperaturbereiches. Über 80% aller Vorkommen sind an Karbonat-Gesteine (pelitische Kalke, kieselige Kalke, dolomitische Kalke) gebunden und weniger als 20% an andere Gesteine (Sandsteine, Schiefer, Granite, Tuffe, Basalte, Quarzite). Das Alter der Erzhorizonte reicht vom Sinium bis zum Tertiär. Die Erze enthalten in der Regel als Hauptminerale Zinnober, Pyrit, Antimonit, Auripiment und Realgar. Begleitminerale sind Malachit, gediegen Quecksilber, Bleiglanz und Zinkblende. Die Gangart setzt sich meistens aus Kalkspat und Quarz mit etwas Dolomit, Baryt, Bitumen oder anderen Mineralen zusammen.

Vorkommen und Bergwerke

Nordostchina. In Nordostchina befindet sich in der Provinz Liaoning im Distrikt von Benxi eine größere Lagerstätte im Abbau. Weitere Lagerstätten werden aus anderen Provinzteilen erwähnt. In der Provinz Heilongjiang sind Vorkommen bei Aihui, Beian und Tonghe gefunden worden.

Nordchina. In der Provinz Hebei gibt es Vorkommen bei Qinglong sowie Luanxian, und in der Provinz Nei Monggol sind Lagerstätten aus Wulashan, westlich von Baotou, sowie aus der Nähe von Hailaer im Nordosten der Provinz bekannt.

Nordwestchina. In der Provinz Shaanxi liegen im Qinling Shan-Gebirge mehrere Vorkommen u. a. bei Lüeyang, Ningqiang, Xunyang und Shangxian, die hier Hg-Gehalte von 0,15 bis 1% aufweisen. In jüngerer Zeit sind im Süden der Provinz weitere Vorkommen gefunden worden. In der Provinz Gansu befinden sich einige Lagerstätten im Süden von Lanzhou bei Minxian, Wudu und Huixian. In der Nähe der Stadt Qilian nordwestlich der Hauptstadt Xining liegt das einzige bekannte Quecksilber-Vorkommen der Provinz Qinghai. Im südlichen Teil der Provinz Xinjiang ist eine Lagerstätte bei Hetian gefunden worden.

Südwestchina. Im Süden der Provinz Sichuan sind größere Vorkommen östlich von Chongqing und Chengdu bei Qianjiang, Youyang, Xiushan, Pengshui, Qijiang und Renshou bekannt. Im Westen liegen die Lagerstätte Maoxian, 110 km nord-nordwestlich von Chengdu, mit den Revieren Tianquan und Yanyuan, sowie im Norden die Lagerstätten Jiangyou, Pingwu und Songpan.

Die Provinz mit der größten Quecksilberproduktion ist Guizhou. Hier werden aus den fünf größten Gruben etwa 90% der Gesamtfördermenge erbracht. Die Erze sind in vielen Fällen mit Antimonerzen vergesellschaftet. Im Nordosten der Provinz, nahe der Grenze mit den Provinzen Sichuan und Hunan, 270 km nordöstlich der Hauptstadt Guiyang, liegt der Distrikt Tongren mit der größten Quecksilber-Erzeugung. Hauptabbaugebiete sind hier u. a. Wanshan und Datongla. Die Lagerstätten sind in ein bis drei Bänke gegliedert, haben eine Stärke von 1,5 bis 6 m und eine Länge bis 1000 m. Das Erz enthält Zinnober mit 1 bis 7% Hg und Antimonglanz. Andere große Vorkommen liegen bei Yuping und Wuchuan sowie südöstlich von Guiyang bei Libo, ferner bei Sandu, Huangping, Kaiyang, Jinsha, Tongzi, Dafang und in der südwestlichen Spitze der Provinz bei Xingyi.

Auch in der Provinz Yunnan sind bedeutende Vorräte an Quecksilber festgestellt worden. Im Osten der Provinz liegen die Vorkommen Yongshan, Zhanyi, Mengzi und Malipo. Im Westen der Provinz gibt es eine größere Anzahl kleinerer und mittlerer Vorkommen.

III. Metall- und Nichtmetallrohstoffe

Zentral- und Südchina. In Zentral- und Südchina sind in den westlichen Teilen der Provinzen Henan und Hubei geringe Vorkommen festgestellt worden. Im Westen der Provinz Hunan liegen mehrere bedeutende Vorkommen, die zu dem Quecksilbererzgürtel gehören, der Zentralchina durchzieht. Diese sind Longshan an der Grenze zur Provinz Hubei, Chenxi, Sangzhi, Fenghuang und Xinhuang. Im Durchschnitt weisen die Erze einen Hg-Gehalt von 1% auf.

Westlich und nördlich von Guangzhou, der Hauptstadt der Provinz Guangdong, befinden sich die Lagerstätten Zhaoqing und Yingde, weiter nördlich liegen die Vorkommen Ruyuan und Qujiang.

Im Norden der Provinz Guangxi setzt sich der große Quecksilbererzgürtel aus den Nachbarprovinzen mit reichen Vorkommen u. a. bei Guilin und Yishan fort. Südlich der Quellflüsse des Xijiang-Systems befindet sich ebenfalls eine große quecksilberreiche Zone mit zahlreichen Lagerstätten im Bereich der Provinzhauptstadt Nanning, beginnend von Westen nach Osten mit Daxin, Pingguo, Chongzuo, Nanning, Fangcheng, Hengxian, Beiliu, Bobai, Rongxian und Wuzhou an der Grenze zu Guangdong.

Ostchina. Aus der Provinz Zhejiang ist nur ein Vorkommen bekannt, das sich etwa 100 km östlich der Hauptstadt Hangzhou befindet.

3.7 Uran

Die jährliche Uranproduktion der VR China wird zwischen 3500 und 9000 t U geschätzt. Die Unsicherheiten sind hier sehr groß, da aus Geheimhaltungsgründen bisher nur wenige Bergwerke und Aufbereitungsanlagen sowie Statistiken westlichen Besuchern zugänglich gemacht worden sind.

China verfügt gegenwärtig noch über keine Kernkraftwerke. Es hat jedoch insgesamt 10 Reaktoren in Betrieb, die ausschließlich Forschungs- und militärischen Zwecken dienen. Mit der geschätzten Jahresproduktion an Uran wird der gegenwärtige Eigenbedarf weit überschritten. China exportiert daher seit langer Zeit bereits Uranprodukte an kommunistische Staaten. Im Jahr 1982 hat China erstmals Uran auch auf dem Weltmarkt angeboten. Es wird vermutet, daß angesichts der beachtlichen Produktion auch hohe Lagerbestände vorhanden sind, die wenigstens 30 000 t U betragen dürften.

Uranvorkommen sind relativ weit verbreitet und werden in allen Wirtschaftsregionen Chinas angetroffen. Die uranhöffigen Zonen sind sehr ausgedehnt. Die sicheren und wahrscheinlichen Vorräte werden heute im allgemeinen mit 800 000 t U angenommen. Die möglichen geologischen Gesamtvorräte werden auf 3 Mill. t U geschätzt. Damit gehört China zu den Ländern mit den reichsten Uranvorräten der Welt.

Bedeutende Uranvorkommen sind vor allem aus den Provinzen Xinjiang und südlich des Flusses Changjiang bekannt, mit besonderer Häufung in den Provinzen Jiangxi, Hunan, Guangxi und Guangdong. Uranerz-Abbau wird in diesen Regionen seit Ende der 50er Jahre betrieben, neuerdings auch in der Provinz Liaoning (Karte 26).

3. Nichteisen-Metalle

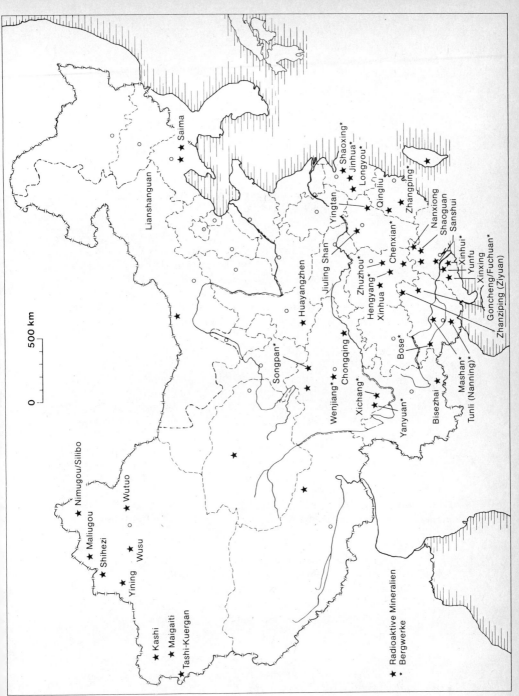

Karte 26. Uranvorkommen und -bergwerke.

III. Metall- und Nichtmetallrohstoffe

Mit großer Wahrscheinlichkeit sind heute etwa 10 Aufbereitungsanlagen in Betrieb, von denen vier von westlichen Experten besucht werden konnten. Diese weisen folgende Jahreskapazitäten auf: 1500, 1100, 700 und 600 t U. Da die Anlagen meistens von mehreren Gruben beschickt werden, dürften in der Umgebung sicherlich wenigstens 20 Uranerzgruben betrieben werden, deren Lage in den meisten Fällen bekannt ist.

3.7.1 Prospektion

Die Uranprospektion ist in China weit fortgeschritten. Es kann davon ausgegangen werden, daß bereits große Teile des Landes zumindest reconnaissance-mäßig prospektiert worden sind. Die angewandten Prospektionstechniken entsprechen weitgehend dem westlichen Standard.

Die systematische Suche nach Uranlagerstätten begann in Zusammenarbeit mit der Sowjetunion Mitte der 50er Jahre, wobei große Teile der höffigen Gebiete mit Total-count beflogen und erste Vorkommen in Graniten, Vulkaniten und Sandsteinen gefunden wurden. In den 60er Jahren erfolgte die Detailerkundung der gefundenen Anomalien und Vorkommen. Die granitischen Lagerstätten mit Urangehalten von 0,13 bis 0,20 % stellten sich als der wichtigste Lagerstättentyp in China heraus. Weiterhin wurden Lagerstätten in pelitischen Sedimenten gefunden. Mit der Orientierung an westlichen Arbeitsweisen bei der Exploration wurden in den 70er Jahren besondere Fortschritte in der Interpretation anhand von genetischen Modellen gemacht und die ersten größeren Sandsteinvorkommen erkannt. Dieser Lagerstättentyp spielt jedoch gegenüber den granitischen Lagerstätten immer noch eine zweitrangige Rolle. Nachdem offensichtlich eine breite Kenntnisbasis der Bildungsbedingungen von Uranlagerstätten erarbeitet worden ist, scheint man sich nunmehr vermehrt dem Auffinden neuer Vererzungstypen zu widmen.

Für die Uranprospektion und -exploration und den nuklearen Brennstoffkreislauf ist heute das Ministerium für Nuklearindustrie zuständig. Es beschäftigt etwa 50 000 speziell urangeologisch ausgebildete Angestellte, darunter 5000 Akademiker, einschließlich 3000 Geologen. Regionale Aufgaben werden von mehreren Außenstellen durchgeführt, die wiederum eigenes Personal unterhalten.

Für das Gebiet der Uranforschung sind in Beijing zwei Forschungsinstitute eingerichtet: das Forschungsinstitut für Urangeologie und das Forschungsinstitut für Uranerzaufbereitung. Als zentrale Forschungsstelle für alle Fragen der Urangeologie und Uranexploration in der VR China obliegen dem Forschungsinstitut für Urangeologie mit 700 Beschäftigten die Grundlagenarbeiten und Vorratsermittlungen. Die gesamten Explorationsarbeiten werden nach Richtlinien des Forschungsinstituts gelenkt.

Das Forschungsinstitut für Uranerzaufbereitung wurde 1958 gegründet und hat derzeit 500 Angestellte. Die Hauptaufgaben liegen in der Entwicklung von Aufbereitungsverfahren für die einzelnen Uranerz-Typen.

3.7.2 Lagerstätten

In der VR China sind bisher folgende Vererzungstypen festgestellt worden:

1. An Granite gebundene Lagerstätten (hauptsächlich Gangvererzungen).
2. Lagerstätten in Zusammenhang mit Vulkaniten.
3. Magmatische Lagerstätten (vermutlich Alkaligesteine mit hydrothermaler Beeinflussung).
4. Lagerstätten in Sandsteinen.
5. Lagerstätten in pelitischen Sedimenten.
6. Lagerstätten in Braunkohlen.
7. Lagerstätten in Phosphaten.
8. Residuallagerstätten.

Die wichtigsten Lagerstätten sind Gangvererzungen in granitischen und vulkanischen Gesteinen. Zunehmende Bedeutung kommt auch den Sandstein- und Skarnlagerstätten zu sowie denjenigen, in denen Uran in Verbindung mit Braunkohle, Phosphaten, metamorphen Quarziten oder basischen vulkanischen Gesteinen angetroffen wird. Außerdem tritt Uran bei Gangvererzungen auch in Verbindung mit Mangan-, Eisen- und Quecksilber-Lagerstätten auf. Für Gangvererzungen in vulkanischen Gesteinen liegen in China besondere Voraussetzungen vor. Mesozoischer Vulkanismus ist in Ostchina sehr verbreitet und erstreckt sich über eine Länge von rund 4000 km in einem Gürtel von 200 bis 800 km Breite vom Xingan-Gebirge im Nordosten bis zur Provinz Guangdong im Süden. Andere uranhöffige Gebiete sind ferner das Zhungaer- und das Talimu-Becken in der Provinz Xinjiang, das Chaidamu-Becken in der Provinz Qinghai, das Alashan-Gebirge in der Provinz Nei Monggol, die Songliao-Ebene in Nordchina und das Heilongjiang-, Nenjiang- und Wusulijiang-Becken in Nordostchina.

3.7.3 Vorkommen und Bergwerke

Nordostchina. Aus der Provinz Liaoning sind zwei bedeutende Vorkommen bekannt. Die Lagerstätte von Saima enthält im Nephelin-Syeniten des alkalischen Saima-Massivs drei Mineralisationen mit U-Gehalten von 0,05 bis 0,15%. Die Vorräte sollen sehr groß sein. Im Jahre 1978 wurde die Lagerstätte von Lianshanguan entdeckt, in der teils linsenförmig, teils „disseminated" auftretende Pechblende-Mineralisationen in proterozoischen Metamorphiten enthalten sind. Auf die Linsen, die zwischen 38 und 300 m Teufe liegen, sind 75% des Erzgehaltes konzentriert. Die Vorräte werden mit 850 t U angegeben. Weitere Vorkommen sind im Nordosten der Provinz sowie im Süden an der Jinzhou-Bucht bekannt.

Nordwestchina. Die Vorkommen in der Provinz Xinjiang liegen alle in der Nähe der sowjetischen Grenze und wurden bei der beginnenden chinesisch-sowjetischen Zusammenarbeit Anfang der 50er Jahre als erste entdeckt. Sie grenzen an

III. Metall- und Nichtmetallrohstoffe

die bekannten sowjetischen Vorkommen der Kirgisischen Republik, wodurch der geologische Rahmen bekannt und die Wahrscheinlichkeit des Auffindens von Uranvorkommen groß waren. Hier wurde mit der Uranerzförderung und -aufbereitung begonnen. Bei den Vorkommen handelt es sich um Gangerzlagerstätten, die an paläozoische Vulkanite gebunden sind.

Südwestchina. Hier werden vor allem Uranerz-Vorkommen in der Provinz Sichuan angetroffen.

Zentral- und Ostchina. Die reichsten Uranvorräte liegen im Bereich der Region Mitte und Süd in den Provinzen Hunan, Guangxi und Guangdong sowie in Ostchina in den Provinzen Zhejiang, Jiangxi und Fujian. Die Lagerstätten gehören zu den unterschiedlichsten Typen; meistens handelt es sich jedoch um Gangvererzungen. Die Uranmineralisationen sind an Granite und kontinentale saure Vulkane gebunden. Auf Grund des guten Kenntnisstandes über das Vorkommen von Graniten und Vulkanen in den angeführten Provinzen ist hier mit weiteren Funden zu rechnen.

Von westeuropäischen Wissenschaftlern wurden 1981 in der Provinz Guangxi die Vorkommen Tunli, südlich von Nanning, und Zhanziping bei Ziyuan befahren, ferner in der Provinz Hunan die Lagerstätte Chenxian und die Aufbereitung in Hengyang. Aus der Provinz Hunan ist eine zweite Aufbereitung aus Zhuzhou bekannt, das als metallurgisches Zentrum gilt. Weitere Aufbereitungen gibt es u. a. noch in den Provinzen Guangdong und Shaanxi.

Die Vorkommen in diesen zentralchinesischen Provinzen wurden nach Abbruch der chinesisch-sowjetischen Zusammenarbeit im Jahre 1960 auf Grund der leichten Verwundbarkeit des Bergbaus in der Provinz Xinjiang an der sowjetischen Grenze verstärkt in Abbau genommen.

Die Lagerstätten Chenxian wurde 1958 entdeckt und 1961 zunächst als Tagebau in Betrieb genommen. Seit mehreren Jahren erfolgt der Abbau im Tiefbau. Von der 4000köpfigen Belegschaft sind 2600 im Bergbau und der Rest in der Exploration beschäftigt. Die ursprüngliche jährliche Produktionskapazität lag bei 170 000 t/a Erz und wurde auf 280 000 t/a erweitert. Die Produktion wird — wie auch diejenige der Gruben Zhanziping, Tunli und einer weiteren — zur zentralen Aufbereitung nach Hengyang gebracht. Die Lagerstätte ist metamorph-sedimentärer Entstehung. In steil gestellten Peliten des Perm liegen die U-Gehalte zwischen 0,11 bis 0,14%. Die linsenförmigen Ausbildungen der stark geneigten Erzkörper haben Erstreckungen von etwa 250 m horizontal und rund 150 m vertikal bei Mächtigkeiten von 2 bis 40 m. Die Vorräte lagen vor Abbaubeginn bei 3100 t U. Der Abbau erfolgt im Kammer-Pfeiler-Bau. Das Erz wird mit Schrappern in Erzrollen gebracht und gleisgebunden zutage gefördert.

Bei der Lagerstätte von Zhanziping handelt es sich um mineralisierte Schwarzschiefer des unteren Kambrium. Das Erz wird „disseminated" schichtgebunden und in Form von Gängchen und Adern angetroffen, wobei die feinverteilte Pechblende von Carburan und Pyrit begleitet wird. Ferner treten hohe geochemische Gehalte von Zn, Pb und Cu auf.

Bei der Lagerstätte handelt es sich um eine schichtgebundene syngenetische Vererzung mit teilweiser epigenetischer Mobilisation. Es gibt sechs Erzkörper mit Ausdehnungen von maximal 500 m × 200 m × 20 m. Die U-Gehalte der Erzkörper schwanken zwischen 0,05 und 0,4%. Die Vorräte liegen bei 5000 t U. Die Exploration des Gebietes begann 1956. Durch Radiometrie wurde die Vererzung im Jahr 1965 in metamorphen kambrischen Schwarzschiefern gefunden. Von 1970 an erfolgten intensive Bohrarbeiten, woran sich die Aufschlußarbeiten für die Grube, die im Jahre 1981 kurz vor der Inbetriebnahme stand, anschlossen.

Die Lagerstätte von Tunli liegt in einem 18 000 km^2 großen mesozoischen Bekken, wovon sich 12 000 km^2 auf chinesischem, der Rest auf vietnamesischem Boden befinden. Die Uranvererzung (Pechblende, Coffinit) tritt in jurassischen Sandsteinen auf; der Erzkörper in überkippter Lagerung hat eine bisher nachgewiesene größte Ausdehnung von 500 m Länge, 270 m Teufe und 1 bis 4 m Mächtigkeit; die U-Gehalte liegen zwischen 0,1 und 0,2%. Das Vorkommen wird noch weiter exploriert.

Die zentrale Aufbereitungsanlage von Hengyang wurde 1962 in Betrieb genommen und hat 4000 Beschäftigte. Ihr jährliches Verarbeitungspotential liegt bei 800 000 t Erz bzw. 1000 t U. Die verschiedenen Erze werden unterschiedlich vorbehandelt und mit Schwefelsäure gelaugt. Die Uranextraktion erfolgt mit Salpetersäure.

3.8 Zinn

Die chinesische Zinnproduktion wird gegenwärtig auf 17 000 t Metallinhalt geschätzt und liegt damit um etwa 40% niedriger als Anfang der 60er Jahre. China ist dadurch vom zweiten auf den sechsten Platz in der Weltrangliste zurückgefallen. Der Rückgang der Zinnerzförderung infolge unzureichender Bereitstellung entsprechender Förderkapazitäten bei gestiegenem Eigenbedarf führte daher auch zu einer starken Verringerung des jährlichen Exportes. Dieser lag bis Mitte der 70er Jahre noch bei 15 000 t/a, 1979 betrug er 3000 t, und heute ist er auf unbedeutende Mengen zurückgegangen.

Die Vorräte an Zinnerzen wurden im Jahre 1980 offiziell mit 2,88 Mill. t Metallinhalt angegeben. Westliche Angaben schwanken zwischen 1,5 bis 2,2 Mill. t, wobei die Frage nach der wirtschaftlichen Gewinnbarkeit entscheidend sein dürfte. China steht damit an zweiter Stelle in der Weltrangliste.

Hauptabbaugebiet ist der Distrikt von Gejiu in der Provinz Yunnan, aus dem rund 60% der Produktion stammen. Weitere wichtige Fördergebiete liegen bei Hexian und Hechi in der Provinz Guangxi, bei Pingtan in der Provinz Guangdong sowie in der Provinz Hunan. Durch diese Provinzen zieht sich Chinas ausgedehnter Zinnerzgürtel, in dem die größten Vorräte des Landes angetroffen werden (Karte 21).

Die chinesischen Zinnerzlagerstätten sind unterschiedlicher Entstehung. Bedeutung haben die pneumatolytisch-hydrothermalen und die meso- bis epithermalen sulfidischen Silber-Zinnerzlagerstätten sowie vor allem die Zinnerzseifen, denen besondere Bedeutung zukommt.

III. Metall- und Nichtmetallrohstoffe

Die chinesischen Zinn-Hütten liegen alle im Bereich des Südchina durchziehenden Zinnerz-Gürtels:

Hüttenstandort	Jährliche Kapazität in t Zinn
Gejiu (Yunnan)	10 000
Liuzhou (Guangxi)	2 000
Guiping (Guangxi)	1 000
Guangzhou (Guangdong)	1 000
Limu (Guangxi)	400
Ganzhou (Jiangxi)	100
Hengyang (Hunan)	100

Ein weiteres Hüttenwerk soll, vermutlich für die Verarbeitung der Changbu-Konzentrate, in der Provinz Guangxi mit einer Anfangskapazität von 6000 t gebaut werden und in der zweiten Ausbaustufe eine jährliche Kapazität von 12 000 t erhalten. Die Inbetriebnahme wird für 1985 erwartet.

China ist bemüht, die Zinnproduktion wieder zu steigern. In vielen höffigen Bereichen wird seit einigen Jahren intensiv exploriert; ferner läuft ein Investitionsprogramm zur Modernisierung bzw. Erweiterung von Bergwerken und Hüttenbetrieben. Mit steigender Stahlproduktion wird auch ein stärkerer Zinnverbrauch erwartet, der nur durch höhere Förderung und Erweiterung der Kapazitäten gewährleistet werden kann.

Vorkommen und Bergwerke

Nordchina. Fast sämtliche Blei/Zink-, Kupfer-, Mangan- und Quecksilber-Lagerstätten in den nördlichen Provinzen Chinas führen auch Zinn. In der Provinz Liaoning sind es besonders die Eisenerzlagerstätten, die zum Teil beachtliche Zinngehalte aufweisen.

Zentral- und Südchina. In der Provinz Yunnan liegen die bedeutendsten Vorkommen des Landes. Das wichtigste Abbaugebiet ist seit langem der Gejiu-Distrikt, aus dem zur Zeit ein Anteil von 60% der Gesamtfördermenge erbracht wird. Die Vorräte dieses Gebietes werden mit knapp 1 Mill. t angegeben.

Der Gejiu-Distrikt liegt im südöstlichen Bereich der Provinz, etwa 190 km südlich der Provinzhauptstadt Kumming. Das erzhöffige Gebiet ist mehr als 600 km^2 groß und schließt die Vorkommen Huangmaoshan, Gushan, Datun, Xinguan, Yindong und Houshan ein. Die Hauptminerale sind Zinnstein, Brauneisen und Hämatit mit geringen Gehalten an Blei, Zink, Kupfer und Arsen. Der Zinngehalt beträgt 2,4 bis 8%. Abgebaut werden auch alluviale Zinn-Seifen. Umfangreiche Explorationsarbeiten laufen zur Zeit in Gulang und Dianxicheng.

Bedeutende Zinnvorkommen liegen ferner in der Provinz Guangxi, wo zwei Distrikte vor allem hervorzuheben sind. Die Vorkommen im Nordosten der Provinz bei Hexian, Fuchuan und Zhongshan haben schon länger größere Bedeutung gehabt. Im Nordwesten der Provinz liegen Zinnerzvorkommen zwischen Hechi und Nandan. In diesem Bereich oder südwestlich davon wird gegenwärtig das noch nicht lange bekannte große polymetallische Vorkommen Changbu erschlossen, das eine Ausdehnung von 100 km^2 haben soll.

Die erste Ausbaustufe von Changbu umfaßt einen Tagebau und zwei Aufbereitungsanlagen. Sie ist auf eine jährliche Produktion von 1,3 Mill. t Erz (4000 t Zinn, 23 000 t Blei/Zink, 3000 t Antimon, 73 000 t Schwefelkies) ausgelegt. Ferner sollen Seltenerdmetalle gewonnen werden. Mit der Entwicklung der zweiten Ausbaustufe ist begonnen worden.

Bei den Lagerstätten der Provinz Guangxi handelt es sich überwiegend um alluviale Zinnstein-Seifen mit Mächtigkeiten zwischen 1,2 und 4,5 m. Die Zinngehalte schwanken zwischen 0,5 und 3%. Als Begleitelemente können Blei, Zink, Antimon, Quecksilber, Kobalt, Nickel und Seltenerdmetalle auftreten.

In der Provinz Guangdong verteilen sich die Zinnerzlagerstätten über das ganze Gebiet. Die größeren Vorkommen liegen im östlichen Teil der Provinz bei Haifeng, Chaoan und Zijin, östlich Guangzhou. Die Vorräte belaufen sich jeweils auf 200 000 t Metallinhalt. Das Mineral ist überwiegend Zinnstein und häufig in Seifen abgelagert. Kleinere Lagerstätten in diesem Bereich sind Jieyang, Wuhua und Qingyuan. Bei Huiyang werden in jüngster Zeit reiche Vorkommen entdeckt. Ferner gibt es Vorkommen auf der Insel Hainan bei Qiongshan, Xinzhou und Lingshui, südlich von Qiongshan.

Im Süden der Provinz Hunan, südwestlich von Chenzhou, liegt der Zinnerzdistrikt von Linwu. Die Lagerstätten liegen am Kontakt von granitischen Intrusionen in Kalkstein. Die Erze enthalten Zinnstein, Pyrit, Arsenkies, Antimonglanz, Kupferkies, Bleiglanz, Zinkblende und Wolframerz. Der Zinngehalt beträgt 2%. Weitere Zinnerzvorkommen liegen bei Shangwubao, westlich von Linwu. Auch konnten in den letzten Jahren an mehreren Stellen in der Provinz große Seifenlagerstätten gefunden werden.

In West-Hunan sind polymetallische hydrothermale Lagerstätten mit Zinnstein, Scheelit, Kupferkies, Bleiglanz, Zinkblende und Magnetkies exploriert worden. Kleinere Vorkommen befinden sich bei Chenzhou, Guiyang und Dayishan.

Ostchina. In der Provinz Jiangxi kommen Zinnerzlagerstätten hauptsächlich im Süden vor, und zwar südlich von Ganzhou bei Huichang, Anyuan, Dayu und Shangyou. In vielen Fällen ist hier Zinnerz mit Wolframerz vergesellschaftet. Gangerz- und Seifen-Lagerstätten werden gleichermaßen angetroffen. Letztere sind jedoch die bedeutenderen und im allgemeinen 2 bis 3 m mächtig. Sie können aber auch bis auf 30 m Mächtigkeit anwachsen. Der Zinngehalt beträgt 300 bis 2500 g/m^3 Lockergestein.

In der Provinz Zhejiang werden kleinere Vorkommen im Westen bei Suichang, Yongjia, Qingtian und Kaihua angetroffen. Analysen der Erze von Kaihua weisen im Durchschnitt 6,6% Sn, 34% Fe und 0,7% Mn aus.

In der Provinz Fujian kommt Zinn vergesellschaftet mit Mangan, Kupfer, Blei-Zink, Nickel und Antimon vor.

3.9 Seltene Metalle / Seltenerdmetalle

Die Verwendung von seltenen Metallen, insbesondere von Seltenerd(SE)metallen, hat in China weite Verbreitung gefunden, seit bei der konzentrierten Suche nach Bodenschätzen in den letzten 20 Jahren bedeutende Vorräte dieser Metalle

III. Metall- und Nichtmetallrohstoffe

entdeckt worden sind. Über die Gesamtproduktion an SE-Metallen liegen keine Angaben vor. Das Hauptmineral ist der Bastnäsit, mit dessen Produktion China hinter den USA bereits den zweiten Platz in der Weltrangliste einnimmt.

Lagerstätten mit SE-Metallen befinden sich in mehr als der Hälfte der Provinzen. Die wahrscheinlichen Vorräte werden mit 100 Mill. t angegeben. Der größte erschlossene Vorratsanteil liegt in der Provinz Nei Monggol, und hier mit 98% fast ausschließlich in der Lagerstätte des Eisenerzbergwerks Baiyunebo (Karte 19). Von dem gesamten Erzvorrat von 800 Mill. t entfallen 5% oder 40 Mill. t auf SE-Metalle.

Beachtenswerte SE-Metallvorkommen befinden sich ferner in den Provinzen Jiangxi, Gansu, Guangdong, Hunan und Jiangsu. Hier liegen mehrere Lagerstätten mit insgesamt über 1 Mill. t und hohen Yttrium-Gehalten in der Umgebung von Changzhou.

Die Liste der in China gefundenen Seltenerdmetalle, einschließlich anderer seltener Metalle, enthält die Elemente Lanthan, Cer, Praseodym, Neodym, Samarium, Europium, Gadolinium, Terbium, Dysprosium, Holmium, Erbium, Thulium und das äußerst seltene Element Promethium sowie Beryllium, Cadmium, Gallium, Germanium, Niob, Rubidium, Tantal, Wismut und Zirkon.

Ein großer Teil der angeführten Elemente ist auch in der Lagerstätte Baiyunebo enthalten. Wie für Bastnäsit üblich, überwiegen die Elemente Cer (50%), Lanthan (30%), Neodym (15%) und Praseodym (5%). Samarium und Europium werden in der Größenordnung von 1,2 bzw. 0,2%, bezogen auf den Gesamt-SE-Anteil, angetroffen. Verglichen mit den USA-Vorkommen in Mountain Pass sind die Anteile von Samarium und Europium jedoch fast doppelt so hoch. Die Gehalte an Niob und Tantal sollen ebenfalls sehr beachtlich sein. Nach Untersuchungen einer westdeutschen Firma besteht die Niobträgermasse zu 59% aus Pyrochlor, 18% aus Ilmeno-Rutil, 17% aus Äschynit und 6% aus Columbit. Die Nb_2O_5-Gehalte werden mit 0,12 bis 0,14% angegeben. Obwohl Tantal nur in Spuren angetroffen wurde, werden wegen der heterogenen Zusammensetzung der Lagerstätte größere Ta_2O_5-Gehalte nicht ausgeschlossen.

Nach Planungen aus den Jahren 1980/81 sollten aus der Förderung der Grube Baiyunebo in einer Aufarbeitungs- und drei Verarbeitungsanlagen in Baotou folgende Produkte erzeugt werden: Die Aufarbeitungsanlage war für eine Kapazität von 10 000 t/a SE-Konzentrat konzipiert. Die erste Verarbeitungsanlage sollte 5000 bis 10 000 t/a Eisen-Silicium-SE-Legierung, 200 bis 300 t/a Cer-Mischmetall und 3600 t/a wasserfreies SE-Chlorid, die zweite 2200 t/a spezielle SE-Oxide erzeugen. In der dritten Betriebsstufe war die Herstellung von verschiedenen Magnetlegierungen auf der Basis von SE-Metallen mit Kapazitäten von jeweils 5 bis 10 t/a für Samarium-Cobalt-, Samarium-Gadolinium-Cobalt-, Praseodym-Cobalt und Cer-Cobalt-Kupfer-Eisen-Magnete vorgesehen. Die Zusammensetzung der letzten Legierung ist jedoch nicht gesichert, da ein solcher Magnettyp kaum sinnvolle Magneteigenschaften aufweist. Der größte Teil der geplanten Produktion, insbesondere der Magnetlegierungen, war für den Export bestimmt. Ob die Planungen, an der eine deutsche Firma zwischenzeitlich beteiligt war, in allen Teilen realisiert werden konnte, ist nicht bekannt.

Weitere Produktionsstätten für SE-Verbindungen befinden sich in Nanchang (Provinz Jiangxi), in Lanzhou (Provinz Gansu) und in Shanghai, wo ein großer Teil der übrigen Förderung erbracht wird. Die Anlage in Lanzhou ist mit einer Kapazität von 6000 t/a SE-Clorid die bedeutendste dieser Art in China.

Die Aufbereitungstechnik zur Gewinnung von SE-Metallen bedarf in China noch weiterer Verbesserung. Das Ausbringen beträgt beispielsweise in Baiyunebo gegenwärtig erst 20%.

Der überwiegende Teil der oben angeführten Elemente kommt in der Metallurgie, Petrochemie, Glasindustrie, Elektronik, Atomindustrie und Raumfahrttechnik zum Einsatz.

In Anbetracht der vielseitigen Verwendung dieser Metalle und der großen Vorräte davon wird China als Exporteur auf dem Weltmarkt zunehmend an Bedeutung gewinnen.

4. Übrige Rohstoffe

China besitzt auch einen beachtlichen Reichtum an nichtmetallischen Rohstoffen, von denen im nachfolgenden Überblick für die wichtigsten einige kurze Hinweise gegeben werden.

4.1 Asbest

Die Asbest-Produktion ist in den vergangenen Jahren stark angestiegen und liegt heute zwischen 250 000 und 300 000 t/a. Hierunter wird die Fasermenge verstanden, die in Asbestmühlen aus den Fördererzen gewonnen wird, die zu 60% im Tagebau und zu 40% im Tiefbau anfallen. China nimmt damit den vierten Platz in der Weltrangliste ein.

Die Asbestvorräte sind sehr beachtlich. Nach westlicher Einschätzung betragen sie 3 Mill. t, nach chinesischen Angaben jedoch 16,4 Mill. t. 61% dieser Vorräte konzentrieren sich auf die Provinz Qinghai. Der überwiegende Teil besteht aus Chrysotillagerstätten, die sowohl in Verbindung mit serpentinisierten Ultrabasiten als auch mit Dolomiten auftreten. Im ersten Fall handelt es sich im allgemeinen um recht große Lagerstätten, deren Fasergehalte zwischen 2,5 und 5% liegen. Die an Dolomite gebundenen Vorkommen sind meist klein und weisen nur einen Fasergehalt von etwa 1,5% auf; in Jinzhou (Liaoning) liegt er jedoch bei 4%. In der Provinz Sichuan befinden sich einige große Chrysotilvorkommen mit „slip fibre".

Die Chrysotil-Lagerstätten ziehen sich gürtelförmig durch die Provinzen Nei Monggol, Jilin, Liaoning, Hebei und Shanxi bis nach Yunnan hin. Die bisher wenig erschlossenen Vorkommen von Qinghai liegen abseits dieses Gürtels.

III. Metall- und Nichtmetallrohstoffe

Die bekannten wichtigen Chrysotil-Vorkommen:

Provinz	Chrysotil-Vorkommen	Gewinnung
Sichuan	Shimian	Tage- und Tiefbau
	Pengxian	Tagebau
Hebei	Laiyuan	Tiefbau
	Shennan	Tagebau
Qinghai	Mangnai	Tagebau
Liaoning	Jinxian	Tiefbau
	Jinzhou	Tiefbau
	Chaoyang	Tiefbau
Jilin	Taoan	n. b.
Shanxi	Liliang	Tage- und Tiefbau

Das bedeutendste Vorkommen befindet sich in Shimian in der Provinz Sichuan, wo auch die größte Fördermenge erbracht wird. Die asbestführende Zone hat hier eine Ausdehnug von 6300 m Länge und 350 m Breite und enthält Vorräte von mehreren 10 Mill. t Erz mit einem Chrysotil-Fasergehalt von über 2%. Der im Tage- und Tiefbau gewonnene Asbest besteht zu über 50% aus Fasern mit einer Länge von mehr als 20 mm. Die Produktion wird auf dem Luftwege abtransportiert. Nicht weit von Shimian befindet sich bei Pengxian eine weitere große Lagerstätte.

Das zweitgrößte Förderrevier liegt im Distrikt Laiyuan in der Provinz Hebei, wo das Erz in 5 bis 20 Adern mit Mächtigkeiten zwischen 1 bis 2 m über mehrere Kilometer Länge angetroffen wird. Die Faserlänge beträgt hier 20 bis 50 mm.

Während die Asbestfasern von Taoan in der Provinz Jilin eher brüchig und nicht sehr lang sind, eignet sich die Produktion von Jinxian in der Provinz Liaoning mit mittlerer Faserlänge, jedoch größerer Festigkeit vor allem für die Asbest-Zement-Herstellung. Asbestvorkommen werden ferner aus Yuanjiang in der Provinz Yunnan gemeldet.

Der Spezialasbest Krokydolith (blauer bzw. Amphibol-Asbest), der zur Adsorption von radioaktiver Strahlung in der Nuklearindustrie Verwendung findet, wird hauptsächlich in den Provinzen Shanxi, Henan, Yunnan, Sichuan und Anhui gewonnen.

4.2 Baryt

Mit einer Barytfördermenge, die in den letzten Jahren sehr stark angestiegen ist und heute zwischen 0,9 und 1,0 Mill. t/a beträgt, liegt die VR China an zweiter Stelle in der Weltrangliste. Etwa zwei Drittel (0,6 Mill. t/a) der Fördermenge gehen in den Export.

Die Barytvorräte werden vorsichtig auf 20 Mill. t geschätzt. Vorkommen befinden sich hauptsächlich in den Provinzen Guangxi, Fujian, Hubei und Shandong.

Die Provinz Guangxi ist der Haupterzeuger, dessen Produktion überwiegend in den Export geht. Wichtigste Lagerstätte ist hier Xiangzhou (Zhuhai Xian) mit Vorräten über 5 Mill. t.

Die Provinz Fujian ist der zweitwichtigste Barytproduzent. Die neuerschlossenen Lagerstätten von Lianfang, Dahu und Yongan erbringen zur Zeit eine Fördermenge von 150 000 t/a. Auf der Lagerstätte von Yongfu wird gegenwärtig mit Unterstützung der USA eine neue Grube entwickelt. Ein großes Vorkommen mit Vorräten von 16 Mill. t ist im Bereich der westlichen Bergkette gefunden worden, wo wegen der vorhandenen Infrastruktur eine kostengünstige Erschließung möglich ist.

4.3 Bor

Die Produktion beläuft sich auf über 300 000 t/a, die Vorräte werden auf etwa 36 Mill. t geschätzt. Der größte Tagebau mit einer Kapazität von 100 000 t/a hat im Jahr 1980 bei Yingkou in der Provinz Liaoning die Produktion aufgenommen. Im übrigen wird Bor aus Salzablagerungen, vor allem in der Salzwüste von Yikechaidamuhu im Chaidamu-Becken in der Provinz Qinghai, gewonnen. Weitere Vorkommen sind aus der Provinz Xizang (Tibet) bekannt, wo drei borhaltige Hartgestein-Lagerstätten in Oberflächennähe gefunden wurden. Bor ist außerdem als Begleitelement aus vielen anderen Salzseen des Chaidamu-Beckens und aus der Provinz Xizang bekannt.

4.4 Flußspat

Mit einer Flußspat-Fördermenge von 500 000 t/a liegt China an dritter Stelle in der Weltrangliste. Der Eigenverbrauch an Flußspat in der Stahlindustrie und bei der Aluminiumherstellung sowie in anderen Bereichen der chinesischen Industrie liegt gegenwärtig um 100 000 t/a mit steigender Tendenz, 300 000 t/a werden exportiert. Der Flußspatexport spielt für China schon seit Jahrzehnten eine bedeutende Rolle, da der größte Teil des geförderten Flußspates metallurgische Qualität besitzt, ein ansehnlicher Teil ist als Säurespat verwendbar. Die Vorräte an Flußspat werden mit 6,5 Mill. t angegeben.

Hauptabbaugebiete sind Gaixian (Liaoning), Wuyi (Zhejiang), Longhui (Sichuan), Taolin (Hunan) und Pucheng (Fujian).

4.5 Graphit

Chinas Graphitproduktion liegt bei 100 000 t/a und wird zum großen Teil exportiert. Graphitvorkommen werden in den Provinzen Shandong, Heilongjiang, Nei Monggol und Hebei abgebaut. Ihre Vorräte werden auf 10 Mill. t geschätzt. Die Vorkommen sind primär lagunenartiger Entstehung, wobei organische Reste und Kalk durch Metamorphose zu Graphit und Marmor umgewandelt wurden. Der Abbau erfolgt im Tage- und Tiefbau. Der Kohlenstoffgehalt erreicht maximal 34%, in Flotationen wird er bis auf 80 bis 90% angereichert. Ein höherer Reinheitsgrad ist gegenwärtig noch nicht erzielbar.

4.6 Magnesit

Mit einer verkaufsfähigen Rohmagnesitfördermenge von rund 2,2 Mill. t/a und ausgedehnten Magnesit-Vorräten, die heute mit etwa 3 Mrd. t angegeben werden, nimmt China neben der UdSSR und Nord-Korea einen führenden Platz in der Weltrangliste ein. Die Hauptvorkommen liegen in Nordchina in der Provinz Liaoning (14). Bisher wurden hier bereits 2 Mrd. t sicherer und wahrscheinlicher Vorräte nachgewiesen. Aber auch in anderen Provinzen werden Magnesitlagerstätten abgebaut. Neue Vorkommen sind in jüngerer Zeit in den Provinzen Hebei, Shandong und Sichuan angetroffen worden.

Wegen der in China veralteten Brenntechnik bei der Erzeugung von Sintermagnesit, wodurch dessen Verkaufsqualitäten wesentlich beeinträchtigt werden, ist auf dem Weltmarkt in der Vergangenheit ein völlig falscher Eindruck von den qualitativen Möglichkeiten dieser hochwertigen Naturmagnesite entstanden. Durch Verbesserung der Brenntechnologien und Verwendung rückstandsfreier Brennstoffe ist China bestrebt, alle bisherigen Produktionsnachteile zu vermeiden und den Exportanteil wesentlich zu vergrößern. Daher wird es für wahrscheinlich gehalten, daß schon in absehbarer Zeit die dominierende Rolle der synthetischen Sintermagnesite des höheren Qualitätsbereiches in den westlichen Industrieländern wenigstens teilweise durch die verbesserten Produkte aus den Liaoning-Magnesiten abgelöst werden kann.

Vor allem im Bereich der Magnesit-Lagerstätten in der Provinz Liaoning (Karte 24) werden auch große Talk- und Speckstein-Vorkommen angetroffen und abgebaut. Die Fördermengen liegen bei 200 000 bzw. 150 000 t/a. Ein größerer Teil hiervon wird vor allem nach Japan exportiert.

4.6.1 Lagerstätten

Provinz Liaoning. Die geologischen Formationen im Magnesitgebiet von Liaoning werden als präkambrisch-algonkisch eingestuft und streichen überwiegend in Generalrichtung der Bergregion, in der sie angetroffen werden.

Sie bestehen aus Quarzit, Sandstein, Marmor, Schiefer und Dolomit. Die Magnesitvorkommen liegen als konkordante Zwischenlagerungen von 40 bis 500 m Mächtigkeit in vorwiegend aus Dolomit und Schiefer bestehenden Gesteinsschichten. Im östlichen Teil des Dashiqiao-Gebietes erreicht die Gesamtmächtigkeit der karbonatischen Schichten etwa 1400 m, wovon etwa 75% als Dolomit, 3% als Marmor, 12% als Magnesit und 10% als Schiefer ausgebildet sind. Die Dolomit-Magnesitschichten weisen vorwiegend steiles Einfallen von 70 bis 90° sowohl nach Süden als auch nach Norden auf. Ihre Ausdehnung in die Teufe ist noch unbekannt, dürfte aber in der Km-Dimension liegen. Das Hangende und Liegende in den Tagebauen bilden Phyllitschiefer. In den Magnesithorizonten sind verschiedentlich bis 200 m lange und 30 m breite Dolomitbänke enthalten.

Als die Größe der Lagerstätte noch nicht erkannt war, führte man ihre Entstehung auf kontaktmetasomatische Verdrängung von CaO im Dolomit durch MgO zurück. Heute wird überwiegend eine sedimentäre Entstehung in präkambrischen Lagunen bzw. im Schelfmeer angenommen. Die wichtigsten Begleitminerale des Magnesits sind Dolomit, Talk, Chlorit, Graphit und Phyrit. Neben

Dolomit und Talk, denen auch bergwirtschaftliche Bedeutung zukommen, treten die übrigen Minerale mengenmäßig nur untergeordnet auf.

Der Magnesit ist allgemein in großen zusammenhängenden, überwiegend mittel- bis grobkörnigen kristallinen Massen ausgebildet. Seine Dichte schwankt zwischen 2,90 bis 3,02 g/cm^3. Während der klein- bis mittelkörnige Magnesit sehr fest ist, sind die grobkristallinen Stücke splittrig. Mittlere Analysewerte von einer Reihe von Handstücken zweier Gruben (Xiafangchen und Huaxiyui) ohne und mit erkennbaren Verunreinigungen weisen folgende Zusammensetzung auf (Angaben in Prozent):

Magnesit-Handstücke	L.o.T.	MgO	CaO	SiO$_2$	Fe$_2$O$_3$	Al$_2$O$_3$
Ohne Verunreinigungn ...	51,91	47,20	0,45	0,16	0,24	0,04
Glühverlustfrei		98,15	0,94	0,33	0,50	0,08
Mit Verunreinigungen ...	50,94	45,76	1,19	1,54	0,36	0,22
Glühverlustfrei		93,30	2,45	3,09	0,72	0,44

Die Analysenwerte ohne Verunreinigungen kennzeichnen einen qualitätsmäßig sehr hochwertigen Roh- bzw. Sintermagnesit mit relativ niedrigen Fe$_2$O$_3$- und Al$_2$O$_3$-Gehalten. Mengenmäßig erreichen diese erstklassigen Magnesitpartien in den beiden Gruben 40 bis 50% der aufgeschlossenen verwertbaren Mengen.

Die bisher im Bereich Dashiqiao-Haicheng betriebenen vier Tagebaue weisen folgende Lagerstättenausdehnung sowie Roh-Magnesitvorräte auf:

Gesamtlänge	9 200 m
Mittlere Mächtigkeit	233 m
Bisher erbohrte Teufe	317 m
Vorräte (sichere und wahrscheinliche)	2 030 Mill. t

4.6.2 Vorkommen und Bergwerke

Provinz Liaoning. Die Magnesitlagerstätten in der Provinz Liaoning werden zu den größten der Welt gerechnet. Die Magnesit-führende Zone erstreckt sich in einer Ausdehnung von mehr als 200 km Länge und 3 km Breite von Gaixian an der Nordostküste des Golfes von Liaodong in nordöstlicher Richtung bis über Liashanguan, 40 km südlich Benxi, hinaus. Sie ist derzeit erst in einer Länge von etwa 30 km durch mehrere Tagebaue zwischen den Ortschaften Dashiqiao (Yingkou Xian) und Haicheng, rund 60 bis 70 km südlich Anshan, nach denen auch die Betriebseinheiten benannt sind, erschlossen. Mit der Loslösung des Magnesitbergbaus aus dem Hütten- und Stahlwerksverbund der Anshan Iron and Steel Company Anfang des Jahres 1980 und seiner Zusammenfassung in der Liaoning Magnesite Company, Haicheng, die dem Ministerium für Metallurgische Industrie direkt unterstellt ist, trägt die Regierung dem zum Schwerpunkt erhobenen raschen künftigen Ausbau der Magnesitproduktion organisatorisch Rechnung.

Die Liaoning Magnesit Company hat einschließlich aller Service-Dienste eine Gesamtbelegschaft von 8000 Personen und verfügt über eine jährliche Produk-

III. Metall- und Nichtmetallrohstoffe

tionskapazität von etwa 700 000 t Sintermagnesit, 300 000 t gebranntem Dolomit und rund 80 000 t kaustisch gebranntem Magnesit. Während die Sintermagnesit-Qualitäten bisher überwiegend in der heimischen Industrie Verwendung fanden, wurde der kaustisch gebrannte Magnesit größtenteils exportiert. Die Tagebaue befinden sich in Jinshanhuai, Huaxiyia, Xiafangchen, Yanjiadian. Aufbereitungsanlagen werden in Chenjiapuzi und Jingjiapuzi betrieben.

Der Transport des Rohhaufwerks aus den Tagebauen zu den maximal 3 km entfernt gelegenen Aufbereitungsanlagen erfolgt mittels Schwerlastkippern von 15 und 25 t. Die Aufbereitung besteht im wesentlichen aus Brechen, Sieben, Handkontrollen sowie teilweise aus Brikettierung oder Granulierung des anfallenden Kleinmaterials. Der Rohmagnesit wird in Schacht- oder Drehrohröfen bei 1600 bis 1700 °C gebrannt bzw. gesintert oder in Schacht- und Rundtunnelöfen zu kaustischem Magnesit verarbeitet. Die Leistungen der Schacht- und Drehrohröfen liegen zwischen 40 und 80 t/d bzw. bei 200 t/d. Durch die angewandte Brenntechnik und die Verwendung von stark aschehaltigem Koks erfolgt heute bei der Sinterung eine gegenüber dem hochwertigen Ausgangsmaterial ungünstige Qualitätsausbeute, die zukünftig durch die Einführung moderner Brenntechnologien verbessert werden soll.

4.7 Schwerspat

Die Schwerspat-Produktion erreicht bis zu 500 000 t/a und wird vorwiegend von der Mineralölindustrie bei der Herstellung von Schwertrübe für die Bohrarbeit verwandt, etwa ein Viertel wird exportiert.

Die bisher bekannten Vorräte sind mit 20 Mill. bis 30 Mill. t relativ gering. Bei den besten Vorkommen handelt es sich vorwiegend um Verdrängungslagerstätten in Kalksteinen, Dolomiten, Sandsteinen und Schiefern sowie um residuale Ablagerungen. Hauptabbaugebiete sind Tangshan (Hebei), Huangxian (Shandong), Xuwen (Guangdong) und Linjiang (Jiangxi). Weitere hochwertige Vorkommen von mehr als 20 Mill. t sind in jüngster Zeit aus sieben Bezirken der Provinz Hubei gemeldet worden.

Die Schwerspat-Produktion wird auf Grund der günstigen Voraussetzungen sicherlich weiter steigen, wenn die Inlandsnachfrage bei Zunahme der Bohraktivitäten im offshore-Bereich größere Bedeutung erhalten wird.

4.8 Steinsalz

Die chinesische Steinsalzproduktion wird mit rund 20 Mill. t/a angegeben und liegt damit an zweiter Stelle in der Weltrangliste hinter den USA. Wahrscheinlich sind hierbei aber sowohl die Salzmengen, die als Sole in die Industrie gehen, als auch die in der Provinz Sichuan gewonnenen Salzlaugen nicht berücksichtigt.

Von der Produktion werden 80% aus dem Meerwasser gewonnen. Die Verdunstungsbecken ziehen sich entlang der gesamten Küste und sind in seichten, windgeschützten Uferungen angelegt. Der überwiegende Anteil des Salzes geht in den Nahrungsmittelsektor; im industriellen Bereich wächst jedoch die Nachfrage.

Etwa zwei Drittel der Produktion stammen aus der Bohai-Bucht, wo das größte Salzfeld — Tanggu — in der Nähe von Tianjin liegt. Die Salzfelder befinden sich ausschließlich in der Nähe von Mineralöl- und Erdgasfeldern. Dies ist auch in anderen Bereichen wie an der Nordküste der Provinz Shandong, den Küsten der Provinzen Jiangsu und Guangdong sowie der Insel Hainan der Fall. In jedem dieser Felder werden jährlich etwa 1 Mill. bis 3 Mill. t Salz gewonnen. In der Provinz Sichuan sind in der Nähe von Erdgasfeldern große Salzquellen erschlossen worden, so daß hier ausreichend Wärme für den Verdampfungsprozeß zur Verfügung steht.

Das seit 3000 Jahren bekannte Salzrevier von Yuncheng im südwestlichen Teil der Provinz Shanxi ist in letzter Zeit ausgebaut und zu einer leistungsfähigen Rohstoffbasis für Natriumsulfat als Hauptprodukt und einer Vielzahl von Nebenprodukten wie Natriumchlorid, Natriumsilikat, Magnesiumsulfat, Kalisalzen, Bromiden, Boraten, Lithium und Seltenerdmetallen entwickelt worden.

Steinsalzlagerstätten sind in China bisher nur wenig erforscht. Erste Untersuchungen über mehr als 1000 Salzseen im Qinghai-Xizang-Plateaus, die etwa nur die Hälfte dieser Seen in diesem unberührten Gebiet ausmachen, sind von einem Forschungsinstitut vorgelegt worden und geben Hinweise auf voraussichtlich erfolgreiche Explorationsarbeiten, insbesondere im semiariden salzreichen Chaidamu-Becken.

In den Salzseen des Xizang-Plateaus konnten die nach Ansicht der Chinesen bisher größten Lithium-Vorkommen der Welt gefunden werden. Nach Untersuchungen des Qinghai-Salzsee-Instituts liegen in den Salzseen des nördlichen Xizang und des Ali-Distrikts ferner große Vorkommen an Steinsalz, Kalisalz, Bor, Brom, Rubidium, Caesium und radioaktiven Mineralen.

4.9 Rohstoffe für die Düngemittelproduktion

Mit rund 100 Mill. Hektar landwirtschaftlicher Anbaufläche stehen für die Versorgung der großen Bevölkerung nur etwas mehr als 10% der chinesischen Landfläche zur Verfügung. Im Weltmaßstab gesehen bedeutet dies, daß in China auf rund 8% der Weltanbaufläche annähernd 25% der Weltbevölkerung ernährt werden müssen. Hiermit rückt die landwirtschaftliche Produktion in den Vordergrund des chinesischen Interesses. Zwar sind in den letzten zwanzig Jahren beachtliche Erfolge erzielt worden, bezogen auf die stark angewachsene Bevölkerung liegt jedoch die Pro-Kopf-Produktion des reinen Nahrungsgetreides heute noch unter dem Stand von 1957. Neben der Vergrößerung der Anbaufläche, der Erhöhung der Ernteintensität und der Verbesserung der Mechanisierung kommt der Steigerung der Bodenproduktivität durch verstärkte mineralische Düngung besondere Bedeutung zu.

III. Metall- und Nichtmetallrohstoffe

Mit einer jährlichen Produktion an mineralischen Düngemitteln von über 60 Mill. t Produktionsgewicht liegt China bereits führend in der Welt. Die Wirkstoffgewichte erreichten im Jahr 1982 bei den wichtigsten Düngemitteln:

Düngemittel	Wirkstoffgewicht Mill. t
Stickstoff	10,3
Phosphor	2,7
Kali (K_2O)	0,025

Da ein optimales Mischverhältnis zwischen Stickstoff-, Phosphor- und Kalidünger mit 3:1,5:1 angenommen wird, ist jedoch die gegenwärtige Düngermittelproduktion noch weit davon entfernt, ein günstiges Nährstoffangebot in der Landwirtschaft zu gewährleisten. Insbesondere die Kalidüngererzeugung ist völlig unzureichend. China ist daher noch weiterhin auf die Einfuhr von Düngemitteln angewiesen.

Stickstoffdünger. Die chinesische Stickstoffdüngermittelproduktion von über 10 Mill. t/a Wirkstoffgewicht wird in mehr als 2200 Anlagen erzeugt. Von den 25 großen Produktionsstätten sind in den 70er Jahren 13 importiert worden, die insgesamt eine Kapazität von 3 Mill. bis 4 Mill. t/a Stickstoff aufweisen.

Aus den mittleren bis kleinen Anlagen wird noch etwa die Hälfte der Produktion erbracht. Die bedeutendsten Werke befinden sich vorwiegend in der Nähe von Mineralöl- und Erdgasfeldern, und zwar bei Shenyang (Liaoning), Xishui (Guizhou), Changle (Hunan), Jinshajiang (Yunnan), Chengdu, Luzhou und Xinjin (Sichuan), Anqing (Anhui), Guangzhou (Guangdong), Shanghai und Beijing. Die übrigen Werke sind weit im Lande gestreut und bis auf Qinghai und Xizang in allen Provinzen anzutreffen.

Phosphatdünger. Die chinesische Phosphatproduktion erreichte 1981 8,4 Mill. t Konzentrat mit einem P_2O_5-Inhalt von knapp 2,7 Mill. t. Das entspricht 6% der Weltproduktion. Bei einem mittleren jährlichen Zuwachs von 15% in den letzten 10 Jahren hat sich China zum viertgrößten Phosphatproduzenten der Welt entwickelt. Aus der Produktion wurden 1981 2,4 Mill. t Phosphatdüngemittel erzeugt, womit China von den Importen weitgehend unabhängig geworden ist.

Die sicheren und wahrscheinlichen ausbringbaren Phosphatvorräte (1983) Chinas betragen 500 Mill. t Erz mit 100 Mill. t P_2O_5-Inhalt, die potentiellen Vorräte werden auf 2000 Mill. t mit 400 Mill. t P_2O_5-Inhalt geschätzt. Damit dürfte sich China auch bei weiter steigendem Düngermittelbedarf auf eine ausreichende eigene Vorratsbasis beziehen können.

Der chinesische Phosphatbergbau basiert auf einer Vielzahl marinsedimentärer Phosphoritlagerstätten in verschiedenen Teilen des Landes. Diese kommen in sinischen (präkambrischen) und unterkambrischen Sedimentserien vor, die sich aus dolomitischen Mergeln, karbonatischen Sandsteinen, Dolomiten, Siltsteinen, sandigen und silifizierten Tonsteinen zusammensetzen. Die Phosphoritlager haben Mächtigkeiten von 2 bis 10 m, teilweise auch bis 20 m.

Der P_2O_5-Gehalt der Erze schwankt um 20%, in reicheren Partien liegt er zwischen 22 und 28%, im Verwitterungsbereich gelegentlich um 30% oder darüber. Das Erz enthält häufig kryptokristallinen Collophan in einer silikatischen und/oder kalkig-dolomitischen Matrix. Es läßt sich sehr schwierig aufbereiten und naßchemisch aufschließen.

Phosphatbergbau ist aus folgenden Orten und Provinzen bekannt: Changbei (Phosphatschiefer, Jilin), Julu Xian und Fangshan (Hebei), Kaiyang, Fuquan und Kaikou (Guizhou), Emei und Shanlenggang (Jingping) (Sichuan), Jinning (Kunyang), Kunming (Yunnan), Jingshan und Jiuxian (Hubei), Liuyang, Shimen, Huaqiao und Xiangxiang (Hunan), Foshan (Guangdong), Nantong und Donghai (Jiangsu), Anqing (Anhui) sowie aus der Provinz Shandong mit einer Vielzahl von Kleinbetrieben auf den über 200 kleinen bis mittelgroßen Vorkommen

Die bedeutendsten Lagerstätten liegen jedoch in Südwestchina, und zwar in den Provinzen Yunnan und Guizhou. Die Förderkapazitäten der Tagebaue von Jinning und Kaikou betragen jeweils 1,5 Mill. bis 2,5 Mill. t/a. Hier werden auf jeder Lagerstätte zwei Erzlager von 4 bis 8 m Mächtigkeit abgebaut. Beachtenswerte Vorkommen sind auch aus den Provinzen Liaoning, Nei Monggol und Jiangxi bekannt.

Etwa 70% der chinesischen Phosphatdüngemittelproduktion bestehen aus Superphosphat und 25% aus Schmelzphosphaten (Ca-Mg-Phosphate), der Rest dürfte Phosphatmehl sein. Das Superphosphat enthält überwiegend nur etwa 14% P_2O_5, da für seine Herstellung Erze ohne weitere Aufbereitung eingesetzt werden. Die Düngemittelproduktion soll aus über 700 Phosphatwerken stammen, die in vielen Provinzen angetroffen werden. 90% der Phosphatdünger werden in mittleren und kleinen Werken hergestellt. Ein Drittel aller Betriebe entfällt auf die Provinz Shandong. Mittelgroße bis große Produktionsstätten für die Herstellung von Superphosphat befinden sich in Nanjing (Jiangsu), Changsha (Hunan), Honghe (Yunnan), Shanghai, Taiyuan (Shanxi), Guangzhou und Zhanjiang (Guangdong) sowie Yingtan und Dongxiang (Jiangxi). Eine große Phosphatanlage ist in jüngster Zeit in Liucheng (Guangxi) gebaut worden; sie produziert jährlich 35 000 t Phosphorsäure, 50 000 t Kalziumphosphat, 15 000 t Superphosphat und 10 000 t Trinatriumphosphat.

Kalidünger. Die gegenwärtige Erzeugung von rund 25 000 t/a Kalidünger (K_2O) ist völlig unzureichend und bedingt größere Importe aus den Vereinigten Staaten von Amerika, Kanada und der Bundesrepublik Deutschland. China ist jedoch nicht arm an Kali-Salzen. In dem Chaerhan-Salzsee in der Provinz Qinghai mit einer Ausdehnung von 5000 km^2 liegen seine größten Reserven, die auf 24 Mill. t geschätzt werden und nur wegen der abseitigen Lage bisher nicht in Angriff genommen worden sind. Gegenwärtig laufende Explorationsarbeiten sollen klären, wie zukünftig eine Produktion von 1 Mill. bis 2 Mill. t/a Kalisalze erzielt werden kann.

III. Metall- und Nichtmetallrohstoffe

4.10 Sonstige Rohstoffe

China besitzt ferner eine ganze Reihe weiterer Rohstoffe für die industrielle Produktion.

Gips. So liegt die Gipsproduktion zwischen 3 und 4 Mill. t/a und ist bis auf den Nordosten über sämtliche Regionen verteilt.

Pyrit. Die Pyritproduktion hat mit etwa 4 Mill. t/a bereits eine beachtliche Höhe erreicht, die nach völliger Erschließung der erst in jüngster Zeit gefundenen Lagerstätten in den Provinzen Anhui und Guangdong noch weiter steigen wird.

Diamant. Von besonderer Bedeutung für die Bohrtechnik ist die Entdeckung von Diamantvorkommen in den Provinzen Hunan, Guizhou und Shandong sowie im Nordosten des Landes. Die seit den 70er Jahren betriebene Diamantenproduktion hat trotz steigenden Bedarfs die Einfuhren bis heute fast vollständig ersetzen können.

Kadmium und Wismut. Die Produktion an Kadmium, das bei der Zinkerzeugung anfällt, liegt bei 200 bis 300 t/a. Wismut wird fast ausschließlich als Beiprodukt in der Größenordnung von 300 t/a gewonnen.

Darüber hinaus wird eine Vielzahl weiterer mineralischer Rohstoffe gewonnen, so daß China neben seinem Rohstoffreichtum auch von der Rohstoffvielfalt her als eines der interessantesten Länder der Welt angesehen werden kann.

Quellennachweis zu Kapitel III

1. *Ikonnikov, A. B.:* Mineral Resources of China. Boulder, Colorado, 1975.
2. *Schmidt, H.:* Metall- und Nichtmetallrohstoffe der VR China. In: Garms, E.: Wirtschaftspartner China 1981/82. Hamburg, 1982, S. 155/76.
3. Mining Annual Review: Far East: China. 1979—1983.
4. *Brady, E. S.:* China's Strategic Minerals and Metals. The China Business Review, Sept./Oct. 1981, S. 55/73.
5. Minerals Yearbook. Washington, 1982.
6. *Yu, X. Y., G. X. Tong* und *X. Bai:* Mining in China. In: Mining Magazine (1982), S. 274/81.
7. *Jakobs, W.:* Eisenerzbergbau in China. VDEh, Düsseldorf, 1984.
8. Zhongguo tongji nianjian 1983 (Statistisches Jahrbuch Chinas 1983). Beijing, 1983.
9. *Argall Jr., G. O.:* Three iron ore bodies of Bayan Obo. World Mining, Januar 1980, S. 38/41.
10. BGR und DIW: Bd. XII: Eisen. Hannover, 1979.
11. *Braumann, F.:* Die Eisen- und Stahlindustrie der VR China. In: Stahl und Eisen. (1983) S. 399/404.
12. *Chin, E.:* Minerals Yearbook 1981, Volume I. Washington, 1982.
13. *Wang, K. P.:* China. Mining Annual Review 1981.
14. *Schmidt, H.:* Magnesitgigant China. Erzmetall 37 (1984), S. 369/82. Guangmin Ribao vom 10. 10. 1980. Renmin Ribao vom 22. 10. 79, vom 27. 7. 1980, vom 10. 10. 1980 und vom 6. 1. 1981.
15. *Argall, G. O.:* a) Mining Operations and Mineral Deposits of China. In: World Mining, Okt. 1979, S. 68/79. — b) Dexing will be huge Copper Mining Operation. In: World Mining, Okt. 1979, S. 98/99.
16. *Bartel, F.:* Reisebericht: Uranvorkommen in der Volksrepublik China. Bundesanstalt für Geowissenschaften und Rohstoffe. Hannover, 1981.
17. *Geddes, W. P.:* China's Nuclear Industries — A. Review — 1982.
18. *Lia, Xingzhong:* Uranium Deposits in China. Hekexue Yu Gongcheng, Beijing, No. 1, 1982, pp. 81/85. In: Mining Annual Review, 1983, S. 357.
19. Yu, Zhe Jie: Bericht aus dem Geologieministerium vom 4. Juli 1980.
20. *Chin, E.:* The Mineral Industry of China. Minerals Yearbook 1980, Volume III. Washington, 1982.
21. *Machetzki, R.:* Chinas Landwirtschaft. In: Garms, E.: Wirtschaftspartner China 81/82. Hamburg, 1982, S. 127/35.
22. Mining Operation and Mineral Deposits of China. In: World Mining. Oktober 1979.
23. Financial Times vom 23. 1. 1980.
24. Mining Journal vom 16. 5. 1980.
25. Beijing Rundschau Nr. 33/1980.
26. Nachrichten für den Außenhandel vom 21. 9. 1979 und vom 29. 4. 1980.

IV. Infrastruktur

1. Verkehrs- und Transportwesen

1.1 Überblick

Ein leistungsfähiges Transportsystem ist von wesentlicher Bedeutung für die wirtschaftliche Nutzung der großen chinesischen Rohstoffbasen und damit eine Voraussetzung für die weitere Entwicklung der Binnen- wie auch der sich allmählich vergrößernden Rohstoffexportwirtschaft.

Im Vergleich mit anderen Ländern ist das chinesische Transportwesen immer sehr schwach entwickelt gewesen. Im Jahre 1949 besaß China mit 22 000 km nur die Hälfte des Eisenbahnnetzes und mit 80 700 km nur ein Drittel der Straßenlänge Indiens, obwohl es flächenmäßig dreimal so groß ist. In der Zwischenzeit hat China jedoch im internationalen Vergleich aufgeholt, nachdem insbesondere bis Mitte der 70er Jahre durch große Anstrengungen eine teilweise beachtliche Erweiterung der einzelnen Verkehrsnetze vollzogen werden konnte (Tabellen 67 und 68).

Tabelle 67. Das chinesische Eisenbahntransportwesen im Jahr 1976 im internationalen Vergleich (1).

Land	Hauptlinien km	Streckendichte der Hauptlinien km/1000 km^2	Verkehrsdichte Mill. t km/ km Strecke
USA	321 870	35,1	4,03
UdSSR	135 324	6,0	26,00
VR China	49 891	5,2	7,96
Kanada	40 125	4,0	4,88
Indien	31 796	10,0	4,71
Bundesrepublik Deutschland	28 600	115,0	8,50
Japan	21 161	56,9	2,26

Tabelle 68. Ausbau des chinesischen Transportwesens in km (2, 3).

Jahr	Eisenbahn (Hauptstrecken)	Landstraßen	Wasserstraßen	Flugstrecken Gesamt	Flugstrecken International	Pipelines
1949	21 800	80 700	73 600	—	—	—
1952	22 900	126 700	95 000	13 100	5 100	—
1957	26 700	254 600	144 100	26 400	4 300	—
1965	36 400	514 500	157 700	39 400	4 500	200
1975	46 000	783 600	135 600	84 200	37 100	5 300
1980	49 900	888 200	107 800	191 700	81 200	8 700
1981	50 200	897 400	108 700	218 200	82 800	9 700
1982	50 500	907 000	108 600	232 700	99 900	10 400

1. Verkehrs- und Transportwesen

Während das Eisenbahnnetz seit 1949 allerdings nur gut verdoppelt worden ist und heute eine Länge von rund 52 300 km umfaßt, konnte das Straßennetz mit heute rund 907 000 km Länge mehr als verzehnfacht werden. Bei den Wasserstraßen erreichte die schiffbare Länge bereits 1965 den doppelten Betrag gegenüber 1949, mit heute etwa 110 000 km ist sie in den letzten Jahren jedoch wieder rückläufig.

Beim Gütertransport erreichte das Verkehrsaufkommen 1982 2475 Mill. t und die Verkehrsleistung 1240 Mrd. tkm (Tabelle 69). Mit 1975 verglichen entspricht das einem Anstieg von 24 bzw. 70%. Auf die Eisenbahn entfielen mit 1135 Mill. t 46% des Aufkommens und mit 612 Mrd. tkm etwa 50% der Verkehrsleistung. Damit wird deutlich, daß die Eisenbahn Chinas wichtigstes Verkehrsmittel ist. Bei Berücksichtigung nur des innerchinesischen Gütertransportes — ohne den Seetransport — erreicht der Anteil an der Verkehrsleistung sogar 88%. Während am Verkehrsaufkommen die Schiffahrt nur mit 18% und der Straßenverkehr mit 32% beteiligt sind, zeigt sich bei der Verkehrsleistung ein gegenteiliges Bild. Hier erreicht die Schiffahrt 44% und der Straßenverkehr nur 2,4%. Ein Zeichen dafür, daß der Kraftverkehr bisher nur örtliche Bedeutung erlangen konnte.

Tabelle 69. Entwicklung des Verkehrsaufkommens und der Verkehrsleistung beim Güterverkehr der VR China (3, 4).

Jahr	Gesamt	Eisenbahn	Straßenverkehr	Schiffahrt		Rohrleitungen	Zivilluftfahrt
				Gesamt	Seetransport		
Verkehrsaufkommen in Mill. t							
1949	161	57	80	25			0,024
1957	804	274	375	154	0,6		0,008
1965	1203	484	490	230	2,5		0,027
1975	2002	867	725	350	24,2	60,3	0,047
1981	2316	1077	715	415	45,3	109,0	0,094
1982	2476	1135	788	443	46,0	108,5	0,102
Verkehrsleistung in Mrd. t km							
1949	26,5	18,4	0,8	6,3			0,02
1957	181,0	134,6	4,8	41,6	7,7		0,01
1965	346,1	269,6	9,5	67,0	23,7		0,03
1975	728,6	424,6	20,3	257,5	175,7	26,2	0,06
1981	1161,6	571,2	25,3	515,0	364,3	49,9	0,17
1982	1240,3	612,0	30,3	547,7	376,9	50,1	0,20
Mittlere Transportentfernung in km							
	502	530	35	1241		457	1805

Die mittleren Transportentfernungen (Tabelle 69) bestätigen, daß mit 35 km der Kraftverkehr überwiegend nur für den Güternahverkehr herangezogen wird, die Eisenbahn mit 530 km und Schiffahrt mit 1241 km vor allem aber den Güterferntransport bewältigen.

Beim Personenverkehr (Tabelle 70) hat sich gegenüber 1975 das Verkehrsaufkommen gut und die Verkehrsleistung nahezu verdoppelt. Hier wird die größere Mobilität der Bevölkerung nach der Kulturrevolution sichtbar. Das hohe Auf-

IV. Infrastruktur

Tabelle 70. Entwicklung des Verkehrsaufkommens und der Verkehrsleistung beim Personenverkehr der VR China (3, 4).

Jahr	Gesamt	Eisenbahn	Straßenverkehr	Schiffahrt	Zivilluftfahrt
Verkehrsaufkommen in Mill. Personen					
1949	137	103	18	16	0,27
1957	639	313	238	88	0,27
1965	959	408	437	114	0,27
1975	1920	696	1014	210	–
1981	3848	952	2616	276	4
1982	4290	999	3006	280	4,5
Verkehrsleistung in Mrd. Personen · km					
1949	15,3	13,0	0,8	1,5	1,8
1957	49,5	36,1	8,8	4,6	0,8
1965	69,3	47,8	16,8	4,7	2,5
1975	141,9	95,3	37,5	9,1	–
1981	250,0	147,3	83,9	13,8	5,0
1982	274,4	157,5	96,4	14,5	6,0

kommen im Straßenverkehr bei relativ geringer Verkehrsleistung zeigt auch hier eine große Inanspruchnahme des Kraftverkehrs im Nahbereich.

Auf dem Gebiet der Luftfahrt unternimmt China große Anstrengungen. Der Flugverkehr spielt jedoch heute für die Güterversorgung noch eine völlig untergeordnete Rolle.

Mit dem Bau von Mineralölpipelines wurde Mitte der 60er Jahre begonnen. Im Jahr 1981 erreichte das Rohrleitungsnetz eine Ausdehnung von 9700 km Länge. Wenn auch die transportierte Mineralölmenge in diesem Netz noch relativ gering ist, so liegt die Transportleistung jedoch bereits über derjenigen des Straßenverkehrs.

Trotz der beachtlichen Entwicklung im Transportwesen konnte die Versorgung der Wirtschaft und der Bevölkerung mit Energie und Rohstoffen bis heute nicht befriedigend gewährleistet werden. Über zweieinhalb Jahrzehnte ist der Hauptteil der Investitionsmittel in den Aufbau der Schwerindustrie geflossen, während alle übrigen Bereiche der Wirtschaft einschließlich der Infrastruktur stark vernachlässigt wurden. Auch gelang es nicht, die einzelnen Transportbereiche aufeinander abzustimmen, so daß trotz geringer Mittel Fehlinvestitionen nicht ausblieben und vorhandene bzw. neugeschaffene Kapazitäten nur unzureichend genutzt wurden.

1.2 Eisenbahnen

Von dem Streckennetz mit einer Gesamtlänge von 52 300 km im Jahr 1981 waren nur 1700 km elektrifiziert. 80% des Güterverkehrs werden noch von Lokomotiven mit Dampfantrieb bewältigt, während im Personenverkehr überwiegend der Dieselantrieb Verwendung findet. Insgesamt besitzt China an rollendem Material 10 000 Lokomotiven und 300 000 Waggons. Die Umrüstung auf Container-

Tabelle 71. Wichtige Güter des Eisenbahntransports im Jahr 1981 (3).

Güter	Menge Mill. t
Gesamt	1076
Davon	
Kohle	412
Verhüttungsgüter	179
Erze und Baumaterialien	139
Mineralöl	50
Holz	40
Getreide	34
Kunstdünger	25
Zement	24
Phosphor	11
Baumwolle	2

betrieb, für den bereits 100 000 Einheiten und 14 Be- und Entladebahnhöfe zur Verfügung stehen, macht Fortschritte. Von dem Gütertransportvolumen entfielen 1981 etwa 40% auf Kohle und 30% auf Erze, Zuschlagstoffe und Baumaterialien (Tabelle 71). Damit wurden immerhin zwei Drittel der gewonnenen Kohle in ihrer Verwendung durch die Transportleistung der Eisenbahn beeinflußt.

Mit dem Streckennetz konnten bis heute alle wichtigen Industriegebiete und — bis auf Lasa — auch alle Provinzhauptstädte verbunden werden (Karte 27). Im nördlichen und nordöstlichen China ist das Streckennetz aufgrund der bereits früher begonnenen Industrialisierung dichter als im gebirgigen Süden oder gar im Westen des Landes. Da die Investitionen in der Vergangenheit vorwiegend in die Erweiterung der Liniennetze flossen, sind die Instandhaltung und die technische Umgestaltung des bestehenden Netzes weitgehend vernachlässigt worden. Dadurch konnte die Kapazitätsverbesserung der wichtigen Hauptlinien mit der zwischenzeitlichen Erhöhung der landwirtschaftlichen und industriellen Produktion nicht Schritt halten. Auf den wichtigsten Hauptlinien:

Beijing — Guangzhou
Beijing — Shenyang
Beijing — Baotou
Baotou — Lanzhou
Lanzhou — Shanghai
Shanghai — Changsha
Changsha — Chongqing
Changsha — Liuzhou

gibt es auf jeder Strecke wenigstens einen engen Querschnitt — Flaschenhals —, wodurch täglich nur 50 bis 70% des maximalen Frachtaufkommens abgewickelt werden können. Hierdurch wird vor allem der Kohlentransport zu Chinas Osten, Nordosten und mittlerem Süden behindert, wo die Kohlennachfrage das Angebot übersteigt (Karte 28). Aufhaldungen, die über 10 Mill. t jährlich betragen können, sind auf der einen und Unterversorgung auf der anderen Seite die Folge. Daher richten sich in jüngster Zeit verstärkte Bemühungen darauf, neben

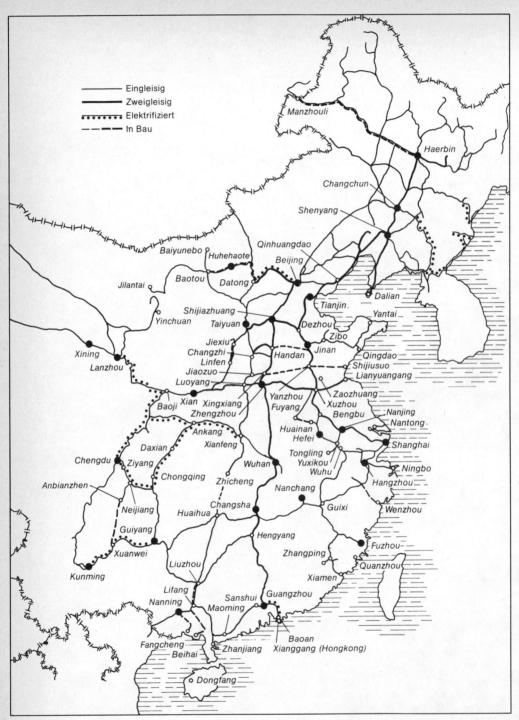

Karte 27. Das Schienennetz der VR China.

1. Verkehrs- und Transportwesen

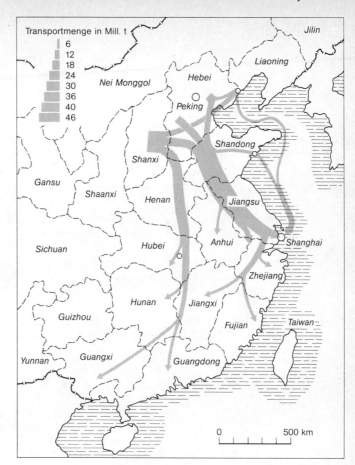

Karte 28. Kohlentransporte von Norden nach Süden.

dem überregionalen Neubauprogramm vor allem die belasteten eingleisigen Strecken zweigleisig auszubauen, kürzere Direktverbindungen zur Entlastung bestehender Strecken zu den Seehäfen der Ostküste zu erstellen und wichtige Verbindungen zu elektrifizieren.

Im Hinblick auf eine verstärkte Nutzung der reichen Kohlenlagerstätten in der Provinz Shanxi, wo 1982 etwa 140 Mill. t Kohle gefördert wurden, sowie in anderen Provinzen sind verschiedene Bauprojekte von besonderem Interesse.

Die Strecke Baotou – Datong – Beijing – Qinhuangdao, die vom westlichen Nei Monggol bis zum Osten der Provinz Hebei führt, wird über eine Länge von etwa 1100 km zweigleisig ausgebaut und ab Datong elektrifiziert. Über diese Schiene soll Kohle aus den Provinzen Ningxia, Nei Monggol, Shanxi und Hebei auf schnellem Wege zu dem Exporthafen Qinhuangdao gelangen (Karte 27).

Eine weitere west-östlich verlaufende Verbindung südlich dieser ersten Trasse wird durch den Neubau verschiedener zweigleisiger Teilstücke zwischen

IV. Infrastruktur

Taiyuan, der Hauptstadt der Provinz Shanxi, und dem Hafen Qingdao im Südosten der Provinz Shandong fertiggestellt. Zwischen Taiyuan und Shijiazhuang wird die zweigleisige Strecke ferner elektrifiziert, wodurch der Kohlentransport aus der Provinz von derzeit 19 Mill. auf 30 Mill. t/a erhöht werden kann. Hierdurch wird es möglich, einen größeren Kohlenstrom über die Achse Beijing — Guangzhou nach Süden zu lenken.

Eine dritte, völlig neu geplante Ost-West-Trasse verläuft weiter südlich von Xinxiang in der Provinz Henan, an der Beijing-Guangzhou-Strecke liegend, über Yanzhou zur Ostküste der Provinz Shandong, wo bei Shijiusuo ein neuer Tiefseehafen gebaut wird. Die Strecke soll im Jahre 1986 in Betrieb gehen.

Weitere Bauarbeiten werden die Transportkapazitäten für Bergbauprodukte unter anderem in den Provinzen Heilongjiang, Anhui, Jiangxi, Guangdong, Guangxi und Guizhou erhöhen. Eine Übersicht über die Bauprojekte der chinesischen Eisenbahn 1982/83 gibt der Anhang I, Tabelle 6.

Von besonderer Bedeutung ist, daß mit der Fertigstellung mehrerer Teilstrecken auf der Achse Beijing — Liuzhou eine zweite Nord-Süd-Verbindung neben der Strecke Beijing — Guangzhou errichtet wurde, die zu einer wesentlichen Entzerrung des Verkehrs in dieser Richtung beitragen wird. Weitere große Vorhaben beziehen sich auf die Erschließung von Westchina und den Anschluß der dortigen Mineralölfelder sowie auf die Verbindung der Provinzen Qinghai und Xizang. Diese Strecken müssen unter extrem ungünstigen klimatischen Bedingungen erstellt werden und sind daher sehr zeit- und kostenaufwendig.

1.3 Kraftverkehr

Der Güterfernverkehr auf Landstraßen spielt immer noch eine untergeordnete Rolle. Dies ist nicht zuletzt auf die begrenzte Raumkapazität von Lastkraftwagen und den lange Zeit währenden Mangel an Treibstoff zurückzuführen. Auch steht nur ein relativ kleines Netz an leistungsfähigen Straßen zur Verfügung.

Von dem im Jahr 1981 vorhandenen Straßennetz mit rund 900 000 km Länge waren etwa nur 100 000 km mit einer festen Decke versehen und nur etwa 20 000 km gehörten zu Straßen erster und zweiter Ordnung. Das sind in China Straßen mit einer Breite von 23 bzw. 12 m. Der größte Teil der Straßen kann daher nur bei günstiger Witterung benutzt werden. Nur etwa 2% der Straßen erlauben überhaupt erst einen intensiven Kraftverkehr. Neue und längere Autostraßen sind vor allem in Westchina gebaut worden, um die Provinzen Sichuan, Qinghai und Xinjiang mit Xizang (Tibet) zu verbinden. Hierunter befinden sich auch wichtige strategische Straßen. Viele ländliche Bezirke sind immer noch nicht an das Verkehrsnetz angeschlossen; so können heute noch 30% der Kommunen nur über einfache Verkehrswege erreicht werden.

Da in der Vergangenheit die Zahl der Lastkraftwagen schneller wuchs als das Straßenverkehrsnetz, sind auch unter Berücksichtigung des stark angewachsenen Personenverkehrs die Straßen im Einzugsgebiet der großen Städte an die Grenze ihrer Leistungsfähigkeit gelangt. Die Folge ist, daß noch 14% der Verkehrsleistung der Eisenbahn auf Kurzstrecken unter 50 km Länge entfallen. Unter den transportierten Gütern befindet sich eine beachtliche Menge an Konsumgütern, landwirtschaftlichen Produkten und Industriegütern, die leichter durch Lastkraftwagen transportiert werden könnten. Die hierzu unter anderem erforderliche Umstrukturierung und Leistungssteigerung im Kraftverkehr ist wegen der unterschiedlichen Kompetenzen zwischen den staatlichen Transportgesellschaften und den Verkehrsabteilungen der staatlichen Industriebetriebe nur schwer zu realisieren. Trotz des stark angewachsenen Transportes mit Lastkraftwagen lösen diese im Zubringerdienst nur langsam den von Tieren und Menschen gezogenen Karren ab, der vor allem in ländlichen Bereichen noch vorherrscht.

Von 1956 an begann China mit sowjetischer Unterstützung in Changchun in der Provinz Jilin eine eigene Lastkraftwagenproduktion aufzuziehen. Im Jahr 1958 betrug die Zahl der eingesetzten Lastkraftwagen 90 000, heute dürfte sie zwischen 1,4 und 1,5 Mill. liegen, nachdem fast in allen Provinzen entsprechende Produktionsstätten errichtet wurden, die häufig mit Fabrikationsanlagen für Landmaschinen gemeinsam betrieben werden. Die Jahresproduktion an Lastkraftwagen liegt heute über 100 000 Stück (1980: 135 000 Stück, 1981: 103 000 Stück). Da die Steigerung des Kraftverkehrs von der Mineralölproduktion abhängig ist, wird sie wegen der Stagnation in diesem Bereich gegenwärtig gebremst.

1.4 Binnen- und Küstenschiffahrt

Mit einer Küstenlänge von 12 000 km, 420 000 km Flußläufen und mit 9000 Seen und mehreren Kanälen, darunter der 1700 km lange Kaiserkanal, besitzt China gute Voraussetzungen für die Entwicklung der Schiffahrt, die jedoch noch nicht eine entsprechende Bedeutung erlangt hat.

Die Länge der schiffbaren Flüsse ist heute nicht viel größer als sie schon im Jahr 1952 mit 95 000 km war. Zwar wurden in der Zwischenzeit zahlreiche Flüsse für die Binnenschiffahrt erschlossen, durch den unplanmäßigen Aufbau von Dämmen für kleine Elektrokraftwerke sind jedoch viele Flußläufe wieder für Lastschiffe unpassierbar gemacht worden. So ist zu erklären, daß die schiffbare Flußlänge von 157 700 km im Jahre 1965 auf 108 700 km bis zum Jahr 1981 zurückgegangen ist.

Hauptwasserstraße ist der Changjiang, der drittgrößte Fluß der Erde, der einschließlich seiner Nebenflüsse eine schiffbare Streckenlänge von fast 60 000 km mit etwa 300 mittleren und kleinen Häfen aufweist. Seine großen Häfen sind Wuhan und Nanjing. Für die Binnenschiffahrt ist ferner noch der Zhujiang (Perlfluß) von Bedeutung, während der Huanghe als Schiffahrtsstraße nur eine geringe Rolle spielt.

Die Masse der Binnenschiffe besteht heute immer noch aus Dschunken. Der Anteil der Motorschiffe wächst dort, wo die Verkehrsverhältnisse dies erlauben. Bevorzugt kommen Schubschiffe zum Einsatz, die bis 1985 einen überragenden Anteil an der Motorschiffahrt einnehmen sollen. Hiermit können die Transportgeschwindigkeit erhöht und die Kosten gesenkt werden.

Nach jahrelangem Verfall ist der Große Kanal (Kaiserkanal) zwischen Beijing und Hangzhou wieder hergerichtet und modernisiert worden und weist heute eine Breite von 40 bis 70 m und einen Tiefgang von 4 m auf.

IV. Infrastruktur

Transportgüter der Binnen- und Küstenschiffahrt sind — ähnlich wie bei der Eisenbahn — überwiegend Massengüter. Das Transportaufkommen des Changjiang betrug im Jahr 1981 46 Mill. t und setzte sich zusammen aus 53% Kohle und andere Schüttgüter, 29% Flüssigstoffe (u. a. Mineralöl) und 11% Stückgüter der Eisen- und Stahlindustrie; der Rest bestand aus anderen Rohstoffen oder Produkten.

1.5 Seehäfen

Ein großes Problem für die Einbeziehung der Schiffahrt in das Transportnetz stellt der vernachlässigte Ausbau der Häfen dar. Seit dem Jahr 1965 trat deren unzureichende Umschlagskapazität immer deutlicher zutage. An Investitionsmitteln wurden jedoch bis 1972 nur kleine Summen, die etwa 0,2% der Gesamtinvestitionen ausmachten, zur Verfügung gestellt. Erst danach flossen die Mittel etwas reichlicher und betrugen von 1974 an 1% der Gesamtinvestitionen. Hierdurch konnte jedoch weder der Rückstand beseitigt noch eine geeignete Ausgangslage für die seit dieser Zeit beginnende Ausdehnung des Handelsvolumens geschaffen werden. So verlängerte sich seit dieser Zeit zunehmend die Liegezeit der Hochseeschiffahrt, wodurch China erhebliche Verluste in Kauf nehmen mußte. Sie betrugen 1979 100 Mill. US-$, was allein 40% der Hafenbauinvestitionen dieses Jahres entsprach.

Die Häfen konnten bislang fast nur Schiffe der Größenklasse bis 10 000 dwt abfertigen. Durch die eingeleiteten Neu- und Umbaumaßnahmen dürften heute bereits drei Häfen in der Lage sein, Schiffe bis zu einer Größe von 100 000 dwt aufzunehmen. Dalian in der Provinz Laoning ist der wichtigste Mineralölexporthafen mit einem Kai für Tanker der 100 000 dwt-Klasse. An der Mündung des Changjiang entsteht ein Hafen für Erzschiffe mit 100 000 dwt zur Versorgung des Stahlkombinats Baoshan.

Ein weiterer Mineralölhafen ist bei Nanjing für Schiffe der gleichen Größenklasse mit einer Umschlagskapazität von 15 Mill. t/a in Betrieb. Hier wird Rohöl aus dem Mineralölfeld Shengli, das durch Pipelines transportiert wird, verladen.

Entlang der Küste entstehen laufend kleinere Häfen zum Austausch von Rohstoffen für die Weiterverarbeitungsstätten. So sind in jüngerer Vergangenheit 22 Häfen mit 140 Kaianlagen für Schiffsgrößen bis 10 000 dwt in Betrieb genommen worden.

Die Kapazität der Seehäfen hat infolge der eingeleiteten Ausbaumaßnahmen in den letzten Jahren zugenommen:

Jahr	Seehäfenkapazität Mill. t/a
1977	160
1978	200
1979	213
1980	217
1983	256

Die Umschlagskapazität der Kohlenhäfen ist hieran mit rund 20 Mill. t/a beteiligt. Mit Blick auf die angestrebte Steigerung der Kohlenexporte ist China bemüht, die wichtigen Kohlenhäfen verstärkt auszubauen. Diese liegen fast ausnahmslos in solchen Städten, die im Rahmen der binnenwirtschaftlichen Reformen für ausländische Investoren geöffnet worden sind, um eine schnellere Industrialisierung zu ermöglichen. Angaben zu den wichtigsten Häfen — vornehmlich für den Kohlenumschlag — bringen die folgenden Ausführungen.

Dalian (Liaoning). In diesem zweitgrößten Hafen Chinas mit einer Umschlagskapazität von 35,2 Mill. t/a und dem bedeutendsten Tiefwasser-Mineralölhafen Chinas spielt der Kohlenumschlag, der im Jahr 1982 bei 0,6 Mill. t lag, noch keine große Rolle. Am Kohlenkai können Schiffe der 20 000 dwt-Klasse abgefertigt werden. Der Hafen wird zukünftig eine größere Bedeutung erlangen, wenn hier Kohle aus dem Hegang-Revier in der Provinz Heilongjiang für den Export verladen wird.

Qinhuangdao (Hebei). Der drittgrößte chinesische Hafen mit einer Umschlagskapazität von 30,6 Mill. t/a wird gegenwärtig mit japanischer Unterstützung erweitert und soll nach dem Ausbau der Bahnverbindung nach Westchina Hauptexporthafen für Kohle aus den Provinzen Shanxi, Hebei, Nei Monggol und Ningxia werden. Auch erfolgt von hier der Export von Mineralöl nach Japan. Heute können in dem Kohlenhafen Schiffe mit 25 000 dwt anlegen. Der Kohlenumschlag lag 1982 bei 3,8 Mill. t. In der Erweiterungsphase sollen bis 1983 zwei weitere Kaianlagen für Schiffsgrößen der 20 000 dwt- bzw. 50 000 dwt-Klasse erstellt sein. Der weitere Ausbau soll 1985 vollzogen sein und sieht zwei zusätzliche Kaianlagen der 50 000 dwt-Klasse vor. Der Hafen wird nach diesen Erweiterungen eine Kohlenexportkapazität von 10 Mill. bzw. 20 Mill. t/a aufweisen und soll bis 1992 eine Gesamtumschlagskapazität von 100 Mill. t/a erreichen.

Yantai (Shandong). Der Hafen in einer aufstrebenden Industriestadt mit einer Umschlagskapazität von 12 Mill. t/a ist mit automatisierten Kohlenbe- und -entladeeinrichtungen ausgerüstet und kann von Schiffen bis 10 000 dwt angefahren werden. Drei Kai-Anlagen für Schiffe der 25 000 dwt-Klasse werden gegenwärtig für den allgemeinen Güterumschlag gebaut. Yantai ist Zentrum für Landwirtschaft und Fischfang und hat im Hinterland außer Kohle noch eine Reihe anderer Bodenschätze (Gold, Kupfer, Eisen, Zink, Blei).

Qingdao (Shandong). Dieser größte Provinzhafen mit einer Umschlagskapazität von 23 Mill. t/a, davon 5 Mill. t/a Kohle, ist ein bedeutender Kohlen-, aber auch Mineralölexporthafen und ein ebenso wichtiger Importhafen. Zwei mechanisierte Kohlenbe- und -entladeanlagen sind für 10 000 dwt-Schiffe geeignet. Eine neue Hafenanlage für den Kohlenumschlag auf Schiffe der 50 000 dwt-Klasse soll bis 1983 fertiggestellt worden sein. Die Umschlagskapazität wird für 1983 mit 20 Mill. t/a angegeben und soll 1985 30 Mill. t/a erreichen.

Shijiusuo (Shandong). Dieser in Bau befindliche Hafen wird im Einzugsgebiet großer Kohlenvorräte mit Unterstützung Japans neu errichtet und soll eine Kohlenumschlagskapazität von 15 Mill. t/a erreichen. Während der ersten Phase werden zwei Kaianlagen für Schiffsgrößen bis 25 000 und bis 100 000 dwt ge-

IV. Infrastruktur

baut und für den Kohlenumschlag ausgerüstet. In der zweiten Phase wird eine weitere Kaianlage für Schiffe der 100 000 dwt-Klasse erstellt, um den Import von jährlich 5 Mill. t Eisenerzen zu gewährleisten, die in den Hüttenwerken von Baotou, Taiyuan und an drei weiteren Standorten verarbeitet werden sollen.

Gleichzeitig mit dem Hafen wird ebenfalls mit japanischer Unterstützung die Bahnverbindung zum Kohlenrevier von Yanzhou (Shandong) erstellt, das neben dem Revier von Guiao (Shanxi) die Kohle für den Export liefern soll.

Lianyungang (Jiangsu). Der mittelgroße Hafen mit einer Umschlagskapazität von 8,6 Mill. t/a wird gegenwärtig mit japanischer Unterstützung ausgebaut und für Schiffe der 20 000 dwt-Klasse hergerichtet. Die geplante Umschlagskapazität soll 1985 15 Mill. t/a und 1990 60 Mill. t/a erreichen. Davon sind 10 Mill. bzw. 30 Mill. t/a für den Kohlenumschlag vorgesehen, der 1982 bei 2,2 Mill. t lag. Von hier wird künftig Kohle aus den Provinzen Shanxi, Henan, Shandong, Jiangsu und Anhui zur Verladung gelangen.

Shanghai. Chinas größte Stadt und bedeutendstes Industriezentrum, in dem 11% der gesamten Industrieproduktion und 17% der Exportgüter erstellt werden, hat auch den bedeutendsten Hafen des Landes mit einer Umschlagskapazität von 92 Mill. t/a. An den Kaianlagen für den Kohlenumschlag, die gegenwärtig erweitert werden, können Schiffe mit 10 000 dwt anlegen.

Ningbo (Zhejiang). In diesem günstig gelegenen Naturhafen können Schiffe bis zu 100 000 dwt abgefertigt werden. Zusammen mit den benachbarten Häfen Beilun und Zhenhai beträgt die Umschlagskapazität 27 Mill. t/a. An zwei Kaianlagen erfolgt der Kohlenumschlag auf Schiffe mit 10 000 bzw. 30 000 dwt. Vier weitere Anlagen für Kohlen- und Mineralölexporte befinden sich in Bau: drei für die 10 000 dwt- und eine für die 100 000 dwt-Schiffsgrößenklasse. Darüber hinaus wird eine Hafenerweiterung für zusätzliche Kohlen-, Mineralöl-, Erz- und Container-Verladung auf Schiffe der 10 000 dwt-, 50 000 dwt- sowie 100 000 dwt-Klasse vorbereitet. Ningbo wird zukünftig Chinas größter Tiefseehafen sein.

Zhanjiang (Guangdong). Der bedeutendste Exporthafen für Mineralöl vor allem aus der Schiefergewinnung von Maoming sowie für landwirtschaftliche Produkte kann bereits Schiffe der 100 000 dwt-Klasse aufnehmen und hat eine Umschlagskapazität von 11,4 Mill. t/a. Der weitere Ausbau unter anderem zur Hauptbasis für die offshore-Exploration im Südchinesischen Meer soll noch im laufenden Fünfjahresplan vollzogen werden und erfolgt mit Unterstützung Italiens.

Kohle aus der Provinz Guizhou wird hier gegenwärtig noch mit unspezifischen Ausrüstungen auf Küstentransportschiffe verladen. Die eingeleiteten Ausbaumaßnahmen sollen die Kohlenumschlagskapazität von 1,5 Mill. t im Jahr 1982 auf 3 Mill. t/a erhöhen und die Abfertigung von 40 000 dwt-Schiffen ermöglichen.

Dongfang (Guangdong). Dies ist ein wichtiger Hafen auf der Insel Hainan zur Verschiffung der dort gewonnenen Kohle und Eisenerze.

Nach dem Ausbau der Häfen wird China über eine Kohlenumschlagskapazität von rund 100 Mill. t/a verfügen, die zukünftig neben dem Küstentransport einen Export von 40 bis 50 Mill. t/a ermöglichen soll.

Die chinesische Handelsflotte ist noch relativ klein und umfaßte im Jahr 1981 450 Schiffe mit einer Gesamttonnage von 8 Mill. BRT, darunter befinden sich 93 Containerschiffe. Weitere Schiffe laufen unter der Hongkong-Flagge. China hat jedoch die Notwendigkeit erkannt, den eigenen Schiffsverkehr zu verstärken und mißt daher dem Schiffsbau, der in Shanghai und Tianjin konzentriert ist, in den letzten Jahren zunehmende Bedeutung bei. Die Werften, die bisher nur Schiffe bis 20 000 BRT erstellt haben, werden gegenwärtig für den Bau größerer Einheiten umgerüstet. Zur schnelleren Erweiterung der Handelsflotte sind unter anderem auch Aufträge an die Bundesrepublik Deutschland vergeben worden.

1.6 Ausblick

Zusammenfassend ist festzustellen, daß Versäumnisse in der Vergangenheit zu Engpässen im Transportwesen geführt haben, die sich nicht in kurzer Zeit beheben lassen. Allein die Beseitigung der „Flaschenhälse" im Eisenbahntransport bedingt Investitionen, die sich nach chinesischen Angaben auf 60% der seit 1949 zur technischen Umgestaltung und Instandhaltung der bestehenden Linien aufgewandten Investitionen belaufen. Um eine Verbesserung der Hafenstruktur zu erreichen, bedarf es Aufwendungen in Höhe von 70% der Investitionen, die seit 1949 zum Aufbau neuer Liegeplätze getätigt worden sind. Die Kapitalknappheit kann jedoch dazu führen, daß die vorgesehenen Verbesserungen der Transportsituation nicht in dem vorgesehenen Tempo erreicht werden.

Ziel ist, bis zum Jahre 2000 die Eisenbahnstrecken auf 80 000 km und das Straßennetz auf 1,4 Mill. bis 1,5 Mill. km auszubauen. Während des derzeit laufenden sechsten Fünfjahresplanes konzentrieren sich die Investitionen im Eisenbahnwesen auf die Behebung der genannten Engpässe. Ferner werden die Eisenbahnlinien in Richtung auf die Küste modernisiert und ausgebaut. Bis 1990 soll der Anteil der zweigleisig angelegten Strecken auf 20% steigen. Gleichzeitig ist geplant, den Anteil der diesel- oder elektrisch betriebenen Zugmaschinen auf 50 bis 60% zu erhöhen. Dadurch wird angestrebt, den Energieverbrauch des Eisenbahnsektors auf dem Stand von 1978 zu halten.

Gegenwärtig ist die Ausbautätigkeit jedoch noch sehr gering. Mit den bisher in Angriff genommenen Baumaßnahmen kann das Streckennetz bis 1985 nur um etwa 10% vergrößert werden, während die Transportmenge im gleichen Zeitraum um rund 30% steigen wird. Es ist daher erforderlich, daß noch im laufenden Fünfjahresplan weitere Neubauprojekte begonnen werden, um im nächsten Planabschnitt die entsprechenden neuen Linien in Betrieb nehmen zu können.

Angesichts der knappen Mittel fördert die chinesische Regierung den Ausbau regionaler Linien durch die Provinzregierungen. Diese Eisenbahnlinien entsprechen aber nicht dem Standard der zentralverwalteten Linien, auch ist die Spurbreite der Linien nicht einheitlich, wodurch zusätzliche Probleme entstehen.

Die Binnen- und Küstenschiffahrt soll zukünftig nach einem einheitlichen Plan entwickelt werden, um nicht nur die angespannte Situation der Häfen zu behe-

IV. Infrastruktur

ben, sondern um gleichzeitig auch den Bau von Dämmen, Schleusen und Wasserkraftwerken mit der Entwicklung der Binnenschiffahrt abzustimmen.

Die Flüsse Changjiang, Zhujiang und Huanghe sowie der Beijing-Hangzhou-Kanal werden zum Kern des zu schaffenden Wassertransportsystems ausgebaut. Durch einen optimalen Verbund zwischen den verschiedenen Transportsystemen soll die Minimierung der Transportkosten sichergestellt werden. Auch unter Berücksichtigung der bestehenden Exportabsichten müssen daher die Hafenanlagen vorrangig erweitert und modernisiert werden. Bei der Planung neuer Industriezentren werden zukünftig Verkehrsexperten mitwirken, um eine günstige Einbindung der Standorte zu gewährleisten.

In den entlegenen Gebieten im Landesinnern wird bis zum Jahr 2000 der Lastkraftwagen das Haupttransportmittel bleiben. Das vorrangige Problem liegt in der Verbesserung des Wagenparks, der überwiegend aus Viertonnern besteht, durch Umrüstung auf größere Einheiten und sparsameren Energieverbrauch. Der Bau von Autobahnen würde eine weitere Verbesserung des Straßentransportes bringen, wird aber aus Mangel an Kapital auf absehbare Zeit noch nicht in größerem Umfang realisiert werden können.

2. Industrielle Standortentwicklung

Die im Laufe der Entwicklung der VR China erschlossenen Energie- und Rohstoffvorkommen haben einen wesentlichen Einfluß auf die Standortverteilung der Industrie genommen, auf die hier abschließend eingegangen werden soll.

Die Konzentration der chinesischen Industrie vor 1949 in den Küstenprovinzen war das Ergebnis der politischen und wirtschaftlichen Verhältnisse der jüngeren Vergangenheit. Die Industriestandorte, die vor allem auf die wirtschaftlichen Interessen des Auslandes und weniger auf die Rohstoffgrundlagen im Landesinnern ausgerichtet waren, verloren nach Gründung der VR China zunächst an Bedeutung und erwiesen sich unter den aufkommenden Autarkiebestrebungen sogar als volkswirtschaftlich nachteilig. Für eine rasche Industrialisierung des Landesinnern haben sie jedoch eine große Bedeutung gehabt. Man kann zwischen folgenden Ausgangsbasen unterscheiden:

1. Der Industriebereich der südlichen Mandschurei (Manzhuguo) und des Raumes um Beijing und Tianjing: die Liaoning-Hebei-Basis.
2. Das Industriegebiet von Shanghai.
3. Das Industriegebiet im Norden der Provinz Shandong.

Das Industriegebiet von Guangzhou war bei der Erschließung des Landesinnern nicht beteiligt (Karte 29). Ausgehend von diesen drei genannten Basen, von denen das Industriegebiet von Shandong die geringste Bedeutung hatte, verlief die Industrialisierung in enger Anlehnung an die während des ersten und zweiten Fünfjahresplanes neu erschlossenen Energie- und Rohstoffvorkommen in drei Hauptrichtungen und eine Nebenrichtung. Die Nebenrichtung führte nach Nordostchina, wo in den anfangs schwach entwickelten Provinzen Jilin und Heilongjiang große Industriewerke aufgebaut wurden. Hier befinden sich bedeutende Kohlenvorkommen und das Mineralölfeld Daqing.

2. Industrielle Standortentwicklung

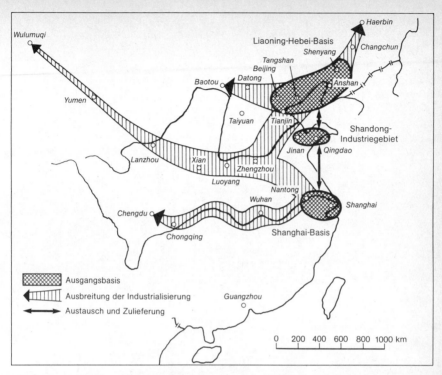

Karte 29. Ausbreitung der Industrialisierung infolge der Rohstofferschließung.

Von den drei nach Westen orientierten Hauptrichtungen (Karte 29) verlief die erste, vom Raume Beijing ausgehend, über das Kohlenrevier Datong bis in das kohlen- und eisenerzreiche Gebiet um Baotou, wo ein Eisen- und Stahl-Kombinat errichtet wurde. Die zweite führte entlang der Ost-West-Achse der Eisenbahn von der Küste über die Provinz Gansu hinaus bis zur Provinz Xinjiang im Nordwesten. Aufbauzentren waren hier die Städte Zhengzhou, Luoyang, Xian, Lanzhou, Yumen und Wulumuqi, Orte, in deren Umgebung sowohl bedeutende Kohlenvorräte als auch Mineralölreserven entdeckt worden sind. Die Notwendigkeit zur Erschließung der Provinz Xinjiang ergab sich zunächst vor allem aus dem Reichtum an Mineralölvorkommen.

Die dritte Richtung der Industrialisierung entspricht dem Verlauf des Changjiang, des wichtigsten Verkehrsweges von der Küste nach Zentralchina. Hier bildeten sich die Zentren Wuhan, der Schwerpunkt der Eisen- und Stahlindustrie dieses Raumes, Chongqing und Chengdu. Die Richtung führte also bis zur Provinz Sichuan, wo große Mineralöl-, Erdgas-, Kohlen- und Eisenerzvorkommen angetroffen worden sind. Im Bereich des Changjiang-Flußsystems befinden sich ferner die größten Wasserkraftreserven Chinas.

IV. Infrastruktur

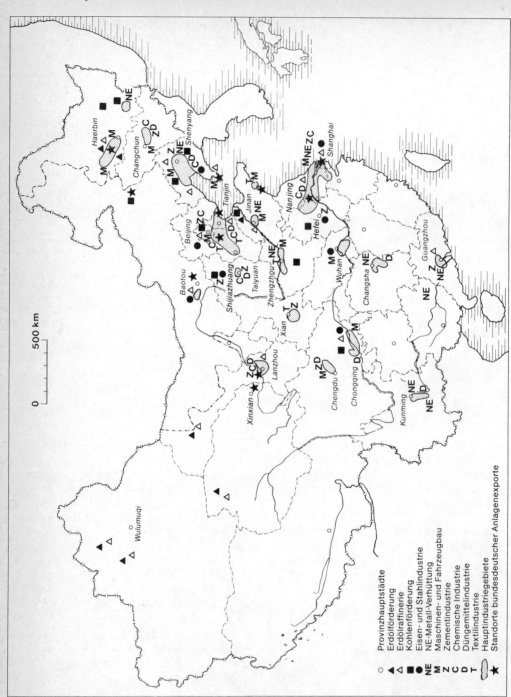

Karte 30. Heutige Industriegebiete in der VR China.

Die Industrialisierung erfolgte zunächst nur entlang der bestehenden Hauptverkehrsadern. Abseits dieser Hauptlinien gab es außer Bergwerken kaum hervorragende industrielle Objekte. Der Aufbau der Schwerindustriezentren sollte daher die Voraussetzung für die spätere Durchdringung des Binnenlandes schaffen.

Der Ausbau dieser neuen Standorte zu Industriezentren erforderte jedoch erhebliche zusätzliche Investitionen für die Verbesserung und den Aufbau der Infrastruktur. Aus diesem Grunde ist er auch nicht so zügig vorangegangen wie ursprünglich geplant. Soweit es sich um die Schwerindustrie handelte, stellte die praktizierte Standortpolitik auch nur eine Kompromißlösung dar. Neben dem Aufbau der Industrien in den angeführten Städten wurden auch die alten Basen weiter ausgebaut, da der Kapazitätseffekt der Investitionen in diesen Zentren größer war. Hierzu gehört in erster Linie die Eisen- und Stahlindustrie von Anshan in der Provinz Liaoning, die zu einem Großkombinat ausgebaut wurde. Ferner flossen auch dem Raume Shanghai weitere Investitionsmittel zu. Zusammen mit den Werken von Baotou und Wuhan bilden diese vier Kombinate die bisher bedeutendsten Zentren der Eisen- und Stahlverarbeitung Chinas. Zu mittelgroßen Kombinaten wurden die Werke in den übrigen Städten ausgebaut. Darüber hinaus gibt es viele mittelgroße Einzelwerke entweder für Eisen- oder für Stahlverarbeitung und eine große Anzahl kleinerer Betriebe, die über das gesamte Land verstreut liegen und örtlichen Charakter haben, aber jeweils auch Ausgangsbasis für eine weitere Industrialisierung darstellen.

Die Karte 30 zeigt das Ergebnis der bis heute vollzogenen Entwicklung und die Schwerpunkte der unterschiedlichen industriellen Bereiche. Die Energie- und Rohstoffvorkommen bilden die Grundlage für die Eisen- und Stahlindustrie, die wiederum die Maschinenbauindustrie nach sich zog. Die Mineralöl- und Erdgasindustrie hat zur Entwicklung der petrochemischen und Düngemittelindustrie beigetragen, und der Metallerzbergbau wurde zur Basis für die Metallhüttenindustrie. Somit konnten die breit gestreuten Energie- und Rohstoffvorkommen die Industrialisierung des Landesinnern wesentlich beeinflussen.

Quellennachweis zu Kapitel IV

1. *Smith, R. W.:* The Role of China's Transport in Industrial Modernization. In: Buxbaum, D. C., und C. E. Joseph und P. D. Reynolds: China Trade, Prospekts and Perspectives. New York, 1982, S. 192/214.

2. *Wang, Derong,* und *Gao Zhenfan:* Yunshuye jiegou (Die Struktur des Transportwesens). In: Ma Hong und Sun Shungqing: Zhongguo jingji jiegou wenti (Probleme der Wirtschaftsstruktur Chinas). Beijing, 1981.

3. Zhongguo jingji nianjian 1981 (Almanac of China's Economy 1981): a) Beijing 1981, S. VI—19; b) Beijing, 1982, S. VIII—21.

4. *Machetzki, R.:* Infrastruktur der VR China. In: Garms, E.: Wirtschaftspartner China 1981/82. Hamburg, 1982, S. 201/06.

5. PN Consultants Ltd.: Coal port development in China. Colliery Guardian Coal International, Oct. 1981, S. 28/29.

6. *Simpson, Spence,* and *Young:* Major Coal and Ore Ports. London, 1984.

7. *Klausing, H.:* Probleme der Standortverteilung der Schwerindustrie in der VR China 1949—1959. Diss. Leipzig, 1968.

V. Entwicklung und Aussichten

1. Die Entwicklung des Außenhandels

Dem Außenhandel ist in China immer eine entwicklungsstrategische Funktion zugemessen worden; er wurde lediglich dem Grundsatz der vorrangigen Mobilisierung der binnenwirtschaftlichen Ressourcen untergeordnet und ist daher in der Vergangenheit stark von den politischen und wirtschaftspolitischen Leitlinien und den daraus folgenden Änderungen der Planung und Außenhandelspolitik beeinflußt worden. Das Grundprinzip der Entwicklungspolitik, den Aufbau des Landes „aus eigener Kraft" zu leisten, ist dabei nur mehr oder weniger überdeckt worden. Es zählt heute noch, auch wenn der Außenhandel verstärkt als Motor für das binnenwirtschaftliche Wachstum eingesetzt wird und sein Anstieg politisch und ökonomisch mit der Zunahme der internationalen Arbeitsteilung im Verlauf der Industrialisierung eines Landes begründet wird. Art und Umfang des Außenhandels sind bis heute noch strittige Themen in der chinesischen Führung.

Aus dem Bild 4 ist zu ersehen, daß der Außenhandel in den ersten 20 Jahren nach Gründung der VR China relativ unbedeutend war und erst nach Ausklang der Kulturrevolution in den 70er Jahren zu expandieren begann. Eine spezielle Exportindustrie war bis zu dieser Zeit aus prinzipiellen Erwägungen nicht geschaffen worden. Erst mit der außenwirtschaftlichen Öffnung Chinas wurde der Exportförderung und dem Aufbau einer Exportindustrie größere Beachtung geschenkt. Alle Industrieministerien gründeten eigene Export- und Importgesellschaften, einige größere Städte und zahlreiche Provinzen errichteten regionale Außenhandelsorganisationen.

Außerdem ging die chinesische Regierung in Anlehnung an das Vorbild anderer Billiglohnländer dazu über, Wirtschaftssonderzonen einzurichten, die ausländische Investoren anziehen sollen. Von 1979 an schuf die VR China schließlich in mehreren Schritten einen gesetzlichen Rahmen für die Errichtung von Joint Ventures und die Gründung von ausländischen Firmen auf dem chinesischen Festland.

Die Struktur der chinesischen Handelspartner hat sich seit dem Bruch mit der Sowjetunion im Jahre 1960 grundlegend geändert. Während bis zu dieser Zeit die sozialistischen Länder, allen voran die Sowjetunion, mit einem Umsatzanteil von 70% am Außenhandel Chinas wichtigste Partner waren, übernahmen anschließend die kapitalistischen Länder diese Funktion. Die Tendenz setzte sich im Verlauf der 70er Jahre verstärkt fort. Japan wurde zum bedeutendsten Handelspartner Chinas, gefolgt von den USA und der Europäischen Gemeinschaft (EG), innerhalb derer die Bundesrepublik Deutschland eine führende Rolle einnimmt (Tabelle 72). Auf sie entfallen heute rund 30% der chinesischen Einfuhren in die EG, sie ist ferner mit 43% am Export der EG nach China beteiligt. Im Jahre 1983 führte die Bundesrepublik Deutschland chinesische Waren im Werte von

1. Die Entwicklung des Außenhandels

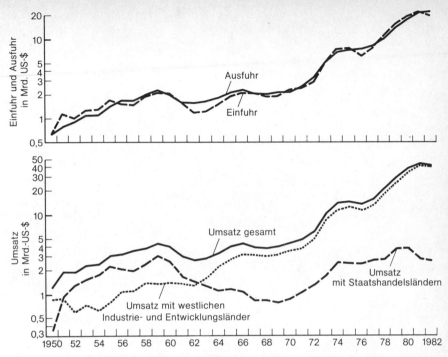

Bild 4. Chinas Außenhandel (Ein- und Ausfuhr) und Chinas Umsatzentwicklung (1).

1,96 Mrd. DM ein, was einem Anstieg von 15% gegenüber dem Vorjahr entsprach. Der Export in die VR China im Werte von 2,75 Mrd. DM lag sogar um 33% höher als im Vorjahr. Wichtige Handelspartner Chinas in der EG sind ferner Frankreich und Großbritannien.

Die Warenstruktur des chinesischen Außenhandels (Tabelle 73) unterlag seit 1949 großen Wandlungen. Hervorstechendstes Merkmal ist der nach der Wirtschaftskrise 1960 bedeutend gestiegene Anteil der Getreideimporte an den Einfuhren. Hauptlieferländer sind die USA und Australien. Die chinesischen Nahrungsmittelexporte, die vermehrt aus verarbeiteten Nahrungsmitteln wie Fleisch- und Gemüsekonserven bestehen, haben demgegenüber stetig abgenommen.

Die Einfuhr von mineralischen Brennstoffen hat China faktisch eingestellt und ist zum Mineralöl- und Kohlenexporteur geworden. Wichtigster Abnehmer ist Japan, das im Jahr 1982 50% der chinesischen Kohlenausfuhren abnahm. Im Jahr 1978 war zwischen beiden Staaten ein Übereinkommen getroffen worden, nachdem China innerhalb von fünf Jahren 47,1 Mill. t Mineralöl liefern sollte. Im Jahr 1981 mußte dieses Abkommen von China revidiert werden, da die Mineralölproduktion rückläufig war. Dennoch verschiffte China 1982 noch 9,1 Mill. t Mineralöl nach Japan. Der Anteil der mineralischen Brennstoffe an den chinesischen Ausfuhren hält sich seit 1980 bei knapp über 20%. Aufgrund

V. Entwicklung und Aussichten

Tabelle 72. Die Entwicklung des Außenhandels der VR China nach Ländergruppen (1, 2).

Länder	1970	1975	1980	1981	1982	1983
Ausfuhr in Mill. US-$						
Sozialistische Länder ...	575	1 460	1 765	1 222,4	1 221,8	1 371,3
Davon UdSSR	—	—	—	122,7	144,6	320,2
Westliche Industrieländer	650	2 620	8 080	9 503,2	9 414,4	9 391,1
Davon Japan				4 769,5	4 820,1	4 532,9
USA				1 511,3	1 765,8	1 718,3
EG (10)	229	572	2 395	2 428,1	2 100,4	2 465,2
Davon BRD .				836,8	774,7	862,1
Entwicklungsländer ...	1 035	3 180	8 335	10 834,7	11 302,6	11 408,2
Davon Hongkong ...	467	2 290	4 350	5 374,7	5 189,9	5 817,9
Ausfuhr gesamt	2 260	7 260	18 180	21 560,3	21 938,8	22 170,6
Einfuhr in Mill. US-$						
Sozialistische Länder ...	405	970	1 995	1 440,4	1 795,7	1 862,1
Davon UdSSR				153,7	244,8	443,3
Westliche Industrieländer	1 380	5 440	14 635	16 105,5	13 089,2	14 620,5
Davon Japan				6 164,2	3 911,0	5 515,6
USA				4 660,2	4 293,8	2 763,1
EG (10)	349	1 368	2 665	2 634,9	2 082,5	3 227,8
Davon BRD .				1 338,6	967,0	1 212,6
Entwicklungsländer ...	455	1 080	3 310	4 021,4	4 054,8	4 853,2
Davon Hongkong ...	11	38	620	1 241,7	1 314,4	1 716,3
Einfuhr gesamt	2 330	7 490	19 940	21 567,3	18 939,8	21 335,9
Ausfuhr- (+) bzw. Einfuhrüberschuß (—) in Mill. US-$						
Sozialistische Länder ...	+170	+ 490	— 230	— 217,9	— 573,9	— 490,8
Davon UdSSR				— 30,0	— 100,2	— 123,1
Westliche Industrieländer	—730	—2 820	—6 555	—6 602,3	—3 674,8	—5 229,5
Davon Japan				—1 394,7	909,1	— 982,7
USA				—3 324,8	—2 528,0	—1 044,8
EG (10)	—120	— 796	— 270	— 206,9	+ 17,9	— 762,6
Davon BRD .				— 501,8	— 192,3	— 350,5
Entwicklungsländer ...	+580	+1 825	+5 125	+6 813,3	+7 247,8	+6 555,0
Davon Hongkong ...	+456	+1 252	+3 690	+4 033,1	+3 875,4	+4 101,6
Ausfuhr- (+) bzw. Einfuhrüberschuß (—) gesamt ..	— 70	— 230	—1 760	— 7,0	+2 999,0	+ 834,7

1. Die Entwicklung des Außenhandels

Tabelle 72. (Fortsetzung).

Länder	1970	1975	1980	1981	1982	1983
Ausfuhranteil in %						
Sozialistische Länder ...	25,4	20,1	9,7	5,7	5,6	6,2
Davon UdSSR				0,6	0,7	1,4
Westliche Industrieländer	28,8	36,1	44,4	44,0	42,9	42,4
Davon Japan				22,1	22,0	20,4
USA				7,0	8,0	7,8
EG (10)	10,1	7,9	13,1	11,3	9,6	11,3
Davon BRD .				3,9	3,5	3,9
Entwicklungsländer ...	45,8	43,8	45,8	50,3	51,3	51,5
Davon Hongkong ...	20,7	17,8	23,9	24,5	23,7	26,9
Einfuhranteil in %						
Sozialistische Länder ...	17,4	13,0	10,0	6,7	9,5	8,7
Davon UdSSR				0,7	1,3	2,1
Westliche Industrieländer	59,2	72,6	73,4	74,7	69,1	68,5
Davon Japan				28,6	20,7	25,9
USA				21,6	22,7	13,0
EG (10)	15,0	18,2	13,4	12,2	11,0	15,1
Davon BRD .				6,2	5,1	5,7
Entwicklungsländer ...	19,5	14,4	16,6	18,6	21,4	22,7
Davon Hongkong ...	0,5	0,5	3,1	5,8	6,9	8,0

der schwierigen Situation bei der chinesischen Mineralölförderung und des wachsenden Eigenbedarfs wird sich dieser Anteil zunächst wohl kaum vergrößern lassen.

Der Anteil der Rohstoffeinfuhren ist relativ konstant geblieben. China kauft vor allem Rohkautschuk, Kork, Zellstoff, Baumwolle, Jute, tierische und pflanzliche Felle, Eisen- und Nichteisenerze sowie Metallkonzentrate.

Die Rohstoffausfuhr mußte gegenüber den 50er Jahren infolge des gestiegenen Eigenverbrauchs auf ein Drittel reduziert werden. Unzureichende Investitionen im Bergbau und die schleppende Verkehrserschließung verschiedener Regionen sind hierbei ebenfalls von Bedeutung. In letzter Zeit ist China allerdings mit größeren Mengen an Seltenerdmetallen, Cadmium, Strontium, Vanadium, Molybdän und Titanoxid neben anderen Metallen auf dem Markt erschienen. Beim Export von Wolframkonzentrat führt es traditionell die Weltrangliste an.

Unter den Importen von chemischen Erzeugnissen, die seit längerer Zeit etwa 11 bis 12% der Gesamteinfuhren ausmachen, nimmt der Handelsdünger etwa ein Drittel ein.

V. Entwicklung und Aussichten

Tabelle 73. Entwicklung der Außenhandelsstruktur der VR China nach Warengruppen* (1, 2).

Warengruppe	SITC-Klassifikation**	1955	1960	1965	1970	1975	1980	1981	1982	1983
Ausfuhr gesamt	0–9	100,0	100,0	100,0	100,0	100,0	100,0	100,0	100,0	100,0
Nahrungsmittel, Getränke, Tabak	0+1	31,6	20,8	32,7	31,5	28,6	18,4	13,6	13,4	13,3
Rohstoffe (ohne mineralische Brennstoffe)	2+4	43,0	31,8	17,8	13,1	12,6	9,7	9,3	7,7	9,0
Mineralische Brennstoffe, technische Öle	3	1,0	1,1	1,2	1,1	14,3	21,3	23,8	23,8	21,0
Primärprodukte	0–4	75,6	55,7	51,7	45,7	55,5	49,4	46,6	45,0	43,3
Chemische Erzeugnisse	5	2,0	1,7	3,1	4,6	4,2	6,3	6,1	5,4	5,6
Maschinen und Fahrzeuge	7	1,2	0,1	1,7	1,7	4,7	3,8	4,9	5,7	5,5
Halb- und Fertigerzeugnisse	6+8	17,9	41,8	36,8	43,9	34,4	40,2	38,3	35,9	36,7
Nicht aufgegliederte Waren	9	3,3	2,7	6,6	4,1	1,2	0,2	4,1	8,1	8,8
Verarbeitete Waren	5–9	24,4	46,3	48,2	54,3	44,5	50,5	53,4	55,0	56,7
Einfuhr gesamt	0–9	100,0	100,0	100,0	100,0	100,0	100,0	100,0	100,0	100,0
Nahrungsmittel, Getränke, Tabak	0+1	2,1	1,1	18,6	15,9	12,0	14,1	17,4	22,5	14,8
davon Getreide, Getreideerzeugnisse	0–4	—	0,4	16,6	12,6	9,1	11,2	12,1	16,3	
Rohstoffe (ohne mineralische Brennstoffe)	2+4	15,6	23,1	22,2	14,8	11,6	18,6	18,7	16,2	11,8
Mineralische Brennstoffe, technische Öle	3	9,2	8,3	1,7	1,0	1,4	1,1	0,4	0,4	0,5
Primärprodukte	0–4	26,9	32,5	42,5	31,7	25,0	33,8	36,5	39,1	27,2
Chemische Erzeugnisse	5	8,7	6,3	15,5	15,1	11,2	11,2	11,9	15,2	14,9
Maschinen und Fahrzeuge	7	26,7	35,3	13,9	17,7	29,1	26,6	26,6	16,6	18,6
Halb- und Fertigerzeugnisse	6+8	14,8	22,4	22,2	31,6	33,0	27,4	20,8	22,7	33,1
Nicht aufgegliederte Waren	9	22,9	3,5	6,1	4,0	1,7	1,0	4,1	6,3	6,3
Verarbeitete Waren	5–9	73,1	67,5	57,7	68,4	75,0	66,2	63,4	60,8	72,9

* Geringfügige Abweichungen durch Rundungen.
** SITC = Internationales Warenzeichen der UN.

1. Die Entwicklung des Außenhandels

Der Kauf von kompletten Anlagen ist in den letzten Jahren rückläufig, während die Einfuhren von Einzelausrüstungen und Instrumenten beträchtlich zugenommen haben. Dies gilt ebenfalls für die Importe von Stahl und verschiedenen Nichteisenmetallen. Hauptlieferländer des Stahls sind Japan und die EG, hier besonders die Bundesrepublik Deutschland. Japan liefert Spezialröhren, Stabstahl und Stahllegierungen, während die EG ebenfalls Röhren, vor allem aber Walzstahl exportiert.

Die Warenstruktur zwischen der Bundesrepublik Deutschland und der VR China ist vor allem durch den Handel mit gewerblichen Fertigprodukten geprägt. 90% der deutschen Ausfuhren nach China in der ersten Hälfte 1983 fallen in diese Warenkategorie, 46% der Waren sind Erzeugnisse des Industriegütergewerbes. Einen gleichhohen Anteil an den Ausfuhren halten Erzeugnisse der Grundstoff- und Produktionsgüterindustrie.

Die Bundesrepublik Deutschland importierte aus China hauptsächlich Erzeugnisse der Textilindustrie, chemische Erzeugnisse, Pharmazeutika und Korbwaren. Produkte der Ernährungswirtschaft waren mit 19% an den Einfuhren beteiligt, die gewerblichen Rohstoffe (unter anderem Bauxit, Graphit und Magnesit) mit 11%.

Der Rahmen für den deutsch-chinesischen Handel wird durch die Verträge abgesteckt, die die EG mit China abgeschlossen hat, nachdem am 1. 1. 1975 die Europäische Gemeinschaft für die Handelspolitik zuständig wurde. Die EG gewährt China seit dem im Frühjahr 1978 abgeschlossenen Abkommen die Meistbegünstigungsklausel und hat es in das System der allgemeinen Präferenzen übernommen. Anfang des Jahres 1980 ist noch ein auf fünf Jahre terminiertes Textilabkommen in Kraft getreten.

Neben diesen Abkommen hat die Bundesrepublik Deutschland weitere bilaterale Verträge mit China unterzeichnet. Hierzu gehört die Übereinkunft über die Bildung eines deutsch-chinesischen Gemischten Ausschusses von 1975, der schon in dem ersten Handelsvertrag mit China vom 11. 10. 1972 Erwähnung fand. Dieser Ausschuß hat die Aufgabe, auftretende Schwierigkeiten und Differenzen über Verfahrensfragen im beiderseitigen Handel aus dem Weg zu räumen. Ferner wurden Abkommen über Warenzeichen, Seeverkehr und Zivilluftfahrt sowie über wissenschaftlich-technologische Zusammenarbeit geschlossen. Nach mehrjährigen Verhandlungen konnte 1983 auch das Investitionsförder- und Schutzabkommen unterzeichnet werden, durch das deutsche Direktinvestitionen in China vor Enteignung geschützt werden. Nach Ratifizierung des Vertrages kann die Bundesregierung in der Höhe nicht begrenzte Kapitalanlagen-Garantien geben, so daß ein wichtiges Glied in die Kette der Rahmenbedingungen für deutsche Investitionen in China eingefügt wurde.

Ein Organ von zentraler Bedeutung im deutsch-chinesichen Handel ist der oben erwähnte Gemischte Ausschuß, der bisher dreimal zusammentrat. Auf der Tagung im Jahre 1982 in Bonn wurde vereinbart, das der Ostausschuß der deutschen Wirtschaft in direkten Verhandlungen mit dem chinesischen Außenhandelsministerium die praktischen Probleme der Wirtschaftsbeziehungen regeln soll. Der Gemischte Ausschuß setzte bisher drei Fachausschüsse für Fragen der Landwirtschaft, des Kohlen- und des NE-Metallerzbergbaus ein.

V. Entwicklung und Aussichten

Ungelöst in den deutsch-chinesischen Wirtschaftsbeziehungen ist die Frage der Kreditbedingungen. Wiederholt hat die chinesische Seite bessere Finanzierungsmöglichkeiten für Waren aus der Bundesrepublik Deutschland gefordert und auf die günstigen Regierungskredite anderer Länder hingewiesen. Die Bundesregierung hat sich bisher jedoch nicht in der Lage gesehen, finanzielle Unterstützung für deutsche Exporte nach China zu geben. Sonderregelungen können ggf. für Geschäfte getroffen werden, bei denen deutsche Rohstoffinteressen auf dem Spiel stehen. Auch der kostenlose Technologietransfer ist für China von besonderer Bedeutung, während die deutschen Unternehmen den kommerziellen Aspekt in dieser Angelegenheit betonen. Auf der Sitzung des Gemischten Ausschusses im Oktober 1983 wurde daher diese Frage zur Sprache gebracht und die chinesische Seite zum Umdenken aufgefordert. Allgemein wird von der chinesischen Regierung jedoch die Zusammenarbeit mit deutschen Firmen positiv beurteilt und vor allem auch die Bereitschaft gezeigt, ganze Fertigungstechnologien zu übernehmen.

Die weitere Entwicklung des deutsch-chinesischen Handels wird — wie in der Vergangenheit — im direkten Zusammenhang mit der chinesischen Entwicklungspolitik stehen. Obwohl im laufenden sechsten Fünfjahresplan ein durchschnittliches Wachstum des Außenhandelsumsatzes von real 8% vorgesehen ist, stieg dieser 1982 nur gering und zeigte 1983 rückläufige Tendenz. Aufgrund der planmäßig zu realisierenden Anlageninvestitionen in Höhe von 360 Mrd. Yuan wäre zu erwarten gewesen, daß vermehrt Ausrüstungen im Ausland gekauft würden. Da China Ende 1982 über relativ hohe Währungsreserven in Höhe von 11,3 Mrd. US-$ verfügte, kann Devisenmangel nicht die Ursache für die Zurückhaltung sein, diese wird eher in den Schwierigkeiten der Entscheidungsfindung bei der chinesischen Führung liegen. Erst nach Beendigung der Konsolidierungspolitik und der erfolgreichen Verwirklichung der eingeleiteten Wirtschaftsreform wird eine wesentliche Steigerung des Außenhandelsumsatzes zu erreichen sein.

2. Die Aussichten bis zum Jahr 2000

In den vorstehenden Ausführungen wurde versucht, einen Überblick über die wirtschaftliche Entwicklung der VR China zu geben und detailliert auf die Energie- und Rohstoffgrundlagen einzugehen. Während über die Kohlenvorkommen und den Kohlenbergbau seit einiger Zeit regelmäßig von chinesischer Seite berichtet wird, sind die Kenntnisse über die übrigen Energieträger und mineralischen Rohstoffe noch unzureichend. Soweit gesicherte Angaben vorliegen, vermögen sie bereits eine gute Vorstellung über die Entwicklungsmöglichkeiten der verschiedenen Bergbauzweige zu geben, obwohl die geologische Erforschung des Landes noch lange nicht abgeschlossen ist.

Zusammenfassend läßt sich feststellen, daß China eine ausgezeichnete Energierohstoffgrundlage besitzt. Mit seinen Kohlenvorräten und den Wasserkraftreserven gehört es zu den reichsten Ländern der Welt. Seine Mineralölvorkommen befinden sich noch in der Erschließung; sie dürften bei vermehrten Explorationsanstrengungen sehr wahrscheinlich in absehbarer Zeit den Ansprüchen

2. Die Aussichten bis zum Jahr 2000

einer wachsenden chinesischen Industrie entsprechen. Die Kernforschung hat einen beachtlichen Stand erreicht, so daß die wirtschaftliche Nutzung der Kernenergie bereits eingeleitet wird.

In Verbindung mit großen Vorkommen an Eisenerzen, Stahlveredlern und Buntmetallen sowie vielen anderen Minerale sind in China die Voraussetzungen für eine allseitige industrielle Entwicklung gegeben. Die Verteilung sowohl der Energievorkommen als auch der übrigen mineralischen Rohstoffe über weite Gebiete ermöglicht zudem einen dezentralen Aufbau der Industrie und damit eine allmähliche Industrialisierung des gesamten Landes.

Ausgehend von den alten Zentren in Nordost-, Nord- und Ostchina konnten bereits beim Aufbau einer modernen Industrie unter weitgehender Verlagerung der Standorte zu den Rohstoffbasen beachtliche Erfolge erzielt werden. Der Aufbau verlief in der Phase der Unterstützung durch befreundete Länder schneller als in den Zeiten, in denen Autarkie-Gesichtspunkte vorherrschten und die industrielle Entwicklung durch politische Wirren stark beeinträchtigt war. Ein großer Teil der entdeckten Vorräte insbesondere an Kohle und Mineralöl liegt jedoch von den heutigen Industriezentren weit entfernt. Infolge der unzulänglichen Infrastruktur können diese Vorräte vorläufig nur unzureichend genutzt werden.

Für die zukünftige Entwicklung ist bedeutsam, daß China unter großem Kapitalmangel leidet und daher den Erfordernissen einer raschen Industrialisierung aus eigener Kraft nicht entsprechen kann. China befindet sich noch im Stadium eines frühindustriellen Agrarstaates, in dem 80% der Bevölkerung in der Landwirtschaft beschäftigt sind. Es unterscheidet sich jedoch wesentlich von anderen Entwicklungsländern, weil es auf eine lange handwerklich-industrielle Erfahrung in kleinem Maßstab insbesondere auch auf bergbaulichem und metallurgischem Sektor zurückblicken kann und ein tradiertes Wissen unter anderem auf den Gebieten der Ziegelbrennerei, Keramik und Malerei besitzt. Nicht zuletzt sind in China in vergangenen Kulturepochen zahlreiche bedeutende Erfindungen gemacht worden, die der Welt manchen Fortschritt gebracht haben. Dieser traditionsreiche Hintergrund trägt neben dem Rohstoffreichtum zu einer günstigen Ausgangsbasis für die weitere Entwicklung ebenfalls wesentlich bei.

Trotz großen Konsumverzichts ist der Überschuß aus der Agrar- und Industrieproduktion heute noch sehr gering. Während zwischenzeitlich die Produktivkraft des Volkes durch Massenmobilisierungen entfacht wurde, versucht die heutige Regierung mit einer Reformpolitik behutsam von der Planwirtschaft zu einem Wirksystem aus Plan und Markt zu gelangen, in dem zukünftig durch eine dreigliedrige Eigentumsstruktur von staatlichen, kollektiven und privaten Bereichen der Dirigismus verringert und mehr Eigeninitiative gefördert werden soll. Durch Wettbewerbs- und andere Marktelemente sowie die Übertragung von Entscheidungsbefugnissen an kleinere Einheiten wird eine größere Mobilität und Anpassungsfähigkeit sowie eine größere Effektivität in allen Wirtschaftsbereichen angestrebt. Aber auch hierbei kann kein gerader Weg bestritten werden. Die hohe Bevölkerungszahl und der große Zuwachs, der das chinesische Volk bis zum Jahre 2000 eher auf 1,5 Mrd. als auf die Planzahl von 1,2 Mrd. Menschen bringen wird, schafft einen ständigen Zielkonflikt zwischen Arbeitsbeschaffung und Produktivitätssteigerung. Bei der Unterentwicklung des Landes

V. Entwicklung und Aussichten

wären große Bevölkerungsteile von neuer Verarmung betroffen, wenn die marktwirtschaftlichen Reformen zu einem plötzlichen Preisanstieg führen würden. Daher mußte in der Zwischenzeit die Zentralgewalt wieder erneut gestärkt werden.

Will sich China neben seiner zunehmenden politischen Bedeutung eine entsprechende wirtschaftliche Stellung sichern, die auch angesichts der Bevölkerungsgröße unumgänglich ist, muß es die Hilfe des Auslandes künftig verstärkt in Anspruch nehmen. Die Autarkie-Bestrebungen seit dem Abbruch der Beziehungen zur Sowjetunion führten nachweislich zur Verringerung des industriellen Wachstums, weil China dadurch auf die Vorteile eines Austausches von Wirtschaftsgütern auf internationaler Ebene weitgehend verzichtet hat. Der seit den 70er Jahren steigende Außenhandelsumsatz, der heute mit 40 Mrd. US-$ zwar noch gering ist, zeigt Chinas zunehmende Öffnung zum Weltmarkt, die auch seine wirtschaftliche Entwicklung wieder beschleunigt.

Die zukünftige chinesische Importpolitik wird sich weitgehend an den Exportmöglichkeiten und den damit verbundenen Devisenerlösen orientieren. Geschäfte auf Kredit sind noch die Ausnahme, nehmen aber an Umfang zu. Die Höhe des Exports wird weitgehend durch die Anpassung von Qualität und Quantität der Produkte an die Forderungen der Abnehmerländer bestimmt, die wiederum eine verstärkte Anwendung moderner importierter Technik bedingen. Der Erwerb ausländischer Technologie und ausländischen Know-how's ist also auch Voraussetzung für vermehrte Auslandsgeschäfte. Neben Joint Ventures kommen für den Rohstoffsektor jedoch eher Kompensationsgeschäfte oder Kooperationen in Betracht. Das gilt besonders für Mineralöl, Kohle, Stahlveredler, Bund- und Edelmetalle, Uran sowie andere Rohstoffe im Austausch gegen Anlagen und Einrichtungen mit entsprechenden Technologien.

Damit dürften die chinesischen Rohstoffvorkommen in Zukunft noch größere Bedeutung erlangen. Durch die Intensivierung der Handelsbeziehungen könnte einmal über den Bezug moderner Ausrüstungen eine verstärkte Nutzung der Vorkommen eingeleitet werden, die der chinesischen Wirtschaft neue Wachstumsimpulse gäben. Zum anderen könnten durch internationale Beteiligungen die Voraussetzungen für den Export von größeren Mengen mineralischer Rohstoffe oder metallischer Vorprodukte geschaffen werden.

Die chinesische Bergbauausrüstungsindustrie wird dem forcierten Ausbau insbesondere des Kohlen-, aber auch des Erzbergbaus am wenigsten gerecht werden können. Maschinen und Geräte sowohl für die Gewinnung im Tief- und Tagebau als auch für die Aufbereitungs- und Veredlungstechnik werden daher auf absehbare Zeit besondere Importschwerpunkte bilden.

Auch die Eisenbahnausrüstungsbetriebe des Landes, die zwar den Ersatzbedarf gut decken können, werden aber ohne substantielle Erweiterung und Importe die für die achtziger Jahre geplanten Eisenbahnprojekte als Voraussetzung für einen verstärkten Rohstoffexport mit dem notwendigen Material nicht versorgen können. Dies gilt vor allem für die Produktion moderner Diesel- und Elektrolokomotiven sowie für die Streckenausrüstungen im Rahmen der Elektrifizierung der Hauptlinien des Landes.

Schließlich wird angesichts des Mangels an chinesischer Ingenieurkapazität auch die technische Beratung und Betreuung durch ausländische Ingenieurfirmen ebenfalls zunehmende Bedeutung erlangen.

Unter Berücksichtigung der chinesischen Wirtschaftsziele bis zum Jahre 2000 ließen sich hier viele weitere Bereiche anführen, in denen China auf die Unterstützung des Auslandes angewiesen sein wird. Für die Bundesrepublik Deutschland dürfte daher der weitere Ausbau der Wirtschaftsbeziehungen mit China von großer Bedeutung sein. Von Vorteil ist dabei, daß das deutsche technische Können in China noch immer einen guten Ruf hat.

Es ist schwierig, Chinas zukünftigen Weg richtig einzuschätzen. Aufgrund des Mineralreichtums und der Energierohstoffgrundlage sowie des ungeheuren Bevölkerungspotentials sind jedoch die Voraussetzungen dafür gegeben, daß sich China zu einer der größten und mächtigsten Industrienationen der Welt entwickeln kann.

Quellennachweis zu Kapitel V

1. Chinas Außenhandel: Geplanter Exportboom läßt auf sich warten. In: DIW Wochenbericht 50 (1983), S. 436/41.

2. VR China: Hohes Wachstum begünstigt Reformbestrebungen. In: DIW Wochenbericht 51 (1984), S. 431/37.

3. Chinas Außenhandel 1982. In: China aktuell XII (1983), S. 494.

4. Chinas Außenhandel wächst weiter. In: China aktuell XII (1983), S. 494.

5. Die Volksrepublik verlangt deutsche Finanzhilfen. In: China aktuell XII (1983), S. 494ff.

6. FEER (Hrsg.): Asia Yearbook (versch. Jahrgänge) Hongkong.

7. *Hagemann, E.:* Die Entwicklung des chinesischen Außenhandels. In: Garms, E.: Wirtschaftspartner China 81/82. Hamburg, 1981, S. 224/52.

8. *Heuser, R.:* Sino-German Trade: A Summary of Economic and Legal Dat. In: Buxbaum, D. C.: China Trade, Prospects and Perspectives. New York, 1982, S. 217/48.

9. *Louven, E.:* Deutsch-Chinesischer Wirtschaftsverkehr seit 1945: Der lange Weg zur beständigen Zusammenarbeit. In: Machetzki, R.: Deutsch-Chinesische Beziehungen. Hamburg, 1982, S. 177/203.

10. Zhongguo tongji nianjian. Beijing, 1982.

ANHANG I

Tabellarische Übersichten

1. Übersicht über die chinesischen geologischen Institute und Forschungsstellen 283

2. Bergwerke unter Leitung des chinesischen Ministeriums für die Kohleindustrie 287

3. Chinesische Wasserkraftwerke über 30 MW Leistung im Jahr 1977 302

4. Im Jahr 1981 in Bau befindliche chinesische Wasserkraftwerke mit über 30 MW Leistung 306

5. Chinesische Wärmekraftwerke im Jahr 1979 308

6. Chinesische Eisenbahnprojekte in den Jahren 1982 und 1983 . . 310

1. Übersicht über die chinesischen geologischen Institute und Forschungsstellen

A. Institute der Chinese Academy of Sciences (CAS)

1. Geology Institute (Dizhi Yanjiusuo)

Ort: Beijing.

Direktor: Zhang Wenyou.

Hintergrund: Dieses Institut wurde 1950 in Nanjing gegründet, 1954 nach Beijing verlegt. Es umfaßt 10 Abteilungen:
Stratigraphy,
Mineralogy,
Geotectonics,
Geothermal and mathematical geology,
Petrology,
Rock mechanics,
Sedimentology,
Isotope geology,
Analysis of rock and mineral materials,
Testing laboratory.

Forschungsgebiete: Basic theoretical geology. Structure and geological evolution of the lithosphere. Causes of formation and distibution of lithofacie and tectonic zones. History of geological evolution of China. Global tectonics. Quaternary palynology. Isotope geology.

2. Lanzhou Geology Institute (Lanzhou Dizhi Yanjiusuo)

Ort: Lanzhou, Provinz Gansu.

Hintergrund: Gegründet 1959 als Nachfolgeeinrichtung des „Nordwestlichen geologischen Forschungslaboratoriums" des oben genannten Geologieinstitutes. Es umfaßt fünf Abteilungen:
Sedimentology,
Organic geochemistry,
Isotope research,
Tectonics,
Paleontology.

Arbeitsgebiete: Composition, structure and evolution of sedimentary spheres (lithospheres).

Anhang I

B. Geologische Institute

1. Chengdu Institute of Geology (Chengdu Dizhi Xueyuan)

Untersteht dem Erziehungsministerium (und dem Ministerium für Geologie).
Art: Technische Ausrichtung.
Ort: Chengdu, Provinz Sichuan.

2. Fuzhou Institute of Geology (Fuzhou Dizhi Xueyuan)

Untersteht dem Ministerium für Geologie (und dem Erziehungsministerium).
Art: Technische Ausrichtung.
Ort: Fuzhou, Provinz Jiangxi.

3. Guilin Institute of Metallurgy and Geology (Guilin Yejin Dizhi Xueyuan)

Untersteht dem Hüttenministerium (und dem Erziehungsministerium).
Art: Technische Ausrichtung.
Ort: Guilin, Autonome Region Guangxi.

4. Wuhan Institute of Geology (Wuhan Dizhi Xueyuan)

Untersteht dem Ministerium für Geologie (und dem Erziehungsministerium).
Art: Technische Ausrichtung.
Ort: Wuhan, Provinz Hubei.

5. Xian Institute of Geology (Xian Dizhi Xueyuan)

Untersteht dem Ministerium für Geologie (und dem Erziehungsministerium).
Art: Technische Ausrichtung.
Ort: Xian, Provinz Shanxi.

C. Sonstige mit Geologie befaßte Institute

1. Changchun College of Geology (Changchun Dizhi Xueyuan)

Untersteht dem Erziehungsministerium (und dem Ministerium für Geologie)
Ort: Changchun, Provinz Jilin.

2. China College of Mining (Zhongguo Kuangye Xueyuan)

Untersteht dem Erziehungsministerium.
Art: Technische Ausrichtung.
Ort: Hechuan, Provinz Sichuan.

1. Geologische Institute und Forschungsstellen

3. **China Mining Institute (Zhongguo Kuangye Xueyuan)**

   Untersteht dem Erziehungsministerium.
   Art: Technische Ausrichtung, Schlüsseleinrichtung.
   Ort: Chongqing, Provinz Sichuan.

4. **Daqing Petroleum Institute (Daqing Shiyou Xueyuan)**

   Untersteht dem Ministerium für Erdölindustrie (und dem Erziehungsministerium).
   Art: Technische Ausrichtung, u. a. Fachrichtung Erdölgeologie.
   Ort: Anda, Provinz Heilongjiang.

5. **Fuxin College of Mining (Fuxin Kuangye Xueyuan)**

   Untersteht dem Ministerium für Kohlenindustrie.
   Art: Technische Ausrichtung, u. a. Fachrichtung Kohlegeologie.
   Ort: Fuxin, Provinz Liaoning.

6. **Hebei College of Geology (Hebei Dizhi Xueyuan)**

   Untersteht dem Ministerium für Geologie (und dem Erziehungsministerium).
   Art: Technische und naturwissenschaftliche Ausrichtung.
   Ort: Xuanhua, Provinz Hebei.

7. **Tongji University (Tongji Daxue)**

   Untersteht dem Erziehungsministerium.
   Art: Technische und naturwissenschaftliche Ausrichtung.
   Ort: Shanghai.

D. Weitere mit Geologie befaßte Institutionen

1. **Kohlenministerium**

   Ort: Beijing.
   Abteilung für Geologie
   Angeschlossene Institute:
   Geological Prospecting Research Institute of Coal, Shanxi.
   Mining Institute of Shandong Province.

2. **Geologieministerium**

   Ort: Beijing.
   Abteilungen:
   Foreign affaires,
   National Geological Information Bureau,

Anhang I

offshore geology,
petroleum geology,
science and technology,
South China Sea Geological Survey Command.

Angeschlossene Institute:

Geological Scientific Research Institute,
Exploration Techniques Research Institute,
Geology Research Institute,
Geophysical Prospecting Research Institute,
Mineralogy Research Institute,
Offshore Petroleum Research Institute,
Scientific and Technological Information Institute.

Colleges:

Beijing College of Geology,
Changchun College of Geology,
Chengdu College of Geology,
Hubei College of Geology,
Wuhan College of Geology.

Weitere Institute:

Beijing Institute of Uranium Geology,
Institute of Electronic Technology Popularization,
Institute of Exploration Technology,
Institute of Remote-Sensing Information, Beijing.

Angeschlossene Vereinigungen:

Chinese Society of Geology,
Chinese Society of Geophysics,
Chinese Society of Exploration Engineering,
Chinese Society of Exploration and Exploitation of Natural Gas,
Chinese Society of Exploration Geophysicists.

3. **China National Geological Exploration Corporation**

Ort: Beijing.

Aufgaben: „administrative department with overall responsibility for survey activities of the various brigades of the country". Außerdem Exploration nach Mineralien und Erdöl, 2 Forschungsschiffe und mehrere Vermessungsflugzeuge. 400 bis 500 Angestellte.

4. **Erdölministerium**

Ort: Beijing.

Angeschlossene Institute und Unternehmen (u. a.):
Shandong College of Geology,
China National Geological Exploration Corporation.

2. Bergwerke unter Leitung des chinesischen Ministeriums für die Kohlenindustrie (35)*

Nordostregion

Region	Provinz	Kohlen-bergbau-verwaltung	Förder-kapazität Mill. t/a	Bergwerk (Ort)	Hauptprodukt
NO	Liaoning	Fushun	8,7	West-Tagebau (Fushun, Wanghua)	Rohkohle, Stück- und Feinkohle
				Laohutai (Fushun)	Rohkohle, Rein-, Stück- und Feinkohle
				Longfeng[1] (Fushun)	Reinkohle *(Kokskohle)*
		Fuxin	10,6	Dongliang (Fuxin)	Rohkohle, durchwachsene Kohle, Stückkohle
				Aiyouyingzi (Fuxin)	Rohkohle, durchwachsene Kohle, Feinkohle
				Gaode (Fuxin)	Rohkohle
				Pingan (Fuxin)	Rohkohle, Feinkohle
				Wulong (Fuxin)	Rohkohle, Stück- und Feinkohle
				Xinqiu-Tagebau (Fuxin)	Rohkohle
		Benxi[2]		Niuxintai (Benxi, Lixin)	Rohkohle *(Anthrazit)*
				Hongyang Nr. 2 (Shenyang, Sujiatun)	Rohkohle
		Beipiao		Taiji (Beipiao-Kreis)	Rein- und Feinkohle
				Guanshan	
				Sanbao	
		Tiefa		Daming Nr. 1 (Tiefa)	Rohkohle, Stück- und Feinkohle
				Daming Nr. 2 (Faku-Kreis)	
				Xiaonan (Tiefa)	Rohkohle, durchwachsene Stück- und Feinkohle
				Xiaoming[1]	
				Dalong	
				Daxing	
				Hongyang	
		Nanpiao[3]		Dayaogou (Jinzhou)	Rohkohle
				Qiupigou (Jinxi-Kreis)	Rohkohle, großstückige Kohle
				Fulongshan (Jinzhou)	Rohkohle
				Xiaolinghe (Jinzhou)	Rohkohle
		Shenyang		Qiantun (Shenyang)	Rohkohle *(Braunkohle)*
				Puhe (Shenyang)	Rohkohle *(Braunkohle)*
				Qingtai (Xinchengzi)	Rohkohle
		Jinxi		n. b. (Jinxi)	Rohkohle
		n. b.		Yantai (Liaoyang)	Rohkohle
		n. b.		Badaohao (Heishan-Kreis)	Rohkohle *(Flammkohle)*, Abraumziegel

* Die eingeklammerte Zahl verweist auf den Quellennachweis auf S. 118/119.

Anhang I

Fortsetzung: Nordostregion

Region	Provinz	Kohlen-bergbau-verwaltung	Förder-kapazität Mill. t/a	Bergwerk (Ort)	Hauptprodukt
NO	Jilin	Liaoyuan		Xian	Rohkohle *(Gas-, Flamm- und Braunkohle)*
				Taixin	
				Pinggang	
				Meihe	
		Tonghua[4] (Hunjiang)		Zhazi (Hunjiang, Zhazizhen)	Rohkohle *(Kokskohle)*
				Wudaojiang (Tonghua, Wadaojiangzhen)	Rohkohle *(Magerkohle, Eßkohle)*
				Dahuping (Hunjiang, Linjiangzhen)	Rohkohle
		Shulan		Dongfu (Jishu, Shulan-Kreis)	Rohkohle *(Braunkohle)*
				Jishu (Shulan)	Rohkohle *(Braunkohle)*
		n. b.		Jiaohe (Naizishan)	Rohkohle *(Flammkohle)*
		n. b.		Helong (Helong)	Rohkohle, großstückige Kohle, Feinkohle
		n. b.		Yingcheng (Jiutai-Kreis)	Rohkohle
NO	Heilong-jiang	Jixi	9,0	Hengshan (Jixi)	Rohkohle, durchwachsene Stück- und Feinkohle
				Didao[1] (Jixi)	Rohkohle *(Koks- und Gaskoks-kohle)*
				Mashan (Jixi, Ximashan)	Rohkohle
				Xiaohengshan (Jixi)	Rohkohle, Reinkohle, durch-wachsene Kohle
				Datonggou (Jixi)	Rohkohle *(Kokskohle)*
				Erdaohezi (Jixi, Hengshan)	Rohkohle
				Chengzihe	
				Muling	
				Zhengyang	
				Zhangxin	
				Donghai	
				Pinggang	
		Hegang	7,5	Xingshan (Hegang)	Rohkohle
				Xingan (Hegang)	Rohohle
				Fuli (Hegang)	Rohkohle
				Lingbei[1] (Hegang)	Rohkohle, Stück- und Fein-kohle
				Nanshan[1] (Hegang)	
				Xinyi	
				Dalu	
				Junde	
				Xingantai	

2. *Bergwerke (Kohle)*

Fortsetzung: Nordostregion

Region	Provinz	Kohlen-bergbau-verwaltung	Förder-kapazität Mill. t/a	Bergwerk (Ort)	Hauptprodukt
NO		Shuangya-shan	4,6	Lingdong (Shuangyashan, Lingdong)	Rohkohle
				Qixing (Shuangyashan, Baoshan)	Rohkohle, großstückige Kohle
				Jixian (Shuangyashan)	Rohkohle
				Lingxi	
				Sifangtai	
				Baoshan	
				Shuangyang	
		Qitaihe		Qitaihe (Qitaihe[1])	gewaschene Rein- und Stückkohle

[1] Große Aufbereitungsanlagen (Longfeng: 1,5 Mill. t/a, Xiaoming: 1,2 Mill. t/a, Didao: 1,7 Mill. t/a, Lingbei: 1,1 Mill. t/a, Nanshan: 1,1 Mill. t/a, Qitaihe: 0,9 Mill. t/a).
[2] Die Bergverwaltung Benxi betreibt die Aufbereitungen Caitun (2,7 Mill. t/a) in Benxi und Lingshan (1,2 Mill. t/a) in Aushan.
[3] Die Bergverwaltung Nanpiao betreibt die Aufbereitung Nanpiao in Jinzhou.
[4] Die Bergverwaltung Tonghua betreibt eine Aufbereitung in Tiechang (1,5 Mill. t/a).

Anhang I

Nordregion

Region	Provinz	Kohlen-bergbau-verwaltung	Förder-kapazität Mill. t/a	Bergwerk (Ort)	Hauptprodukt
N	(Beijing)	Beijing	6,6	Fangshan (Fangshan-Kreis)	Stückkohle verschiedener Größe und Feinkohle *(Anthrazit)*
				Changgouyu (Fangshan-Kreis)	Rohkohle, großstückige Kohle *(Anthrazit)*
				Daanshan (Fangshan-Kreis)	Rohkohle
				Muchengjian (Mentougou)	Rohkohle, großstückige Kohle
				Yangtuo (Mentougou, Yangtuocun)	Rohkohle *(Anthrazit)*
				Wangpingcun (Mentougou)	Rohkohle, Stückkohle verschiedener Größe, gemischte Feinkohle *(Anthrazit)*
				Mentougou	
				Chengzi	
				Datai	
				Heitugang	
N	Hebei	Kailuan[2]	13,8	Linxi[1] (Tangshan)	Rohkohle
				Jingezhuang (Tangshan, Lubei)	Stückkohle, durchwachsene Kohle
				Fangezhuang[1] (Tangshan, Dongkuang)	Rohkohle
				Zhaogezhuang	
				Tangjiazhuang	
				Tangshan[1] (Tangshan)	
				Majiagou	
				Lüjiatuo[1]	
				Dongpang[1] (Xingtai)	
		Fengfeng[3]	7,7	Nr. 1, 2, 3, 4, 5[1] (Handan)	Rohkohle
				Huangsha (Handan, Fengfeng)	Rohkohle
				Niuerzhuang (Handan, Fengfeng)	Rohkohle
				Xuecun	
				Yangquhe	
				Sunzhuang	
				Wannian	
				Xiaotun	
		n. b.		Xiahuayuan (Zhangjiakou)	Rohkohle, Stückkohle, durchwachsene Kohle
		Jingxing		Nr. 1 (Shijiazhuang)	Reinkohle, durchwachsene Kohle, Sprengstoff, Ziegel
				Nr. 2 (Shijiazhuang)	Rohkohle
				Nr. 3 (Shijiazhuang)	Rohkohle, Reinkohle, durchwachsene Kohle

2. Bergwerke (Kohle)

Fortsetzung: Nordregion

Region	Provinz	Kohlen-bergbau-verwaltung	Förder-kapazität Mill. t/a	Bergwerk (Ort)	Hauptprodukt
N		Handan		Wangfeng (Handan)	Rohkohle, Reinkohle
				Kangcheng (Wuan)	Stück- und Feinkohle *(Anthrazit)*
				Guoerzhuang (Wuan)	Rohkohle, Stückkohle verschiedener Größe
				Yijing	
				Yangyi	
				Taoyi (Wuan)	Rohkohle *(Anthrazit)*
				Taoer	
		Xingtai		Xingtai (Xingtai)	Roh-, Rein-, Stück- und Feinkohle
				Dongpang	
				Zhangcun	
				Xiandewang	
		Xinglong		Xinglong (Chengde)	Rohkohle
				Yingzi (Chengde)	Rohkohle
				Majuanzi (Chengde)	Rohkohle
				Wangzhuang	
N	Shanxi	Datong	15,0	Meiyukou (Datong, Meiyukou)	Stück- und Feinkohle
				Yongdingzhuang (Datong)	Rohkohle *(schwach backende Kokskohle)*
				Silaogou (Datong)	Rohkohle, Stück- und Feinkohle, *(Kraftwerkskohle)*
				Wajinwan (Datong, südl. Vorort)	Stück- und Feinkohle
				Majiliang (Datong)	Rohkohle
				Yungang (Datong)	Stück- und Feinkohle
				Tongjialiang	
				Xinzhouyao	
				Baidong	
				Yanya	
				Jinhuagong	
				Dadougou	
				Wangcun	
		Yangquan	7,7	Nr. 1, 2, 3, 4 (Yangquan)	Rohkohle, Stück- und Feinkohle, durchwachsene Kohle
				Yinying (Yangquan, Yinying)	Stück und Feinkohle
				Nanzhuang (Yangquan)	Rohkohle, Stück- und Feinkohle
		Xishan[4]	6,6	Baijiazhuang (Taiyuan, Hexi)	Rohkohle
				Guandi (Taiyuan)	Rohkohle
				Ximing (Taiyuan)	Rohkohle
				Dongshan (Taiyuan)	Rohkohle
				Du'erping	

Anhang I

Fortsetzung: Nordregion

Region	Provinz	Kohlen-bergbau-verwaltung	Förder-kapazität Mill. t/a	Bergwerk (Ort)	Hauptprodukt
N		Fenxi		Nanguan (Lingshi, Nanguan)	Rohkohle
				Shuiyu (Xiaoyi)	Rohkohle *(Kokskohle)*
				Gaoyang (Xiaoyi, Gaoyangzhen)	Rohkohle *(Kokskohle)*
				Zhangjiazhuang	
				Liangdu	
				Liuwan	
		Luan (Xiangyuan)		Wangzhuang (Changzhi, Gu Xian)	Rohkohle, Stückkohle verschiedener Größe
				Zhangcun (Changzhi)	Rohkohle
				Shigejie (Changzhi)	Rohkohle, gewaschene Kohle, Stückkohle, durchwachsene Kohle
				Wuyang	
		Xuangang		Huangjiabao (Yuanping)	Rohkohle *(Gaskokskohle)*
				Liumudi (Yuanping)	Rohkohle *(Gaskokskohle)*
				Jiaojiazhai (Yuanping)	Rohkohle *(Gaskokskohle)*
				Liujialiang (Yuanping)	
		Jincheng		Gushuyuan (Jincheng)	Rohkohle *(Anthrazit)*
				Wangtaipu (Jincheng)	Rohkohle *(Anthrazit)*
				Fenghuangshan (Jincheng)	
		Huoxian		Nanxiazhuang (Huoxian)	Rohkohle
				Xinzhi	
				Shengfuo	
				Caocun	
				Tuanbai	
		n. b.		Xiaoyu (Xiaoyu, Huairen)	Stückkohle verschiedener Größe
N	Nei Monggol	Baotou		Changhangou	Rohkohle, Stückkohle verschiedener Größe, durchwachsene Kohle, Feinkohle
				Wudanggou (Baotou)	Rohkohle
				Hetangou (Baotou)	Stückkohle verschiedener Größe, Feinkohle
				Adaohai (Tuyouqi)	Rohkohle
				Baihugou	
		Wuda (Wuhai)		Nr. 1 (Wuhai)	Rohkohle
				Wuhushan (Wuhai)	Rohkohle, Stückkohle
		Haibowan (Wuhai)		Pinggou (Wuhai)	Rohkohle
				Gongwusu Tagebau (Wuhai)	Stückkohle verschiedener Größe, Feinkohle
		Pingzhuang		Westtagebau (Chifeng)	Rohkohle *(Braunkohle)*

2. *Bergwerke (Kohle)*

Fortsetzung: Nordregion

Region	Provinz	Kohlen-bergbau-verwaltung	Förder-kapazität Mill. t/a	Bergwerk (Ort)	Hauptprodukt
N		Zhalainuoer		Lingquan (Hulunbaier-Banner)	Rohkohle *(Braunkohle)*
		Dayan		Nr. 2 (Hulinbaier-Banner)	Rohkohle *(Braunkohle)*
		Huolinhe		Huolinhe Tagebau	Rohkohle *(Braunkohle)*

[1] Große Aufbereitungsanlagen (Linxi: 2,6 Mill. t/a, Fangezhuang: 4,0 Mill. t/a, Tangshan: 2,7 Mill. t/a, Handan No. 5: 0,45 Mill. t/a, Changcun und Chengzhuang je 4 Mill. t/a, Dongpang: 1,8 Mill. t/a).
[2] Die Bergverwaltung Kailuan (Städte **Kai**ping und **Luan** Xian) verfügt insgesamt über 6 Aufbereitungsanlagen.
[3] Die Bergverwaltung Fengfeng betreibt in Handan zwei weitere große Aufbereitungsanlagen: Handan: 1,5 Mill. t/a und Matou: 2,0 Mill. t/a.
[4] Die Bergverwaltung Xishan betreibt in Taiyuan die Aufbereitung Taiyuan (Kapazität 2 Mill. t/a).

Anhang I

Nordwestregion

Region	Provinz	Kohlen-bergbau-verwaltung	Förder-kapazität Mill. t/a	Bergwerk (Ort)	Hauptprodukt
NW	Shaanxi	Tongchuan	8,2	Sanlidong (Tongchuan)	Rohkohle, Stück- und durchwachsene Kohle
				Lijiata (Tongchuan, Wangshiao)	Rohkohle, großstückige Kohle, durchwachsene und oxidierte Kohle
				Taoyuan (Tongchuan)	Rohkohle
				Wangjiahe (Tongchuan)	Rohkohle, großstückige und durchwachsene Kohle
				Wangshiao (Tongchuan, Aobeicun)	Rohkohle
				Xujiagou (Tongchuan)	Rohkohle
				Yakou (Tongchuan)	Rohkohle
				Cuijiagou (Tongchuan)	Rohkohle, Stück-, Feinkohle *(Flammkohle)*
				Jinhuashan (Tongchuan, Jinhuashan)	Rohkohle, großstückige Kohle
				Jiaoping (Tongchuan, Xinjie)	Rohkohle, Stück- und durchwachsene Kohle
				Chenjiashan (Xuxian, Liulin)	Rohkohle *(Flammkohle)*
				Xiashijie (Xuxian, Yaoqu)	Rohkohle
		Pubai (**Pu**cheng/ **Bai**shui)		Baishui (Baishui)	Rohkohle
				Baidi (Pucheng, Hanjing)	Rohkohle
				Macun (Pucheng, Hanjing)	Rohkohle
		Chenghe (**Heng**cheng/ **He**gang)		Chenghe Nr. 2 (Chengcheng, Shigou)	Rohkohle, Stückkohle
				Dongjiahe (Chengcheng)	Rohkohle
				Quanjiahe (Chengcheng, Sihgou)	Rohkohle
		Hancheng		Magouqu (Hancheng)	Rohkohle
				Xiayukou (Longmenzhen, Hancheng)	Rohkohle, Reinkohle
				Sangshuping (Hancheng)	Rohkohle, großstückige und Feinkohle
				Cuijiagou (Tongchuan)	Rohkohle, Stück- und Feinkohle *(Flammkohle)*
NW	Ningxia	Shizuishan		Nr. 1, 2 (Shizuishan)	Rohkohle *(Gaskohle, Fettkohle)*
		Shitanjing[1]	5,9	Nr. 1, 2, 3, 4 (Shizuishan)	Rohkohle, oxidierte Kohle
				Weidong (Shizuishan, Baijigou)	Rohkohle, Stück- und Feinkohle
				Dafeng Tagebau (Shizuishan) Wulan	Rohkohle
		Pingluo			Rohkohle

2. Bergwerke (Kohle)

Fortsetzung: Nordwestregion

Region	Provinz	Kohlen-bergbau-verwaltung	Förder-kapazität Mill. t/a	Bergwerk (Ort)	Hauptprodukt
NW	Gansu	Yaojie (Lanzhou)		Yaojie Nr. 1, 2, 3 (Lanzhou, Hongshi)	Stückkohle verschiedener Größe, Rohkohle
				Aganzhen (Lanzhou, Aganzhen)	Rohkohle, Stückkohle verschiedener Größe
		Jingyuan		Dashuitou (Jingyuan)	Feinkohle
				Honghui Nr. 1, 2, 3, 4 (Jingyuan)	Rohkohle, Stückkohle
				Baojishan (Jingyuan)	
				Wangjiashan (Jingyuan)	
		Huating			Rohkohle
		n. b.		Shandan (Shandan, Pingbo)	Rohkohle, Stückkohle
NW	Qinghai	Datong		Wushuerlijing (Datong)	Rohkohle
	Xinjiang	Wulumuqi (Miquan)		Liudaowan (Wulumuqi)	Rohkohle
				Weihuliang (Wulumuqi)	Rohkohle
				Xiaohonggou (Miquan)	Rohkohle
				Lucaogou (Wulumuqi)	Rohkohle, Stück- und durchwachsene Kohle
				Jiangou	
				Dahonggou	
				Sanlidong	
		Hami		Hami Tagebau (Sandaoling)	Rohkohle, Stück-, Fein- und durchwachsene Kohle

[1] Die große Aufbereitungsanlage Dawukou der Bergverwaltung Shitanjing für 3 Mill. t/a befindet sich in Shizuishan.

Anhang I

Südwestregion

Region	Provinz	Kohlen-bergbau-verwaltung	Förder-kapazität Mill. t/a	Bergwerk (Ort)	Hauptprodukt
SW	Guizhou	Liuzhi		Liuzhi (Liuzhi)	Rohkohle, Reinkohle
				Dizong (Liuzhi)	Rohkohle
				Liangshuijing (Liuzhi)	Rohkohle, Reinkohle
				Sijiaotian (Liuzhi)	Rohkohle
				Mugang (Liuzhi)	Rohkohle
		Panjiang[5]		Huoshaopu (Panxian)	Rohkohle, Reinkohle und durchwachsene Kohle
				Yueliangtian (Panxian)	Rohkohle
				Shanjiaoshu (Panguan, Panxian)	Rohkohle
				Laowuji (Panxian)	Rohkohle
		Shuicheng[4]		Wangjiazhai (Liupanshui)[3]	Rohkohle
				Dahebian (Shuicheng)	Rohkohle
				Laoyinshan (Liupanshui)	Rohkohle
				Hongqi (Shuicheng)	Rohkohle
				Dingla (Shuicheng)	Rohkohle
				Muchonggou	Rohkohle
				Xiaohebian	Rohkohle
		Lindong		Guojiachong (Guiyang)	Rohkohle
				Caichong (Guiyang, Huaxi)	Rohkohle
				Tongzi (Tongzi)	Rohkohle
SW	Sichuan	Nantong (Chongqing)		Nantong (Chongqing)	Rohkohle, Rein- und Stückkohle, oxidierte und schwefelhaltige Konzentrationen
				Yanshitai (Chongqing)	Rohkohle *(Fettkohle)*
		Zhongliangshan		Zhongliangshan (Chongqing, Jiulongpo)	Rohkohle
		Songgzao		Songzao (Chongqing, Qijiang)	Rohkohle *(Anthrazit)*
				Datongyi (Chongqing, Qijiang)	Rohkohle *(Anthrazit)*
		Yongrong[1] (Rongchang, Guangshunchang)		Yongchuan (Yongchuan, Hongluchang)	Rein- und Stückkohle
		Yongchuan		Zenjiashan	
				Rongchang	
				Shuanghe	
				Longchang	
		Guangwang (Wangcang, Xincheng)		Baolunyuan (Guangyuan)	Rohkohle *(Gaskohle)*
				Guangyuan (Guangyuan, Yangjiayan)	Rohkohle
				Jianyinyan (Guangyuan)	Rohkohle
				Baishui (Wangcang)	Rohkohle *(Kokskohle)*
				Tangjiahe (Wangcang, Jiachuanzhen)	Rohkohle *(Kokskohle)*
					Rein- und Stückkohle

2. *Bergwerke (Kohle)*

Fortsetzung: Südwestregion

Region	Provinz	Kohlen-bergbau-verwaltung	Förder-kapazität Mill. t/a	Bergwerk (Ort)	Hauptprodukt
SW				Wangcang (Wangcang, Kuaihuo)	Rohkohle
		Furong (Gongxian)		Furong (Gongxian, Xunchang)	Rohkohle *(Anthrazit)*
				Baijiao	Rohkohle *(Anthrazit)*
				Shanmushu	Rohkohle *(Anthrazit)*
				Xunchang	Rohkohle *(Anthrazit)*
		Tianfu		Moxinpo (Beipei)	Rohkohle
				Liujiagou (Beipei)	Rohkohle
				Yangliuba (Beipei)	Rohkohle
				Sanhui Nr. 1, 3 (Beipei)	Rohkohle
		Dukou[2]		Xiaobaoding (Dukou)	Rohkohle *(Magerkohle)*
				Dabaoding (Dukou)	Rohkohle *(Kokskohle)*
				Huashan (Dukou, Taojiadu)	Rohkohle *(Kokskohle)*
				Taping	Rohkohle
				Yanjiang	Rohkohle
				Longdong	Rohkohle
SW	Yunnan	n. b.		Yipinglang (Lufeng)	Rohkohle, Reinkohle
				Yangchang (Xuangwei, Dasongshu)	Rohkohle, Rein- und Stückkohle
				Tianba (Xuangwei)	Rohkohle, Stück- und Reinkohle

---

[1] Die Bergverwaltung Yongrong betreibt die Aufbereitung Rongchang (Kap. 0,85 Mill. t/a) in Guangshunchang im Kreis Rongchang.
[2] Die Bergverwaltung Dukou betreibt in der Stadt Dukou die Aufbereitung Baguanhe (Kapazität 1,8 Mill. t/a).
[3] 3 Kreise: **Liu**zhi/**Pan**xian/**Shui**cheng = Name Liupanshui
[4] Die Bergverwaltung Shuicheng in Liupanshui betreibt die Aufbereitungsanlagen Laoyingshan (0,8 Mill. t/a) und Wangjiazhai.

Anhang I

Mittelsüdregion

Region	Provinz	Kohlen-bergbau-verwaltung	Förder-kapazität Mill. t/a	Bergwerk (Ort)	Hauptprodukt
MS	Henan	Jiaozuo		Wangfeng (Jiaozuo, Zangshan)	Stück- und Feinkohle
				Zhucun (Jiaozuo)	Rohkohle, Stück-, Rein- und Feinkohle
				Macun (Jiaozuo, Macun)	Rohkohle *(Anthrazit)*
				Yanma (Jiaozuo)	Rohkohle, Stück- und Feinkohle
				Lifeng	
				Jiaoxi	
				Jiaodong	
				Hanwang	
				Fengying	
				Zhongmacun	
				Jiulishan	
				Yanmazhuang	
		Pingding-shan[1]	10,2	Nr. 1, 2, 3, 4, 5, 6, 7, 8, 9, 10, 11, 12 (Pingdingshan)	Rohkohle, Reinkohle
				Dazhuang (Pingdingshan)	Rohkohle
				Gaozhuang Nr. 8 (Pingdingshan)	Rohkohle *(Kokskohle)*
		Hebi		Nr. 1, 2, 3, 4, 5, 6, 7, 8, 9 (Hebi)	Rohkohle
		Yima	5,8	Yuejin (Yima)	Rohkohle *(Braunkohle)*
				Nord-Tagebau (Yima)	Rohkohle *(Flammkohle)*
				Yangcun (Mianchi)	Rohkohle
				Qianqiu	Rohkohle, Reinkohle
				Changcun	Rohkohle, Reinkohle
				Gengcun	Rohkohle, Reinkohle
				Yiluo	Rohkohle, Reinkohle
				Guanyintang	Rohkohle, Reinkohle
				Chencun	Rohkohle, Reinkohle
				Caoyao	Rohkohle, Reinkohle
		Xinmi		Peigou (Mixian)	Rohkohle
				Micun (Mixian)	Rohkohle
				Lugou (Yuecun, Zhengzhou)	Rohkohle
MS	Hunan[2]	Lianshao		Niumasi (Shaodong, Shuijingtou)	Rein- und Stückkohle
				Jinzhushan (Lengshuijiang)	Rohkohle, Stückkohle (Anthrazit)
				Doulishan (Lianyuan)	Rohkohle (Kokskohle)
				Qiaotouhe (Lianyuan)	Rohkohle (Kokskohle)
				Lixin (Shuangfengxian, Shexingshan)	Rohkohle
		n. b.		Feijang	

2. *Bergwerke (Kohle)*

Fortsetzung: Mittelsüdregion

Region	Provinz	Kohlen- bergbau- verwaltung	Förder- kapazität Mill. t/a	Bergwerk (Ort)	Hauptprodukt
MS		Zixing[3]		Yuzi (Zixing)	Rohkohle (Kokskohle)
				Baoyuan (Zixing)	Rohkohle (Kokskohle)
		Baisha		Matian (Leiyang)	Rohkohle, Stückkohle
				Jiedong (Leiyang)	Rohkohle, Stückkohle
				Xiangyong (Leiyang)	Rohkohle, Stückkohle
				Hongwei (Leiyang)	Rohkohle, Stückkohle
				Baishanping (Leiyang)	Rohkohle, Stückkohle
				Nanyang (Leiyang)	Rohkohle, Stückkohle

[1] Die Bergverwaltung Pingdingshan betreibt insgesamt 14 Gruben und in der Stadt Pingdingshan die Aufbereitungsanlagen Pingren und Tianzhuang (1,8 Mill. t/a).
[2] In Hunan befindet sich die Aufbereitungsanlage Zhuzhou in Shanmutang/Zhuzhou (1,8 Mill. t/a).
[3] Die Bergverwaltung Zixing betreibt eine Aufbereitungsanlage in Sandu.

Anhang I

Ostregion

Region	Provinz	Kohlen-bergbau-verwaltung	Förder-kapazität Mill. t/a	Bergwerk (Ort)	Hauptprodukt
0	Shandong	Zibo (Zibo-Stadt Zichuan, Hongshanzhen)		Zhaili (Zibo)	Rohkohle
				Shuanggou (Zibo)	Rohkohle, Stückkohle
				Xihe (Zichuan)	Rohkohle
				Shigu (Zichuan)	Rohkohle
				Hongshan	Rohkohle
				Xiazhuang	Rohkohle
				Longquan	Rohkohle
				Lingzi	Rohkohle
		Xinwen	6,2	Liangzhuang[1] (Xinwen)	Reinkohle
				Huafeng (Ningyang)	Rohkohle
				Xiezhuang (Xinwen)	Rohkohle
				Yucun (Xintai)	Rohkohle
				Suncun	Rohkohle, Reinkohle
				Zhangzhuang	Rohkohle, Reinkohle
				Panxi	Rohkohle, Reinkohle
				Xigang	Rohkohle, Reinkohle
				Wennan	Rohkohle, Reinkohle
				Quangou	Rohkohle, Reinkohle
				Nanyie	Rohkohle, Reinkohle
				Ezhuang	Rohkohle, Reinkohle
		Zaozhuang[5]	5,3	Zaozhuang	Rohkohle *(Kokskohle)*
				Zhuzibu (Zaozhuang)	Rohkohle
				Bayi[1] (Zaozhuang)	Reinkohle *(Gasflammkohle)*
				Chaili/Tengnan (Tengxian)	Rohkohle
				Taozhuang	Rohkohle, Stückkohle
				Shanjialin	Rohkohle, Stückkohle
				Ganlin	Rohkohle, Stückkohle
				Weizhuang	Rohkohle, Stückkohle
				Zhongxiang	
				Laizhuang	
		Feicheng		Yangzhuang (Feicheng)	Reinkohle
				Caozhuang (Feicheng)	Reinkohle
				Guojiazhuang (Feicheng)	Rohkohle
				Dafeng (Feicheng)	Reinkohle
				Taoyang (Feicheng)	Reinkohle
		Yanzhou		Nantun (Zouxian)	Rohkohle
				Xinglongzhuang (Zouxian)	Rohkohle *(Kokskohle)*
				Beisu (Zouxian)	Rohkohle
				Baodian	*(Kraftwerkskohle)*
		n. b.		Fangzi (Weifang)	Rohkohle

2. *Bergwerke (Kohle)*

Fortsetzung: Ostregion

Region	Provinz	Kohlen-bergbau-verwaltung	Förder-kapazität Mill. t/a	Bergwerk (Ort)	Hauptprodukt
0	Jiangsu	Datun[2] (Peixian)		Yaoqiao (Peixian)	Rohkohle, Reinkohle
		Xuzhou[3]	7,7	Xuzhuang (Peixian)	Rohkohle
				Hanqiao (Xuzhou)	Rohkohle
				Qingshanquan (Tongshan)	Rohkohle
				Dahuangshan (Xuzhou)	Rohkohle, Reinkohle
				Dongzhuang (Xuzhou)	Feinkohle *(Gasfettkohle)*
				Jiahe[1] (Xuzhou)	Rohkohle, Reinkohle
				Tuocheng (Xuzhou)	Rohkohle
				Qishan (Tongshan)	Rohkohle *(Kraftwerkskohle)*
				Zhangji	
0	Anhui	Huainan	7,8	Xiejiaji 1, 2, 3 (Huainan)	Rohkohle, Rein- und Stück-kohle *(Gasfettkohle)*
				Liyingzi 1, 2 (Huainan)	Rohkohle *(Gasfettkohle)*
				Xinzhuangzi	Rohkohle, Reinkohle
				Bijiagang	Rohkohle, Reinkohle
				Kongji	Rohkohle, Reinkohle
				Lizuizi	Rohkohle, Reinkohle
				Wangfenggang[1]	Rohkohle, Reinkohle
		Huaibei[4]		Zhuzhuang (Huaibei)	Rohkohle
				Yangzhuang (Huaibei)	Rohkohle
				Luling[1] (Suxian)	Rohkohle, Reinkohle, durchwachsene Kohle
				Shuoli (Huaibei)	Rohkohle
				Shitai (Huaibei)	Rohkohle *(Kokskohle)*
				Yuanzhuang (Huaibei)	Rohkohle *(Gasfettkohle)*
				Zhangzhuang (Huaibei)	Rohkohle, Reinkohle
		n. b.		Liujiaqiao	
0	Zhejiang	Changgu-ang Coal Mining Company		Changguang (Changxing, Niutoushan)	Rohkohle, Sprengstoff, Zement, Maschinen
	Jiangxi	Fengcheng		Pinghu[1] (Fengcheng)	Rohkohle *(Kokskohle)*
				Shangzhuang Nr. 1 (Fengcheng)	Rohkohle
		n. b.		Yinggangling (Gaoan)	Rohkohle, Reinkohle
		Pingxiang		Pingxiang	Rohkohle, Stückkohle *(Anthrazit)*

[1] Große Aufbereitungsanlagen (Jiahe: 1,2 Mill. t/a, Luling: 1,8 Mill. t/a, Bayi: 1,0 Mill. t/a, Liangzhuang: 0,75 Mill. t/a, Baodian: 3,0 Mill. t/a, Wangfenggang: 1,2 Mill. t/a, Pinghu: 1 Mill. t/a).
[2] Datun ist Shanghai zugeordnet und verfügt über eine Aufbereitung mit einer Kapazität von 1,8 Mill. t/a.
[3] Die Bergverwaltung Xuzhou betreibt in der Stadt Xuzhou die Aufbereitung Pangzhuang (0,6 Mill. t/a).
[4] Die Bergverwaltung Huaibei betreibt die Huaibei-Aufbereitung (2 Mill. t/a) in Qinglongshan.
[5] Die Bergverwaltung Zaozhuang verfügt über 4 Aufbereitungsanlagen mit einer Kapazität von 3,15 Mill. t/a. Zwei weitere Aufbereitungsanlagen mit einer Gesamtkapazität von 5,4 Mill. t/a sind geplant.

Anhang I

3. Chinesische Wasserkraftwerke über 30 MW Leistung im Jahr 1977 (7)*

Region	Provinz	Kraftwerk**	Ort	Fluß	Kapazität MW	Stromerzeugung Mrd. kWh/a	Baubeginn/ Fertigstellung	Anmerkungen
NO	Liaoning	Shuifeng	Shuifeng	Yalujiang	700		Vor 1949	Strom wird auch an die VR Korea geliefert.
		Huanren	Huanren	Hunjiang	290		1958	Betrieb seit 1968
		Shenwo	Bei Liaoyang	Taizihe	37 1 027	0,15	1977	
	Jilin	Dafengman	Bei Jilin	Songhuajiang	590	2,0	Vor 1949	
		Manpu (Yunteng)	Manpu	Yalujiang	400 990		1959/62	Strom wird auch an die VR Korea geliefert.
	Heilongjiang	Jingbohu	Südlich Mudanjiang	Mudanjiang	96			
N	Beijing	Miyun	Im Norden der Stadt		93			
	Tianjin	—						
	Hebei	Guanting	Bei Beijing	Yongdinghe	30			
		Xiamaling	Bei Beijing	Yongdinghe	65			
		Pingshan	Nordwestlich Shijiazhuang	Hutuohe	40 135			
	Shanxi	—						
	Nei Monggol	Sanshenggong						
NW	Shaanxi	Shiquan	Shiquan	Hanshui	135		—/1975	
	Ningxia	Qingtongxia	Qingtongxia	Huanghe	272,5	1,3	—/1978	7 × 37,5 KW. Der erste Generator war 1967 in Betrieb.
		Shizuishan	Shizuishan	Huanghe	200 472,5			
	Gansu	Liujiaxia	Bei Lanzhou	Huanghe	1 225	5,7	1969	Auslastung 53%. Strom wird über 220 kV und eine 330 kV-Leitung nach Shaanxi, Gansu und Qinghai transportiert.

* Die eingeklammerte Zahl verweist auf den Quellennachweis auf S. 168.
** Die Standorte der Kraftwerke sind der Tabelle 17 (S. 166/167) zu entnehmen.

3. *Wasserkraftwerke über 30 MW*

Fortsetzung: Chinesische Wasserkraftwerke über 30 MW

Region	Provinz	Kraftwerk	Ort	Fluß	Kapazität MW	Stromerzeugung Mrd. kWh/a	Baubeginn/ Fertigstellung	Anmerkungen
NW		Yanguoxia	Etwa 60 km von Lanzhou	Huanghe	300			6 × 50 MW.
		Babanxia		Huanghe	180		1959/1975	Beendigung der Bauarbeiten 1969. 1975 voll betriebsfertig.
		Bikou	Bikou	Bailongjiang	217,5 / 1 922,5		—/1977	3 × 72,5 MW. Ausbau auf 500 MW geplant.
	Qinghai	Zhaoyang	Bei Xining		30			An 220 kV-Leitung angeschlossen.
	Xinjiang	Kuerle	Kuerle	Kongjiaohe	75			
SW	Guizhou	Maotiaohe	Bei Qingzhen	Maotiaohe	250			Ausbau auf 500 MW geplant, Kaskadensystem.
	Yunnan	Yili	Yilihe		172 (322)		—/1974	Kaskadensystem aus: a) Tongchuan 1 b) Shuizaozi 1 c) Yanshuigou 144 MW d) weitere 230 kW geplant.
	Sichuan	Xiaoshizi	Bei Leshan	Daduhe	90			
		Gongzui	Kreis Lushan	Daduhe	507,5		1966/1977	7 × 72,5 MW
		Longqi	Bei Changshou	Longqihe	108		—/1955	Kaskadensystem a) Shizitan b) Shandong c) Xilengchai d) Xiadang
		Mofangkou	Südlich Mianning		37,5			
		Xinwenping			400		—/1973	
		Xingxiuwan			135 / 1 278,0			
	Xizang	—						
MS	Henan	Sanmenxia	Sanmenxia	Huanghe	250		1957/1974	

303

Anhang I

Fortsetzung: Chinesische Wasserkraftwerke über 30 MW

Region	Provinz	Kraftwerk	Ort	Fluß	Kapazität MW	Stromerzeugung Mrd. kWh/a	Baubeginn/ Fertigstellung	Anmerkungen
MS	Hubei	Danjiangkou	Junxian (ehemals Danjiang)	Am Zusammenfluß des Danjiang m. dem Hanshui	900	4,5	1958/1973	6 × 150 MW. 15 t Schiffshebewerk.
		Huanglongtan	Nordwestlich Shiyan	Duhe	150 1 050		1969/1974	Ausbau auf 250 MW geplant.
	Hunan	Xieshui		Xieshui	435	2,35	—/1962	
		Fengdu	Yongxing-Kreis	Moshui	30 (40)			
		Shuifumiao	Westlich Xiangxiang	Lianshui	36			
		Zhexi	Bei Anhua	Zishui	217,5		1958/1962	Ausbau auf 455 MW geplant.
		Fengtan		Yuanjiang	400 1 118,5			
	Guangdong	Fengshuba	Nördlich Longchuan	Zusammenfluß von Longwushi und Dingnanshui	225		1958/1973	3 × 75 MW.
		Xinfeng	Bei Heyuan	Xinfengjiang	290			4 × 72,5 MW.
		Zhanghu	Südöstlich Yingde		72		1970/1974	2 × 36 MW.
		Jiaoling	Bei Meixian		60			
		Liuxi	Bei Liangkou	Liuxi	42			4 × 10,5 MW.
		Nanshui	Bei Ruyuan		50			2 × 25 MW.
		Danling	Bei Lianxian	Lianjiang	30 (50) 769			
	Guangxi	Hemianshi	Bei Hexian	Hejiang	68		1958/1976	
		Xijin	Bezirk Nanning	Youjiang	217,5		1958/1967	3 × 72,5 MW.
		Mashi		Yongjiang	100 385,5		—/1977	3 × 33 MW.
O	Shandong	—						
	Jiangsu	—						
	Anhui	Chencun	Jingxian	Qingyijiang	150		1958/1975	Bau wurde unterbrochen und 1968 wieder aufgenommen. 3 × 50 MW.

3. Wasserkraftwerke über 30 MW

Fortsetzung: Chinesische Wasserkraftwerke über 30 MW

Region	Provinz	Kraftwerk	Ort	Fluß	Kapazität MW	Stromerzeugung Mrd. kWh/a	Baubeginn/ Fertigstellung	Anmerkungen
O	Anhui	Fouzuling	Huoshan	Pihe	30			
		Xianghongdian	Bei Dushan	Pihe	40			
		Maojianshan	Bei Yuexi, Kreis Anqing	Wanshui	30			
		Meishan	Bei Jinzhai (ehemals Meishan)	Shihe	40			4 × 10 MW.
					290			
	Zhejiang	Xinanjiang	Bei Jiande	Xinanjiang	652,5	2,0	—/1974	9 × 72,5 MW.
		Qililong	Bei Tonglu	Qililongjiang	420		—/1958	6 × 50 MW, 2 × 10 MW.
		Hunanzhen	Südlich Quxian	Wuxijiang	170		—/1979	Wird auf 250 MW ausgebaut.
		Fuchun		Qiantangjiang	180			3 × 60 MW.
		Huangtankou	Südlich Quxian	Wuxijiang	30			
		Meixi		Xitiaoxi (südlich des Taihu)	60		—/1975	5 × 12 MW.
		Hungwei	Xinchang	Caoejiang	250	0,7		
					1 762,5			
	Jiangxi	Zhelin	Westlich Dean	Xiushui	180		—/1958	
		Jiangkou	Bei Xinyu	Yuanshui	75			3 × 25 MW.
		Shangyu		Zhangjiang	60			4 × 15 MW. Erstes von den Chinesen entworfenes Wasserkraftwerk.
					315			
	Fujian	Gutian	Gutian	Gutianxi	240		—/1971	Kaskadensystem aus 4 Staustufen.
		Ansha	Yongan	Jiulongxi	115			2 × 20 MW, 1 × 75 MW.
		Putian	Putian	Mulanxi	30			Kapazität wahrscheinlich höher, versorgt Fuzhou über 220 kV-Leitung.
					385			
Gesamt					13 001			

Anhang I

4. Im Jahr 1981 in Bau befindliche chinesische Wasserkraftwerke mit über 30 MW Leistung[1] (6)*

Region	Provinz	Lfd. Nr.[2]	Kraftwerk	Ort	Kapazität[3] MW	Stromerzeugung Mrd. kWh/a	Baubeginn/ geplante Fertigstellung	Investitionssumme[4] Mrd. Yuan Plan/Ist
NO	Liaoning	1	Taipingwan	Kuandian	95	0,35	1986	270 (270)
	Jilin	2	Taipingshao	Jian/Weiyuan	195	0,60	1984	155 (175)
		3	Hongshi	Huadian	200	0,44	1986	220 (250)
		4	Baishan	Huadian	900	2,00	1975/1983	634 (840)
NO gesamt					1390	3,39		1279 (1535)
N	Hebei	5	Luanhe	Luanhe bei Chengde	450	0,52	1985	
NW	Shaanxi	6	Ankang	Ankang	800	2,8	1978/1987	— (1100)
	Qinghai	4*	Longyangxia	Gonghe	1280/1600	5,7	1978/1985	950 (1450)
NW gesamt					2080	8,5		(2550)
SW	Guizhou	7	Wujiangdu	Zunyi	420/630	3,34	1982	605 (615)
	Sichuan	8	Nanyahe	Shimian	120	0,65	1982	205 (205)
		20*	Tongjiezi	Leshan	600	3,16	1988	— (1000)
		9	Yuxizi (2. Stufe)	Wenchuan	160	0,89	1985	160 (220)
	Yunnan	10	Xierhe (3. Stufe)	Dali	50	1,12	1984	86 (86)
		11	Lubuge	Luoping	620	2,76	1989	760 (760)
SW gesamt					1970	11,92		(2886)
MS	Hubei	10*	Gezhouba	Yichang	2715	13,90	1970/1987	3560 (4500)
	Hunan	12	Dongjiang	Zixing	400/500	1,32	1978/1987	405 (670)
		13	Majitang	Taojiang	55	0,28	1983	45 (110)
	Guangdong	14	Niululing	Qinghai	40 (+40)	0,29	1979 (1983)	110 (140)
		15	Nangao	Lufeng	45	0,17	1981	40 (100)
		16	Changtan	Jiaoling	60	0,15	1985	60 (94)
	Guangxi	40*	Dahua	Duan	400	2,06	1975/1983	496 (520)
		42*	Etan	Xincheng	60	0,31	1981	43 (55)
MS gesamt					3815	18,48		4759 (6189)

* Die eingeklammerte Zahl verweist auf den Quellennachweis auf S. 168.

4. In Bau befindliche Wasserkraftwerke

Fortsetzung: In Bau befindliche Wasserkraftwerke

Region	Provinz	Lfd. Nr.[2]	Kraftwerk	Ort	Kapazität[3] MW	Stromerzeugung Mrd. kWh/a	Baubeginn/ geplante Fertigstellung	Investitionssumme[4] Mrd. Yuan Plan/Ist
O	Zhejiang	32*	Jinshuitan	Yunhe	200	0,5	1986	320 (350)
	Jiangxi	35*	Wanan	Wanan	400/500	1,2	1978/1988	370 (700)
	Fujian	28*	Shaxikou	Qingzhai	300/240	0,96	1986	435 (435)
O gesamt					900	2,66		1125 (1485)
Gesamt (alle Regionen)					10605	45,47		(14645)

[1] Kapazitäten, die vor 1980 in Betrieb waren, sind nicht berücksichtigt. Die Angaben zur Leistung und zur Investitionssumme umfassen auch die schon vor dem Jahr 1980 in Betrieb genommenen Volumina. Für die aufgeführten Projekte wurden vor dem Jahr 1980 schon 5 Mrd. Yuan investiert; die noch fehlende Summe beläuft sich auf 9,645 Mrd. Yuan.
[2] Die laufende Numerierung korrespondiert mit der Numerierung der Karte 17 (S. 166/167). Die mit * versehenen Nummern sind mit den Nummern der Tabellen 52 und 53 identisch. In der Karte 17 sind diese unter den geplanten Kraftwerken verzeichnet.
[3] Wurden in den Quellen unterschiedliche Angaben zur Kapazitätshöhe gemacht, so sind diese in Klammern gesetzt.
[4] Bei der Investitionssumme bezieht sich die erste Zahl auf das im Budget bewilligte Volumen. Die in Klammern gesetzten Zahlen geben jeweils das durch die Planungseinheiten und Baugesellschaften unter Berücksichtigung der gegenwärtigen Situation geschätzte Investitionsvolumen an.

Anhang I

5. Chinesische Wärmekraftwerke im Jahr 1979 (3)*

Region	Provinz	Lfd. Nr. (vgl. Karte 17)	Name des Kraftwerks	Installierte Kapazität MW
NO	Heilongjiang	1	Harbin	300
	Heilongjiang	2	Xinhua	500
	Heilongjiang	3	Jixi	192
	Jilin	4	Qianqi	299
	Jilin	5	Jilin (Heizkraftwerk)	450
	Jilin	6	Hunjiang	150
	Liaoning	7	Qinghe	1100
	Liaoning	8	Liaoning	682
	Liaoning	9	Fushun	245
	Liaoning	10	Anshan	220
	Liaoning	11	Fuxin	550
	Liaoning	12	Yuanbaoshan	300
	Liaoning	13	Chaoyang	400
N	Hebei	14	Douhe	750
	Hebei	15	Tangshan	305
	Hebei	16	Tianjin Nr. 3	375
	Hebei	17	Dagang	640
	Hebei	18	Matou	650
	Beijing	19	Beijing Nr. 1 (Heizkraftwerk)	340
	Beijing	20	Jingsi	200
	Beijing	21	Shijingshan	735
	Shanxi	22	Shentou	350
	Shanxi	23	Taiyuan Nr. 2	250
	Shanxi	24	Niangziguan	200
	Shanxi	25	Huoxian	400
	Nei Mongol	26	Wulanshan	100
	Nei Mongol	27	Baotou Nr. 1 und Nr. 2	412
NW	Shaanxi	28	Hancheng	402
	Shaanxi	29	Qinling	250
	Gansu	30	Xigu (Heizkraftwerk)	300
	Xinjiang	31	Weihuliang	59
	Xinjiang	32	Hongyanchi	100
SW	Sichuan	33	Douba	300
	Sichuan	34	Chongqing	296
	Sichuan	35	Huayingshan	150
	Guizhou	36	Qingzhen	278
	Yunnan	37	Xuanwei	100
	Xizang (Tibet)	38	Lasa (Lhasa)	12
MS	Henan	39	Anyang	352
	Henan	40	Jiaozuo	448
	Henan	41	Luoyang (Heizkraftwerk)	285
	Henan	42	Kaifeng	330

* Die eingeklammerte Zahl verweist auf den Quellennachweis auf S. 168.

5. Chinesische Wärmekraftwerke

Fortsetzung: Chinesische Wärmekraftwerke

Region	Provinz	Lfd. Nr. (vgl. Karte 17)	Name des Kraftwerks	Installierte Kapazität MW
MS	Henan	43	Yaomeng	300
	Hubei	44	Jingmen (Heizkraftwerk)	225
	Hubei	45	Qingshan (Heizkraftwerk)	662
	Hubei	46	Huangshi	270
	Hunan	47	Jinzhushan	350
	Guandong	48	Shaoguan	224
	Guandong	49	Huangpu	250
	Guandong	50	Maoming	350
	Guangxi	51	Heshan	325
	Shandong	52	Zhanhua	250
	Shandong	53	Xindian	600
	Shandong	54	Laiwu	375
	Shandong	55	Shiheng	150
	Shandong	56	Jining	300
	Anhui	57	Huaibei	350
	Anhui	58	Huainan	600
	Jiangsu	59	Xuzhou	500
	Jiangsu	60	Nanjing (Heizkraftwerk)	385
	Jiangsu	61	Tianshenggang	250
	Jiangsu	62	Jianbi	500
	Jiangsu	63	Wangting	800
	Shanghai	64	Zhabei	464,6
	Shanghai	65	Wujing	380
	Shanghai	66	Jinxing	473
	Shanghai	67	Jinshan	250
O	Zhejiang	68	Zhenhai	250
	Fujian	69	Yongan	100
	Jiangxi	70	Fenyi	220

Anhang I

6. Chinesische Eisenbahnprojekte in den Jahren 1982 und 1983*

Strecke	Länge km	Bemerkungen	Inbetriebnahme (Plan)
I. Ost-West-Achse Qinghuangdao — Baotou			
Beijing — Qinghuangdao	275	Doppelgleisiger Ausbau und Elektrifizierung. Westlicher Anschluß an Eisenbahnstrecke Beijing — Baotou/Baotou — Lanzhou, so daß die Kohlenreviere in den Provinzen Ningxia, Nei Monggol und Shanxi (Datong) mit der Küste verbunden werden.	1986
Beijing — Datong	389	Elektrifizierung dieses Teilstücks der Strecke Beijing — Baotou.	
Datong — Baotou	448	Doppelgleisiger Ausbau.	1984
II. Ost-West-Achse Qindao — Taiyuan			
Taiyuan — Shijiazhuang	235	Elektrifizierung; Transportleistung: 30 Mill. t Kohle je Jahr.	1982
Shijiazhuang — Dezhou	174	Neubau der Doppelgleisstrecke; etwa 200 km bereits verlegt. Querverbindung der Strecke Beijing — Guangzhou mit der Strecke Tianjin — Shanghai, Steigerung der Transportleistung von 19 Mill. auf 37 Mill. t/a.	1982
Handan — Changzhi	218	Neubau; von Handan auf der Strecke Beijing — Guangzhou weiter über Cishan, Shexian, Licheng nach Changzhi auf der Strecke Taiyuan — Jiaozuo; durchläuft Gebiete mit reichen Kohlen-, Eisenerz-, und Kalksteinvorkommen. Außerdem kann über diese Linie die Kohle der Provinz Shanxi abtransportiert werden. Der Neubau erstreckt sich auf das Teilstück Changzhi — Shexian (108 km), das Teilstück Shexian — Handan wird technisch verbessert.	1982
Jiexiu — Linfen	135	Doppelgleisiger Ausbau dieses Teilstücks der Strecke Datong — Taiyuan — Xian für den Abtransport der Kohle aus Shanxi.	1982
III. Ost-West-Achse Shijiusuo — Xinxiang			
Yanzhou — Shijiusuo	310	Neubau; westlicher Anschluß an Eisenbahnstrecke Tianjin — Shanghai bei der Station Chengjiazhuang (südl. von Yanzhou), weiter bis zum neuzubauenden Tiefseehafen Shijiusuo. Verbindet das Kohlenrevier Yanzhou und Zaozhuang mit der Küste.	1986
Xinxiang — Yanzhou	200	Zweigleisiger Neubau; Verlängerung der Strecke Yanzhou — Shijiusuo bis an die Nord-Süd-Achse Beijing — Guangzhou; verbindet die Kohlenvorkommen der Provinz Shanxi mit dem Hafen Shijiusuo.	1985

6. Eisenbahnprojekte

Fortsetzung: Chinesische Eisenbahnprojekte

Strecke	Länge km	Bemerkungen	Inbetriebnahme (Plan)
IV. Nord-Süd-Achse Beijing — Tianjin — Shanghai (Bereich Anhui — Jiangxi)			
Bengbu — Yuxikou	212	Doppelgleisiger Ausbau.	1982
Fuyang — Huainan	126	Neubau; durchläuft die Kohlenreviere Xieqiao und Panji der Provinz Anhui. Außerdem wird die Strecke Tianjin — Shanghai entlastet.	1986
Changzhou — Huanghua	85	Neubau; schließt bei Changzhou an die Strecke Tianjin — Shanghai an.	1982
Wuhu — Guixi	551	Neubau; von Wuhu weiter durch den südlichen Teil der Provinz Anhui bis zur Provinz Jiangxi, über Jingdezhen und Leping, Anschluß an die Eisenbahnstrecke Zhejiang — Jiangxi. Baubeginn 1966. Durchläuft bedeutende Wirtschaftszentren dieser beiden Provinzen, verkürzt die Strecke nach Nanjing um 300 km.	In drei Teilabschnitten bis 1983
V. Nord-Süd-Achse Beijing — Guangzhou			
Henyang — Guangzhou	538	Restlicher doppelgleisiger Ausbau des südlichen Streckenabschnitts der Linie Beijing — Guangzhou.	1987
Guangzhou — Zhanjiang	323	Neubau der Strecke Sanshui nach Maoming, schließt die technische Umgestaltung der Strecke Guangzhou — Sanshui mit ein, verbindet die Beijing — Guangzhou, Guangzhou — Baoan-Strecke mit der Provinz Guangxi (Litang — Zhanjiang-Strecke); soll den Transport von Erdöl, Sulphat und Eisenerz gewährleisten.	1. Abschnitt 1984
VI. Nord-Süd-Achse Beijing — Liuzhou			
Zhicheng — Liuzhou	886	Neubau; von Zhicheng (Hubei) am Zhangjiang weiter nach Süden über Shimen (Hunan), Cili, Dayong, Guzhang, Jishou nach Huaihua, wo die Eisenbahnlinie Hunan — Guizhou gekreuzt wird. Von Huaihua weiter nach Süden über Qiancheng, Huitong, Jingxian nach Sanjiang in der Provinz Guangxi, weiter über Rongan, Rongshui nach Linzhou. Auf dieser Strecke mußten 342 Brücken und 378 Tunnel gebaut werden. Die Linie verläuft durch Gebiete, in denen es umfangreiche Vorkommen von Kohle, Eisen, Phosphat und Holz gibt. Sie kann einen Teil des Frachtaufkommens der überlasteten Linie Beijing — Guangzhou übernehmen.	1981

Anhang I

Fortsetzung: Chinesische Eisenbahnprojekte

Strecke	Länge km	Bemerkungen	Inbetriebnahme (Plan)
Liuzhou — Litang	135	Doppelgleisiger Ausbau; Teilstück der Strecke Hengyang — Nanning.	1983
Liuzhou — Fangcheng	180	Neubau; wurde 1979 begonnen und 1980 vorübergehend wieder eingestellt. Die Linie schafft eine Verbindung von der Provinzhauptstadt Nanning zur Küste.	1986
VII. Nordost-China (Heilongjiang)			
Fulitun — Qianjinzhen	226	Neubau; landwirtschaftliche Bedeutung.	1983
Haerbin — Manzhouli	935	Doppelgleisiger Ausbau. Zuerst soll das Teilstück Haerbin — Daqing in Angriff genommen werden. Ende 1982 waren 40 km Gleise verlegt. Eisenbahnlinie von zentraler Bedeutung für den westlichen Teil der Provinz Heilongjiang. Bei Manzhouli Anschluß an die transsibirische Eisenbahn.	1984
Haerbin — Suifenhe	550	Abschnittweise doppelgleisiger Ausbau der Hauptverkehrslinie für den östlichen Teil der Provinz Heilongjiang.	1984
VIII. Westchina			
Baoji — Lanzhou	503	Elektrifizierung; Teilstück Longxi — Lanzhou fertiggestellt.	1982
Qinghai — Xizang (Tibet)	1968	Neubau, beginnt in Xining, weiter über Haergai und längs dem Nordufer des Qinghai-Sees, überquert den Qilianshan, weiter nach Xiligou (Wulan) bis Keke-Station am Nordufer des Keke-Salzsees, weiter nach Delingha, Geermu, überquert den Kunlunshan und Tanggulashan, weiter nach Naqu und längs des Lasa-Flusses nach Lasa. Teilstück Xining — Haergai (177 km) 1975 in Betrieb genommen, Teilstück Haergai — Geermu (654 km) 1974 begonnen, 1979 waren Gleise verlegt, im Dezember 1982 wurde von Haergai bis Keke-Station (250 km) der Betrieb aufgenommen. Diese Linie dient vor allem der stärkeren Anbindung der autonomen Provinz Xizang (Tibet) an Beijing; neben wirtschaftlicher vor allem auch militärischer Bedeutung.	
Tulufan — Kuerle (Süd-Xinjiang-Linie)	476	Von Tulufan auf der Lanzhou — Wulumuqi-Linie über Tuokexun, Yuergou, Hejing, Yanqi nach Kuerle. 1979 Gleisverlegung beendet, auf dem Teilstück Tulufan — Yuergou wurde 1978 der Betrieb aufgenommen, 2. Abschnitt Yuergou — Hejing (256 km) nahm Anfang 1983 den Betrieb auf. Die Strecke führt durch Gebiete mit reichen Kohlen- und Eisenerzvorkommen.	1983

6. Eisenbahnprojekte

Fortsetzung: Chinesische Eisenbahnprojekte

Strecke	Länge km	Bemerkungen	Inbetrieb-nahme (Plan)
Guiyang — Kunming	630	Elektrifizierung; 1982 Beginn der Arbeiten auf dem Teilstück Guiyang — Xicheng. Dieses Bauprojekt schließt den Austausch der Gleise, den Neubau von 9 Brücken und 67 Bachüberquerungen mit ein.	1985/89
Xiangfan — Chongqing	637	Elektrifizierung; Teilstück Xiangfan — Ankang (361 km) bereits fertiggestellt, Teilstück Ankang — Daxian (276 km) größtenteils fertiggestellt.	
Chengdu — Chongqing	505	Elektrifizierung; Teilstück Chengdu — Ziyang (117 km) fertiggestellt. Auf dem Teilstück Ziyang — Chongqing wurden die technischen Umbauarbeiten in Angriff genommen. Der Umbau der 17 Tunnel auf der Strecke Ziyang — Neijiang ist abgeschlossen.	1984
Neijiang — Xuanwei	420	Neubau; Teilstück bis Anbianzhen fertiggestellt.	

IX. Ostchina

Zhangping — Quanzhou (Fujian)	100	Neubau; zusätzlich Bau von 90 km Nebenlinien.	

*Quellen:

[1] *Shi Hao:* Yi jiu ba er nian de zhonggong tie, gonglu jianshe. (Der Aufbau der Eisenbahnen und Straßen im kommunistischen China im Jahre 1982.) In: Zhonggong yanjiu 194 (Febr. 1983), Vol. 17, Nr. 2, S. 50/57.

[2] Zhonggong jiaotong dongtai. (Trends im Verkehrswesen des kommunistischen China.) In: Zhonggong yanjiu 193 (Jan. 1983), Vol. 17, Nr. 1, S. 189/193.

ANHANG II

Rohstoffkarten der chinesischen Provinzen

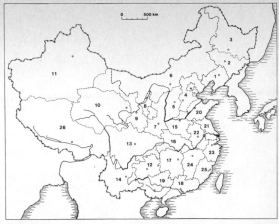

Für jede der 26 chinesischen Provinzen sind 3 Rohstoffkarten mit verschiedenen Inhalten auf folgenden Seiten wiedergegeben (soweit bestimmte Rohstoffe in einer Provinz nicht vertreten sind, fehlen die entsprechenden Symbole in der Kartenlegende):

	Provinz	Kohlen- und Eisenerz- lagerstätten; Stahlwerke	Arsen, Chrom, Kobalt, Magnesium, Mangan, Molybdän, Nickel, Tantal, Titan, Vanadium, Wismut, Wolfram	Aluminium, Antimon, Blei und Zink, Gold, Kupfer, Platin, Quecksilber, Silber, Uran, Zinn; Al-, Cu-, Sn-Hütten
1	Liaoning	316	318	320
2	Jilin	322	324	326
3	Heilongjiang	328	330	332
4	Hebei	334	336	338
5	Shanxi	340	342	344
6	Nei Monggol	346	348	350
7	Shaanxi	352	354	356
8	Ningxia	358	360	362
9	Gansu	364	366	368
10	Qinghai	370	372	374
11	Xinjiang	376	378	380
12	Guizhou	382	384	386
13	Sichuan	388	390	392
14	Yunnan	394	396	398
15	Henan	400	402	404
16	Hubei	406	408	410
17	Hunan	412	414	416
18	Guangdong	418	420	422
19	Guangxi	424	426	428
20	Shandong	430	432	434
21	Jiangsu	436	438	440
22	Anhui	442	444	446
23	Zhejiang	448	450	452
24	Jiangxi	454	456	458
25	Fujian	460	462	464

26 Xizang: wiedergegeben in den Karten von 13 Sichuan.

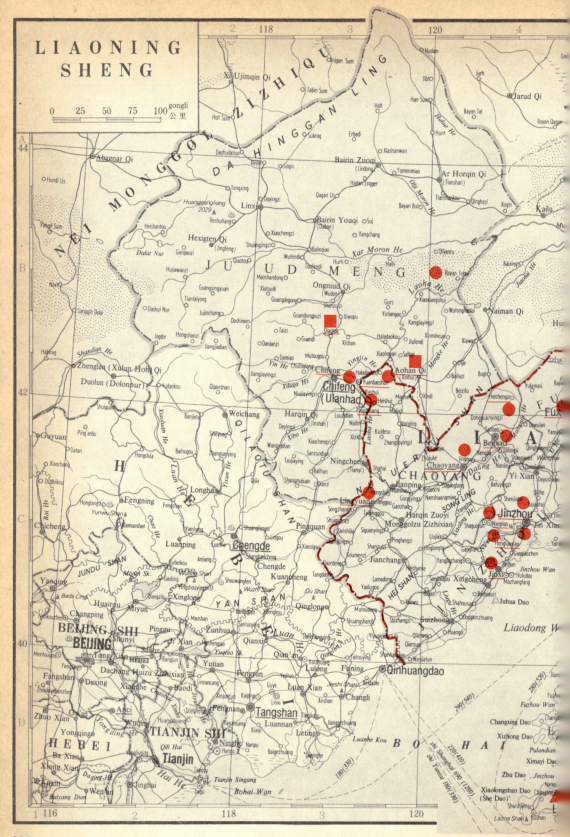

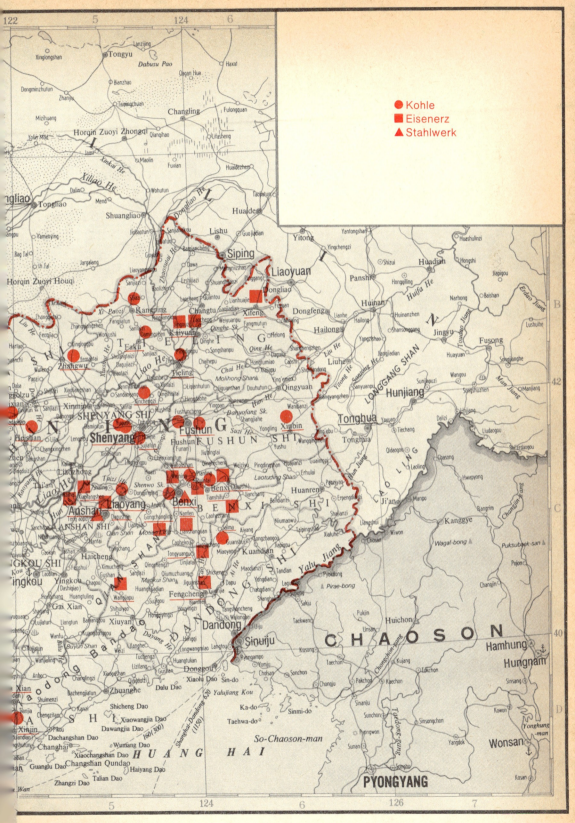

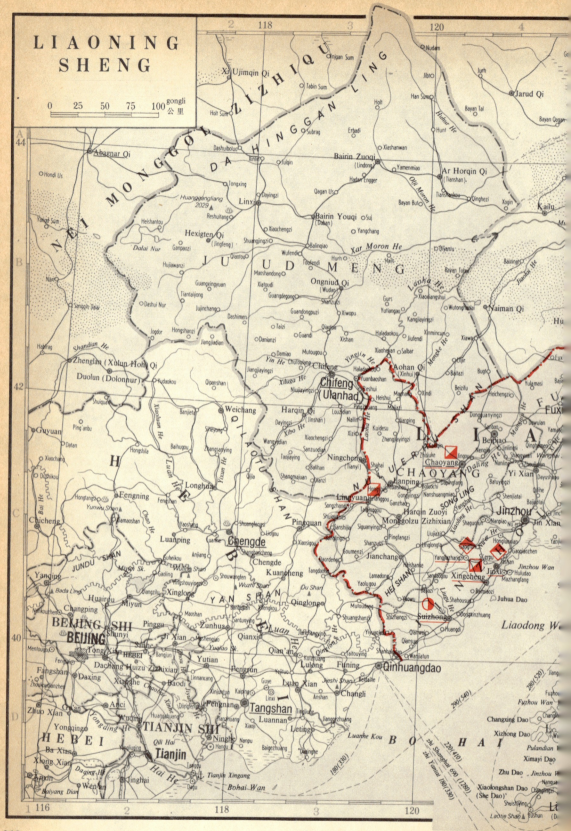

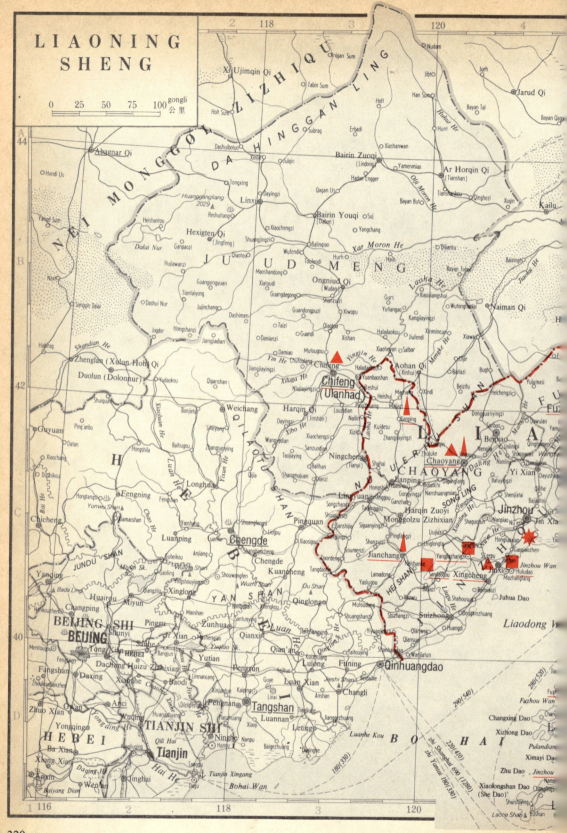

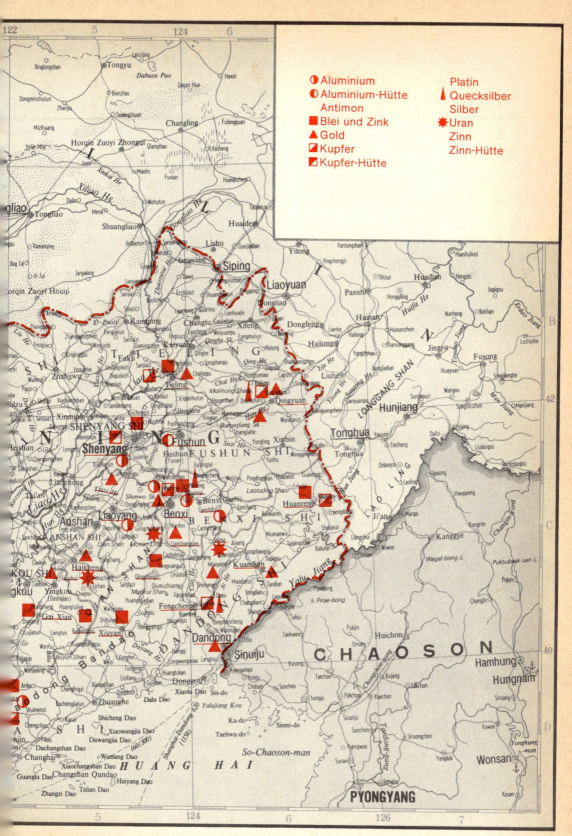

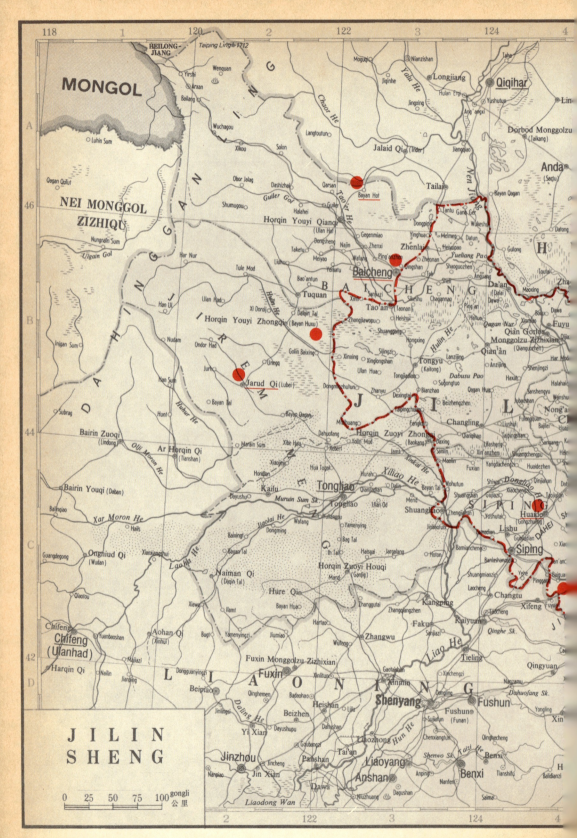

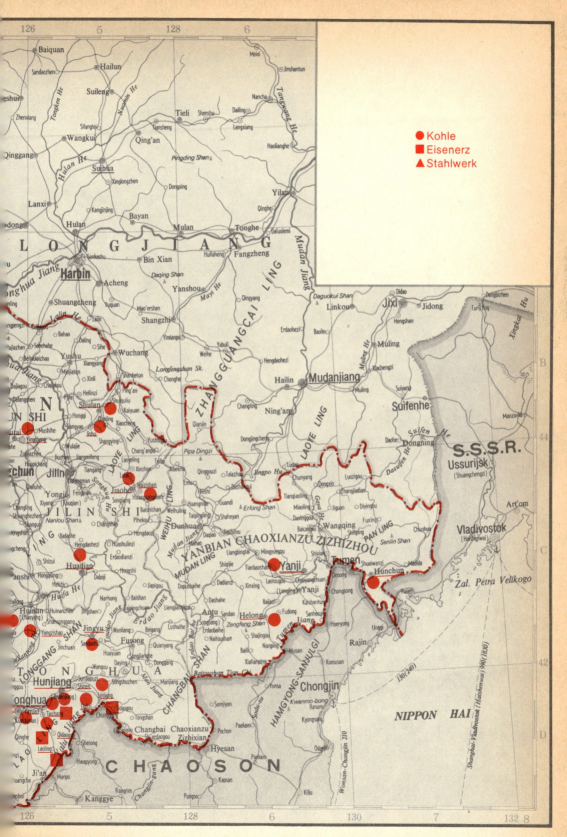

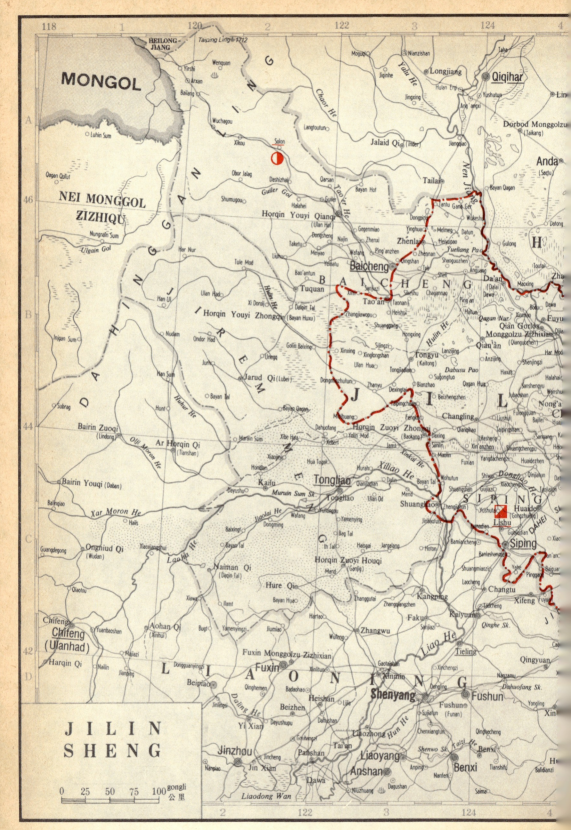

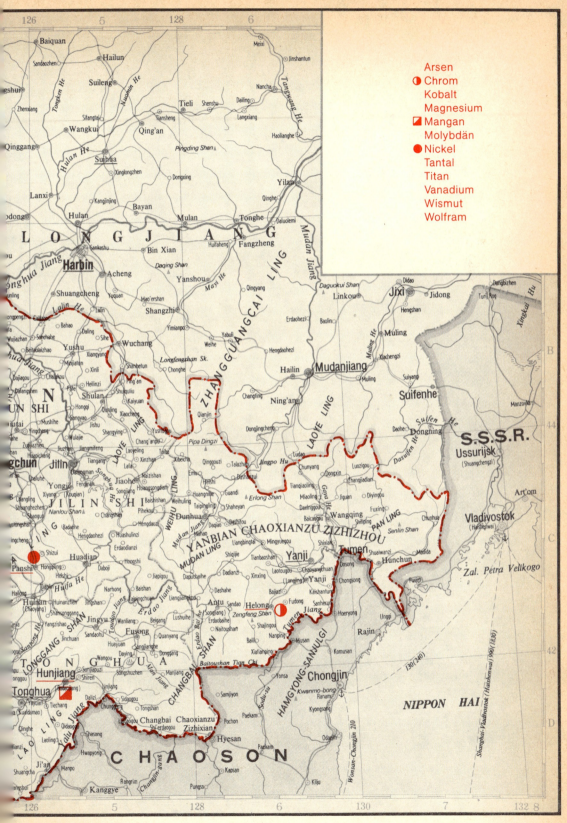

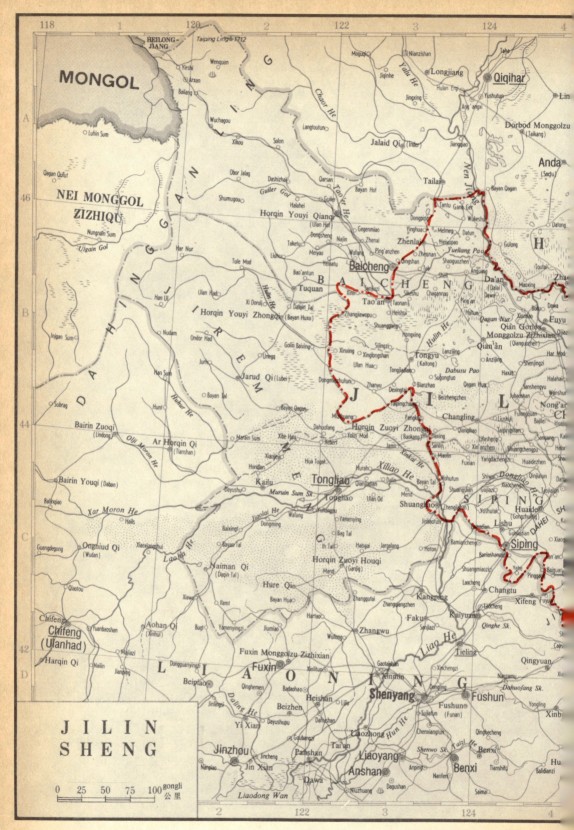

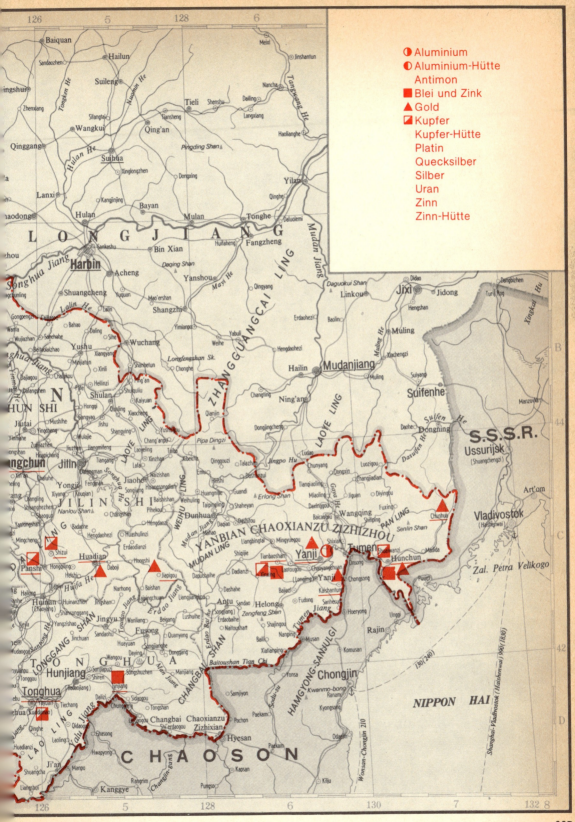

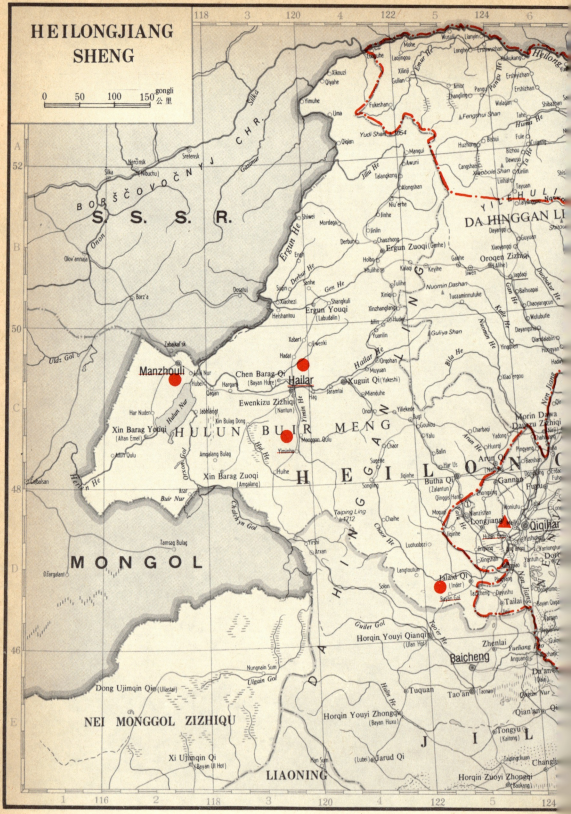

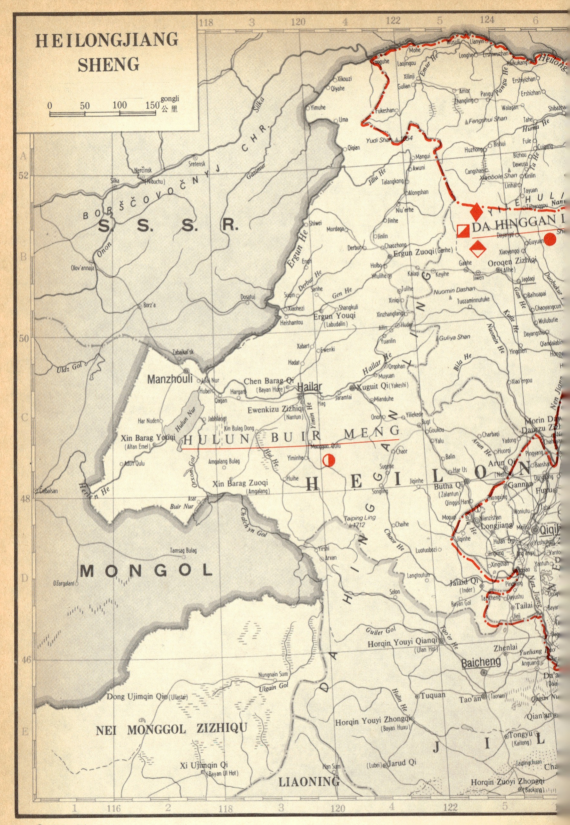

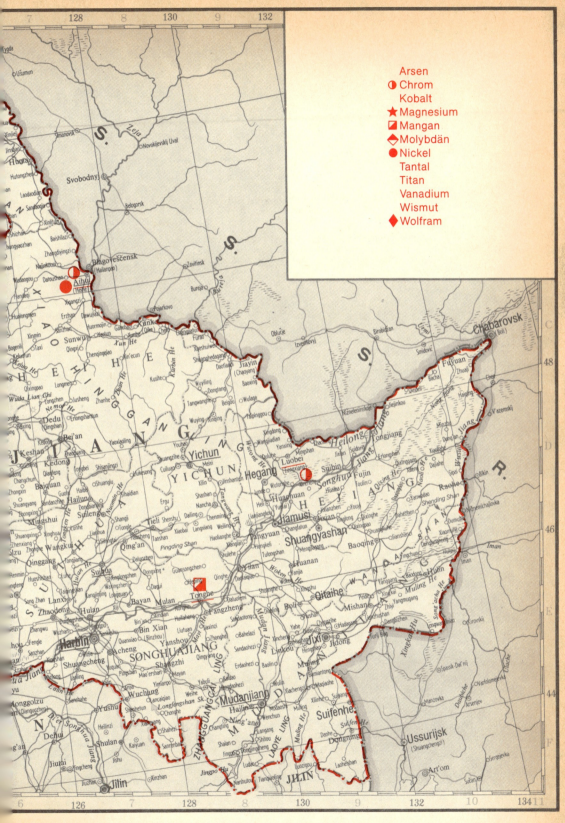

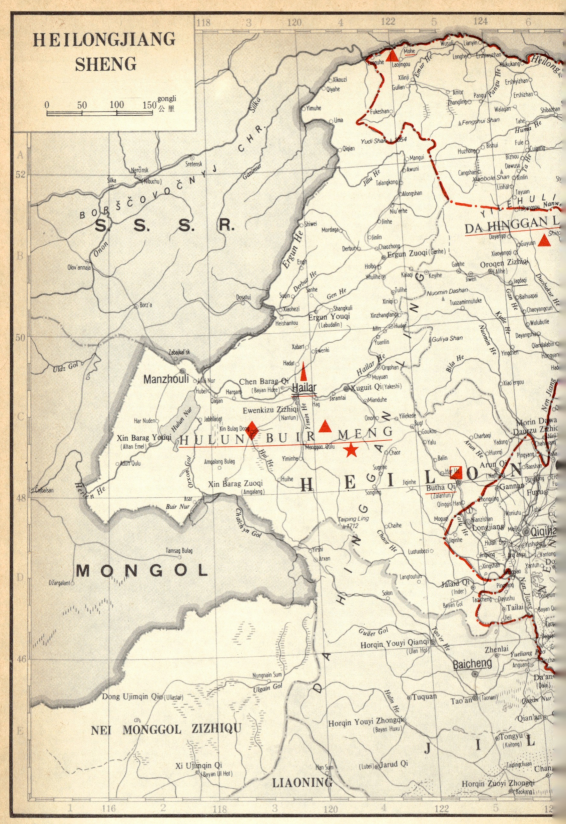

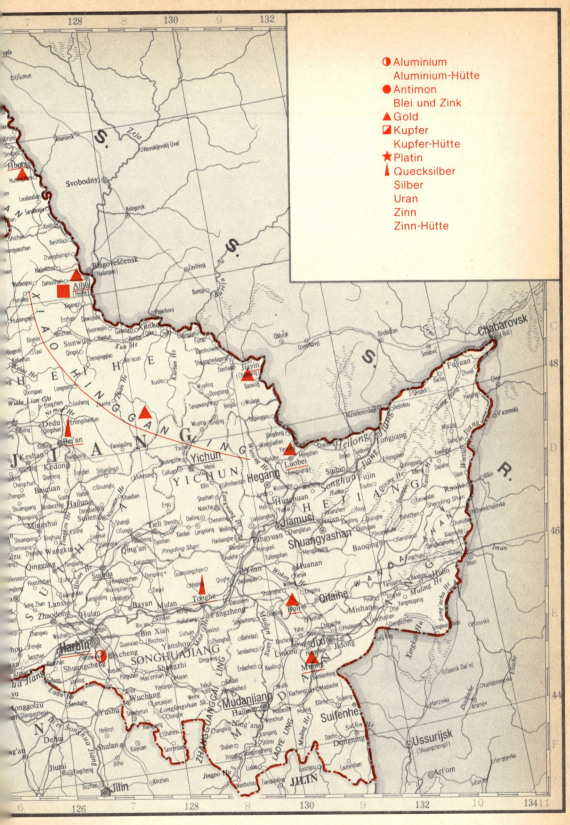

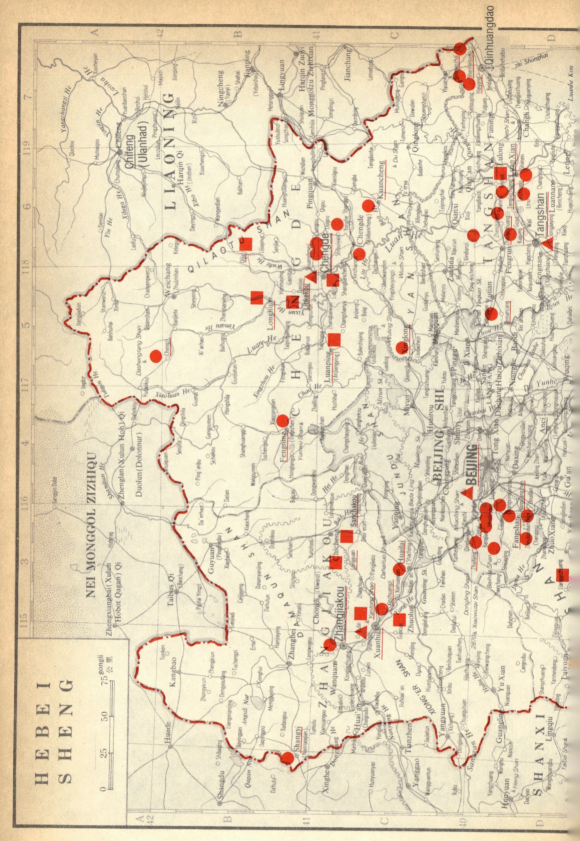

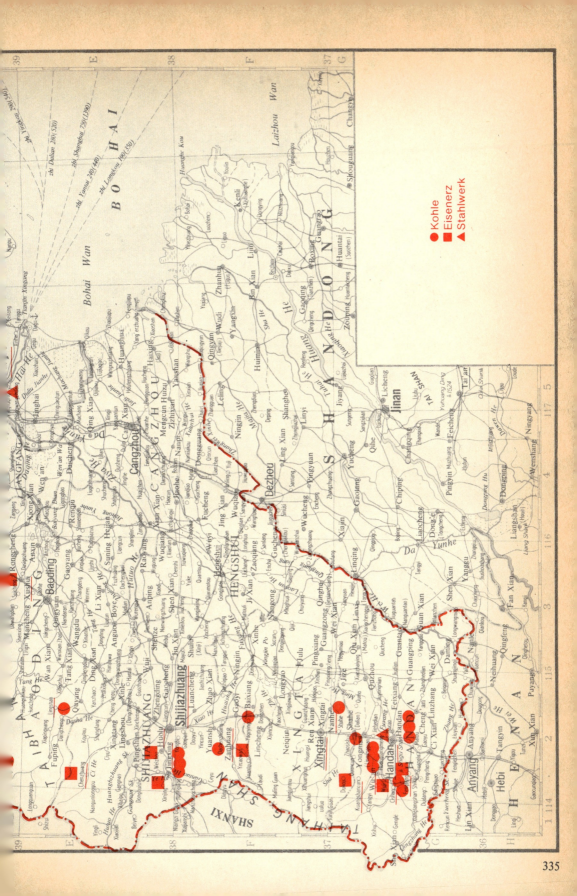

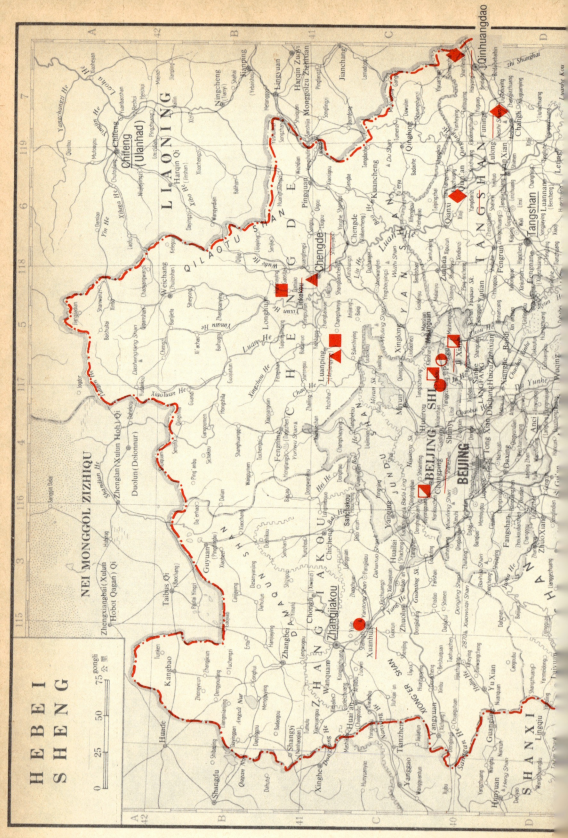

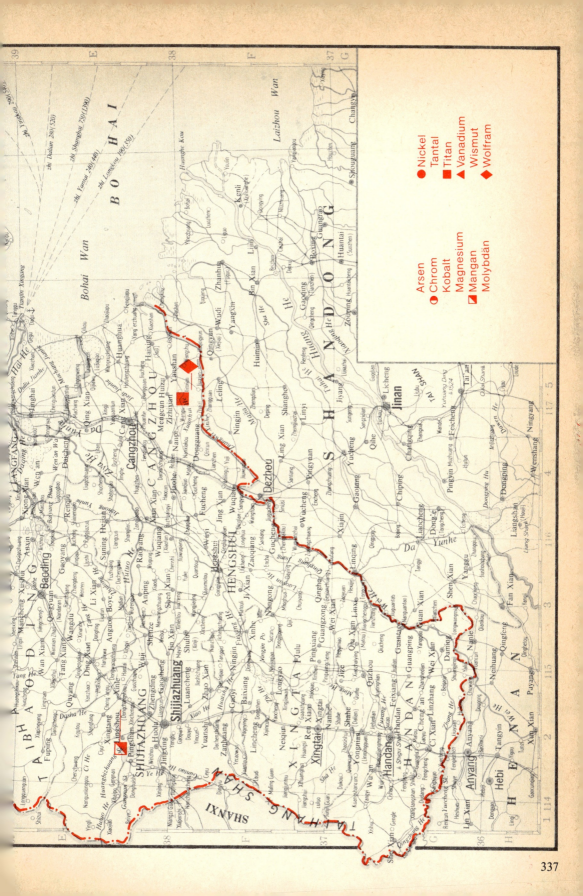

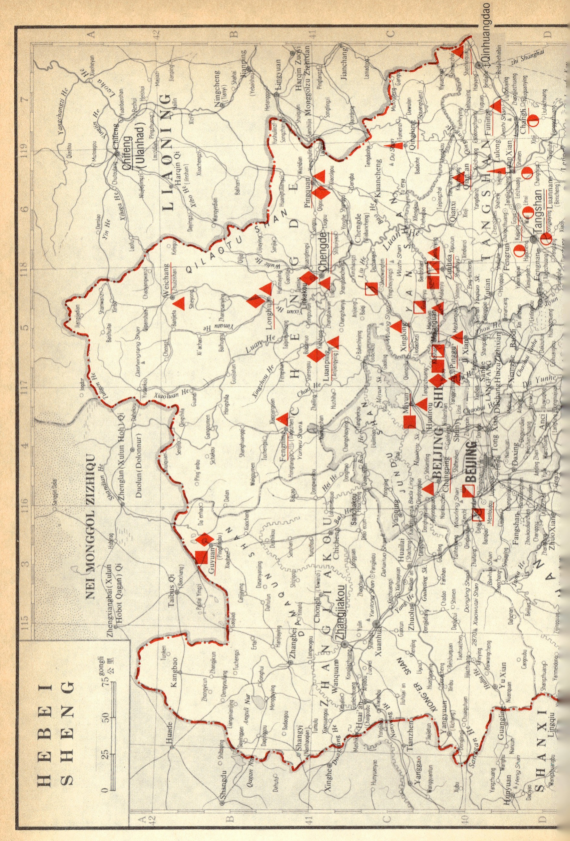

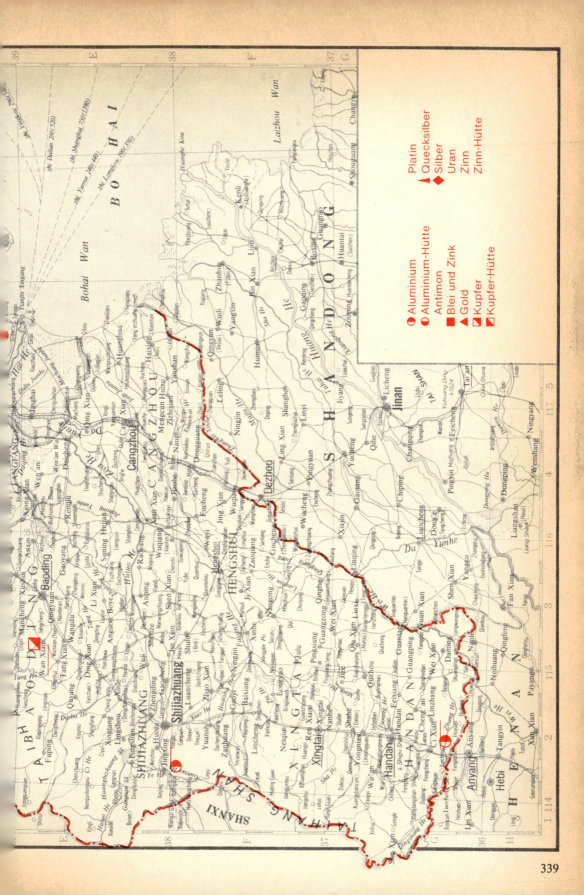

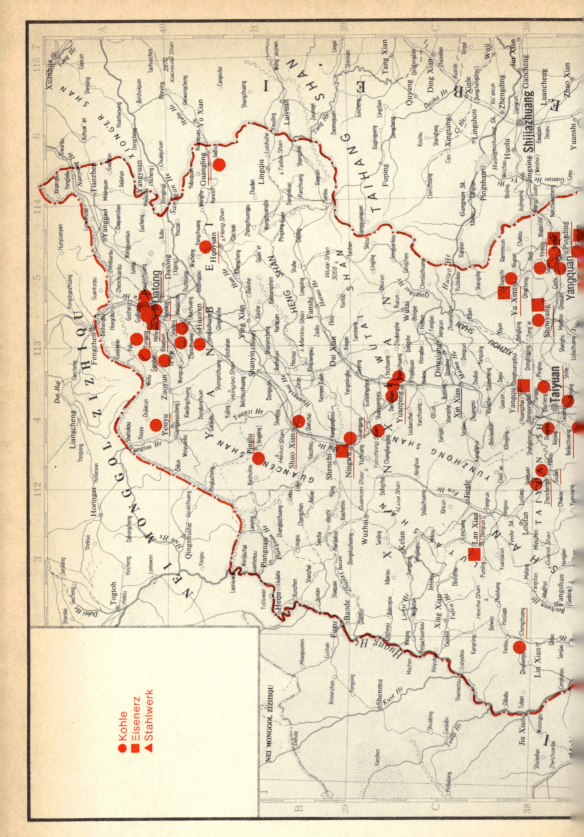

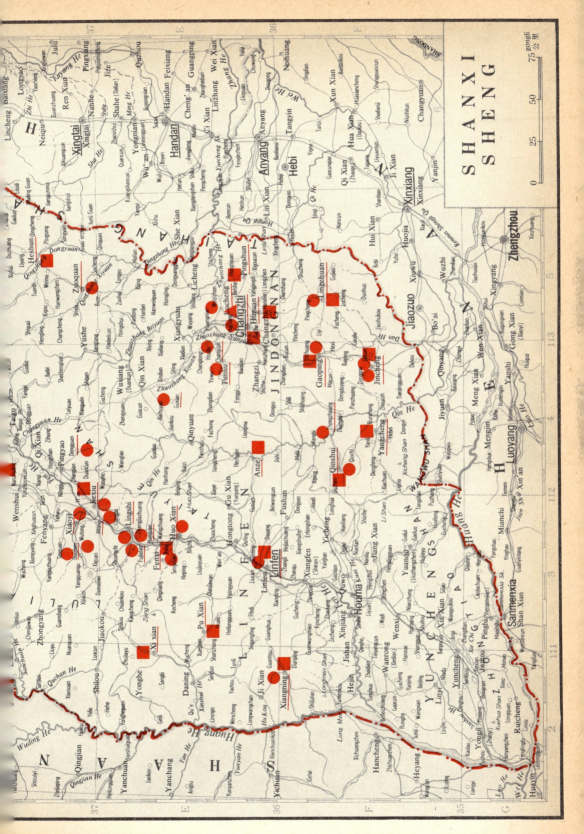

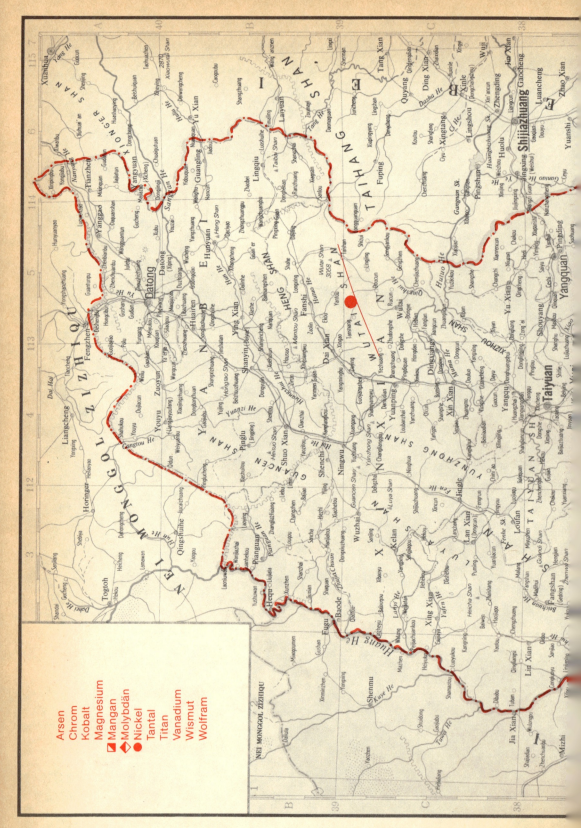

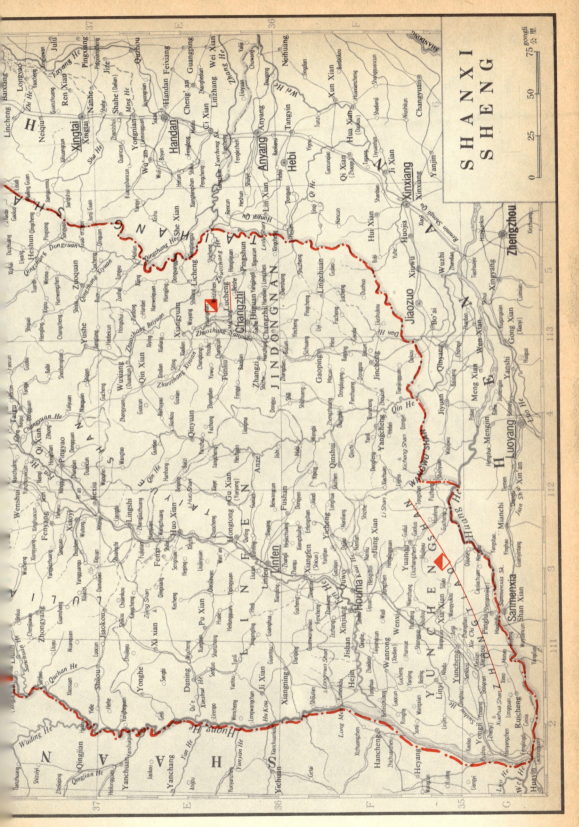

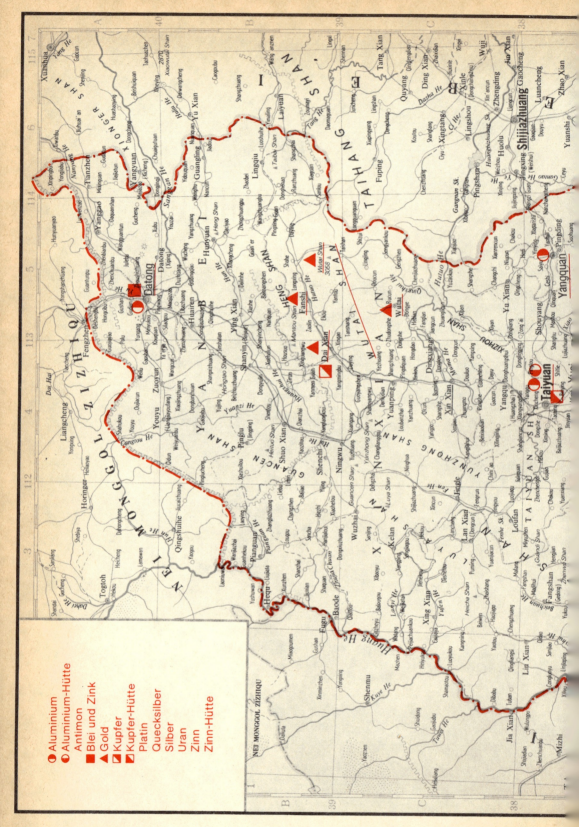

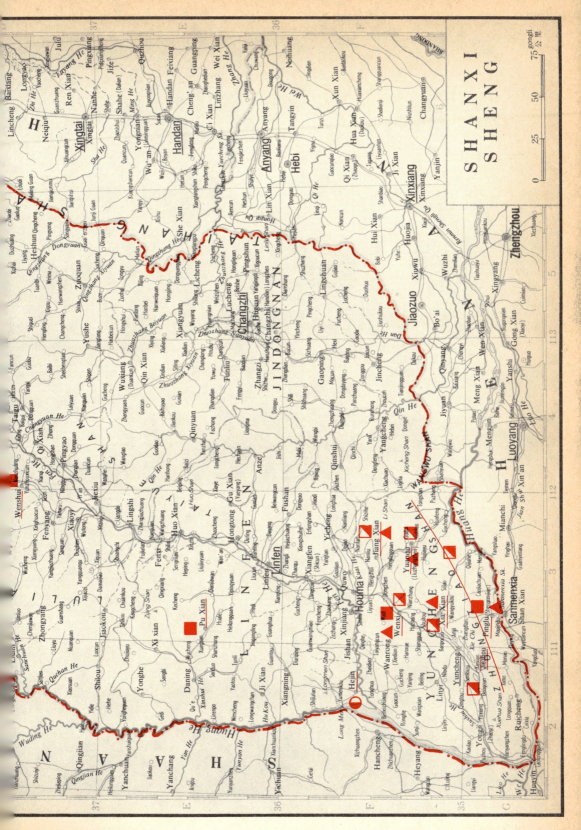

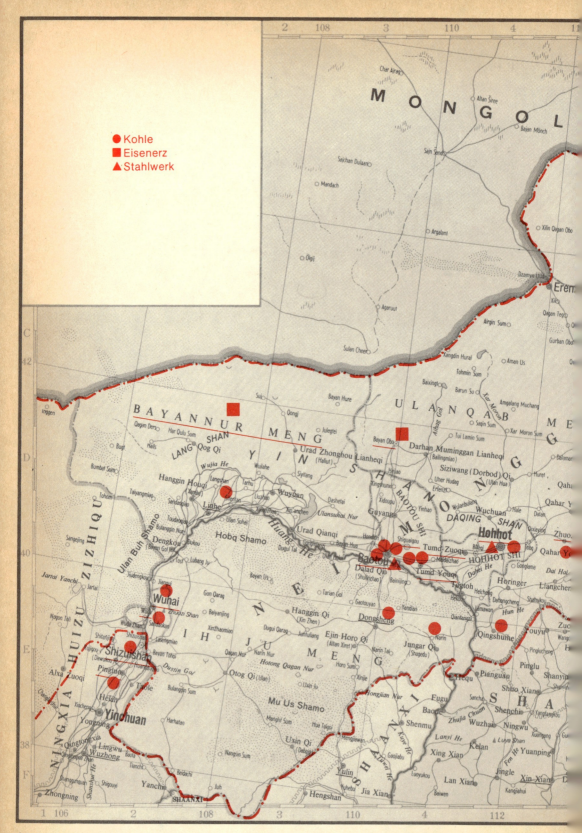

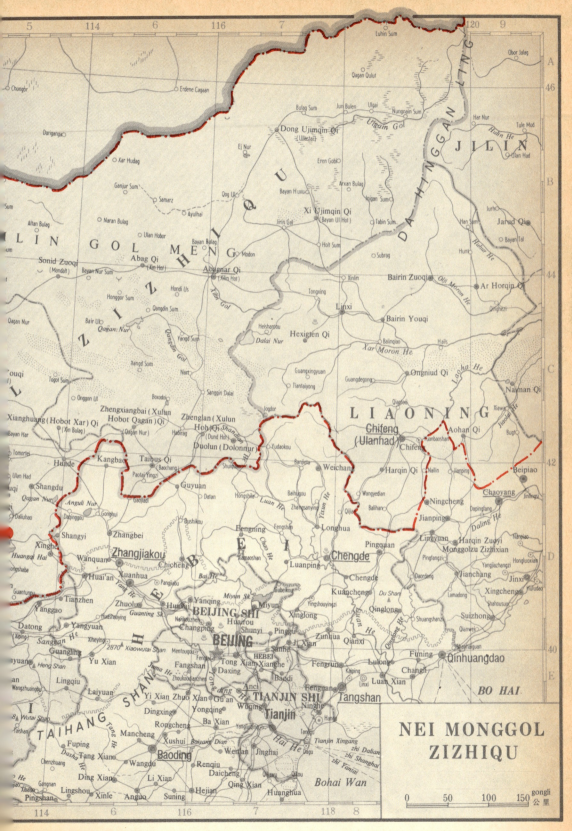

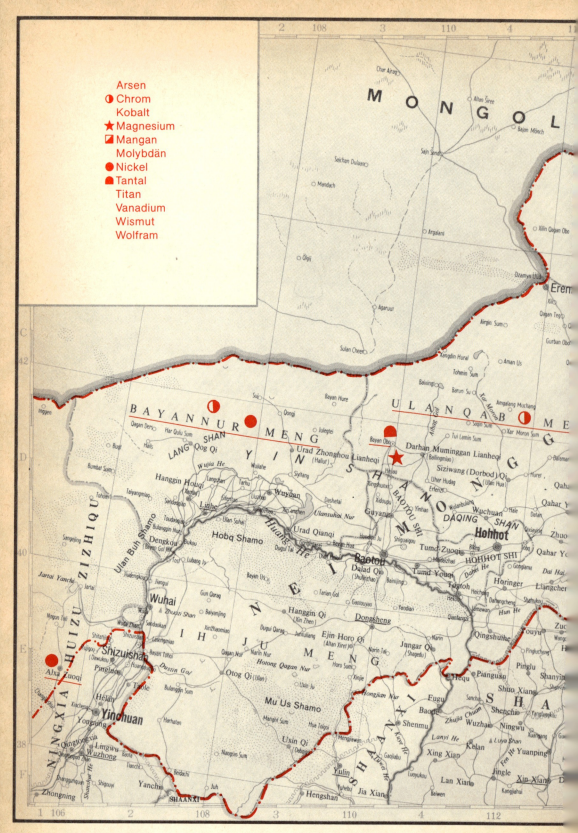

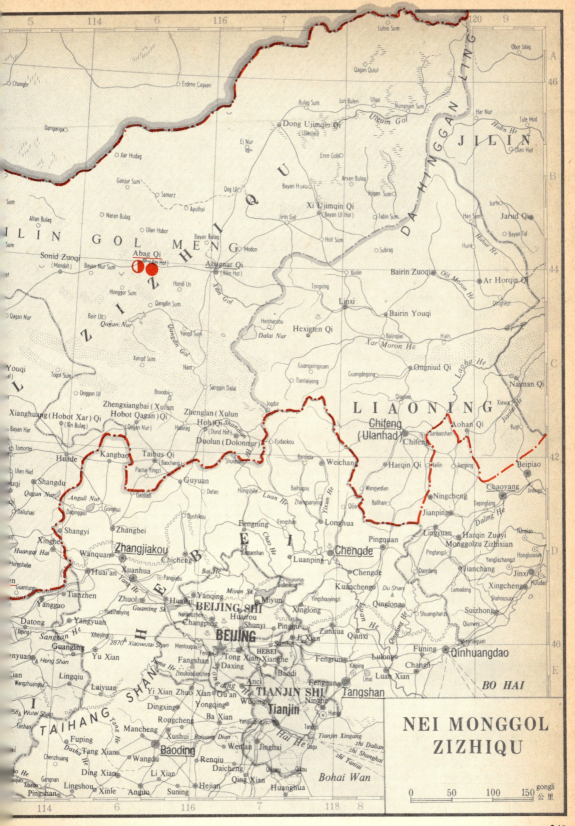

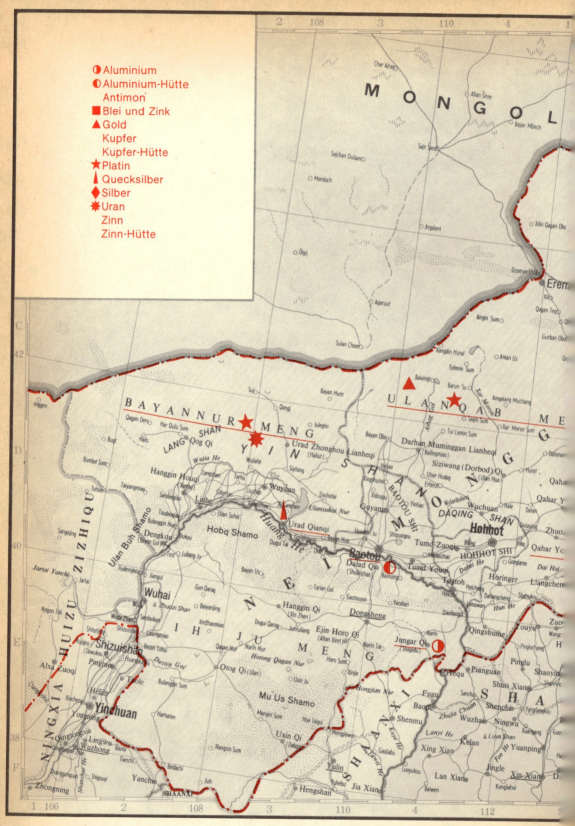

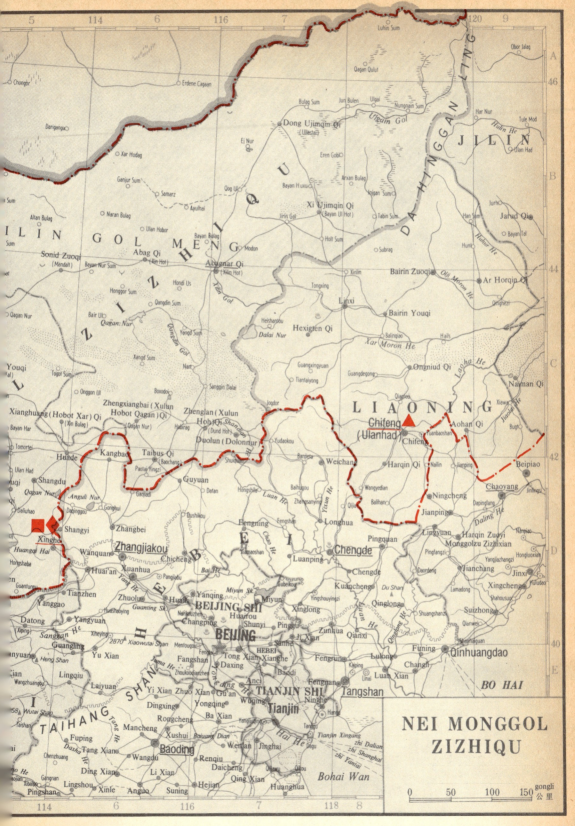

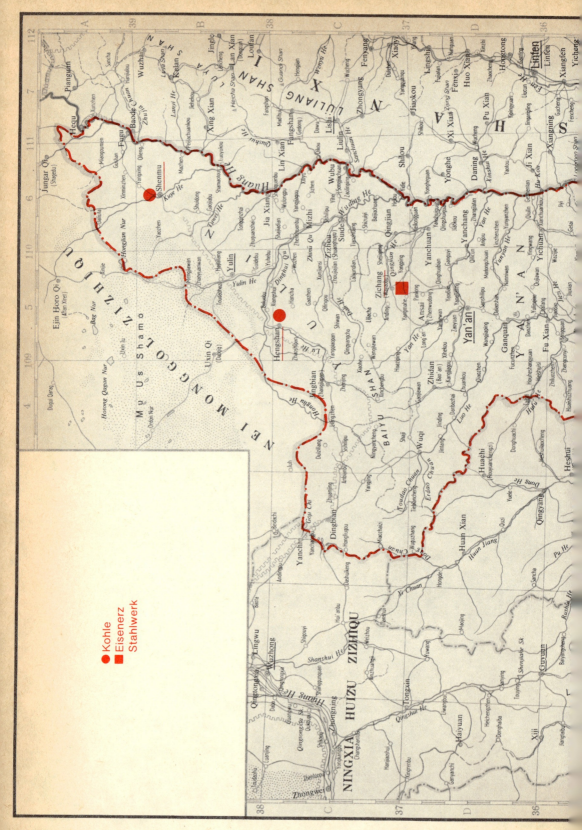

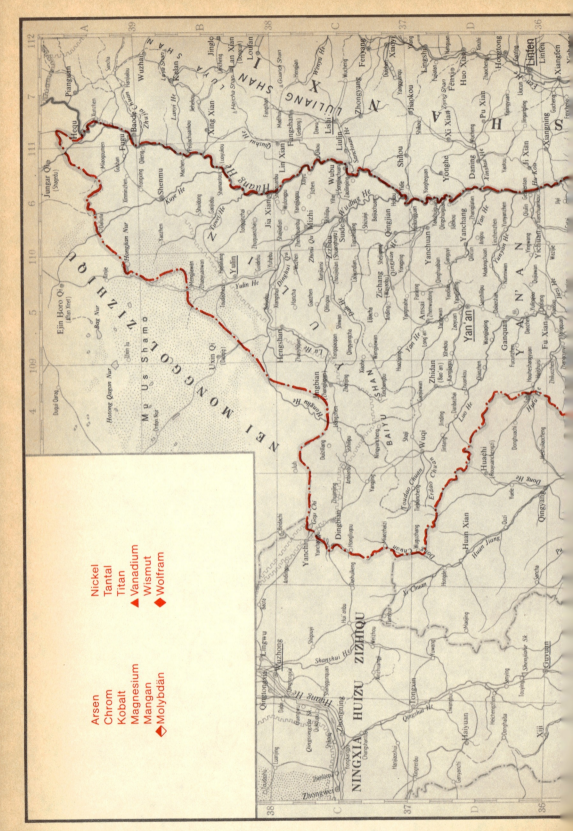

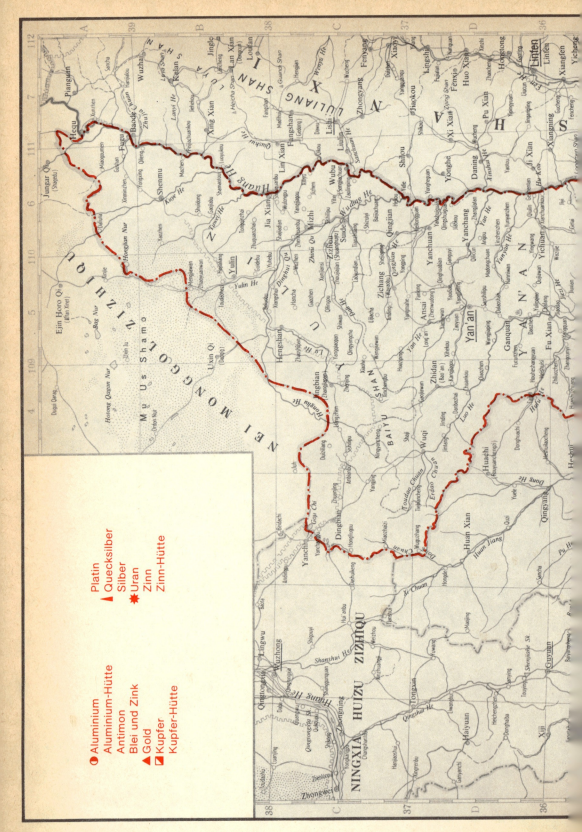

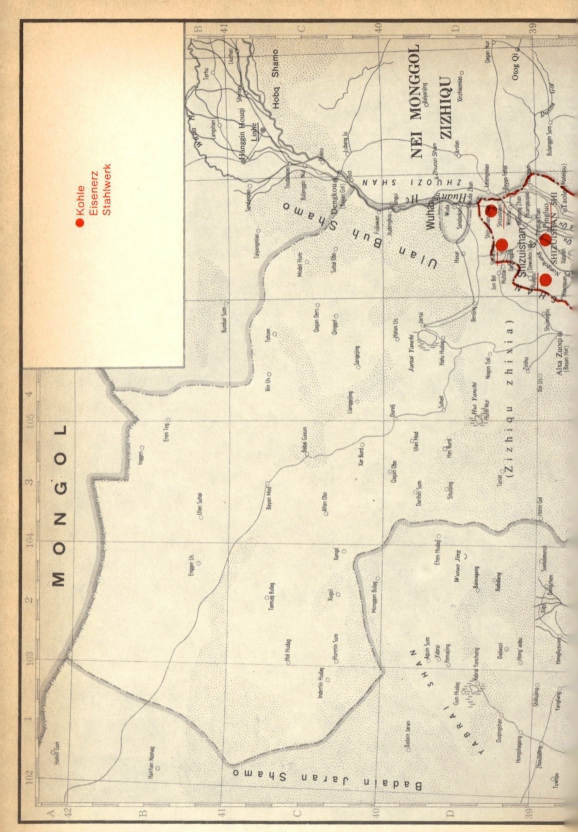

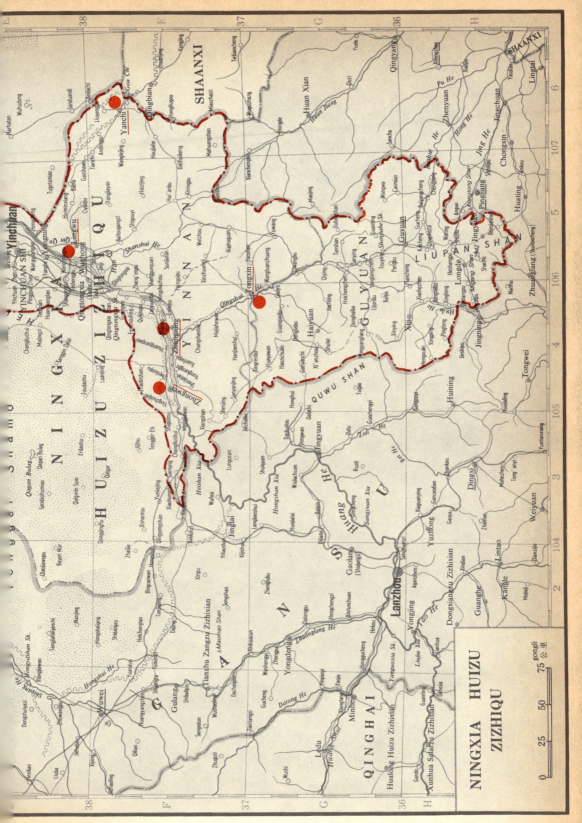

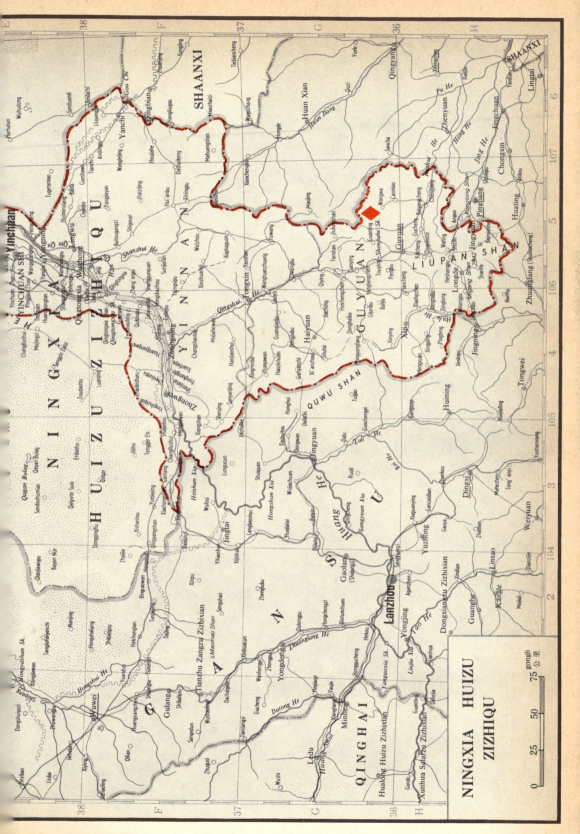

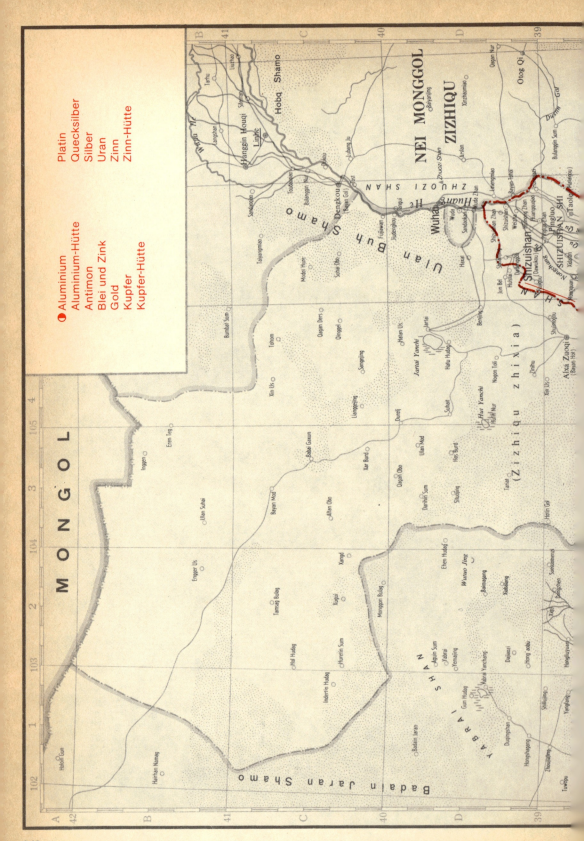

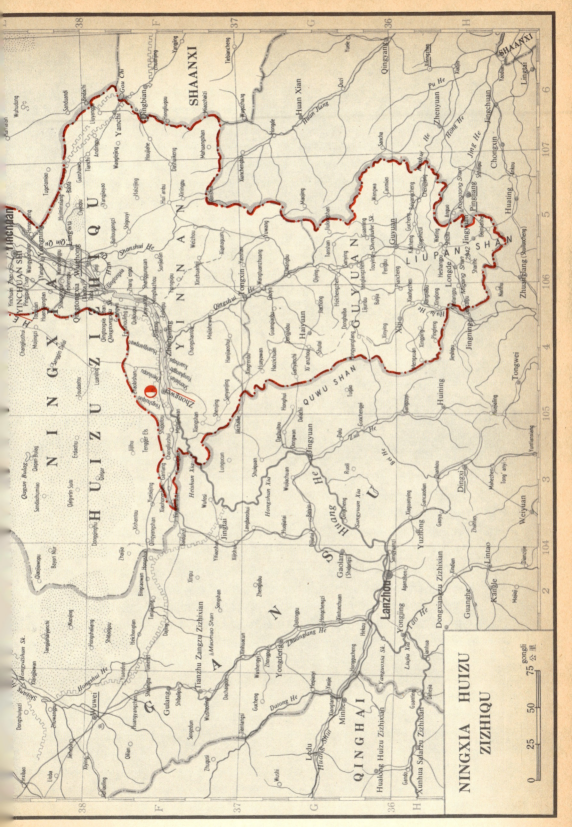

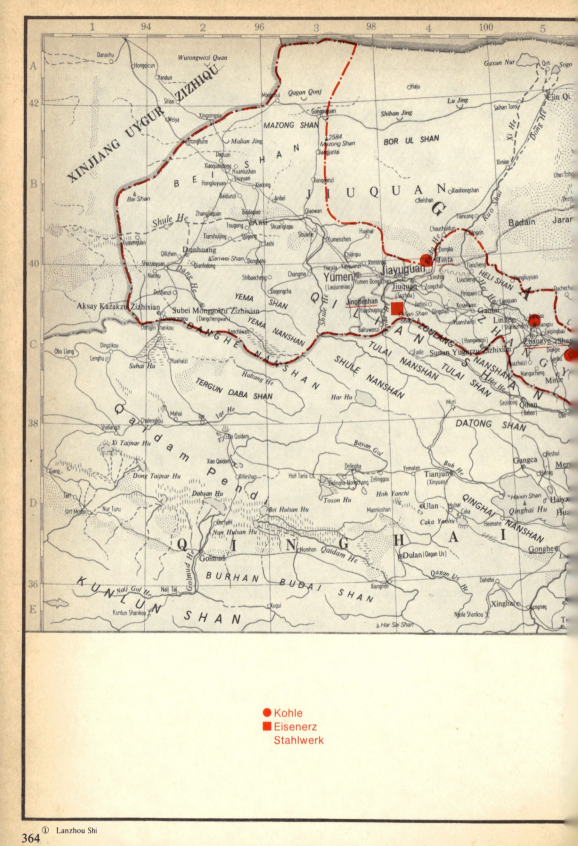

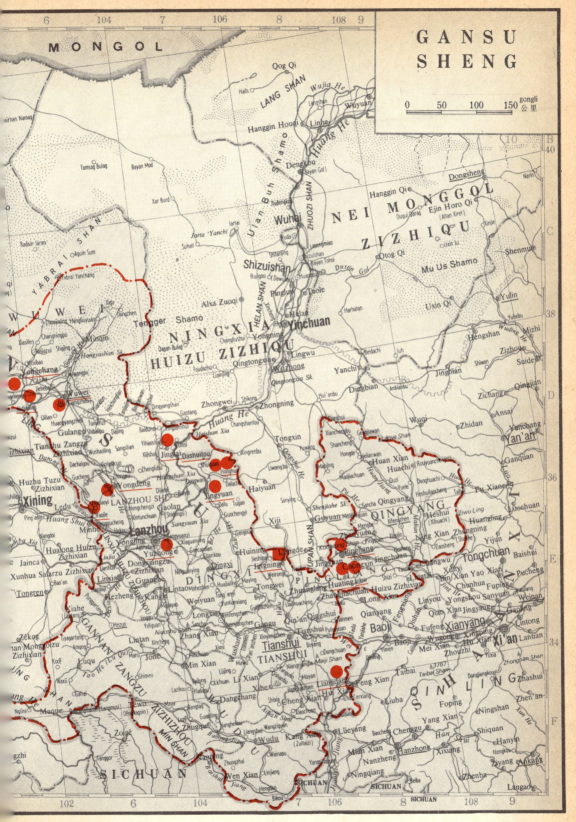

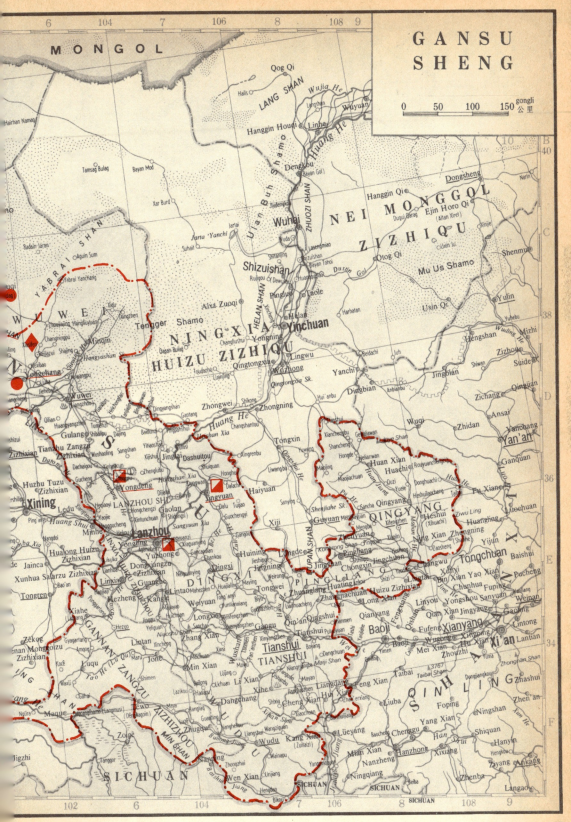

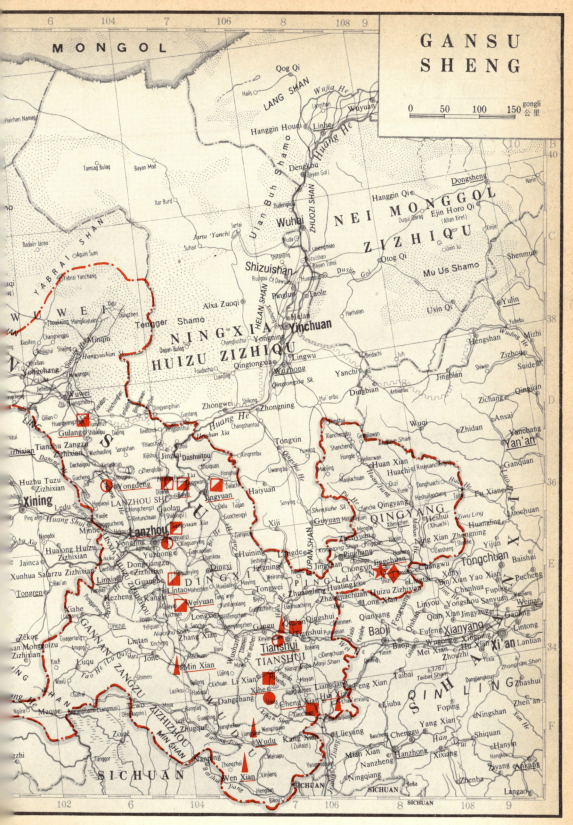

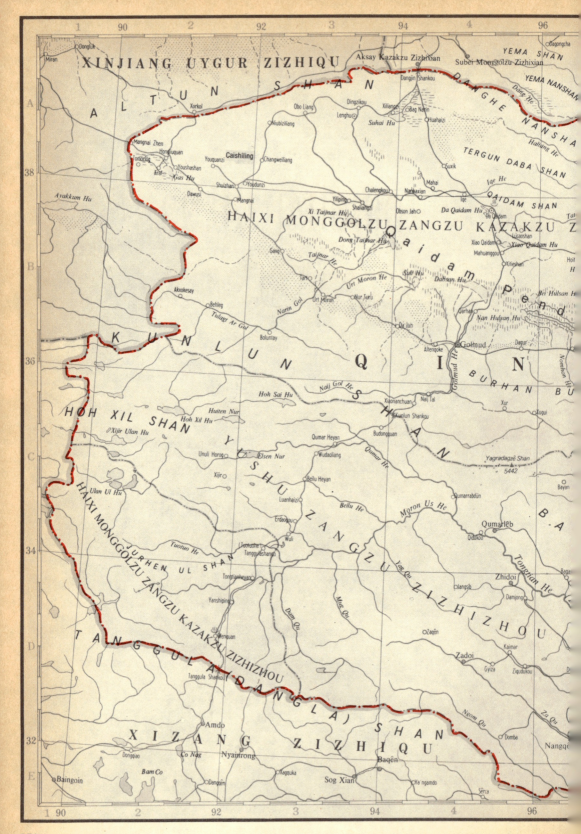

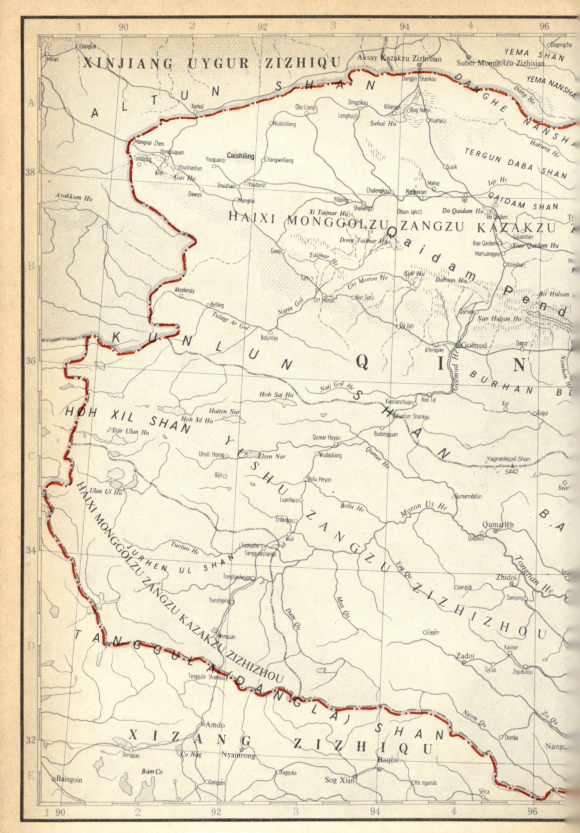

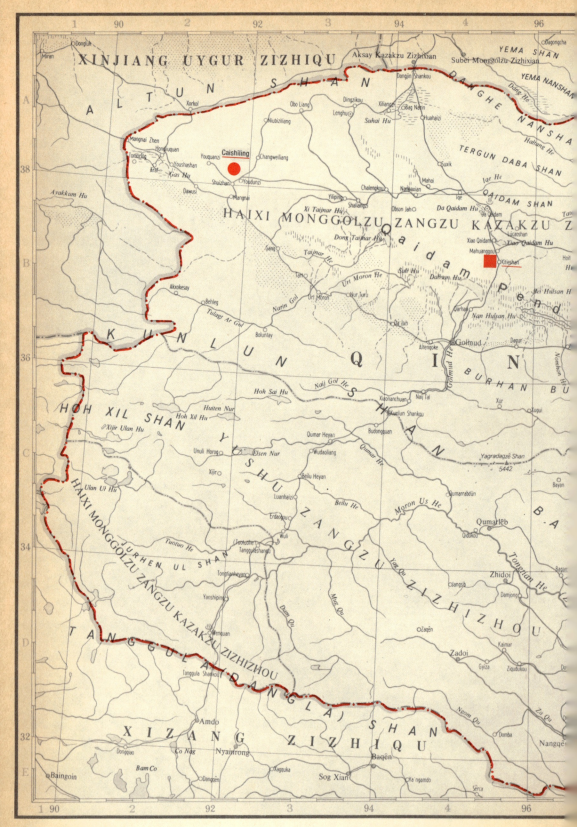

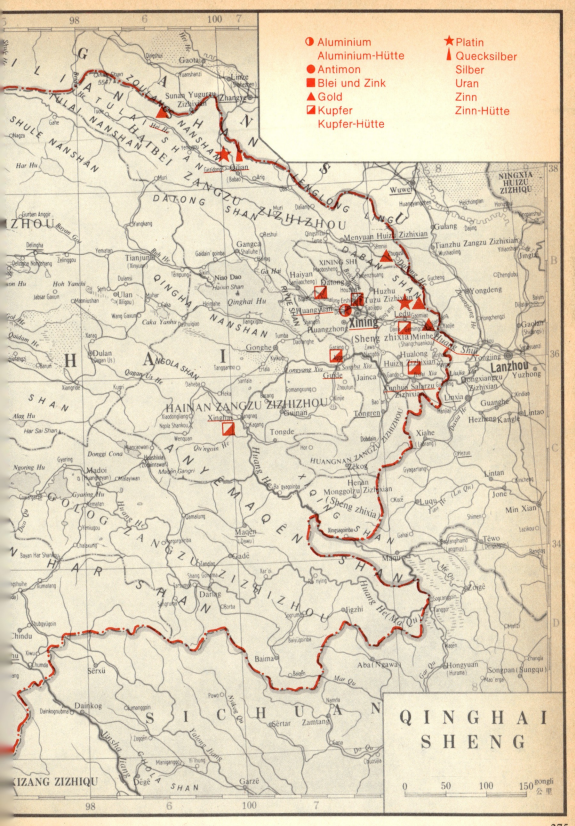

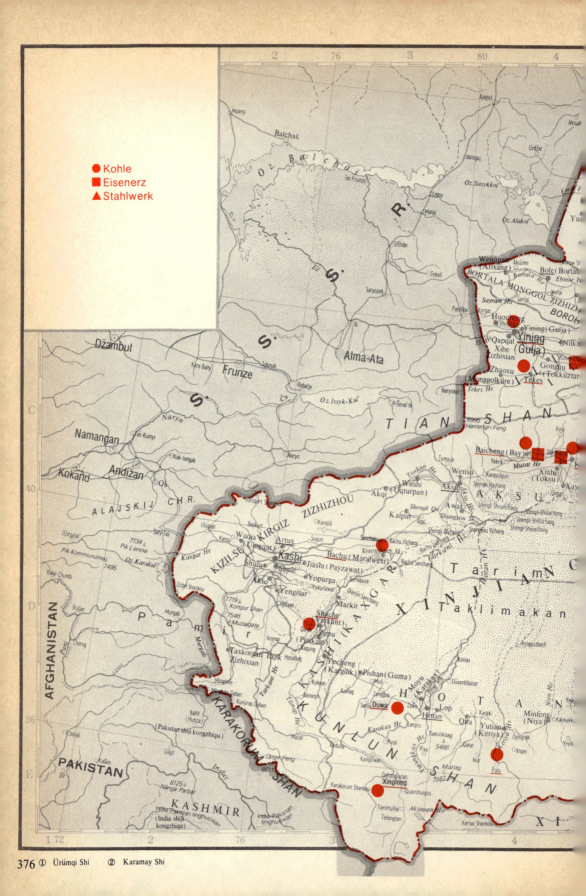

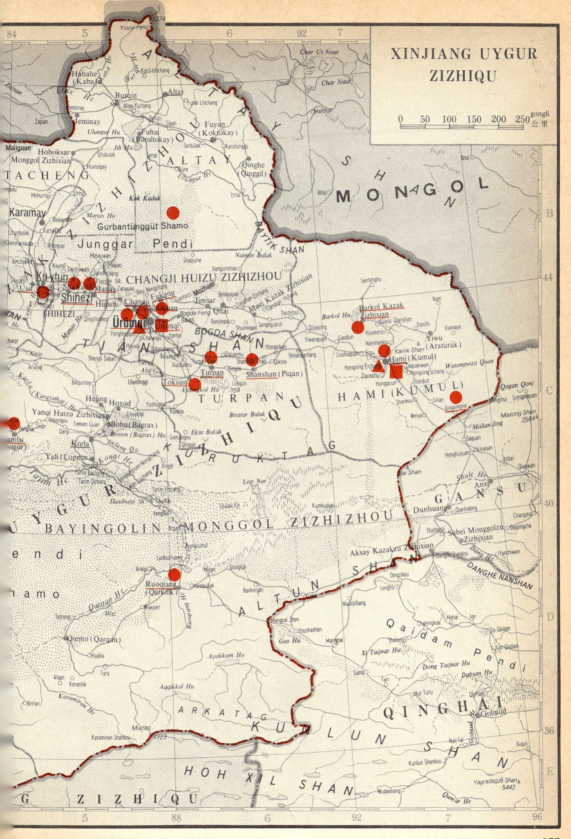

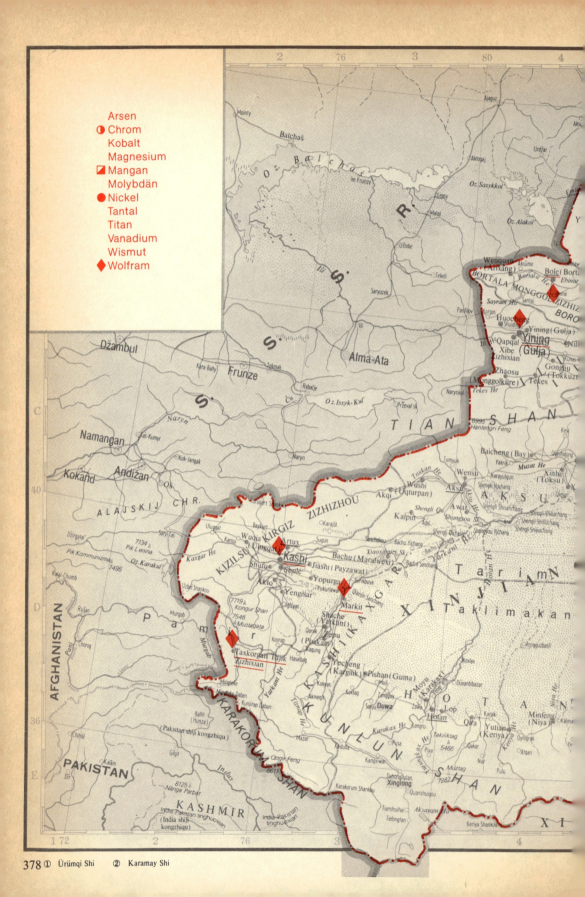

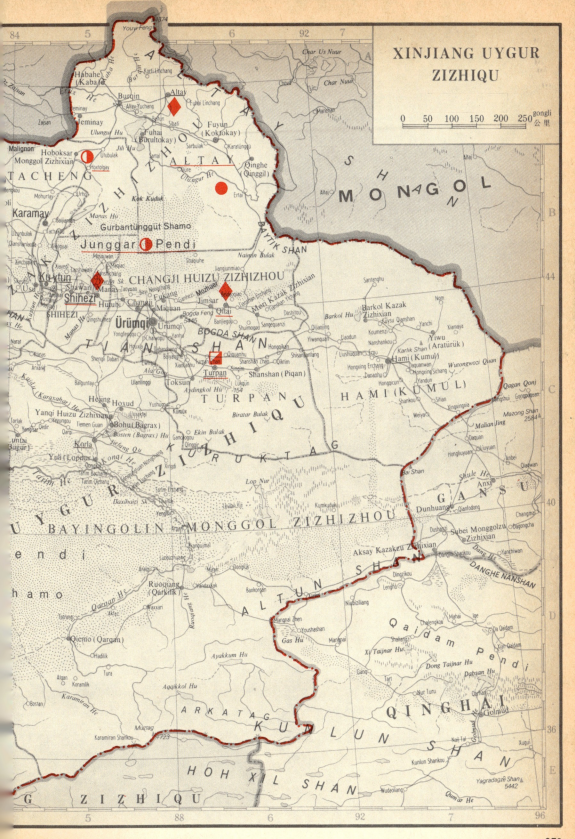

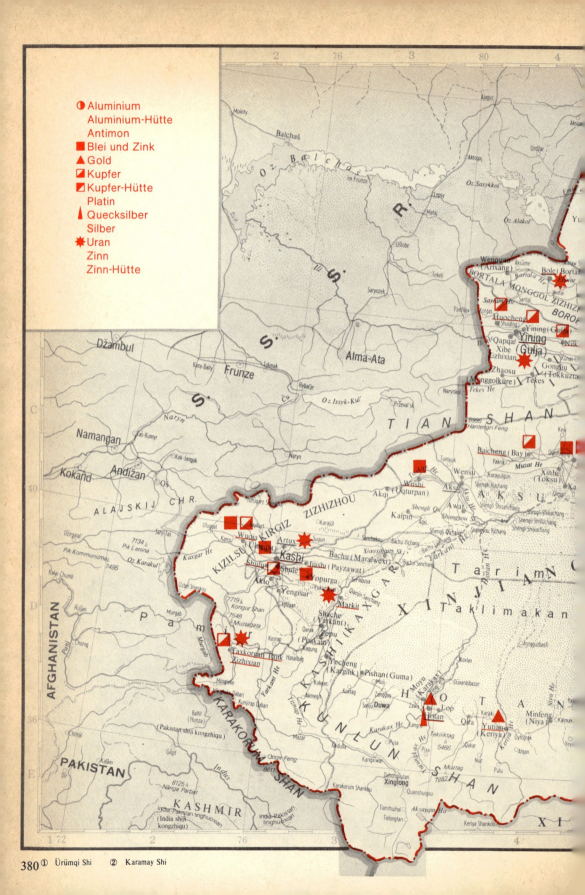

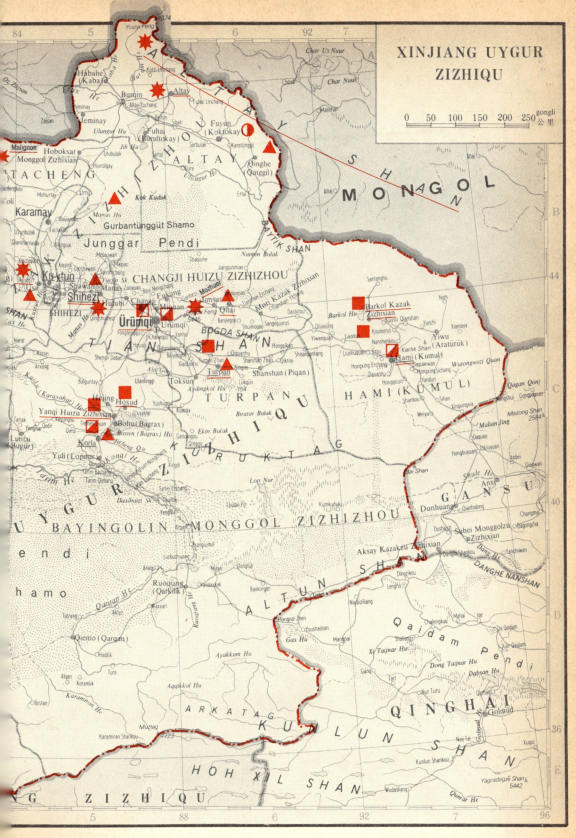

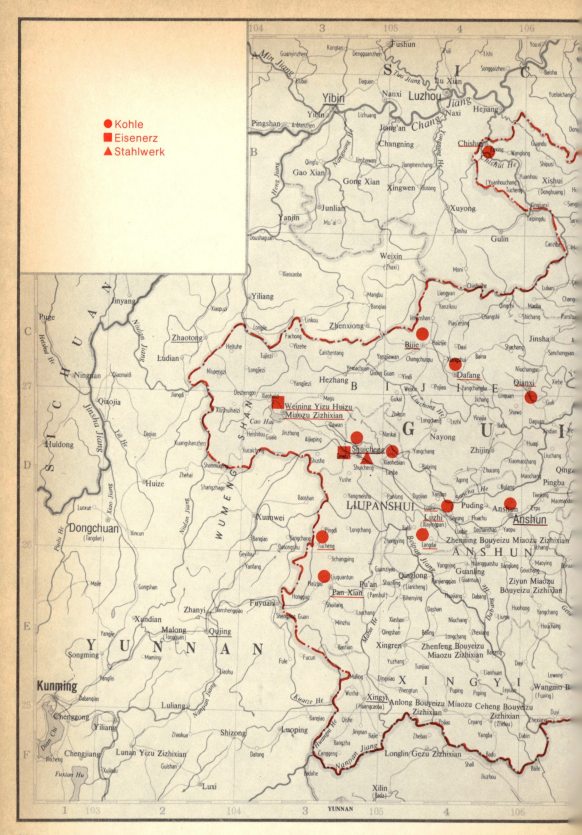

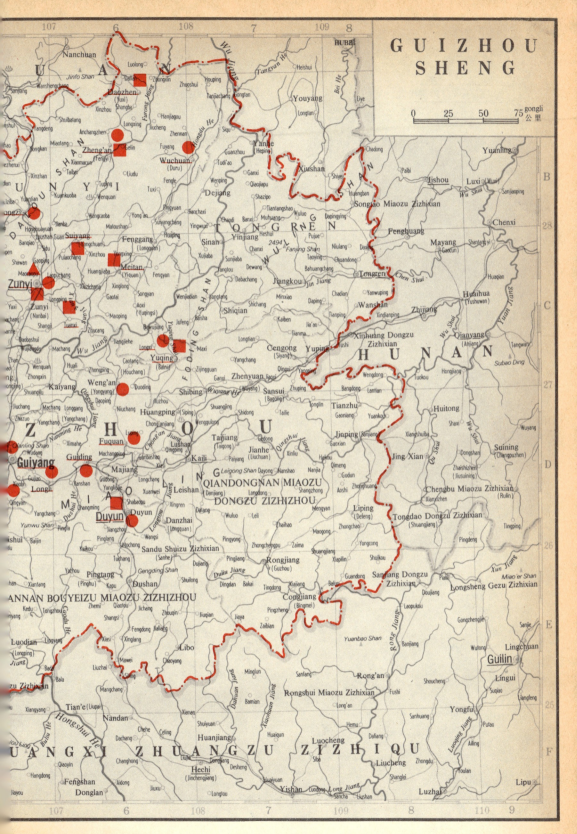

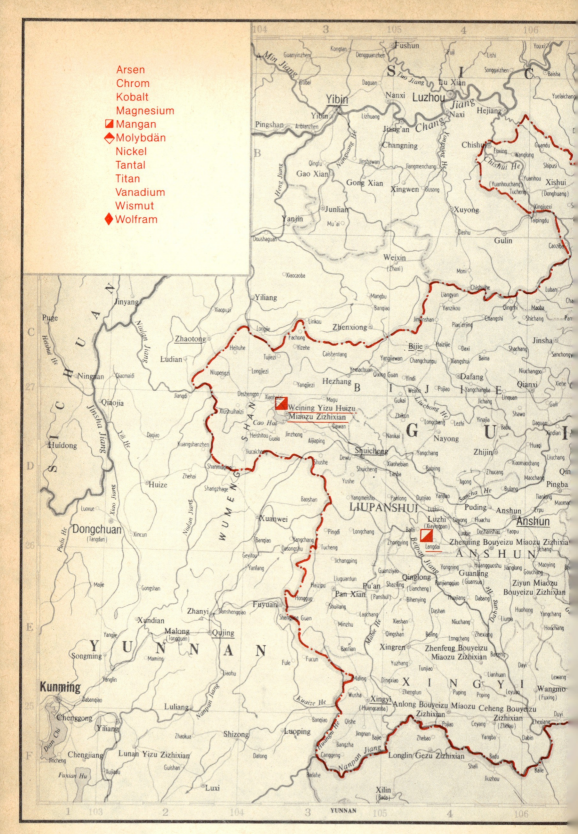

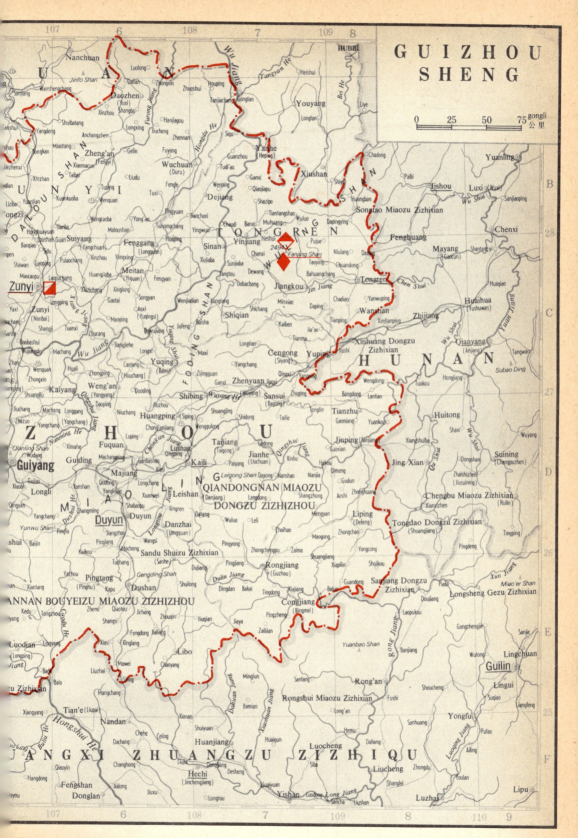

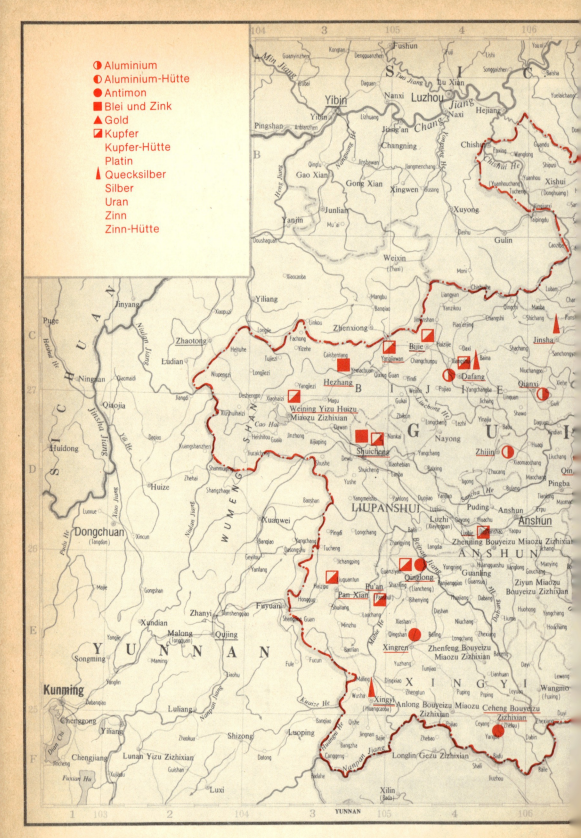

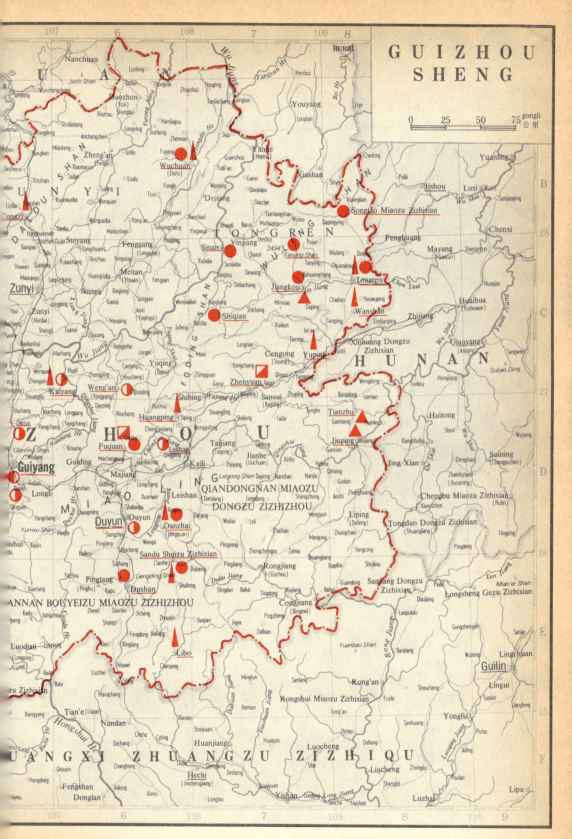

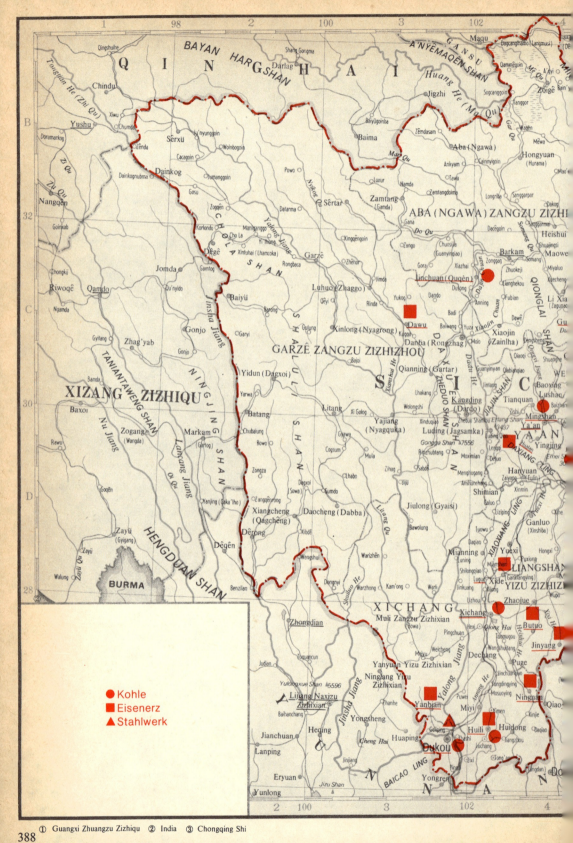

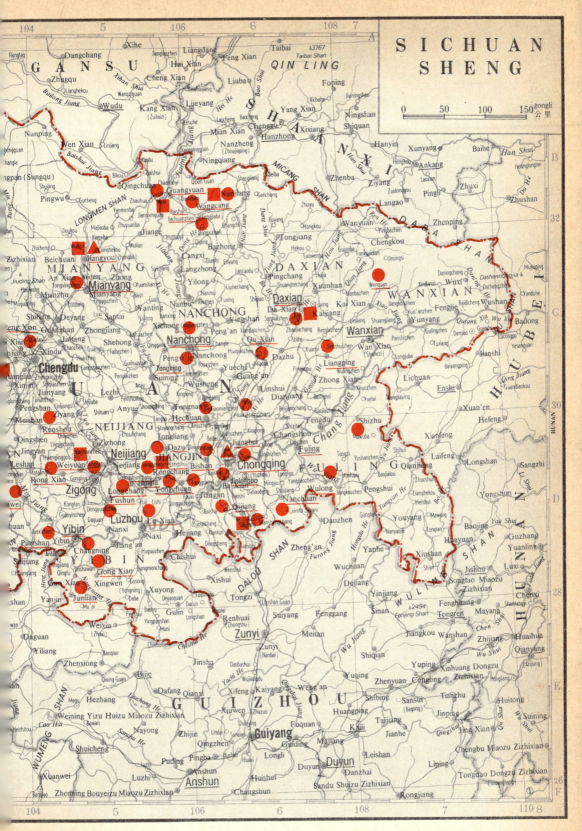

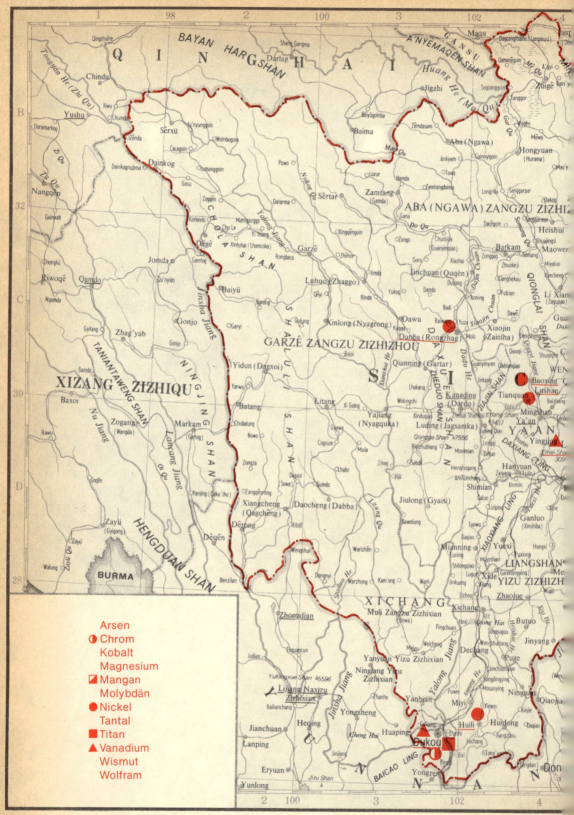

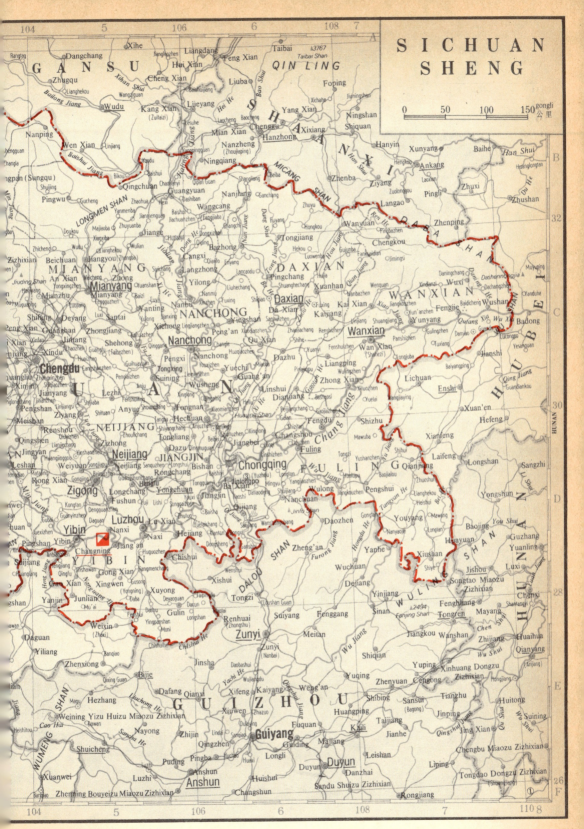

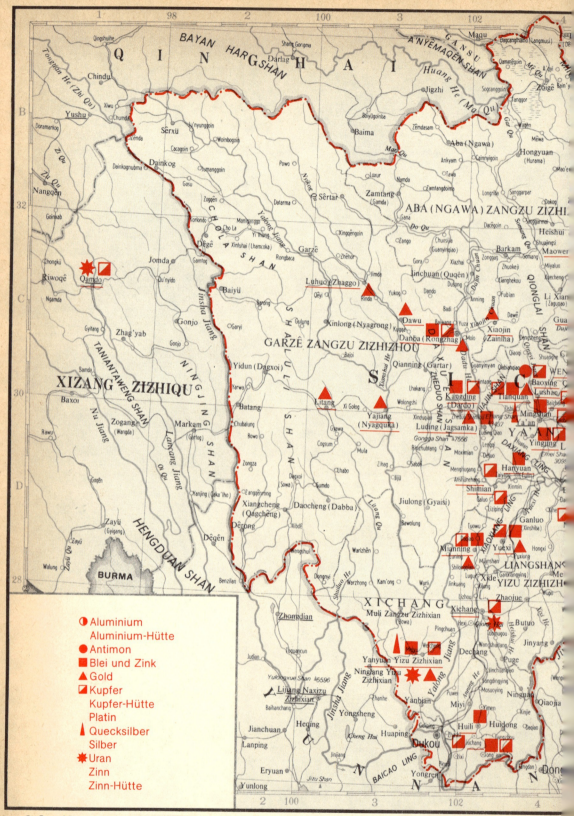

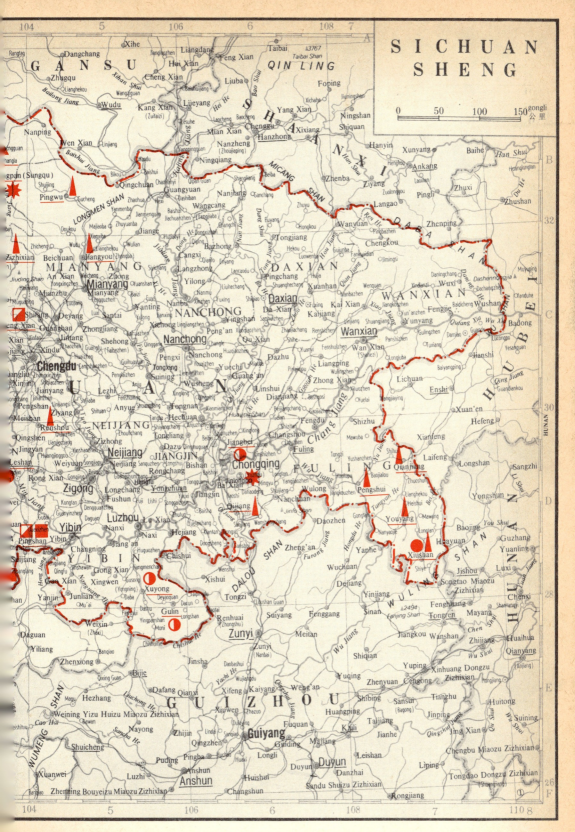

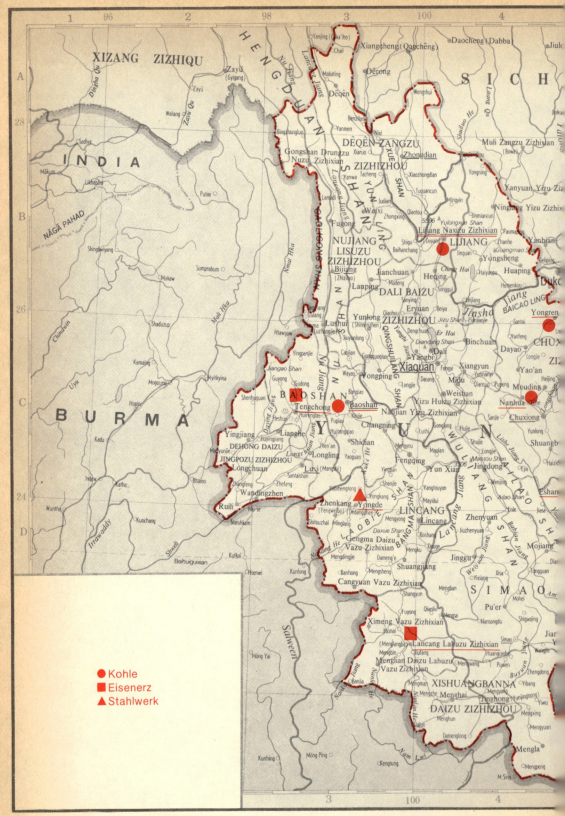

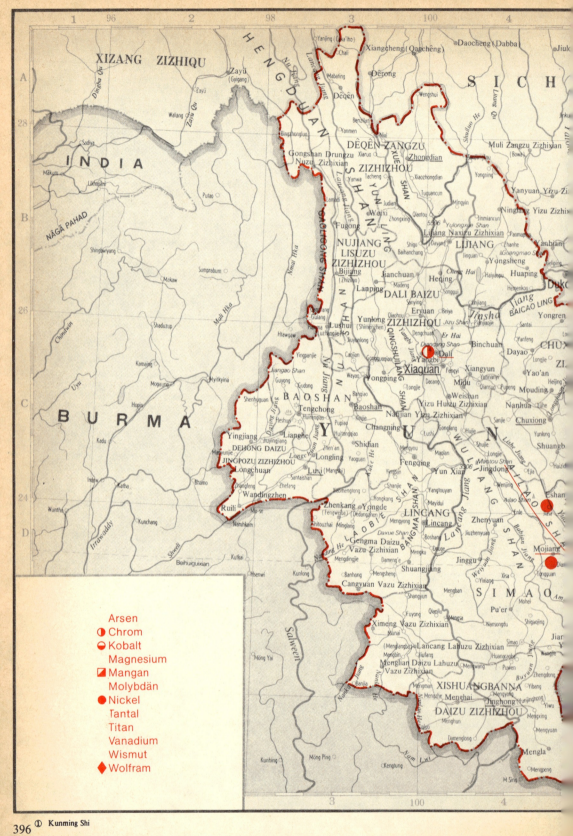

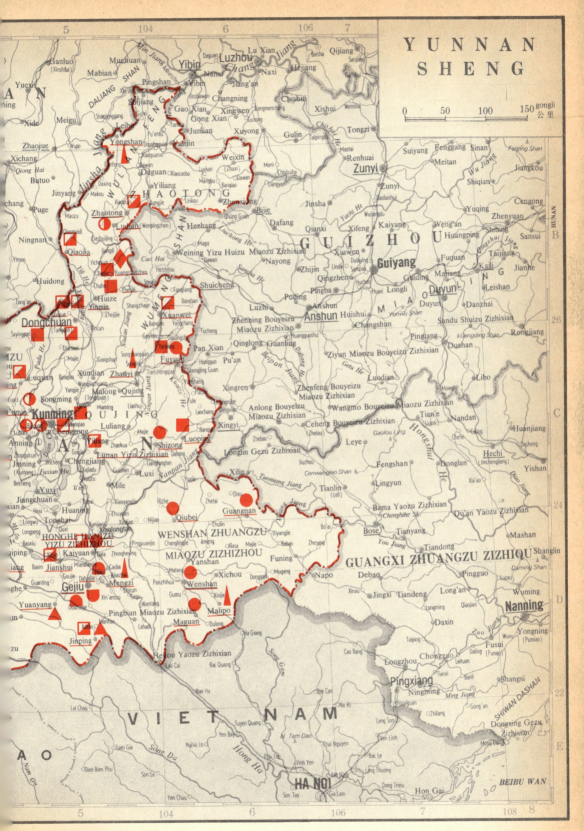

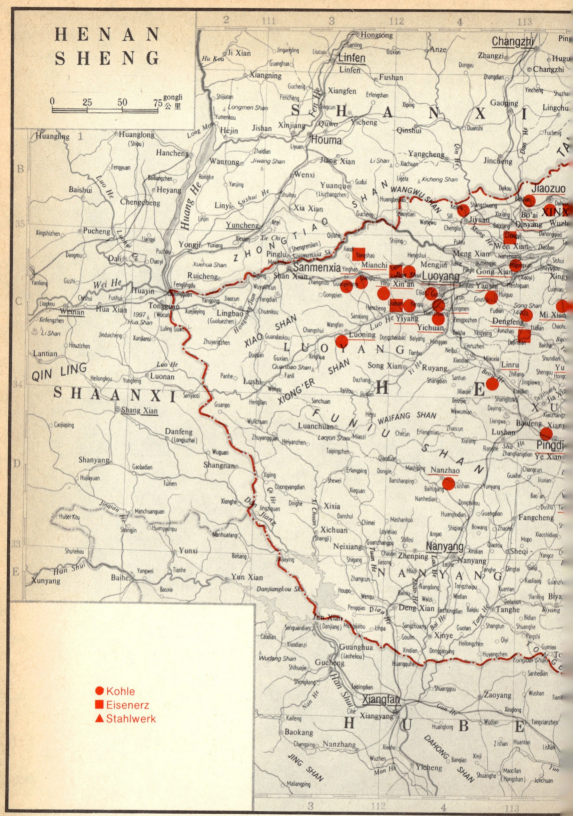

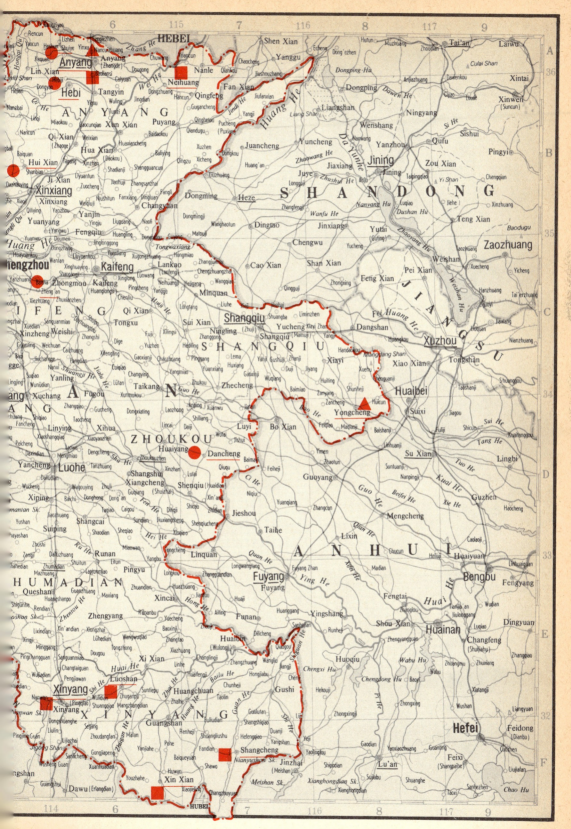

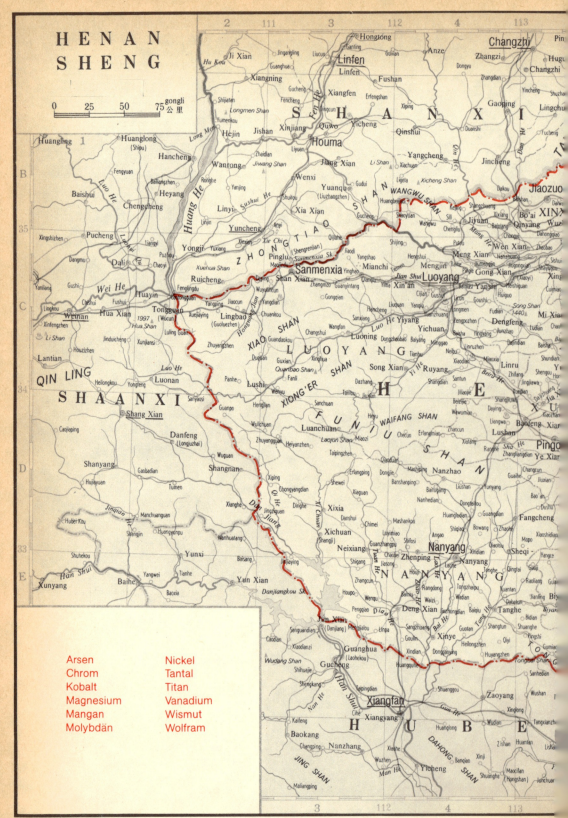

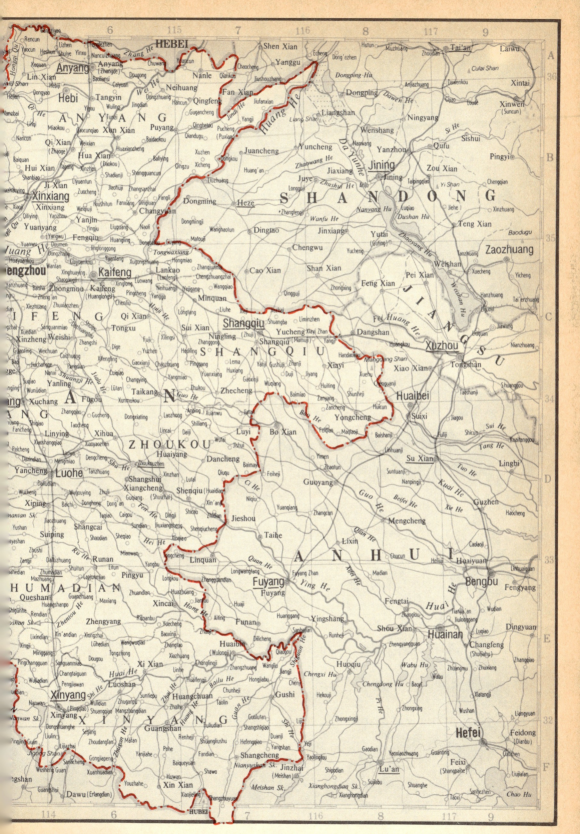

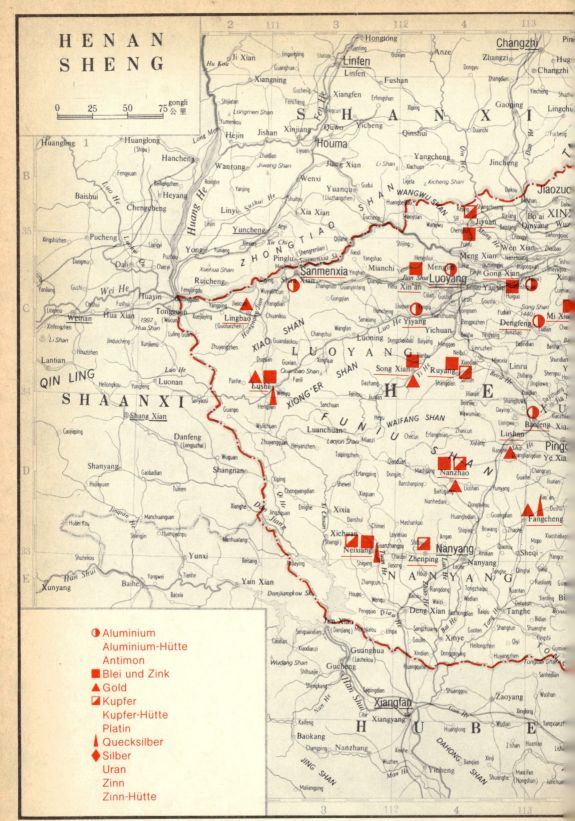

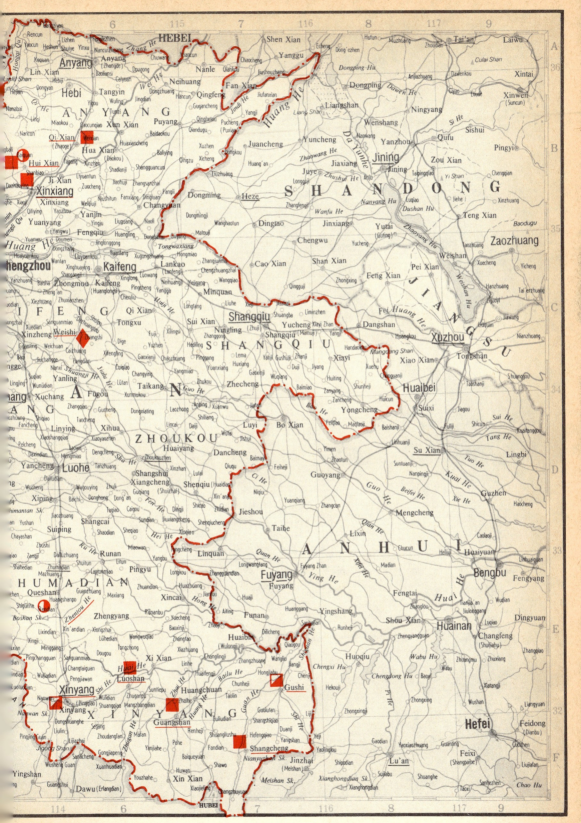

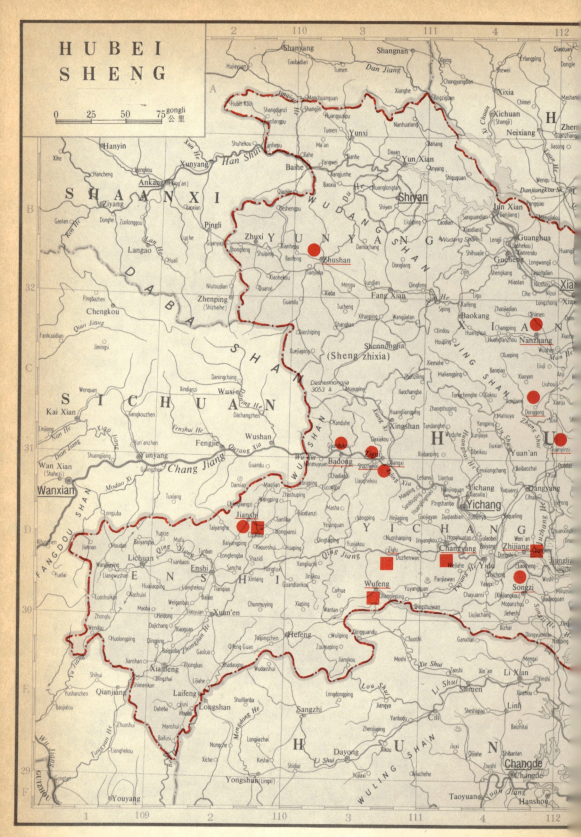

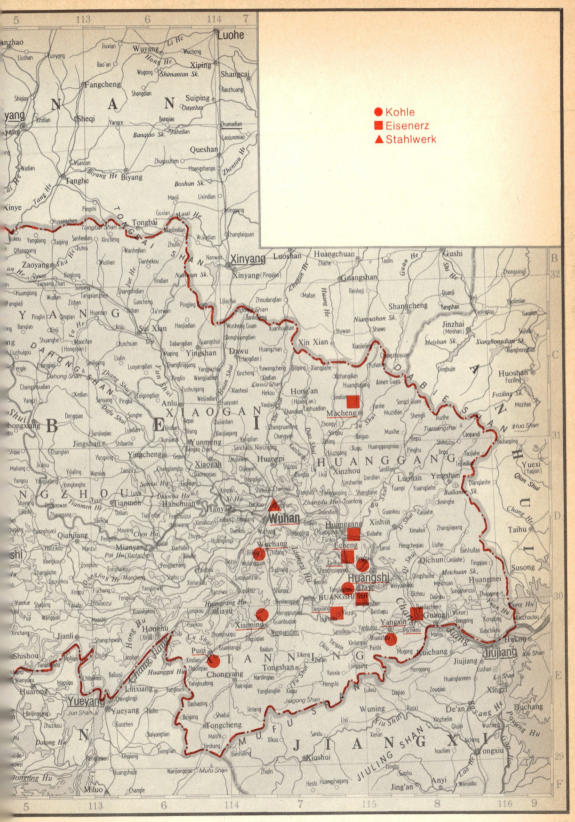

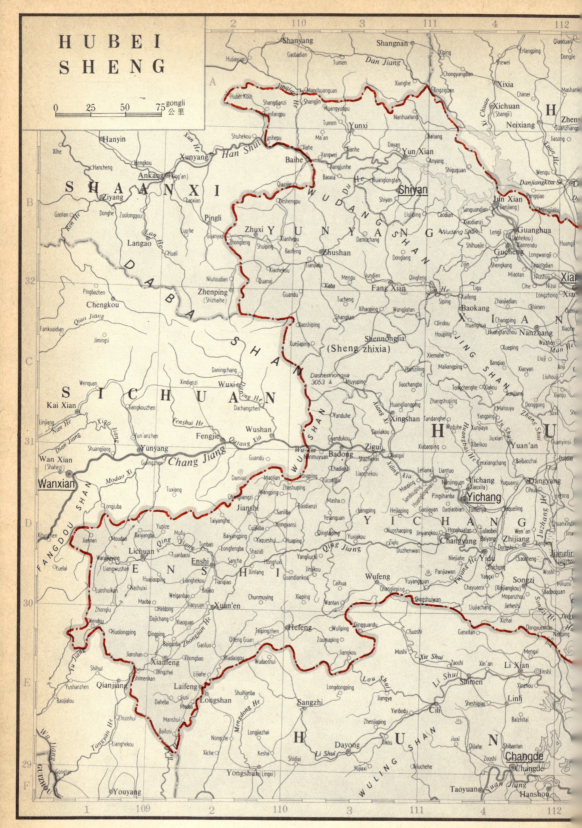

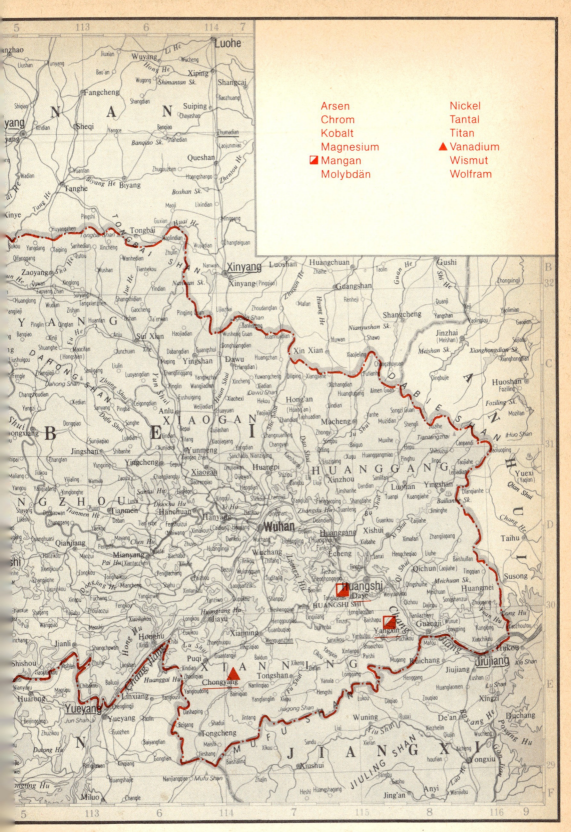

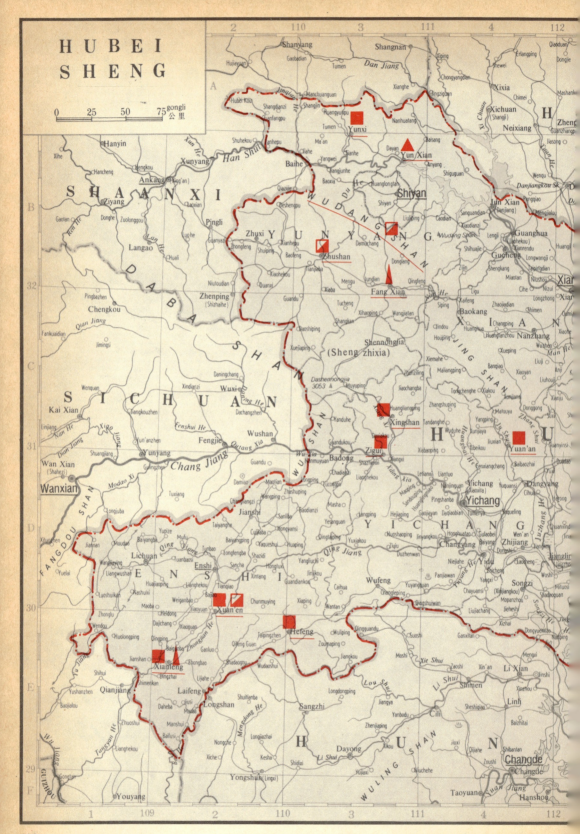

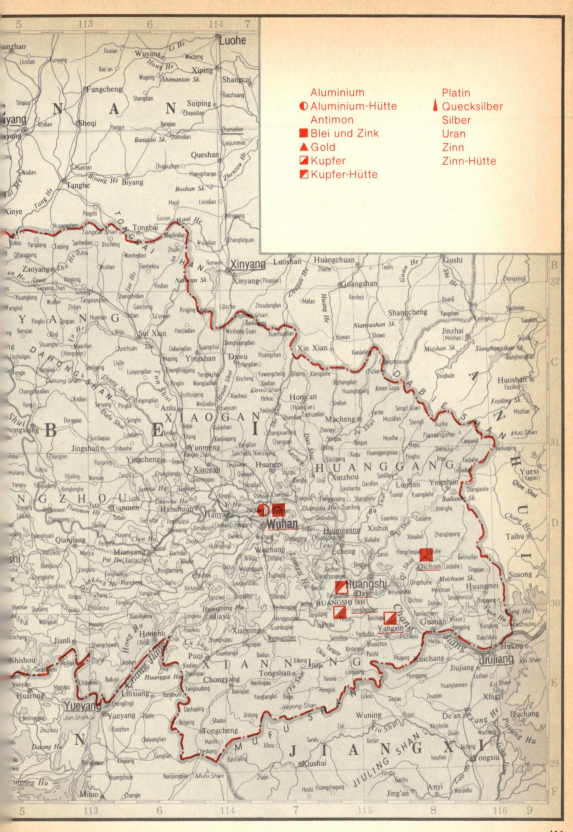

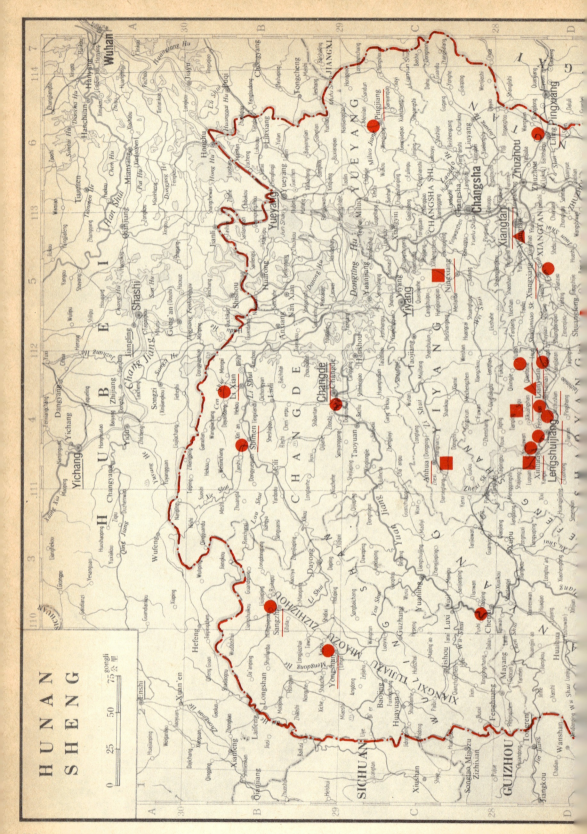

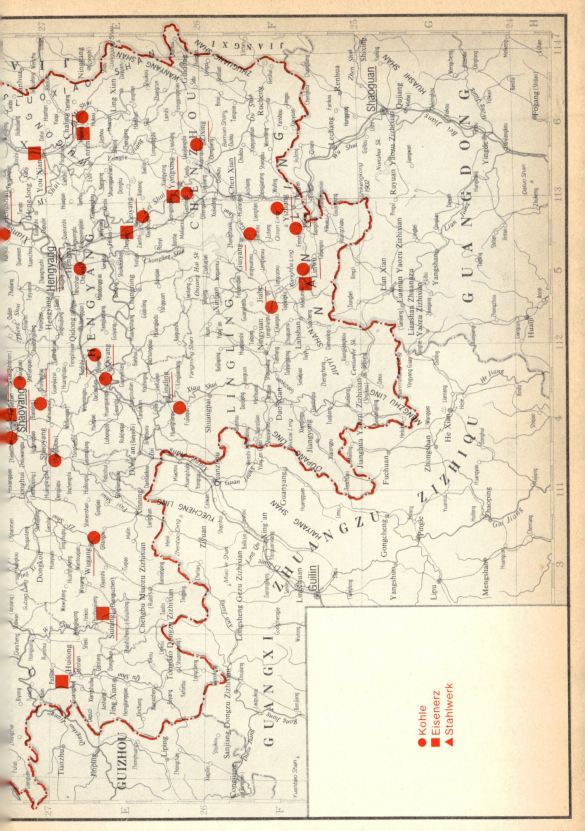

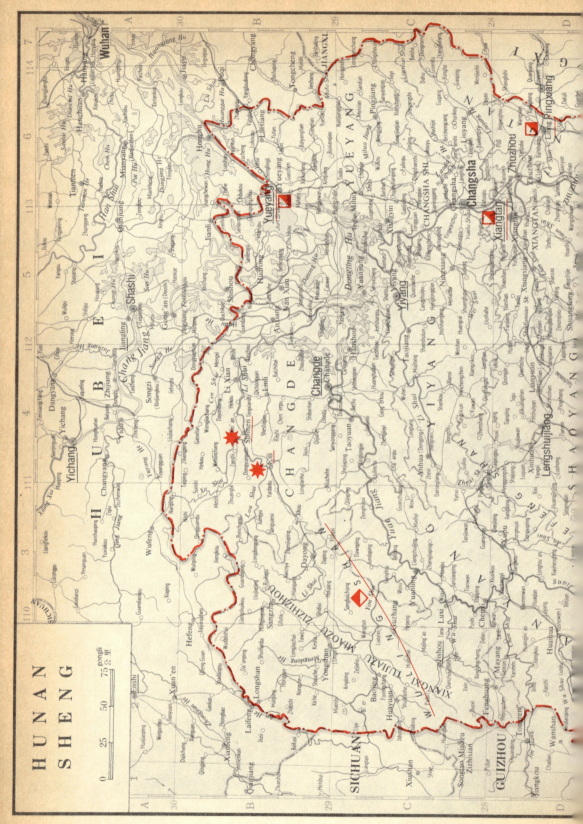

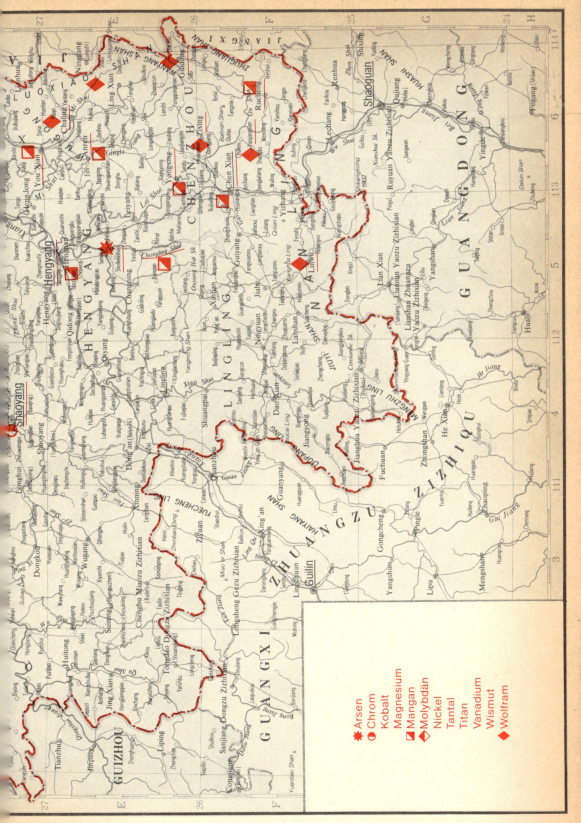

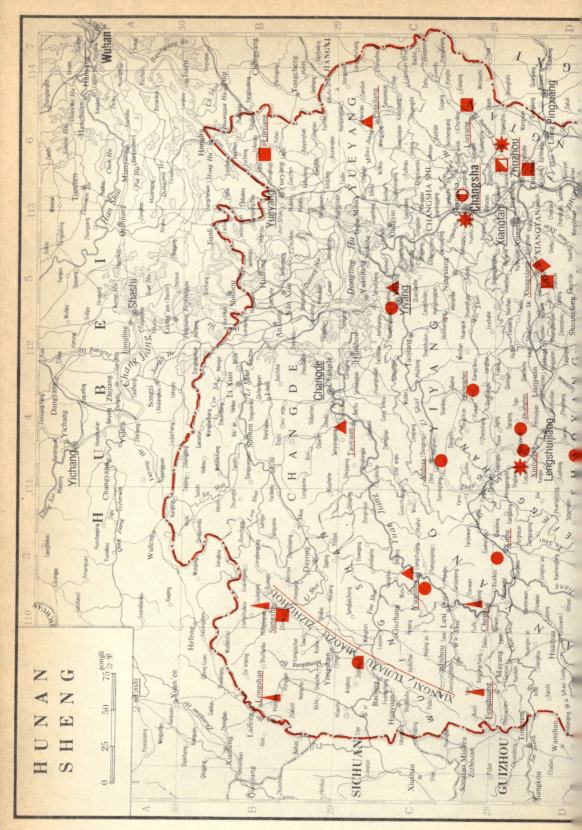

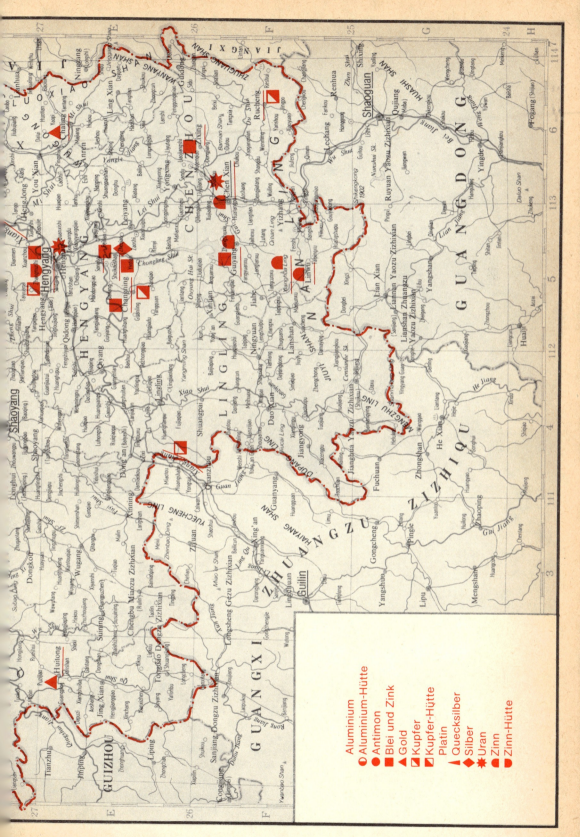

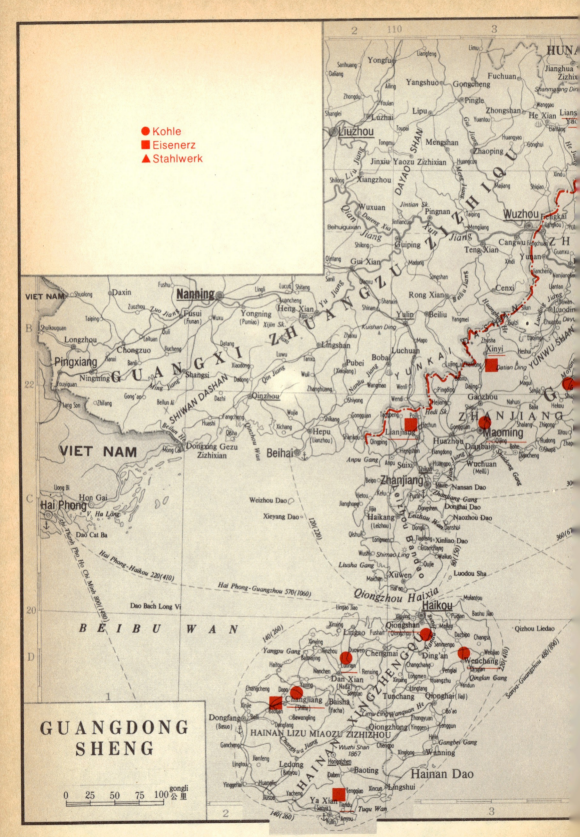

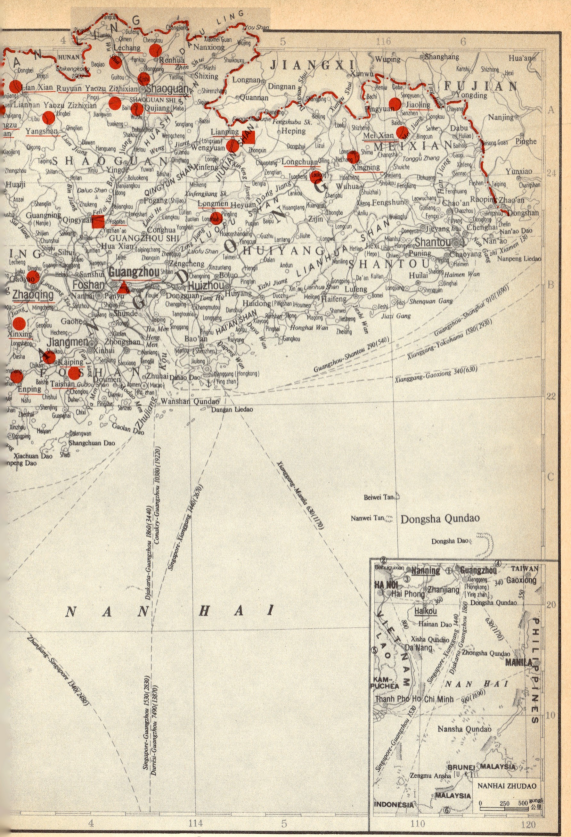

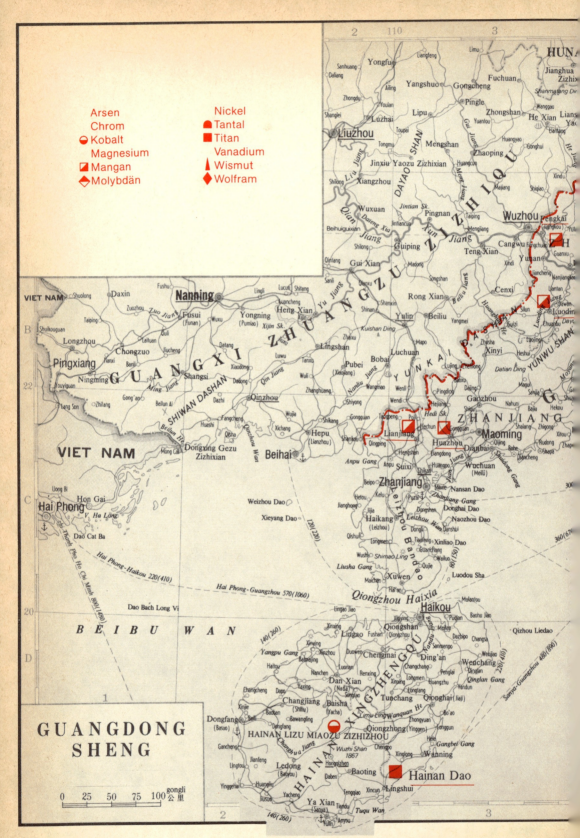

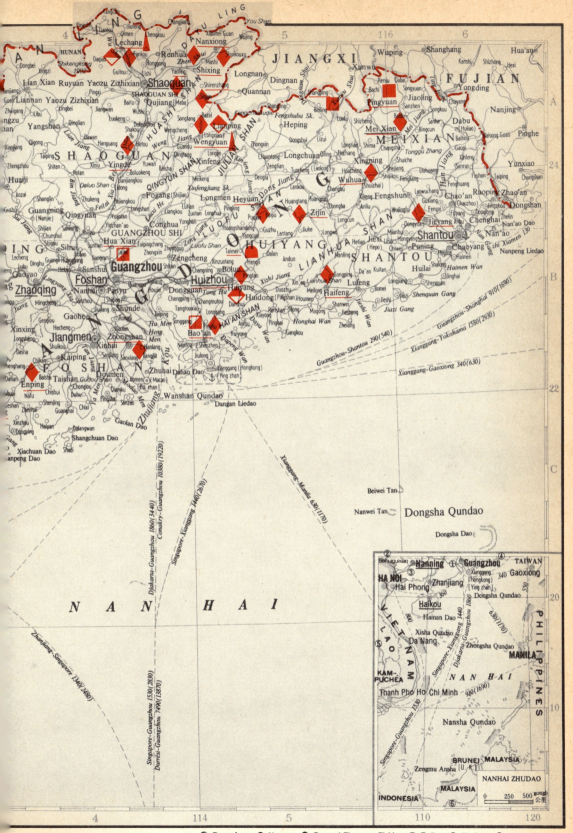

① Guangdong　② Yunnan　③ Guangxi Zhuangzu Zizhiqu　④ Fujian　⑤ Thailand　⑥ Indonesia

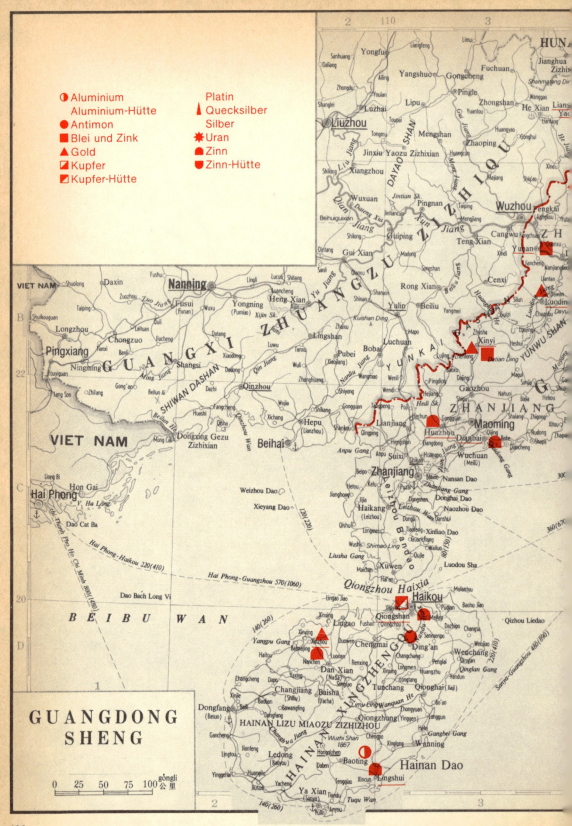

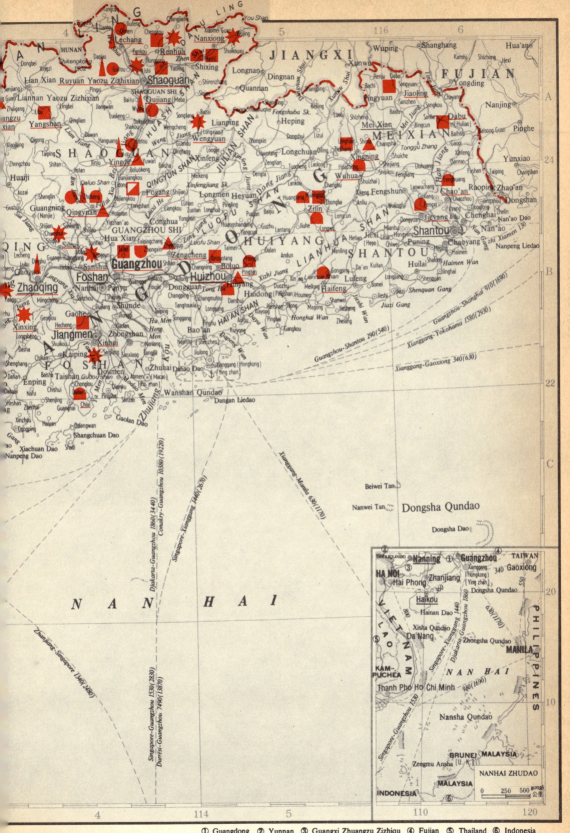

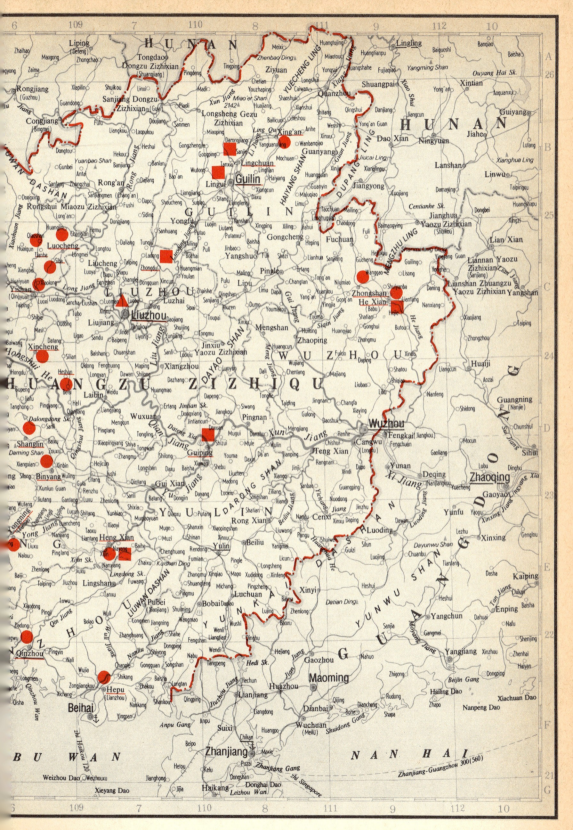

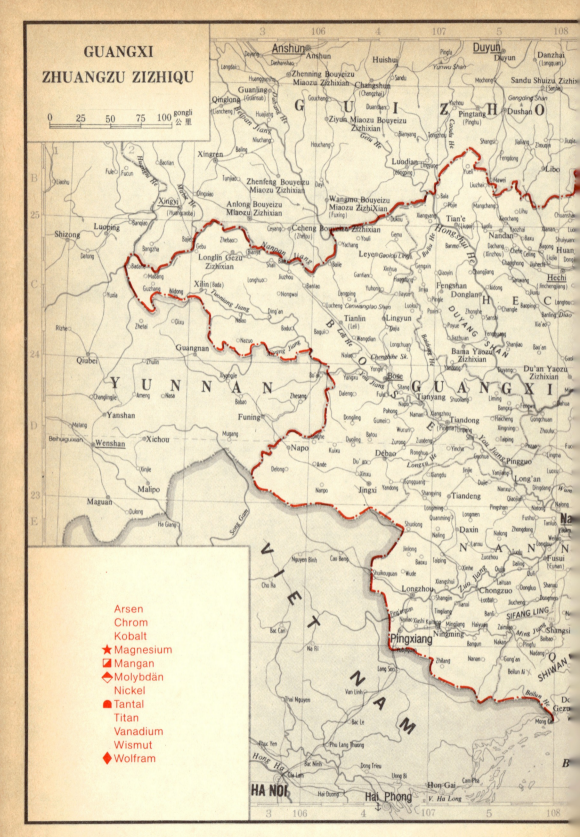

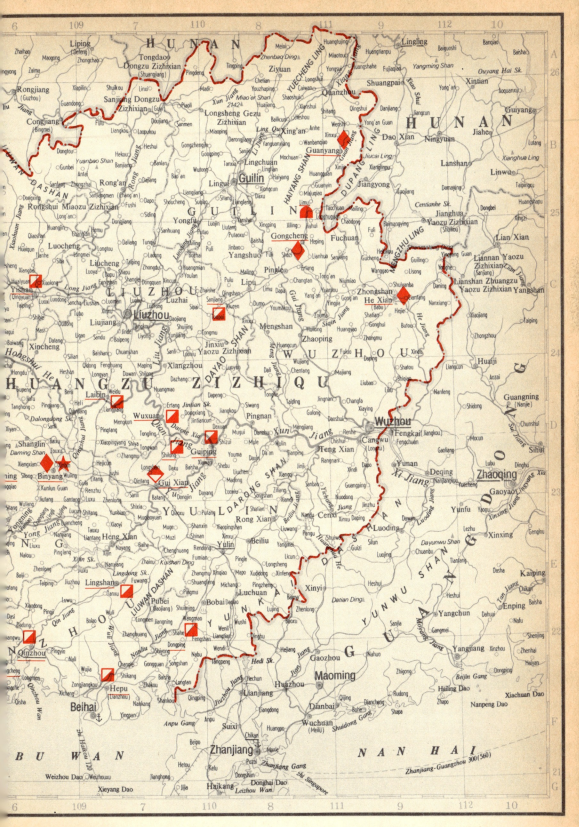

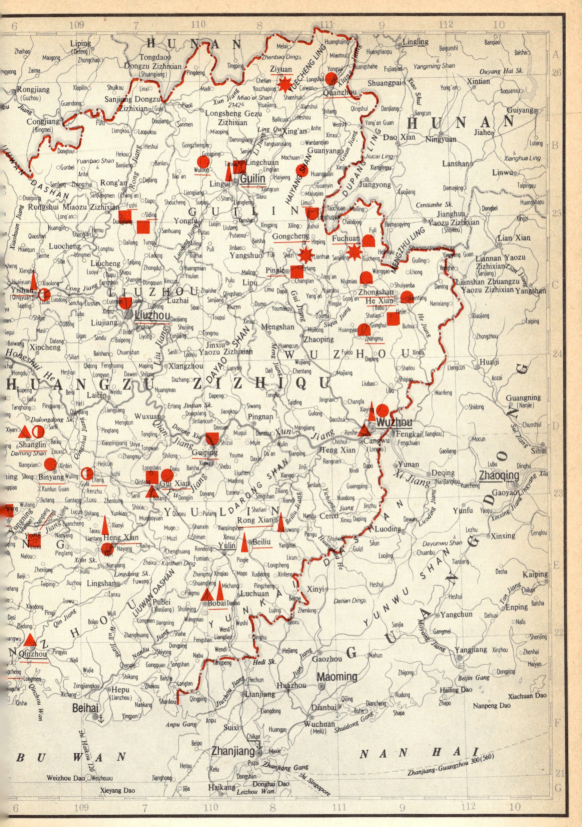

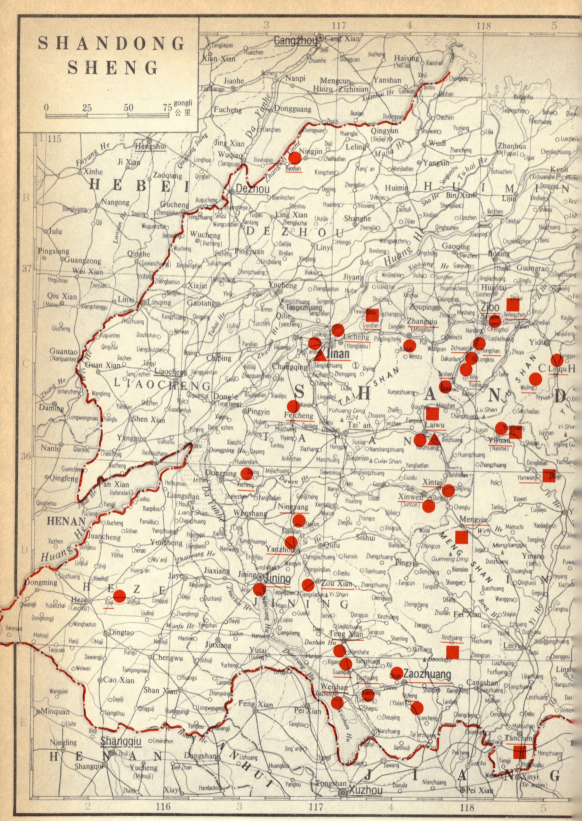

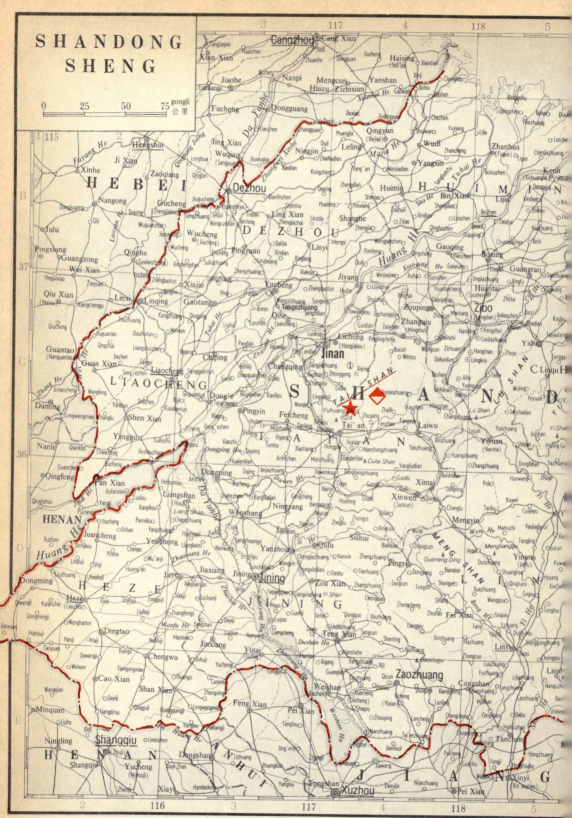

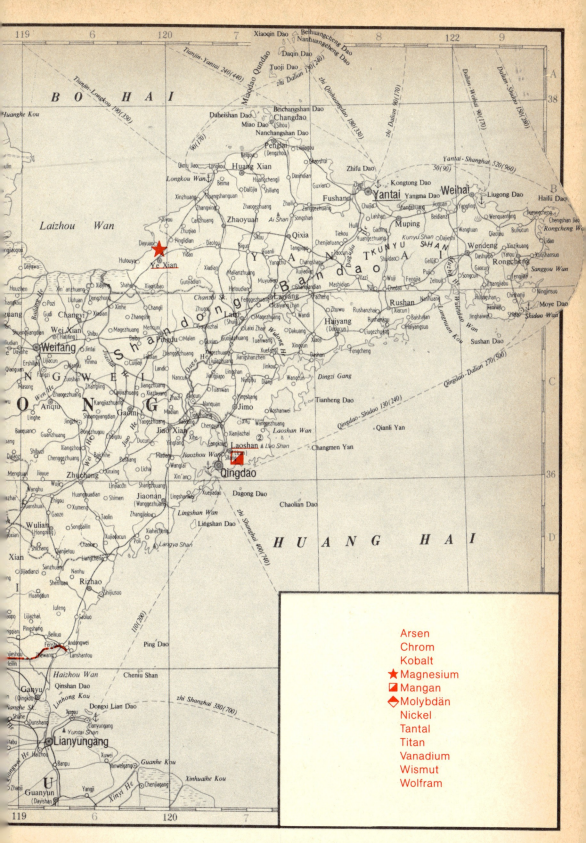

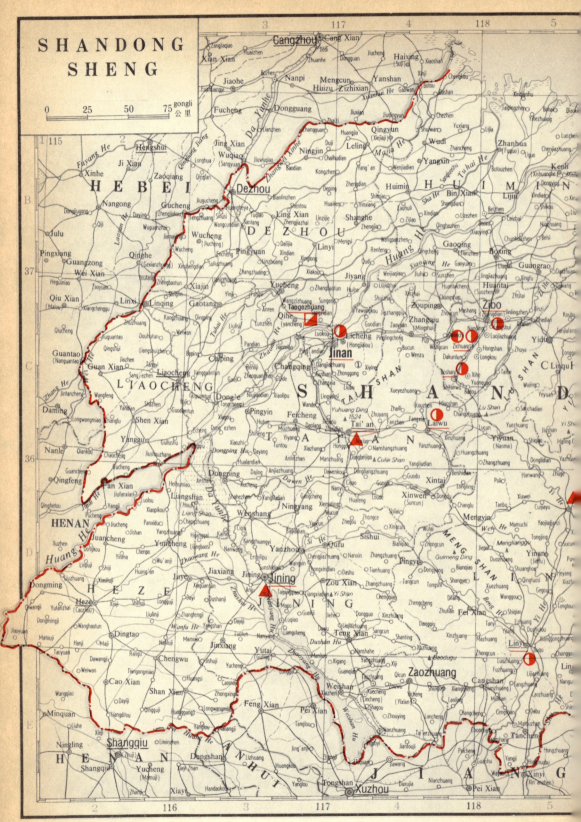

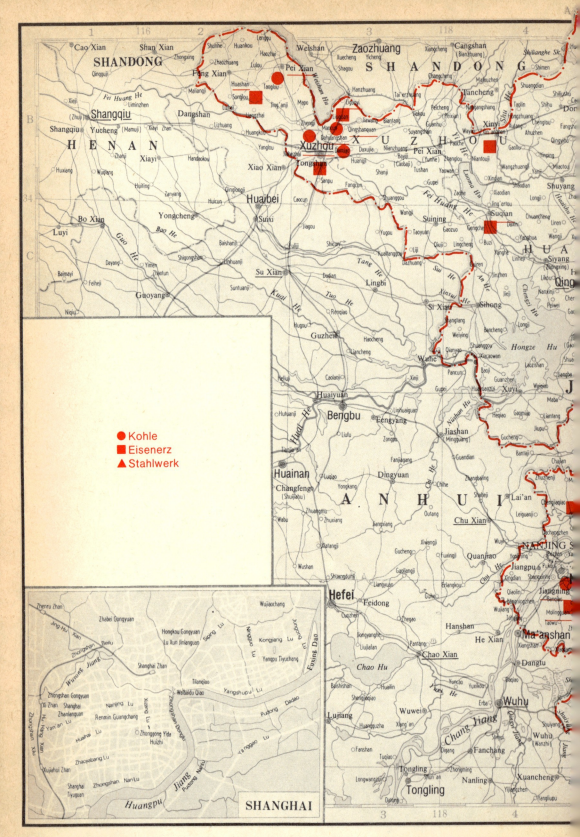

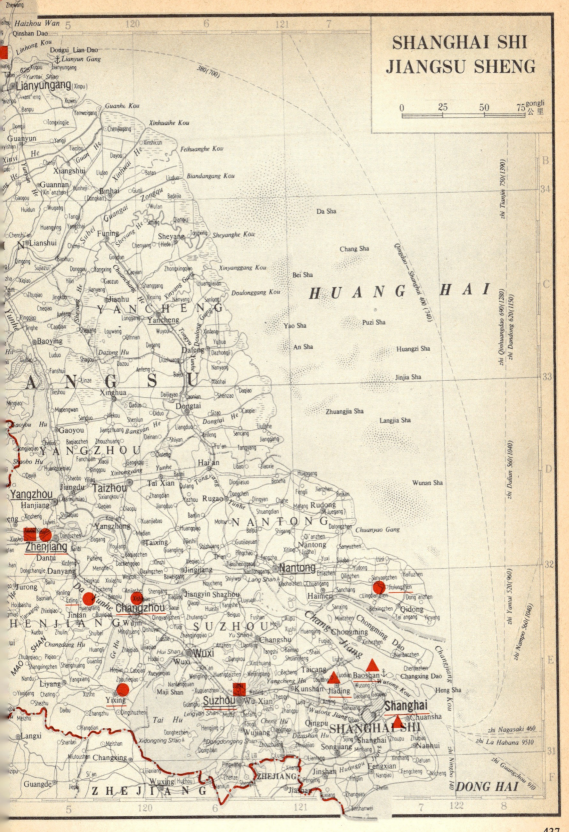

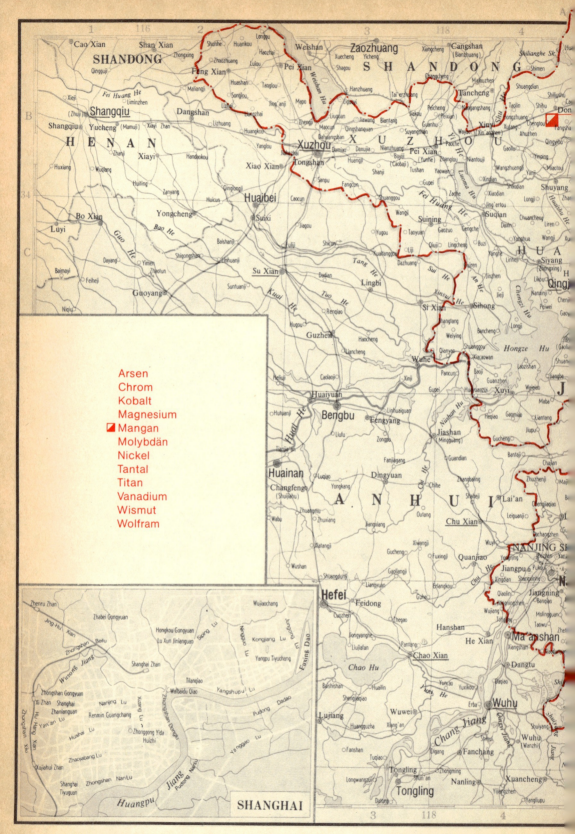

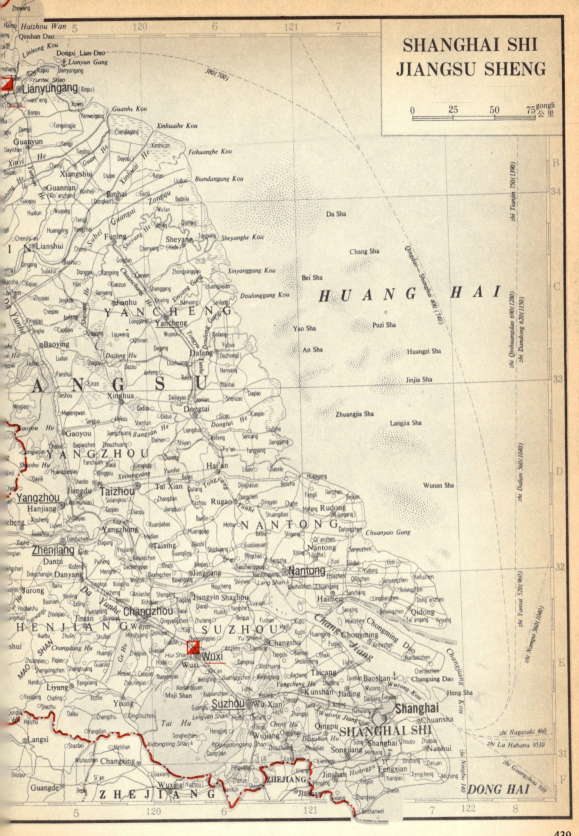

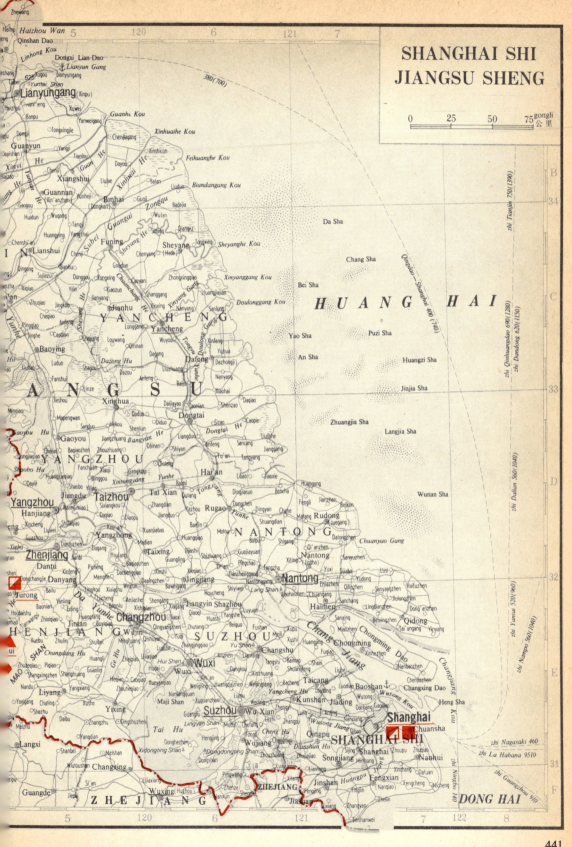

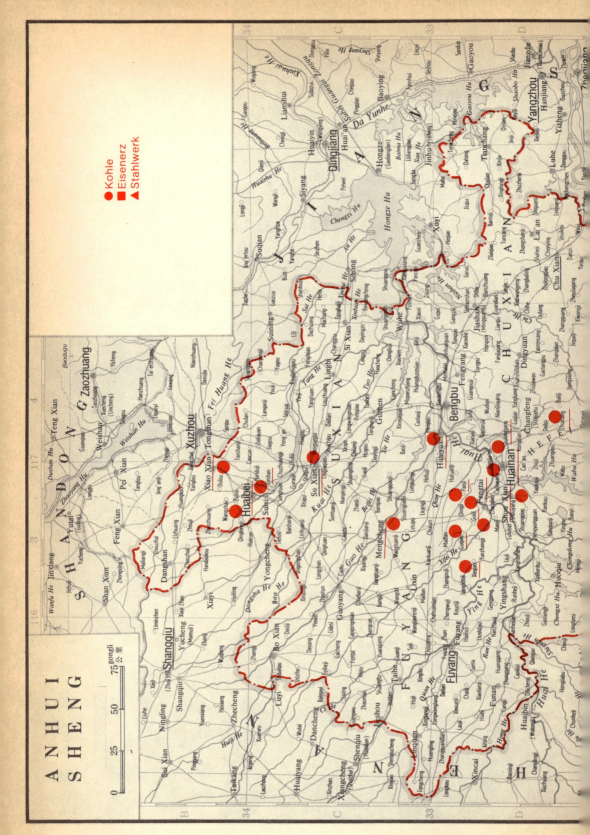

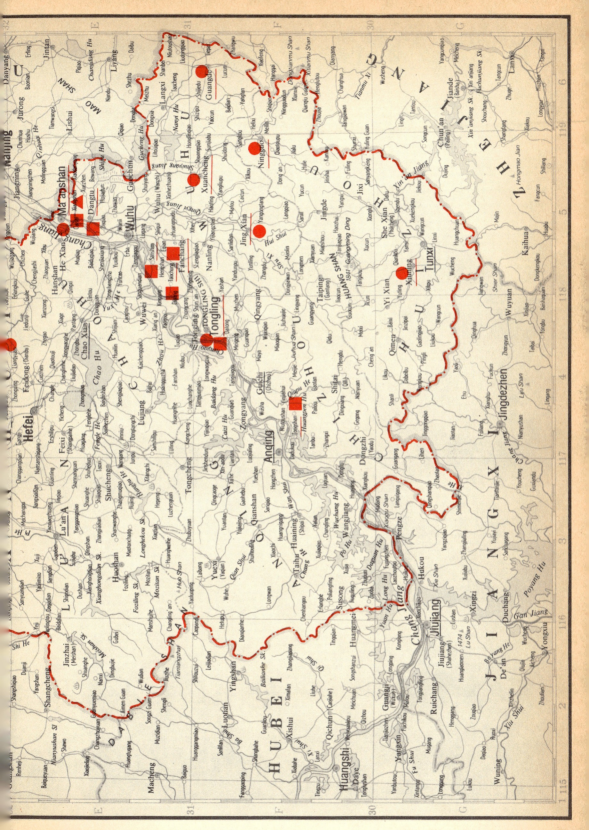

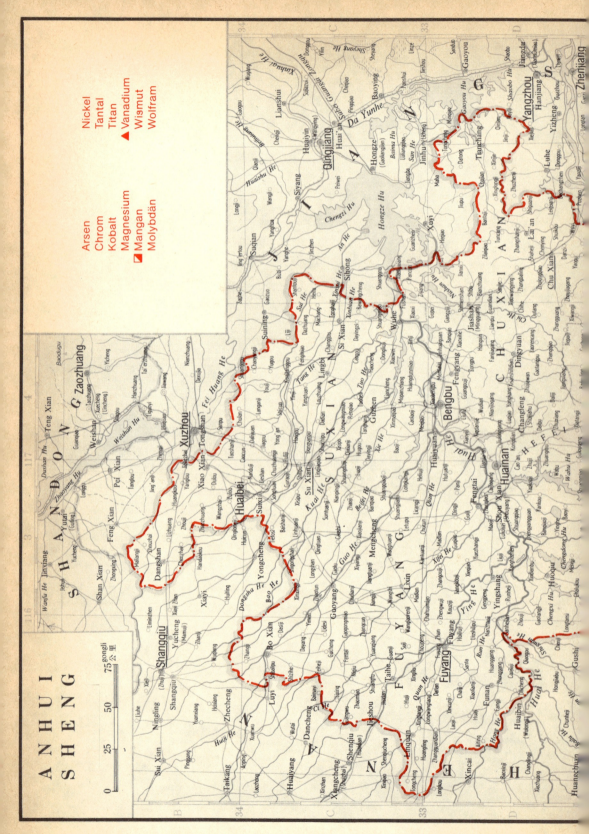

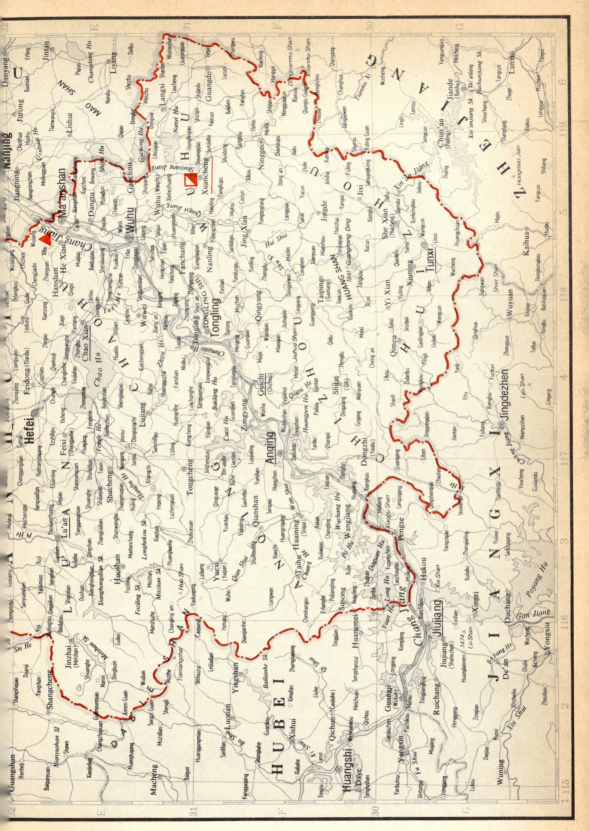

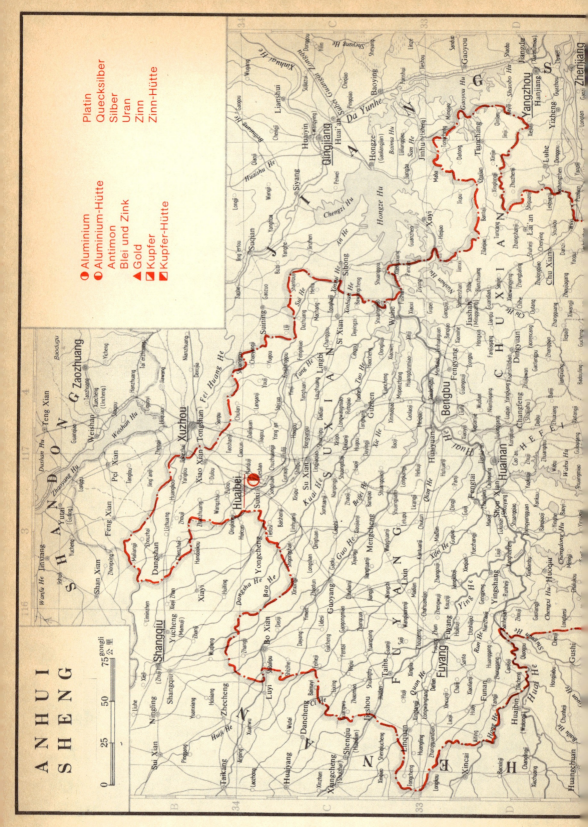

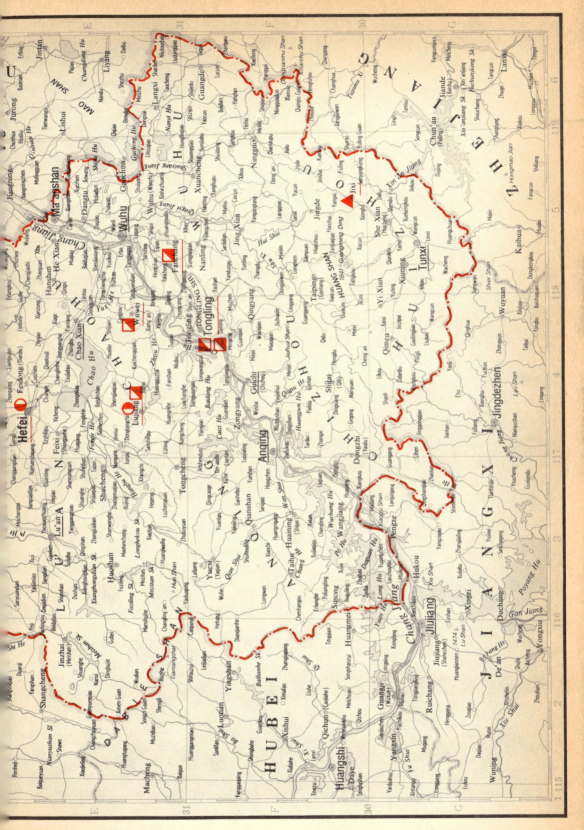

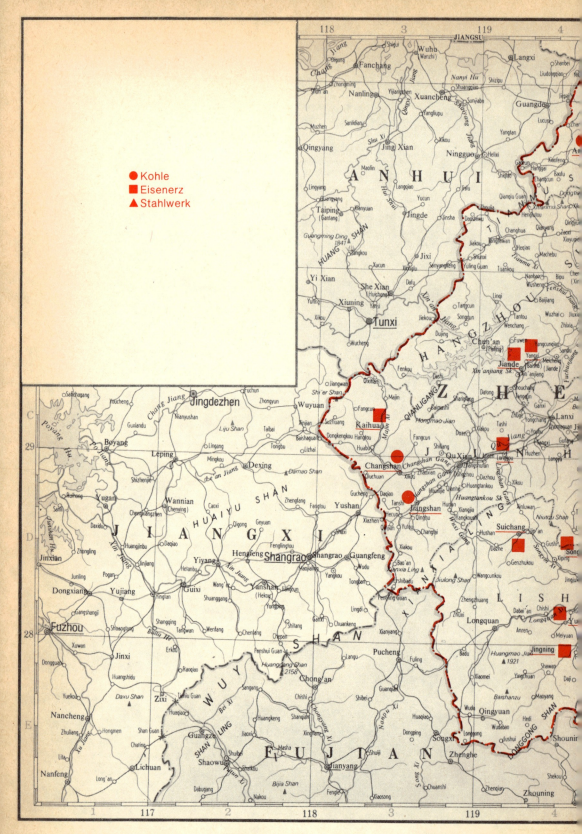

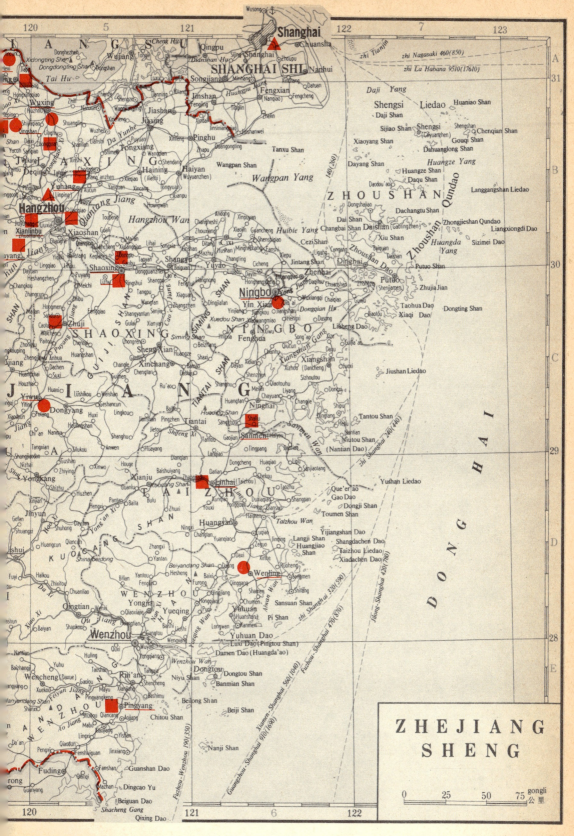

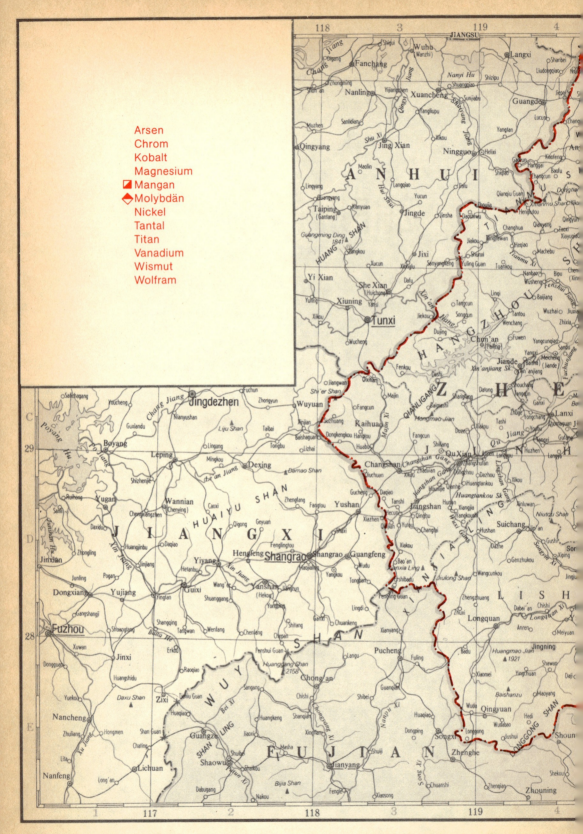

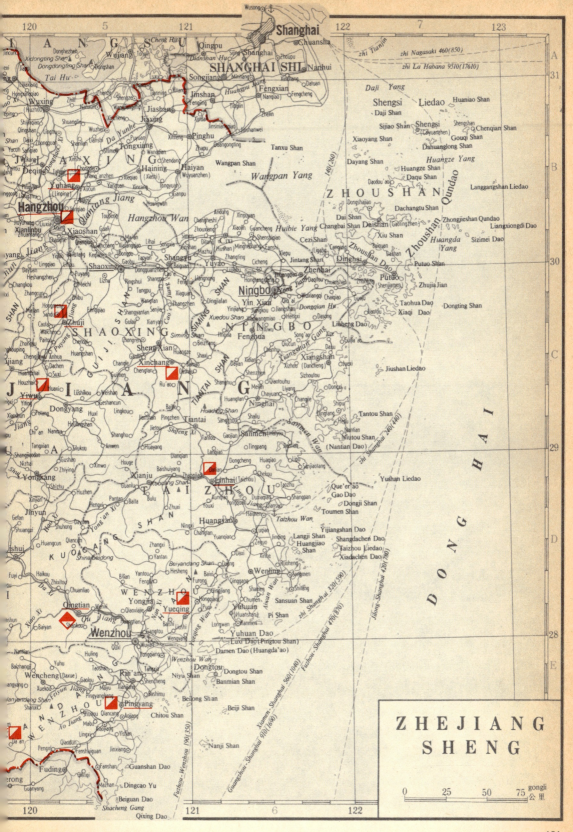

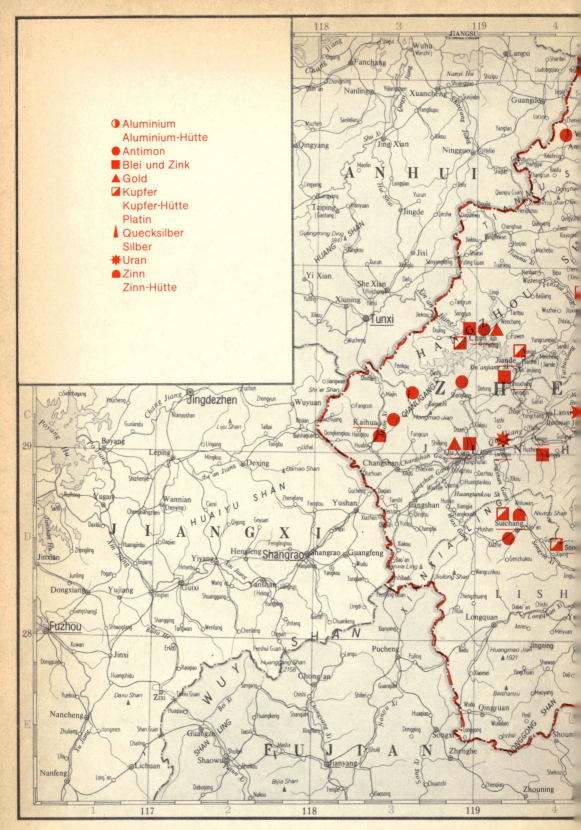

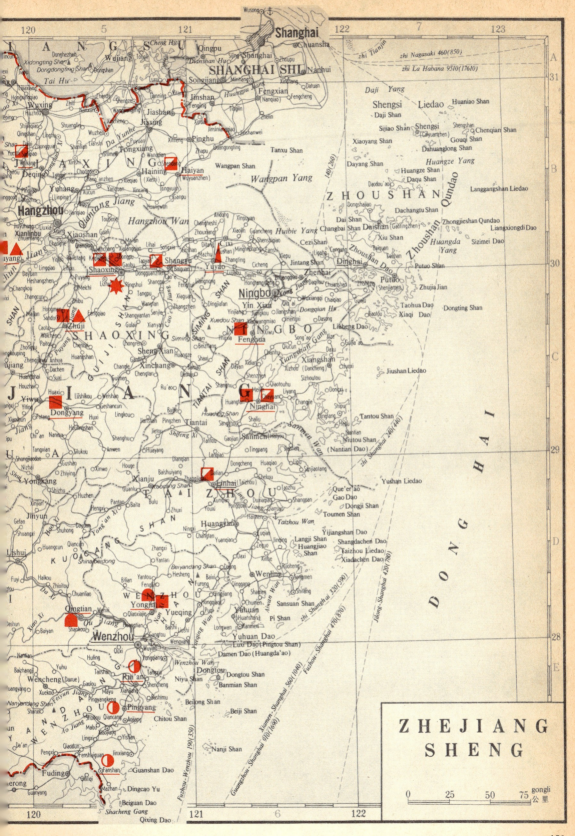

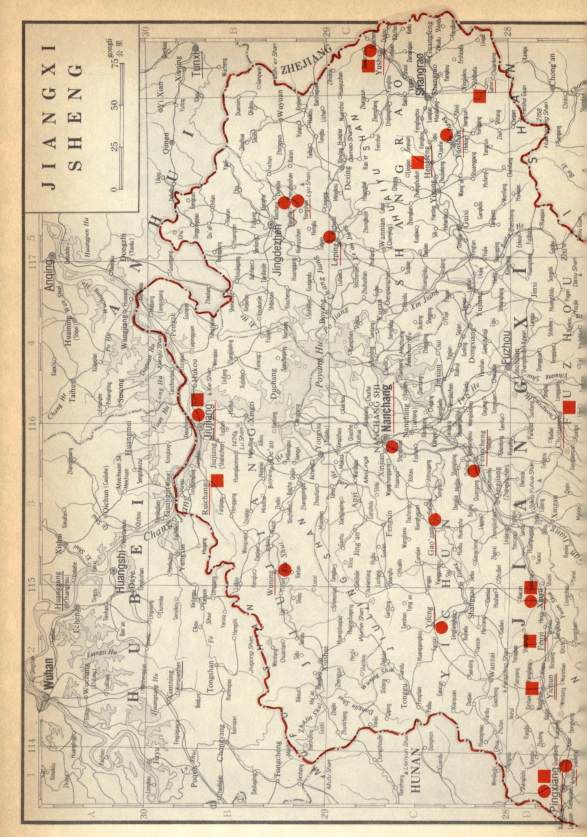

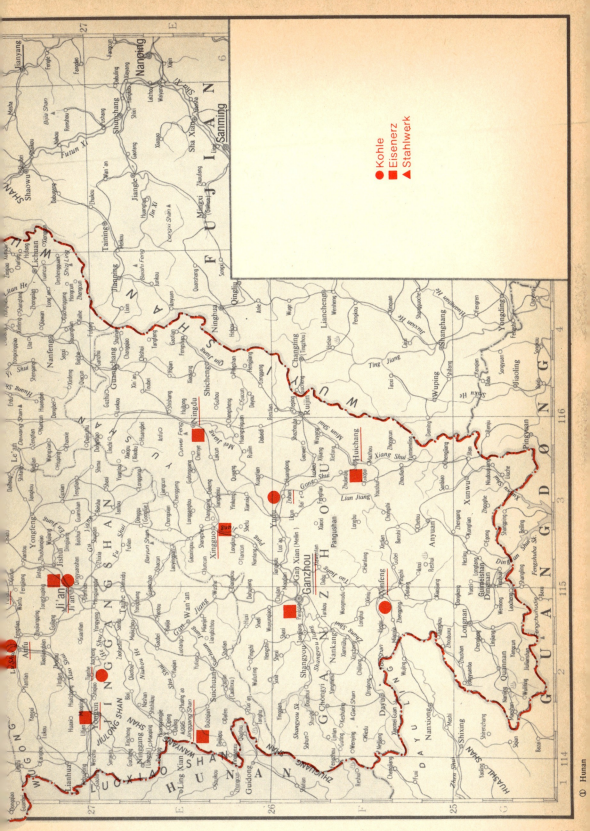

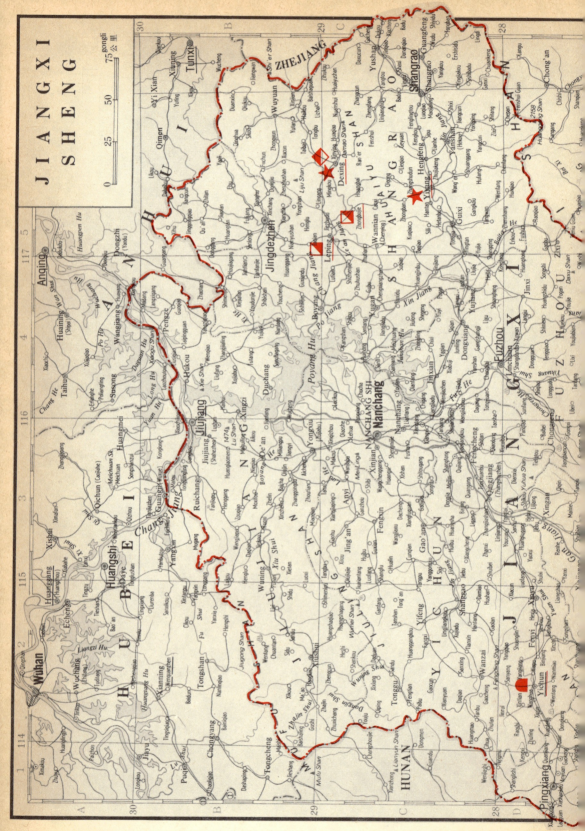

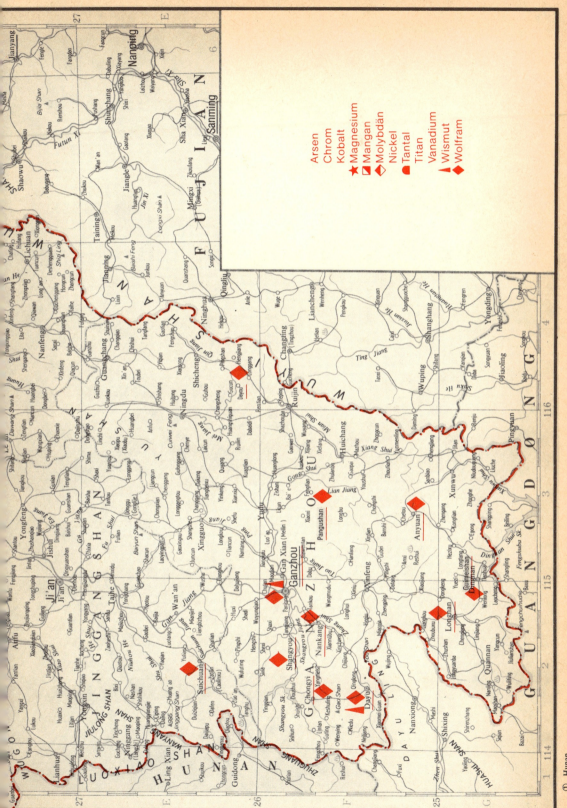
① Hunan

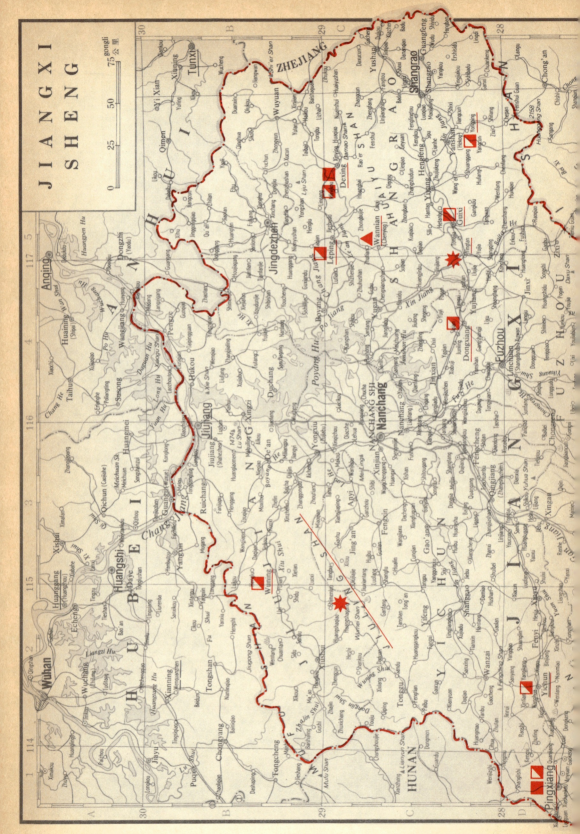

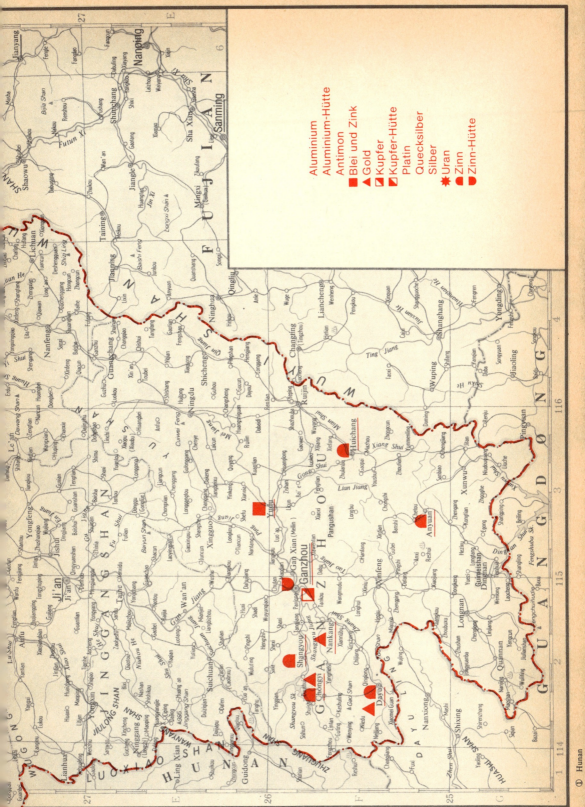

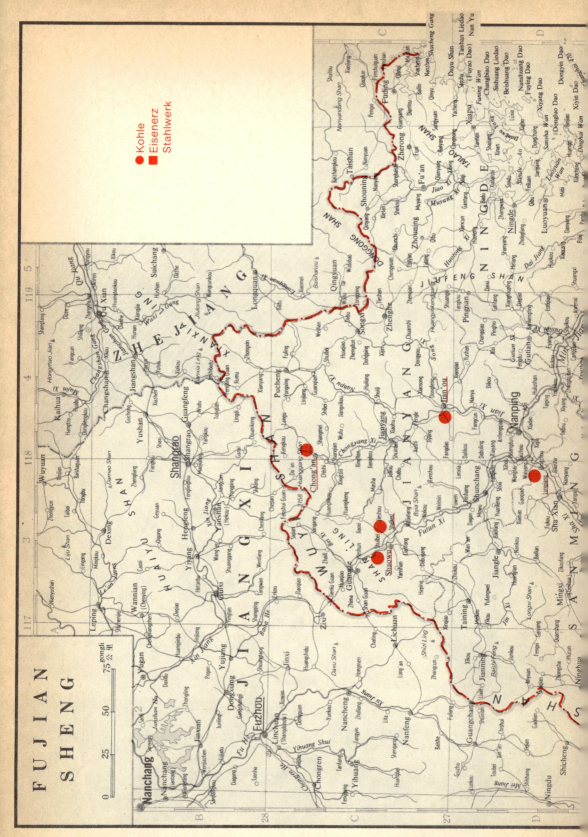

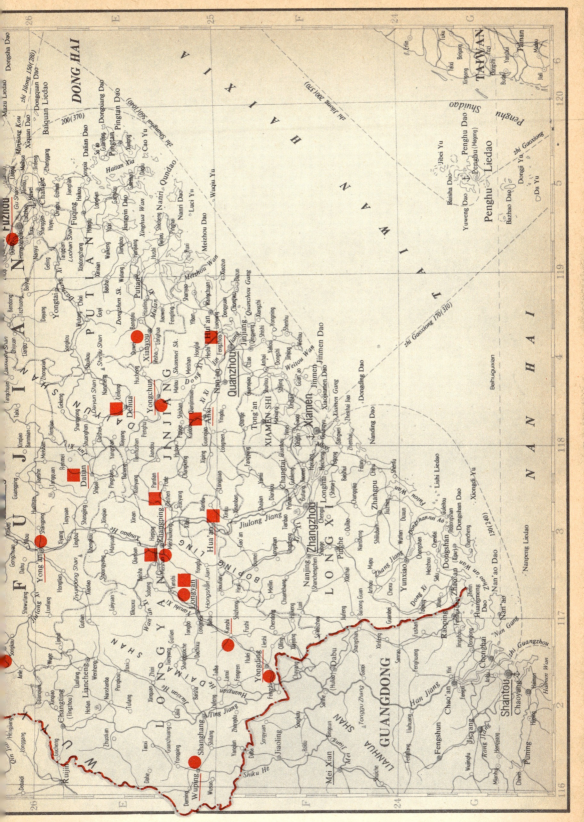

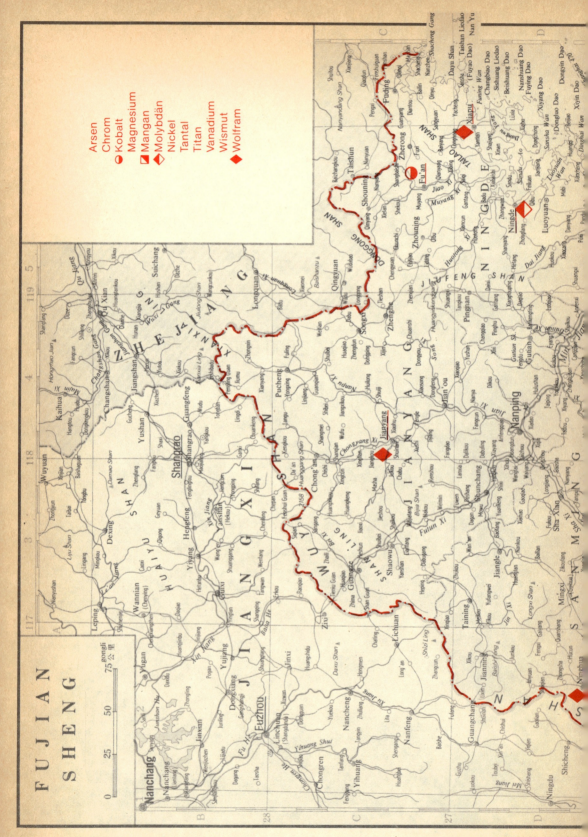

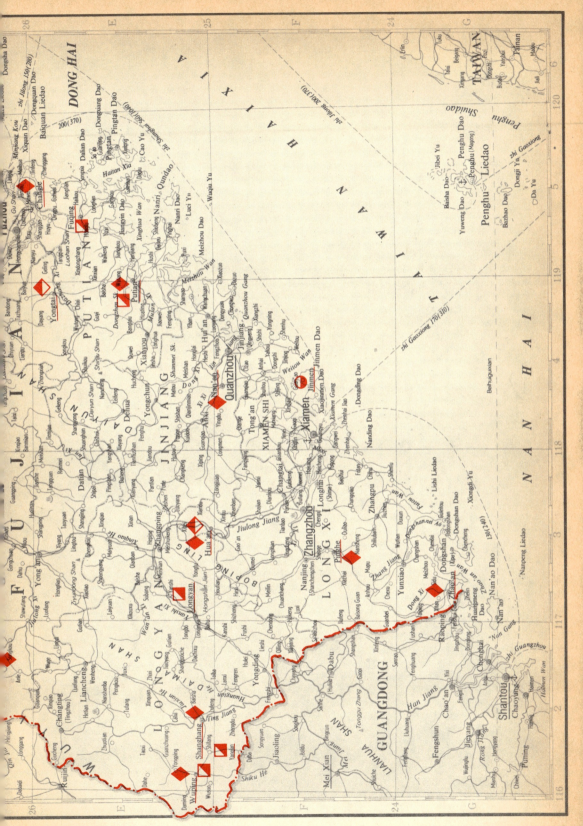

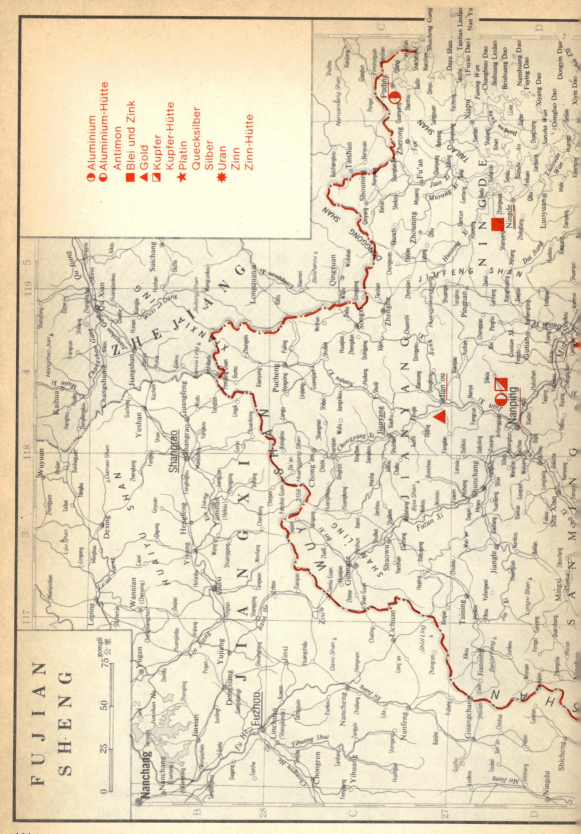

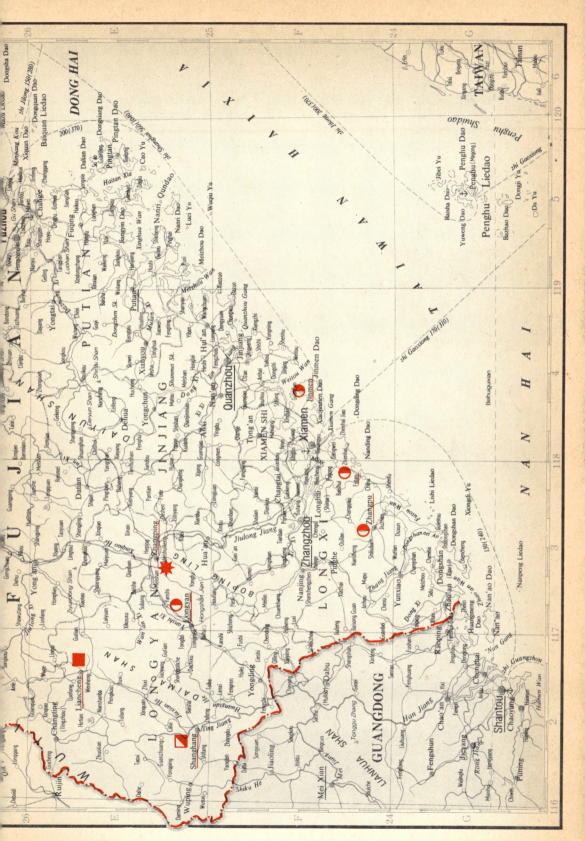

Die im „Register der Lagerstätten" (S. 467 bis 490) in der Spalte „Vorkommen" aufgeführten Elemente und Minerale

Ag	Silber	Cr	Chrom	Pb	Blei
Al	Aluminium	Cu	Kupfer	Pt	Platin
As	Arsen	F	Fluor	Ru	Ruthenium
—	Asbest	Fe	Eisen	Sb	Antimon
Au	Gold	Ge	Germanium	Se	Selen
B	Bor	Hg	Quecksilber	Sn	Zinn
$BaSO_4$	Schwerspat	Li	Lithium	Ta	Tantal
Be	Berryllium	Mg	Magnesium	Ti	Titan
Bi	Wismut	$MgCO_3$	Magnesit	U	Uran
C	Kohle	Mn	Mangan	V	Vanadium
Ca	Calcium	Mo	Molybdän	W	Wolfram
CaF_2	Flußspat	NaCl	Steinsalz	Zn	Zink
Ce	Cer	Ni	Nickel	Zr	Zirkonium
Co	Kobalt	P	Phosphor		

Register der Lagerstätten

Ort	Provinz	Seite	Planquadrat	Vorkommen
A				
Abaga Qi (Xin Hot)	NM	348	B 6	Ca, Ni
Acheng Xian	HL	328	E 7	Fe
Aerjin Shan (Altun Shan)	QH	370	A 1–3	
Aertai Shan	XJ	378, 380	B 6–7	Ni, W, Al
Aganzhen	GS	364	E 6	C
Ai He	LN	320	C 6	Au
Aihui Xian (Heihe)	HL	330, 332	B 7	Ni, Hg, Ca, Au
Ailao Shan	YN	396, 398	C4–D 4	Ni, Cu
Alashan Youqi (Alxa Youqi)	NM	366, 368	C 5	Ni, U
Aletai	XJ	378, 380	B 6	W, U
Altay Diqu (siehe Aletai)	XJ	376	B 6	
Altay Shan (siehe Aertai Shan)	XJ	378, 380	B 6–7	Ni, Li, Be, Ca, Ru
Alxa Youqi (Alashan Youqi)	GS	366	C 5	Ni
Anfu Xian	JX	454	D 2	
Anhua Xian	HN	416	C 4	Sb
Ankang Xian	SN	356	H 5	Au
Anning	SC	388	C 4	C
Anning Xian	YN	394, 396	C 5	Fe, Mn
Anqing Shi	AH	442	F 4	Fe, P
Anren Xian	HN	414	E 6	Mn
Anshan Shi	LN	316	C 5	C, Fe
Anshunchang	SC	392	D 4	Cu
Anshun Xian	GZ	382	D 4	C
Anxi Xian	FJ	460	E 4	Fe
Anyang Xian	HEN	400	A 6	Fe
Anyuan	JX	454, 458	D 1	C, Cu
Anyuan Xian	JX	456, 458	F 3	W, Cu, Sn, Bi
Anze Xian	SX	340	E 4	Fe
Aocheng	JX	454	E 2	Fe
Aohan Qi (Xinhui)	LN	316	B 3	Fe
B				
Bachu	XJ	376	D 3	C
Badaohao	LN	316	C 4	C
Badong Xian	HB	406	C 3	C
Baicheng Shi	JL	322	B 3	C
Baicheng (Bay) Xian	XJ	376, 380	C 4	C, Fe, Cu
Baijiazhuang	SX	340	D 4	C
Baishui	SC	388	B 5	C
Baishui Xian	SN	352	E 5	C
Baiyanggou	LN	320	C 5	Pb, Zn
Baiyin	GS	368	D 7	Cu
Baiyunebo (Bayan Obo)	NM	346, 348	D 3	Fe, Ta, Se
Balikun (Barkol Kazak)	XJ	376, 380	C 7	C, Pb, Zn
Bao'an Xian (Shenzhen)	GD	420	B 5	W, Mn
Baodian	SD	430	B 3	C
Baofeng Xian	HEN	404	D 5	Al
Baoji	SN	354	F 3	Ni
Baoqing	HL	328	D 10	C
Baoshan Xian	YN	394, 398	C 3	C, Hg
Baotou Shi	NM	346	D 4	C, Fe, Se
Baoxing Xian	SC	390, 392	C 4	Cu, Sb, Ni

Register der Lagerstätten

Ort	Provinz	Seite	Plan-quadrat	Vorkommen
Barkol Kazak Zizhixian (siehe Balikun)	XJ	376	C 7	
Bayan Gaole (Bayan Gol)	HL	328	D 5	C
Bayannaoer (Bayannur) Meng	NM	346, 350	D 2—3	Be, Ni, Pt, Fe, Cr, U, Zn
Bayannur Meng (s. Bayannaoer)	NM	346	D 2—3	
Bayan Obo (s. Baiyunebo)	NM	346, 348	D 3	Fe, Ta
Bei'an Xian	HL	332	C 7	Hg
Beijing Shi	HB	334		C
Beiliu Xian	GX	428	E 8	Hg
Beipiao Xian	LN	316	C 4	C
Benxi Shi	LN	316, 318, 320	C 5	C, Fe, Al, Hg, Au, Cu, Pb, $MgCO_3$
Biandangang Kou	JS	436	B 6	Fe
Bijie Xian	GZ	382, 386	C 4	C, Cu
Binixian	SN	352	E 4	C
Binyang Xian	GX	424, 426, 428	D 6	C, W, Sb, Bi
Bisezhai	YN	398	D 5	U
Bo'ai Xian	HEN	400	B 5	C
Bobai Xian	GX	428	E 7	Hg, Au
Bole (Bortala) Xian	XJ	378, 380	B 4	W, U
Boli Xian	HL	332	E 9	Au
Boluo	GD	422	B 5	Pb, Zn
Bose Xian	GX	428	D 4	U
Boshan	SD	430, 434	C 4	C, Al
Boshan Sk.	HEN	404	E 5	Al
Buteha Qi (Butha Qi [Zalantun])	HL	332	D 5	Cu
Butuo Xian	SC	388	E 4	Fe

C

Ort	Provinz	Seite	Plan-quadrat	Vorkommen
Caishiling	QH	374	A 2	Sb
Ceheng Buyizu (Bouyei) Zizhixian (Zhelau)	GZ	386	F 4	Sb
Chaidamu (Qaidam)	QH	370, 374	B 3—5	C, Pb, Zn, U, NaCl
Chaling Xian	HN	412, 414, 416	E 6	Fe, W, Au
Changbai	JL	322	D 6	P
Changbai Shan	JL	326	D 5—C 6	Pb, Zn
Changchun Shi	JL	322	B 4—5	
Changcun	SX	340	E 4	C
Changde Xian	HN	412	B 4	C
Changdu (Qamdo)	XZ	392	C 1	Cu, U
Changji	XJ	376	B 5—6	C, Fe
Changjiang	GD	418	A 4	C, Fe
Changjiang Xian	GD	418, 420	D 2	Fe, Ti
Changle Xian	FJ	462	E 5	W
Changli Xian	HEB	338	D 7	Al
Changma	GS	368	C 3	Cu
Changning Xian	SC	390	D 5	Mn
Changning Xian	YN	398	C 4	Hg
Changning Xian	HN	416	E 5	Cu, Pb, Zn
Changping Xian	HEB	336, 338	C 4	Mn, Au
Changshan Xian	ZJ	448	D 3	C
Changsha Shi	HN	416	C 5—6	U
Changtang	GX	428	E 6	Pb, Zn
Changxing Xian	ZJ	448	A 4	C, Fe
Changyang Xian	HB	406	D 4	Fe
Changzhi Shi	SX	340	E 5	C, Fe

Register der Lagerstätten

Ort	Provinz	Seite	Plan-quadrat	Vorkommen
Changzhou Shi	JS	436	E 5	C, Se
Chao'an Xian	GD	422	B 6	Sn
Chaoyang Xian	LN	318, 320	C 4	Mn, Hg, Au, Asbest
Chengcheng Xian	SN	352	E 5	C
Chengde Shi	HEB	336, 338	C 5	Ti, V, Fe, Au, Ag
Chengdu Shi	SC	388	C 5	
Chenggu Xian	SN	352	G 3	
Cheng Xian	GS	368	F 7	Pb, Zn
Chengzi	HEB	334	B 5	C
Chengzihe	HL	328	E 5	C
Chen Xian	HN	416	F 6	U
Chenxi Xian	HN	412	C 3	C, Hg
Chenzhou Diqu	HN	414, 416	E 5—6	W, Sn, Mn, U, As, Bi
Chenzhuang	HEB	334	E 2	Fe
Chifeng Xian	LN	316	B 3	C
Chixi	GD	422	C 4	Sn
Chong'an Xian	FJ	460	C 4	C
Chongling Shui	HN	414	E 5	Mn
Chongqing Shi	SC	388, 392	D 6	C, U
Chongren Xian	JX	454	D 4	Fe
Chongyang Xian	HB	408	E 7	V
Chongyi Xian	JX	456, 458	F 2	W, Sn, Au
Chongzuo Xian	GX	428	E 5	Hg
Chulongshan	ZJ	452	C 3	Sb
Chun'an Xian (Pailing)	ZJ	452	C 4	Sb, Cu, Pb, Zn, Au
Chunhua	JL	326	C 7	Au
Chunhua Xian	SN	352	F 4	C
Cili Xian	HN	414	B 4	As
Cishan	HEB	334	G 2	Fe
Ci Xian	HEB	338	G 2	Al
D				
Dabu*	GD	422	B 5	Pb, Zn
Dafang Xian	GZ	382, 386	C 4	C, Cu, Hg, Al
Daguan Xian	YN	394	B 5	Fe
Dagushan	LN	316	C 5	Fe
Da Hinggan Ling (s. Daxingan Ling)				
Dahu	FJ	460	D 3	BaSO₄
Dai Xian	SX	344	B 4	Cu, Au
Dajishan	JX	456	G 2	W
Dalian (Lüda) Shi	LN	316	D 4	
Dali Xian	YN	396, 398	C 4	Cr, Au
Dalizi	JL	322	D 5	Fe
Damiao	HEB	334, 336	B 5	Fe, Ti
Danba (Rongzhag) Xian	SC	390, 392	C 4	Cu, Pb, Zn, Ni, Au
Dancheng Xian	HEN	400	D 7	C
Dandong Shi	LN	320	C 6	Au
Dang He	GS	368	C 2	Au
Dangtu Xian	AH	392	E 5	Fe
Dan Xian (Nada)	GD	418	D 2	
Danzhai Xian (Longquan)	GZ	386	D 6	Sb, Hg
Daofu (Dawu)	SC	388, 392	C 3	Fe, Au
Daozhen Xian (Yuxi)	GZ	382	B 6	Fe
Da Qaidam Hu (s. Yikechaidamuhu)	QH	370	B 4	B

* Name nicht in der Karte genannt.

Register der Lagerstätten

Ort	Provinz	Seite	Plan-quadrat	Vorkommen
(Dashiqiao) Yingkou Xian	LN	318	C 5	MgCO$_3$
Datian Xian	FJ	460	E 3	Fe
Datong	AH	442	D 5	C
Datong He	QH	374	B 8	Au
Datong Shan	QH	370	B 6—7	
Datong Shi	SX	340, 344	A 5	C, Fe, Al, Pb, Zn
Datunjie	YN	398	D 5	Sn
Da Xian	SC	388	C 6	Fe
Daxin	GX	428	D 8	Pb, Zn, Hg
Daye Xian	HB	406, 410	D 7	C, Fe, V, Cu
Dayi Xian	SC	388	C 4	Fe
Dayou	JX	456	E 4	W
Dayu Xian	JX	456, 458	F 2	W, Sn, Au, Bi
Debao Xian	GX	428	D 4	Sb
Dehua Xian	FJ	460	E 4	Fe
Dengfeng Xian	HEN	400, 404	C 5	C, Fe, Al
Dexing Xian	JX	456, 458	C 5	Mo, Cu, Mg
Dianbai Xian	GD	422	C 3	Sn
Didao	HL	328	E 9	C
Diebu Xian (Tewa Xian)	GS	421	E 6	Ca
Ding'an Xian	GD	422	D 3	Sb
Dongchuan (Tangdan) Shi	YN	394, 398	B 5	Pb, Zn, Cu, Fe, Mn
Dongfang Xian (Basuo)	GD	418	D 2	
Donggong	HB	406	C 4	C
Donghai Xian	JS	438	B 4	Mn, P
Dongning Xian	HL	328	E 4	C
Dongping	GX	426	E 7	Mn
Dongquan	SX	340	D 4	C
Dongsheng Xian	NM	346	E 3	C
Dongxiang Xian	JX	458	C 4	Cu, P
Dongyang Xian	ZJ	452	C 5	Pb, Zn
Dukou Shi	SC	388, 390	E 3	C, Co, Ti
Dushan Xian	GZ	386	E 6	Sb
Duwa	XJ	376	D 3	C
Duyun Shi	GZ	382, 386	D 6	C, Fe, Al
Duyun Xian	GZ	382, 386	D 6	Fe, Pb, Zn
E				
Ekou	SX	340	B 5	C
Emei Xian	SC	390	D 4	V, P
Enping Xian	GD	418, 420	B 4	C, W
Eshan Yizu Zizhixian	YN	394	C 5	Fe
F				
Faku Xian	LN	316	B 5	C
Fanchang Xian	AH	442, 446	E 5	Fe, Cu
Fangcheng	GX	426, 428	F 6	Hg, Mn, Ag, Au
Fangshan Xian	HEB	334	D 3	C, P
Fang Xian	HB	410	B 3	Hg
Fangzi	SD	430	C 6	C
Fangjing Shan	GZ	384, 386	C 7	Sb, Bi, W, Mo
Fankou	GD	422	A 4	Pb, Zn
Fanshan	ZJ	452	E 5	Al
Fanshi Xian	SX	344	B 5	Au

Register der Lagerstätten

Ort	Provinz	Seite	Plan-quadrat	Vorkommen
Feicheng Xian	SD	430	C 3	C
Fengcheng Xian	LN	316, 320	C 6	Cu, Fe, Mn, Hg
Fengcheng Xian	JX	454	C 3	C
Fengfeng	HEB	334	G 2	C
Fenghuang Xian	HN	416	D 2	Hg
Fenghua Xian	ZJ	452	C 6	Pb, Zn
Fengkai Xian	GD	420	B 3	Mn
Fengning Xian	HEB	338	B 4	Au
Fengtai Xian	AH	442	D 3	C
Feng Xian	SN	352	G 2	Fe
Fengzhen Xian	SN	356	E 5	Pb, Zn
Fenshui	LN	320	C 5	Au
Fenxi Xian	SX	340	E 3	C, Fe
Fenyi Xian	JX	454	D 2	Fe
Foding Shan	GZ	386	C 6–7	Sb
Fogang Xian	GD	422	B 4	Cu
Foshan Shi	GD	418	B 4	P
Fotan	FJ	464	F 3	Al
Fuan Xian	FJ	462	C 5	Co
Fuchikou	HB	406	E 8	Fe
Fuchuan Xian	GX	428	C 9	Cu, U, Sn
Fuding Xian	FJ	464	C 6	Al
Fujiatan	SX	340	E 3	C
Fujin Xian	HL	328	D 10	C
Fukang Xian	XJ	376	B 5	C
Fuling Xian	SC	388	D 6	Fe
Fumin Xian	YN	394, 398	C 5	C, Fe, Al
Funing Xian	HEB	336, 338	D 7	Au, W
Funing Xian	YN	394	D 6	Fe
Fuqing Xian	FJ	462	E 5	Mn
Fuquan Xian	GZ	386	D 6	Sb, P
Fushi	GX	428	B 7	Pb, Zn
Fushun Shi	LN	316	C 5–6	C
Fusui Xian	GX	424	E 5	C
Futian	JX	454	D 2	Fe
Fu Xian	LN	320	D 4	Al, Cu, Pb, Zn
Fuxin Shi	LN	316, 320	B 4–5	C, Al
Fuyang Xian	ZJ	448, 452	B 4	Fe, Pb, Zn, Au
Fuyuan	YN	394, 398	C 6	C, Sb, Pb, Zn
Fuzhoucheng	LN	316, 320	D 4	C, Al
Fuzhou Shi	JX	454	C 4	C
Fuzhou Shi	FJ	464	D 5	Pb, Zn
G				
Gai Xian	LN	318, 320	C 5	MgCO$_3$, Pb, Zn, CaF$_2$
Ganxi	JX	454	C 6	Fe
Ganyu Xian	JS	436	B 5	Fe
Ganzhou Shi	JX	454, 456	F 2	W, Cu, Fe, Bi
Gaoping Xian	SX	340	F 4	Fe
Gaoshan	SX	340	A 4	C
Gaxun Nur (s. Juyanhai)				
Gejiu	YN	394, 398	D 5	Fe, Sn, W
Gengma Daizu Wazu Zizhixian	YN	398	D 3	Hg
Gongchangling	LN	316	C 5	Fe
Gongcheng Xian	GX	426, 428	C 8	W, U

471

Register der Lagerstätten

Ort	Provinz	Seite	Plan-quadrat	Vorkommen
Gong Xian (Xiaoyi)	HEN	404	C 4	Al, Pb, Zn
Gong Xian	SC	388	D 5	
Guangde Xian	AH	442	F 6	C
Guangnan Xian	YN	398	C 6	Sb
Guangshan	HEN	400	E 6	Fe
Guangyuan Xian	SC	388	B 5	C, Fe
Guangzhou Shi	GD	418	B 4	
Guanqiao	SD	430	E 4	C
Guan Xian	SC	388, 392	C 4	C, Pb, Zn
Guanyang Xian	GX	426	B 9	W
Guanyinsi	HB	406	C 4	C
Guanyintang	HEN	400	C 3	C
Gucheng	GX	428	C 9	U
Guide Xian	QH	374	B 7	Cu
Guiding Xian	GZ	382	D 6	C
Guidong Xian	HN	414	E 6	W
Guiji	AH	442	D 3	C
Guilin Shi	GX	424, 428	B 8	Fe, Pb, Zn, Hg
Guimeishan	JX	456	G 2	W
Guiping Xian	GX	424, 426	D 8	Fe, Mn
Gui Xian	GX	428	D 7	Pb, Zn, Sb, Au, Mo
Guixi Xian	JX	458	C 5	Cu
Guiyang Shi	GZ	382, 386	D 5	C, Fe, Al, P
Guiyang Xian	HN	416	F 5	Pb, Zn, Sn
Gulang	YN	398	B 3	Sn
Gulang Xian	GS	368	D 6	Cu
Gulin Xian	SC	392	D 5	Al
Gumaling	LN	320	C 6	Pb, Zn
Guniuwu	ZJ	452	C 3	Sb
Guodian	SD	430	C 4	Fe
Gushi Xian	HEN	404	E 7	Cu
Gutian Xian	FJ	460	D 4	C
Guye	HEB	338	D 6	Al
Guyuan Xian	HEB	338	B 3	Pb, Zn, Ag

H

Ort	Provinz	Seite	Plan-quadrat	Vorkommen
Haicheng Xian	LN	318, 320	C 5	$MgCO_3$, Ti, Au, U
Haifeng Xian	GD	420, 422	B 5	W, Sn
Hailaer Shi (Hailar)	HL	332	C 3	Hg
Hailar Shi (s. Hailaer)				
Hailong	JL	322	C 4	C
Hainan Dao	GD	418, 420, 422	D 3	Co, Al, Cu, Fe, Ti
Haiyan Xian	ZJ	452	B 5	Cu
Haizhou Wan	JS	438	B 5	Mn
Hala Hu (Har Hu)	QH	370	A 5	
Hami	XJ	376, 380	C 7	C, Fe, Pb, Zn, Cu
Hancheng	SN	352	H 4	C
Hancheng Xian	SN	352	E 6	C, Fe
Handan	HEB	336	G 2	Ni
Handaqi	HL	328	B 7	C
Hangzhou Shi	ZJ	448, 450	B 5	Fe, Mn
Hanjing	SN	352	E 5	C
Hantan	JX	454	C 5	C
Hanwang	SD	430	D 5	Fe
Hanyuan Xian	SC	392	D 4	Pb, Zn

Register der Lagerstätten

Ort	Provinz	Seite	Plan-quadrat	Vorkommen
Harbin Shi	HL	332	E 7	Al
Har Hu (s. Hala Hu)				
Hebi Shi	HEN	400	B 6	C
Hecheng	GD	422	B 4	Pb, Zn
Hechi Xian	GX	428	C 6	Sb, Pb, Zn, Sn
Hechuan Xian	SC	388	C 6	C
Hefei Shi	AH	442	D 4	
Hegang Shi	HL	328	D 9	C
Hei He	QH	370	A 6	Au, Pt
Heishan Xian	LN	316	C 5	C
Hejin Xian	SX	344	F 2	Al
Helan Shan	NX	362	E 4—D 5	Al
Heli Shan	GS	366	C 4—5	W
Helong Xian	JL	322, 324	C 6	C, Cr
Hengfeng	JX	454	C 5	Fe
Hengshan	HL	328	E 9	C
Hengxi	ZJ	452	C 4	Sb
Heng Xian	GX	424, 428	E 7	C, Hg, Fe, Sb
Hengyang Shi	HN	414, 416	E 5	Cu, U, Mn, Pb, Zn
Heping	ZJ	448	B 4	C, Fe
Hepu Xian	GX	418, 420	F 7	C, Mn
Heqing Xian	YN	398	B 4	Hg
Heshituoluogai (Hoxtolgay)	XJ	376	B 5	C
Heshun Xian	SX	340	D 5	Fe
Hetian (Hotan)	XJ	380	D 3	Hg, Au
He Xian (Babu)	GX	424, 426, 428	C 9	C, Fe, W, Pb, Zn, Sn
Heyuan Xian	GD	420	B 5	W
Hezhang Xian	GZ	386	C 3	Pb, Zn
Hohhot Shi (s. Huhehaote)	NM	346	D 4	
Honghe Xian	YN	394	D 5	P
Horglu*	SC	388	D 5	C
Hongluoxian	LN	316	C 4	C
Hongshan	SD	430	C 5	C
Hotan Xian (s. Hetian)				
Hoxtolgay (s. Heshituoluogai)				
Hua'an Xian	FJ	460, 462	E 3	W, Fe, Mo
Huadian Xian	JL	322, 326	C 5	C, Au
Huaibei Shi	AH	442, 446	C 3	C, Al
Huailai Xian	HEB	334	C 3	C
Huaipan Shi	AH	569	D 3	C
Huaiyuan Xian	AH	442	D 4	C
Hualong Huizu Zizhixian	QH	370	B 8	C
Huanggangling	GD	422	A 4	Sb
Huangping Xian	GZ	386	D 6	Hg
Huangshi Shi	HB	406	D 8	C
Huang Shui	QH	374	B 8	Au
Huangtang	JS	436	E 5	C
Huang Xian	SD	430	B 7	BaSO$_4$
Huangyuan Xian	QH	374	B 7	Cu
Huaning Xian	YN	394	C 5	C
Huanren Xian	LN	320	C 6	Cu, Pb, Zn
Huaqiao	HN	412	D 3	P
Huashan	JS	436	B 2	Fe
Huatan	SC	388	D 4	Fe
Huating Xian	GS	364	E 8	C
Huaxi	GZ	386	D 5	Al

* Name nicht in der Karte genannt.

Register der Lagerstätten

Ort	Provinz	Seite	Plan-quadrat	Vorkommen
Hua Xian	GD	420	B 4	Mn
Huaxi Sk.	GZ	382	D 5	C
Huayangzhen	SN	356	G 3	U
Huazhou Xian	GD	420, 422	C 3	Mn, Sn
Huguan Xian	SX	340	E 5	Fe
Huhehaote (Hohhot)	NM	346	D 4	C
Huichang Xian	JX	454, 456, 458	F 3	Sn, Fe, Bi
Huili Xian	SC	388, 390, 392	E 4	Fe, Pb, Zn, Cu, Ni
Huitong Xian	HN	412, 416	E 2	Fe, Au
Hui Xian	HEN	404	B 5	Al, Pb, Zn
Hui Xian	GS	368	F 8	Hg
Huiyang Xian	GD	420, 422	B 5	W, Sn, Au, Mo
Hulinhe	NM	322	B 3	C
Huludao	LN	316	C 4	
Hulunbaier Meng (Hulun Buir Meng)	NM	330, 332	C 2—5	Cr, Ag, Au, Pt
Huma	HL	332	B 7	Au
Hunchun Xian	JL	322, 326	C 7	C, Pb, Zn, Cu, Au
Hun He	LN	320	C 5	Au
Hunjiang Shi	JL	322	D 5	C, Fe
Huocheng Xian	XJ	376	B 4	C
Huolu Xian	HEB	334	E 2	Fe
Huo Xian	SX	340	E 3	C

J

Jalai Nur (s. Zhalainuoer)

Ort	Provinz	Seite	Plan-quadrat	Vorkommen
Jiachuanzhen	SC	388	B 6	C
Jiajiang Xian	SC	392	D 4	Pb, Zn
Jianchang Xian	LN	320	C 3	Hg
Jianchuan Xian	YN	398	B 3	Pb, Zn
Jiande Xian	ZJ	448, 452	C 4	Fe, Cu
Jiangbei Xian	SC	388, 392	D 6	C, Al
Jiangchong	HN	416	D 4	Sb
Jiangkou Xian	GZ	386	C 7	Sb, Au
Jiangning	JS	436, 440	E 4	C, Cu, Pb, Zn
Jiangshan Xian	ZJ	448	D 3	C
Jiang Xian	SX	344	F 3	Au, Cu
Jiangyou Xian	SC	388, 392	C 5	Hg, Fe
Jiangzhuang	SD	430	C 6	C
Jian'ou Xian	FJ	460, 464	C 4	C, Au
Jianping Xian	LN	320	C 3	Hg
Ji'an Shi	JX	454	D 2	Fe
Jianshi Xian	HB	406	D 2	Fe
Jianshui Xian	YN	398	D 5	Cu
Jianyang Xian	FJ	462	C 4	W
Jiaocheng Xian	SX	340	D 4	Fe
Jiaohe Xian	JL	322	C 5	C
Jiaoling Xian	GD	422	A 6	Pb, Zn
Jiao Xian	SD	434	C 7	Pb, Zn
Jiaozuo Shi	HEN	400	B 5	C
Jiapigou	JL	326	C 5	Au
Jiashi (Payazawat) Xian	XJ	380	D 3	Pb, Zn
Jiayin Xian	HL	332	C 9	Au
Jiexiu Xian	SX	340	D 3	C, Fe
Jieyang Xian	GD	420, 422	B 6	Sn, W

Register der Lagerstätten

Ort	Provinz	Seite	Plan-quadrat	Vorkommen
Jiezhou (s. Xiexian)				
Jinan Shi	SD	430, 434	C 4	C, Al
Jincheng Xian	SX	340	F 4	C, Fe
Jinchuan	GS	366, 368	C 5	Ni, Cu, Ko, Ag, Au, Pt
Jinduicheng	SN	354	F 5	Mo
Jingdong Xian	YN	398	C 4	Hg
Jinggang Shan	JX	454	E 2	Fe
Jinggu Xian	YN	398	D 4	Cu
Jingning	ZJ	488	E 4	Fe
Jingning Xian	GS	364	E 7	Fe
Jing Xian	AH	442	F 5	C
Jingshan Xian	HB	456	C 6	P
Jingtai Xian	GS	364	D 7	C
Jingxing Xian	HEB	334, 338	E 2	C, Fe, Al, P
Jingyuan Xian	GS	364, 366, 368	D 7	C, Cu, Mn
Jinhua Xian	ZJ	452	C 4	U
Jining Shi	SD	430, 434	D 3	C, Au
Jining Shi	NM	346	D 5	C
Jinliangshan	ZJ	452	C 3	Sb
Jinlingzhen	SD	430	C 5	Fe
Jinmen Dao	FJ	462, 464	F 4	Co, Al
Jinning Xian	YN	394	C 5	C, Fe, P
Jinping Xian	Yn	398	D 5	Cu, Au
Jinping Xian	GZ	386	D 8	Au
Jinsha Jiang	YN	394	B 4	
Jinsha Xian	GZ	386	C 5	Hg
Jinta Xian	GS	364	C 4	C
Jin Xian	LN	320	D 4	Al, Asbest
Jinxi Xian	LN	316, 318	C 4	C, Mo
Jinyang Xian	SC	388	E 4	Fe
Jinzhou Shi	LN	316, 318	C 4	C, V, Asbest
Jinzhou Wan	LN	318, 320	D 4	Ti, Au, Zr, U
Jishu	JL	322	B 5	C
Jiufeng	GD	418	A 4	
Jiujiang Shi	JX	454	B 3	C, Fe
Jiuling Shan	JX	458	C 2 – B 3	U
Jiulonggang	AH	442	D 4	C
Jiulong*	SC	392	G 6	Au
Jiulong Jiang	FJ	460	F 3	
Jiulongpo*	SC	388	D 6	C
Jiulongzhen	JS	436	E 7	C
Jiuquan Xian	GS	364, 366, 368	C 4	Fe, Co, Cu, Hg
Jiutai Xian	JL	322	B 4	C
Jiuxian	HB	406	C 4	P
Ji Xian	HEN	404	B 6	Pb, Zn
Ji Xian	HEB	336, 338	C 5	Mg, Ag
Jixi Shi	HL	328	E 9	C
Jixi Xian	AH	446	F 5	Au
Jiyuan Xian	HEN	404	B 4	Cu, Pb, Zn
Julu Xian	HEB	334	F 3	P
Jungar Qi (Shagedu) (s. Zhungeer)				
Junggar Pendi (s. Zhungaer)				
Jurong Xian	JS	440	E 5	Cu
Juyanhai	NM	366	A 5	Cr

* Name nicht in der Karte genannt.

Register der Lagerstätten

Ort	Provinz	Seite	Plan-quadrat	Vorkommen
K				
Kaihua Xian	ZJ	448, 452	C 3	Sn, Fe, Sb
Kaikou	GZ	382	D 6	P
Kailuan (Kaiping/Luanxian)	HB	334	D 6	C
Kaiping	HEB	334, 338	D 6	C, Al
Kaiping Xian	GD	418	B 4	C
Kaishantun	JL	326	C 6	Au
Kaiyang Xian	GZ	386	C 5	Al, Hg, P
Kaiyuan Xian	LN	316	B 6	Fe
Kaiyuan Xian	YN	394, 396, 398	D 5	C, Cu, Sb, Co
Kangding Xian	SC	392	C 5	Pb, Zn, Cu, Au
Kangping Xian	LN	316	B 5	C
Kashi Shi	XJ	378, 380	D 3	W, U, Pb, Zn
Kouquan	SX	340	A 5	C
Kuandian Xian	LN	320	C 6	Au
Kuangshanzhen	YN	398	B 5	Pb, Zn, Ag
Kuche Xian (Kuga)	XJ	376, 380	C 4	C, Cu, Fe, Pb, Zn
Kunlun Shan	QH	370	B 2 — C 4	C
Kunming Shi	YN	394, 398	C 5	C, Fe, Al, P
Kuqa Xian (s. Kuche)				
L				
Laibin Xian	GX	426	D 7	Mn
Laiwu Xian	SD	430, 434	C 4	C, Fe, Al
Laiyang Xian	SD	434	C 7	Au
Laiyuan Xian	HEB	334, 338	D 2	Cu, Fe, Asbest
Lancang	YN	394, 398	D 3	Fe, Au
Langdai	GZ	382, 386	D 4	C, As
Langshan	NM	346	D 2	C
Lanping Xian	YN	398	B 3	Pb, Zn, Hg
Lasa (Lhasa) Xizang**				C, Cr, Pb, Zn
Lan Xian	SX	340	C 3	Fe
Lanzhou Shi	GS	364, 366, 368	D 6—7	C, Se, Mn
Laoling	JL	322	D 5	Fe
Laorengou	LN	320	C 6	Zn, Pb
Laoshan Xian (Licun)	SD	432	C 7	Mn
Laotougou	JL	322	C 6	C
Lechang Xian	GD	418, 420, 422	A 4	C, W, Hg, Sb, Bi, Mo
Ledu	QH	374	B 8	Cu, Au, Pb
Leibo Xian	SC	388, 392	D 4	Fe, Cu, Hg
Leiyang Xian	HN	412	E 5	C, Fe
Lengshuijiang Shi	HN	412	D 4	C
Leping Xian	JX	454, 456	C 5	C, Mn
Leshan Xian	SC	392	D 4	Al
Lhasa (s. Lasa)				
Liancheng Xian	FJ	460	E 2	
Lianjiang	GD	418, 420	C 3	Fe, Mn
Lianping Xian	GD	418	A 5	Fe
Lianshanguan	LN	318, 320	C 5	U, MgCo$_3$
Lianshan Zhuangzu Yaozu Zizhixian	GD	418, 422	A 4	C, Au
Liantang	FJ	460	C 3	BaSO$_4$
Lian Xian	GD	418	A 4	C
Lianyuan Xian	HN	412	D 4	C
Lianyungang Shi (Xinpu)	JS	436	B 5	
Liaoyang Shi	LN	316, 320	C 5	C, Al

** Außerhalb des wiedergegebenen Kartenmaterials, westlich der Provinzkarte „13 Sichuan".

Register der Lagerstätten

Ort	Provinz	Seite	Plan-quadrat	Vorkommen
Liaoyuan Shi	JL	322	C 4	C
Libo Xian	GZ	386	E 6	Hg
Liguoyi	JS	436	B 3	Fe
Lijiang Naxizu Zizhixian (Dayan)	YN	398	B 4	C, Hg, Au
Liling Xian	HN	414	D 6	Mn
Limu	GX	426	B 8	Ta
Lincang Xian	YN	398	D 4	Hg
Lincheng Xian	HEB	334	F 2	C
Linfen Shi	SX	340	E 3	Fe
Lingbao Xian	HEN	404	C 2	Au
Lingchuan Xian	GX	424	B 8	Fe
Lingchuan Xian	SX	340	F 5	C, Fe
Lingling	HN	412	E 4	C
Lingshan	HEB	334	E 2	C
Lingshan Xian	GX	426	E 7	Mn
Lingshi Xian	SX	340	E 3	C
Lingshu'o Xian	HEB	336	E 2	Mn
Lingshui Xian	GD	422	D 3	Sn
Lingwu Xian	NX	358	E 5	C
Ling Xian	HN	414	E 6	W
Lingxiang	HB	406	E 7	Fe
Lingyuan Xian	LN	316, 318	C 3	C, Mn
Linhai Xian	ZJ	448, 490, 452	D 6	Cu, Fe, Mn
Linjiang	JL	322, 320	D 5	C, Pb, Zn
Linjiang	JX	454	G 2	Ba SO₄
Linnancang	HEB	334	D 5	C
Lintao Xian	GS	368	E 6	Cu
Linwu Xian	HN	412, 414, 416	F 5	W, Sn, Fe
Linxi	HEB	334	D 6	C
Linxiang Xian	HN	416	B 6	Pb, Zn
Linyi Xian	SD	434	D 5	Al
Lishi Xian	SX	344	D 3	Pb, Zn
Lishui Xian	JS	440	E 5	Pb, Zn, Au, Ag
Lishu Xian	JL	324	C 4	Mn
Litang	GX	428	D 7	Al
Liucheng Xian	GX	424	C 7	
Liuhe	JS	436	E 7	Fe
Liupanshui	GZ	382	D 3–4	C
Liuyang Xian	HN	416	C 6	Pb, Zn, P
Liuzhou Shi	GX	424	C 7	
Li Xian	HN	412	B 4	C
Lizhu	ZJ	448	C 5	Fe
Long'an	GX	428	B 6	Sb
Longchang Xian	SC	388	D 5	C
Longchuan Xian	GD	418	A 5	C
Longguan	HEB	334	C 3	Fe
Longguang	GX	428	D 4	Sb
Longhua Xian	HEB	334, 338	B 5	Fe, Au, Ag
Longhui*	SC	388	D 5	CaF₂
Longhui	HEN	485	C 4	C
Longjiang	FJ	460	D 3	C
Long Men	SN	352	E 6	C
Longmen Xian	GD	418	B 5	C, Fe
Longnan Xian	JX	456	G 2	W
Longshan Xian	HN	416	B 2	Hg
Longshou Shan	GS	366	C 5	W

* Name nicht in der Karte genannt.

Register der Lagerstätten

Ort	Provinz	Seite	Plan-quadrat	Vorkommen
Longwo	GD	422	B 5	Sn
Long Xian	SN	352	F 2	C
Longyan Diqu	FJ	460, 462	E 2—3	C, Fe, Mn
Longyan Xian	FJ	464	E 3	Al
Longyou	ZJ	448, 452	C 4	U, Fe
Luan(**Lu**cheng-Xiangy**an**)	SX	340	E 5	C
Luanping Xian	HEB	334, 336, 338	C 5	Fe, Ti, Au, V, Ag
Luan Xian	HEB	334, 338	D 6	Fe, Al, Hg
Luchang	SC	392	E 4	Cu
Lucheng Xian	SX	340, 342	E 5	C, Mn
Luding (Jagsamka) Xian	SC	392	D 4	Pb, Zn
Lüeyang Xian	SN	356	G 2	Hg
Lufeng Xian	YN	394	C 5	C, Fe
Lugu	SC	388	D 4	Fe
Luhuo (Zhaggo) Xian	SC	392	C 3	Au
Luihekou*	HEB	334	C 5	C
Lujiang Xian	AH	446	E 4	Cu, Al
Lüjiaqiao	HEB	334	E 5	C
Luliang Xian	YN	394	C 5	C
Lunan Yizu Zizhixian	YN	396, 398	C 5	Cu, Co
Luntai (Bügür) Xian	XJ	376	C 5	C
Luobei Xian	HL	330, 332	D 9	Cr, Au
Luocheng Xian	GX	424	C 6	C
Luoding Xian	GD	420, 422	B 3	Mn, Au
Luonan	GD	418	D 2	C
Luonan Xian	SN	352, 356	F 6	Fe, Hg
Luoning Xian	HEN	400	C 3	C
Luoping Xian	YN	396, 398	C 6	Pb, Zn, Mn
Luoshan Xian	HEN	400, 404	E 6	Fe, Pb, Zn
Luoxue	YN	394, 398	B 5	C, Cu
Luoyang	FJ	460	F 4	Fe
Luoyang Shi	HEN	400, 404	C 4	C, Al
Luoyuandong	GD	422	A 4	Sb
Luquan Xian	YN	394	C 5	Fe
Lushan	GZ	386	D 6	Al
Lushan Xian	SC	390, 392	C 4	Cu, Ni, Pb, Zn
Lushan Xian	HEN	404	D 4	Au
Lushi Xian	HEN	404	C 3	Au, Pb, Zn, Hg
Luzhou Shi	SC	388	D 5	
M				
Ma'anshan Shi	AH	442, 444	E 5	C, V, Fe
Mabian Xian	SC	392	D 4	Ca, Pb, Zn
Macheng Xian	HB	406	C 8	Fe
Maguan Xian	YN	398	D 6	Sb
Maigaiti Xian (Markit)	XJ	378, 380	D 3	W, U
Majiashan	NX	360	G 5	W
Malanguan*	HEB	338	C 5	Cu, Au
Malipo Xian	YN	398	D 6	Hg
Malingou	XJ	380	B 4	U
Manasi (Manas Xian)	XJ	376, 380	B 5	C, Au
Mangnai (siehe Mangya)				
Mangya (Mangnai)	QH	374	B 2	Sb, Asbest
Maoming Shi	GD	418	C 3	C
Maowen Qiangzu Zizhixian	SC	392	C 4	H

* Name nicht in der Karte genannt.

Register der Lagerstätten

Ort	Provinz	Seite	Plan-quadrat	Vorkommen
Markit Xian (s. Maigaiti)				
Mashan	HL	328	E 9	C
Mashan Xian	GX	428	D 6	U
Matian	ZJ	452	C 3	Sb
Meichengzhen	HN	416	C 4	Sb
Meitan Xian (Yiquan)	GZ	382	C 6	Fe
Mei Xian	GD	418, 420	A 5—6	C, Fe, W
Menchu	ZJ	452	C 3	Sb
Mengcheng Xian	AH	442	C 3	C
Mengyin Xian	SD	430	D 4	Fe
Mengzi Xian	YN	398	D 5	Hg
Mentougou*	BJ	334, 338	D 4	C, Cu
Menyuan Huizu Zizhixian	QH	370	B 7	C
Mianchi Xian	HEN	400	C 3	C, Fe
Mianning Xian	SC	388, 392	D 4	Fe, Cu, Au, Pb, Zn
Miansizhen	SC	388	C 4	Fe
Mile Xian	YN	394	C 5	C
Mingshan Xian	SC	392	C 4	Cu
Minhou Xian	FJ	464	D 5	Pb, Zn
Min Jiang	FJ	464	D 4	Au
Min Xian	GS	368	E 7	Hg
Miquan Xian	XJ	376	B 5	C
Mishan Xian	HL	328	E 9	C
Mi Xian	HEN	400, 404	C 5	C, Pb, Zn
Miyun Xian	HEB	338	C 4	Pb, Zn, Au
Mohe	HL	332	A 5	Au
Mojiang Xian	YN	396, 398	D 4	Ni, Au
Molingguan	JS	436	E 4	Fe
Mouding Xian	YN	398	C 4	Cu
Mozhaer	XJ	380	D 3	U
Mufushan	YN	398	C 4	U
Muli	QH	370	A 6	C
Muling Xian	HL	328, 332	E 9	C, Au
Muping Xian	SD	434	B 8	Au
N				
Naizishan	JL	322	C 5	C
Nan'an Xian	FJ	462	F 4	W
Nanchang Shi	JX	454	C 3	C, Se
Nanchong Diqu	SC	388	C 5—6	C
Nanchuan Xian	SC	388	D 6	C
Nandan Xian	GX	428	C 5	Sn, Sb
Nanding	SD	434	C 5	Al
Nanfen	LN	316	C 5	Fe
Nanfeng	GD	422	B 3	Au
Nanhua Xian	YN	394	C 4	C
Nanjing Shi	JS	436	D 4	C
Nankang Xian	JX	454, 458	F 2	W, Au
Nan Ling	HN	414	F 5—6	W
Nanning Shi	GX	428	E 6	Pb, Zn, Hg, U
Nanpiao	LN	316	C 4	C
Nanping Shi	FJ	464	D 4	Cu
Nantong Shi	JS	436	D 6	P
Nanxiong Xian	GD	420, 422	A 5	U, W
Nanzhang Xian	HB	406	C 4	C

* Name nicht in der Karte genannt.

Register der Lagerstätten

Ort	Provinz	Seite	Plan-quadrat	Vorkommen
Nanzhao Xian	HEN	400, 404	D 4	C, Cu, Au, Pb, Zn
Neihuang Xian	HEN	400	B 6	Fe
Neixiang Xian	HEN	404	D 3	Cu, Pb, Zn, Hg
Nileke (Nilka) Xian	XJ	380	C 4	Cu
Nimugou	XJ	378, 380	B 6	W, U
Ningbo Shi	ZJ	448	C 6	C
Ningde Xian	FJ	462, 464	D 5	Pb, Zn, Mo
Ningdu Xian	JX	454	E 3	Fe
Ninghai Xian	ZJ	452	C 6	Cu, Pb, Zn
Ninghua Xian	FJ	462	D 2	W
Ningnan Xian	SC	388	E 4	Fe
Ningqiang Xian	SN	356	H 2	Hg
Ningwu Xian	SX	340	B 4	C, Fe
Ningxiang Xian	HN	412	C 5	Fe
Ningyang Xian	SD	430	D 3	C
Niutou Shan	ZJ	448	C 6	C
Niuxintai	LN	316, 318, 320	C 5	C, Mg, Al

P

Ort	Provinz	Seite	Plan-quadrat	Vorkommen
Pangushan	JX	456	F 3	W
Panji	AH	442	D 3	C
Panshi Xian	JL	324, 326	C 5	Ni, Cu
Pantian	FJ	460	E 3	Fe
Pan Xian	GZ	386	E 3	Cu
Panzhihua	SC	388, 390	E 3	C, Co, Ni, Ti, V
(Peixian) Peicheng	JS	436	B 3	C
Pengshui Xian	SC	392	D 7	Hg
Peng Xian	SC	388, 392	C 4	C, Cu, Asbest
Pingding·	GD	418	B 3	C, Fe
Pingdingshan	LN	316	C 6	C
Pingdu Xian	SD	434	C 6	Au
Pingguo Xian	GX	428	D 5	Al, Hg
Pinggu Xian	HEB	334, 336, 338	C 5	C, Cu, Mn, Pb, Zn, Ni, Au, Ag, Mo
Pinghe Xian	FJ	462	F 3	W
Pingjiang Xian	HN	412, 416	C 6	C, Au
Pingle Xian	GX	428	C 8	Pb, Zn
Pingluo Xian	NX	358	E 5	C
Pinglu Xian	SX	340, 344	G 3	C, Pb, Zn, Au
Pingquan Xian	HEB	338	B 6	Au, Ag
Pingshan Xian	SC	388, 392	D 5	C, Pb, Zn, Cu
Pingshun Xian	SX	340	E 5	Fe
Pingshuo (**Ping**lu/**Shuo**xian)	SX	340	B 4	C
Pingwu Xian	SC	392	B 5	Hg
Pingxiang Shi	JX	454, 458	D 1	C, Pb, Zn, Fe
Pingyang Xian	ZJ	448, 450, 452	E 5	Al, Fe, Mn
Pingyuan Xian	GD	420	A 5	Ti
Pu'an Xian (Panshui)	GZ	386	E 3	Cu
Pucheng Xian	FJ	460	C 4	CaF$_2$
Pucheng Xian	SN	352, 356	F 5	C, Al
Pu'er Xian	YN	398	D 4	Hg
Pulu	XJ	376	D 4	C
Puqi Xian	HB	406	E 6	C
Putian Xian	FJ	462	E 4	W, Mn
Pu Xian	SX	340, 344	E 3	Fe, Pb, Zn

Register der Lagerstätten

Ort	Provinz	Seite	Plan-quadrat	Vorkommen
Q				
Qahar Youyi Zhongqi	NM	350	D 5	Au
Qaidam Pendi (s. Chaidamu)				
Qamdo (s. Changdu)				
Qian'an Xian	HEB	336, 338	C 6	Au, W
Qianjiang Xian	SC	392	D 7	Hg
Qianwei Xian	SC	388	D 4	C
Qianxi Xian	GZ	382, 386	C 5	C, Al
Qiaojia Xian	YN	394, 398	B 5	Cu, Fe
Qiaotou	LN	316	B 3	Fe
Qiaotouhe	HN	412	D 4	C
Qichun Xian	HB	410	D 8	Pb, Zn
Qidaogou	JL	322	D 5	Fe
Qijiang	SC	388, 392	D 6	C, Fe, Hg
Qijiazi	JL	322	B 4	Fe
Qilian Shan	GS	364, 366, 368	C 3—5	C, Mn, Ni, Pt, W, Pb, Zn, Au, Ag, Cu
Qilian Xian	QH	374	A 7	Hg
Qilijiang	HN	416	D 4	Sb
Qingchengzi	LN	318, 320	C 5	Mo, Pb, Zn
Qingdao Shi	SD	430	C 7	
Qingliu Xian	FJ	462, 464	D 2	W, U
Qinglong Xian	HEB	338	C 6	Hg
Qinglong Xian	GZ	386	E 4	Sb, Cu
Qingshan	ZJ	448	B 4	Fe
Qingshuihe Xian	NM	346	E 4	C
Qingtian Xian	ZJ	450, 452	D 5	Sn, Mo
Qingxu Xian	SX	340	D 4	C
Qingyuan Xian	LN	318, 320	B 6	Cu, Hg, Ni, Au
Qingyuan Xian	GD	422	B 4	Sb, Sn, Hg, Au
Qingzhen Xian	GZ	386	D 5	Al
Qinhuangdao Shi	HEB	334	D 7	
Qin Ling	SN	354	G 3	Mo
Qinling Shandi	SN	354, 356	E 3—5	U, Hg, Au, V, Mo, Ge, W
Qinshui Xian	SX	340	F 4	C, Fe
Qinyang Xian	HEN	400	B 4	Fe
Qinzhou Xian	GX	424, 426, 428	F 6	C, Mn, Au
Qiongshan Xian	GD	422	D 3	Sn
Qitaihe Shi	HL	328	E 9	C
Qitai Xian	XJ	378, 380	B 6	W, Au
Qiubei Xian	YN	398	C 6	Sb
Qixia Xian	SD	434	B 7	Cu, Au
Qiyang Xian	HN	412	E 4	C
Quanzhou Xian	GX	428	B 9	Sb
Qujiang Xian (Maba)	GD	422	A 4	Sb, Hg
Qu Xian	ZJ	452	D 3	Pb, Zn, Au
R				
Renhua Xian	GD	418, 422	A 4	C, U
Renshou Xian	SC	392	D 5	Hg
Rongchang Xian	SC	388	D 5	C
Rong Xian	GX	428	E 8	Hg
Rucheng Xian	HN	414, 416	F 6	W, Mn, Cu
Ruian Xian	ZJ	452	E 5	Al
Ruichang Xian	JX	454	B 3	C, Fe
Rujigou	NX	358	D 5	C

Register der Lagerstätten

Ort	Provinz	Seite	Planquadrat	Vorkommen
Ruoqiang	XJ	376	D 6	C
Ruyang Xian	HEN	404	C 4	Cu, Pb, Zn
Ruyuan Yaozu Zizhixian	GD	418, 422	A 4	C, Sb, Hg

S

Ort	Provinz	Seite	Planquadrat	Vorkommen
Saima	LN	316, 320	C 6	C, U
Sanchakou*	HEB	334	C 3	Fe
Sandaogou	LN	320	C 4	Pb, Zn
Sandu	GZ	386	D 5	Sb, Hg
Sangzhi Xian	HN	412, 416	B 3	C, Hg, Pb, Zn
Sanjiang	GX	426	C 8	Mn
Sanmen Xian	ZJ	448	C 6	Fe
Sanmenxia Shi	HEN	404	C 3	Al
Sanshan	AH	442	E 5	Fe
Sanshui Xian	GD	422	B 4	U
Shache	XJ	376	D 3	
Shahe	HEB	334	G 2	C
Shandan Xian	GS	364	C 5	C
Shangcheng Xian	HEN	400, 404	F 7	Fe, Pb, Zn
Shanghai Shi	SH	436	E 7	Se
Shanghang Xian	FJ	462, 464	E 2	W, Cu
Shanglin	GD	418	B 4	C
Shanglin Xian	GX	424, 428	D 6	C, Al, Au
Shangnan Xian	SN	356	G 6	Cu
Shangping	GD	420	A 5	Ti
Shang Xian	SN	356	G 5	Hg
Shangyou Xian	JX	456, 458	F 2	Sn, W
Shangyu Xian	ZJ	452	B 5	Cu
Shanhaiguan	HEB	334, 336, 338	C 7	C, Au, W
Shanlenggang	SC	388	D 4	P
Shanshan (Piqan) Xian	XJ	376	C 6	C
Shaodong Xian	HN	412	D 4	C
Shaoguan Shi	GD	418, 422	A 4	C, U
Shaowu Xian	FJ	460	C 3	C
Shaoxing Xian	ZJ	448, 452	B 5	Fe, Pb, Zn, U, Cu
Shaoyang Shi	HN	412, 414	D 4	C, Fe, Co
Shennan	HEB	334	E 2	Asbest
Shenyang Shi	LN	316, 320	C 5	C, Al
She Xian	HEB	338	G 1	Pb, Zn
Shichengzhen	ZJ	452	C 3	Sb
Shiguaigou	NM	346	D 4	C
Shihezi Shi	XJ	376, 378, 380	B 5	C, W, U
Shijiazhuang Shi	HEB	334	E 2	
Shijiusuo	SD	430	D 6	
Shiliu (s. Changjiang Xian)	FJ	460	F 3	
Shilong	GX	426	D 7	Mn
Shimen Xian	HN	416	B 4	P, As
Shimenzhai	HEB	334	C 7	C
Shimian Xian	SC	392	D 4	Cu, Asbest
Shiqian Xian	GZ	386	C 7	Sb
Shiren	JL	322, 324	D 5	C, Mo
Shirenzhang	GD	420	A 5	W
Shitanjing	NX	358	D 5	C
Shixing Xian	GD	420, 422	A 5	W, Pb, Zn, Sn
Shizong Xian	YN	398	C 5	Sb
Shizui	JL	326	C 5	Cu

* Name nicht in der Karte genannt.

Register der Lagerstätten

Ort	Provinz	Seite	Plan-quadrat	Vorkommen
Shizuishan Shi	NX	358	D 5	C
Shouchang	ZJ	452	C 4	Pb, Zn
Shouwangfen	HEB	338	C 5	Cu
Shou Xian	AH	442	D 3	C
Shouyang Xian	SX	340	D 5	C, Fe
Shuangfeng Xian	HN	412	D 5	C
Shuangyashan Shi	HL	328	D 9	C
Shufu Xian	XJ	380	D 2	Cu
Shuicheng Xian	GZ	382, 386	D 3	C, Fe, Cu, Pb, Zn
(Shuiding) Huocheng Xian	XJ	380	B 4	Cu
Shuikoushan	HN	416	E 5	Pb, Zn, As, Ag
Shuiye	HEN	400	A 6	C
Shulan Xian	JL	322	B 5	C
Siding	GX	428	B 7	Pb, Zn
Sifangtai	HL	328	D 7	C
Silibo	XJ	378	B 6	W
Silin	GX	428	D 5	Sb
Sinan Xian	GZ	386	C 7	Sb
Solon (s. Suolun)				
Songbai	HN	412	E 5	
Songming Xian	YN	394	C 5	C, Fe
Songpan (Sungqu)	SC	392	B 4	Hg, U, Au
Songtao Miaozu Zizhixian	GZ	386	B 8	Sb
Song Xian	HEN	404	C 4	Au, Pb, Zn
Songyang (Xiping)	ZJ	448, 452	D 4	Cu, Fe
Suichang Xian	ZJ	448, 452	D 4	Fe, Sn, Cu, Au
Suichuan Xian	JX	456	E 2	W
Suining	HN	412	E 3	Fe
Suiyang Xian (Yangchuan)	GZ	382	C 6	Fe
Suizhong Xian	LN	316	C 4	C
Sujiatun	LN	316	C 5	C
Suolun	NM	322	A 2	C
Suqian Xian	JS	436	C 4	Fe
Suqin	HL	332	B 3	Pb, Zn
Su Xian	AH	442	C 3	C
Suzhou Shi	JS	436	E 6	Fe
T				
Tacheng (Qoqek)	XJ	376, 380	B 4	C, Fe, Au, U
Tai'an Xian	SD	432, 434	C 4	Mg, Au
Taimei	GD	420	B 5	Ta
Tai Shan	SD	432	C 4	Mo
Taishan Xian	GD	418	B 4	C
Taishun Xian	ZJ	450	E 4	Mn
Taiyuan Shi	SX	340, 344	D 4	C, Al
Taizi He	LN	320	C 5	Au
Talimu Pendi (Tarim)	XJ	378, 380	D 4—5	W, U
Tancheng Xian	SD	430	E 5	Fe
(Tangdan) Dongchuan	YN	398	B 5	Cu, Pb, Zn
Tanggu	HEB	334	D 5	NaCl
Tangjiazhuang	HEB	334	D 6	C
Tangshan Shi	HEB	334, 338	D 6	C, Al, BaSO$_4$
Tangxi	ZJ	452	C 4	Pb, Zn
Tao'an Xian	JL	322	B 3	Asbest
Taochong	AH	442	E 5	Fe
Taogezhuang	SD	434	C 3	Cu

483

Register der Lagerstätten

Ort	Provinz	Seite	Plan-quadrat	Vorkommen
Taolin	HN	412	B 6	CaF$_2$
Taoyuan Xian	HN	416	C 4	Au
Taozhuang	SD	430	E 4	C
Tarim Pendi (siehe Talimu)				
Tashikuergan (Taxkorgan Tajik Zizhixian)	XJ	378, 380	D 2	W, Cu, U
Taxkorgan Tajik Zizhixian (s. Tashikuergan)				
Tekesi Xian	XJ	376	C 4	C
Tengchong	YN	394, 398	C 3	Fe, Hg
Teng Xian	SD	430	D 4	
Tewo Xian	GS	368	E 6	Cu
Tianbaoshan	JL	326	C 6	Pb, Zn, Cu
Tiandu	GD	418	D 2	Fe
Tianfu*	SC	388	C 6	C
Tianhe	JX	454	E 2	C
Tianhe	GX	424	C 6	C
Tianjin Shi	HEB	334	D 4/5 E 4/5	
Tianquan Xian	SC	392	C 4	Cu, Hg, Pb, Zn, Au
Tian Shan	XJ	380	C 5—6	Pb, Zn
Tianshifu	LN	316, 320	C 6	C, Fe, Al
Tianshui Shi	GS	368	E 7	Pb, Zn, Al, Hg
Tianyang Xian	GX	424, 428	D 4	C, Sb, Au
Tianzhu Xian	GZ	386	D 8	Au
Tianziling	GD	422	A 4	Sb
Tiechang	JL	322	D 5	C
Tieling Xian	LN	316, 318, 320	B 5	C, Pb, Zn, Ni, Cu, Au
Tieshan	HB	406	D 7	Fe
Tieshanmiao	HEN	400	D 5	Fe
Tong'an	SC	392	E 4	Cu, Pb, Zn
Tongbai Xian	HEN	404	E 5	Cu
Tongchuan Shi	SN	352, 356	E 5	C, Al
Tongguan Xian	SN	356	F 6	Au
Tonghe Xian	HL	328, 330, 332	D 8	Fe, Hg, Mn
Tonghua Shi	JL	322, 326	D 4	C, Cu
Tongling Shi	AH	442, 446	F 4	Fe, Cu
Tonglushan	HB	410	D 7	Cu
Tonglu Xian	ZJ	452	C 4	Cu
Tongren Xian	GZ	386	C 8	Sb, Hg
Tongshan	JS	436	E 4	C, Fe
Tongshan	AH	442	F 4	Fe
Tongxing*	SC	388	C 6	C
Tongxin Xian	NX	358	G 4	C
Tongyuanpu	LN	316	C 5	Fe
Tongzi Xian	GZ	382, 386	B 5	C, Hg
Tuanxi	GZ	382	C 6	Fe
Tulufan (Turpan)	XJ	376, 378, 380	C 6	C, Pb, Zn, Au, Mn
Tunli	GX	428	E 6	U
Tunliu Xian	SX	340	E 4	C
Tuokexun (Toksun)	XJ	376	C 6	C
Turpan (s. Tulufan)				

U

Ulanqab Meng (s. Wulanchabu)
Urad Qianqi (s. Wulanshan)

* Name nicht in der Karte genannt.

Register der Lagerstätten

Ort	Provinz	Seite	Planquadrat	Vorkommen
Ürümqi Shi (s. Wulumuqi)				
Usu Xian (s. Wusu)				
W				
Wafangzi	LN	318	C 4	Mn
Waitoushan	LN	316	C 4	Fe
Wangcang Xian	SC	388	B 6	C, Fe
Wangjiapu	LN	316	C 5	Fe
Wangjiazhuang	YN	394	C 5	Fe
Wangshi'ao	SN	352	E 5	C
Wannian Xian	JX	458	C 5	Au
Wanshan Xian	GZ	386	C 8	Hg
Wanshengchang	SC	392	D 6	Hg
Wan Xian	HEB	338	E 3	Cu
Weichang Xian (Zhuizishan)	HEB	338	B 5	Au
Weining Yizu Huizu Miaozu Zizhixian	GZ	382, 384, 386	D 3	Fe, Cu, Mn
Weishi Xian	HEN	404	C 6	Ag
Weixi Xian	YN	398	B 3	Hg, Au
Weiyuan Xian	SC	388	D 5	C, Fe
Weiyuan Xian	GS	364, 368	E 7	Cu, Fe
Wenchang Xian	GD	418	D 3	C
Wendeng Xian	SD	434	B 9	Pb, Zn, Au
Weng'an Xian	GZ	382, 386	C 6	C, Al
Wengyuan Xian	GD	420, 422	A 5	W, U, Mo, Bi
Wenjiang Xian	SC	392	C 4	U
Wenling Xian	ZJ	448	D 6	C
(Wenpingzhen) Ludian Xian	YN	398	B 5	Al
Wenshan Xian	YN	396, 398	D 6	Sb, W
Wenshui Xian	SX	344	D 4	Pb, Zn
Wen Xian	GS	368	F 7	Hg
Wenxi Xian	SX	344	F 3	Pb, Zn, Cu, Au
Wu'an Xian	HEB	334	G 2	Fe
Wuchang Xian	HB	406	D 7	C
Wuchuan Xian (Duru)	GZ	386	B 7	Sb, Hg
Wuda	NM	346	E 2	C
Wudang Shan	HB	410	B 4	Cu
Wuding Xian	YN	394, 398	C 5	Fe, Cu
Wudu Xian	GS	368	F 7	Hg
Wufeng Xian	HB	406	D 3	Fe
Wuhai Shi	NM	346	E 2	C
Wuhan Shi	HB	406	D 7	
Wuhua Xian (Shuizhai)	GD	420, 422	B 5	W, Sn
Wukang	ZJ	452	B 4	Cu
Wulanbulang	NM	346	D 4	
Wulanchabu Meng	NM	346, 350	C 3—5	C, Au, Ag, Pt
Wulashan	NM	350	D 3	Hg
Wuling Shan	HN	414	C 2—B 3	Mo
Wulongbei	LN	318	C 6	Mn
Wulongzhen	ZJ	452	B 4	Sb
Wulumuqi (Ürümqi)	XJ	376, 380	C 5	C, Al, Cu
Wuming Xian	GX	426, 428	D 6	W, Au
Wuning Xian	JX	454, 458	B 3	C, Cu
Wuping Xian	FJ	462	E 2	W, Mn
Wuqia (Ulugqat) Xian	XJ	380	D 2	Cu, Pb, Zn
Wushi (Uqturpan) Xian	XJ	380	C 3	Pb, Zn

485

Register der Lagerstätten

Ort	Provinz	Seite	Plan-quadrat	Vorkommen
Wusu (Usu)	XJ	376, 380	B 5	C, U, Au
Wutai Shan	SX	342, 344	C 4 – B 5	Ni, Au
Wutai Xian	SX	344	C 5	Au
Wutong	GX	428	B 8	Sb
Wutuo	XJ	378, 380	C 6	W, U
Wuwei Xian	AH	446	E 4	Cu
Wuwei Xian	GS	364	D 6	C
Wuxi Xian	JS	438	E 6	Mn
Wuxuan Xian	GX	426	D 7	Mn
Wuyi Xian	ZJ	448	D 4	CaF$_2$
Wuyuan Xian	NM	346	D 3	
Wuzhou Shi	GX	428	D 9	Hg, Sb, Au

X

Ort	Provinz	Seite	Plan-quadrat	Vorkommen
Xiahuayuan	HEB	334	C 3	C
Xiajiang Xian	JX	454	D 3	Fe
Xianfeng Xian	HB	410	E 2	Pb, Zn, Hg
Xianghua Ling	HN	416	F 5	Sn
Xiang Jiang	HN	416	D 5	Cu
Xiangning Xian	SX	340	F 2	C, Fe
Xiangtan Diqu	HN	414	D 6 – C 6	Mn
Xianlinblu*	ZJ	448	B 4	Fe
Xiangxi	HB	406	D 3	C
Xiangxiang Xian	HN	412, 416	D 5	Pb, Zn, P, C, Ag
Xiangyun Xian	YN	398	C 4	Cu
Xiangzhou Xian	GX	424	D 7	BaSO$_4$
Xianning Xian	HB	406	E 7	C
Xi'an Shi	SN	356	F 4 – 5	Al, Cu
Xian Xian	HEB	334	E 4	
Xianyou Xian	FJ	460	E 4	C
Xiaofangshen	LN	316	C 5	Fe
Xiaojin (Zainlha)	SC	392	C 4	Au, P
Xiaoshan	ZJ	448	B 5	
Xiaosigou	HEB	336	C 6	Ni
Xiao Xian	AH	442	B 3	C
(Xiaoyi) Gong Xian	HEN	400	C 4	C
Xiaoyi Xian	SX	340, 344	D 3	C, Al
Xiapu Xian	FJ	462	D 5	W
Xia Xian	SX	344	F 3	Cu, Au
Xichang Xian	SC	388, 392	E 4	C, U, Cu
Xieqiao	AH	442	D 3	C
Xiexian (= Jiezhou)	SX	344	G 2	Cu
Xifeng Xian	LN	316	B 6	Fe
Xihe	SD	430	C 4	C
Xihe Xian	GS	368	E 7	Pb, Zn, Sb
Xihuashan	JX	456	F 2	W
Xikuangshan	HN	412, 416	D 4	Sb, Fe
Ximing	SX	340	D 4	C
Xin'an	HN	412, 416	B 4	C, Fe, Pb, Zn
Xinchang Xian	ZJ	450	C 5	Mn
Xincheng Xian	GX	424	C 6	C
Xinchengzi	LN	316	B 5	C
Xinfeng Xian	JX	454	F 2	C
Xinganling (Hinganling)	HL	330, 332	B 5 – 6	Ni, Au
Xingan Xian	GX	424	B 8	C

* Name nicht in der Karte genannt.

Register der Lagerstätten

Ort	Provinz	Seite	Plan-quadrat	Vorkommen
Xingcheng Xian	LN	318, 320	C 4	Mn, Au
Xingguo Xian	JX	454	E 3	Fe
Xinghai Xian	QH	374	C 6	Cu
Xinghe Xian	NM	350	D 5	Pb, Zn, Ag
Xinglong	HB	406, 410	B 5	C, Au
Xinglongzhen	HL	328	D 7	C
Xingning Xian	GD	422	A 5	Pb, Zn, Au
Xingren	GZ	386	D 6	Sb
Xingshan Xian	HB	410	C 3	Pb, Zn
Xingxingxia	XJ	376	C 7	C
Xingyi Xian	GZ	386	E 3	Hg
Xinghuang Dongzu Zizhixian	HN	416	D 2	Hg
Xinhua Xian	HN	412, 416	D 4	C, Fe, Sb, U
Xinhui Xian	GD	422	B 4	U
Xining Shi	QH	370, 374	B 7	C, Cu, Al
Xinji	SD	430	D 2	C
Xinjin Xian	SC	388	C 4	
Xinlong	SC	392	C 3	Au
Xinping Xian	Yn	398	C 4	Cu
Xingtai	HEB	336	F 2	Ni
Xintai Xian	SD	430, 434	D 4	C, Cu
Xinwen Xian	SD	430	D 4	C
Xinxian	HEB	336	F 5	Ti, W
Xin Xian	HEN	400	F 6	Fe
Xinxiang Shi	HEN	404	B 5	Pb, Zn
Xinxing Xian	GD	422	B 4	U
Xinyang Shi	HEN	400, 404	E 6	Fe, Cu
Xinyi	GD	418, 422	B 3	Fe, Pb, Zn, Au
Xinyi	JS	436	B 4	Fe
Xinyuan (Künes) Xian	XJ	376	C 4	C, Fe
Xinyu Xian	JX	454	D 2	C, Fe
Xinzhou	GD	422	C 4	Sn, Au
Xishui Xian	GZ	362	B 5	
Xitieshan	QH	374	B 4	Pb, Zn
Xiuning Xian	AH	442	G 5	C
Xiushan Xian	SC	392	D 7	Hg, Sb
Xiuwen Xian	GZ	386	D 5	Al
Xiuwu Xian	HEN	400	B 5	C, Fe
Xiuyan Xian	LN	320	C 5	Pb, Zn
Xi Xian	SX	340	E 2	Fe
Xiyang Xian	SX	340	D 5	C, Fe
Xuancheng Xian	AH	442, 444	F 5	C, Mn
Xuan'en Xian	HB	410	D 2	Cu, Zn, Pb
Xuangang	SX	340	C 4	C
Xuanhua Xian	HEB	336	C 3	Ni, Li
Xuanwei Xian	YN	394, 398	B 6	C, Fe, Cu
Xucheng	SD	430	D 3	C
Xuefeng Shan	HN	412	D 3–C 4	Fe
Xundian Xian	YN	394, 396	C 5	Fe, Mn
Xunhua Salazu Zizhixian	QH	374	C 8	Cu
Xunyang Xian	SN	356	H 5	Hg
Xupu Xian	HN	416	D 3	Sb
Xushui He	SN	356	G 3	U, Ce
Xushui Xian	HEB	334	D 3	Fe
Xuwen Xian	GD	418	C 3	BaSO$_4$

Register der Lagerstätten

Ort	Provinz	Seite	Plan-quadrat	Vorkommen
Xuyong Xian	SC	392	D 5	Al
Xuzhou Shi	JS	436, 440	B 3	C, Fe, Al
Y				
Ya'an Xian	SC	388	D 4	C
Yajiang (Nyagquka) Xian	SC	392	C 3	Au
Yanbian Xian	SC	388	E 3	Fe
Yanchi	XJ	376	C 7	C
Yanfang	YN	394	C 6	C
Yangbi Xian	YN	398	C 3	Hg
Yangcheng Xian	SX	340	F 4	Fe
Yangchun Xian	GD	418	B 3	C
Yangjiang Xian	GD	420	C 3	W
Yangjiawan	GZ	386	C 3	Cu
Yangjiazhangzi	LN	318, 320	C 4	Mo, Pb, Zn
Yangqu	SX	340	D 4	Fe
Yangquan	SN	352	E 5	
Yangquan Shi	SX	340, 344	D 5	C, Fe, Al
Yangshan Xian	GD	418, 422	A 4	C, Pb, Zn
Yangxi	ZJ	448	C 4	Fe
Yangxin	HB	406, 408, 410	E 7	C, Cu, Mn
Yanjiadian	LN	318	D 4	MgCO$_3$
Yanji Shi	JL	326	C 6	Al
Yanqian	FJ	462	F 2	Mn
Yanqi Huizu Zizhixian	XJ	380	C 5	Cu, Pb, Zn, Au
Yantai Shi	SD	430	B 8	Fe
Yantong Shan	HEB	334	C 3	Fe
Yanyuan	SC	392	E 3	Cu, Hg, U, Pb, Zn, Au
Yanzhou Xian	SD	430	D 3	C
Yaogangxian	HN	414	F 6	W
Yaojie	GS	364	D 6	C
Yaoling	GD	420	A 4	W
Ye Xian	SD	432, 434	B 6	Au, Mg
Yichun Diqu	JX	454, 456, 458	C 2–3	Ta, Cu, Fe
Yikechaidamuhu	QH	370	B 4	B
Yilan Xian	HL	328	D 8	C
Yiliang Xian	YN	394	B 6	Fe
Yima	HEN	400	C 3	C
Yimen Xian	YN	394, 396, 398	C 4	Cu, Fe, Mn
Yiminhe	HL	328	C 3	C
Yinchuan Shi	NX	358	E 4–5	
Yingcheng	JL	322	B 4	C
Yingchengzi	JL	322	C 4	C
Yingde Xian	GD	420, 422	A 4	W, Sb, Hg, Au
Yingjing Xian	SC	392	D 4	Pb, Zn, Cu
Yingkou Shi	LN	318	C 4–5	Ni, Pb, Mg
Yingtan	JX	458	C 5	U
Yining (Gulja) Shi	XJ	376, 378, 380	C 4	C, W, Cu, U
Yinmin	YN	398	B 5	Cu
Yishan Xian	GX	424, 426, 428	C 6	C, Mn, Hg, Al
Yishui Xian	SD	434	D 5	Au
Yitang	SX	340	E 3	C
Yitong Xian	JL	322, 324	C 4	C, Mn
Yiwu Xian	ZJ	448, 450	C 5	C, Mn
Yi Xian	HEB	334	D 3	Fe
Yiyang Xian	JX	456	C 5	Mg

Register der Lagerstätten

Ort	Provinz	Seite	Planquadrat	Vorkommen
Yiyang Xian	HEN	400, 404	C 4	C, Fe, Al
Yiyang Xian	HN	416	C 5	Sb, Au
Yiyuan Xian	SD	430	C 5	Fe
Yizhang Xian	HN	412	F 5	C
Yong'an Xian	FJ	460	E 3	BaSO$_4$
Yongchang Xian	GS	364, 366	C 5	C, Ni
Yongchuan Xian	SC	388	D 5	C, Fe
Yongchun Xian	FJ	460, 464	E 4	C, Pb, Zn
Yongdeng Xian	GS	364, 366, 368	D 6	C, Al, Mn
Yongfu	FJ	460	E 3	BaSO$_4$
Yongjia Xian	ZJ	452	D 5	Pb, Zn, Sn
Yongning Xian	GX	424, 428	E 6	C, Pb, Zn
Yongping	JX	458	C 5	Cu
Yongren Xian	YN	394, 398	B 4	C, Cu
Yongshan Xian	YN	398	A 5	Hg
Yongsheng Xian	YN	398	B 4	Cu, Au
Yongtai Xian	FJ	462	E 4	Mo
Yongxing Xian	HN	412, 414	E 6	C, Fe, Mn
Yongxin Xian	JX	454	E 2	Fe
You Xian	HN	412, 414	D 6	Fe, Mn
Youyang Xian	SC	392	D 7	Hg
Yuan'an	HB	410	C 4	Pb, Zn
Yuanbaoshan	NM	316	B 3	C
Yuanjiang Xian	YN	396, 398	D 4	Ni, Cu, Asbest
Yuanling Xian	HN	416	C 3	Sb, Au
Yuanping Xian	SX	340	C 4	C
Yuanqu Xian	SX	344	F 3	Cu, Au
Yuantan	GD	418	B 4	Fe
Yuanyang Xian	YN	398	D 5	Au
Yudu Xian	JX	458	F 3	Pb, Zn
Yueqing Xian	ZJ	450	D 5	Mn
Yuexi Xian	SC	392	D 4	Cu, Pb, Zn, Au
Yueyang Xian	HN	414	B 6	Mn
Yuhang Xian	ZJ	448, 450	B 5	Fe, Mn
Yuhuang Ding	SD	430	C 4	Fe
Yumen Shi	GS	364	C 3	
Yunan Xian	GD	422	B 3	Pb, Zn
Yuncheng Xian	SX	340	F 2	NaCl
Yunfu Xian	GD	418, 422	B 4	Fe, U
Yunhe Xian	ZJ	448	D 4	Fe
Yunlong Xian (Shimenzhen)	YN	398	C 3	Hg
Yun Xian	YN	398	C 4	Hg
Yun Xian	HB	410	B 3	Au
Yunxi Xian	HB	410	B 3	Pb, Zn
Yuping Xian	GZ	386	C 7	Hg
Yuqing Xian (Baini)	GZ	382	C 6	Fe
Yu Shan	JX	454	E 3—D 3	Fe
Yushan Xian	JX	454	C 6	C, Fe
Yutian (Keriya) Xian	XJ	380	D 4	Au
Yu Xian	SX	340	C 5	C, Fe
Yu Xian	HEN	400	C 5	C
Yuyao Xian	ZJ	452	B 6	Hg

Z

Ort	Provinz	Seite	Planquadrat	Vorkommen
Zanhuang Xian	HEB	334	F 2	Fe
Zaozhuang Shi	SD	430	E 4	C

Register der Lagerstätten

Ort	Provinz	Seite	Plan-quadrat	Vorkommen
Zengcheng Xian	GD	422	B 4	Au
Zhaitang	HEB	334	D 3	C
Zhalainuoer (Jalai Nur)	LN	328	C 2	C
Zhangla	SC	392	B 4	Au
Zhangping Xian	FJ	460, 464	E 3	C, Fe, U
Zhangpu Xian	FJ	462, 464	F 3	W, Al
Zhangqiu Xian	SD	430	C 4	C
Zhangwu Xian	LN	316	B 5	C
Zhangye Xian	GS	364	C 5	C
Zhanjiang	GD	418	C 3	Fe
Zhanyi	YN	398	C 5	Hg
Zhao'an Xian	FJ	462	G 3	W
Zhaoqing Shi	GD	422	B 4	Hg
Zhaotong Xian	YN	394, 398	B 5	Cu, Fe
Zhaoyuan Xian	SD	434	B 7	Au, Ag, Cu
Zhazuo	GZ	386	D 5	Al
Zhehai	YN	398	B 5	Pb, Zn
Zhen'an Xian	SN	352, 356	G 5	Fe, Cu
Zhenba Xian	SN	352	H 3	C
Zhenchengdi	SX	340	D 4	C
Zheng'an Xian	GZ	382	B 6	C, Fe
Zhengzhou Shi	HEN	400	C 5	
Zhengzhuang	SX	340	F 4	C
Zhenjiang Diqu	JS	436	E 5	C, Fe
Zhenning	GZ	386	D 4	Cu
Zehnping Xian	HEN	404	D 4	Cu
Zhenyuan Xian	GZ	386	C 7	Cu
Zhifu Dao	SD	430	B 8	Fe
Zhijiang Xian	HB	406	D 4	Fe
Zhijin Xian	GZ	386	D 4	Al
Zhongbujie	JX	456	C 5	Mn
Zhongdian Xian	YN	398	B 3	Au
Zhongdu	GX	424	C 7	Fe
Zhongning Xian	NX	358	F 4	C
Zhongshan Xian	GD	420	B 4	W
Zhongshan Xian	GX	424, 428	C 9	C, Sn
Zhongtiao Shan	SX	342, 344	G 2—F 3	Mo, Pb, Zn, Cu
Zhongwei Xian	NX	358, 362	F 4	C, Al
Zhoukoudianzhen	HEB	334	D 3	C
Zhuji Xian	ZJ	488, 450, 452	C 5	Pb, Zn, Fe, Mn, Au
Zhungaer (Junggar)	XJ	378, 380	B 5—6	Cr, U
Zhungeer (Jungar)	NM	350	E 4	Al
Zhuolu Xian	HEB	334	C 3	Fe
Zhuozi Xian	NM	346	D 5	C
Zhushan Xian	HB	406, 410	B 3	C, Cu
Zhuxiang (Zhuang)	AH	442	D 4	C
Zhuzhou Shi	HN	416	D 6	U
Zibo Shi (Zhangdian)	SD	430, 434	C 5	C, Al
Zichang Xian	SN	352	C 5	Fe
Zichuan	SD	430, 434	C 4	C, Al
Zigui Xian	HB	406, 410	C 3	C, Pb, Zn
Zijin Xian	GD	420, 422	B 5	W, Pb, Zn, Sn
Zishan	JX	454	F 3	C
Zixing Xian	HN	412, 414, 416	F 6	C, W, Pb, Zn
Ziyuan Xian	GX	428	A 8	U
Zunhua Xian	HEB	338	C 5	Au, Cu, Pb, Zn
Zunyi Shi	GZ	382, 384	C 5	C, Mn, Fe

bergbau rohstoffe energie

Lieferbare Bände dieser Schriftenreihe:

Band 2 — **Die optimale Betriebsgröße**
Grundlagen · Modelle für den Bergbau.
Von Professor Dr.-Ing. Siegfried von Wahl
256 Seiten, 60 Bilder und Tafeln.

Band 4 — **Der Meeresbergbau im Völkerrecht**
Darstellung der juristischen Probleme unter Berücksichtigung der technischen Grundlagen.
Von Bergassessor a. D. Peter Kausch
144 Seiten, 20 Bilder und Tafeln.

Band 8 — **Die Rohstoffe der Seltenen Erden**
Vorkommen, Nutzung und Märkte.
Von Dr. Günther Kross
80 Seiten, 16 Bilder.

Band 12 — **Weltkohlenvorräte**
Eine vergleichende Analyse ihrer Erfassung und Bewertung.
Von Professor Dr.-Ing. Günter B. Fettweis
432 Seiten, 68 Bilder und zahlreiche Tafeln.

Band 17 — **Probleme der Lagerstättensicherung für oberflächennahe mineralische Rohstoffe**
Von Dr. jur. Gerhard Ott und Dr. rer. nat. Hans-Dieter Schilling
116 Seiten, 9 Bilder und zahlreiche Tafeln.

Band 19 — **Die Anpassungspolitik im Steinkohlenbergbau unter besonderer Berücksichtigung der Lagerhaltung**
Entwickelt auf der Basis eines saarländischen Steinkohlenbergwerks.
Von Professor Dr. H.-J. Brink, Dr.-Ing. H. Haas, Dipl.-Ing. E. Jochum, Dipl.-Ing. R. Müllendorff und Professor Dr. H. Rolshoven
70 Seiten, 17 Bilder und 12 Tafeln.

Band 20 — **Kernenergie**
Als Beispiel für öffentliche Innovationsförderung in der Bundesrepublik Deutschland.
Von Dr. rer. oec. Eberhard Posner
400 Seiten, zahlreiche Bilder und Tabellen.

Band 21 — **Die mineralischen Rohstoffe der Welt**
Produktion und Verbrauch von 51 ausgewählten Rohstoffen im Jahre 1978.
Von François Callot
216 Seiten, 18 Bilder und 110 Tabellen.

Band 22 — **Kohlenvergasung**
Bestehende Verfahren und neue Entwicklungen.
Von Dr. rer. nat. Hans-Dieter Schilling, Dr. rer. nat. Bernhard Bonn und Dr. rer. nat. Ulrich Krauß
3. Auflage, 376 Seiten, 48 Bilder.

Band 23 — **Drittes Kohle-Stahl-Kolloquium**
Vorträge und Diskussionen des Kolloquiums 1984 an der Technischen Universität Berlin.
340 Seiten, 138 Tabellen.

VERLAG GLÜCKAUF GMBH · POSTFACH 10 39 45 · D-4300 ESSEN 1

Das große europäische Handbuch der Energie- und Rohstoffwirtschaft

Noch übersichtlicher:
Lexikonformat
Lesefreundliche Schrift
Inhalt nach Branchen zusammengefaßt

Erscheint jährlich im Oktober

Jahrbuch Bergbau, Öl und Gas, Elektrizität, Chemie

- Mit Spanien und Portugal
- Europa im Energieverbund
- Energieministerien aller EG-Staaten

Bergbau: Der Kohlenbergbau in der Bundesrepublik Deutschland und in der Europäischen Gemeinschaft · Sämtliche Betriebe des Bergbaus auf Erze, Kali und Steinsalz, sonstige mineralische Rohstoffe sowie Torf · Spezialgesellschaften · Organisationen · **Erdöl- und Erdgasgewinnung, Mineralölwirtschaft** in der Bundesrepublik Deutschland und in Europa · Organisationen · **Gaswirtschaft** in der Bundesrepublik Deutschland und im Erdgasverbund · Ferngaswirtschaft und Gasspeicherung · Organisationen · **Elektrizitätswirtschaft** in der Bundesrepublik Deutschland und in Europa · Verbundunternehmen und Großkraftwerke · Regionale und kommunale EVUs mit mehr als 100 MW · Alle Kraftwerke mit mehr als 100 MW · Fernwärme · Entsorgung von Kraftwerken · Nationale und Internationale Organisationen · **Chemische Industrie** in der Bundesrepublik Deutschland und Europa · **Handel** mit Brennstoffen und sonstigen mineralischen Rohstoffen in der Bundesrepublik Deutschland und in Europa · Verkaufsgesellschaften · Organisationen · **Behörden:** Bundes- und Länderbehörden · Europäische Gemeinschaften (EG) · Ministerien der EG-Staaten und der Staaten im Energieverbund · **Ausbildung und Forschung** in der Bundesrepublik Deutschland · Universitäten und andere Ausbildungsstätten · Energietechnische Forschung · Energiewirtschaftliche Institute · Umweltschutz · **Branchenübergreifende Organisationen** in der Bundesrepublik Deutschland · Überwachung und Versicherung · Unternehmer-, Arbeitgeber- und Arbeitnehmerverbände · **Statistik** der Energie- und Rohstoffwirtschaft · **Industrieausrüstungen und Dienstleistungen:** Nach Warengruppen gegliedertes Zulieferverzeichnis · Neun farbige **Informationskarten** zur Energie- und Rohstoffversorgung · Drei ausführliche **Register.**

VERLAG GLÜCKAUF GMBH · POSTFACH 10 39 45 · D-4300 ESSEN 1